Das Verhältnis von Familiengericht und Jugendamt

Studien zum deutschen und internationalen Familien- und Erbrecht

Herausgegeben von Martin Lipp, Christoph Benicke,
Marina Wellenhofer und Bettina Heiderhoff

Band 13

PETER LANG
Frankfurt am Main · Berlin · Bern · Bruxelles · New York · Oxford · Wien

Anja Sommer

Das Verhältnis von Familiengericht und Jugendamt

Kooperation zum Wohle des Kindes?

PETER LANG
Internationaler Verlag der Wissenschaften

Bibliografische Information der Deutschen Nationalbibliothek
Die Deutsche Nationalbibliothek verzeichnet diese Publikation in der Deutschen Nationalbibliografie; detaillierte bibliografische Daten sind im Internet über http://dnb.d-nb.de abrufbar.

Zugl.: Frankfurt (Main), Univ., Diss., 2011

D 30
ISSN 1864-497X
ISBN 978-3-631-63611-4

www.peterlang.de

Vorwort

Die nachfolgende Untersuchung lag dem Fachbereich Rechtswissenschaft der Johann Wolfgang Goethe-Universität, Frankfurt am Main im Sommersemester 2011 als Dissertation vor. Schrifttum und Rechtsprechung sind bis Mai 2011, teilweise auch darüber hinaus berücksichtigt.

Besonders danken möchte ich Herrn Prof. Dr. Ludwig Salgo, ohne den dieses Buch nicht entstanden wäre. Er war es, der die Anregung für die vorliegende Untersuchung gab, mich durch die Mühen einer solchen Arbeit geführt, mich jederzeit unterstützt und der in etlichen Gesprächen immer wieder neue Anregungen und Impulse gesetzt hat.

Mein Dank gilt auch Frau Prof. Dr. Marina Wellenhofer für die zügige Erstellung des Zweitgutachtens und ihre Bemühungen dafür, dass meine Arbeit in dieser Schriftenreihe – Studien zum deutschen und internationalen Familien- und Erbrecht – aufgenommen wurde.

Frau Prof. Dr. Gisela Zenz, Herrn Prof. Dr. Ludwig Salgo und Frau Prof. Dr. Marina Wellenhofer danke ich zudem für die wirklich angenehme und anregende Atmosphäre während der Disputation.

Schließlich danke ich meinen Eltern und meiner Familie für ihre nie endende, geduldige Unterstützung.

Danke Barbara, für die Mühen des Korrekturlesens.

Danke Izet, für den bedingungslosen Rückhalt, den du mir gibst.

Frankfurt am Main, im November 2011 Anja Sommer

Inhaltsübersicht

Inhaltsverzeichnis

Abbildungsverzeichnis

Abkürzungsverzeichnis

a.A.	anderer Ansicht
a.F.	alter Fassung
Abb.	Abbildung
abl.	Ablehnend
Abs.	Absatz
AcP	Archiv für die civilistische Praxis
AdVermiG	Adoptionsvermittlungsgesetz
AG	Amtsgericht
AGJ	Arbeitsgemeinschaft für Kinder- und Jugendhilfe
AGO	Preußische Allgemeine Gerichtsordnung
AGSP	Arbeitsgemeinschaft für Sozialberatung und Psychotherapie
AK	Arbeitskreis
ALG II	Arbeitslosengeld zwei
Alt.	Alternative
Anm.	Anmerkung
ArbGG	Arbeitsgerichtsgesetz
Art.	Artikel
ASD	Allgemeiner Sozialer Dienst
AuR	Arbeit und Recht
Az.	Aktenzeichen
BaföG	Bundesausbildungsförderungsgesetz
BAG	Bundesarbeitsgericht
BayOLG	Bayerisches Oberstes Landesgericht
Begr.	Begründer
Bd.	Band
BGB	Bürgerliches Gesetzbuch
BGBl.	Bundesgesetzblatt
BJK	Bundesjugendkuratorium
BKiSchG	Bundeskinderschutzgesetz
BMFSFJ	Bundesministerium für Familie, Senioren, Frauen und Jugend
BMJ	Bundesministerium für Justiz
BR-Drucks.	Bundesratsdrucksache
BSG	Bundessozialgericht

BT-Drucks.	Bundestagsdrucksache
BVerfG	Bundesverfassungsgericht
BVerfGE	Entscheidungen des Bundesverfassungsgerichts
BVerwG	Bundesverwaltungsgericht
BVG	Gesetz über die Versorgung der Opfer des Krieges
bzw.	beziehungsweise
ca.	Circa
DAVorm	Der Amtsvormund
ders.	Derselbe
DeuFamR	Deutsches und Europäisches Familienrecht
dies.	dieselbe
DIJA	Datenbank für internationale Jugendarbeit
DIJuF	Deutsches Institut für Kinder- und Jugendhilfe
Diss.	Dissertation
DNotZ	Deutsche Notar-Zeitschrift
DÖV	Die öffentliche Verwaltung
DRiG	Deutsches Richtergesetz
DRiZ	Deutsche Richterzeitung
Dt.	Deutscher
DVBl	Deutsches Verwaltungsblatt
DVJJ	Deutscher Verein für Jugendgerichte und Jugendgerichtshilfe
DVS	Deutsche Vereinigung der Schöffinnen und Schöffen
EheRG	Eherechtsreformgesetz
Einf.	Einführung
entspr.	entsprechend
etc.	et cetera
EU	Europäische Union
EU-GrC	Charta der Grundrechte der Europäischen Union
f.	folgende
ff.	fortfolgende
FamFG	Gesetz über das Verfahren in Familiensachen und in den Angelegenheiten der freiwilligen Gerichtsbarkeit
FamFR	Zeitschrift für Familienrecht und Familienverfahrens-

	recht
FamG	Familiengericht
FamGKG	Gesetz über Gerichtskosten in Familiensachen
FamRZ	Zeitschrift für das gesamte Familienrecht (1962-) 1954-1962 unter dem Titel: Ehe und Familie im privaten und öffentlichen Recht : FamRZ ; Zeitschrift für das gesamte Familienrecht
FAO	Fachanwaltsordnung
FAZ	Frankfurter Allgemeine Zeitung
FF	Forum Familienrecht
FGG	Gesetz über die Angelegenheiten der freiwilligen Gerichtsbarkeit
FGG-Reformgesetz	Gesetz zur Reform des Verfahrens in Familiensachen und in den Angelegenheiten der freiwilligen Gerichtsbarkeit
FGO	Finanzgerichtsordnung
Fn.	Fußnote
FÜR	Familie, Partnerschaft, Recht
FR	Frankfurter Rundschau
FrGO	Entwurf für eine Verfahrensordnung der freiwilligen Gerichtsordnung
GewSchG	Gewaltschutzgesetz
GG	Grundgesetz für die Bundesrepublik Deutschland
ggf.	gegebenenfalls
GKG	Gerichtskostengesetz
grdl.	grundlegend
GVBl.	Gesetz- und Verordnungsblatt
GVG	Gerichtsverfassungsgesetz
HeilBerG	Heilberufsgesetz
HessVGH	Hessischer Verwaltungsgerichtshof
HKJGB	Hessisches Kinder- und Jugendhilfegesetzbuch
Hrsg.	Herausgeber
Hs.	Halbsatz
IHK	Industrie- und Handelskammer
ISA	Institut für soziale Arbeit Münster

JAmt	Das Jugendamt – Zeitschrift für Jugendhilfe und Familienrecht
JAG	Juristenausbildungsgesetz
JVEG	Justizvergütungs- und –entschädigungsgesetz
JGG	Jugendgerichtsgesetz
JGH-E	Jugendhilferechtsentwurf 1979
Jh.	Jahrhundert
JuMiKo	Konferenz der Justizminister
Jur.Tag	Deutscher Juristentag
JWG	Jugendwohlfahrtsgesetz
JZ	Juristenzeitung
Kap.	Kapitel
KICK	Kinder- und Jugendhilfe Weiterentwicklungsgesetz
Kind-Prax	Zeitschrift für die praktische Anwendung und Umsetzung des Kindschaftsrechts (Kindschaftsrechtliche Praxis)
KindRG	Kindschaftsrechtsreformgesetz
Kita Recht	Fachzeitschrift für die Leitung von Kindertageseinrichtungen
KiWoMaG	Gesetz zur Erleichterung familiengerichtlicher Maßnahmen bei Gefährdung des Kindeswohls
KJHG	Kinder- und Jugendhilfegesetz
KJHR	Kinder- und Jugendhilferecht
KostO	Gesetz über die Kosten in Angelegenheiten der freiwilligen Gerichtsbarkeit (Kostenordnung)
krit.	kritisch
LG	Landgericht
LKiSchG	Landeskinderschutzgesetz
LT-Druck.	Landtagsdrucksache
LwVfG	Gesetz über das gerichtliche Verfahren in Landwirtschaftssachen
m.	mit
mögl.	möglich
m.w.N.	mit weiteren Nachweisen
MSchrKrim	Monatsschrift für Kriminologie und Strafrechtsreform
MünchKomm	Münchener Kommentar

Nds	Niedersachsen
n.v.	nicht veröffentlicht
NJW	Neue Juristische Wochenschrift
Np	Neue Praxis
Nr.	Nummer
NRW	Nordrhein-Westfalen
NStZ	Neue Zeitschrift für Strafrecht
NVwZ	Neue Zeitschrift für Verwaltungsrecht
NZA	Neue Zeitschrift für Arbeitsrecht
NZS	Neue Zeitschrift für Sozialrecht
o.a.	ohne Angabe
OLG	Oberlandesgericht
OLG-R	OLG-Report (Report der Oberlandesgerichte)
OVG	Oberverwaltungsgericht
PrGO	Preußische Gerichts- und Prozeßordnung
PStG	Personenstandsgesetz
RdJ, RdJB	Recht der Jugend und des Bildungswesens
RegBl.	Regierungsblatt
RGBl.	Reichsgesetzblatt
RJWG	Reichsjugendwohlfahrtsgesetz
Rn.	Randnummer
RpflStud	Rechtspfleger Studienheft
RsDE	Beiträge zum Recht der sozialen Dienste und Einrichtungen
RStGB	Reichsstrafgesetzbuch
S.	Seite
SGb	Die Sozialgerichtsbarkeit
SGB I	Sozialgesetzbuch Erstes Buch, Allgemeiner Teil
SGB II	Sozialgesetzbuch Zweites Buch, Grundsicherung für Arbeitssuchende
SGB VIII	Sozialgesetzbuch Achtes Buch, Kinder- und Jugendhilfe
SGB X	Sozialgesetzbuch Zehntes Buch, Sozialverwaltungsverfahren und Sozialdatenschutz
SGB XII	Sozialgesetzbuch Zwölftes Buch, Sozialhilfe

SGG	Sozialgerichtsgesetz
SGG-ÄndG	Gesetz zur Änderung des Sozialgerichtsgesetzes
sog.	sogenannt(e/r/s)
SozSich	Soziale Sicherheit
StGB	Strafgesetzbuch
StPO	Strafprozessordnung
TAG	Tagesbetreuungsausbaugesetz
u.a.	und andere/unter anderem
u.ä.	und ähnliches
Uj	Unsere Jugend
USA	United States of America
v.	vom/von
VBlBW	Verwaltungsblätter für Baden-Württemberg
VG	Verwaltungsgericht
vgl.	vergleiche
vglb.	vergleichbar
Vorb.	Vorbemerkung
VwGO	Verwaltungsgerichtsordnung
WoGG	Wohngeldgesetz
WRV	Weimarer Reichsverfassung
z.	zu
ZblJugR	Zentralblatt für Jugendrecht und Jugendwohlfahrt (bis 1983), ab 1984 Zentralblatt für Jugendrecht
ZfJ	Zentralblatt für Jugendrecht (bis 2005) seitdem ZKJ
ZGB	Zivilgesetzbuch der Schweiz
zit.	zitiert
ZJJ	Zeitschrift für Jugendkriminalität und Jugendhilfe
ZKJ	Zeitschrift für Kindschaftsrecht und Jugendhilfe (seit 2005)
ZPO	Zivilprozessordnung
ZRP	Zeitschrift für Rechtspolitik
zust.	Zustimmend

ZvglRW	Zeitschrift für vergleichende Rechtswissenschaft
ZZP	Zeitschrift für Zivilprozess

Einleitung

„Es war schon immer eine Illusion und ein falsches Berufsverständnis juristischen Handelns, dass Urteile sich aus der Subsumption von Tatbestandsmerkmalen unter Rechtsnormen ergeben. Immer fließen wertende Aspekte und vor allem Alltagswissen (...) ein. Es würde dem Verhältnis von Jugendhilfe und Justiz gut tun, wenn beide Professionen – wie man heute sagt – auf Augenhöhe ihre jeweiligen Kompetenzen hinsichtlich Rechtsgüterschutz und empirischem Wissen in eine enge Kooperation einbringen."[1]

I. Einordnung der Problematik in den gesellschaftlichen Kontext

Die Familie und damit auch die Erziehung der Kinder war lange Zeit ein privater Rückzugsort, der vor staatlichen Einmischungen und Eingriffen weitestgehend gefeit war.[2] Die Zeiten ändern sich. Zwar sind Eingriffe in das Elternrecht bis heute erst ab der Schwelle einer Kindeswohlgefährdung zulässig, das Aufwachsen und die Erziehung von Kindern ist aber ein stark öffentlich diskutiertes Thema geworden. Noch nie war die zukünftige Entwicklung von Kindern und Jugendlichen, ihre Erziehung, die richtige Ausbildung etc. derart im Zentrum des öffentlichen Interesses wie heute. Noch nie waren die Forderungen an den Staat hinsichtlich eines Patentrezeptes zur Kindererziehung so groß wie heute. Die Kindererziehung hat sich zu einem Gestaltungsprojekt entwickelt, das schon lange den privaten Bereich der Familie verlassen hat.[3]

Zudem wurde selten so ausführlich und häufig über die Gefährdung von Kindern und Jugendlichen seitens der Medien berichtet wie heute. Durch die vermehrte Berichterstattung über erschreckende Fälle von Kindesmisshandlung und Kindesvernachlässigung rückt auch der Schutz von Kindern und Jugendlichen ins Zentrum des öffentlichen Interesses. Seit einigen Jahren verbreitet die Presse immer öfter und immer schlimmere Schreckensnachrichten über vernach-

---

1 *Cornel* in: Nickolai/Wichmann, S. 15 (40).

2 So war bis 2002 die Züchtigung unterhalb der Entwürdigungsschwelle in Deutschland noch erlaubt, erst dann wurde mit § 1631 II BGB ein generelles Züchtigungsverbot eingefügt; das Züchtigungsrecht der Lehrer entfiel bundesweit erst 1973, *Kronseder*, Die Strafbarkeit von Mitarbeitern des Jugendamtes bei häuslicher Kindeswohlbeeinträchtigung, S. 1.

3 *Rauschenbach/Züchner/Schilling* in: Münder/Wiesner/Meysen, Handbuch KJHR, Kap. 1.1, Rn. 1.

lässigte und verwahrloste Kinder, über deren Leidensweg und im schlimmsten Fall über ihren Tod.[4]

Das hierdurch hervorgerufene Interesse der Öffentlichkeit setzt Gerichte, Jugendämter und Politik immer mehr unter Druck. Die Kritik richtet sich dabei in erster Linie an die Kinder- und Jugendhilfe und deren Mitarbeiter.[5] Auf der einen Seite wird ihnen vorgeworfen, trotz konkreter Verdachtsmomente hinsichtlich einer Gefährdung untätig geblieben zu sein, auf der anderen Seite werden sie kritisiert, wenn sie zu früh in das Elternrecht eingreifen.[6]

Der Gesetzgeber tritt dieser Problematik mit immer neuen Vorschlägen und Gesetzesänderungen entgegen. Angestoßen wurde diese Entwicklung durch das Kinder- und Jugendhilfe Weiterentwicklungsgesetz (KICK), abgerundet durch das Gesetz zur Erleichterung familiengerichtlicher Maßnahmen bei Gefährdung des Kindeswohls (KiWoMaG) und vorerst abgeschlossen durch das Gesetz über das Verfahren in Familiensachen und in den Angelegenheiten der freiwilligen Gerichtsbarkeit (FamFG).[7] Gerechtfertigt werden die Reformen mit der Behauptung, Eltern seien immer weniger in der Lage, ihre Kinder zu erziehen, wodurch es zu einem Anstieg der Verhaltens- und Strafauffälligkeit von Kindern käme.[8] Dabei beruft sich der Gesetzgeber auf erschütternde Medienberichte, nicht aber

---

4 So z.B. im Fall „Benjamin Pascal“, *Röbel*, Der Spiegel 10/2006, S. 50; Fall „Justin“, Focus.de v. 02.11.06; Fall „Michelle“, Abendblatt.de v. 16.11.2005; Fall „Kevin“, Süddeutsche.de v. 11.10.2006; Fall „Jessica“, Stern.de, v. 25.11.2005; *Mäurer*, agsp.de, S. 57; Dennis aus Cottbus, Sueddeutsche.de, v. 08.02.2008; Fall „Karolina“, *Karremann*, Stern 12/2008, S. 74 ff; Fall „Lea-Sophie“, *Truscheid*, FAZ v.16.4.2008, S. 9; Saarländerin ließ Sohn fast verhungern, FAZ v. 7.1.2010, S. 6; siehe auch der sog. „Osnabrücker-Fall“: OLG Oldenburg v. 02.09.1996 – Ss 249/96 – NStZ 1997, 238, Vorinstanz LG Osnabrück v. 06.03.1996 – 22 Ns VII 124/95 – NStZ 1996, 437 ff. mit Anm. *Bringewat*, in dem sich nach dem Tod von Laura-Jane die zuständige Jugendamtsmitarbeiterin wegen Verstoßes gegen ihre Garantenpflichten verantworten musste; siehe zu den Fällen Kevin, Lea-Sophie u.a. auch *Kronseder*, Die Strafbarkeit von Mitarbeitern des Jugendamtes bei häuslicher Kindeswohlbeeinträchtigung, S. 9 ff.

5 Im Interesse der Lesbarkeit werden die Personen- und Berufsbezeichnungen nur in der männlichen Form verwendet.

6 *Trenczek*, Inobhutnahme, S. VIII; siehe zu dieser Problematik auch die Arbeit von *Kronseder*, Die Strafbarkeit von Mitarbeitern des Jugendamtes bei häuslicher Kindeswohlbeeinträchtigung.

7 Dass die Entwicklung weitergeht, zeigt das Bundeskinderschutzgesetz, das noch 2010 auf den Weg gebracht werden sollte, BMFSFJ Pressemitteilung v. 13.10.2010, bmfsfj.de; siehe hierzu auch: rundertisch-kindesmissbrauch.de, aber erst am 16.03.2011 verabschiedet wurde; siehe hierzu BT.-Drucks. 17/6256; BR-Drucks. 202/11 (das Gesetz wird voraussichtlich am 01.01.2012 in Kraft treten.

8 BT-Drucks. 16/6815, S. 1, „Stärkung/Wiederherstellung der Elternkompetenz“; *Wiesner*, ZfJ 2004, 161 (162 f.); krit. *Schumann* in: Lipp/Schumann/Veit, 229 (239).

auf empirische Daten. Tatsächlich existieren keine verlässlichen Zahlen über die Häufigkeit von Vernachlässigungen. Die geschätzte Spanne liegt zwischen 30.000 und 400.000 Fällen pro Jahr.[9] Belegt ist dagegen, dass die Erziehung heute so gewaltfrei ist wie nie, dass die Zahl der Kindstötungen sich in den letzten 25 Jahren mehr als halbiert hat,[10] und die Anzahl der tatverdächtigen strafunmündigen Kinder auf dem niedrigsten Stand seit 1994 ist.[11]

Auch wenn sich die Situation von Kindern und Jugendlichen in den letzten Jahren augenscheinlich verbessert hat, ändert dies nichts an der Notwendigkeit nach einem immer besseren Kindesschutz. Einfache Lösungen sucht man vergeblich, schließlich gilt es, innerhalb kürzester Zeit die unterschiedlichen Belange und Interessen, unter Berücksichtigung komplexer verfassungsrechtlicher Grundlagen und differenzierter Regelungen des Familien- und des Kinder- und Jugendhilferechts, gegeneinander abzuwägen.

Es stellt sich allerdings die Frage, ob immer neue Gesetzesänderungen nötig sind, um den Schutz von Kindern und Jugendlichen zu verbessern. Theoretisch reicht die vorhandene Gesetzgebung aus, um den zahlreichen Gefahren, denen Kinder ausgesetzt sind, zu begegnen. So ist das Jugendamt dafür zuständig, Gefährdungen aufzudecken, den Familien die notwendigen Hilfen anzubieten und gemeinsam mittels diversifizierter Hilfeformen die vorhandenen Probleme zu einer Lösung zu führen. Kann das Jugendamt das Wohl des Kindes nicht mehr eigenständig gewährleisten, ist das Gericht einzuschalten, das dann zunächst durch weitere Maßnahmen, notfalls durch die Entziehung der Personensorge, die Gefährdung für das Wohl des Kindes abzuwenden hat. Unterstützt werden soll dieser Prozess durch die konstruktive Zusammenarbeit zwischen bestens ausgebildeten Familienrichtern und Mitarbeitern des Jugendamts, flankiert durch die Möglichkeit des Rückgriffs auf sämtliche Hilfeangebote der Kinder- und Jugendhilfe. In der viel beschworenen Verantwortungsgemeinschaft liegt der „Schlüssel zur Glückseligkeit".

---

9 *Schumann* in: Behrends/Schumann, S. 169 (182, Fn. 51).

10 Ob die Anzahl der Eltern, die das Kindeswohl gefährden zunimmt, oder nur die öffentliche Wahrnehmung solcher Fälle ist nicht abschließend geklärt, *Wiesner* in: Jordan, Kindeswohlgefährdung, S. 10. Entgegen der allgemeinen öffentlichen Wahrnehmung, nimmt die Zahl der Kindstötungen in den letzten Jahren tendenziell eher ab, siehe hierzu auch die Statistik in: *Fuchs-Rechlin*, KomDat Sonderausgabe 2006, S. 3 (4); *Wermelskirchen*, Weniger Kindstötungen in Deutschland, faz.net v. 07.12.2007; die Zahl steigt allerdings wieder an: Zahl der Kindstötungen steigt alarmierend an, spiegel.de v. 27.05.2011; die Zahl der Verdachtsfälle auf Kindeswohlgefährdung ist in den letzten Jahren dagegen gestiegen. Tatsächlich basieren alle Angaben nur auf Schätzungen. Deutschland ist eines der wenigen Industrieländer, das keine nationale Statistik über die Häufigkeit von Kindeswohlgefährdungen erhebt, *Seyther*, tagesschau.de.

11 siehe hierzu m.w.N. *Schumann* in: Lipp/Schumann/Veit, 229 (240 f.).

Soweit die Theorie. In der Praxis mangelt es aber nicht selten an der nötigen Aus- und Weiterbildung der Beteiligten und den finanziellen Gegebenheiten zur Umsetzung der Maßnahmen. Auch die nötige Kommunikation und Kooperation funktioniert nicht immer reibungslos. So empfindet der Richter das Gewährenlassen und das Akzeptieren langfristiger Gefahrenpotentiale und ihre Begegnung seitens des Jugendamts durch immer neue Maßnahmemöglichkeiten mit seinem gesetzes- und entscheidungsorientierten Arbeiten häufig als unvereinbar. Auf Seiten der Jugendämter dagegen empfindet man die Entscheidungssicherheit des Richters, die für den Nichtjuristen aus oft nicht nachvollziehbaren juristischen Tatbeständen rührt, als Bevormundung.[12] Diese Problematik spiegelt sich auch deutlich in der Frage wider, ob der Familienrichter im Einzelfall unmittelbar und für das Jugendamt verbindlich erzieherische Hilfen nach dem SGB VIII zum Schutz des Kindeswohls anordnen kann, ob also dem Familienrichter eine Anordnungskompetenz gegenüber dem Jugendamt zusteht oder nicht. In dieser Fragestellung bündelt sich das Problem der unterschiedlichen Kompetenzen und der Kollision von Rechten zwischen Familiengericht und Jugendamt.

II. Ziel und Gang der Untersuchung

Die folgende Untersuchung soll zur Klärung des Verhältnisses von Familiengericht und Jugendamt beitragen und herausarbeiten, ob und wie diese Institutionen in kindschaftsrechtlichen Verfahren den Schutz von Kindern und Jugendlichen gewährleisten und umsetzen. Es wird dargelegt, dass de lege lata eine Lücke im Kindesschutz besteht, und aufgezeigt, wie diese Lücke de lege ferenda zu schließen ist. Gleichzeitig werden Vorschläge zur Verbesserung des Kindesschutzes unterbreitet.

Kindschaftsrechtliche Verfahren sind Verfahren, die die Person von Kindern betreffen und die seit Inkrafttreten des FamFG dem Familienverfahrensrecht unterliegen. Im Einzelnen sind das insbesondere Verfahren bei Umgangskonflikten (§§ 1632 Abs. 2, 1684, 1685 BGB), Sorgerechtstreitigkeiten (§§ 1671, 1672 BGB) sowie Verfahren über die Herausgabe des Kindes (§§1632 Abs. 1, 4, 1682 BGB). Der Schwerpunkt der Arbeit liegt allerdings auf Verfahren wegen Gefährdung des Kindeswohls gemäß §§ 1666 f. BGB. Hier wird das Zusammenspiel von Familiengericht und Jugendamt im Vorfeld, während und im Anschluss an das gerichtliche Verfahren besonders deutlich.

Bevor man das Verhältnis von Familiengericht und Jugendamt betrachtet, ist es zunächst wichtig zu verstehen, was diese Institutionen unabhängig voneinander

12 *Raack*, FPR 1995, 143.

für den Kindesschutz leisten, was ihre originären Aufgaben sind und auf welchen rechtlichen Grundlagen ihre Handlungen basieren. Im ersten Teil werden deswegen die Rechtsgrundlagen von Familiengericht und Kinder- und Jugendhilfe vorgestellt sowie ein Einblick in Funktion und Bedeutung dieser Institutionen für den Kindesschutz gewährt.

Wichtige Aspekte zum Verständnis des Verhältnisses von Familiengericht und Kinder- und Jugendhilfe liefert die gesetzliche Einbettung dieser Institutionen im Rechtssystem. Familiengerichtliche und sozialrechtliche Befugnisse sind in unterschiedlichen Gesetzen mit jeweils eigenständigen Befugnissen geregelt. Nicht zuletzt dieses Nebeneinander verschiedener, unverbunden nebeneinander stehender Kompetenzen führt zu Problemen im Verhältnis dieser Institutionen. Besonders deutlich wird die Verflechtung im KJHG (SGB VIII) und im 4. Buch BGB-Familienrecht.

Im zweiten Teil der Arbeit werden dann die wechselseitigen Abhängigkeiten zwischen Familiengericht und Jugendamt herausgearbeitet. Um das Verhältnis von Familiengericht und Jugendamt zu verstehen, ist es wichtig, sich zunächst die Entstehung und Entwicklung dieser Institutionen ins Gedächtnis zu rufen und zu untersuchen, ob und wie sich das Verhältnis seit dem Aufkeimen einer ersten staatlichen Beschäftigung mit der Thematik der Jugendfürsorge über die erste reichseinheitliche Gesetzgebung im Rahmen des RJWG bis hin zu aktuellen Gesetzesreformen entwickelt hat. Aus diesem Grund wird zunächst ein historischer Überblick über die Entwicklung der Kinder- und Jugendhilfe in Deutschland, die Entstehung der ersten Jugendämter, die Bedeutung der Vormundschaftsgerichte (später Familiengerichte) für den Kindesschutz und das Verhältnis von Familiengericht und Jugendamt bis zum heutigen Tag gegeben. Hauptaugenmerk liegt dabei auf dem Zusammenspiel dieser Institutionen, ihren gemeinsamen Bemühungen zum Schutz von Kindern und Jugendlichen und ihrem Verhältnis zueinander. Aktualität gewinnt diese Interdependenz[13] durch die neuere Gesetzgebung. Um die Bedeutung von FamFG und KiWoMaG für die hier behandelte Fragestellung zu verstehen, werden sowohl der Gang des jeweiligen Gesetzgebungsverfahrens dargestellt, als auch die Kernpunkte der Neuregelungen herausgearbeitet.

Zum Verständnis der wechselseitigen Abhängigkeiten von Familiengericht und Jugendamt werden im Anschluss die verfassungsrechtlichen Vorgaben dargestellt. Dabei soll untersucht werden, in welchem Verhältnis die an einem kindschaftsrechtlichen Verfahren Beteiligten zueinander stehen. Im Mittelpunkt steht

13 *Salgo*, FamRZ 1999, 337 (341).

dabei Art. 6 GG, der den Dreiklang zwischen Eltern[14], Kind und Staat verdeutlicht. In sämtlichen kindschaftsrechtlichen Verfahren gilt es, die Grundrechtspositionen von Eltern und Kindern gegeneinander abzuwägen und zu überprüfen, ob die Eltern in der Lage sind, das Wohl ihres Kindes eigenständig zu gewährleisten, oder ob der Staat zum Schutz des Kindes in das Elternrecht eingreifen muss. Viele Familienrichter[15] messen dabei dem Elternrecht eine zu große Bedeutung bei, es kommt zu einer Überbetonung der Elternrechte. Tatsächlich müssen die Belange der Eltern aber immer hinter dem Kindeswohl zurückstehen.[16] Die besondere Bedeutung der Rechte der Kinder wurde nicht zuletzt in verschiedenen Entscheidungen des Bundesverfassungsgerichts hervorgehoben.[17]

Die verfassungsrechtlichen Vorgaben werden durch einfachgesetzliche Regelungen in BGB, SGB VIII und FamFG konkretisiert. Familiengericht und Jugendamt nehmen ihr staatliches Wächteramt in unterschiedlicher Weise war. Während der Schwerpunkt der jugendhilferechtlichen Arbeit im Vorfeld des gerichtlichen Verfahrens und dessen Umsetzung liegt, wird das Familiengericht seiner Aufgabe in erster Linie im familiengerichtlichen Verfahren gerecht. Zwar nehmen Familiengericht und Jugendamt ihre Wächterfunktion zunächst unabhängig voneinander war, im familiengerichtlichen Verfahren überschneidet sich ihre jeweilige Aufgabe, das Kind vor Gefahren für sein Wohl zu schützen, aber. Der Gesetzgeber hat in verschiedenen gesetzlichen Vorschriften die Pflicht zur Kooperation dieser Institutionen niedergelegt. Diese gemeinsame Aufgabe wird anhand der oben genannten kindschaftsrechtlichen Verfahren dargestellt, wobei insbesondere die Mitwirkung des Jugendamts am jeweiligen Verfahren von Interesse ist. Den Schwerpunkt bildet das Verfahren bei Gefährdung des Kindeswohls, anhand dessen die Interdependenz von Familiengericht und Jugendamt vor, während und im Anschluss an das Verfahren nach §§ 1666 f. BGB besonders deutlich wird. Zwar stellen die sozialrechtlichen Bestimmungen des SGB VIII und der zivilrechtliche Kindesschutz eigenständige Regelungsbereiche dar, die Maßnahmen und Hilfen der öffentlichen Kinder- und Jugendhilfe, insbesondere die Hilfen zur Erziehung nach §§ 27 ff. SGB VIII, sind für die Entscheidung des Familienrichters im Rahmen einer kindschaftsrechtlichen Entscheidung (insb. §§ 1666 f. BGB) aber von großer Bedeutung. Da das Jugendamt,

---

14 Im Folgenden wird der Begriff Eltern auch synonym für Pflegeeltern und andere Erziehungsberechtigte verwendet.

15 Im Interesse der Lesbarkeit werden die Personen- und Berufsbezeichnungen nur in der männlichen Form verwendet.

16 *Fieseler/Hannemann*, ZKJ 2006, 117 ff.

17 BVerfG v. 1.4.2008 – 1 BvR 1620/04 – NJW 2008, 1287 = FamRZ 2008, 845; BVerfG, Urteil v. 9.2.2010 - 1 BvL 1/09; 1 BvL 3/09; 1 BvL 4/09.

abgesehen von der vorläufigen Inobhutnahme, nicht in das elterliche Erziehungsrecht eingreifen kann, muss es gemäß § 8a Abs. 3 SGB VIII das Familiengericht anrufen, wenn es der Meinung ist, ein Eingriff in das Elternrecht sei zur Gewährleistung des Kindesschutzes notwendig. Das Familiengericht überprüft daraufhin, ob die Herausnahme des Kindes aus der Familie durch öffentliche Hilfen vermieden werden kann (§ 1666a Abs. 1 S. 1), und trifft unter Abwägung sämtlicher Belange eine Entscheidung. Diese reicht vom Gebot öffentliche Hilfen in Anspruch zu nehmen bis hin zum Entzug der elterlichen Sorge (§ 1666 Abs. 3 Nr. 1-4 BGB). Bei der Entscheidung hat das Jugendamt das Familiengericht gemäß § 50 SGB VIII, § 162 FamFG zu unterstützen. Über die §§ 1696 BGB, 166 FamFG bleibt das Gericht auch in die Überprüfung der Maßnahmen eingebunden. Hier zeigt sich erneut die Interdependenz dieser Institutionen. Den Abschluss des zweiten Teils bildet die Beantwortung der Frage, ob durch die Interdependenzen zwischen Familiengericht und Jugendamt eine Verantwortungsgemeinschaft[18] entstanden ist.

Trotz der Verantwortungsverschränkung von Familiengericht und Jugendamt kommt es in der Praxis immer wieder zu Konflikten. Am Verhältnismäßigkeitsgrundsatz des § 1666a BGB manifestiert sich eine grundlegende Problematik familiengerichtlicher Intervention. Die Trennung des Kindes von den Eltern ist nur dann zulässig, wenn keine milderen Mittel zur Verfügung stehen, um das Wohl des Kindes ausreichend zu schützen. Mit der Einführung dieser Vorschrift hat der Gesetzgeber die familiengerichtlichen Kindesschutzmaßnahmen mit dem System öffentlicher und privater Sozialleistungen zwar verbunden, familienrechtliche und sozialrechtliche Schutzansätze aber organisations- und kompetenzrechtlich nicht klar strukturiert.[19] Die Auflösung dieses Konflikts bildet den Schwerpunkt der Arbeit. Der Gesetzgeber versucht, die Problematik durch die vielfach beschworene Verantwortungsgemeinschaft von Familiengericht und Jugendamt zu lösen.[20] Die Zusammenarbeit zwischen Familiengericht und Jugendamt läuft aber nicht immer konfliktfrei ab. Was also tun, wenn es zu einem Konflikt kommt? Problematisch sind dabei insbesondere Fälle, in denen sich das Jugendamt nach Ansicht des Gerichts weigert, geeignete und notwendige Hilfen zu erbringen. In diesem Zusammenhang stellt sich die Frage, ob die richterliche Anordnung nach § 1666 Abs. 3 Nr. 1 BGB nur für die Eltern oder auch für das Jugendamt verbindlich ist. Zur Klärung dieser Frage wird deswegen im dritten Teil der Arbeit zunächst der Streitstand in Bezug auf eine etwaige richterliche

18 Den Ausdruck prägten *Langenfeld /Wiesner* in: DIJuF, Saarbrücker Memorandum, S. 45 (77 f.).

19 Staudinger/*Coester*, § 1666a, Rn. 13.

20 BT-Drucks. 16/6815, S. 1, 7, 15.

Anordnungskompetenz dargestellt. Dabei wird insbesondere die aktuelle Gesetzesentwicklung berücksichtigt und überprüft, inwiefern KICK, KiWoMaG und FamFG Einfluss auf den Streitstand genommen haben. Es werden die verschiedenen Konstellationen untersucht, in denen ein derartiger Konflikt entstehen kann, und überprüft, ob durch eine für das Jugendamt verbindliche Anordnungskompetenz des Familiengerichts der Konflikt de lege lata gelöst werden kann. Im Anschluss wird das verwaltungsgerichtliche Verfahren zur Überprüfung von Kinder- und Jugendhilfesachen dargestellt und dargelegt, ob dieses einen umfassenden Schutz in Fällen bietet, in denen das Jugendamt die Hilfeerbringung verweigert. Es zeigt sich, dass es de lege lata zu einem faktischen Ausfall richterlicher Kontrolle zum Nachteil des Kindes und seiner Eltern und damit zu einer Lücke im Rechtsschutz kommen kann.

In einem zweiten Schritt wird überprüft, ob der Konflikt de lege ferenda durch eine abdrängende Sonderzuweisung, bezüglich der Verfahren der Kinder- und Jugendhilfe nach SGB VIII, von der Verwaltungsgerichtsbarkeit zu den Familien- bzw. Sozialgerichten gelöst werden kann. In diesem Zusammenhang wird zu untersuchen sein, inwiefern das geänderte Verfahrensrecht Einfluss auf die Art und Weise der Einleitung insbesondere des Verfahrens bei Gefährdung des Kindeswohls nach §§ 1666 f. BGB hätte.

Zunächst wird hier überprüft, ob eine Verweisung dieser Verfahren zu den Familiengerichten in Frage kommt. Dabei wird zunächst auf die Entwicklung der Familiengerichtsbarkeit in Deutschland eingegangen. Diese ist stark öffentlichrechtlich geprägt und nimmt insofern eine Sonderstellung im deutschen Rechtssystem ein. In einem zweiten Schritt wird die Rechtfertigung einer entsprechenden Verweisung analysiert und untersucht, welche Anforderungen an ein neues Familiengericht zu stellen sind. Hauptaugenmerk wird dabei auf die Frage gerichtet, ob eine Erweiterung der Richterbank durch eine interdisziplinäre Besetzung erforderlich ist. Bereits im Rahmen der Diskussion zur Einführung eines Familiengerichts in Deutschland wurde eine Besetzung des Familiengerichts mit fachkundigen Beisitzern erwogen. In diesem Zusammenhang wird überprüft, ob die Erfahrungen mit ehrenamtlichen Richtern in anderen Zweigen der deutschen Gerichtsbarkeit für die Besetzung des Familiengerichts mit interdisziplinären Richtern herangezogen werden können. In beinahe allen Rechtsgebieten sind ehrenamtliche Richter auf der Richterbank vertreten. Insbesondere in der Kammer für Handelssachen, der Arbeitsgerichtsbarkeit sowie der Sozialgerichtsbarkeit sind sehr positive Erfahrungen mit fachkundigen ehrenamtlichen Richtern zu verzeichnen. In diesem Zusammenhang muss auch auf mögliche Nachteile und die damit verbundene Kritik an einer interdisziplinären Richterbank eingegangen werden. Besondere Bedeutung kommt dabei der Frage zu, ob eine Erweiterung der Richterbank eine Verlängerung der Verfahrensdauer mit sich ziehen würde. Dies gilt es unter Beachtung des kindlichen Zeitempfindens[21] unbedingt zu vermeiden.

Als Alternative wird die Verweisung zu den Sozialgerichten geprüft. Dabei gilt es in erster Linie zu klären, ob eine vollständige Verweisung aller Verfahren der Kinder- und Jugendhilfe nach SGB VIII an die Sozialgerichtsbarkeit sinnvoll ist oder ob nur ein Teilbereich an die Sozialgerichtsbarkeit verwiesen werden sollte, während Streitigkeiten über Ansprüche gegen-über dem Jugendamt bei der Familiengerichtsbarkeit zu verorten wären. Die Auseinandersetzung mit der Frage nach der Verweisung der Kinder- und Jugendhilfesachen an die Sozialgerichtsbarkeit soll der Erkenntnis dienen, ob es für die Richter mehr und mehr notwendig wird, sich auf einzelne Rechtsgebiete zu spezialisieren, um gerechte und kompetente Entscheidungen zu fällen. Diese Fragestellung stellt sich insbesondere unter dem Aspekt der immer komplexer werdenden Themengebiete und Rechtsfragen.

In einem letzten Abschnitt wird die Ausgestaltung einer möglichen Verweisung geklärt und die zentralen Erkenntnisse werden in Relation zu den Auswirkungen auf die Kinder- und Jugendhilfe und deren Verhältnis zu dem veränderten Familiengericht gesetzt.

Abschließend werden die Erkenntnisse der vorangegangenen Abschnitte zusammengefasst und durch zentrale Thesen zur Verbesserung des Verhältnisses von Familiengericht und Jugendamt ergänzt.

21 Siehe hierzu *Heilmann*, Kindliches Zeitempfinden und Verfahrensrecht.

1. Teil: Die Akteure und deren Rechtsgrundlagen

A. Rechtsgrundlagen

Ein wichtiger Aspekt bei der Betrachtung des Verhältnisses von Familiengericht und Kinder- und Jugendhilfe ist die gesetzliche Einbettung dieser Institutionen im Rechtssystem. Im Bereich des Kindesschutzes regeln verschiedene Gesetze aus den unterschiedlichsten Bereichen des Rechts kindschaftsrechtliche Belange. Familiengerichtliche und sozialrechtliche Befugnisse sind dabei in unterschiedlichen Gesetzen mit jeweils eigenständigen Befugnissen geregelt. Nicht zuletzt dieses Nebeneinander verschiedener Kompetenzen, die unverbunden nebeneinander stehen, führt zu Problemen im Verhältnis von Familiengericht und Jugendamt.[22] Es kommt aber auch zu Verflechtungen der unterschiedlichen Gesetze. Besonders deutlich werden diese im Verhältnis SGB VIII zum 4. Buch BGB-Familienrecht. Hier finden sich wechselseitige Bezugnahmen, Überschneidungen und Ergänzungen.[23]

Abbildung 1: Kindesschutz im gesetzlichen Spannungsfeld

	Zivilrecht	Öffentliches Recht	Strafrecht
Verfassungsrecht	GG (Art. 6)		
Verfahrensrecht	FamFG	SGB VIII SGB I SGB X	StPO JGG
Materielles Recht	BGB	SGB VIII Landes- recht	JGG StGB

Quelle: angelehnt an *Wabnitz*, ZfJ 2000, 336 (337)

---

22 Auf dieses Strukturdefizit wird weiter unten noch eingegangen, siehe 3. Teil, Kap. B. I. 2.

23 z.B.: §§ 17, 18, 27 ff., 8a, 42, 50, 51, 52a, 53-60 SGB VIII, §§ 1666, 1684 Abs. 4, 1712-1717, 1751 Abs. 1, 1773 ff. 1791b, 1791c, 1851, 1887, 1921 BGB; § 162 FamFG

I. Gesetzgebungskompetenz des Bundes

Die Gesetzgebungskompetenz des Bundes für den Bereich der Kinder- und Jugendhilfe ergibt sich aus Art. 74 Abs. 1 Nr. 7 GG. Danach erstreckt sich die konkurrierende Gesetzgebung des Bundes auf das Gebiet der öffentlichen Fürsorge. Den Ländern steht die Befugnis zur Gesetzgebung im Bereich der Kinder- und Jugendhilfe deswegen nur zu, solange und soweit der Bund gemäß Art. 72 Abs. 1 GG von seiner Gesetzgebungszuständigkeit nicht durch Gesetz Gebrauch gemacht hat. Die Befugnis des Bundes hängt nach Art. 72 Abs. 2 GG aber von einem Bedürfnis nach bundeseinheitlicher Regelung ab. Solange wesentliche Elemente des alten Rechts beibehalten werden, kann der Gesetzgeber das SGB VIII, das ja bereits vor der Verfassungsänderung erlassen wurde, auch in Zukunft ändern. Weitergehende Änderungen sind in Zukunft aber nur noch möglich, wenn sie zur Herstellung gleichwertiger Lebensverhältnisse nötig sind. Das ist aber erst dann der Fall, wenn sich die Lebensverhältnisse in den einzelnen Ländern in erheblicher, das bundesstaatliche Sozialgefüge beeinträchtigender Weise auseinander entwickelt haben oder sich eine entsprechende Entwicklung konkret abzeichnet.[24] Dort wo der Bundesgesetzgeber in zulässiger Weise von seiner Regelungskompetenz Gebrauch gemacht hat, tritt für den Landesgesetzgeber eine Sperrwirkung ein. Das bedeutet, der Landesgesetzgeber kann nur solche Bereiche regeln, die der Bundesgesetzgeber offen gelassen hat. Im Rahmen der Föderalismusreform wurde durch Neufassung des Art. 84 Abs. 1 GG klargestellt, dass die Länder – sollten sie die Bundesgesetze als eigene Angelegenheit ausführen – die Einrichtung von Behörden und das Verwaltungsverfahren selbst regeln können.[25]

Die Föderalismusreform hatte auch Auswirkungen auf die gesetzliche Verankerung einer Fortbildungsverpflichtung für Richter. Zurzeit enthalten weder die Richtergesetze des Bundes, noch die der Länder eine Verpflichtung zur Fortbildung.[26] Allerdings war im Regierungsentwurf eines 2. Justizmodernisierungsgesetzes[27], auf Anregung der Konferenz der Justizminister (JuMiKo) vom 29. bis 30. Juni 2005[28], die Aufnahme einer Fortbildungsverpflichtung in das

24 BVerfG v. 24.10.2002 – 2 BvF 1/01 – NJW 2003,41 = BVerfGE 106 (144); Wiesner/*Wiesner*, Einleitung, Rn. 52.

25 Schellhorn/*W. Schellhorn*, Einführung, Rn. 14 ff.; *Wabnitz*, HKJGB, Einführung, S. 20.

26 Lediglich in NRW ist die Aufnahme einer landesgesetzlichen Fortbildungsverpflichtung beabsichtigt, siehe Abschlussbericht vom 14.7.2009, bmj.bund.de, S. 24, Fn. 16.

27 BT-Drucks. 16/303.

28 Beschluss der 76. JuMiKo, justiz.nrw.de., Punkt 4.2.

Deutsche Richtergesetz vorgesehen.[29] Gemäß § 43a DRiG sollten Richter auf Bundes und Landesebene verpflichtet werden, sich fortzubilden. Nachdem durch die Föderalismusreform aber die Rahmengesetzgebungskompetenz des Bundes weggefallen war, sah der Bundestag auf Empfehlung des Rechtsausschusses[30] von der Regelung ab. Aber auch nach Inkrafttreten der Föderalismusreform ist eine allgemeine Fortbildungsverpflichtung möglich. Hierfür müssten allerdings die Länder die notwendigen Rahmenbedingungen in Form der ausreichenden Bereitstellung finanzieller und sachlicher Mittel und zeitlicher Kapazitäten schaffen.[31]

II. Grundgesetz

Das Grundgesetz bildet das Dach des Kindesschutzes. Art. 6 Abs. 2 GG garantiert den Eltern das Recht und die Pflicht, ihre Kinder eigenverantwortlich zu pflegen und zu erziehen. Das Elternrecht ist ein Recht im Interesse des Kindes und dient im Wesentlichen dem Wohl des Kindes.[32] Sind die Eltern nicht in der Lage, für dieses Wohl zu garantieren, greift das staatliche Wächteramt, das wiederum nur zum Wohl des Kindes ausgeübt werden darf. Der Staat muss zunächst versuchen, durch helfende und unterstützende Maßnahmen die Erziehungsverantwortung der Eltern wiederherzustellen. Erst wenn diese Maßnahmen gescheitert sind bzw. von Anfang an keine Aussicht auf Erfolg hatten, darf der Staat Maßnahmen ergreifen, die mit der Trennung des Kindes von der Familie verbunden sind.[33] Von dieser Ermächtigung darf nur durch oder aufgrund eines Gesetzes Gebrauch gemacht werden.[34]

III. Bürgerliches Gesetzbuch

Der zivilrechtliche Kindesschutz ist im BGB, Buch 4. Familienrecht geregelt. Die wichtigsten Normen finden sich in Abschnitt 2. Verwandtschaft, Titel 5. Elterliche Sorge und Titel 7. Annahme als Kind. Wichtigste Ermächtigungsgrundlage stellen in diesem Zusammenhang die §§ 1666, 1666a BGB dar. Danach ist das Familiengericht berechtigt, Maßnahmen zur Abwendung einer Gefahr für das Kindeswohl zu treffen, wenn dieses gefährdet ist und die Eltern

29 BT-Drucks. 16/3038, S. 8, 31 f.
30 BT-Drucks. 16/3640, S. 49.
31 Abschlussbericht v. 14.7.2009, bmj.bund.de, S. 27.
32 *Jarass/Pieroth*, Art. 6, Rn. 36.
33 *Jarass/Pieroth*, Art. 6, Rn. 46 f.
34 *Jarass/Pieroth*, Art. 6, Rn. 46.

nicht bereit oder in der Lage sind, diese Gefahr eigenverantwortlich abzuwehren. § 1666 BGB dient der unmittelbaren Umsetzung des staatlichen Wächteramts und ist die zentrale Vorschrift des zivilrechtlichen Kindesschutzes.[35] Für die Umsetzung des Kindeswohls auf zivilrechtlicher Ebene sind auch die §§ 1671, 1672 Abs. 1 BGB (Sorgerechtskonflikte), §§ 1632 Abs. 1, 4, 1682 BGB (Herausgabekonflikte), §§1632 Abs. 2, 1684, 1685 BGB (Umgangskonflikte) von besonderem Interesse. Dadurch wird deutlich, dass der Gesetzgeber Minderjährige auch und gerade im Falle einer Trennung oder Scheidung besonders behutsam und rücksichtsvoll behandelt wissen möchte.

IV. Sozialgesetzbuch Achtes Buch

Rechtsgrundlage für das Kinder- und Jugendhilferecht ist seit 1.1.1990 das Sozialgesetzbuch Achtes Buch – Kinder- und Jugendhilfe (SGB VIII)[36]. Das SGB VIII ist in erster Linie ein Leistungsgesetz, räumt der Kinder- und Jugendhilfe aber auch Schutz- und Überwachungsfunktionen ein. Dadurch wird sichergestellt, dass die Kinder- und Jugendhilfe primär auf freiwilliger Basis und präventiv im Vorfeld einer Kindeswohlgefährdung tätig wird (Leistungen der Jugendhilfe), sekundär in Wahrnehmung des staatlichen Wächteramts auch Fürsorge-, Schutz- und Überwachungsfunktionen wahrnimmt (andere Aufgaben der Jugendhilfe).[37]

V. FamFG

Seit dem 1.1.2009 gilt mit dem FamFG eine neue Verfahrensordnung für das Familienrecht und die Angelegenheiten der freiwilligen Gerichtsbarkeit. Diese Neukodifizierung des familiengerichtlichen Verfahrens löst das FGG, das 1900 gemeinsam mit dem BGB in Kraft getreten war, ab.[38] Das familienrechtliche Verfahrensrecht macht einen Großteil des Regelungsbestandes aus. Das 1. Buch regelt die allgemeinen Vorschriften und gilt quasi als „FamFG-AT“ für alle folgenden Bücher. Das Familienverfahrensrecht ist im 2. Buch des FamFG geregelt und umfasst 11 Abschnitte. Auch hier ist wiederum ein Allgemeiner Teil vorgelagert (§§ 111-120 FamFG). Kindschaftssachen sind in den §§ 151-168a FamFG geregelt. Die Vorschriften behandeln grundsätzliche Fragen des Kindeswohls und der elterlichen Verantwortung, die nicht speziell in einer anderen Verfah-

35 Staudinger/*Coester*, § 1666, Rn. 1.
36 SGB VIII v. 26.6.1990, BGBl. I, S. 1163.
37 Schellhorn/*W. Schellhorn*, Einführung, Rn. 64, 80.
38 *Häußermann* in: Lipp/Schumann/Veit, FamFG, S. 5 f.

rensart geregelt sind. Gemeinsamer Nenner ist dabei die Bedeutung, die der Person des Kindes im Verfahren zukommt.[39]

VI. Ausführungsbestimmungen der Länder

Die Gesetzgebungskompetenz für das Kinder- und Jugendhilferecht hat der Bund inne. Dieses wird ergänzt durch das Landesrecht der 16 Bundesländer, in erster Linie durch deren Ausführungsgesetze zum SGB VIII.[40] Bundesrecht und Landesrecht sind dabei aufeinander bezogen, wodurch die Ausführungsgesetze ohne Zuhilfenahme des SGB VIII oft nicht verständlich sind. Es werden allerdings auch viele bundesgesetzliche Regelungen wiederholt. Aufgrund der konkurrierenden Gesetzgebung ist der Landesgesetzgeber befugt, dort wo der Bundesgesetzgeber keine Regelung getroffen hat, entsprechende Regelungen vorzunehmen. Das SGB VIII ist an vielen Stellen gerade auf Ergänzungen durch das Landesrecht angelegt und enthält zahlreiche Landesvorbehalte.[41] Mit Inkrafttreten der Föderalismusreform besteht gemäß Art. 84 Abs. 1 GG für die Länder die Möglichkeit, in bestimmten Fällen vom SGB VIII abweichende Regelungen zu treffen. Dies betrifft insbesondere die Einrichtung von Behörden (§§ 69-71 SGB VIII) und das Verwaltungsverfahren. Hessen hat von dieser Möglichkeit nur insofern Gebrauch gemacht, als gemäß § 7 HKJGB das Landesjugendamt und die oberste Landesjugendbehörde in einem Ministerium vereinheitlicht wurden.[42]

B. Das Familiengericht

Das Familiengericht ist gemäß § 23b GVG eine Abteilung des Amtsgerichts, die für die Entscheidung von Familiensachen zuständig ist. Seit Einführung der Familiengerichte in den 70er Jahren des letzten Jahrhunderts unterliegt die Familiengerichtsbarkeit einem ständigen Wandel. Dies gilt besonders für den hier interessierenden Bereich des Kindschaftsrechts. So fallen Verfahren wegen Gefährdung des Kindeswohls erst seit 1998 in die Zuständigkeit der Familiengerichte.[43] Durch das FGG-Reformgesetz, das am 1.9.2009 als FamFG in Kraft trat, wurden die Zuständigkeiten des Familiengerichts erneut erweitert und ein weiterer

39 *Coester* in: Lipp/Schumann/Veit, FamFG, S. 39 f.

40 In Hessen das Hessische Kinder- und Jugendhilfegesetzbuch (HKJGB) v. 18.12.2006, GVBl. I, S. 698, GVBl. II, S. 34-56, mit dem HKJGB wurden sechs Einzelgesetze aus dem Bereich Kinder- und Jugendhilfe zu einem einheitlichen Gesetz zusammengefasst.

41 *Wabnitz*, HKJGB, Einführung, S. 19.

42 *Wabnitz*, HKJGB, Einführung, S. 20.

43 Zuvor waren die Vormundschaftsgerichte zuständig.

Schritt in Richtung Großes Familiengericht vollzogen.[44] Die Zuständigkeit des Familiengerichts ergibt sich aus § 23a Abs. 1 Nr. 1 GVG i.V.m. § 111 FamFG. Zu den Zuständigkeiten des Familiengerichts gehören, neben Trennung und Scheidung und deren Folgen, auch sämtliche kindschaftsrechtliche Fragestellungen.

I. Qualifikation

Gemäß § 23b Abs. 3 GVG werden die Abteilungen für Familiensachen mit Einzelrichtern besetzt.[45] Obwohl es Ziel des Gesetzgebers war, besonders erfahrene und qualifizierte Richter als Familienrichter einzusetzen, enthält das Gesetz keine Aussage über besondere Qualifikationen des Familienrichters.[46] Wegen der Bedeutung der Familiensachen und der Breite des Aufgabengebietes sollten allerdings nur solche Richter mit Aufgaben eines Familienrichters betraut werden, die bereits über hinreichende richterliche Erfahrung verfügen und besonders qualifiziert sind. Eine besondere Vorbildung des Familienrichters, wie eine psychologische Schulung wird daneben nicht verlangt. Bei Einführung der Familiengerichte ging der Gesetzgeber davon aus, es könne erwartet werden, dass die Familienrichter auch ohne ausdrückliche Regelung mit den soweit geeigneten Persönlichkeiten besetzt werde.[47] In der ursprünglichen Fassung des § 23b GVG waren Richter auf Probe deswegen als Familienrichter noch ausgeschlossen.[48] Erfahrungen aus der Praxis zeigen jedoch, dass die Vorstellungen des Gesetzgebers nicht nur bei noch unerfahrenen Proberichtern auf Schwierigkeiten stoßen.[49] Die Vorstellungen des Gesetzgebers von besonders qualifizierten Familienrichtern mit breit gestreuter Sachkunde[50] waren und sind mithin mehr Wunsch als Wirklichkeit. Bis heute werden Richter zum Familiengericht berufen, die über keinerlei Qualifikationen und Kenntnisse auf den Gebieten des Familien- und Kindschaftsrechts verfügen.

---

44 Warum der Weg noch nicht ganz vollzogen ist steht im 3. Teil, Kap. C. I. 2.

45 Die Entscheidung gegen ein Richterkollegium war in der rechtspolitischen Diskussion durchaus umstritten, *Kissel/Meyer*, GVG, § 23 b, Rn. 6; § 75, Rn. 2 ff. Auch die Besetzung mit fachkundigen Laienrichtern stand zur Debatte, wurde aber nicht umgesetzt, siehe hierzu 3. Teil, Kap. C. I. 3.

46 Siehe hierzu auch: *Salgo*, FamRZ 1984, 221 (226 ff.).

47 BT-Drucks. 7/650. 82.

48 Durch das RPflegEntlG vom 1.3.1993 wurde diese Vorschrift allerdings dahingehend gelockert, dass ein Richter auf Probe nur im ersten Jahr nach seiner Ernennung nicht als Familienrichter tätig sein darf.

49 *Schnitzler* in: Anwaltshandbuch Familienrecht, § 4, Rn. 33.

50 BT-Drucks. 7/650. 80 ff.

II. Die Bedeutung des Familiengerichts für den Kindesschutz

Häufig wird die Frage nach einem optimalen Kindesschutz unter dem Aspekt der Kooperation zwischen Jugendamt und Familiengericht als Verantwortungsgemeinschaft gestellt.[51] An dieser Stelle soll jedoch zunächst einmal geklärt werden, was das Familiengericht in seiner Funktion als Organ der Judikative für einen bestmöglichen Kindesschutz leisten kann und was es braucht, um es effektiver und konstruktiver einsetzen zu können.

Ohne Frage kommt dem Familiengericht eine besondere Bedeutung im Bereich des repressiven Kindesschutzes zu. Nur das Familiengericht ist in der Lage und über das staatliche Wächteramt ermächtigt, Eingriffe in das elterliche Erziehungsrecht vorzunehmen. Neben § 1666 BGB enthält das 4. Buch BGB noch eine Reihe weiterer Vorschriften, die den Familienrichter zu Eingriffen in die elterliche Sorge ermächtigen. So muss sich der Familienrichter auch in Zusammenhang mit einer Trennung oder Scheidung oder im Rahmen eines Sorgerechtsverfahrens mit kindschaftsrechtlichen Fragestellungen auseinandersetzen.

Das Familiengericht wird allerdings nicht nur im Rahmen einer konkreten Kindeswohlgefährdung, sondern bereits im Vorfeld einer solchen tätig. Im Rahmen des Gesetzes zur Erleichterung familiengerichtlicher Maßnahmen bei Gefährdung des Kindeswohls sind die originären Kompetenzen des Familienrichters im Kindesschutz herausgearbeitet worden. Danach sollen die Familiengerichte im Interesse vernachlässigter und misshandelter Kinder früher eingreifen, um so den Hilfeprozess zu fördern und den Schutz gefährdeter Kinder zu verbessern. Das Familiengericht soll frühzeitig mit den Eltern in Kontakt kommen, um so auf diese einzuwirken, möglichst bereits im Vorfeld einer konkreten Kindeswohlgefährdung öffentliche Hilfen in Anspruch zu nehmen.[52] Damit hat sich der Schwerpunkt familiengerichtlicher Arbeit deutlich nach vorne verlagert. Während vor Inkrafttreten von KiWoMaG und FamFG der Schwerpunkt auf Eingriffen in die elterliche Sorge lag, werden nunmehr in gewissem Maße außerjuristische Kompetenzen der Familienrichter gestärkt und der präventive Ansatz gerichtlicher Arbeit hervorgehoben. Zwar konnte das Jugendamt auch vor Inkrafttreten des KiWoMaG bereits im Vorfeld einer konkreten Gefährdung das Familiengericht nach § 8a Abs. 3 SGB VIII anrufen, wenn es dessen Tätigwerden für erforderlich hielt. Durch die Erörterung der Kindeswohlgefährdung

51 siehe 2. Teil.

52 *Röchling*, FamRZ 2007, 1775 (1776).

durch den Familienrichter nach § 157 FamFG[53] wird diese Pflicht nunmehr untermauert. Im Rahmen dieser Vorschrift wird der Familienrichter nun berechtigt und verpflichtet mit den Eltern und gegebenenfalls auch mit dem Kind zu erörtern, wie einer möglichen Kindeswohlgefährdung begegnet werden kann.

Der Familienrichter spielt eine immer wichtigere Rolle im Kindesschutz. In der Praxis zeigen sich allerdings noch immer fachlich nicht zu begründende Unterschiede in der richterlichen Einstellung und der Vorgehensweise in Kindesschutzfällen. Es ist oftmals vom Zufall abhängig, wann und ob Kinder angehört, Sachverständige eingeschaltet, Verfahrenspfleger bestellt werden oder informelle Kontakte mit dem Jugendamt stattfinden.[54] Das hängt damit zusammen, dass die Arbeit des Richters in der Regel ziel- und ergebnisorientiert verläuft, was in den meisten familienrechtlichen Verfahren, in erster Linie bei vermögensrechtlichen Auseinandersetzungen, auch erforderlich und sachgemäß ist. In Unterhaltssachen ist ebenfalls eine schnelle, ergebnisorientierte Entscheidung für alle Beteiligten von Vorteil. Auf kindschaftsrechtliche Verfahren kann dieser Ansatz allerdings nur eingeschränkt übertragen werden. Hier ist ein ziel- und ergebnisorientiertes Verfahren zuweilen kontraproduktiv. Anders als es der Richter in anderen Verfahren gewohnt ist, muss er sich mit verschiedenen Institutionen absprechen und kann nicht immer eine endgültige Entscheidung treffen. Im Gegensatz zu anderen zivilgerichtlichen Verfahren, erfolgt nur eine eingeschränkte Überprüfung von Vergangenem; die Entscheidung orientiert sich mehr an der gegenwärtigen Situation der Familien und ist auf Verbesserung deren zukünftiger Lage gerichtet. In kindschaftsrechtlichen Verfahren soll der Richter so früh wie möglich und in jeder Lage des Verfahrens auf ein Einvernehmen der Beteiligten hinwirken. Dieser Ansatz, der klassisches Recht mit psychologischen, sozialen und medizinischen Elementen verknüpft, ist dem Richter in der Regel fremd.[55] Zudem wird in der juristischen Ausbildung zu wenig in derartigen Zusatzqualifikationen ausgebildet und auch eine Fort- und Weiterbildungsverpflichtung besteht nicht.[56] Dies führt dazu, dass Richter in kindschaftsrechtlichen Verfahren häufig überfordert sind und nicht alle Möglichkeiten ausschöp-

53 Die Vorschrift trat bereits am 12.7.2008 als § 50 f FGG im Rahmen des KiWoMaG in Kraft.

54 *Prestien*, ZKJ 2008, 59 (61); *Schulze*, ZKJ 2006, 539 f.; *Rosenboom*, ZKJ 2007, 55 ff.; *dies.*, S. 77 ff.; *Tenhaken*, Jugendhilfe aktuell, 3/2007, 27 (30).

55 *Salgo*, FamRZ 1984, 221 (225 f.); *Willutzki* in: dijuf.de, S. 25 (28 f.); *Lessing*, RPflStud 2008, 1 (11); *Prestien*, ZKJ 2008, 59 (61 f.).

56 Siehe nur: *Willutzki* in: dijuf.de, S. 25 (28 f.); *Lessing*, RPflStud 2008, 1 (11); *Prestien*, ZKJ 2008, 59 (61 f.)

fen, die ihnen zur Verfügung stehen.[57] Es bleibt zu hoffen, dass mit Inkrafttreten von FamFG und KiWoMaG einiges zum Rollenverständnis des Familienrichters beigetragen wird und der Erkenntnis, dass der Familienrichter über das rein juristische Wissen hinaus weitere Kompetenzen und Qualifikationen benötigt, gesetzgeberische Handlungen folgen.[58]

C. Das Jugendamt

Die Kinder- und Jugendhilfe umfasst alle Leistungen und anderen Aufgaben freier und öffentlicher Träger zugunsten junger Menschen und deren Familien. Die rechtlichen Grundlagen der Kinder- und Jugendhilfe finden sich im SGB VIII. Während die freien Träger in erster Linie für die Erbringung von Leistungen zuständig sind (§ 4 SGB VIII), nehmen die öffentlichen Träger insbesondere die anderen Aufgaben hoheitlicher, planender und lenkender Natur wahr,[59] sind aber auch für die Gewährung von öffentlichen Hilfen auf Antrag der Sorgeberechtigten zuständig. Die Träger der öffentlichen Jugendhilfe werden durch Landesrecht bestimmt. Jeder örtliche Träger der öffentlichen Jugendhilfe muss ein Jugendamt errichten, der überörtliche Träger ein Landesjugendamt (§ 69 Abs. 3 SGB VIII). Entsprechend dieser Vorgabe existieren zurzeit in Deutschland über 550 Jugendämter,[60] die sich in Ausstattung, Qualifikation und Aufgabenwahrnehmung erheblich unterscheiden. „Die Bandbreite reicht von hoch innovativen Jugendämtern, die in fast allen neuen Handlungsfeldern tätig sind, die zudem ihre Arbeit (...) immer wieder an neuen Standards zeitgemäßer Jugendhilfe ausrichten, bis hin zu (...) innovationsresistenten Verwaltungen des Jugendamts".[61] Grund hierfür ist das Selbstverwaltungsrecht der Kommunen, das

---

57 Mit ein Grund für diese Überforderung ist, dass der Familienrichter nicht nur für kindschaftsrechtliche Verfahren zuständig ist. *Lessing*, RPflStud 2008, S. 1 ff. regt daher die Schaffung eines Richters für Kinderrechte an, der von Anfang an zuständig sein und von der einzelnen Familie, eventuelle Probleme, bereits gelaufene jugendhilferechtliche Maßnahmen etc. Kenntniss haben sollte. Er regt die Einführung einer „Familienakte" an. Die Vorschläge Lessings erinnern stark an das sog. Magellan Project des australischen Familiengerichts.

58 Die Bestrebungen der Großen Koalition zur Stärkung der Aus- und Fortbildung der Familienrichter, Koalitionsvertrag 2005, Kap. VI. 4, S. 120, sind nicht Gesetz geworden.

59 *Mrozynski*, § 2, Rn. 1.

60 *Schäfer* in: FK-SGB VIII, § 69, Rn. 2 spricht von 573 Jugendämtern und 12 Landesjugendämtern (Stand: 31.12.2008; auf der Internetseite jugendaemter.com werden 552 Jugendämter und 12 Landesjugendämter angegeben (Stand: 4.5.2011).

61 *Kreft/Lukas*, Band 1, S. 378.

die qualitative und quantitative Ausgestaltung der jeweiligen Gebietskörperschaft überlässt.[62]

Das Jugendamt setzt sich gemäß § 70 I SGB VIII aus dem Jugendhilfeausschuss und der Verwaltung des Jugendamts zusammen, die die Aufgaben des Jugendamts gemeinsam wahrnehmen. Die zweigliedrige Behördenstruktur hat ihren Grund in der Einbindung der freien Träger in die Aufgaben der Jugendhilfe.[63]

Abbildung 2: Aufgaben der Kinder- und Jugendhilfe

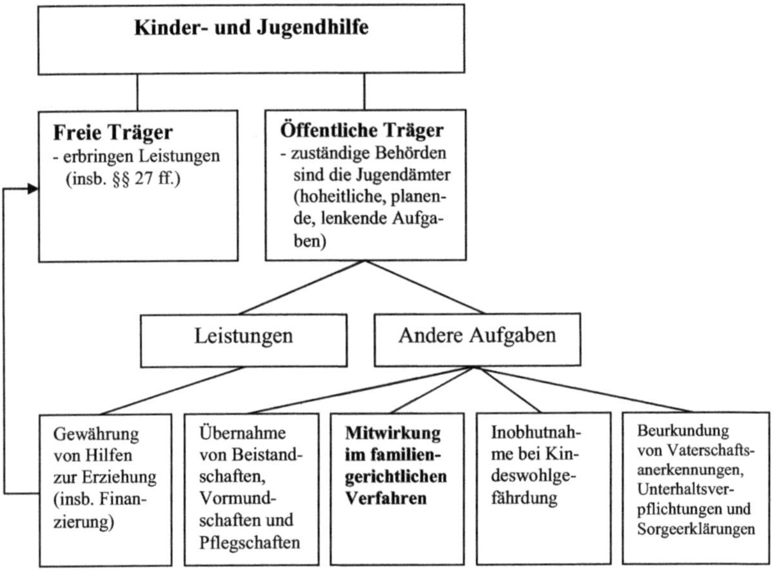

Quelle: Eigene Darstellung

I. Qualifikation

Wie bei den Familiengerichten hängt auch in der Kinder- und Jugendhilfearbeit der Erfolg maßgeblich von der Qualifikation der Mitarbeiter ab.[64] Für den Be-

62 *Münder* in: Münder/Wiesner/Meysen, Handbuch KJHR, Kap. 4.1, Rn. 12.

63 *Mrozynski*, § 70, Rn. 1.

64 *Fischer* in: Münder/Wiesner/Meysen, Handbuch KJHR, Kap. 4.4., Rn. 1; Schellhorn/*W. Schellhorn*, § 72, Rn. 1.

reich der öffentlichen Jugendhilfe formuliert § 72 SGB VIII Anforderungen an die Qualifikation der Mitarbeiter des Jugendamts. Danach sollen bei den Jugendämtern hauptberuflich nur solche Personen beschäftigt werden, die sich für die Aufgabe ihrer Persönlichkeit nach eignen und eine dieser Aufgabe entsprechende Ausbildung erhalten haben (Fachkräfte) oder aufgrund besonderer Erfahrungen in der sozialen Arbeit in der Lage sind, die Aufgabe zu erfüllen.[65] Die Vorschrift ist als Soll-Vorschrift ausgelegt, so dass nur in bestimmten atypischen Ausnahmen von dieser Regelung abgewichen werden darf.[66] Insbesondere dürfen keine Personen eingestellt werden, die rechtskräftig wegen Verletzung der Fürsorge- und Erziehungspflicht, Straftaten gegen die sexuelle Selbstbestimmung oder wegen Misshandlung von Schutzbefohlenen o.ä. verurteilt worden sind (§ 72a SGB VIII). Grundsätzlich sollen also nur Fachkräfte eingestellt werden, die persönlich und fachlich für die jeweilige Aufgabe geeignet sind. Dafür sollten sie eine entsprechende fachliche Ausbildung erhalten und erfolgreich abgeschlossen haben, z.B., als Sozialarbeiter, Sozialpädagoge, Erzieher, Psychologe, Diplompädagoge, Psychiater etc.[67]

Anders als für den Familienrichter ist in § 72 Abs. 3 SGB VIII eine gesetzliche Fortbildungsverpflichtung und Praxisberatung für alle Mitarbeiter des Jugendamts verankert. Diesem Zweck dient auch die Verpflichtung zur Zusammenarbeit mit anderen Stellen und Einrichtungen, insbesondere mit Einrichtungen der Ausbildung für Fachkräfte, der Weiterbildung und der Forschung (§ 81, insb. Nr. 9).[68] Die bindende Fortbildungsverpflichtung ist nicht nur auf hauptberuflich Tätige beschränkt, sondern richtet sich an alle Mitarbeiter des Jugendamts. Voraussetzung für den Erfolg dieser Verpflichtung ist allerdings, dass in den Haushaltsplänen der öffentlichen Träger ausreichend Mittel für die Fortbildung und Praxisberatung zur Verfügung gestellt werden.[69] Trotz der gesetzlichen Verankerung einer Fortbildungsverpflichtung ist das Ziel der Etablierung einer Fachbehörde mit qualifizierten Mitarbeitern nur bedingt geglückt. So besteht bei vielen Fachkräften immer noch ein Defizit an fachlicher Qualifikati-

65 Kritisch zur vorrangigen Nennung der persönlichen Eignung: *Rauschenbach* in: Münder/Jordan, Festschrift für Kreft, S. 101 ff., insb. 105 f.

66 *Wabnitz*, Rechtsansprüche, S. 105.

67 *Fischer* in: Münder/Wiesner/Meysen, Handbuch KJHR, Kap. 4.4., Rn. 6 f. siehe zu Anzahl und Qualifikation der in der Kinder- und Jugendhilfe tätigen Personen insg.: ders., Kap. 4.4., Rn. 16 ff.

68 *Fischer* in: Münder/Wiesner/Meysen, Handbuch KJHR, Kap. 4.4., Rn. 4.

69 Schellhorn/*W. Schellhorn*, § 72, Rn. 11 ff.; mit Blick auf die immer knapper werdenden Kassen dürfte die Fort- und Weiterbildung der Mitarbeiter einer der ersten Punkte sein, bei denen Gelder eingespart werden.

on.[70] Ähnlich wie die Juristen lernen auch Fachkräfte der Kinder- und Jugendhilfe während ihrer Ausbildung nur einen Bruchteil der Fähigkeiten, die sie in ihrem späteren Arbeitsfeld benötigen. In der Praxis sollte zumindest auf Grundkenntnisse aus den Bereichen der (Familien-) Psychologie, Pädagogik und Medizin, aber auch aus dem Verwaltungs-, Familien- und Kindschaftsrecht zurück gegriffen werden können. Ziel der Kinder- und Jugendhilfe sollte es sein, ihre Mitarbeiter möglichst interdisziplinär mit anderen Professionen (insbesondere auch Familienrichtern[71]) aus-, fort- und weiterzubilden.[72] Problematisch ist zudem, dass die Fortbildungsverpflichtung sich nicht auf die freien Träger erstreckt. In diesem Bereich sehen lediglich die §§ 43 Abs. 2 S. 1, 45 Abs. 2 S. 1 Nr. 1 SGB VIII eine Einschränkung dahingehend vor, dass nur geeignete Fachkräfte beschäftigt werden dürfen bzw. eine insoweit geeignete Fachkraft hinzugezogen wird.[73] Zur Gewährleistung effektiven Kindesschutzes, zumindest in Fällen von Kindeswohlgefährdungen, stellt § 8a Abs. 2 SGB VIII sicher, dass auch freie Träger, soweit sie Leistungen nach SGB VIII erbringen, bei der Abschätzung des Gefährdungsrisikos eine insoweit erfahrene Fachkraft hinzuziehen. Der freie Träger muss also sicherstellen, dass die entsprechenden Ressourcen zur Verfügung stehen und die Organisation gesichert ist.[74]

II. Die Bedeutung der Kinder- und Jugendhilfe für den Kindesschutz

Die Kinder- und Jugendhilfe ist die zentrale Institution, wenn es um den Schutz gefährdeter Kinder und Jugendlicher geht. Es ist in der Regel das Jugendamt,

---

70 Zum Bereich der gutachtlichen Stellungnahme siehe: *Oberloskamp/Borg-Laufs/Mutke*, S. 323 ff.

71 Als Beispiel sei hier der Deutsche Familiengerichtstag genannt, dessen Ansatz es von Anfang an war, die verschiedenen am Kindesschutz Beteiligten zusammenzubringen und fortzubilden.

72 Siehe bereits *Oberloskamp*, ZfJ 1982, 519 ff.; gerade hieran mangelt es in der Praxis aber. Zwar werden Fortbildungen rechtlicher Art angeboten, die Mitarbeiter der Jugendämter wählen aber eher Fortbildungen aus den Bereichen der sozialen Arbeit. Dies führt dazu, dass in vielen Jugendämtern Rechtskenntnisse nur rudimentär vorhanden sind, was wiederum zu Schwierigkeiten führt, die Interessen des Jugendamtes und damit auch der Kinder kompetent vor Gericht zu vertreten. Insbesondere gilt das für Schwierigkeiten mit dem Verfahrensablauf und dem Einlegen von Rechtsmitteln. Dies hat beispielsweise das Jugendamt in Frankfurt auch erkannt und fordert seit Jahren die Implementierung eines Juristen beim Jugendamt.

73 *Mrozynski*, § 72, Rn. 2.

74 MünchKommZPO/*Tillmanns*, § 8a SGB VIII, Rn. 8 f.

das eingeschaltet wird, wenn eine Person aus dem Umkreis eines Kindes, sei es der Lehrer, der Nachbar, ein Familienmitglied etc., von einer Gefährdung des Kindes erfährt und an welches sich Kinder und Eltern hilfesuchend wenden. Die Jugendhilfe soll nach § 1 SGB VIII zur Verwirklichung des Rechts junger Menschen auf Förderung ihrer Entwicklung und zur Erziehung zu eigenverantwortlichen Persönlichkeiten beitragen. Sie soll positive Lebensbedingungen für Kinder und Jugendliche fördern, sie aber auch vor Gefahren für ihr Wohl schützen und, um diese Ziele zu erreichen, Eltern und andere Erziehungsberechtigte bei der Erziehung unterstützen und beraten. Diese antragsgebundenen Beratungs- und Unterstützungsmaßnahmen stehen zwar im Vordergrund jugendhilferechtlicher Tätigkeiten, die Kinder- und Jugendhilfe ist aber auch berechtigt, sogenannte andere Aufgaben wahrzunehmen. Dabei handelt es sich um hoheitliche Maßnahmen der Gefahrenabwehr, die das Jugendamt berechtigen, das Familiengericht anzurufen oder das Kind notfalls selbständig in Obhut zu nehmen. Die beiden Bereiche sind weder organisatorisch noch personell voneinander getrennt. Das Jugendamt ist insgesamt eine auf Kooperation mit allen Beteiligten ausgerichtete Behörde. Sie arbeitet auf Basis von Vertrauen und Freiwilligkeit, um Konflikte möglichst vor einer Eskalation zu lösen. Ziel ist es, die familiären Beziehungen der einzelnen Personen langfristig zu erhalten, um die Gesprächsbereitschaft auch noch nach einer möglichen familiengerichtlichen Intervention aufrechtzuerhalten.[75] Das Jugendamt ist zunächst verpflichtet, unter den im SGB VIII geregelten Voraussetzungen, Leistungen – insbesondere Hilfen zur Erziehung – zu gewähren. Da es sich bei den öffentlichen Hilfen der Kinder- und Jugendhilfe aber um Sozialleistungen handelt, sind diese nur auf Antrag der Eltern zu gewähren. Das Jugendamt darf die Leistungen nicht gegen den Willen der Eltern erbringen, sondern muss sich um das Einverständnis der Eltern bemühen. Es handelt sich bei den Leistungen der Kinder- und Jugendhilfe also nicht um Sozialleistungen im herkömmlichen Sinn, „sondern um pädagogische Hilfeangebote, von deren Sinn und Notwendigkeit die Eltern häufig erst überzeugt werden müssen".[76] Sinnvolle Hilfsangebote werden in der Regel und am zweckmäßigsten gemeinsam mit den Eltern und dem Kind erarbeitet, im Jugendamt intern in Teamsitzungen besprochen und in einem Hilfeplan (§ 36 SGB VIII) festgehalten.[77] Während das Jugendamt die Hilfen zur Erziehung gewährt und finanziert, liegt die Umsetzung und Ausführung in der Regel in Händen der freien Träger (§ 4 Abs. 2 SGB VIII).

75 *Bach* in: dijuf.de, Tagungsdokumentation, S. 39.

76 *Wiesner* in: Elz, S. 15 (21); siehe zur „Beratung im Zwangskontext" auch: *Salgo*, ZKJ 2006, 531 (533).

77 *Fieseler/Herborth*, S. 186 ff.

Der Schwerpunkt der Kinder- und Jugendhilfe liegt im präventiven Bereich, also im Vorfeld einer Kindeswohlgefährdung. Aufgabe der Kinder- und Jugendhilfe ist es in erster Linie, Kinder und Jugendliche zu schützen, bevor eine Situation eskaliert. Dies geschieht nicht nur durch konkrete Hilfen, sondern auch durch den Ausbau von Kindertageseinrichtungen, das Angebot vielfältiger Leistungen u.ä. Die Kinder- und Jugendhilfe verwirklicht das staatliche Wächteramt durch effizienten Kindesschutz, möglichst ohne auf das Niveau repressiv-kontrollierender, obrigkeitsstaatlicher Interventionsformen zurückzugreifen. Hierfür ist sie auf Vernetzung und Kooperation mit anderen Professionen angewiesen.[78] Scheitert dieser präventive Ansatz und droht eine Beeinträchtigung des Kindeswohls, kann und muss das Jugendamt aber auch repressive Maßnahmen ergreifen, durch die ein Eingriff in das Elternrecht erfolgt. Dazu hat es zunächst das Gefährdungsrisiko im Zusammenwirken mehrerer Fachkräfte abzuschätzen (§ 8a Abs. 1 S. 1 SGB VIII), kann und muss das Kind oder den Jugendlichen aber auch in Obhut nehmen (§ 42 SGB VIII) und/oder nach § 8a Abs. 3 bzw. § 42 Abs. 3 Nr. 2 SGB VIII das Familiengericht anrufen, wenn es dies für erforderlich hält. Das Jugendamt ist unabhängig vom Familiengericht und ohne Antrag der Eltern jederzeit berechtigt, Maßnahmen zu ergreifen, wenn es das Wohl des Kindes erfordert. Diese Rechte bleiben dem Jugendamt auch nach Einleitung eines familiengerichtlichen Verfahrens erhalten.[79]

Die Kinder- und Jugendhilfe wird aber nicht nur im Vorfeld des gerichtlichen Verfahrens tätig, sondern wirkt an diesem auch mit. Das Jugendamt unterstützt das Familiengericht bei allen Maßnahmen, welche die Sorge für die Person von Kindern und Jugendlichen betreffen (§ 50 SGB VIII, § 162 FamFG). Sozialarbeiter und Sozialpädagogen sind deshalb insbesondere im Zusammenhang mit einer Ehescheidung (Scheidungsfolgen), bei der Beurteilung der Gefährdung des Kindeswohls, bei der Übertragung von Angelegenheiten der elterlichen Sorge und bei der Regelung des Umgangs mit dem Kind beteiligt. Sie erstellen Berichte und Gutachten und werden vom Gericht angehört.[80] Das Jugendamt ist außerdem verpflichtet, das Familiengericht einzuschalten, wenn es seiner Meinung nach erforderlich ist, um eine Gefährdung des Wohls des Kindes oder des Jugendlichen abzuwenden (§ 8a Abs. 3 SGB VIII).

Aber nicht nur im Vorfeld und während des gerichtlichen Verfahrens, auch im Anschluss an dieses, nimmt das Jugendamt Aufgaben im Rahmen der Beistandschaft, Pflegschaft und Vormundschaft wahr, so dass das Jugendamt in

78 *Rauschenbach/Züchner/Schilling* in: Münder/Wiesner/Meysen, Handbuch KJHR, Kap. 1.2., Rn. 69 ff.

79 *Oberloskamp* in: Lipp/Schumann/Veit, S. 45 (56 f.).

80 *Oberloskamp/Borg-Laufs/Mutke*, S. 19 ff.

sämtlichen Lebenslagen von Kindern und Jugendlichen im Rahmen des staatlichen Wächteramts für diese verantwortlich bleibt.[81]

Das Jugendamt tritt also einerseits als modernes „Dienstleistungsunternehmen" auf, das beratend und helfend zur Seite steht, es kann aber andererseits zum Schutz des Kindes oder Jugendlichen vor Gefahren für dessen Wohl nicht auf Interventionen in das Eltern-Kind-Verhältnis, die mit Eingriffs- und Kontrollrechten verbunden sind, verzichten. Hier wird die Doppelfunktion des Jugendamts deutlich, die häufig zu Problemen in der Akzeptanz dieser Behörde führt.[82]

---

81 Die Aufgaben des Jugendamts bei der Mitwirkung im und im Anschluss an das gerichtliche Verfahren ergeben sich aus den §§ 50, 51, 53, 55, 57, 42 SGB VIII

82 *Wiesner* in: Münder/Wiesner/Meysen, Handbuch KJHR, Kap. 1.3, Rn. 50 f.; zur Doppelfunktion: *Kaufmann*, DAVorm 1998, S. 481 ff; siehe auch: *Münder/Mutke/Schone*, S. 188.; *Mann*, ZfJ 1994, 214 (216); *Goldstein u.a.*, Das Wohl des Kindes, S. 84 f.; *Oberloskamp*, Kind-Prax 2002, 3 (8 f.) geht zu Recht davon aus, dass „nicht jede Doppelrolle zu einem Rollenkonflikt führen muss". So wie ein Lehrer gleichzeitig lehren und bewerten kann, kann auch das Jugendamt gleichzeitig beraten, am familiengerichtlichen Verfahren mitwirken und die Umsetzung der gerichtlichen Entscheidung kontrollieren.

2. Teil: Interdependenzen zwischen Familiengericht und Jugendamt

A. Das Verhältnis von (Familien-) Gericht und Jugendamt im historischen Wandel

Um das bestehende Verhältnis von Jugendamt und Familiengericht und deren gemeinsame Verantwortung für die Sicherung des Kindeswohls nachvollziehen zu können und zu verstehen, bedarf es eines Überblicks über die historische Entwicklung, die ihren vorläufigen Abschluss in dem am 4. Juli 2008 in Kraft getretenen Gesetz zur Erleichterung familiengerichtlicher Maßnahmen bei Gefährdung des Kindeswohls[83] und dem am 1. September 2009 in Kraft getretenen FamFG[84] gefunden hat. Familiengerichtsbarkeit und Jugendamt sind und waren seit jeher darauf angewiesen zu kooperieren und gemeinsam Lösungen für hilfebedürftige Kinder- und Jugendliche sowie deren Eltern zu finden. Diese Zusammenarbeit blickt auf eine lange Tradition zurück. Im Laufe der Jahrzehnte hat sich aber nicht nur das Verständnis staatlicher Mitverantwortung für die Erziehung von Kindern verändert, sondern auch das interne Verhältnis zwischen Familiengericht[85] und Jugendamt und damit die Art und Weise ihrer Kooperation.[86] Die Veränderungen werden anhand der einzelnen Etappen der Gesetzgebung deutlich.

---

83 BGBl I, S. 1188

84 Artikel 1 des Gesetzes zur Reform des Verfahrens in Familiensachen und in den Angelegenheiten der freiwilligen Gerichtsbarkeit (FGG-Reformgesetz) v. 17. Dezember 2008 BGBl. I, S. 2586 ff.

85 Bis zum 1.7.1998 Vormundschaftsgericht.

86 *Wiesner* in: dijuf.de, Tagungsdokumentation, S. 30 (31) = *Wiesner*, ZfJ 2003, 121 (123); sehr schön und plastisch dargestellt bei: *Oberloskamp*, FamRZ 1992, 1241.

I. Die Entwicklung des Kinder- und Jugendhilferechts in Deutschland

1. Die rechtliche Zersplitterung vor dem Reichsjugendwohlfahrtsgesetz

Das Jugendamt als die zentrale Behörde der Kinder- und Jugendhilfe blickt auf eine lange, wechselvolle Entwicklung zurück, deren Ursprung in der Armenpflege/-fürsorge, im Polizei- und Ordnungsrecht und in der Jugendpflege liegt.[87]

Die Geschichte der Jugendfürsorge[88] beginnt schon sehr früh. Bereits im Mittelalter kannte man die Fürsorge für familien- bzw. sippenlose Kinder. Am Anfang der Neuzeit kamen als weitere Gruppe noch die Armenkinder hinzu. Dieser Beginn der Jugendfürsorge war jedoch rein privater Natur und ging zumeist von der Kirche oder privaten Haushalten in Form von Almosen aus.[89] Der Staat betrachtete diese private pädagogische Kinderfürsorge zwar wohlwollend, beschränkte seine eigenen Maßnahmen aber auf die rein materielle Sorge für die Armenkinder.[90] Erst in der zweiten Hälfte des 19. Jahrhunderts entwickelte auch der Staat aufgrund der zunehmenden Verwahrlosung von Kindern und Jugendlichen ein eigenes Interesse an der Erziehungsfürsorge.[91]

a) Der Beginn der öffentlichen Fürsorge als Zwangsmaßnahme für kriminelle und verwahrloste Jugendliche

Ausgangspunkt der öffentlichen Jugendfürsorge war somit das 19. Jahrhundert. Zunächst griff der Staat nur in die Erziehung der Armenkinder ein, wenn das Wohl des Einzelnen oder der Gemeinschaft gefährdet war. Die Hilfe bestand in Form einer Art Familienunterstützung, bei der die Kinder zusammen mit ihren Eltern materielle, staatliche Unterstützung bekamen. Erst in der zweiten Hälfte des 19. Jahrhunderts begann der Staat, sich allmählich auch um verwahrloste und kriminelle Kinder zu kümmern; erstmals kam der Gedanke auf, in die elterlichen Erziehungsrechte einzugreifen.[92] Die zunehmende Industrialisierung und die damit verbundene Trennung von Arbeits- und Lebensbereich führten dazu, dass sich die Mütter der unteren sozialen Schichten nicht mehr im erforderlichen

87 *Gries/Ringler*, Kap.1.1, S. 13.

88 Heutige Kinder- und Jugendhilfe.

89 *Scherpner*, S. 16.

90 Die heutige Aufspaltung zwischen öffentlichen und freien Trägern geht auf diese historisch gewachsene Aufspaltung zwischen öffentlicher und privater Fürsorge zurück.

91 *Marburger*, S. 54 f.

92 *Scherpner*, S. 156 f., 160 f.

Maß um ihre Kinder kümmern konnten und diese zunehmend auf sich selbst gestellt waren. Viele Kinder waren damit für ihr gegenwärtiges und zukünftiges Leben schlecht vorbereitet und drohten, nicht mehr in die Gesellschaft integriert werden zu können. Um diese Kinder kümmerte sich zunächst die private Fürsorge in eigens hierfür gegründeten Erziehungsanstalten. Mit zunehmender Verschlechterung der wirtschaftlichen und sozialen Lage der Arbeiter nahm die Verwahrlosung und Kriminalität unter den Kindern und Jugendlichen aber immer mehr zu. Da dies zu einer Beeinträchtigung der gesellschaftlichen Ordnung führte, sah sich nun auch der Staat gezwungen, in diese Verhältnisse einzugreifen. Die nun ergriffenen Schutz- und Erziehungsmaßnahmen folgten in erster Linie aus polizeilicher Motivation.[93] Die öffentliche Fürsorgeerziehung war in ihrem Ursprung somit als Zwangsmaßnahme für kriminelle und verwahrloste Jugendliche gedacht und fand ihren ersten gesetzlichen Niederschlag im preußischen Strafgesetzbuch vom 14.4.1851 und im Reichsstrafgesetzbuch vom 15.5.1871[94] als strafrechtliche Sonderbehandlung für unter 12-jährige, die von nun an als strafunmündig (§ 55 RStGB), bzw. 12- bis 18-jährige, die jetzt als bedingt strafmündig galten (§§ 56 f. RStGB)[95]. Im Falle einer Verurteilung konnte der Richter die Unterbringung der über 12-jährigen in einer Besserungsanstalt anstatt eines Gefängnisaufenthaltes anordnen. In dieser Fassung war jedoch offengeblieben, wie mit diesen Kindern genau zu verfahren sei. Auf Grundlage einer Ergänzung zu § 55 RStGB[96] war es später auch möglich, Kinder unter 12 Jahren aufgrund landesrechtlicher Bestimmungen in Erziehungs- oder Besserungsanstalten unterzubringen, wenn die Vormundschaftsbehörde zuvor eine strafbare Handlung festgestellt hatte. Aufgrund dieser Vorschrift wurden in einigen Mitgliedsstaaten des deutschen Reiches Ausführungsgesetze verabschiedet, im Zuge derer auch die ersten Erziehungsbehörden[97] entstanden, die die Fürsorgeerziehung in die Wege leiteten und überwachten. In der Einführung

---

93 *Marburger*, S. 55.

94 RGBl. 1871, S. 127 ff. (§§ 55 bis 57).

95 *Dräger*, S. 262; diese Sonderbehandlung geht zurück auf das Strafrecht der französischen Revolution, erste gesetzliche Sonderbestimmungen für jugendliche Straftäter finden sich im französischen Strafgesetz v. 1791 (Code penal). Jugendliche Straftäter unter 16 wurden nach den Vorschriften des Code penal milder bestraft und konnten nicht zum Tode verurteilt werden. Außerdem hatte das Gericht die Möglichkeit bis zur Vollendung des 20. Lebensjahres erzieherisch auf den Jugendlichen einzuwirken. Siehe hierzu *Dräger*, S. 23, 249 f.; *Scherpner*, S. 161 f.

96 RGBl. 1876, S. 25 ff. (http://de.wikisource.org/wiki/Kategorie:Deutsches_Reichsgesetzblatt_1876)

97 Vorgänger der heutigen Jugendämter.

dieser Vorschrift kann die Grundlage für die heutige Kinder- und Jugendhilfe im Allgemeinen und die Hilfen zur Erziehung im Speziellen gesehen werden.

Auch das preußische Zwangserziehungsgesetz von 1878 ging daraus hervor, welches die „Unterbringung verwahrloster Kinder" aufgrund einer Straftat vorsah. Die Maßnahme war beendet, wenn der Zweck der Unterbringung erreicht war, bzw. der Jugendliche die Volljährigkeit erreicht hatte. Dies war durch Beschluss des zuständigen Vormundschaftsrichters festzustellen.[98]

Weiter ging schon das badische Gesetz „betreffend die staatliche Fürsorge für die Erziehung verwahrloster jugendlicher Personen" vom 4.5.1886. Zum einen setzte das Gesetz die Altersgrenze strafrechtlicher Verantwortung auf 16 Jahre herauf, zum anderen erkannte der Gesetzgeber schon hier den Vorteil präventiver Maßnahmen. Die Kinder und Jugendlichen sollten nicht erst dann untergebracht werden, wenn sie schon straffällig geworden waren, sondern bereits dann, wenn durch Missbrauch oder Vernachlässigung des Erziehungsrechts bzw. Versagen des Erziehungsberechtigten Verwahrlosung zu befürchten war. So sollte eine evtl. Straffälligkeit gerade vermieden werden. Das Eingreifen des Staates sollte keine repressive, sondern eine prophylaktische Maßnahme darstellen.

b) Das BGB – Eingriff ohne strafrechtlichen Hintergrund

Dieser präventive Schutz diente auch als Grundlage für das am 1.1.1900 in Kraft getretene BGB. Obwohl in den Gesetzesentwürfen und der daran ansetzenden Diskussion von vielen Seiten gefordert wurde, staatliche Eingriffe in das elterliche Erziehungsrecht auch ohne ein nachweisbares väterliches Versagen zu gestatten, wurde das BGB ohne eine derartige Regelung verabschiedet.[99] Damit schränkte es die staatlichen Eingriffsrechte wieder erheblich ein, da es einen Eingriff in das elterliche Erziehungsrecht zwar bei Nichtvorliegen einer strafbaren Handlung, jedoch nur bei nachweisbar verschuldetem Versagen der Eltern gestattete.[100] Zwar blieben die landesgesetzlichen Vorschriften[101], die den Eltern

98 *Uhlendorff*, Einleitung, S. 16 f.; *Gries/Ringler*, Kap.1.1, S. 15 f; *Scherpner*, S. 163.

99 Die Möglichkeit staatlichen Eingreifens ohne elterliches Verschulden wurde erst 1980 in das BGB eingeführt, das Tatbestandsmerkmal des elterlichen Erziehungsversagens erst 2008 im Rahmen des KiWoMaG gestrichen.

100 In den Gesetzgebungsprotokollen wurde zwar vorgeschlagen und intensiv diskutiert, den § 1666 insofern zu ergänzen, dass der Vater in seinem Erziehungsrecht auch dann beschränkt werden kann, wenn den Vater kein Vorwurf einer Vernachlässigung trifft, das Kind sich aber in einem Zustande der Verwahrlosung befindet. *Mugdan*, Materialien zum BGB, S. 988 f., 1258 ff. Dieser Vorschlag wurde aber in die endgültige Fassung des § 1666 BGB nicht aufgenommen, obwohl sich insbesondere auch einzelne

auch bei einem unverschuldeten Versagen Hilfe gewährten, aufgrund Art. 135 des Einführungsgesetzes zum BGB in Kraft, Eingriffe waren jedoch nur noch bei drohendem „völligen sittlichen Verderben" gerechtfertigt. Auf dieser Grundlage wurden etliche Landesausführungsgesetze erlassen, die den präventiven Schutz des BGB aufnahmen. Als das berühmteste sei hier das Preußische Gesetz für die Fürsorgeerziehung Minderjähriger, geändert am 2.7.1900, genannt.[102]

Die Wahl der Maßregeln, welche zur Abwendung der Gefährdung des Kindes erforderlich sind, waren schon damals dem Vormundschaftsrichter überlassen. Dabei wurde nicht etwa der Entzug der Personensorge als das geeignetste Mittel gesehen, sondern vielmehr die Unterbringung des Kindes in einer geeigneten Familie oder in einer Erziehungs- oder Besserungsanstalt.[103] Für die Anordnung und Durchführung dieser Zwangserziehung blieben die Landesgesetze mit den entsprechenden Bestimmungen über die Mitwirkung von staatlichen oder kommunalen Behörden anwendbar. Schon damals wurde in den Gesetzesprotokollen die Forderung laut, Ausführung und Vollzug des vormundschaftsrechtlichen Beschlusses sei Sache der Verwaltungsbehörde. Zu diesem Zwecke solle sich die Verwaltungsbehörde mit dem Vormundschaftsgericht in Einvernehmen setzen und eine einvernehmliche Lösung anstreben. Dies sei insbesondere auch in Hinblick auf die Kostenfrage wünschenswert, da die Verwaltungsbehörde in der Regel über die Mittel zur Ausführung des vormundschaftsrechtlichen Beschlusses verfüge. Auch die Ermittlung einer geeigneten Familie bereite der Verwaltungsbehörde weniger Schwierigkeiten, als dem Vormundschaftgericht. Gemäß §§ 55, 56 StGB sei die Anordnung und Ausführung inklusive der Wahl der Anstalt Sache dieser Behörde. Dieser Vorschlag wurde jedoch von der Mehrheit der Kommission abgelehnt. Lediglich für die Unterbringung in einer Erziehungs- oder Besserungsanstalt sei die Verwaltungsbehörde ermächtigt. Über die Unterbringung in einer geeigneten Familie entscheide alleine der Vormundschaftsrichter. Die Durchführung dieser Maßnahme hing allerdings davon ab, ob in den Landesgesetzen die entsprechenden Einrichtungen benannt waren und damit in der Praxis auch tatsächlich umgesetzt werden konnten. War dies nicht der Fall, blieb der Beschluss des Richters unter Umständen undurchführbar. Dies sei zwar ein unerwünschtes Resultat, könne jedoch nicht geändert

Bundesländer für eine dementsprechende Fassung des § 1666 stark machten. *Mugdan*, Materialien zum BGB, S. 1260.

101 Genannt seien hier das Hessische Gesetz v. 11.1.1887, das die Zwangserziehung auch ohne Verschulden der Eltern und ohne, dass eine Straftat des Kindes vorliegt zuließ und das Badische Gesetz v. 4.5.1886. (*Mugdan*, Materialien zum BGB, S. 1260)

102 *Gries/Ringler*, Kap.1.1, S. 15 f.; *Scherpner*, S. 163 f.; *Mugdan*, Materialien zum BGB, S. 988 ff., 1173

103 *Mugdan*, Materialien zum BGB, S. 426 f., 1174.

werden.[104] Deutlich wurden damit erneut das Bedürfnis einer reichseinheitlichen gesetzlichen Regelung der Fürsorgebehörden und der damit verbunden Einrichtungen.[105]

c) Eingriffe in das elterliche Erziehungsrecht um die Jahrhundertwende

Ende des 19., Anfang des 20. Jahrhunderts gab es demnach drei Möglichkeiten, in das Erziehungsrecht der Eltern aus Gründen des Kindeswohls einzugreifen: Zum einen aus strafrechtlicher Sicht, wenn das Kind eine Straftat begangen hatte, aufgrund fehlender Einsichtsfähigkeit aber nicht zur Rechenschaft gezogen werden konnte. Zum anderen auf Grundlage des Bürgerlichen Gesetzbuches, wenn dem Vater ein schuldhaftes Erziehungsversagen nachgewiesen werden konnte und zum dritten im Sinne des Einführungsgesetzes zum BGB bei unverschuldetem Versagen, wenn objektive Verwahrlosung des Kindes vorlag.[106]

Bei den 12- bis 18-jährigen stellte der Strafrichter zunächst die Strafbarkeit des Jugendlichen fest. Da dieser aufgrund seiner gemäß 56 RStGB fehlenden Einsichtsfähigkeit strafrechtlich nicht verfolgt werden konnte, konnte der Strafrichter eine Unterbringung in den, den Strafvollzugsanstalten unterstehenden, eigenen Zwangserziehungsanstalten anordnen. Die Erziehung dieser Kinder unterstand damit den Strafvollzugsbehörden.

Über § 55 RStGB konnten die unter 12-, bzw. in Baden unter 16-jährigen Kinder nach landesrechtlichen Vorgaben untergebracht werden. Weil der Strafrichter für die unter 12- bzw. 16-jährigen nicht zuständig war, fiel die Zuständigkeit dem Vormundschaftsgericht zu. Der Grund für das öffentliche Einschreiten war die Straftat des Jugendlichen, diese musste durch den Vormundschaftsrichter zunächst festgestellt werden. In Baden, Hessen und anderen Bundesländern war die Unterbringung sogar ohne strafbare Handlung, also rein präventiv möglich.[107]

Das Gericht (entweder Strafgericht oder Vormundschaftsgericht) stellte den Rechtsgrund fest und ordnete eine Unterbringung an, die die Fürsorgebehörde bzw. Strafvollzugsbehörde dann durchzuführen hatte. Auch bediente man sich als Ausführungsorgan der freien Erziehungsanstalten, die sich allmählich zu einer solchen Zusammenarbeit bereit erklärten. Die Entscheidung über eine Unterbringung traf damit das Vormundschaftsgericht (oder eine adäquate Behörde).

104 *Mugdan*, Materialien zum BGB, S. 987, 996

105 Es ist eigentlich unfassbar, dass wir seit 1900 immer noch nicht weitergekommen sind. Auch heute noch kann der Richter Maßnahmen anordnen, die aufgrund mangelnder Kostenübernahme seitens des Jugendamts schlicht nicht durchführbar sind!

106 *Scherpner*, S. 164.

107 *Scherpner*, S. 163.

Die staatliche Erziehung überwachte dann eine eigene Erziehungsbehörde. Die Finanzierung wurde aus öffentlichen Mitteln bestritten.[108] Damit war der Grundstein für eine staatliche Fürsorge als gemeinsame Aufgabe von Vormundschaftsgericht und Jugendamt gelegt.

Hier ist der Ursprung der heutigen Kinder- und Jugendhilfe im Allgemeinen und der Hilfen zur Erziehung im Speziellen zu sehen. Erstmals findet sich eine Unterscheidung zwischen Jugendstrafgericht und der diesem zugeordneten „Jugendgerichtshilfe" sowie Vormundschaftsgericht und den dieses unterstützenden Erziehungs- und Fürsorgebehörden. Erstmals existiert, wenn auch nur in Ansätzen, eine Form der Zusammenarbeit zwischen staatlicher Erziehungsbehörde und Gericht.

Ausgangspunkt eines staatlichen Kindesschutzes ist damit das Strafrecht, das auch den Grundstein einer Fürsorge für noch nicht straffällig gewordene Kinder und Jugendliche gelegt hat. Aber erst mit Einführung des BGB entstand eine reichseinheitliche Regelung, wie mit gefährdeten, aber noch nicht straffällig gewordenen Kindern umzugehen ist. Erst mit Einführung des BGB entstand damit eine eigene, vom Strafrecht gänzlich unabhängige, reichsweite Regelung zum Umgang mit gefährdeten Kindern.

d) Beginn einer Institutionalisierung der öffentlichen Jugendhilfe

Ausgangspunkt der Institutionalisierung der öffentlichen Jugendhilfe war also das erwachende Interesse des Staates, die zunehmende Verwahrlosung und Kriminalisierung von Kindern und Jugendlichen zu verhindern und zu bekämpfen.

Ein weiter Bereich der öffentlichen Jugendhilfe und ein wichtiger Schritt hin zu einer Institutionalisierung derselben war das Armen-, Waisen- und Pflegekinderwesen, das seine Ursprünge bereits im 17. Jahrhundert mit der Einrichtung erster Waisenhäuser hatte. Die steigende Zahl unehelicher Kinder und die ungenügende Versorgung, die zu einer hohen Sterblichkeit führte, veranlasste den Gesetzgeber 1875 zur Verabschiedung einer neuen Vormundschaftsordnung in Preußen, die das Vormundschaftsgericht als zentrale Behörde für alle Vormundschaftssachen einführte.[109]

Als weiterer wichtiger Aspekt der Institutionalisierung der öffentlichen Jugendhilfe sei schließlich noch die Kinder- und Jugendpflege erwähnt. Dieser Bereich umfasste sämtliche Maßnahmen vorbeugender Art, die der Förderung des geistigen, sittlichen und körperlichen Wohls Minderjähriger dienten. Die Jugendpflege hatte ihren Ursprung zunächst in der schulentlassenen Jugend, die

108 *Scherpner*, S. 163; *Marburger*, S. 56
109 *Uhlendorff*, Einleitung, S. 18.

aufgrund mangelnder Betreuung mehr und mehr als gefährdet angesehen wurde, dehnte sich aber nach und nach auch auf die Säuglingsfürsorge, Kinderkrippen, Kindergärten, Horte, Schulkinderpflege etc. aus.[110]

Seit dem Aufkommen der ersten Bestrebungen für eine gesetzliche Handhabe der Erziehung und „Verwahrung" bedürftiger Kinder und Jugendlicher bis zu der Einrichtung erster zentraler Stellen der öffentlichen Jugendwohlfahrt (ca. 1871-1910), war der Bereich der Kinder- und Jugendfürsorge gezeichnet von einer rechtlichen und organisatorischen Zersplitterung und einem Nebeneinander von Reichs- und Landesgesetzen.[111] Unzählige verschiedene, staatliche wie private Behörden und Organisationen arbeiteten mit- und nebeneinander. Die Polizei als Gewerbeaufsichtsbehörde beim Kindesarbeitsschutz, als Pflegekinderaufsichtsbehörde und als antragsberechtigte Behörde bei der Einleitung der Fürsorgeerziehung, die Armen- und Waisenämter der Städte, kommunale Gesundheitsämter, Ortsarmenverbände, Fürsorgeerziehungsbehörden, Vormundschaftsgerichte, Strafgerichte etc.[112] Der Ruf nach einer Vereinheitlichung der Jugendfürsorge und die Zusammenfassung kindlicher Belange von Geburt bis zur Volljährigkeit unter dem Dach einer Behörde wurde immer lauter. Zwar hatten einige Städte bereits Jugendfürsorgebehörden als Vorläufer der heutigen Jugendämter etabliert[113], es fehlte aber an einer reichseinheitlichen Umsetzung und an einer endgültigen Lossagung von der Armenpflege.[114] Der erste Weltkrieg verschlechterte die Situation von Kindern und Jugendlichen weiter und machte den Bedarf nach einer einheitlichen Institution für die Bedürfnisse junger Menschen noch deutlicher.[115]

Das Ziel war es dementsprechend, nach dem 1. Weltkrieg ein reichseinheitliches Gesetz zu schaffen, in dem das Jugendamt erstmals als reichseinheitliche Behörde verankert werden sollte. Schon im September 1918 trat aus diesem Grund der Deutsche Jugendfürsorgetag mit dem Thema „Jugendämter als Träger öffentlicher Fürsorge im Reich" zusammen, der den Grundstein für das spätere Reichsgesetz für Jugendwohlfahrt legte.[116]

Als Grundlage für die Entstehung einer reichsweiten Behörde für die Belange von Kindern und Jugendlichen (Jugendamt) dienten aber die Organisationsmodelle der einzelnen Städte während des deutschen Kaiserreichs, die die Ju-

110 *Uhlendorff*, Einleitung, S. 18; *Gries/Ringler*, Kap. 1.2, S. 19 ff.

111 *Gries/Ringler*, Kap. 1.1, S. 13 ff.

112 *Scherpner*, S. 172; *Marburger*, S. 56.

113 Mainz 1909, Hamburg 1908/1910, Dresden 1909, Magdeburg 1910, Breslau 1912, Lübeck 1913, Bremen 1912, Mannheim 1913, siehe bei Gries/Ringler, Kap.1.1, S. 18.

114 siehe hierzu mit weiteren Literaturnachweisen: *Gries/Ringler*, Kap. 1.1, S. 13 ff.

115 *Jordan* in: Jordan/Münder, 65 Jahre Reichsjugendwohlfahrtsgesetz, S. 19.

116 *Gries/Ringler*, Kap. 2.1, S. 25.

gendämter als Zentralen für öffentliche Jugendhilfe einführten. Diese lieferten den Grundstein zur Einführung weiterer Jugendämter in der Nachkriegszeit und gipfelten schließlich in der Etablierung einer reichsweiten Jugendbehörde im Rahmen des RJWG.[117]

Auch mit der Einführung der Weimarer Reichsverfassung und der Festsetzung eines staatlichen Schutzauftrages zugunsten gefährdeter Kinder und Jugendlicher (Art. 119 ff. WRV) war ein weiterer Schritt gegangen, insbesondere, um nun auch Eingriffe in das elterliche Erziehungsrecht verfassungsrechtlich zu legitimieren.

Abbildung 3: Entwicklung der Jugendgesetzgebung

Die Entwicklungen bis zum Reichsjugendwohlfahrtsgesetz im Überblick (nicht abschließend):

• 1875	Preußische Vormundschaftsordnung
• 26.02.1876	Novelle zum Reichsstrafgesetzbuch (Einführung des § 55 RStGB) (RGBl, 25 ff.)
• 1878	Preußisches Ausführungsgesetz zum Reichsstrafgesetzbuch
• 1886	Badisches Ausführungsgesetz zum Reichsstrafgesetzbuch
• 1.11.1887	Hessisches Ausführungsgesetz zum Reichsstrafgesetzbuch
• 01.01.1900	Bürgerliches Gesetzbuch
• 1900	Einführungsgesetz zum Bürgerlichen Gesetzbuch (Art. 135)
• 02.07.1900	Preußisches Gesetz für die Fürsorgeerziehung Minderjähriger
• 24.11.1901	Erlass betreffend die Veranstaltungen und die Unterhaltung der schulentlassenen gewerblichen Jugend
• 18.01.1911	Erlass betreffend der Jugendpflege
• 30.04.1913	Erlass betreffend der schulentlassenen weiblichen Jugend
• 13.07.1918	Entwurf eines preußischen Jugendfürsorgegesetzes (im gleichen Monat Entwurf eines sächsischen Jugendamtsgesetzes
• 17.12.1918	Erlass betreffend die Jugendpflege
• 01.09.1919	Die Verfassung des Deutschen Reichs („Weimarer Reichsverfassung“)
• 08.10.1919	Württembergisches Jugendamtsgesetz (RegBl., S. 305)
• 22.11.1919	Erlass betreffend der Jugendpflege
• 20.11.1920	Fraueninterpellation zur Vorlage des Reichsjugendwohlfahrtsgesetzes (RJWG)
• 15.03.1921	Regierungsentwurf zum RJWG (Drucks.1666, Bd. 366, S. 1237)

117 *Uhlendorff*, Einleitung, S. 16.

- 15.07.1921 Gesetz über die religiöse Kindererziehung (RGBl. I, S. 647, 808)
- 09.07.1922 Reichsgesetz für Jugendwohlfahrt (RJWG) (RGBl. I, S. 633)

Quelle: z.T. ergänzter Auszug einer Tabelle in: *Gries/Ringler*, S. 217

2. Das (Reichs-) Jugendwohlfahrtsgesetz

Zwar gab es bereits vorher einige landesrechtliche Regelungen, wie das preußische Zwangserziehungsgesetz und auch das im Jahre 1900 in Kraft getretene Bürgerliche Gesetzbuch enthielt schon damals für die Jugendhilfe zentrale Rechtsvorschriften, das Reichsjugendwohlfahrtsgesetz ist aber wohl als der erste Versuch zu bezeichnen, die bis dahin zersplitterte Materie Jugendhilfe gesetzlich zu regeln und stellt einen ersten Ansatz zu einer umfassenden Jugendhilfegesetzgebung dar.[118] Auch das Institut der Jugendämter war in einigen Städten nicht mehr wegzudenken. Das Reichsjugendwohlfahrtsgesetz von 1922 war allerdings der erste reichseinheitliche Versuch, das Jugendamt als Behörde zu etablieren. Die örtliche Jugendhilfe wurde in einem Jugendamt konzentriert, die freie Jugendhilfe blieb daneben weiter bestehen. Im RJWG wurde das Verhältnis von öffentlicher und freier Jugendhilfe nun erstmals gesetzlich geregelt[119] und es kam zu einer Verrechtlichung, Verberuflichung und Institutionalisierung der Kinder- und Jugendhilfe.[120]

Im Vorfeld wurde darüber diskutiert, mit dem Reichsjugendwohlfahrtsgesetz ein großes umfassendes Jugendgesetz zu verabschieden, das alle auf Minderjährige bezogenen privaten und öffentlichen Belange umfassend regeln und auch für straffällig gewordenen Kinder und Jugendliche gelten sollte. Es sollte eine Art „Jugendgesetzbuch" entstehen, in dem die Jugendhilfe nur einen Teilaspekt bilden sollte. Tatsächlich wurde mit dem RJWG aber lediglich ein „Jugendamtsgesetz" geschaffen, das verpflichtend Jugendbehörden einführte und diesen die Zuständigkeit für die Jugendfürsorge und die Armenkinderpflege übertrug. Selbst diese „kleine Lösung" war im Gesetzgebungsverfahren heftig umstritten und drohte zunächst zu scheitern, wurde aber nach heftigen Debatten[121] schließlich doch noch verabschiedet.[122]

118 *Wiesner* in: Münder/Wiesner/Meysen, Handbuch KJHR, Kap. 1.3,Rn. 1; *Jordan* in: Jordan/Münder, 65 Jahre Reichsjugendwohlfahrtsgesetz, S. 19 (22).

119 *Wabnitz*, Grundkurs KJHR, S. 36.

120 *Rauschenbach/Züchner/Schilling* in: Münder/Wiesner/Meysen, Handbuch KJHR, Kap.1.2, Rn. 1 ff.

121 Gesetzesentwurf, -text und die Debatte sind abgedruckt bei *Jordan/Münder*, 65 Jahre Reichsjugendwohlfahrtsgesetz, S. 101 ff.

122 *Wiesner* in: Münder/Wiesner/Meysen, Handbuch KJHR, Kap. 1.3, Rn. 2 f.

Zum Inkrafttreten am 1. April 1924 in der vorgesehenen Form kam es jedoch nicht, da aufgrund der Wirtschaftskrise mit der „Verordnung über das Inkrafttreten des Reichsjugendwohlfahrtsgesetzes" alle Teile des Gesetzes außer Kraft gesetzt wurden, bei denen es sich um neue Aufgaben handelte; das galt auch für die Verpflichtung zur Errichtung von Jugendämtern und Landesjugendämtern.[123] Damit wurden insbesondere die Funktionen und Handlungsspielräume der Jugendämter stark eingeschränkt.[124]

Erst 1945 wurde das Reichsjugendwohlfahrtsgesetz in seiner eigentlichen Fassung von 1924 von den Besatzungsmächten für anwendbar erklärt und trat als RJWG-Novelle mit nur wenigen Änderungen im Jahre 1953 in Kraft.[125] Als Reichsjugendwohlfahrtsgesetz galt das Gesetz dann bis 1961. Erst durch die Novellierung von 1961 (Gesetz zur Änderung des Reichsjugendwohlfahrtsgesetzes vom 11.9.1961) wurde gemäß Art. XIV der Novelle das Reichsjugendwohlfahrtsgesetz zum Jugendwohlfahrtsgesetz.[126] Das (Reichs-) Jugendwohlfahrtsgesetz unterlag zwar im Laufe der Zeit unzähligen Änderungen, wurde tatsächlich aber erst durch das Kinder- und Jugendhilfegesetz von 1990 abgelöst.[127]

Das RJWG enthielt etliche Neuerungen und regelte erstmals auch das Verhältnis von Jugendamt und Gericht. Schon in den Verhandlungen des Reichstags zum RJWG war vorgesehen, dass das Gericht vor einer Entscheidung das Jugendamt hören sollte, da dieses, aufgrund seiner Erfahrungen und Sachkunde, am besten in der Lage sei, sachgemäße Entscheidungen vorzuschlagen (§ 44 RJWG-E). Im Gegenzug sollte das Jugendamt das Gericht in allen in § 44 RJWG-E genannten Fällen unterstützen.[128] Diese Vorschrift wurde schließlich als § 43 in das RJWG aufgenommen.

Neben diesen hoheitlichen Aufgaben des Jugendamts umfasste das RJWG auch nicht hoheitliche Aufgaben. So bestand z.B. eine Beratungspflicht gegenüber Vormündern, Beiständen und Pflegern und gemäß § 4 Nr. 1 RJWG auch eine „Beratung in Angelegenheiten der Jugendlichen". Abgesehen davon war eine Beratung wegen der ordnungsrechtlichen Ausprägung der Jugendämter aber nicht vorgesehen.[129] Zudem wurde erstmals ein öffentlich-rechtlicher Erziehungsanspruch geschaffen, wonach jedes (deutsche) Kind ein Recht auf Erzie-

---

123 *Wiesner* in: Münder/Wiesner/Meysen, Handbuch KJHR, Kap. 1.3, Rn. 6; *Hasenclever*, S. 61

124 *Jordan* in: Jordan/Münder, 65 Jahre Reichsjugendwohlfahrtsgesetz, S. 19 (23).

125 *Wiesner* in: Münder/Wiesner/Meysen, Handbuch KJHR, Kap. 1.3, Rn. 11, 15.

126 BGBl. I 1961, S. 1193. Das JWG trat am 1.7.1961 in Kraft.

127 Am 1.1.1991 in Kraft getreten, BGBl. I 1990, S. 1163.

128 Aktenstück 1666 v. 15.3.1921, Verhandlungen des Reichstages Band 366, S. 1260; *Oberloskamp*, FamRZ 1992, S. 1241 (1242).

129 *Oberloskamp*, FamRZ 1992, S. 1241 (1242).

hung zur leiblichen, seelischen und gesellschaftlichen Tüchtigkeit hat. Konnte dieser Anspruch von den Familien des Kindes nicht erfüllt werden, trat die öffentliche Jugendhilfe anstelle der Eltern ein. Die Jugendhilfe verstand sich nun als Institution, die durch prophylaktische Maßnahmen für die Erziehung der Kinder verantwortlich war, um drohenden Fehlentwicklungen zuvorzukommen (Jugendpflege). Außerdem konnte sie durch korrigierende Maßnahmen bereits eingetretene Fehlentwicklungen korrigieren (Jugendfürsorge).[130]

Die Einführung des Jugendamts als Behörde und die gesetzliche Verankerung eines öffentlich-rechtlichen Erziehungsanspruchs war ein entscheidender Verdienst des Reichsjugendwohlfahrtsgesetzes. Die Selbständigkeit des Jugendamts wurde gesetzlich verankert, es führte seine Aufgaben in eigener Verantwortung aus und war insofern dem Vormundschaftsgericht gleichgeordnet.[131] Dennoch war dieses RJWG in vielen seiner Kernbereiche noch stark polizei- und ordnungsrechtlich orientiert.[132] Tatsächlich waren die wenigsten Aufgaben der Jugendämter eigenständige Aufgaben. Das Jugendamt handelte grundsätzlich als Ausführungsbehörde für das Gericht und hatte dessen Anordnungen Folge zu leisten. Auch die heute zentrale Aufgabe der Jugendhilfe, die Eltern bei der Erziehung des Kindes zu unterstützen, oblag gemäß § 1631 Abs. 3 dem Vormundschaftsgericht.[133] Das Jugendamt operierte also in erster Linie als Ausführungs- und Unterstützungsbehörde des Gerichts. Zwar befindet sich diese Vorschrift auch heute noch im BGB, sie spielt jedoch bislang nur noch eine untergeordnete Rolle.[134]

a) Das Reichsjugendwohlfahrtsgesetz im Nationalsozialismus

Während des Nationalsozialismus‘ galten die gesetzlichen Bestimmungen und damit auch das RJWG zwar fort, wurden jedoch im Sinne der faschistischen Gesinnung der Nazis ausgelegt. Insofern wurde die Organisation des Jugendamts von einer kollegialen zu einer hierarchischen Struktur im Sinne des „Führerprinzips“ umgewandelt. Eine umfassende Reform des RJWG war zwar geplant, bis zum Inkrafttreten des neuen Reichsjugendwohlfahrtsgesetz sollten die rechtli-

---

130 Vgl. §§ 1, 2 RJWG.

131 *Friedeberg-Polligkeit*, § 43, Anm. 2a; *Potrykus*, § 43, Anm. 3.

132 *Wiesner*, ZfJ 2003, S. 121 (123) = *Wiesner* in: dijuf.de, Tagungsdokumentation, S. 30 (31).

133 *Wiesner*, ZfJ 2003, S. 121 (123) = *Wiesner* in: dijuf.de, Tagungsdokumentation, S. 30 (31).

134 MünchKommBGB/*Huber*, § 1631, Rn. 40, 44; Staudinger/*Salgo*, § 1631, Rn. 97; zur Frage ob § 1631 Abs. 3 BGB im Zusammenhang mit §§ 156, 157 FamFG, § 1666 Abs. 3 Nr. 1 BGB heute wieder an Bedeutung gewinnt, siehe 3. Teil, Kap. C. II. 1. b) aa).

chen Bestimmungen des RJWG so ausgelegt und angewendet werden, dass eine "Erziehung im nationalsozialistischen Sinne" gesichert werden konnte.[135] Die damit gemeinten Erziehungsziele kommen deutlich in dem von § 1 RJWG abweichenden § 1 der 1939 erlassenen „Verordnung über Jugendwohlfahrt in den Sudetendeutschen Gebieten und Danzig“ zum Ausdruck. „Die Erziehung der Jugend im nationalsozialistischen Staat ist Erziehung zur deutschen Volksgemeinschaft. Ziel der Erziehung ist der körperlich und seelisch gesunde, sittlich gefestigte, geistig entwickelte, beruflich tüchtige deutsche Mensch, der rassebewußt [sic] in Blut und Boden wurzelt und Volk und Reich verpflichtet und verbunden ist. Jedes deutsche Kind soll in diesem Sinne zu einem verantwortungsbewußten [sic] Glied der deutschen Volksgemeinschaft erzogen werden“.[136]

Um dieses übergeordnete Ziel zu erreichen, wurden ab 1933 durch entsprechende Erlasse und Verordnungen, durch Parteianweisungen und Auf- bzw. Ausbau eigener Organisationen die Grundlagen geschaffen. Als für die Verbreitung der Ideologien Hitlers wohl wichtigste Organisation sei die Hitlerjugend genannt, die 1939 mehr als 90 % der 10- bis 18-jährigen umfasste. Durch sie sollte – im Zusammenspiel mit anderen von den Nationalsozialisten geschaffenen Organisationen – die umfassende Indienstnahme und Indoktrination der nachwachsenden Generation in die Tat umgesetzt werden.[137] Aus diesen Plänen wurde kein Hehl gemacht. 1938 spricht Hitler in einer Rede vielmehr unverhüllt, beinahe zynisch an, dass schon die 10-jährigen vom Jungvolk erfasst werden und alle nationalsozialistischen Organisationen vom Jungvolk, über die Hitlerjugend sowie von der Partei, der SA, der SS in den Arbeitsdienst bis hin zur Wehrmacht durchlaufen sollten, um aus freien Bürgern solche zu machen, die „nicht mehr frei ihr ganzes Leben werden, und (...) glücklich dabei (sind)“.[138] Hitler strebte damit den totalen Erziehungsanspruch des Staates an, der mit Hilfe aller staatlichen Institutionen verwirklicht werden sollte.

b) Rechtsentwicklung im materiellen Recht und das Jugendwohlfahrtsgesetz von 1961

Die gesellschaftliche Entwicklung sowie die Veränderung des Verständnisses von Elternschaft, Erziehung und Familie forderten im Laufe der Zeit eine Veränderung der Gesetzgebung. Das Kind war nicht länger Objekt der väterlichen

---

135 *Gries/Ringler*, Kap. 3, S. 35 ff; *Jordan*, S. 46.

136 nach *Jordan*, S. 46; diese Formulierung stammte aus § 1 des Entwurfs eines neuen Reichsjugendwohlfahrtsgesetzes v. 1934, siehe *Hasenclever*, S. 128 ff.

137 *Jordan*, S. 46

138 Rede Hitlers vor HJ-Angehörigen in Reichenberg, Dezember 1983, siehe *Müller*, JugendAmt, S. 51.

Gewalt, wie noch zur Zeit der Schaffung des Bürgerlichen Gesetzbuchs. Zwar rückte nun die Elternautonomie vermehrt in den Vordergrund, damit einher ging aber auch die elterliche Verantwortung, die ein Leben lang währt und nur zum Wohle des Kindes wahrgenommen werden darf. Diese Stärkung der Interessen des Kindes und die „Entdeckung“ des Kindes als eigenen Grundrechtsträger führte auf Seiten des Staates zu der Konsequenz, das staatliche Wächteramt nicht mehr nur rein repressiv auszuüben, sondern auch und vor allem präventiv tätig zu werden.[139]

Diese neuen gesellschaftlichen Entwicklungen mündeten in eine Novellierung des Reichsjugendwohlfahrtsgesetzes unter der Bezeichnung „Jugendwohlfahrtsgesetz“, deren Ziel es u.a. war, die Elternrechte zu stärken. Während sich der Katalog der hoheitlichen Aufgaben nur wenig änderte (§ 4 JWG), nahmen die weiteren Aufgaben einen immer breiteren Raum ein (§ 5 JWG). So wurden die Beratungspflichten des Jugendamts immer zahlreicher und weiteten sich auf Erziehende, Pflegeeltern, Alleinerziehende, Minderjährige etc. aus. Die Aufgaben des Jugendamts nach § 5 JWG waren (durch Einfügen des Wortes „insbesondere“) nicht mehr abschließend, so dass Raum für weitere gesellschaftliche Entwicklungen gelassen wurde. Die Novellierung von 1961 ließ das Jugendamt weniger als eine Eingriffsbehörde erscheinen und führte es damit ein Stück in Richtung seiner heutigen Funktion als Leistungsbehörde. Es wurde aber versäumt, weitere Ansprüche zu schaffen, was dazu führte, dass die Jugendämter weiterhin nicht zu aktivem Verhalten bei in ihrem Bereich auftretenden Problemen erzieherischer Art verpflichtet, sondern nur zu Reaktionen bei einzelnen vom Gesetz umrissenen Tatbeständen veranlasst wurden.[140] Obwohl das Jugendamt weiterhin seine Aufgaben in eigener Verantwortung ausführte und insofern dem Vormundschaftsgericht gleichgeordnet war,[141] ließ sich die polizeirechtliche und strafrechtliche Herkunft des Gesetzes weiterhin nicht verleugnen; noch immer mangelte es dem Jugendamt an eigenständigen Aufgaben, die es auch weiterhin als Ausführungsbehörde des Gerichts erscheinen ließen (siehe §§ 47 ff. JWG).[142]

Dennoch kam es zu einer deutlichen Erweiterung der personellen und institutionellen Ausstattung und zu einer Professionalisierung und Verwissenschaftlichung der Kinder- und Jugendhilfe. So wurden an den Fachhochschulen und Universitäten ganz neue Fachbereiche für Sozialpädagogik und Sozialarbeit ein-

139 *Oberloskamp*, FamRZ 1992, 1241 (1242); *Münder* in: Jordan/Münder, 65 Jahre Reichsjugendwohlfahrtsgesetz, S. 7.

140 *Oberloskamp*, FamRZ 1992, 1241 (1242); *Jordan* in: Jordan/Münder, 65 Jahre Reichsjugendwohlfahrtsgesetz, S. 19 (32); *Hasenclever*, S. 201 ff.

141 *Jans/Happe*, JWG 1963, § 48, Anm. 3.

142 *Jordan* in: Jordan/Münder, 65 Jahre Reichsjugendwohlfahrtsgesetz, S. 19 (32).

geführt. Viele Forschungsinstitute haben ihren Ursprung in dieser Zeit. Außerdem entwickelten sich eine Vielzahl neuer Aufgabenbereiche in den Jugendämtern, wie die sozialpädagogische Familienhilfe, Drogenhilfe, Straßensozialarbeit etc. Das Jugendamt als eigenständige Institution gewann mehr und mehr an Bedeutung.[143]

3. Reformen des Kinder- und Jugendhilferechts und SGB VIII

Nach einer schier endlosen Reformphase, die ihren Beginn im Juli 1970 mit der Einsetzung einer Sachverständigenkommission für die Reform des Jugendhilferechts hatte und in der mehrere Entwürfe eines neuen Kinder- und Jugendhilferechts erarbeitet und wieder verworfen wurden, trat schließlich das Gesetz zur Neuordnung des Kinder- und Jugendhilferechts am 1. Januar 1991 in Kraft.[144]

Aus der langen Reformphase ging allerdings zuvor bereits das Sorgerechtsänderungsgesetz vom 1. Januar 1980 hervor, das in einem neuen § 1666a BGB den Vorrang öffentlicher Hilfen vor staatlichen Eingriffen konstituierte. Obwohl der darin verankerte Grundsatz der Verhältnismäßigkeit leerzulaufen drohte, da genau zu diesem Zeitpunkt die erste Reformphase der Jugendhilferechtsreform gescheitert war und aus diesem Grund die in § 1666a BGB vorgesehenen Hilfen nicht näher bestimmt werden konnten, brachte der Gesetzgeber doch zum Ausdruck, dass Hilfen für Eltern und Kinder, wo sie geeignet und notwendig sind, den Vorrang vor staatlichen Eingriffen in die Elternautonomie seitens des Vormundschaftsgerichts genießen.[145] § 1666 BGB wurde dahingehend geändert, dass das Gericht bereits dann Maßnahmen zur Abwendung einer Kindeswohlgefährdung anordnen kann, wenn das Wohl des Kindes durch unverschuldetes Versagen der Eltern oder durch das Verhalten eines Dritten gefährdet ist.

Das Sorgerechtsänderungsgesetz führte auch einen neuen § 50b FGG ein, mit dem die Verpflichtung des Gerichts, das Kind vermehrt in das Verfahren einzubeziehen, erheblich erweitert wurde. Innerhalb des Gesetzgebungsverfahrens wurde erneut die Forderung laut, Familienrichter vermehrt durch Aus- und Weiterbildung mit den Grundzügen der Pädagogik und der Psychologie vertraut zu machen und dadurch zu befähigen, die betroffenen Kinder und Jugendlichen in größerem Umfang als bisher selbst anzuhören und sich in notwendigen Fällen

143 *Rauschenbach/Züchner/Schilling* in: Münder/Wiesner/Meysen, Handbuch KJHR, Kap.1.2, Rn. 12-21, 26.

144 BGBl. I vom 28.6.1990, S. 1163 ff.

145 *Wiesner*, ZfJ 2003, S. 121 (123) = *Wiesner* in: dijuf.de, Tagungsdokumentation, S. 30 (32).

durch Inaugenscheinnahme ein Bild der häuslichen und familiären Verhältnisse zu machen.[146]

Was § 1666a BGB zehn Jahre vorher angekündigt hatte, wurde durch das Gesetz zur Neuordnung des Kinder- und Jugendhilferechts eingelöst. Das SGB VIII läutet einen Perspektivwechsel in der Jugendhilfe ein, der ein völlig neues Verständnis von Jugendhilfe schafft. Ihr zentraler Auftrag wandelte sich von der Aufrechterhaltung der öffentlichen Sicherheit und Ordnung zu einer Förderung der Entwicklung junger Menschen und ihrer Integration in die Gesellschaft. Nicht mehr die Ausgrenzung verwahrloster Jugendlicher durch geschlossene Unterbringung und Arbeitserziehung sowie die Rettung gefährdeter Kinder vor ihren Eltern stehen im Mittelpunkt der Gesetzgebung, sondern ein präventiver Schutz von Kindern und Jugendlichen, für den das Jugendamt familienunterstützend und helfend tätig wird. Mit dem SGB VIII wird dem gerichtlichen Eingriff in das elterliche Sorgerecht ein sozialrechtlicher Hilfeansatz vorgelagert, der allgemeine Förderungsangebote für Kinder und Jugendliche, Hilfen für die Familie insgesamt sowie individuelle Leistungen für Kinder, Jugendliche, junge Volljährige und ihre Eltern in unterschiedlichen Lebenssituationen und Erziehungsfragen vorsieht. Dieser Hilfeansatz manifestiert sich in den §§ 11 bis 40 SGB VIII, die den Grundsatz der Verhältnismäßigkeit aus § 1666a BGB konkretisieren.[147]

Auch im Hinblick auf die Verbleibensanordnung nach § 1632 IV BGB und die Entscheidung über das Sorgerecht durch Einführung eines Anspruchs der Eltern auf Beratung und Unterstützung zur Entwicklung eines einvernehmlichen Konzepts für die Wahrnehmung der elterlichen Sorge nach Trennung und Scheidung gemäß § 17 SGB VIII, wird diese Vorverlagerung sozialrechtlicher Hilfen deutlich.[148]

Jugendhilferechtliche Leistungen wurden als soziale Dienstleistungen ausgestaltet, die aufgrund des Wunsch- und Wahlrechts von den Leistungsberechtigten in Anspruch genommen werden können. Das Jugendamt tritt nunmehr als modernes „Dienstleistungsunternehmen“ auf, das beratend und helfend zur Seite steht, das andererseits aber zum Schutz des Kindes oder Jugendlichen vor Gefahren für sein Wohl nicht auf Interventionen in das Eltern-Kind-Verhältnis, die mit Eingriffs- und Kontrollrechten verbunden sind, verzichten kann.[149]

---

146 BT-Drucks. 8/2788, S. 42; BVerfG v. 5.11.1980 – 1 BvR 349/80 – NJW 1981, 217 (218); *Willutzki*, Die Reform des Verfahrens in Kindschaftssachen in: lvr.de, S. 4 f.

147 *Wiesner* in: Münder/Wiesner/Meysen, Handbuch KJHR, Kap. 1.3, Rn. 47 ff.; *Wiesner* in: dijuf.de, Tagungsdokumentation, S. 30 (32) = *Wiesner*, ZfJ 2003, 121 (123 f.).

148 *Wiesner* in: Münder/Wiesner/Meysen, Handbuch KJHR, Kap. 1.3, Rn. 47 ff.; *Wiesner* in: dijuf.de, Tagungsdokumentation, S. 30 (32) = *Wiesner*, ZfJ 2003, 121 (123 f.).

149 *Wiesner* in: Münder/Wiesner/Meysen, Handbuch KJHR, Kap. 1.3, Rn. 50 f.

Im Rahmen der Reform des Kindschaftsrechts vom 1.7.1998 wurden die Beratungs-, Unter-stützungs- und Informationspflichten des Jugendamts erheblich erweitert (insbesondere §§ 52a, 17, 18 SGB VIII). Der Auftrag der Gerichte wird bei kindschaftsrechtlichen Verfahren vermehrt auf die Vermittlung in Konfliktfällen und den Versuch einer einvernehmlichen Lösung anstelle einer gerichtlichen Entscheidung gelenkt. Damit tritt das Jugendamt verstärkt als Kooperationspartner des Gerichts zur Gestaltung und Umsetzung einvernehmlicher Lösungen auf das Parkett. Insgesamt wurden die Rechte des Jugendamts weiter gestärkt und dessen Stellung als gleichberechtigter Partner ausgearbeitet.[150]

Einen weiteren Schritt hin zu vermehrter Initiative des Jugendamts stellt das Kinder- und Jugendhilfeweiterentwicklungsgesetz (KICK)[151] dar. Dieses sollte den Schutz von Kindern und Jugendlichen bei Gefahren für ihr Wohl verbessern, die Wirtschaftlichkeit von Leistungen der Kinder- und Jugendhilfe gewährleisten sowie die Datenlage in der Kinder- und Jugendhilfe optimieren und die durch das Tagesbetreuungsausbaugesetz (TAG) initiierte Verbesserung der Kinderbetreuung unterstützen. Insbesondere sollte durch das KICK und die Einführung eines § 36a SGB VIII[152] aber auch die fachliche und wirtschaftliche Steuerungskompetenz des Jugendamts und damit die Unabhängigkeit wie auch die Kompetenzen des Jugendamts weiter gestärkt werden.[153]

4. Gesetz zur Erleichterung familiengerichtlicher Maßnahmen bei Gefährdung des Kindeswohls (KiWoMaG)

Diese Entwicklung macht auch das am 12. Juli 2008 in Kraft getretene „Gesetz zur Erleichterung familiengerichtlicher Maßnahmen bei Gefährdung des Kindeswohls“ deutlich, welches das Augenmerk noch deutlicher als bisher auf die Kooperation zwischen Familiengericht und Jugendamt legt und damit das Jugendamt als eigenständige, gleichrangige Institution stärken soll.[154]

Durch dieses Gesetz wird sowohl das Familienrecht des Bürgerlichen Gesetzbuches, als auch das familiengerichtliche Verfahren im Gesetz über die Angelegenheiten der freiwilligen Gerichtsbarkeit geändert.[155] Im Folgenden wird hauptsächlich auf die Änderungen des BGB eingegangen, die Änderungen der

150 *Münder/Mutke u.a.*, Die Praxis des Kindschaftsrecht, S. 20, 25 ff.

151 Gesetz v. 8.9.2005, BGBl. I, S. 2729.

152 Auf diese Vorschrift wird im 3. Teil, Kap. B. I. 4. d) noch eingegangen.

153 Siehe auf der Seite des Bundesministeriums für Familie, Senioren, Frauen und Jugend, Kinder- und Jugendhilfe Weiterentwicklungsgesetz, bmfsfj.de; DIJUF-Rechtsgutachten JAmt 2006, 26.

154 BT-Drucks. 16/6815.

155 dabei wurden einige Regelungen aus der FGG-Reform vorgezogen (s.u.).

verfahrensrechtlichen Vorschriften werden an späterer Stelle[156] im Rahmen des Familienverfahrensgesetzes (FamFG) ausführlich behandelt.[157]

a) Gang des Gesetzgebungsverfahrens

Die Regierungsfraktionen des Bundestags hatten im Herbst 2005 in ihrem Koalitionsvertrag vereinbart, eine Arbeitsgruppe einzusetzen, die die bestehenden gesetzlichen Vorschriften im Hinblick auf ihre Optimierbarkeit überprüfen sollte, um familiengerichtliche Maßnahmen hinsichtlich schwer verhaltensauffälliger, insbesondere straffälliger Kinder und Jugendlicher zu erleichtern.[158] Nachdem mehrere dramatische Fälle von Kindesmisshandlung und Kindesvernachlässigung an die Öffentlichkeit gedrungen waren, beschloss die Arbeitsgruppe auch diese Fälle in ihre Prüfung mit einzubeziehen,[159] zumal die Bekämpfung von Kindesmissbrauch zu den im Koalitionsvertrag vereinbarten Zielen gehörte.[160] Im März 2006 wurde die Experten-Arbeitsgruppe zur Überprüfung der gesetzlichen Vorschriften zu familiengerichtlichen Maßnahmen bei Gefährdung des Kindeswohls schließlich eingesetzt. Die von der Arbeitsgruppe in ihrem schriftlichen Abschlussbericht[161] vorgelegten Vorschläge wurden von der Bundesregierung in ihrem Gesetzesentwurf vom 10.8.2007[162] weitestgehend aufgegriffen.

Die Bundesregierung legte den Entwurf des „Gesetzes zur Erleichterung familiengerichtlicher Maßnahmen bei Gefährdung des Kindeswohls" dem Bundestag zur Abstimmung vor.[163] Am 23.04.2008 berieten der Ausschuss für Familie, Senioren, Frauen und Jugend sowie der Ausschuss für Gesundheit die Gesetzesvorlage und beschlossen einstimmig, die Annahme des Gesetzesentwurfs in der Fassung der Beschlussempfehlung des Rechtsausschusses zu empfehlen.[164] Dabei wurde der Entwurf teilweise modifiziert, indem Anregungen aus

---

156 Kap. A. II. 4.

157 Die verfahrensrechtlichen Änderungen sind zwar bereits durch das KiWoMaG in Kraft getreten, sie wurden im Zuge des FamFG aber erneut geändert, bzw. zumindest an eine andere Stelle verschoben.

158 Koalitionsvertrag v. 11.11.2005, S. 137 f.; zu den Hintergründen auch: *Fellenberg*, FPR 2008, S. 125.

159 Pressemitteilung des BMJ v. 7.3.2006, Kinder besser schützen, bmj.de.

160 Koalitionsvertrag v. 11.11.2005, S. 118 f.

161 Abschlussbericht v. 17.11.2006, bmj.bund.de.

162 BR-Drucks. 550/07.

163 BT-Drucks. 16/6815.

164 BT-Drucks. 16/8914.

den Anhörungen zur FGG-Reform[165] und aus der Stellungnahme des Bundesrats[166] aufgegriffen wurden.

Am 24.04.2008 fand schließlich die zweite und dritte Beratung der Bundesregierung statt,[167] in der das Gesetz einstimmig verabschiedet wurde. Am 11.7.2008 ist es im Bundesgesetzblatt verkündet worden und am 12.7.2008 in Kraft getreten.[168]

b) Die einzelnen Vorschläge der Arbeitsgruppe und ihre Umsetzung

aa) Abbau von „Tatbestandshürden" in § 1666 Abs. 1 BGB

§ 1666 Abs. 1 BGB setzte bisher voraus, dass die Eltern in der Erziehung versagen, das Wohl des Kindes dadurch gefährdet wird und die Eltern weder gewillt noch in der Lage sind, diese Gefahr abzuwenden. Da das „elterliche Erziehungsversagen" sowie die Kausalität zwischen diesem und der Kindeswohlgefährdung für Jugendämter und Familiengerichte in der Praxis zum Teil nur schwer festzustellen und darzulegen war und der mit der Feststellung des Versagens verbundene Vorwurf gegen die Eltern eine unnötige Hürde für ein frühes staatliches Eingreifen darstellen konnte,[169] regte die Arbeitsgruppe an, das elterliche Erziehungsversagen vollständig aus dem § 1666 BGB zu streichen. Dadurch sollen die richterliche Prüfung und die Begründung gerichtlicher Maßnahmen erleichtert werden und mögliche Hürden bei der Anrufung der Familiengerichte abgebaut werden. Die Abschaffung des Erziehungsversagens soll insbesondere zu einer frühzeitigen Anrufung der Familiengerichte führen, mit dem Ziel, niederschwellige präventive Maßnahmen zu erreichen (etwa gerichtliche Weisungen an die Eltern, Leistungen der Kinder- und Jugendhilfe in Anspruch zu nehmen) und um zu vermeiden, dass im Hinblick auf den Vorwurf des Versagens die Kooperationsbereitschaft der Eltern im weiteren Hilfeprozess beeinträchtigt wird.[170] Außerdem soll eine vergangenheitsorientierte Ermittlung des Erziehungsversagens der Eltern vermieden werden, um den Blick auf effektive zukünftige Maßnahmen, die das Kindeswohl schützen sollen, nicht zu verstellen.[171] Es wird allerdings auch in der Gesetzesbegründung darauf hingewiesen, dass die Rechtsprechung bereits vor Inkrafttreten des Gesetzes auf die Erör-

165 BT-Rechtsausschuss 16/86, Protokoll v. 11.2.2008 und 16/88, Protokoll v. 13.2.2008.
166 BR-Drucks. 550/07 = BR-Drucks. 16/6815, S. 20.
167 Tagesordnung der 157. Sitzung des deutschen Bundestages, Donnerstag, 24.04.2008.
168 BGBl. I, S. 1188 ff.
169 Kritisch hierzu aber: *Oberloskamp* in: Lipp/Schumann/Veit, S. 45 (53 f.).
170 Abschlussbericht v. 17.11.2006, bmj.bund.de, S. 5; 27 ff.
171 siehe bereits Staudinger/*Coester*, 2004, § 1666, Rn. 55.

terung des elterlichen Erziehungsversagens verzichtete und auf den Auffangtatbestand des unverschuldeten Versagens zurückgegriffen hatte.[172]

Obwohl in der Basisinformation des Deutschen Bundestages über das Gesetz zur Erleichterung familiengerichtlicher Maßnahmen bei Gefährdung des Kindeswohls von einem „frühzeitigerem Eingreifen des Familiengerichts bei abgesenkter Eingriffsschwelle für einen effektiven Kindesschutz“ gesprochen wird,[173] wird in der Gesetzesbegründung hervorgehoben, dass die Eingriffsschwelle bei einer Kindeswohlgefährdung nicht herabgesetzt wird.[174]

Dieser Vorschlag der Arbeitsgruppe wurde im Regierungsentwurf umgesetzt und ist vom Bundestag verabschiedet worden.[175]

bb) Konkretisierung der Rechtsfolgen des § 1666 Abs. 3 BGB

Die Rechtsfolgen des § 1666 BGB werden durch eine beispielhafte, aber nicht abschließende Aufzählung („insbesondere“) klargestellt und konkretisiert. Die offene Formulierung des vormaligen § 1666 Abs. 1 BGB gab den Gerichten zwar vielfältige Gestaltungsmöglichkeiten, diese wurden von den Gerichten aber nicht in vollem Umfang ausgeschöpft. Die gerichtliche Reaktion beschränkte sich regelmäßig auf den teilweisen oder vollständigen Entzug des Sorgerechts. Könnte das Gericht seine Entscheidung bereits in einem frühen Stadium der Kindeswohlgefährdung treffen, reichten oftmals noch gerichtliche Ge- und Verbote an die Eltern aus, um das Kind effektiv zu schützen und den Entzug der elterlichen Sorge zu vermeiden. Die Konkretisierung der Rechtsfolgen in § 1666 Abs. 3 BGB soll dazu führen, die frühzeitige Anrufung der Familiengerichte zu fördern und sowohl den Familienrichtern, als auch den Jugendämtern das Spektrum möglicher Maßnahmen – auch unterhalb der Schwelle der Sorgerechtsentziehung – aufzeigen.[176]

Es ist zwar richtig, dass die Gerichte – obwohl auch schon vor Änderung des § 1666 BGB durch das KiWoMaG die Möglichkeit der Anordnung niederschwelliger Hilfen bestand – von dieser Möglichkeit nur selten Gebrauch machten; dies lag allerdings nicht daran, dass diese Möglichkeiten nicht in §

172 BT-Drucks. 16/6815, S. 14; siehe hierzu auch: Staudinger/*Coester*, 2004, § 1666, Rn. 62.

173 http://dipbt.bundestag.de/extrakt/ba/WP16/94/9471.html.

174 BT-Drucks. 16/6815, S. 14; dazu auch: *Meysen*, NJW 2008, 2673; *Röchling*, FamRZ 2008, 1495; kritisch: *Röchling*, FamRZ 2007, 1775 (1776 ff.); *Oberloskamp* in: Lipp/Schumann/Veit, S. 45 (54). Zum Erfordernis einer Neudefinition des Gefährdungsbegriffs siehe Kap. C. II. 1. b).

175 BT-Drucks. 16/6815, S. 5; Plenarprotokoll 16/157, S. 16521.

176 Abschlussbericht v. 17.11.2006, bmj.bund.de, S. 6, 30 ff.

1666 a.F. BGB aufgeführt waren. Vielmehr sind niederschwellige Maßnahmen aus Sicht der Familienrichter häufig nicht geeignet, eine Kindeswohlgefährdung abzuwenden. In der derzeitigen Rechtspraxis werden die Familiengerichte in der Regel erst nach einem langen, teilweise mehrjährigen, schließlich gescheiterten Hilfeprozess durch das Jugendamt angerufen. Zu diesem Zeitpunkt hat sich die Kindeswohlgefährdung oft schon so zugespitzt, dass nur der vollständige oder teilweise Entzug der elterlichen Sorge die Gefährdung für das Kind abwenden kann. Ob die bloße Aufzählung möglicher gerichtlicher (niederschwelliger) Schutzmaßnahmen dieses Problem lösen kann, erscheint fraglich.[177] Es bleibt aber zu hoffen, dass durch die beispielhafte Aufzählung familiengerichtlicher Maßnahmen in Kombination mit den übrigen Maßnahmen des Gesetzgebers durch KiWoMaG und FamFG bei Familiengericht und Jugendamt ein neues, differenzierteres Bewusstsein geschaffen wird: Auf Seiten des Jugendamts ein Bewusstsein dafür, die Gerichte früher als bisher einzuschalten, auf Seiten der Familiengerichte ein Bewusstsein dafür, auch weniger einschneidende Maßnahmen in Erwägung zu ziehen.

Auch dieser Vorschlag wurde im Regierungsentwurf aufgegriffen und vom Bundestag verabschiedet.[178]

cc) Überprüfung nach Absehen von gerichtlichen Maßnahmen nach § 166 Abs. 3 FamFG

Das Gericht soll außerdem in angemessenem Zeitabstand überprüfen, ob sich seine Entscheidung auch noch im Laufe der Zeit als sachgerecht erweist. Denn ein wichtiger Aspekt im Rahmen des § 1666 BGB ist es, dass die richterlichen Anordnungen auch befolgt werden. Mit dieser Thematik beschäftigte sich bereits § 1696 BGB vor Inkrafttreten des KiWoMaG. Danach sollte das Familiengericht schon bislang länger andauernde Maßnahmen überprüfen und diese bei Bedarf aufheben bzw. abändern.[179]

Nicht geregelt waren aber Fälle, in denen das Gericht im Hinblick auf Zusagen der Eltern das Verfahren ohne Auflagen abgeschlossen hat. Um der Gefahr entgegenzuwirken, dass die Eltern nun nicht mehr mit dem Jugendamt kooperieren und dem Kind erforderliche Hilfen vorenthalten, muss im Interesse des Kindes eine nochmalige Befassung des Gerichts mit dem Fall gewährleistet sein.[180] Des Weiteren besteht die Gefahr, dass sich die Eltern durch die gerichtliche Ent-

177 *Rosenboom/Rotax*, FPR 2008, 1 (2); kritisch auch: *Oberloskamp* in: Lipp/Schumann/Veit, S. 45 (55).

178 BT-Drucks. 16/6815, S. 5; Plenarprotokoll 16/157, S. 16521.

179 Siehe hierzu auch: *Oberloskamp* in: Lipp/Schumann/Veit, S. 45 (56 f.).

180 Abschlussbericht v. 17.11.2006, bmj.bund.de, S. 8, 36 f.

scheidung, von Maßnahmen abzusehen, in ihrer Ansicht bestätigt fühlen und in der Folgezeit nicht mehr bereit sind, mit dem Jugendamt zu kooperieren. Dies soll durch die Überprüfungsmöglichkeit des Gerichts vermieden werden, ohne eine Dauerkontrolle der Familie zu implementieren.[181]

Teilweise wurden Befürchtungen geäußert, die Überprüfungspflicht des Gerichts führe zu einer Aufgabenverlagerung von der Jugendhilfe auf die Gerichte. Dies ist aber nicht der Fall, da die Hauptverantwortung für den sozialpädagogischen Hilfeprozess beim Jugendamt verbleibt. Das Familiengericht hat lediglich eine einmalige Überprüfungspflicht, während das Jugendamt auch weiterhin die Aufgabe hat, das Familiengericht in eigener Verantwortung im Falle einer Kindeswohlgefährdung anzurufen.[182] Gerade für eine effektive Durchsetzung der gewünschten niederschwelligen Hilfen ist die Vorschrift des§ 166 Abs. 3 FamFG[183] nötig und sinnvoll. Lehnt das Familiengericht nämlich den – vom Jugendamt gewünschten – Entzug der elterlichen Sorge ab, werden die Eltern in ihrer ablehnenden Haltung gegenüber dem Jugendamt bestärkt. Lehnt das Familiengericht den Sorgerechtsentzug aber nur unter der Bedingung[184] ab, dass die Eltern sich vom Jugendamt helfen lassen, und kündigt bereits eine Überprüfung an, wird den Eltern der Ernst der Lage klar und so der Kontakt mit dem Jugendamt gefördert.[185]

Auch für die Zusammenarbeit zwischen Familiengericht und Jugendamt bringt die Vorschrift Vorteile: Da das Jugendamt einen besseren Zugang zu den Eltern erhält, wird es eher als in der Vergangenheit bereit sein, das Familiengericht zu einem frühen Zeitpunkt anzurufen, an dem die Voraussetzungen eines Sorgerechtsentzugs noch nicht vorliegen, und niederschwellige Hilfen noch möglich sind. Für die Verwirklichung eines präventiven Kindesschutzes ist § 166 Abs. 3 FamFG eine wichtige Vorschrift.[186]

Allen Befürchtungen zum Trotz wurde auch dieser Vorschlag zunächst in einem neuen Abs. 3 des § 1696 BGB aufgenommen und am 24.4.08 verabschie-

181 *Fellenberg*, FPR 2008, S. 125 (127); BT-Drucks. 16/6815, S. 15.

182 *Fellenberg*, FPR 2008, S. 125 (127); BT-Drucks. 16/6815, S. 16.

183 Schon vor Inkrafttreten des FamFG war die Überprüfungspflicht des Familiengerichts nach Absehen von gerichtlichen Maßnahmen im Rahmen des KiWoMaG in § 1696 Abs. 3 BGB verankert.

184 Natürlich dürfen aus Sicht des Familiengerichts die Voraussetzungen eines Sorgerechtsentzugs nicht vorliegen.

185 *Meysen*, NJW 2008, 2673 (2677); *Hannemann*, uj 2008, 337 (340 f.)

186 *Meysen*, NJW 2008, 2673 (2677); *Tenhaken*, Jugendhilfe aktuell 3/2007, 27 (33 f.), die Zeitschrift kann im Internet heruntergeladen werden: lwl.org; *Fellenberg*, FPR 2008, 125 (127)

det.[187] Durch das FGG-Reformgesetz wurde dieser Absatz wieder gestrichen und findet sich nun in § 166 Abs. 3 FamFG.

In diesem Zusammenhang darf aber nicht vergessen werden, dass es vorrangig Aufgabe der Jugendämter ist, die Befolgung der gerichtlichen Anordnungen zu überprüfen und mit der betroffenen Familie in Kontakt zu bleiben. So wichtig es ist, das Familiengericht vermehrt in den Kindesschutz einzubinden, so wichtig ist es auch, den Fokus auf das Jugendamt nicht zu verlieren. Aus diesem Grund wäre es wünschenswert, auch eine Überprüfungsverpflichtung des Jugendamts gesetzlich zu verankern; zu denken wäre beispielsweise an eine Erweiterung des § 50 SGB VIII.[188]

dd) Zusammenarbeit der Familiengerichte mit Jugendämtern und anderen Institutionen

Ein weiterer Vorschlag der Arbeitsgruppe war es, eine gesetzliche Verpflichtung zur Einführung örtlicher Arbeitskreise einzuführen, in denen Fragen der Kooperation fallübergreifend besprochen und abgestimmt werden können. Nur im Wege einer Verantwortungsgemeinschaft von Familiengericht und Jugendamt sei ein effektiver Kindesschutz möglich. Durch die Einführung der Arbeitskreise soll das Bewusstsein für die unterschiedlichen Rollen dieser Institutionen geschärft und eine konstruktive Zusammenarbeit forciert werden; neben den Mitarbeitern des Jugendamts und den Familienrichtern könnten auch Jugendrichter, Jugendstaatsanwälte, Polizei, Rechtsanwälte und Schulen teilnehmen.[189]

Die gesetzliche Verpflichtung zur Einführung von Arbeitskreisen hat (leider) keinen Einzug in den Regierungsentwurf gefunden, da die Gesetzgebungskompetenz hierfür bei den einzelnen Ländern liegt.[190]

Dennoch ist das Thema der interdisziplinären Kooperation und der fallübergreifenden Zusammenarbeit verstärkt in den Fokus der Praxis gerückt. Gute Zusammenarbeit und Vernetzung der beteiligten Professionen werden immer mehr

187 BT-Drucks. 16/6815; Plenarprotokoll 16/157, S. 16521.

188 *Oberloskamp* in: Lipp/Schumann/Veit, S. 45 (57) schlägt vor § 50 SGB VIII durch folgende Sätze zu ergänzen: § 50 Abs. 1 S. 3: Es unterstützt die personensorge- oder Erziehungsberechtigten bei der Befolgung von Ge- und Verboten, die das Familiengericht angeordnet hat." § 50 Abs. 2 S. 2: „Es unterrichtet das Gericht erneut, falls das Kind oder der Jugendliche trotz angeordneter gerichtlicher Ge- oder Verbote weiterhin gefährdet erscheint." Auch hierbei würde es sich lediglich um eine Klarstellung bereits bestehender Möglichkeiten handeln. Insbesondere mit Blick auf die heftig umstrittene Anordnungskompetenz (siehe 3. Teil, Kap. B. I.) erscheint eine solche Klarstellung für einen effektiven Kindesschutz durchaus wünschenswert.

189 Abschlussbericht v. 17.11.2006, bmj.bund.de, S. 11, 49 ff.

190 vgl. BT-Drucks. 16/6815; Plenarprotokoll 16/157, S. 16514 f.

als wesentliche Grundlage für einen effektiven Kinderschutz wahrgenommen. In letzter Zeit wurden vermehrt interdisziplinäre Arbeitskreise eingerichtet und Fortbildungsveranstaltungen zum Thema „Interdisziplinäre Zusammenarbeit zwischen Familiengericht und Jugendamt" angeboten.[191]

ee) Fortbildung der Familienrichter

Auch der Vorschlag der Arbeitsgruppe, eine ausdrückliche gesetzliche Regelung zu treffen, die die Familienrichter verpflichtet, an Fort- und Weiterbildungsmaßnahmen teilzunehmen, wurde nicht umgesetzt. Für die Fachkräfte der Jugendämter besteht eine solche gesetzliche Fortbildungsverpflichtung (§ 72 Abs. 3 SGB VIII) bereits. Zwar sollte den Richtern freigestellt bleiben, wie sie sich fortbilden, es sei jedoch nicht hinzunehmen, dass Anwälte und Mitarbeiter des Jugendamts besser ausgebildet sind, als die meisten Richter. Bei den Fortbildungsmaßnahmen sollten insbesondere die Bereiche der human- und sozialwissenschaftlichen Fragen, die die kindliche Entwicklung betreffen, die Aspekte und Folgen einer Gefährdung des Kindeswohls sowie die Möglichkeiten der Hilfen zur Erziehung und deren Wirksamkeit einen Schwerpunkt bilden.[192] Doch auch dieser Vorschlag wurde im Regierungsentwurf nicht aufgegriffen, da hier die Gesetzgebungskompetenz ebenfalls bei den Ländern liege.[193]

Dieser Gesichtspunkt wurde von der Arbeitsgruppe 2008/2009 erneut aufgegriffen und konkrete Vorschläge für eine Fortbildungsverpflichtung gemacht;[194] eine allgemeine Fortbildungspflicht für Richter sollte ausdrücklich gesetzlich verankert werden. Eine solche allgemeine Fortbildungspflicht beeinträchtige die richterliche Unabhängigkeit nicht, da sie die Entscheidungsfindung nicht berühre und die Art und Weise der Fortbildung nicht festlege. Die nötigen Rahmenbedingungen müssten von den Ländern geschaffen werden. Dazu gehörten insbesondere die Bereitstellung der nötigen finanziellen und sachlichen Mittel sowie die Schaffung der entsprechenden zeitlichen Kapazitäten. Außerdem müssten die Länder „Konzepte entwickeln, um auch diejenigen Richterinnen und Richter zu erreichen, die bislang selten an Fortbildungen teilnehmen."[195]

191 Abschlussbericht v. 14.7.2009, bmj.bund.de, S. 16.

192 Abschlussbericht v. 17.11.2006, bmj.bund.de, S. 12, 52 f.

193 vgl. BT-Drucks. 16/6815; Entschließungsantrag der FDP, BT-Drucks. 16/8930, S. 2.

194 Abschlussbericht v. 14.7.2009, bmj.bund.de, S. 23 ff., hier findet sich auch ein Überblick über die Rechtslage und die Gesetzgebungskompetenzen.

195 Abschlussbericht v. 14.7.2009, bmj.bund.de, S. 27.

c) Ziel des Gesetzesentwurfs

Bisher wurde das Gericht vom Jugendamt in der Regel erst dann angerufen, wenn alle Maßnahmen des Jugendamts, den Konflikt innerhalb der Familie zu regeln, gescheitert waren. Häufigstes Ziel des Jugendamts war es dann, einen Eingriff in das elterliche Sorgerecht zu erwirken. Mit dieser Intention trat das Jugendamt bisher in ca. 80% der Fälle vor das Gericht.[196] Der Gang dorthin hatte in vielen Fällen schon eine längere Vorgeschichte, während der es nicht selten bereits zu ersten Schäden beim Kind gekommen war. Oftmals könnten Gefährdungen aber besser von Kindern oder Jugendlichen abgewendet werden, wenn das Gericht in einem früheren Stadium angerufen werden würde.[197]

Ziel des Gesetzesentwurfs ist es nun, in erster Linie die rechtlichen Möglichkeiten der Familiengerichte bei drohender oder bereits bestehender Gefährdung von Kindern und Jugendlichen zu verbessern. Dabei soll Ausgangspunkt aller Überlegungen die Erkenntnis darüber sein, dass eine frühzeitige Prävention das beste Mittel zum Schutz von Kindern und Jugendlichen ist.[198]

Mit dem Gesetzesentwurf soll erreicht werden, familiengerichtliche Maßnahmen hinsichtlich schwerwiegend verhaltensauffälliger und straffälliger Kinder und Jugendlicher zu erleichtern. Dabei geht es insbesondere darum, die Erziehungsberechtigten zur Inanspruchnahme von Jugendhilfeleistungen zu verpflichten, auf die Kinder oder Jugendlichen erzieherisch einzuwirken und diese erforderlichenfalls unterbringen zu können.[199]

Um diese Ziele zu erreichen, sollen die Familiengerichte in Zukunft zeitiger eingreifen und in diesem Zusammenhang auch früher und verstärkt auf die Eltern einwirken, geeignete Hilfen in Anspruch zu nehmen. Diese frühe Einschaltung des Familiengerichts soll den Hilfeprozess fördern und dem Wohl des Kindes zugutekommen.[200] Mit diesem Gesetz wird außerdem das gewandelte Aufgaben- und Rollenverständnis deutlich; es wird erneut klargestellt, dass Jugendämter, Familiengerichte und die Träger der Kinder- und Jugendhilfe eine gemeinsame Verantwortung für das Wohl des Kindes haben. Dabei werden die Familienrichter zwar nicht zu sozialpädagogischen Ersatzhelfern – diese Aufgabe verbleibt bei den Jugendämtern –, es wird jedoch deutlich, dass es im Verhältnis von Jugendamt und Gericht mehr und mehr zu einer Annäherung innerhalb der jeweiligen Aufgabenfelder kommt. Auf der einen Seite werden dem

196 *Münder/Mutke/Schone*, S. 118 ff. (121).

197 *Blank/Deegener* in: DIJuF, Saarbrücker Memorandum, S. 113 (142 f.).

198 Abschlussbericht v. 17.11.2006, bmj.bund.de, S. 3; *Schmidt*, Der Spiegel 22/2007, S. 36 f.

199 Abschlussbericht v. 17.11.2006, bmj.bund.de, S. 3.

200 BMJ Pressemitteilung v. 11.7.2007, Besserer Schutz für gefährdete Kinder.

Jugendamt mehr Kompetenzen für Eingriffe in die elterliche Sorge eingeräumt (Schutzauftrag bei Kindeswohlgefährdung, Inobhutnahme), auf der anderen Seite werden Richter früher und stärker in die jugendhilferechtliche Entscheidung einbezogen (frühe Anrufung des Familiengerichts, Erörterung der Kindeswohlgefährdung etc.) und wieder mehr soziale Kompetenzen zugesprochen (Erziehungsgespräch, Auswahl der jugendhilferechtlichen Maßnahmen etc.). Jugendamt und Gericht sind gehalten, innerhalb ihrer „Verantwortungsverschränkung“[201] gemeinsam Strategien zu erarbeiten und umzusetzen, wodurch es zwangsläufig zu einer Verwischung der Grenzen des jeweiligen Aufgabengebiets kommt.[202]

Das Gesetz ist am 12.7.2008 in Kraft getreten; es wird sich also erst zeigen, ob sich die Änderungen des Gesetzgebers auch in der Praxis bewähren und tatsächlich helfen, das Wohl des Kindes besser und effektiver zu schützen, als bisher. Hierzu erscheint es sinnvoll, statistische Erhebungen durchzuführen, um den Erfolg oder Nicht-Erfolg messbar zu machen. Zu diesem Zweck ist die Arbeitsgruppe „Familiengerichtliche Maßnahmen bei Gefährdung des Kindeswohls“ nach Inkrafttreten des KiWoMaG erneut zusammengerufen worden.[203] Von Oktober 2008 bis Juli 2009 fanden fünf Sitzungen der Arbeitsgruppe unter dem Vorsitz des Bundesministeriums der Justiz statt. Hierbei wurden erste Erfahrungen über das Gesetz ausgetauscht und weitere Überlegungen dahingehend gemacht, ob und gegebenenfalls welche gesetzgeberischen Maßnahmen zur Förderung einer reibungslosen Zusammenarbeit von Familiengericht und Jugendamt erforderlich sind. Auch die vom Gesetzgeber bislang nicht umgesetzten Vorschläge wurden in diesem Rahmen erneut erörtert.

d) kritische Betrachtung

Für eine optimale Umsetzung des Gesetzes erscheinen jedoch noch weitere Maßnahmen erforderlich, die vom Gesetzgeber bislang nicht umgesetzt wurden. Dazu gehören auch einige Vorschläge der Arbeitsgruppe, so unter anderem deren Ziel, Familienrichter gesetzlich zu Fortbildungsmaßnahmen zu verpflichten.[204] Dieser äußerst begrüßenswerte Vorschlag, die Fort- und Weiterbildung von Familienrichtern durch eine ausdrückliche gesetzliche Verpflichtung zu stärken und für ein hinreichendes Angebot entsprechender Fortbildungsveranstaltungen zu sorgen, ist aus Gründen der Gesetzgebungskompetenz nicht mehr

201 Siehe Kap. D.

202 anders aber: *Meysen*, JAmt 2008, S. 233 (242).

203 Abschlussbericht v. 14.7.2009, bmj.bund.de.

204 Abschlussbericht v. 17.11.2006, bmj.bund.de, S. 12, 52 ff.

im Gesetzesentwurf der Bundesregierung enthalten.[205] Eine adäquate Ausbildung der Familienrichter ist für die optimale Verwirklichung der neuen Vorschriften aber dringend erforderlich.[206] Diese schon lange gestellte Forderung hatte erstmals eine konkrete Chance, in das Gesetz Einzug zu halten, doch aufgrund der fehlenden Bundeskompetenz wurde sie erneut vertan.[207] Nach dem Vorschlag der Arbeitsgruppe sollte die Verpflichtung zur Fortbildung für Familienrichter sowie zur Einrichtung örtlicher Arbeitskreise zur interdisziplinären und fallübergreifenden Zusammenarbeit durch eine Ergänzung des SGB VIII geregelt werden. Da örtliche Träger der öffentlichen Jugendhilfe jedoch die Kreise und kreisfreien Städte sind (§ 69 I 2 SGB VIII), kommt seit der Föderalismusreform insoweit eine bundesgesetzliche Regelung nicht mehr in Betracht (Verbot der Aufgabenübertragung gem. Art. 84 I 7 GG).[208]

Die Forderungen zu qualifizierter Weiterbildung sind so alt wie der Ruf nach einer Familiengerichtsbarkeit.[209] Bereits 1979 wurde die Forderung nach einer Aus- und Weiterbildung der Familienrichter im Zusammenhang mit der Anhörung von Kindern und Jugendlichen im gerichtlichen Verfahren laut.[210] Auch das Bundesverfassungsgericht machte im Jahre 1980 deutlich, dass durch Aus- und Weiterbildung erreichte Zusatzqualifikationen mit den Grundzügen der Pädagogik und der Psychologie für die Arbeit eines Familienrichters unerlässlich seien.[211] Es bleibt zu hoffen, dass die Vorschläge der Arbeitsgruppe nun auf Landesebene umgesetzt werden.[212] Eine adäquate Ausbildung der Richter in den Bereichen der Kinder-und Jugendhilfe, der Sozial- und Humanwissenschaften etc. ist unbedingte Voraussetzung für eine funktionierende Kooperation zwischen Familiengericht und Jugendamt und damit Grundlage für fundierte und richtige familiengerichtliche Entscheidungen. Momentan bestehen für Familienrichter keinerlei zusätzliche Voraussetzungen für ihre Ernennung. Dies erscheint

205 BR-Drucks. 550/07, S. 10 f.

206 So auch: Abschlussbericht v. 14.7.2009, bmj.bund.de, S. 23 ff.; insbesondere im Hinblick auf die Erörterung der Kindeswohlgefährdung nach § 157 FamFG ist es für den Richter unumgänglich auch soziale Kompetenzen in das Gespräch mit einfließen zu lassen.

207 *Prestien*, ZKJ 2008, 59 (61), m.w.N.

208 *Fellenberg*, FPR 2008, 125 (128).

209 Siehe 1. Teil, Kap. C. II.; 3. Teil, Kap. C. III. 2. a).

210 BT-Drucks. 8/2788, S. 42.

211 BVerfG v. 5.11.1980 – 1 BvR 349/80 – NJW 1981, 217 (218).

212 Plenarprotokoll 16/157, S. 16518, so wurde zumindest mit dem „Zentrum des Bundes für frühe Hilfen“ eine zentrale Stelle zur länderübergreifenden Kooperation eingerichtet, es existieren noch mehrere andere Projekte, siehe hierzu auch: „Bundesministerin Ursula v. der Leyen startet Modellprojekte für soziale Frühwarnsysteme, bmfsfj.de ; zur Richterfortbildung siehe Abschlussbericht v. 14.7.2009, bmj.bund.de, S. 23 ff.

jedoch äußerst fragwürdig, werden doch Familienrichter mit den unterschiedlichsten Fällen konfrontiert, die häufig ohne fundierte Zusatzkenntnisse nicht gelöst werden können und kann zudem doch ein Fehlurteil schlimmstenfalls den Tod eines Kindes bedeuten. Aus diesem Grund ist es sicherlich unumgänglich, die Familienrichter in Bereichen wie Sozial- und Humanwissenschaften, aber auch im Kinder- und Jugendhilferecht, von welchem in der Regel nur (wenn überhaupt) fragmentarische Kenntnisse vorhanden sind, weiterzubilden.[213] Bereits in der juristischen Ausbildung sollte ein größeres Augenmerk auf den Bereich des Familienrechts und damit auch auf das Kinder- und Jugendhilferecht gelegt werden,[214] da die Studenten während dieser Zeit nur wenig vom Familienrecht, kaum einmal vom Kinder- und Jugendhilferecht, nichts von Entwicklungspsychologie oder anderen kindesbezogenen Sozial- und Humanwissenschaften hören.[215]

Spricht man von mangelnder Aus- und Weiterbildung der Familienrichter, vergisst man häufig, dass auch auf Seiten der Kinder- und Jugendhilfe erhebliche Defizite im Umgang mit Recht und Gesetz bestehen. Führt die Weiterbildung der Familienrichter zum besseren Verständnis der Funktionsweise und der Handlungsmethoden der Jugendämter, so führt im Gegenzug auf Seiten der Jugendämter das Verstehen der strukturellen Regelungsabsichten hinter den Gesetzen zum besseren Verständnis der Arbeitsweise der Gerichte. Nur so können juristische und sozialpädagogische Methoden zum Wohl des Kindes verbunden und dementsprechend genutzt werden.[216]

Um die positiven Effekte der frühzeitigen Anrufung des Familiengerichts, die das Gesetz zur Erleichterung familiengerichtlicher Maßnahmen bei Gefährdung des Kindeswohls mit sich bringt, auszuschöpfen, bedarf es einer qualifizierten Fachlichkeit und einer klaren Rollentrennung zwischen Familiengericht und Jugendamt. Der Richter hat nicht die sozialen Kompetenzen eines Sozialarbeiters;[217] umgekehrt ist es für das Jugendamt nicht immer hilfreich, sich einer Leihautorität[218] des Familienrichters zu bedienen, nach dem Motto: „Wenn du

213 So auch *Röchling*, FamRZ 2007, 431 (434); *Heilmann*, hefam.de, S. 2 f.

214 *Salgo*, ZKJ 2007, 12 (16); entsprechende, wenn auch nicht ausreichende Tendenzen sind sicherlich vorhanden, so wurde z.B. in Hessen Familienrecht mit der neuen Studienordnung v. 10.11.2004 wieder als Pflichtfach etabliert.

215 *Röchling*, FamRZ 2007, 431 (434); *Coester*; JAmt 2008, 1 (5); diese Tendenz weg von fächerübergreifenden Veranstaltungen scheint in den letzten Jahren aufgrund der Beschleunigung des Studiums zugenommen zu haben.

216 *Urban*, ZKJ 2006, 126 (134); *Oberloskamp*, ZblJugR 1982, 519 ff.; *dies.* ZBlJugR 1983, 355 ff.

217 *Neumann*, DRiZ 2007, 66 f.; *Flügge*, FPR 2008, 1.

218 *Connell*, Der gemachte Mann, S. 187.

das nicht tust, rufe ich das Familiengericht an." Dennoch ist es für das beiderseitige Verständnis wichtig, sich in den Fachbereichen des anderen auszukennen. Nie kann der Familienrichter das Jugendamt ersetzen und umgekehrt. Er kann aber dazu beitragen, desolaten Familienverhältnissen eine Struktur zu verleihen und so den Hilfeprozess in der Kinder- und Jugendhilfe zu unterstützen.[219] Dabei muss sich das Gericht auf das Jugendamt verlassen und sich dessen – wo es nötig ist – auch bedienen können. Dies muss möglich sein, ohne Angst davor zu haben, dem anderen dadurch nicht den nötigen Respekt entgegen zu bringen. Das Jugendamt verliert hierdurch nicht seine Funktion als eigenständige Behörde. Es ist Ansprechpartner von Eltern und Kindern in schwierigen Lebenslagen, es bietet Hilfen an, es trifft vorläufige Maßnahmen etc. Diese Aufgaben übt das Jugendamt selbständig aus. Das Familiengericht hat hier nicht „reinzureden". Dies muss aber umgekehrt auch für das Jugendamt gelten. Der Richter ermittelt den Sachverhalt, er prüft, er bespricht, er lädt vor, er vermittelt, er motiviert, er steigert die Hilfeakzeptanz und er ordnet entsprechende Maßnahmen in eigener Verantwortung an.

II. Das familienrechtliche Verfahrensrecht

1. Das familiengerichtliche Verfahrensrecht als Verfahren der freiwilligen Gerichtsbarkeit

Das familienrechtliche Verfahrensrecht in seiner heutigen Form geht zurück auf die klassischen Verfahrensregelungen der nichtstreitigen Gerichtsbarkeit. Dazu gehörten insbesondere Vormundschafts-, Nachlass-, Registersachen und Urkundenangelegenheiten. Der für diese Arbeit interessierende Bereich des Kindesschutzes war in erster Linie im Regelungsbereich der Vormundschaft angesiedelt. In Fällen, in denen der Strafrichter nicht zuständig war, wurde die Unterbringung der Kinder durch das Vormundschaftsgericht für zulässig erklärt. Rechtsgrundlage war das RStGB in Verbindung mit den landesrechtlichen Vorschriften. Damit war der Unterbau für eine Zwangserziehung geschaffen, aus der die Fürsorgeerziehung hervorging, die ihren Abschluss in der heutigen Kinder- und Jugendhilfe gefunden hat.[220] Durch diese Entwicklung ist außerdem der Grundstein für die Zuständigkeit des Vormundschaftsgerichts für vernachlässigte und verwahrloste Kinder und die Zusammenarbeit mit einer Erziehungsbehörde, dem späteren Jugendamt, gelegt.[221] Vor Inkrafttreten des FGG war die

219 *Meysen*, NJW 2008, 2673 (2676).

220 *Scherpner*, S. 162 f.

221 *Scherpner*, S. 163.

Entstehung und Entwicklung der Vormundschaftsgerichtsbarkeit landesrechtlich geprägt.[222]

Das Gesetz über die Angelegenheiten der freiwilligen Gerichtsbarkeit (FGG)[223] geht zurück auf einen Entwurf, der am 26.11.1897 dem Reichstag vorgelegt[224] und am 27.5.1898 im RGBl. verkündet wurde.[225] Es trat allerdings erst zum 1.1.1900 gemeinsam mit BGB und ZPO in Kraft und war aus dem Bedürfnis entstanden, eine einheitliche Verfahrensordnung für die Sachen der freiwilligen Gerichtsbarkeit - insbesondere für das Gebiet des Familienrechts - zu schaffen, nachdem durch die geplante Schaffung des BGB die Vereinheitlichung des materiellen Rechts bereits beschlossen worden war.[226] Die Entwicklung der Vormundschaftsgerichtsbarkeit als Teil der freiwilligen Gerichtsbarkeit fiel in einen Zeitraum, in dem auch erste Überlegungen zur Entstehung eines Kinder- und Jugendhilferechts laut wurden und war wie dieses zunächst von einer Rechtszersplitterung geprägt.[227]

Die Familiengerichtsbarkeit in ihrer heutigen Form entwickelte sich erst mit Entstehung der ersten Familiengerichte in den 70er Jahren des letzten Jahrhunderts und findet ihren vorläufigen Abschluss mit Inkrafttreten des FamFG am 1.9.2009.

2. Reform der freiwilligen Gerichtsbarkeit

Seit Inkrafttreten des FGG wurden diesem Gesetz ständig neue Verfahrensregelungen und Änderungen zugewiesen, so dass zum Teil von einem „gesetzgeberischen Experimentierfeld“ gesprochen wurde.[228] Das FGG war als Rahmengesetz konzipiert. Es enthielt keine umfassende Verfahrensordnung und keine detaillierten Regelungen einzelner Angelegenheiten der freiwilligen Gerichtsbarkeit. Durch die Schaffung zahlreicher Einzelgesetze kam es zudem erneut zu einer

222 Z.B. enthielt die Preußische allgemeine Gerichtsordnung (AGO) v. 1793 einen Abschnitt über „Verfahren bei Handlungen der freiwilligen Gerichtsbarkeit“, ebenso hatten Baden, Hessen und Sachsen bereits im 19. Jh. Eigene Regelungen, Prütting/Helms/*Prütting*, FamFG, Einleitung, Rn. 1.

223 Der Begriff wurde aus dem römischen Recht, hier unter der Bezeichnung jurisdictio voluntaria, übernommen, siehe hierzu: *Wacke*, DNotZ 1988, 732 ff.

224 Verhandlungen des Reichstages 1897/1898 Aktenstück Nr. 21, S. 276 ff.

225 RGBl. 1898, Nr. 21, S. 189 ff. (Nr. 2473), S. 342 f. (Nr. 2479) (unterzeichnet am 17.5.1898, ausgegeben am 27.5.1898.).

226 Keidel/*Schmidt*, Einleitung, Rn. 1; Keidel/Sternal, FamFG, Einleitung, Rn. 1 ff.; Jansen/*Schuckmann*, FGG, Einleitung, Rn. 4; Prütting/Helms/*Prütting*, FamFG, Einleitung, Rn. 1 f.

227 Siehe Kap. A. II.

228 Prütting/Helms/*Prütting*, FamFG, Einleitung, Rn. 4 ff.

Rechtszersplitterung. Aus diesem Grund wurden bereits in den 50er und 60er Jahren des letzten Jahrhunderts Rufe nach einer umfassenden Reform des Gesetzes laut. In diesem Zusammenhang entstand das sogenannte „Weißbuch“, das bereits 1961 Änderungsvorschläge zur Vorbereitung einer Reform der Zivilgerichtsbarkeit enthielt.[229] 1964 wurde eine Kommission eingesetzt, die das Verfahren der freiwilligen Gerichtsbarkeit auf Basis des „Weißbuches“ umfassend reformieren sollte. 1977 legte die Kommission ihren „Entwurf für eine Verfahrensordnung der freiwilligen Gerichtsbarkeit (FrGO)“ vor, der jedoch nicht in das Gesetzgebungsverfahren eingebracht[230] und bis ins Jahr 2000 nicht mehr aufgegriffen wurde.[231]

Der Entwurf der Kommission sollte die bislang in der ZPO geregelten Verfahrensvorschriften in die Verfahrensordnung der freiwilligen Gerichtsbarkeit integrieren und so das unübersichtliche Nebeneinander von ZPO und FGG beenden. Außerdem sollte erstmals auch die Beteiligung des Jugendamts im Rahmen des Verfahrensrechts geregelt werden. Gemäß § 148 des Entwurfs der Kommission sollte das Jugendamt künftig in allen Sorgerechtssachen mitwirken. In Verfahren, die die Regelung der elterlichen Sorge, die Anordnung einer Vormundschaft oder Pflegschaft und die Genehmigung der Anfechtung nach § 1597 Abs. 1 bis 3, § 1600k Abs. 1 S. 2, Abs. 2, 3 BGB und Art. 12 § 3 Abs. 2 des Gesetzes über die rechtliche Stellung der nichtehelichen Kinder betreffen, sollte die Beteiligung des Jugendamts als verpflichtend eingeführt werden. In allen anderen Sorgerechtssachen sollte das Jugendamt auf Antrag hinzugezogen werden, um ihm die Möglichkeit zu geben, am Verfahren teilzunehmen. Von einer auf alle Sorgerechtssachen bezogenen Mitwirkungsverpflichtung sah man aufgrund einer dadurch entstehenden Verzögerung und einer unnötigen Belastung der Jugendämter ab.[232]

3. Beteiligung des Jugendamts am gerichtlichen Verfahren

Das FGG traf in seiner ursprünglichen Fassung keine Aussage über die Anhörung des Jugendamts im vormundschaftsgerichtlichen Verfahren. Die Anhörungspflichten waren nicht in der Verfahrensordnung, sondern im Reichsjugendwohlfahrtsgesetz geregelt. Das Jugendamt als Behörde und damit auch die Verpflichtung zur Anhörung des Jugendamts wurde demnach erst mit Einführung des Reichsjugendwohlfahrtsgesetzes im Rahmen des § 43 RJWG gesetz-

229 Keidel/*Sternal*, FamFG, Einleitung, Rn. 9.

230 Keidel/*Sternal*, FamFG, Einleitung, Rn. 10.

231 Keidel/*Sternal*, FamFG, Einleitung, Rn. 12; Prütting/Helms/*Prütting*, FamFG, Einleitung, Rn. 11.

232 BMJ, Bericht der Kommission für das Recht der fG, Begründung zu § 148, S. 154.

lich festgelegt. Die Anhörungsverpflichtung wurde schließlich erweitert und nach der Novellierung von 1961 zunächst als §§ 48, (48a) ins JWG aufgenommen.[233] Im Regierungsentwurf war diese Regelung noch als §§ 43, 43a JWG vorgesehen. In der endgültigen Fassung als § 48 JWG wurde die Vorschrift noch erweitert. Die Anhhörungsverpflichtung des Jugendamts wurde im JWG (im Vergleich zum RJWG) insofern erweitert, als dass die Unterstützungspflicht nun auf alle Maßnahmen, die die Sorge für die Person Minderjähriger betreffen, ausgebaut wurde. Außerdem wurde das Jugendamt verpflichtet dem Gericht anzuzeigen, wenn es von Fällen erfährt, in denen das Vormundschaftsgericht zum Eingreifen verpflichtet ist. Damit sollte die Verantwortung des Jugendamts als Träger des staatlichen Wächteramts hervorgehoben werden.[234] Die Bestrebungen der Kommission von 1964, die Mitwirkung in die Verfahrensordnung der freiwilligen Gerichtsbarkeit zu integrieren, scheiterten.[235]

Erst im Rahmen der Neuordnung des KJHG wurden solche Vorschriften, die nicht an das Jugendamt, sondern an andere Institutionen adressiert waren und die das gerichtliche Verfahren betreffen, nicht mehr in das SGB VIII aufgenommen, sondern fanden ihren Weg in die entsprechenden (Verfahrens-) Gesetze. Die bis dato in den §§ 48, 48a, (später auch §§ 48 b, 48c, 48d 52 b) JWG verzeichnete Verpflichtung des Gerichts zur Anhörung des Jugendamts im gerichtlichen Verfahren wurde aus diesem Grund nun in den §§ 49, 49a FGG geregelt[236]. Den entsprechenden Verweis im SGB VIII liefert § 50 Abs. 1 S. 1 SGB VIII als Unterstützungs- und Mitwirkungsverpflichtung des Jugendamts.[237] Seit Inkrafttreten des FamFG ist die Beteiligung des Jugendamts am gerichtlichen Verfahren bei Kindschaftssachen in § 162 FamFG verortet.

Die Beteiligung des Jugendamts im gerichtlichen Verfahren war also ursprünglich im RJWG bzw. im JWG geregelt und gehört damit zu den traditionellen Aufgaben des Jugendamts. Die einschlägigen Vorschriften (§ 43 RJWG, §§ 48 ff. JWG) bestimmten zunächst sowohl die Unterstützungspflicht des Jugendamts gegenüber dem Gericht, als auch die Verpflichtung des Gerichts, das Jugendamt in bestimmten (durch Katalog aufgezählten) Fällen anzuhören. Diese Systemwidrigkeit wurde im Zuge der Einführung des Kinder- und Jugendhilfegesetzes beseitigt, indem die Vorschriften, die das Gericht, nicht aber das Ju-

233 *H. Schellhorn* in: Schellhorn/Fischer/Mann, § 50, Rn. 7; zunächst nur als § 48 JWG, BGBl. I, S. 1206, § 48a wurde erst später eingefügt.

234 BT-Drucks. 3/2226, S. 24.

235 *H. Schellhorn* in: Schellhorn/Fischer/Mann, § 50, Rn. 7.

236 BT-Drucks. 11/5948, S. 118.

237 Wiesner/*Oberloskamp*, SGB VIII (2006), Anhang § 50, Rn. 1; Jansen/*Zorn*, FGG, § 49, Rn. 1, § 49a, Rn. 1; siehe auch bereits: Keidel/*Kuntze*, 13. Auflage, § 49, Rn. 1, § 49a, Rn. 1.

gendamt verpflichteten, in das Gesetz über die Angelegenheiten der freiwilligen Gerichtsbarkeit eingefügt wurden (§§ 49, 49a FGG), während die Unterstützungspflicht des Jugendamts im SGB VIII verblieb. War das Jugendamt ursprünglich eine Art Hilfsinstanz für das Gericht, die die Fachkompetenzen ihrer Mitarbeiter dem Gericht von Amts wegen zur Verfügung zu stellen hatte,[238] wurde durch die „Bereinigung" des SGB VIII die eigenständige Position des Jugendamts gegenüber dem Gericht als Erfüllung eigener Aufgaben klargestellt. Diese Klarstellung verdeutlicht einerseits den eigenständigen Handlungsauftrag des Jugendamts, andererseits hebt sie die Unabhängigkeit der Justiz hervor.[239]

4. Das FamFG (FGG-Reformgesetz)

Das Gesetz über die Angelegenheiten der freiwilligen Gerichtsbarkeit (FGG) wies von Beginn an Lücken auf, so dass im Laufe der Zeit etliche Bestimmungen hinzukamen oder in anderen Bundes- und Landesvorschriften geregelt wurden. Bisher war das Familienverfahrensrecht dadurch sehr unübersichtlich in verschiedenen Verfahrensordnungen – der ZPO, dem FGG, dem BGB, der Hausratsverordnung und zahlreichen weiteren Gesetzen – geregelt. Dies führte zu einer komplizierten Hin- und Rückverweisung innerhalb einzelner und zwischen den verschiedenen Gesetzen.[240]

Ebenso hinderlich für die Verständlichkeit und Übersichtlichkeit des Gesetzes war das Nebeneinander von Verhandlungsgrundsatz und Prozessmaxime der ZPO auf der einen und Amtsermittlungsgrundsatz des FGG auf der anderen Seite. Dieser Parallelismus führte häufig zu einem geradezu schizophrenen Verhalten des Familienrichters, der teilweise nicht berechtigt war, Erkenntnisse, die er mit Hilfe des Amtsermittlungsgrundsatzes gewonnen hatte, zu verwerten, um nicht gegen den Verhandlungsgrundsatz zu verstoßen.[241] Mit dem strukturierten Aufbau des FamFG soll dem Rechtsanwender die Handhabung des familiengerichtlichen Verfahrens erheblich erleichtert werden.

Um das Nebeneinander von KostO und GKG zu beenden, wurde das Recht der Gerichtskosten in Familiensachen im neuen FamGKG vereint.

a) Gang des Gesetzgebungsverfahrens

Im Jahr 2000 begannen, angestoßen durch die Verhandlungen des 63. Deutschen Juristentages erste Vorarbeiten im Bundesministerium der Justiz für eine Re-

238 BVerfG v. 19.7.1972 – 2 BvL 7/71 – BVerfGE 33, 367 (380 f.).
239 *Mrozynski*, § 50, Rn. 1; Wiesner/*Mörsberger/Wapler*, Vor § 50, Rn. 2 f.
240 *Kroiß/Seiler*, FamFG, § 1, Rn. 4; *Schulte-Bunert*, Das neue FamFG, Einleitung, Rn. 1.
241 *Willutzki* in: dijuf.de, Tagungsdokumentation, S. 25 (27 f.).

form des FGG. Erste Analysen legten eine Reform des Verfahrens der freiwilligen Gerichtsbarkeit nahe, so dass 2003 zwei Arbeitsgruppen entstanden, die die Einzelheiten einer möglichen Reform herausarbeiten sollten.[242] Im Juni 2005 legte das Bundesministerium der Justiz schließlich einen Referentenentwurf für ein FGG-Reformgesetz[243] vor, welcher die seit über 50 Jahren diskutierte Generalreform der freiwilligen Gerichtsbarkeit in die Realität umsetzen sollte.[244] Seit Februar 2006 hatte er das Stadium eines ergänzten Referentenentwurfs erreicht. Der Bundestag beriet den Gesetzesentwurf in seiner 118. Sitzung am 11. Oktober 2007 in erster Lesung[245] und überwies ihn dem Rechtsausschuss sowie dem Ausschuss für Familie, Frauen, Senioren und Jugend, die wiederum in zwei öffentlichen Anhörungen am 11. und 13. Februar 2008 über den Entwurf berieten. Schließlich verabschiedete der Bundestag in 2. und 3. Lesung am 27.6.2008 in seiner 173. Sitzung das FGG-Reformgesetz.[246] Der Bundesrat setzte sich am 19.9.2008 in seiner 847. Sitzung abschließend mit dem neuen Regelwerk auseinander.[247] Das FGG-Reformgesetz und damit auch das FamFG trat allerdings erst am 1.9.2009 in Kraft, um den Ländern ein Jahr Zeit zu geben, die notwendige Neuorganisation der gerichtlichen Abläufe zu organisieren.[248]

b) Die Kernpunkte des Familienverfahrensgesetzes (FamFG)

Das FGG-Reformgesetz regelt die Verfahrensordnung der freiwilligen Gerichtsbarkeit von Grund auf neu. Für die Beteiligten an einem familiengerichtlichen Verfahren sind in erster Linie folgende Regelungen von Interesse:

- Art. 1 des FGG-Reformgesetzes, dem Gesetz über das Verfahren in Familiensachen und in den Angelegenheiten der freiwilligen Gerichtsbarkeit (FamFG)
- Art. 2, dem Gesetz über die Gerichtskosten in Familiensachen (FamGKG)
- Art. 50, den Änderungen des BGB.[249]

---

242 Keidel/*Sternal*, FamFG, Einleitung, Rn. 12.

243 BT-Drucks. 16/6308.

244 Das FGG-Reformgesetz geht zurück auf die Empfehlungen einer Kommission, die im Jahre 1964 eingerichtet wurde. Der Entwurf, der damals erarbeitet wurde, ist Grundlage des Reformentwurfs, der am 27.6.2008 vom Bundestag verabschiedet wurde, siehe: Plenarprotokoll 16/173 und BMJ, Bericht der Kommission für das Recht der fG; *Kroiß/Seiler*, § 1, Rn. 2.

245 Plenarprotokoll 16/118.

246 Plenarprotokoll 16/173; BT-Drucks. 16/9733.

247 BR-Drucks. 617/08; Plenarprotokoll 847, S. 271

248 Pressemitteilung des BMJ v. 27.6.2008, abgedruckt in ZKJ 2008, S. 135.

249 Nur geringfügige Änderungen zur Angleichung mit dem FamFG.

Im Folgenden soll jedoch insbesondere auf die Neuerungen im familiengerichtlichen Verfahren, im speziellen in kindschaftsrechtlichen Verfahren (§§ 151ff. FamFG) eingegangen werden.[250]

aa) Vorrangs- und Beschleunigungsgebot

Eine wichtige Neuerung stellt das Vorrangs- und Beschleunigungsverbot dar. Da die Dauer des Verfahrens in Kindeswohlgefährdungsfällen für die betroffenen Kinder und deren Eltern eine große Belastung darstellen kann, und die zur Gefahrenabwendung erforderlichen Maßnahmen dadurch erheblich verzögert werden können,[251] wird ein gesetzliches Beschleunigungsgebot auch in Verfahren wegen Gefährdung des Kindeswohls eingeführt.[252] Die Dauer des Verfahrens soll dadurch verkürzt und dringliche Kindschaftssachen, insbesondere Streitigkeiten über das Umgangsrecht, den Aufenthalt und die Herausgabe des Kindes sowie Verfahren wegen Gefährdung des Kindeswohls in Zukunft vorrangig bzw. beschleunigt bearbeitet werden.[253] Das Gericht soll den Fall gemäß § 155 FamFG spätestens einen Monat nach Antragseingang mit allen Beteiligten erörtern können.[254] In Verfahren nach §§ 1666, 1666a BGB müssen die Eltern dabei getrennt angehört werden, wenn dies zum Schutz eines Beteiligten erforderlich ist (§ 157 FamFG). Das Beschleunigungsgebot muss in jedem Verfahrensstadium beachtet werden, es gilt auch für das zweitinstanzliche Verfahren beim OLG und spiegelt sich in § 163 Abs. 1 FamFG wider, wonach das Gericht dem Sachverständigen eine Frist zur Einreichung des schriftlichen Gutachtens setzen muss.[255]

Die Regelung stellt klar, dass die genannten Verfahren bevorzugt und notfalls auf Kosten anderer Verfahren durchzuführen sind, da die Beschleunigung des Verfahrens im Zweifel immer dem Kindeswohl entspricht.[256] Eine allzu schematische Handhabung muss allerdings vermieden werden. Eine schnelle

250 Siehe zu folgendem: Pressemitteilung des BMJ, v. 27.6.2008, abgedruckt in ZKJ 2008, 135.

251 Siehe hierzu: *Heilmann*, Kindliches Zeitempfinden und Verfahrensrecht.

252 Abschlussbericht v. 17.11.2006, bmj.bund.de, S. 8, 37 f.

253 vgl. BT-Drucks. 16/6815

254 Diese Neuerungen sind bereits am 12.7.08 im Rahmen des KiWoMaG als § 50e Abs. 1 FGG in Kraft getreten, BT-Drucks. 16/9733, S. 88

255 *Schulte-Bunert*, Das neue FamFG, § 155, Rn. 574, § 163, Rn. 605; *Kroiß/Seiler*, FamFG, § 3, Rn. 269.

256 MünchKommZPO/*Heilmann*, § 155 FamFG, Rn. 26, 31 f.; *Heilmann*, 18. Dt. Familiengerichtstag, AK 11, S. 118 (120). Der Arbeitskreis schlägt vor, eine Vorschrift zur Vermeidung von Verstößen gegen den Beschleunigungsgrundsatz zu schaffen und darüber hinaus Sanktionsmöglichkeiten zu eröffnen, a.a.O.

Entscheidung „um jeden Preis" erscheint im Interesse des Kindeswohls kontraproduktiv und entspricht nicht den rechtsstaatlichen Anforderungen an ein familiengerichtliches Verfahren.[257] Als verfahrensrechtliche Regelung dient das Gebot des § 155 Abs. 1 FamFG der Umsetzung des materiellen Rechts und hat sich daher am Kindeswohl (§ 1697a BGB) zu orientieren.[258] Das Familiengericht hat mithin in jedem Einzelfall eine Abwägung zwischen einem möglichst zügigen Verfahrensablauf und einer fundierten Entscheidung auf Basis des Kindeswohls vorzunehmen. Damit zusammenhängende Verzögerungen müssen zu Lasten der Verfahrensbeschleunigung hingenommen werden.[259] Gemäß § 155 Abs. 2 FamFG soll das Familiengericht einen (ersten) Termin in der Sache innerhalb eines Monats nach Beginn des Verfahrens anberaumen. Dieser frühe Termin soll eine zügige und einvernehmliche Konfliktlösung zwischen den Beteiligten – insbesondere in Sorge- und Umgangsstreitigkeiten – fördern.[260] Im Kindesschutzverfahren kann die „Erörterung der Kindeswohlgefährdung" nach §157 FamFG bereits in diesem frühen Termin durchgeführt werden.

Das Vorrangs- und Beschleunigungsgebot ist aber durchaus auch kritisch zu betrachten. Wie und ob die Vorstellungen und Wünsche des Kindes bis zum ersten Termin berücksichtigt werden, ist unklar. Das Jugendamt wird in der kurzen Zeit bis zum ersten Termin nur selten die Zeit finden, ausführlich sowohl mit den Eltern als auch mit dem Kind in Kontakt zu treten. Auch die Bestellung eines Verfahrensbeistands zur Unterstützung der Interessen des Kindes ist vor dem ersten Termin nicht verpflichtend.[261] Zwar ist die Bestellung des Verfahrensbeistands so früh wie möglich vorgesehen, allerdings ist die Terminierung bis zum frühen ersten Termin in der Regel so knapp bemessen, dass die Bestellung eines Verfahrensbeistands oder gar ein Erstkontakt mit dem Kind, im Vorfeld des frühen ersten Termins, kaum möglich erscheint.[262] Dennoch sollte der Familienrichter gerade in Fällen des § 155 Abs. 1 i.V.m. § 158 Abs. 2 FamFG, insbesondere im Kontext einer Kindeswohlgefährdung, die Bestellung des Verfahrensbeistands schon vor dem frühen Termin forcieren.[263] In der Regel wird

257 MünchKommZPO/*Heilmann*, § 155 FamFG, Rn. 28.

258 *Fellenberg*, FPR 2008, 125 (128); MünchKommZPO/*Heilmann*, § 155 FamFG, Rn. 1.

259 MünchKommZPO/*Heilmann*, § 155 FamFG, Rn. 26, 33.

260 BT-Drucks. 16/6815, S. 16 f.

261 Kritisch hierzu: *Salgo*, Stellungnahme zu BT-Drucks. 16/6308, bundestag.de, S. 1 ff., 19 f.

262 MünchKommZPO/*Heilmann*, § 158 FamFG, Rn. 17.

263 *Heilmann*, 18. Dt. Familiengerichtstag, AK 11, S. 118 (119); *Meysen*, 18. Dt. Familiengerichtstag, AK 22, S. 137 (138); *Stözel/Söhnen*, 18. Dt. Familiengerichtstag, AK 10, S. 116 (117); siehe auch: Empfehlungen des Vorstands, 18. Dt. Familiengerichtstag, A. III. 1. d), S. 142 (145).

eine einvernehmliche Lösung der Eltern zwar auch dem Wohle des Kindes entsprechen, es sollte aber darauf geachtet werden, dass das Kind nicht zu sehr in eine passive Rolle gedrängt wird.[264] Im beschleunigten Verfahren wird insofern erst der Richter die Möglichkeit haben, das Kind anzuhören und es in den Vermittlungsprozess einzubeziehen.[265] Aus diesem Grund muss im frühen ersten Termin genau abgewogen werden, ob eine schnelle Lösung für das Wohl des Kindes förderlich ist oder diesem zuwiderläuft. Insbesondere in Umgangsstreitigkeiten, bei gleichzeitiger Gefährdung des Kindeswohls, gilt es, die Interessen von Eltern und Kind genau gegeneinander abzuwägen. Der Umgang des Kindes mit beiden Eltern fördert nicht immer dessen Wohl, sondern bewirkt zuweilen das genaue Gegenteil.[266]

bb) Einvernehmliche Lösungen erarbeiten

Das Gericht soll gemäß § 156 FamFG vermehrt einvernehmliche Lösungen des Konflikts forcieren, wenn dies dem Wohl des Kindes nicht zuwiderläuft. Dabei hat es die Eltern insbesondere auch auf Möglichkeiten der Beratung durch die Beratungsstellen und Dienste der Träger der Kinder- und Jugendhilfe hinzuweisen. Kommen die Eltern zu einer einvernehmlichen Lösung, so muss das Gericht diese billigen. Sind die Eltern aber nicht in der Lage, eine einvernehmliche Lösung zu finden, ist das Gericht nun berechtigt, eine einstweilige Anordnung zu treffen, die die Eltern verpflichtet, an einer Beratung durch das Jugendamt teilzunehmen. Das Gericht soll über das Umgangsrecht möglichst schnell entscheiden, um den Kontakt des Kindes mit dem umgangsberechtigten Elternteil aufrechtzuerhalten und um damit zu vermeiden, dass die Beziehung Schaden nimmt (§§ 156, 165 FamFG).[267] Gemäß § 156 Abs. 1 S. 3 FamFG besteht die Möglichkeit der Mediation oder außergerichtlichen Streitbeilegung. Hierauf hat der Familienrichter hinzuweisen. Einigen sich im Falle eines Streits alle Beteiligten über den Umgang oder die Herausgabe des Kindes, kann diese Regelung als Vergleich aufgenommen werden, wenn das Gericht dies billigt.

Problematisch erscheint in diesem Zusammenhang die Tatsache, dass der Familienrichter für diese neue Aufgabe neben juristischen auch spezifische sozi-

264 Kritisch hierzu: *Hennemann*, FPR 2009, 20 (23).

265 *Walter*, FPR 2009, 23 (26).

266 *Salgo*, Stellungnahme zu BT-Drucks. 16/6308, bundestag.de, S. 11 ff.; BVerfG v. 18.12.2003 - 1 BvR 1140/03 – FPR 2004, 260 f.

267 Dabei muss aber darauf geachtet werden, dass Umgang nicht um jeden Preis aufrechterhalten werden darf. Eine genaue Differenzierung ist unbedingt erforderlich, siehe hierzu: *Salgo*, Stellungnahme zu BT-Drucks. 16/6308, bundestag.de, S. 1 ff.; BVerfG v. 18.12.2003 - 1 BvR 1140/03 – FPR 2004, 260 f.

alwissenschaftliche Kenntnisse in Bezug auf Gesprächsführung und Vermittlung benötigt und dazu in der Lage sein muss, das Konfliktniveau und die daraus abzuleitenden Maßnahmen richtig einzuschätzen. Hierfür ist der Richter allerdings nicht ausreichend vorbereitet. Weder in seiner juristischen Ausbildung, noch durch vorhandene Fortbildunsverpflichtungen wird er in diesen Bereichen ausgebildet. Ausgang und Verlauf der Bemühungen, ein Einvernehmen der Beteiligten herzustellen, steht und fällt mit der Kompetenz und der Qualität des einzelnen Richters. Unabhängig von dessen Qualifikation erscheint es jedenfalls wünschenswert, dass er im Falle strittiger und hochstrittiger Elternkonflikte[268] diese rechtzeitig zur Inanspruchnahme einer außergerichtlichen Vermittlung motiviert. Im Falle hochstrittiger Konflikte wird ein Einvernehmen zwischen den Beteiligten ohnehin nicht mehr herzustellen sein. Ist klar ersichtlich, dass kein Einvernehmen hergestellt werden kann, sollte eine zügige richterliche Entscheidung herbeigeführt, und nicht weitere außergerichtliche Maßnahmen in Erwägung gezogen werden, die zu einer Verzögerung des Verfahrens und damit zu einer weiteren Belastung des Kindes führen würden.[269] Insofern gilt auch nach FamFG: Kein gemeinsames Sorgerecht um jeden Preis![270]

Der Richter sollte in der Lage sein, selbständig auf ein Einvernehmen der Eltern hinzuwirken und die Beteiligten im Falle des Scheiterns in geeignete (au-

268 *Walter*, FPR 2009, 23 ff. unterteilt die Elternkonflikte nach *Alberstötter*, Kind-Prax 2004, 90 (93) in drei Konfliktstufen: Konfliktstufe 1: Kurze Konfliktepisoden mit niedriger emotionaler Intensität, Trennung von Paar- und Elternebene noch vorhanden. Hier sollte der Richter moderierende und beratende Mittel einsetzen und die Beteiligten zu kooperativen Handeln im Interesse des Kindes hinführen. Bei vorhandenem Einvernehmen sollte überprüft werden, ob alle Streitigkeiten beigelegt werden konnten, wenn nicht sollte auf außergerichtliche Streitbeilegung hingewiesen werden. Konfliktstufe 2: Das Interesse an einer gemeinsamen Lösung ist nur noch gering, das Bedürfnis den anderen zu dominieren steht im Vordergrund. Hier ist ein erhöhtes Maß an Direktivität erforderlich, es können Interventionstechniken der Mediation eingesetzt werden. Es besteht die Möglichkeit die Beteiligten zu einem kooperativen Handeln hinzuführen. Eine umfassende Lösung ist allerdings unwahrscheinlich, insofern sollte auf die Inanspruchnahme außergerichtlicher Vermittlung hingewirkt werden. Konfliktstufe 3: Ein Wille zur Verständigung ist nicht mehr vorhanden. Hinwirken auf Einvernehmen wird in der Regel erfolglos sein. Verhandlungsführung darf wenig Raum zur Streiteskalation lassen, evtl unter Androhung oder Vollzug von Sanktionen. In der Regel macht es keinen Sinn hochstrittige Eltern gegen ihren Willen zur Mediation zu bewegen, evtl. funktioniert in solchen Fällen ein sog. „Parent Coordinator". In hochstrittigen Fällen steht die gemeinsame elterliche Sorge allerdings oft in Widerspruch zum Kindeswohl!

269 *Walter*, FPR 2009, 23 (26).

270 Siehe hierzu: *Kindler/Fichtner*, FPR 2008, 138(140 f.); *Salgo*, Stellungnahme zu BT-Drucks. 16/6308, bundestag.de, S. 1 ff.

ßergerichtliche) Maßnahmen überzuleiten. Insofern macht das FamFG erneut deutlich, dass vom Familienrichter Zusatzqualifikationen gefordert werden müssen. Der Familienrichter muss in der Lage sein, den Konflikt angemessen einzuschätzen und durch entsprechende Gesprächsführung eine möglichst einvernehmliche Lösung herbeizuführen. Außerdem sollte er das gesamte Spektrum außergerichtlicher Interventionsmöglichkeiten kennen, um die Beteiligten in die geeignete Maßnahme überzuleiten.[271]

cc) Stärkung der Beteiligungsrechte des Kindes („Anwalt des Kindes“)

Zur Stärkung der Rechte des Kindes im familiengerichtlichen Verfahren wird das Kind in Zukunft nicht länger von einem Verfahrenspfleger (§ 50 FGG), sondern von einem Verfahrensbeistand unterstützt (§ 158 FamFG), dessen Aufgabe es ist, die Interessen des Kindes festzustellen und adäquat zu vertreten.[272] Er hat es über den Gegenstand, den Ablauf und den möglichen Ausgang des Verfahrens zu informieren.[273] Im Regierungsentwurf war ursprünglich auch vorgesehen, dass er Gespräche mit den Eltern und anderen Bezugspersonen des Kindes führen kann. Die jetzige Regelung ist wesentlich enger gefasst und sieht ein Gespräch mit den Eltern sowie anderen Bezugspersonen nur noch als vom Familiengericht zusätzlich angeordnete Aufgabe vor. Solche Gespräche mit den Eltern sollten allerdings gerade keine Ausnahme, sondern der Regelfall innerhalb einer Verfahrensbeistandschaft sein, da sie dem Beistand dazu dienen, sich ein umfassendes Bild von den Gegebenheiten des Falles zu machen, um einen optimalen Schutz des Kindes gewährleisten zu können.[274] Ist das Gespräch mit den Eltern oder anderen Bezugspersonen zur Ermittlung des Kindesinteresses erforderlich, gehören diese Gespräche auf Grund seiner Stellung als Beteiligter am Verfahren (§ 158 Abs. 3 S. 2) ohnehin zum originären Aufgabenbereich des Verfahrensbeistands und nicht zu dessen erweiterten Aufgabenbereich im Sinne des Abs. 4 S. 3.[275]

---

271 *Walter*, FPR 2009, 23 (27).

272 Siehe kritisch zur momentanen Praxis: *Zitelmann*, ZKJ 2011, 236 (241 f.); die Begleitung von Kindern- und Jugendlichen durch Verfahrenspfleger sei in der Praxis nicht ausreichend.

273 *Rotax* in: Rotax, FamPrax, Teil 4, Rn. 26.

274 *Rotax*, Stellungnahme zum FGG-Reformgesetz, Teil 4/6, S. 2, rechsportal.de.

275 MünchKommZPO/*Heilmann*, § 158 FamFG, Rn. 28 m.w.N.; *Heilmann*, 18. Dt. Familiengerichtstag, AK 11, S. 118 (119).

dd) Effektive Vollstreckung von Sorge- und Umgangsentscheidungen

Verstößt ein Elternteil gegen eine Umgangsentscheidung, so kann das Gericht künftig Ordnungsmittel verhängen, die auch noch nach Ablauf der Verpflichtung festgesetzt und vollstreckt werden können. Außerdem besteht in Zukunft die Möglichkeit, gemäß § 1684 Abs. 3 S. 3-6 BGB einen Umgangspfleger zu bestellen, der bei problematischen Umgangsstreitigkeiten sicherstellen soll, dass das Kind den Kontakt zu dem Umgangsberechtigten nicht abbricht.[276]

Diese Regelung ist aber durchaus kritisch zu betrachten. Gerade in Umgangsstreitigkeiten gilt es, eine differenzierende Betrachtung der Konfliktkonstellationen vorzunehmen. Dies wird aber im FamFG nicht deutlich genug heraus gestellt und gerade Familienrichter, die ohnehin zu der Ansicht neigen, die Vereitelung des Umganges mit beiden Elternteilen stelle einen Verstoß gegen das Kindeswohl dar, werden durch das FamFG in dieser Ansicht bestärkt. Aufgabe einer modernen familienrechtlichen Verfahrensordnung sollte es aber sein, unterschiedlichen Bedürfnissen innerhalb der Familie gerecht zu werden und dem Familiengericht zur Umsetzung klare Kompetenzen an die Hand zu geben.[277]

Abbildung 4: Differenzierter Umgang bei häuslicher Gewalt

	Normaler Umgangsstreit	**Umgangsstreit beim Vorwurf häuslicher Gewalt**
Hauptziel	• Verbesserung der Beziehung des Kindes zum besuchenden Elternteil • elterliches Zusammenwirken	• Sicherheit für Mutter und Kind
Ziel der gerichtlichen Anhörung	• Reduzierung des Konflikts • Vereinbarungen zum Umgang	• Einschätzung der lebensgefährlichen Risiken und des Ausmaßes der Gewalt • Schutzmaßnahmen
Gegenstand der Einschätzung	• Entwicklungsstand des Kindes, seine Bedürfnisse und Präferenzen • elterliche Fähigkeiten	• Auswirkungen der Gewalt auf Mutter und Kind • Entwicklungsbedarf • Väterliche Bereitschaft zur Übernahme der Verantwortung • Sicherheitspläne für Mutter und Kind • elterliche Fähigkeiten
Zukunftsplanung	• Umgangsregelung, die den Bedürfnissen des Kindes	• Prüfung der Aussetzung des Umgangs

276 Kritisch hierzu *Salgo* in: Lipp/Schumann/Veit, FamFG, 153 (157 ff.).

277 *Salgo*, Stellungnahme zu BT-Drucks. 16/6308, bundestag.de, S. 4 ff.; *ders.* in: Lipp/Schumann/Veit, FamFG, S. 153 (159 ff.).

	entspricht	• u.U. begleiteter Umgang • kein Umgang
Benötigte Hilfsquellen	• Mediation • Beratungsdienste für Geschiedene und ihre Kinder • unabhängige Untersuchung	• Besondere Hilfs- und Einschätzungssysteme mit Spezialwissen auf dem Gebiet häuslicher Gewalt • Überwachte Besuchsmöglichkeiten • Absprache zwischen Gericht und Sozialdiensten vor Ort • Besonders geschulte Rechtsanwälte, Richter psychologische und psychiatrische Mitarbeiter, Sozialarbeiter

Quelle: *Jaffe/Geffner* in: Holden/Geffner/Jouriles, S. 388 f.

ee) Neuerungen im Verhältnis Familiengericht - Jugendamt

Auch im Verhältnis Familiengericht - Jugendamt sind durch das FamFG Veränderungen eingetreten. Im bisherigen FGG-Verfahren hörte das Gericht das Jugendamt vor einer Entscheidung gemäß §§ 49, 49a FGG an. Die elementare Vorschrift für die Beteiligung des Jugendamts am gerichtlichen Verfahren stellt nun § 162 FamFG dar. Danach ist es in allen Verfahren, die die Person des Kindes oder Jugendlichen betreffen, zu hören und seine Mitwirkung nicht mehr wie noch in den §§ 49, 49a FGG auf ausgewählte Verfahren beschränkt.[278] Damit ist das Familiengericht nun verpflichtet, das Jugendamt in allen Verfahren, die die Person des Kindes betreffen, unbedingt zu hören. Die noch in §49a FGG existierende Unterscheidung zwischen Verfahren, in denen das Jugendamt angehört werden muss (§ 49a Abs. 1), solchen, in denen das Jugendamt angehört werden soll (Abs. 2) und solchen, in denen das Jugendamt angehört werden kann (Abs. 2a), ist damit obsolet. Weder Familiengericht noch Jugendamt entscheiden demnach über das „Ob" der Mitwirkung, über das „Wie" dagegen entscheidet das Jugendamt in eigener Verantwortung.[279]

Darüber hinaus kann das Jugendamt gemäß § 162 Abs. 2 FamFG auf Antrag an allen Verfahren beteiligt werden. In diesem Fall stehen dem Jugendamt sämtliche Verfahrensrechte eines Verfahrensbeteiligten zu.[280]

278 Kritisch zu § 49a FGG *Kaufmann*, ZfJ 2001, 8 ff.

279 Die Frage, wer über die Form der Anhörung bestimmt ist umstritten, MünchKommZPO/*Heilmann*, § 162 FamFG, Rn. 5 f. (Familiengericht); anders: Wiesner/*Mörsberger*, § 50, Rn. 25; *Trenczek* in: FK-SGB VIII, § 50, Rn. 10, 12 (Jugendamt); siehe Kap. C. I. 3. d).

280 MünchKommZPO/*Heilmann*, § 162 FamFG, Rn. 11 f.

In Verfahren nach §§ 1666, 1666a BGB soll das Gericht das Jugendamt bei der Erörterung möglicher Maßnahmen zur Abwehr einer Kindeswohlgefährdung laden, § 157 FamFG.[281] In diesem Versuch, die Gefahr für das Kind in einem frühen Stadium des Verfahrens durch eine Analyse mit allen Beteiligten abzuwenden, wird das Bestreben zu einer Vorverlagerung des Kindesschutzes durch präventive Maßnahmen deutlich. Das Familiengericht soll auf die Eltern noch stärker als bisher einwirken, öffentliche Hilfen in Anspruch zu nehmen und mit dem Jugendamt zu kooperieren. Die Arbeitsgruppe hat deshalb den Vorschlag aus dem Gesetzesantrag des Freistaates Bayern vom 3. Mai 2006[282] aufgegriffen, ein Gespräch mit den Eltern über die Kindeswohlgefährdung und wie sie abgewendet werden kann einzuführen. Zwar konnte der Richter im Rahmen der persönlichen Anhörung nach § 50a Abs. 1 S. 3 FGG bereits die Möglichkeiten zur Abwendung der Kindeswohlgefährdung erörtern; diese Möglichkeit wurde bisher aber nur selten genutzt.[283] Der Vorschlag wurde in Form von § 157 FamFG von der Bundesregierung in den Regierungsentwurf aufgenommen,[284] bzw. bereits vorher in § 50f des Gesetzes zur Erleichterung familiengerichtlicher Maßnahmen bei Gefährdung des Kindeswohls formuliert.[285]

Das Verfahrensrecht ist dementsprechend durch eine Vorschrift zur „Erörterung der Kindeswohlgefährdung" ergänzt worden.[286] Im Rahmen dieser ist der Richter als übergeordnete Institution[287] gehalten, gemeinsam mit den Eltern, evtl. dem Kind und dem Jugendamt eine Lösung zu finden, ob und wie eine mögliche Gefährdung des Kindeswohls abgewendet werden kann. Ziel ist es, die Beteiligten an einen Tisch zu bringen, um den Eltern den Ernst der Situation zu verdeutlichen und mögliche Handlungsalternativen zu erörtern. Dabei hat das Gericht darauf hinzuwirken, dass Eltern notwendige Leistungen der Jugendhilfe annehmen. Die Vorschrift übernimmt insofern eine Art Warnfunktion.[288] Dabei betätigt sich der Richter nicht als Erzieher, sondern vielmehr als Moderator und Vermittler zwischen den beteiligten Personen und Institutionen und deren unter-

281 Die Vorschrift wurde bereits durch das KiWoMaG als § 50 f FGG eingeführt.

282 BR-Drucks. 296/06.

283 BT-Drucks. 16/6815, S. 9.

284 BT-Drucks. 16/9733, S. 74

285 BT-Drucks. 16/6815, S. 6.

286 BT-Drucks. 16/6815, S. 11 f.

287 Schließlich überprüft der Familienrichter im Rahmen des § 42 Abs. 3 SGB VIII indirekt auch die Entscheidung des Jugendamts. Für die Überprüfung von Jugendamtshandeln sind de lege lata die Verwaltungsgerichte zuständig.

288 Abschlussbericht v. 17.11.2006, bmj.bund.de, S. 7, 33 ff; BT-Drucks. 16/6815, S. 11 f; *Meysen*, NJW 2008, 2673 (2675); *Fellenberg*, FPR 2008, 125 (127).

schiedlichen Interessen.[289] Auf diese Art und Weise soll den Eltern die Angst vor dem Familiengericht genommen werden, das von vielen Eltern noch immer als Bedrohung wahrgenommen wird.[290]

Das Gericht kann das Gespräch zudem bereits in einer Phase des Verfahrens durchführen, in der noch gar nicht abschließend geklärt ist, ob eine Kindeswohlgefährdung im Sinne des § 1666 BGB vorliegt. Die Vorschrift korrespondiert insofern mit § 8a SGB VIII, der das Jugendamt ermächtigt, das Familiengericht bereits dann anzurufen, wenn gewichtige Anhaltspunkte für eine Kindeswohlgefährdung vorliegen und die Eltern an der Aufklärung des Gefährdungsrisikos nicht mitwirken bzw. nach § 8a Abs. 1 SGB VIII angebotene Hilfen nicht annehmen.[291] Dies verdeutlicht den Fokus des Gesetzes, die familienrichterliche Autorität zu nutzen, um die Hilfeakzeptanz zu erhöhen und so das Kind bereits im Vorfeld einer tatsächlichen Gefährdung durch Prävention zu schützen. Der Familienrichter soll sich ein Bild von der Familie und den geeigneten und möglichen Hilfeleistungen machen und dadurch die Kooperation der Eltern und des Kindes mit dem Jugendamt fördern.[292] Hatte das Jugendamt das Familiengericht angerufen, schwand bei vielen Eltern häufig das Interesse, mit dem Jugendamt weiterzuarbeiten, da das Familiengericht bislang in erster Linie mit dem Ziel angerufen wurde, den Eltern das Sorgerecht zu entziehen.[293] Mit der frühen Anrufung des Gerichts könnte nun gerade das Gegenteil bewirkt werden. Durch das frühzeitige Zusammenbringen aller Beteiligten an einen Tisch unter Leitung einer quasi neutralen Instanz, die sich ein eigenes Bild von der Situation macht, könnte die Motivation und Kooperationsbereitschaft der Eltern erhöht werden. Eventuell verfahrene Situationen könnten durch die richterliche Autorität wieder in die richtige Bahn geleitet werden. Es zeigt sich immer wieder, dass Eltern einer gerichtlichen Ladung gemäß § 157 Abs. 2 FamFG auch dann folgen, wenn das Jugendamt keinen Zugang mehr zu den Eltern gefunden hatte.[294] Das Jugendamt kann sich so die Autorität des Gerichts zunutze machen. Nicht das Jugendamt müsste Konsequenzen androhen und damit die Kooperation mit den Eltern gefährden, sondern das Familiengericht sollte die Eltern auf die Konsequenzen mangelnder Kooperationsbereitschaft aufmerksam machen und damit die Rolle des „bad guy" übernehmen.[295] Durch die frühzeitige Beteiligung des

289 *Fellenberg* in: Lipp/Schumann/Veit, S. 91 (94).
290 *Götz* in: Lipp/Schumann/Veit, FamFG, S. 215 (220).
291 *Fellenberg*, FPR 2008, S. 125 (127).
292 *Meysen*, NJW 2008, 2673 (2675).
293 *Götz* in: Lipp/Schumann/Veit, FamFG, S. 215 (220).
294 *Fellenberg* in: Lipp/Schumann/Veit, S. 91 (97); *Götz* in: Lipp/Schumann/Veit, FamFG, S. 215 (221).
295 *Götz* in: Lipp/Schumann/Veit, FamFG, S. 215 (221).

Familiengerichts in Gefährdungsfällen könnte in vielen Fällen ein langwieriges Verfahren vermieden und auf diese Art und Weise zu einem besseren Kindesschutz beigetragen werden.

Auch im Vermittlungsverfahren ist gemäß § 165 Abs. 2 FamFG in geeigneten Fällen das Jugendamt zu laden und am Verfahren zu beteiligen. Das Gericht weist die Eltern nun vermehrt auf die Möglichkeit der Beratung durch die Beratungsstellen und –dienste der Träger der Kinder- und Jugendhilfe hin, die auch vom Gericht angeordnet werden können. Diese Regelung macht deutlich, dass für Jugendamt und Gericht der Fall nicht nach dem Ende der Verhandlungen abgeschlossen ist, sondern auch im Anschluss an ein Verfahren die Pflicht besteht, sich weiterhin mit der einzelnen Familie zu beschäftigen, bei Problemen eventuellen Handlungsbedarf zu erkennen und erneut tätig zu werden. Dies verdeutlicht § 166 FamFG, der auf § 1696 BGB verweist und eine generelle Überprüfungspflicht bei länger andauernden oder bei Absehen von Maßnahmen in einem angemessenen Zeitraum anordnet.

Die Aufgaben des Familienrichters erweitern sich also; er wird vermehrt als Vermittler tätig. Statt eine gerichtliche Entscheidung zu treffen, soll er stärker auf einvernehmliche Regelungen zwischen den Beteiligten hinarbeiten. Dies erreicht er gemäß § 156 FamFG durch eingehende Gespräche mit allen Beteiligten, und indem er auf die Möglichkeit außergerichtlicher Streitschlichtung bzw. auf die Möglichkeit einer Beratung in einer Beratungsstelle der Jugendhilfe hinweist sowie indem er mit den Eltern die Gefährdungslage erörtert und darauf hinwirkt, dass die Eltern notwendige Leistungen der Kinder- und Jugendhilfe annehmen, § 157 FamFG.

ff) Einführung des „Großen Familiengerichts"

Eine grundlegende Neuerung stellt außerdem die Einführung des „Großen Familiengerichts" dar. Das „Große Familiengericht" vereinfacht die fachspezifische Rechtsprechung, indem es zuständigkeitsbezogene Abgrenzungsprobleme löst. Es ist nun zum einen für alle Verfahren zuständig, die bisher vor den Zivilgerichten verhandelt wurden, wie zum Beispiel Verfahren nach dem Gewaltschutzgesetz. Ferner bekommt das „Große Familiengericht" durch das FamFG nun die Befugnis, über sämtliche Rechtsstreitigkeiten aus Ehe und Familie zu entscheiden, da es nach Einführung des FamFG auch für die sonstigen Familiensachen zuständig ist. Dazu zählen zivilrechtliche Streitigkeiten, die aus familienrechtlichen Rechtsverhältnissen wie Ehe, Partnerschaft, Familie oder Umgangsrecht kommen. Auch die vormundschaftsgerichtlichen Zuständigkeiten sind nun dem Familiengericht übertragen. Insofern fallen in Zukunft auch Adoptionssachen in die Zuständigkeit des Familiengerichts. Das Vormundschaftsgericht wurde mit Einführung des FamFG aufgelöst. Durch das „Große Familiengericht“ werden widersprüchliche Entscheidungen verhindert, die bislang durch die unterschiedliche Rechtsprechung der Zivilgerichte auf der einen und der Familiengerichte auf der anderen Seite immer wieder vorgekommen sind. Das Familiengericht ist damit für sachlich zusammenhängende Fragen und Verfahren, die denselben Personenkreis betreffen, zuständig. Im Optimalfall kennt der Richter den gesamten Lebenssachverhalt der Personen und ist mit der umfassenden Lösung ihrer Konflikte ver- und betraut.[296] Mit Einführung des „Großen Familiengerichts“ werden die Forderungen nach einer einheitlichen Familiengerichtsbarkeit, die für alle Belange von Ehe und Familie zuständig ist, endlich umgesetzt.[297]

c) Ziel des Gesetzentwurfs

Durch das FamFG werden das Verfahren in Familiensachen sowie klassische Verfahren der freiwilligen Gerichtsbarkeit grundlegend reformiert. So werden u.a. sämtliche ZPO-Vorschriften, die bisher das familiengerichtliche Verfahren regelten, sowie das gesamte FGG aufgehoben, in einer einzigen Verfahrensordnung zusammengefasst und komplett neu geregelt. Es wurde eine Verfahrensordnung geschaffen, die in nichtstreitig verlaufenden Angelegenheiten der freiwilligen Gerichtsbarkeit eine einfache und rasche Erledigung erlaubt, in streitig verlaufenden Angelegenheiten aber auch weiterhin die Beachtung rechtsstaatlicher Verfahrensgarantien sicherstellt. Damit ist auch für die freiwillige Gerichtsbarkeit eine vollständige, moderne, rechtsstaatlichen Anforderungen genügende Ordnung des Verfahrens geschaffen worden, über die die anderen Zweige der Gerichtsbarkeit bereits verfügen.[298]

Die Ziele des FGG-Reformgesetzes waren einerseits der Ausbau der gegenwärtig lückenhaften Regelung des FGG zu einer zusammenhängenden Verfahrensordnung, wobei Erkenntnisse der Rechtsprechung und Wissenschaft weitgehend berücksichtigt wurden, und die Vorzüge des bisherigen Verfahrens, insbesondere seine Elastizität, erhalten blieben. Außerdem werden die durch die Verfassung begründeten und von der Rechtsprechung ausgeformten Garantien für die Verfahrensbeteiligten einer ausdrücklichen Regelung zugeführt. Zum Zwecke der Übersichtlichkeit und der Rechtssicherheit wurden nicht erforderliche Abweichungen gegenüber anderen Verfahrensordnungen vermieden. Die neue

---

296 *Kroiß/Seiler*, FamFG, § 1, Rn. 10; § 3 Rn. 332 ff., 363 ff., 456 ff.; ähnlich der Devise beim Familiengericht der USA: One Judge, one Family, *Bridge/McLane*, An Evaluation of Unified Family Court Pilot Sites in Washington State, S. 15.

297 Siehe Kap. A. II. 4. a) ff).

298 Referentenentwurf, S. 229 f.; *Kroiß/Seiler*, FamFG, § 1, Rn. 3 ff.

Verfahrensordnung soll den praktischen Bedürfnissen der Verfahrensbeteiligten gerecht werden und nach Inhalt, Aufbau und Sprache klar verständlich sein. Konfliktvermeidende und konfliktlösende Elemente im familiengerichtlichen Verfahren werden verstärkt in den Vordergrund gerückt. Das familiengerichtliche Verfahren ist wie keine andere gerichtliche Auseinandersetzung von emotionalen Konflikten geprägt, die letztlich zwar nicht justiziabel sind, aber einen maßgeblichen Einfluss auf das Streitpotenzial und die Möglichkeiten zur gütlichen Beilegung einer Auseinandersetzung haben. Außerdem führt die emotionale Nähe zwischen den Beteiligten zu Konfliktsituationen, die die Durchführung des Verfahrens aufwändiger machen. Aus diesem Grund stellt der Gesetzgeber mit der neuen Verfahrensordnung ein geeignetes Instrumentarium zum Umgang mit diesen Konflikten zur Verfügung.[299] Das neue Verfahrensrecht soll in erster Linie die Rechte und Belange von Kindern in den Mittelpunkt rücken und dafür sorgen, dass diese besseren Schutz und mehr Rechte im gerichtlichen Verfahren eingeräumt bekommen. Familiäre Auseinandersetzungen sollen so schonend und fair wie möglich ausgetragen werden.[300]

Abbildung 5: Gegenüberstellung FGG – FamFG

	FGG	**FamFG**
Anhörung/Mitwirkung des Jugendamts	§§ 49, 49a FGG *(Anhörung)*	§ 162 FamFG *(Mitwirkung)*
Verfahrensbeistand/-Pfleger	§ 50 FGG*(Pfleger)*	§ 158 FamFG *(Beistand)*
Anhörung der Eltern	§§ 46a, 50a FGG	§ 160 FamFG
Anhörung des Kindes	§ 50b FGG	§ 159 FamFG
Anhörung/Mitwirkung der Pflegeperson	§ 50c FGG*(Anhörung)*	§ 161 FamFG *(Mitwirkung)*
Vorrangs- und Beschleunigungsgebot	§ 50e FGG *(eingefügt durch das Gesetz zur Erleichterung familiengerichtlicher Maßnahmen bei Gefährdung des Kindeswohls, als Vorwegnahme des FamFG; vorher keine Regelung im FGG enthalten.)*	§ 155 FamFG
Erörterung der Kindeswohlgefährdung; einstweilige Anordnung	§ 50f FGG *(eingefügt durch das Gesetz zur Erleichterung familiengerichtlicher Maßnahmen bei Gefährdung des Kindeswohls, als Vorwegnahme des FamFG; vorher keine Regelung im FGG ent-*	§ 157 FamFG

299 Referentenentwurf, S. 230 f.

300 Pressemitteilung des BMJ v. 27.6.2008, abgedruckt in ZKJ 2008, S. 135.

	halten.)	
Hinwirken auf Einvernehmen	§ 52 FGG	§ 156 FamFG
Vermittlungsverfahren	§ 52a FGG	§ 165 FamFG
Beschwerdeberechtigte	§§ 57 i.V.m. 20 FGG	§§ 59, 162 Abs. 3 FamFG *Beschwerdeberechtigt ist auch das Jugendamt.*
Amtsermittlungsgrundsatz	§ 12 FGG, §§ 616, 640 ZPO	§ 26 FamFG

Quelle: Eigene Darstellung

III. Fazit zur historischen Entwicklung der Kooperation

Anhand der historischen Entwicklung lässt sich verfolgen, wie die Kompetenzen des Jugendamts im Laufe der Zeit deutlich zugenommen haben. War das Jugendamt ursprünglich eher eine Ausführungsbehörde des Gerichts, welche richterliche Anordnungen umzusetzen hatte (sog. „Gerichtshilfe"), so ist es heute als gleichgeordnete Kraft anzusehen, die selbständig Aufgaben zum Schutz des Kindeswohles wahrnimmt. Insbesondere im Vorfeld des gerichtlichen Verfahrens, aber auch während und im Anschluss an dieses steht das Jugendamt dem Kind, den Eltern und dem Gericht unterstützend und helfend zur Seite.[301]

Schon sehr früh entwickelte sich die Tendenz, dass sich sowohl Gerichte (zunächst die Strafgerichte, später Vormundschafts- und Familiengerichte), als auch Behörden um Kinder und Jugendliche und deren Wohlergehen kümmerten. Dabei fand bereits zu einem sehr frühen Zeitpunkt – schon vor Inkrafttreten des Reichsjugendwohlfahrtsgesetzes – eine Zusammenarbeit dieser Beteiligten statt. Die Verfahren als solche waren allerdings zunächst gänzlich eigenständig, sprich, das (Straf-) Gericht verurteilte die Jugendlichen, die Vormundschaftsbehörde ordnete die Unterbringung an, das Vormundschaftsgericht beendete die Maßnahme. Eine Zusammenarbeit, wie wir sie heute kennen, existierte lange Zeit nicht. Erst mit Inkrafttreten des RJWG änderte sich die Situation, die Zusammenarbeit zwischen Jugendamt und Gericht wurde gesetzlich verankert und nahm allmählich Formen an.

301 *Wabnitz*, ZfJ 2000, 336 (341); anders aber das Verhältnis Jugendamt – Jugendgericht, hier fungiert das Jugendamt nach § 38 JGG noch als Jugendgerichtshilfe, die die Anordnungen des Jugendrichters lediglich ausführt, so *Meysen*, FamRZ 2008, 562 (563).

Das Jugendamt entwickelte sich aus den unterschiedlichen privaten Organisationen, die sich zunächst um arme, später verwahrloste und gefährdete Kinder kümmerten. Durch die zunehmende Kriminalität unter Jugendlichen erkannte bald auch der Staat erhöhten Handlungsbedarf. Zunächst führte dies zu strafrechtlichen Sonderbehandlungen jugendlicher Straftäter, allmählich zu einer weniger auf Sanktionen, dafür mehr und mehr auf Prävention ausgerichteten „Jugendhilfe", die vom Richter angeordnet und von den Verwaltungsbehörden – später Jugendämtern – ausgeführt wurden.

Schon früh galt also der Grundsatz engen Zusammenwirkens zwischen (Vormundschafts-) Gericht und Jugendamt.[302] Sinn der „Vormundschaftsgerichthilfe" war es bereits zu Zeiten des RJWG/JWG, dem Vormundschaftsgericht Fachkräfte der verschiedenen in der Jugendhilfe tätigen Disziplinen zur Seite zu stellen. Die Beteiligung des Jugendamts basiert auf dem Gedanken, „dass das Jugendamt sich in der Regel einen guten Einblick in die besonderen Verhältnisse des Einzelfalls verschaffen und außerdem aufgrund seiner allgemeinen Tätigkeit über eine besondere Erfahrung im Jugendwohlfahrtswesen (heute: Kinder- und Jugendhilfe) verfügen wird"[303]. Das Jugendamt sollte die Interessen des Kindes wahren und als Garant für dessen Wohl agieren. Dabei handelte es grundsätzlich selbständig und war dem Vormundschaftsgericht zwar insofern gleichgeordnet,[304] zentrale Aufgabe des Jugendamts war es aber, als Ermittlungs- und Entscheidungshilfe für das Gericht tätig zu werden.[305] In den Fällen des § 1666 BGB bestand allerdings schon zu Zeiten des JWG die besondere Aufgabe des Jugendamts darin, aus der Vielzahl der in Frage kommenden Hilfen die für den einzelnen Minderjährigen richtige herauszufinden und die Wahl überzeugend zu begründen.[306] Die zu ergreifenden pädagogischen Maßnahmen waren also Sache des Jugendamts und nicht des Vormundschaftsgerichts. Allerdings war das Vormundschaftsgericht berechtigt, das Jugendamt mit der Ausführung von Anordnungen aus § 1631 Abs. 2 a.F. (heute Abs. 3) BGB und § 1634 Abs. 2 S. 1 BGB (Regelung über den Umgang des nichtsorgeberechtigten Elternteils) zu betrauen.[307] Für alle sonstigen Anordnungen (erzieherische und fürsorgerische Maßnahmen zur Ausführung vormundschaftsgerichtlicher Beschlüsse, auch Zwangsmaßnahmen inklusive solcher nach § 1666 BGB) war

302 *Jans/Happe*, JWG 1963, § 48, Anm. 3.

303 BGH v. 21.5.1954 – IV ZB 8/54 – FamRZ 1954, 219 (220).

304 *Jans/Happe*, JWG 1963, § 48, Anm. 3; *Friedeberg-Polligkeit*, § 43, Anm. 2a; *Potrykus*, § 43, Anm. 3..

305 *Jans/Happe*, JWG 1963, § 48, Anm. 4.

306 *Jans/Happe*, JWG 1963, § 48, Anm. Anm. 6 H.

307 *Jans/Happe*, JWG 1963, § 48, Anm. 9, vor der Novelle v. 1961 war auch in diesen Fällen ein Einverständnis des Jugendamts gefordert, Anm.10.

das Einverständnis des Jugendamts erforderlich. Dieses durfte die Zustimmung allerdings nur aus besonderen, in erster Linie pädagogischen, Gründen verweigern, speziell dann, wenn es die einzelne Maßnahme für nicht mit dem Kindeswohl vereinbar hielt.[308] Gegen die Ablehnung des Einverständnisses stand dem Gericht die Dienstaufsichtsbeschwerde zu.[309] Sinn und Zweck des Erfordernisses der Zustimmung war es, dem Jugendamt ein Einspruchsrecht gegen solche Maßnahmen zu geben, die eine zu starke finanzielle Belastung darstellten, insbesondere dann, wenn der zu erwartende Erfolg im Missverhältnis zu den zu erbringenden Aufwendungen stand. Das Erfordernis des Einverständnisses wurde dem Jugendamt in solchen Fällen, teilweise auch in den Fällen der Anordnungen nach §§ 1631 Abs. 2, 1634 Abs. 2 S.1 BGB a.F. zugestanden.[310]

Lange Zeit sah man die „Vormundschaftsgerichtshilfe" des § 48 JWG als Gegenstück zu der Jugendgerichtshilfe gemäß § 38 JGG,[311] was die Parallelität von Vormundschafts- bzw. Familienrichter und Jugendrichter verdeutlicht.

Die historische Entwicklung zeigt zweierlei: Zum einen verdeutlicht sie die immer größer werdende Selbständigkeit der Behörde Jugendamt. Zum anderen spiegelt sie das Bedürfnis und die Entwicklung hin zu einer verstärkten Kooperation von Gericht und Jugendamt zum Wohl des Kindes wieder. Zunächst wurden erzieherische Maßnahmen nur angeordnet, wenn das Kind straffällig geworden war. Erst allmählich entwickelte sich mehr und mehr der Gedanke der Prävention, allerdings immer noch unter der „Regie" des Strafrichters. Mit Einführung einer Vormundschaftsbehörde und später den ersten sogenannten Jugendämtern fand dann eine Begleitung jugendlicher Straftäter in einigen Teilen Deutschlands sogar auf präventiver Basis statt. Aber erst im BGB gelangte man zu einer klaren Unterscheidung zwischen jugendlichen Straftätern und gefährdeten Kindern und Jugendlichen, derer sich mit Inkrafttreten des RJWG erstmals eine reichsweite Jugendbehörde annahm. Schon sehr früh kam man demnach zu der Erkenntnis, dass zur Umsetzung von gerichtlichen Urteilen eine Behörde notwendig sei, die das Urteil ausführe und die Entwicklung des Jugendlichen verfolge. Zwar handelte das Amt primär als Ausführungsorgan des Gerichts, dessen ungeachtet fand von Anfang an eine gewisse Kooperation zwischen Jugendfürsorge und Gericht statt.

Schon mit Inkrafttreten des KJHG am 1.1.1991 war das Selbstbewusstsein des Jugendamts gestärkt worden, wodurch es zu Differenzen im Verhältnis der Institutionen kam. Es dauerte eine Weile, bis sich die Vormundschaftsrichter

308 *Jans/Happe*, JWG 1963, § 48, Anm. 10; *Friedeberg-Polligkeit*, § 43, Anm. 10; *Potrykus*, § 43, Anm. 8.

309 *Münder* u.a., FK-JWG, § 48c, Anm. 4.

310 *Jans/Happe*, JWG 1963, § 48, Anm. 10.

311 *Jans/Happe*, JWG 1963, § 48, Anm. 3; *Potrykus*, § 43, Anm. 1.

damit abfinden konnten, dass die Mitarbeiter des Jugendamts nicht länger die Rolle eines Ermittlungsgehilfen für das Gericht spielen wollten. Durch die Übertragung des Kindesschutzes von den Vormundschaftsgerichten auf die Familiengerichte durch die Kindschaftsrechtsreform 1998 kam es erneut zu einem Rückschlag in der Kooperation von Familiengericht und Jugendamt. Die Familiengerichte taten sich zunächst mit der Akzeptanz dieser Rollenteilung schwer. Sie mussten lernen, bei akuter Kindeswohlgefährdung schnell einzugreifen. Auch das Verhältnis zum Jugendamt musste zunächst verinnerlicht werden. Häufig tauchten Missverständnisse bei tragenden Verfahrensprinzipien auf und es dauerte eine Weile, bis eine vertrauensvolle Zusammenarbeit zwischen Familiengericht und Jugendamt entstand. Ebenso hinderlich für die Zusammenarbeit zwischen Familiengericht und Jugendamt waren die unterschiedlichen Sichtweisen über den Zeitpunkt der Anrufung des Gerichts. Während die Jugendämter die Anrufung häufig so lange wie möglich hinausziehen, um einen Bruch in der Zusammenarbeit mit den Eltern zu vermeiden, fordern viele Familienrichter eine frühzeitige Anrufung, um unterhalb der Eingriffsschwelle Maßnahmen zur Abwendung der Kindeswohlgefährdung zu ergreifen.[312] Durch KiWoMaG und FamFG wird diese Position unter Berücksichtigung der Bedenken des Jugendamts gestärkt. Durch die frühe Einbeziehung des Familiengerichts werden die Beteiligten zu mehr Kooperation angehalten, gleichzeitig wirkt der Familienrichter auf die Eltern ein und fördert damit die Zusammenarbeit zwischen Eltern und Jugendamt.[313] Die frühzeitige Beteiligung des Familiengerichts fördert aber auch das Verhältnis zum Jugendamt, denn sie verdeutlicht den Grundsatz, dass optimaler Kindesschutz nur durch gemeinsames Handeln verwirklicht werden kann.

312 *Willutzki*, ZKJ 2008, 139 (140).
313 *Willutzki*, ZKJ 2008, 139 (141).

B. Verfassungsrechtliche Vorgaben

Art. 6 GG Ehe, Familie, nichteheliche Kinder

(1) Ehe und Familie stehen unter dem *besonderen Schutze der staatlichen Ordnung.*

(2) Pflege und Erziehung der Kinder sind das natürliche Recht der Eltern und die zuvörderst ihnen obliegende Pflicht. *Über ihre Betätigung wacht die staatliche Gemeinschaft.*

(3) Gegen den Willen der Erziehungsberechtigten dürfen Kinder *nur auf Grund eines Gesetzes von der Familie getrennt werden*, wenn die Erziehungsberechtigten versagen oder wenn die Kinder aus anderen Gründen zu verwahrlosen drohen.

Die verschiedenen Rechtsgrundlagen des Kindesschutzes werden unter dem gemeinsamen Dach des Art. 6 Abs. 2 GG zusammengefasst.[314] Die Verfassung stellt damit auf oberster Ebene eine bei jugendhilferechtlichen Entscheidungen immer zu beachtende Rechtsgrundlage dar, deren Vorgaben strikt in die Erwägungen der Jugendämter und Gerichte einzubeziehen sind. Im Mittelpunkt stehen dabei die maßgeblichen Bestimmungen des Art. 6 GG, die das im Rahmen der Jugendhilfe bestehende Dreiecksverhältnis zwischen Kind, Eltern und Staat regeln: Das Recht des Kindes auf Erziehung, das Recht der Eltern, ihr Kind zu erziehen, die Pflicht der Eltern, den Erziehungsanspruch des Kindes zu gewährleisten und die Pflicht des Staates, über die Erziehung der Eltern zu wachen.[315] Zur Verdeutlichung der Geltung dieses Grundsatzes, auch im Kinder- und Jugendhilferecht, wird Art. 6 Abs. 2 GG in § 1 Abs. 2 SGB VIII wörtlich wiedergegeben.

Die Verfassung regelt den Dreiklang[316] zwischen Eltern, Kindern und Staat. Mit der Erwähnung der Elternrechte und -pflichten sowie dem staatlichen Wächteramt hört in den meisten Artikeln und Büchern die Auseinandersetzung mit diesem Dreiklang auf, was ihn zu einem Zweiklang macht. Der dritte Ton, die Rechte der Kinder, werden zwar erwähnt, eine tatsächliche Auseinandersetzung mit ihnen findet jedoch selten statt.[317] Dabei kommt den Kindern in diesem Dreiklang die Rolle des Grundtons zu, ohne den er nicht funktionieren kann. Darüber liegen die Eltern, als Terzton und an oberster Stelle der Staat, als Quint-

314 Siehe auch Abb. 1.

315 *Schmid*, Die Hilfeplanung nach § 36 SGB VIII, S. 8; *Maas*, Soziale Arbeit, S. 153; die Pflicht und das Recht der Eltern wird vom BVerfG als Elternverantwortung bezeichnet, BVerfG vom 29.7.1968 – 1 BvL 20/63, 31/66, 5/67 - BVerfGE 24, 119 (144).

316 Als Dreiklang bezeichnet man in der Musik einen Zusammenklang aus drei im Terzabstand zueinander stehenden Tönen, die Grundton, Terzton und Quintton genannt werden, Brockhaus, Band 7, S. 271.

317 Siehe z.B. *Wiesner* in: Jordan, Kindeswohlgefährdung, S. 9 ff.; *Fieseler/Hannemann*, ZKJ 2006, 117 ff.

ton. Um einen harmonischen Dreiklang zu erzeugen, müssen diese drei Konstanten bestmöglich zusammenspielen.

Die Aufgabenverteilung zwischen Eltern und Staat zum Schutz von Kindern- und Jugendlichen ist im Grundgesetz klar geregelt. Die Eltern bzw. Erziehungsberechtigten haben den Schutz ihrer Kinder primär zu gewährleisten; sind sie dazu nicht mehr in der Lage, springt der Staat als Wächter ein.[318] Ein effektiver Kindesschutz kann nur durch ein Miteinander von Kindern, Eltern und Staat funktionieren, wobei diese drei Konstanten nicht zwangsläufig miteinander in Kontakt bzw. in Konflikt geraten müssen. Solange die Eltern ihrer Sorgepflicht aus Art. 6 II 1 GG nachkommen, liegt es allein – sieht man von der staatlichen Schulpflicht und den gesetzlichen Vorsorgeuntersuchungen[319] einmal ab – in ihrer Hand, für die Erziehung ihrer Kinder zu sorgen.[320] Dieses Recht der Eltern aus Art. 6 Abs. 2 S. 1 GG garantiert jedoch keine Freiheit im Sinne einer Selbstbestimmung der Eltern. Es handelt sich vielmehr um ein fremdnütziges Grundrecht, das zum Wohle des Kindes ausgeübt werden muss.[321] Das Recht der Eltern ist damit das Recht, Verantwortung für das Kind zu tragen.[322]

I. Das Elternrecht

Gemäß Art. 6 Abs. 2 S. 1 GG ist die Pflege und Erziehung der Kinder das natürliche Recht der Eltern und die zuvörderst ihnen obliegende Pflicht. Art. 6 GG garantiert damit den Vorrang der Eltern als Erziehungsträger. Hier zeigt sich bereits die Sonderstellung dieses Grundrechts, welches als Einziges nicht lediglich eigennützig im Interesse des Grundrechtsträgers steht, sondern auch fremdnützig im Interesse des Kindes wahrgenommen werden muss. In einer Verfassung, in der die Würde des Menschen im Mittelpunkt des Wertesystems steht,

318 *Wiesner* in: Jordan, Kindeswohlgefährdung, S. 9 ff.

319 In Hessen seit Januar 2008, Hessisches Gesetz zur Verbesserung des Gesundheitsschutzes für Kinder, GVBl. I, Nr. 27 v. 20.12.2007, S.856-858; in Bayern, Gesetz zur Änderung des Gesundheitsdient- und Verbraucherschutzgesetzes und des Bayerischen Gesetzes über das Erziehungs- und Unterrichtswesen v. 6. Mai 2008, GVBl. Nr. 9 v. 13.5.2008, S. 158 f.; in Rheinland-Pfalz, Landesgesetz zum Schutz von Kindeswohl und Kindergesundheit (LKindSchG) v. 7.3.2008, GVBl. Nr. 4 v. 20.3.2008, S. 52; siehe insgesamt: *Langer*, Tausende Mahnschreiben an säumige Eltern, FAZ v. 25.8.2008, S. 41.

320 Siehe auch zum (Spannungs-) Verhältnis Eltern-Staat-Kind: *Münder*, ZfJ 2000, 81 (84).

321 *Maas*, Soziale Arbeit, S.154; BVerfG v. 9.2.1982 – 1 BvR 845/79 - BVerfGE 59, 360 (376).

322 BVerfG vom 29.7.1968 – 1 BvL 20/63, 31/66, 5/67 - BVerfGE 24, 119 (143).

können niemandem Rechte an einer anderen Person eingeräumt werden, ohne diese an eine Pflicht zu binden, durch die die Menschenwürde des anderen respektiert wird. „Die Anerkennung der Elternverantwortung und der damit verbundenen Rechte findet ihre Rechtfertigung darin, dass das Kind des Schutzes und der Hilfe bedarf, um sich zu einer eigenverantwortlichen Persönlichkeit innerhalb der sozialen Gemeinschaft zu entwickeln, wie sie dem Menschenbilde des Grundgesetzes entspricht.“[323] Recht und Pflicht der Eltern zur Erziehung ihres Kindes sind unlöslich aneinander gebunden. Die elterliche Erziehungsverantwortung als „natürliches Recht“ führt das Bundesverfassungsgericht darauf zurück, dass das Wohl ihres Kindes primär den Eltern am Herzen liegt.[324] Art. 6 Abs. 2 S. 1 GG schützt also die Entscheidung der Eltern, *wie* sie ihrer natürlichen Verantwortung gerecht werden, nicht dagegen, *ob* sie ihrer natürlichen Verantwortung gerecht werden. Entziehen sich die Eltern ihrer Verantwortung, so tritt das staatliche Wächteramt in Erscheinung.[325]

II. Kinderrechte

Durch Art. 6 GG wird der Staat – in Form des Gesetzgebers, der Verwaltung und des Gerichts – verpflichtet, das Wohl der Kinder zu schützen und zu fördern.[326] Das Kindeswohl ist dabei das zentrale Schutzgut, das durch jeden einzelnen Absatz dieser Vorschrift geschützt wird:[327] Der Schutz der Familie kommt auch den Kindern zugute, ebenso der Schutz der Mutter. Die Pflicht der Eltern, das Kind zu erziehen, schützt dieses auf dem schwierigen Weg des Erwachsenwerdens. Versagen die Eltern, springt der Staat in die Bresche. Die Trennung des Kindes von der Familie ist nur in engen Grenzen gestattet. Nichteheliche Kinder sollen unter den gleichen Bedingungen aufwachsen wie eheliche.

Bislang galt: Art. 6 Abs. 2 S. 1 GG ist ein Pflichtrecht der Eltern zur Pflege und Erziehung ihrer Kinder. Aus Art. 6 Abs. 2 S. 1 GG kann das Kind aber kein eigenes Recht geltend machen; es ist insofern Grundrechtsbegünstigter, nicht aber Grundrechtsträger aus Art. 6 GG.[328] Teilweise wird die Ansicht vertreten, das Bundesverfassungsgericht[329] habe diesen Grundsatz nun aufgegeben und lei-

323 BVerfG vom 29.7.1968 – 1 BvL 20/63, 31/66, 5/67 - BVerfGE 24, 119 (144).

324 BVerfG vom 9.2.1982 – 1 BvR 845/79 – NJW 1982, 1375 (1376).

325 *Maas*, Soziale Arbeit, S.154.

326 *Kirchhof*, ZRP 2007, 149 (150); *Maas*, Soziale Arbeit, S. 154.

327 Insb. durch Art. 6 Abs. 2, *Robbers* in: v. Mangoldt/Klein/Starck, GG I, Art. 6, Rn. 145.

328 *Robbers* in: v. Mangoldt/Klein/Starck, GG I, Art. 6, Rn. 182.

329 BVerfG v. 1.4.2008 – 1 BvR 1620/04 – NJW 2008, 1287 = FamRZ 2008, 845.

te aus Art. 6 Abs. 2 S. 1 GG einen eigenen Anspruch des Kindes ab, von seinen Eltern gepflegt und erzogen zu werden. Damit schaffe das Bundesverfassungsgericht ein eigenes „Kindergrundrecht“, ohne die Verfassung zu ändern.[330] Richtigerweise hat das Bundesverfassungsgericht in seinem Urteil vom 1.4.2008 die Subjektstellung des Kindes gestärkt und festgestellt, dass „Kinder nicht Gegenstand elterlicher Rechtsausübung sind“, sondern dass ein Kind Rechtssubjekt und Grundrechtsträger ist, dem „die Eltern schulden, ihr Handeln an seinem Wohl auszurichten.“[331] Das BVerfG hat damit die Rechte des Kindes weiter gestärkt und noch einmal darauf hingewiesen, dass das Kind ein eigenes Grundrecht auf den Schutz seiner Persönlichkeit aus Art. 2 Abs. 1 i.V.m. 1 Abs. 1 GG hat.[332] Ein eigenes Kindergrundrecht hat das BVerfG damit aber nicht geschaffen.

Explizit (im Sinne eines eigenen Kindesrechtes) sind die Rechte der Kinder im Grundgesetz demnach (noch) nicht festgehalten. Es werden aber vermehrt Forderungen nach einer Verankerung eines expliziten Kindesgrundrechts in der Verfassung laut.[333] Da die Grundrechtsträgerschaft keine Altersgrenze kennt, ist das Kind allerdings ohnehin Grundrechtsträger.[334] Im Zusammenhang mit dem Recht des Kindes auf Schutz vor Gefahren für sein Wohl ist das Kind ein Wesen mit eigener Menschenwürde aus Art. 1 Abs. 1 GG.[335] Außerdem hat es ein Recht auf freie Entfaltung seiner Persönlichkeit aus Art. 2 Abs.1 GG,[336] ein Recht auf Leben, auf körperliche Unversehrtheit und auf Freiheit der Person aus Art. 2 Abs. 2 GG.[337] Des Weiteren ist jedes Kind Inhaber des allgemeinen Persönlichkeitsrechts aus Art. 2 Abs. 1 i.V.m. Art. 1 Abs. 1 GG,[338] welches auch das Recht auf informelle Selbstbestimmung beinhaltet. Das Kind hat zudem einen An-

---

330 *Adelmann*, JAmt 2008, 289 ff.

331 BVerfG v. 1.4.2008 – 1 BvR 1620/04 – NJW 2008, 1287 = FamRZ 2008, 845 f.; BR-Drucks. 445/08, S. 3.

332 So bereits: BVerfG v. 29.07.1968 – 1 BvL 20/63, 1 BvL 31/66 – BVerfGE 24, 119 ff. = FamRZ 1968, 578 ff.; so auch: *Peschel-Gutzeit*, FPR 2008, 471 (472).

333 Siehe nur Aktionsbündnis Kinderrechte ins Grundgesetz, kinderrechte-insgrundgesetz.de; *Münder*, JAmt 2008, 294 ff.; *ders.* JAmt 2008, 299 ff.; *Fieseler*, KiTa Recht 2009, 27; *Frädrich*, KiTa Recht 2/2008, 8 ff; *Bracken*, KiTa Recht 2/2008, 6 f.

334 *Starck* in: v. Mangoldt/Klein/Starck, GG I, Art. 1, Rn. 18, 209; *Roell*, S. 22; BVerfG vom 29.7.1968 – 1 BvL 20/63, 31/66, 5/67 - BVerfGE 24, 119

335 BVerfG v. 29.7.1968 – 1 BvL 20/63, 31/66/5/67 – NJW 1968, 2233 (2235); BVerfG v. 13.5.1984 – 1 BvR 1542/84 – NJW 1986, 1859 (1860).

336 BVerfG v. 9.2.1982 – 1 BvR 845/79 - BVerfGE 59, 360, 382.

337 Staudinger/*Peschel-Gutzeit*, § 1626, Rn. 11.

338 BVerfG v. 29.7.1968 – 1 BvL 20/63, 31/66/5/67 – NJW 1968, 2233 (2235); *Heilmann*, ZfJ 2000, 41 (43).

spruch auf rechtliches Gehör im gerichtlichen Verfahren aus Art. 103 Abs. 1 GG.[339]

Grundrechtskollisionen zwischen Eltern und Kind sind – wie jede andere Grundrechtskollision auch – im Wege der praktischen Konkordanz aufzulösen.[340] Hier ist der Gesetzgeber gefordert, eventuelle Kollisionen durch familienfreundliche Normen aufzulösen. Das Jugendamt hat dafür Sorge zu tragen, Konflikte gar nicht erst entstehen zu lassen bzw. möglichst schonend auszugleichen. Scheitert eine Konfliktlösung im Vorfeld, muss schließlich das Familiengericht die umstrittenen Normen in verfassungskonformer Weise auslegen und gegebenenfalls im Einklang mit dem Grundgesetz fortbilden. Dabei muss ein adäquater Ausgleich zwischen dem Elternrecht aus Art. 6 Abs. 2 S.1 GG und dem Kindesrecht aus Art. 2 Abs.1 i.V.m. 1 Abs. 1 GG stattfinden,[341] Im Konfliktfall muss das Kindesrecht immer vorrangige Beachtung finden; das Elternrecht muss immer am Kindeswohl ausgerichtet werden. Eine dem Kindewohl widersprechende Ausübung des Elternrechts ist von Art. 6 Abs. 2 S. 1 GG nicht gedeckt.[342] Die teils immer noch zu beobachtende Überbetonung der Elternrechte scheint allmählich einer differenzierten Wahrnehmung der verfassungsrechtlich gesicherten Kindesrechte zu weichen. Dies zeigt sich auch durch die Reform des SGB VIII. Das Wächteramt des Staates und der Schutzauftrag der Gemeinschaft für von Gewalt betroffene und vernachlässigte Kinder ist gestärkt worden.[343]

In diesem Zusammenhang wird mehr und mehr der Ruf nach einer Verankerung eines expliziten Kindesgrundrechts in der Verfassung laut.[344]

III. Das staatliche Wächteramt als gemeinsame Aufgabe von Jugendamt und Familiengericht

Durch die in Art. 6 Abs. 2 S. 1 GG verankerte Elternverantwortung (gleichsam als Recht und als Pflicht der Eltern für die Kindeserziehung) kommt eine entwicklungspsychologische Erkenntnis zum Tragen, der zufolge Kinder für eine stabile Entwicklung feste Bezugspersonen brauchen, die sie in ihrer Entwicklung stützen und leiten. Für diese Aufgabe ist niemand besser geeignet als die

339 BVerfG v. 14.4.1987 – 1 BvR 332/86 – BVerfGE 75, 201, 215 = FamRZ 1987, 786 ff.

340 *Roth*, S. 127; BVerfG v. 27.11.1990 - 1 BvR 402/87 – NJW 1991, 1471 (1472).

341 *Roth*, S. 127 f.; BVerfG v. 14.04.1987 – 1 BvR 332/86 – NJW 1988, 125 (126).

342 *Roell*, S. 51 f.

343 Siehe nur BVerfG v. 1.4.2008 – 1 BvR 1620/04 – NJW 2008, 1287 = FamRZ 2008, 845.

344 Siehe nur Aktionsbündnis Kinderrechte ins Grundgesetz, kinderrechte-ins-grundgesetz.de.

eigenen Eltern.[345] Diese natürliche Bindung der Eltern steht jedoch teilweise im Gegensatz zu den realen Verhältnissen. Tatsächlich gibt es Eltern, die mit der Erziehung massiv überfordert sind. Diese Überforderung führt nicht selten zu Kindesmisshandlungen und –schädigungen und endet sogar manchmal mit dem Tod eines Kindes. Um derartige Gefährdungen bzw. Eskalationen zu vermeiden, muss der Staat in seiner Verantwortung als Wächter des Kindeswohls aktiv werden.

Gemäß Art. 6 Abs. 1 S. 2 GG[346] wacht die staatliche Gemeinschaft über die Ausübung der Elternrechte und -pflichten, wobei der Staat nicht nur berechtigt, sondern auch verpflichtet ist, die Pflege und Erziehung des Kindes sicherzustellen. Dies ergibt sich in erster Linie daraus, dass das Kind als Grundrechtsträger (Art. 1 Abs. 1, 2, Art. 2 Abs. 1 i.V.m. Art. 1 Abs. 1 GG) Anspruch auf den Schutz des Staates hat, sich aber zunächst noch nicht selbst schützen kann.[347] Das staatliche Wächteramt muss also dem Wohl des Kindes dienen, sich an diesem orientieren und wird durch dieses legitimiert.[348] Dabei muss der Staat aber immer auch das Elternrecht respektieren, indem er zur Abwendung einer Gefahr stets nur das mildeste zur Verfügung stehende Mittel einsetzen darf.[349] Ziel der staatlichen Schutzpflicht ist es, die Eltern zunächst bei der Gefahrenabwehr zu unterstützen, notfalls aber auch ohne Beteiligung der Eltern, ja sogar gegen deren Willen, Kinder vor Gefahren für ihr Wohl zu schützen.[350]

Wer aber ist die staatliche Gemeinschaft, die der Gesetzgeber mit dem Schutz seiner Kinder beauftragt und die er berechtigt, notfalls sogar in verfassungsrechtlich garantierte Elternrechte einzugreifen? Die staatliche Gemeinschaft stellt den Gesamtzusammenhang der staatlich verfassten Gemeinschaft dar. Obwohl der Begriff häufig mit dem Staat als solchem gleichgesetzt wird, verteilt die Vorschrift die Verantwortung des Staates auf mehrere Stellen, um zu verhindern, dass nur eine einzelne Stelle über das Wohl des Kindes und damit über den Inhalt staatlicher Zielvorstellungen entscheidet. Die Institutionen, die der Gesetzgeber zum Schutz von Kindern und Jugendlichen bestimmt hat, sind

345 Natürlich schützt Art. 6 Abs. 2 GG auch die Adoptiveltern oder den Vormund. Die Pflegefamilie fällt unter den Schutzbereich der Familie des Art. 6 Abs. 1 GG.

346 Bereits in der Weimarer Reichsverfassung von 1919 (Art. 119, 120, 121, 122 WRV) wachte der Staat über die Ausübung des Elternrechts. Dafür hatten Staat und Gemeinde die hierfür erforderlichen Einrichtungen zu treffen, abgedruckt in *Robbers* in: v. Mangoldt/Klein/Starck, GG I, Art. 6, vor den Anmerkungen.

347 *Maas*, Soziale Arbeit, S.155.

348 BVerfG v. 29.7.1968 – 1 BvL 20/63, 31/66, 5/67 - BVerfGE 24, 119 (144).

349 *Coester-Waltjen* in: v. Münch/Kunig, Art. 6, Rn. 92 f.

350 Wiesner/*Wiesner*, § 8a, Rn. 6.

insbesondere das Familiengericht auf der einen, die Kinder- und Jugendhilfe auf der anderen Seite.[351]

Dass die Verfassung auch und im Besonderen im Kinder- und Jugendhilferecht Grundlage jeder staatlichen Entscheidung im Zusammenhang mit einer Kindeswohlgefährdung ist, wird in § 1 Abs. 2 SGB VIII deutlich. § 1 Abs. 2 SGB VIII gibt exakt den Wortlaut des Art. 6 Abs. 2 GG wieder. Dadurch wird dafür Sorge getragen, dass das Recht auf Erziehung nicht isoliert betrachtet, sondern stets im Kontext des höherrangigen Verfassungsrechts ausgelegt wird.[352] Die Vorschrift betont die besondere Verantwortung der Kinder- und Jugendhilfe als Teil des Staates (und als besondere Aufgabe der Jugendämter), Kinder auf ihrem Weg zu einer eigenverantwortlichen und gemeinschaftsfähigen Persönlichkeit zu unterstützen. § 1 SGB VIII kommt nicht bloß eine symbolische Bedeutung zu.[353] Vielmehr handelt es sich um ein subjektiv-öffentliches Recht darauf, Kinder und Jugendliche in öffentlicher Verantwortung aufwachsen zu lassen. Dazu zählt auch, den Erziehenden bei Schwierigkeiten zu helfen oder, wo es nötig ist, zu intervenieren. Dabei richtet sich § 1 SGB VIII explizit an die Kinder- und Jugendhilfe. Die Wiederholung an exponierter Stelle im Kinder- und Jugendhilfegesetz verdeutlicht also die besondere Verantwortung des Jugendamts, das Recht jedes jungen Menschen auf Förderung seiner Entwicklung und auf Erziehung zu einer eigenverantwortlichen Persönlichkeit zu achten und zu unterstützen.[354]

Eingriffe des Staates in Form einer richterlichen Entscheidung sind demnach nur zulässig, wenn familienunterstützende Maßnahmen des Jugendamts nicht zum Erfolg geführt haben.[355] Die Funktion des Jugendamtes als staatlicher Wächter wird in § 1 Abs. 3 Nr. 3 SGB VIII klargestellt, im Rahmen des KICK durch Einführung des § 8a SGB VIII sowie Neufassung des § 42 SGB VIII hervorgehoben und präzisiert,[356] und durch das KiWoMaG 2008 bezüglich der korrespondierenden Verantwortlichkeiten und Funktionen des Familiengerichts

351 Das staatliche Wächteramt wird auch von Polizei, Schule etc. wahrgenommen.

352 Wiesner/*Wiesner*, § 1, Rn. 15.

353 *Münder* in: FK-SGB VIII, § 1, Rn. 4 ff.; *Wabnitz*, Rechtsansprüche, S. 127 f.; anders *Wiesner* in: Jordan, Kindeswohlgefährdung, S. 9 (10), der die Wiederholung der verfassungsrechtlichen Grundlagen in § 1 SGB VIII für eine didaktische Maßnahme hält; umstritten ist, ob sich aus § 1 SGB VIII ein subjektiver Rechtsanspruch ergibt, siehe *Münder* in: FK-SGB VIII, § 1, Rn. 4 ff.; *Wabnitz*, Rechtsansprüche, S. 124 ff.; GK-SGB VIII/ *Fieseler*, § 1, Rn. 5 ff.

354 *Fieseler/Hannemann*, ZKJ 2006, 117 (122).

355 *Schmid*, Die Hilfeplanung nach § 36 SGB VIII, S. 9; Staudinger/*Coester*, § 1666, Rn. 19; *Salgo*, ZKJ 2007, 12 (15); Wiesner/*Wiesner*, § 1, Rn. 21 ff.

356 *Salgo*, ZKJ 2006, 531 (532).

konkretisiert.[357] Die staatliche Gemeinschaft nimmt ihr Wächteramt also im jeweiligen Kompetenzbereich Bund, Land oder Stadt/Kreis/Gemeinde einerseits und Legislative, Exekutive (insbesondere durch das Jugendamt) und Judikative (insbesondere durch das Familiengericht) andererseits wahr.[358]

Bei der Ausübung des staatlichen Wächteramts, im speziellen bei der Trennung von Eltern und Kind, darf es aber niemals darum gehen, eine bessere oder optimalere Erziehung zu erreichen als diejenige, die die Eltern dem Kind bieten können. Vielmehr darf es einzig darum gehen, das Kind vor Schäden zu bewahren.[359] Die §§ 1666, 1666a BGB sowie §§ 42, 8a SGB VIII stellen dabei die von der Verfassung geforderte gesetzliche Grundlage dar.[360]

Die Pflicht des Staates, das Kind zu schützen, zeigt sich auch darin, dass dem Kind ein Anspruch gegen den Staat auf Ausübung seines Wächteramts zusteht. Diese Aufgabe haben die Gerichte nach Maßgabe der §§ 1666, 1666a BGB sowie die Jugendämter nach Maßgabe des § 8a SGB VIII zu erfüllen. Für den Fall einer Gefährdungsfeststellung führt dies in der ersten Stufe zur Verpflichtung zu Hilfsangeboten seitens des Jugendamts, die im letzten Schritt zum Entzug der elterlichen Sorge seitens des Staates führen kann. In diesem Fall ist es dann der Richter, der für den Schutz des gefährdeten Kindes die erforderlichen Maßnahmen treffen muss (§ 1666 Abs. 3 BGB), mit den Beteiligten erörtern soll, wie einer möglichen Gefährdung des Kindeswohls, insbesondere durch öffentliche Hilfen, begegnet werden und welche Folgen die Nichtannahme notwendiger Hilfen haben kann (§ 157 FamFG) etc. Er kann an Stelle der Eltern einen Vormund oder Pfleger einsetzen, der die Rolle der Eltern privatrechtlich übernimmt.[361]

Zum Schutz von Kindern und Jugendlichen sind Jugendamt und Familiengericht also gemeinsam aufgrund des staatlichen Wächteramts verpflichtet, Gefährdungen des Kindeswohls zu vermeiden und zu bekämpfen.[362] Dabei kann und darf der Staat die Kinder jedoch nicht vor allen Übeln der Welt beschützen. Aber er kann und muss in Wahrnehmung seines staatlichen Wächteramts versuchen, dort wo es ihm möglich ist, Gefährdungen für deren Wohl möglichst gering zu halten.

357 Staudinger/*Coester*, § 1666, Rn. 16 ff.

358 *Heilmann*, Uj 2001, 411 (413); *ders.*, ZfJ 2000, 41 (44).

359 *Böckenförde*, in: Krautscheidt/Marré, S. 54 (76, 97).

360 *Heilmann*, Uj 2001, 411 (414).

361 Vgl. Wiesner/*Wiesner*, § 1, Rn. 22 ff.

362 *Heilmann*, ZfJ 2000, 41 (48); Langenfeld/*Wiesner* in: DIJuF, Saarbrücker Memorandum, S. 45 (77).

C. Wahrnehmung des staatlichen Wächteramts

Im familienrechtlichen Verfahren bedarf es, das hat der Gesetzgeber schon früh erkannt und das impliziert auch das von Jugendamt und Familiengericht gemeinsam auszuübende staatliche Wächteramt, eines interdisziplinären Austausches zwischen der Justiz und pädagogischen Fachkompetenzen. Dabei sollte das Gericht im Wege seiner nach dem FamFG gewährleisteten Amtsermittlungspflicht in der Lage sein, außerjuristische Kenntnisse bei den entsprechenden Stellen anzufordern, was zu einer unbedingten Beteiligung des Jugendamts am familiengerichtlichen Verfahren führt.[363] Zwar bilden zivilrechtlicher und sozialrechtlicher Kindesschutz eigenständige Regelungsbereiche, sie stehen aber an der Schnittstelle zwischen bürgerlichem und öffentlichem Recht und verwirklichen gemeinsam das staatliche Wächteramt.[364] Sowohl Familiengericht als auch Jugendamt befassen sich mit Fragen der Personensorge und dem Schutz gefährdeter Kinder, wenn auch aus unterschiedlichen Blickwinkeln. Das Jugendamt ist dafür zuständig, Sozialleistungen zu gewähren sowie den Eltern helfend und unterstützend zur Seite zu stehen, während das Familiengericht den Grundrechtsschutz von Eltern und Kind sichern soll. Hierbei ergeben sich mannigfaltige Berührungspunkte, so dass eine gelungene Kooperation dieser Institute unumgänglich ist.[365] Der Gesetzgeber beabsichtigte damit eine Verzahnung der verschiedenen Institutionen und Interventionsansätze: Sozialpädagogisch helfend und kontrollierend auf der einen Seite, justiziell rechtsschützend auf der anderen Seite.[366]

Für eine derartige Kooperation bedarf es allerdings in erster Linie gegenseitigen Vertrauens. Auch wenn das Jugendamt die Situation der konkreten Familie aufgrund meist jahrelanger Begleitung in der Regel besser kennt, muss die Jugendhilfe den Gerichten doch zugestehen, sich ein eigenes Bild von den familiären Verhältnissen zu machen und eine eigene Beurteilung hinsichtlich einer möglichen Gefährdung vorzunehmen. Die Familiengerichte müssen im Gegenzug darauf vertrauen, dass die Jugendämter sich ihrer Verantwortung auch im Anschluss an ein familiengerichtliches Verfahren bewusst sind, die Familie weiterhin zu beobachten und notfalls erneut zu intervenieren, auch wenn das Gericht einen vom Antrag des Jugendamts abweichenden Beschluss getroffen hat.[367]

363 *Wabnitz*, ZfJ 2000, 336; Staudinger/*Coester*, § 1666, Rn. 280.

364 *Salgo*, FamRZ 1999, 337 (340); *Wabnitz*, ZfJ 2000, 336.

365 Wiesner/*Mörsberger/Wapler*, § 50, Rn. 3 f.

366 *Heilmann*, hefam.de, S. 1; Staudinger/*Coester*, § 1666, Rn. 280.

367 *Meysen*, FamRZ 2008, 562 (568 f.).

Für eine Kooperation dieser sehr unterschiedlichen Institute ist es unerlässlich, sich – auch im Vorfeld des gerichtlichen Verfahrens – immer wieder den gemeinsamen Schutzauftrag vor Augen zu halten, sei es durch die Einrichtung von Kooperationskreisen[368] oder im Rahmen sogenannter „round-table-Gespräche".[369] Derartige Maßnahmen und ihre gesetzliche Verankerung sind durch das „Gesetz zur Erleichterung familiengerichtlicher Maßnahmen bei Gefährdung des Kindeswohls"[370] wieder verstärkt ins Zentrum des Interesses gerückt.[371]

Aber nicht nur im Vorfeld, sondern auch im Verlauf und nach Abschluss eines gerichtlichen Verfahrens sind Familiengericht und Jugendamt auf Kooperation angewiesen. Dies wird sowohl in etlichen zivilrechtlichen, als auch kinder– und jugendhilferechtlichen Vorschriften deutlich. Der Gesetzgeber ist gehalten, die schwierige Balance zwischen elterlicher und staatlicher Verantwortung auf der einen Seite und den eigenständigen Kindesinteressen und Kindesrechten auf der anderen Seite auszutarieren.[372]

368 Die Einrichtung derartiger Kooperationskreise wird in Rheinland-Pfalz (LT-Drucks. 15/1629, S. 5) und Schleswig-Holstein (LT-Drucks. 16/1705, S. 9 f.) ab März bzw. April 2008 Pflicht; Vorschlag der Arbeitsgruppe „Familiengerichtliche Maßnahmen bei Gefährdung des Kindeswohls", Abschlussbericht v. 17.11.2006, bmj.bund.de, S. 11, 50 für einen § 81a SGB VIII-E.

369 *Wiesner* in: dijuf.de, Tagungsdokumentation, S. 30 (38) = *Wiesner*, ZfJ 2003, 121 (129)

370 BT-Drucks. 16/6815.

371 Eine klarstellende gesetzliche Regelung wird bereits von *Wabnitz*, ZfJ 2000, 336 (343) gefordert.

372 Die Vorschriften geben das Verhältnis zwischen Eltern, Kindern und Staat genau wieder, wie beispielsweise § 1671 BGB zeigt: Es besteht der Grundsatz der elterlichen Sorge. Dem Antrag mit Zustimmung des anderen Elternteils wird grds. stattgegeben. Hierdurch wird dem Elternrecht Rechnung getragen. Zur Gewährleistung der Rechte des Kindes hat das Kind ein Widerspruchsrecht, wenn es über 14 Jahre ist (aber auch darunter müssen Belange des Kindes berücksichtigt werden). Die Grenze des Elternrechts ist das Kindeswohl. Das staatliche Wächteramt erhält in Abs. 2 Nr. 2 Einzug. Danach hat das Gericht zu überprüfen, ob der Antrag dem Kindeswohl am besten entspricht. Widerspricht er dem Kindeswohl, ist ihm nicht stattzugeben. Dieser Dreiklang wird auch anhand der anderen Vorschriften deutlich.

I. Aufgaben des Jugendamts in Wahrnehmung des staatlichen Wächteramts

1. Erbringung von Sozialleistungen

Die primäre Aufgabe der Kinder- und Jugendhilfe besteht im Vorfeld eines familiengerichtlichen Verfahrens in der Erbringung von Leistungen.[373] Dabei knüpft die leistungsrechtliche Ausgestaltung des SGB VIII an die Bereitschaft der Eltern an, im Bedarfsfall Hilfen zur Erziehung in Anspruch zu nehmen.[374] Die Kinder- und Jugendhilfe fördert zunächst die Erziehungskompetenzen der Eltern, bietet ihnen Unterstützung in schwierigen Lebenslagen an und fördert Kinder in Tageseinrichtungen. Insbesondere bei den Hilfen zur Erziehung, die nicht ohne weiteres allen Personensorgeberechtigten zur Verfügung stehen, sondern nur wenn diese eine dem Wohl des Kindes oder des Jugendlichen entsprechende Erziehung nicht mehr gewährleisten können, schwingt bereits das staatliche Wächteramt mit. Lehnen die Eltern die Hilfeangebote des Jugendamts ab, machen ihre Ansprüche nicht geltend, oder wirken bei der Gefährdungseinschätzung nicht mit, muss das Jugendamt gemäß § 8a Abs. 3 SGB VIII das Familiengericht anrufen, wenn es dessen Tätigwerden für erforderlich hält. Ist durch das Verhalten der Eltern die Gefährdungsschwelle allerdings noch nicht erreicht, so bleibt es für die Kinder bei der für sie ungünstigen Situation.

Das staatliche Wächteramt reduziert sich nicht auf Eingriffsmaßnahmen, sondern ermächtigt darüber hinaus zur Gefahrenvorsorge im Rahmen von Präventivmaßnahmen, die verhindern, dass es überhaupt zu einer Kindeswohlgefährdung kommt.[375] Auf Grund des Schutzpflichtcharakters des staatlichen Wächteramts darf der Staat nicht so lange warten, bis eine Gefährdung offen zu Tage tritt. Vielmehr ist der Staat gehalten, die Lebens- und Entwicklungsbedingungen von Kindern und Jugendlichen zu beobachten, und ist berechtigt sich im Rahmen seiner Befugnisse Informationen über das Eltern- Kind-Verhältniss einzuholen.[376]

373 *Münder* in: Münder/Wiesner/Meysen, Handbuch KJHR, Kap.3.0, Rn. 1.; siehe auch 1. Teil, Kap. D. II.

374 *Wiesner* in: Wiesner/Zarbock, S. 1 (6 f.).

375 *Jestaedt* in: Münder/Wiesner/Meysen, Handbuch KJHR, Kap.1.5, Rn. 22 f.

376 *Jestaedt* in: Münder/Wiesner/Meysen, Handbuch KJHR, Kap.1.5, Rn. 22.

2. Der Schutzauftrag des Jugendamts bei Gefährdung des Kindeswohls, § 8a SGB VIII

Grundsätzlich können die Eltern frei von staatlicher Einflussnahme selbständig über die Erziehung ihres Kindes entscheiden und sind dabei auch innerhalb der gesetzlichen Grenzen frei in der Wahl ihrer Erziehungsmethoden und -mittel. Erst wenn das Wohl des Kindes durch die elterlichen Erziehungsmethoden und -mittel nicht mehr gewährleistet ist, ist der Staat berechtigt, in das Elternrecht einzugreifen.[377] In Wahrnehmung seines staatlichen Wächteramts aus Art. 6 Abs. S. 2 GG ist somit zunächst das Jugendamt berechtigt und gleichzeitig verpflichtet, durch Unterstützung der Eltern und mittels angemessener Kooperation mit diesen, das Wohl des Kindes zu schützen.[378] Damit die Fachkräfte der Kinder- und Jugendhilfe ihren Schutzauftrag aus § 1 SGB VIII auch effektiv umsetzen können, legt § 8a SGB VIII fest, auf welche Art und Weise die Fachkräfte der Kinder- und Jugendhilfe mit gewichtigen Anhaltspunkten für eine Kindeswohlgefährdung oder mit verdichteten Anhaltspunkten für eine Gefährdung umgehen müssen.[379] Damit gibt die Vorschrift die Aufgaben des Jugendamts, unterstützend und helfend auf der einen Seite, eingriffsorientiert auf der anderen Seite, deutlich wieder. Diese Aufgaben gilt es in Balance zu halten.[380]

§ 8a SGB VIII ist also *die* einfachgesetzliche Ausprägung des staatlichen Wächteramts auf Seiten der Jugendhilfe. Das Jugendamt bekommt den Auftrag erteilt, im Falle einer Gefährdung des Kindeswohls das Gefährdungsrisiko abzuschätzen und alles in seiner Macht stehende zu tun, um die Gefährdung vom Kind abzuwenden. Erst, wenn das Jugendamt alleine nicht mehr in der Lage ist, hat es das Familiengericht nach Abs. 3 anzurufen. Stellt das Jugendamt eine Gefährdung fest, so muss es zunächst gemäß § 8a Abs. 1, 2 SGB VIII mit Hilfe erzieherischer Maßnahmen, die von den Eltern freiwillig in Anspruch genommen werden, versuchen, durch Zusammenarbeit mit den Eltern, die Kindeswohlgefährdung innerhalb der Familie abzuwenden. Ist dies nicht möglich, muss versucht werden eine Fremdplatzierung des Kindes möglichst zu vermeiden bzw., wenn diese nicht vermeidbar ist, auf eine baldige Rückkehr des Kindes in die Familie hinzuwirken. Erst wenn diese Maßnahmen gescheitert sind, kann die Möglichkeit einer dauerhaften Fremdplatzierung ins Auge gefasst werden, um die Grundrechte des Kindes aus Art. 2 Abs. 1 i.V.m. Art. 1 Abs. 1 GG zu wahren.[381] Dabei müssen unter allen Mitteln, die zur Gefahrenabwehr in Betracht

377 Wiesner/*Wiesner*, § 8a, Rn. 6; *Mann* in: Schellhorn/Fischer/Mann, § 8a, Rn. 3, 5.

378 GK-SGB VIII/*Fieseler*, § 8a Rn. 1.

379 *Meysen* in: FK-SGB VIII, § 8a, Rn. 2.

380 *Meysen* in: FK-SGB VIII, § 8a, Rn. 3.

381 *Salgo*, FamRZ 1999, 337 (341).

kommen, diejenigen gewählt werden, welche in Bezug auf das elterliche Erziehungsprimat am wenigsten eingriffsintensiv sind, zugleich aber die Kindeswohlgefährdung wirksam beenden.[382] Das Gefährdungsrisiko ist nach § 8a Abs. 1 SGB VIII im Zusammenwirken mehrerer Fachkräfte abzuschätzen, wobei auch das Kind bzw. der Jugendliche und dessen Sorgeberechtigte einzubeziehen sind.

Das Vorliegen der Kindeswohlgefährdung prüft das Jugendamt eigenständig, aufgrund seiner fachlichen und professionellen Standards. Dabei orientiert es sich zwar an den in der Rechtsprechung entwickelten Voraussetzungen, bringt aber auch seine eigenständige sozialpädagogische Beurteilung mit ein. Bei dieser Beurteilung, ob eine Kindeswohlgefährdung vorliegt oder nicht, ist die Verständigung zwischen Familiengericht und Jugendamt besonders wichtig. Denn während das Familiengericht in der Regel den Eingriff in die elterliche Sorge zum Mittelpunkt der Prüfung macht,[383] forciert das Jugendamt die Betonung eines effektiven Kindesschutzes. Diese unterschiedliche Schwerpunktsetzung führt häufig zu Konflikten im gerichtlichen Verfahren. Kommt das Gericht aufgrund seiner Einschätzung der Situation nämlich – im Gegensatz zum Jugendamt – zu der Überzeugung, eine Maßnahme nach §§ 1666, 1666a BGB sei nicht erforderlich, wird das Kind häufig schutzlos gestellt. Die Eltern lassen sich nach einer vom Jugendamt initiierten Gerichtsverhandlung in der Regel nicht mehr von dem „dafür verantwortlichen" Jugendamt helfen. Insofern erscheinen auch hier eine Beteiligung der Familienrichter im Vorfeld einer Kindeswohlgefährdung und eine damit verbundene Abstimmung der Kriterien der Gefährdung für einen optimalen Kindesschutz angebracht.[384] In der Praxis überprüfen inzwischen die Jugendämter eine Kindeswohlgefährdung vermehrt mit Hilfe unterschiedlicher Prüfbögen und Diagnoseinstrumente.[385] Bei der Pauschalierung derartiger Überprüfungsmodelle ist jedoch Vorsicht geboten, um den Anstieg von Fehlern durch eine Überregulierung zu vermeiden. Inhaltlich gilt es dabei zu klären, ob das Wohl des Kindes durch die Eltern gewährleistet ist, ob Eltern und Kind die Situation als Problem wahrnehmen (Problemakzeptanz), ob Eltern und Fachkräfte an einem Strang ziehen (Problemkongruenz) und ob Eltern und Kinder sich helfen lassen und mit dem Jugendamt kooperieren (Hilfeakzeptanz).[386] Stellt das Jugendamt auf dieser Basis „lediglich" eine Gefährdung fest, so muss es zunächst versuchen, diese durch öffentliche Hilfen abzuwenden. Möglich ist

382 vgl. *Bringewat*, Tod eines Kindes, S. 22.

383 Dem soll u.a. durch § 157 FamFG entgegen gewirkt werden.

384 Wiesner/*Wiesner*, § 8a, Rn. 45.

385 *Meysen* in: FK-SGB VIII, § 8a, Rn. 20.

386 Empfehlungen dt. Städtetag, JAmt 2003, 226 (228); *Kohaupt*, JAmt 2005, 218 (221 f.); *Trenczek* in: FK-SGB VIII, Vor §§ 50-52, Rn. 27.

dies aber nur, wenn die Eltern kooperationsbereit sind. Kommt das Jugendamt hingegen zu der Einschätzung, dass das Wohl des Kindes gefährdet und eine Anrufung des Familiengerichts nötig sei, entspricht die Prüfung den Wertungen der §§ 1666 Abs. 1, 1666 a Abs. 1 S. 1 BGB. § 8a SGB VIII stellt insofern einen Handlungsrahmen, innerhalb dessen dem Jugendamt Handlungssicherheit gewährt wird.[387]

Hält das Jugendamt eine Herausnahme des Kindes aus der Familie für erforderlich oder sind die Eltern nicht bereit bzw. in der Lage, an der Gefährdungseinschätzung mitzuwirken, muss es eine gerichtliche Intervention nach § 8a Abs. 3 S. 1 SGB VIII in die Wege leiten. Das Jugendamt selbst hat keine Befugnis, in die sorgerechtlichen Kompetenzen der Eltern einzugreifen.[388] Hierzu muss das Prinzip der Freiwilligkeit durchbrochen werden, da das Kindeswohl sowohl im jugendhilferechtlichen Verfahren, als auch im familiengerichtlichen Verfahren stets oberstes Gebot zu sein hat.[389]

387 *Meysen* in: FK-SGB VIII, § 8a, Rn. 7.

388 Wiesner/*Wiesner*, § 8a, Rn. 43a; *Schmid*, Die Hilfeplanung nach § 36 SGB VIII, S. 86; das Jugendamt hat aber nach §§ 8a Abs. 3 S. 2, 42 SGB VIII die Befugnis und die Verpflichtung das Kind in Obhut zu nehmen, wenn eine dringende Gefahr besteht und die Entscheidung des Gerichts nicht mehr abgewartet werden kann.

389 Auch für eine „Beratung im Zwangskontext“: *Salgo*, ZKJ 2006, 531 (534); *Salgo*, ZKJ 2007, 12 (13); *Lakies* in: 5 Jahre KJHG, S. 297; *Heilmann*, hefam.de, S. 2.

Abbildung 6: Leistungs- und Kontrollfunktionen des Jugendamts nach § 8a SGB VIII

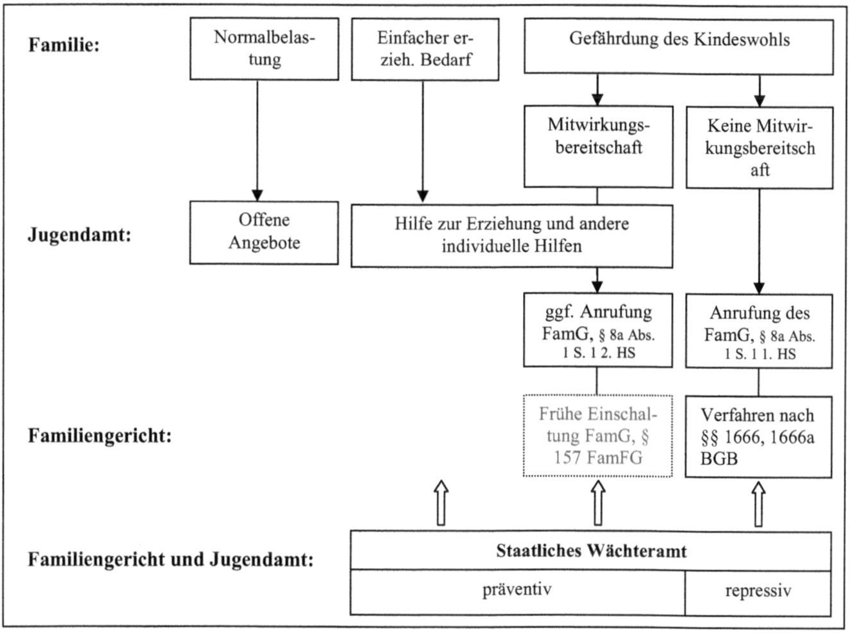

Quelle: ergänzte Übersicht nach *Maas*, Soziale Arbeit, Kap. 4.5.1.

3. Mitwirkung im familiengerichtlichen Verfahren

Die Mitwirkung des Jugendamts am gerichtlichen Verfahren zählt zu den „anderen Aufgaben“ der Kinder- und Jugendhilfe und ist im dritten Abschnitt des dritten Kapitels im SGB VIII geregelt. Aufgabe des Jugendamts ist es dabei, sozialpädagogische Fachlichkeit in das Verfahren einzubringen, um zu gewährleisten, dass sozial- und humanwissenschaftliche Kenntnisse in die Entscheidung des Gerichts einbezogen werden. Dies ist besonders wichtig, da der Richter derartige Kompetenzen in der Regel nicht nachweisen kann.[390] Gleichzeitig ist das Jugendamt eher in der Lage, die Interessen, Bedürfnisse und Wünsche der Beteiligten in das Verfahren einzubringen, da es häufig bereits im Vorfeld mit der Familie in Kontakt steht. Die Mitwirkung am gerichtlichen Verfahren ist unlösbar in die allgemeine Aufgabenstellung des Jugendamts eingebunden und soll

390 *Trenczek* in: Münder/Wiesner/Meysen, Handbuch KJHR, Kap. 3.11, Rn. 1.

den Auftrag der Kinder- und Jugendhilfe, Kinder und Jugendliche vor Gefahren für ihr Wohl zu schützen, auch im gerichtlichen Verfahren gewährleisten.[391] Dabei ist jedoch immer zu beachten, dass die Tätigkeit des Jugendamts nicht erst mit Beginn des familiengerichtlichen Verfahrens einsetzt, sondern es seine Aufgaben davon unabhängig wahrnimmt[392].

Die Beteiligungs- und Anhörungspflichten des Jugendamts finden ihre Richtschnur in den Bestimmungen des SGB VIII und den prozessualen Regelungen des FamFG. Die Pflicht des Familiengerichts, das nach § 86 SGB VIII zuständige Jugendamt in Verfahren, die die Person des Kindes betreffen, anzuhören (§ 162 Abs. 1 FamFG), wird flankiert von dem Recht des Jugendamts, am Verfahren beteiligt zu werden, § 50 SGB VIII.[393] Abgesichert wird dieses Recht durch die Befugnis des Jugendamts, Rechtsmittel gegen die Entscheidung des Gerichts einlegen zu können (§ 162 Abs. 3, S. 2 FamFG).

Das Jugendamt ist gemäß § 162 FamFG an allen Verfahren, die die Person des Kindes betreffen, zu beteiligen. Er umfasst nicht nur alle Verfahren, die die elterliche Sorge oder die Personensorge betreffen, sondern auch alle sonstigen Kindschaftssachen, die das Kind betreffen und nicht ausschließlich vermögensrechtlicher Art sind.[394]

a) Stellung des Jugendamts im familiengerichtlichen Verfahren

§ 162 FamFG verpflichtet das Familiengericht zur Anhörung des Jugendamts in familiengerichtlichen Verfahren vor einer Entscheidung, gleichzeitig regelt § 50 SGB VIII die Mitwirkung des Jugendamts. Dies soll gewährleisten, dass bei Streitigkeiten, die die Lebensverhältnisse von Minderjährigen betreffen, die Interessen der betroffenen Kinder ausreichend berücksichtigt werden. Das Jugendamt als sozialpädagogische Fachbehörde soll die erzieherisch-rechtliche Entscheidung des Richters in diesem Sinne vorbereiten. Es darf dabei aber keinesfalls einseitig nur die Interessen des Kindes, als quasi „Anwalt des Kindes“[395] wahrnehmen.[396] Sozialpädagogen sind an Art. 6 Abs. 2, Abs. 3 GG gebunden und damit verpflichtet, Lösungen zu finden, die zwar das Wohl des Kindes wahren, allerdings unter Gewährleistung der Rechte der Eltern.[397] Im Gegensatz zu der Anhörung von Kindern und Eltern, der Vernehmung von Zeugen oder der

391 *Trenczek* in: Münder/Wiesner/Meysen, Handbuch KJHR, Kap. 3.11, Rn. 2.
392 *Trenczek* in: Münder/Wiesner/Meysen, Handbuch KJHR, Kap. 3.11, Rn. 3.
393 *Rotax* in: Rotax, FamPrax, Teil 4 Rn. 1009
394 BT-Drucks. 16/6308, S. 241.
395 Vgl. *Salgo*, Der Anwalt des Kindes.
396 Dann wäre der Verfahrensbeistand (§ 158 FamFG) überflüssig.
397 *Oberloskamp/Borg-Laufs/Mutke*, S. 15.

Einholung eines Sachverständigengutachtens handelt es sich bei der Anhörung des Jugendamts aber auch nicht (nur) um eine Beweisaufnahme. Ebenso wird eine Reduzierung auf die Gewähr des rechtlichen Gehörs für einen – im Falle eines Antrags nach § 162 Abs. 2 FamFG – kraft Gesetzes Verfahrensbeteiligten der Rolle des Jugendamts im gerichtlichen Verfahren nicht gerecht. Es handelt sich vielmehr um ein im deutschen Recht einzigartiges Zusammenwirken zweier selbständiger staatlicher Institutionen, mit dem gemeinsamen Auftrag zur Sicherung des Schutzes von Kindern und Jugendlichen. Dieses Zusammenwirken auf Grundlage getrennter Aufgabenwahrnehmung verwirklicht den größten Teil des staatlichen Wächteramts i.S.d. Art. 6 Abs. 2 S. 2 GG.[398]

Das Jugendamt ist demnach kein Erfüllungsgehilfe des Gerichts, wie etwa der Sachverständige, der zur Aufklärung des Sachverhalts beitragen oder – bei entsprechender Beauftragung gemäß § 163 Abs. 3 FamFG – zwischen den Eltern vermitteln soll. Anders als der Sachverständige kann das Jugendamt nicht vom Gericht ausgesucht (§§ 85, 87b SGB VIII) und auch nicht wegen Befangenheit abgelehnt werden.[399] Es ist auch nicht mit dem Verfahrensbeistand (§ 158 FamFG), der als „Anwalt des Kindes“ fungiert, vergleichbar. Ebenso wenig handelt es als Interessensvertretung der Eltern. Vielmehr tritt das Jugendamt seit der Reform des Kindschaftsrechts durch das Sorgerechtsänderungsgesetz vom 1. Januar 1980 und der Neuordnung der Kinder- und Jugendhilfe durch das SGB VIII von 1990 als Verfahrensbeteiligter eigener Art mit eigenen Rechten und Pflichten auf.[400]

b) Einleitung des Verfahrens

Das Familiengericht ist verpflichtet, das Jugendamt in Verfahren, die die Person des Kindes betreffen, zu hören. In der Praxis erlangt das zuständige Jugendamt[401] die Informationen über den Beginn eines familiengerichtlichen Verfahrens in der Regel vom Gericht. Das gilt für Sorgerechts- und Umgangsverfahren sowie im Falle eines Herausgabeantrags. In diesen Fällen teilt das Gericht dem Jugendamt die Rechtshängigkeit des Verfahrens gemäß § 17 Abs. 3 SGB VIII mit und informiert es darüber, dass minderjährige Kinder involviert sind. Daraufhin entsteht für das Jugendamt die Verpflichtung, im familiengerichtlichen Verfahren nach § 50 Abs. 1, 2 SGB VIII mitzuwirken.[402]

398 So wohl auch *Rotax* in: Rotax, FamPrax, Teil 4, Rn. 997.

399 Wiesner/*Mörsberger/Wapler*; Vor § 50, Rn. 64.

400 *Rotax* in: Rotax, FamPrax, Teil 4, Rn. 1002.

401 Gemäß § 87b SGB VIII in der Regel das Jugendamt, in dessen Bezirk die Eltern ihren gewöhnlichen Aufenthalt haben.

402 *Oberloskamp/Borg-Laufs/Mutke*, S. 19.

Das Verfahren kann aber auch auf Initiative des Jugendamts angeregt werden. Dies ist der Fall, wenn das Jugendamt das Wohl eines Kindes für konkret gefährdet und es für erforderlich hält, dass das Sorgerecht der Eltern vom Familiengericht eingeschränkt oder entzogen werden soll (§ 1666 BGB) oder es der Ansicht ist, eine Sorgerechtsregelung müsse abgeändert werden oder die Personensorge- bzw. Erziehungsberechtigten zur Mitwirkung bei der Gefährdungseinschätzung nicht bereit oder in der Lage sind. In diesen Fällen ist das Jugendamt berechtigt und verpflichtet, das Familiengericht nach § 8a Abs. 3 SGB VIII anzurufen.[403] Die Mitteilung ist in diesem Fall sowohl Anrufung, als auch Stellungnahme nach § 50 Abs. 2 SGB VIII.[404]

Unabhängig davon, auf welche Art und Weise das Jugendamt von seiner Beteiligung am gerichtlichen Verfahren erfährt und ob es bereits Erkenntnisse aus früheren Kontakten mit den Betroffenen hatte, wird es nun die Betroffenen kontaktieren und sich umfassende Kenntnisse über den Klienten sowie den zugrunde liegenden Sachverhalt verschaffen. Aber auch das Gericht kann sich nicht ausschließlich auf die ihm angetragenen Erkenntnisse der Beteiligten verlassen, sondern muss im Zuge seines Amtsermittlungsgrundsatzes die Beweismittel ausschöpfen. Aus diesem Grund sind in der Regel alle Beteiligten, insbesondere auch das Jugendamt, anzuhören. Die Beteiligung des Jugendamts am gerichtlichen Verfahren dient dem Familienrichter zum besseren Verständnis der pädagogischen, psychologischen und anderer Fachfragen. Dabei profitiert das Gericht von der gezielten Ermittlung der Tatsachen und der fachlichen Begutachtung derselben.[405] Das Jugendamt trägt so mit Hilfe der optimalen „Beachtung des Kindeswohls bei größtmöglicher Wahrung der Elternrechte“ zur Verwirklichung des staatlichen Wächteramts bei.[406]

c) Anrufung des Familiengerichts gemäß § 8a Abs. 3 SGB VIII

Hält das Jugendamt nach Abschätzung der Gefährdungslage ein Eingreifen des Familiengerichts für nötig, ist es verpflichtet, gemäß § 8a Abs. 3 SGB VIII das Familiengericht anzurufen. Die Verpflichtung zur Anrufung des Familiengerichts gemäß § 8a Abs. 3 SGB VIII stellt sicher, dass das Gericht rechtzeitig informiert wird und dient insofern dem Kindesschutz. [407]

---

403 *Meysen* in: FK-SGB VIII, § 8a, Rn. 49 ff.

404 *Oberloskamp/Borg-Laufs/Mutke*, S. 20.

405 BGH v. 21.5.1954 –IV ZB 8/54 – FamRZ 1954, 219 (220).

406 *Oberloskamp/Borg-Laufs/Mutke*, S. 20 f.

407 *Wabnitz*, Rechtsansprüche, S. 228 f., demzufolge sich aus § 8a Abs. 3 SGB VIII ein subjektiver Rechtsanspruch auf Anrufung des Familiengerichts ergibt; der Verpflichtungscharakter dieser Norm dem Kind gegenüber wird auch insofern deutlich, als sich

Ein Einschreiten des Familiengerichts ist besonders dann vonnöten, wenn zur Abwendung einer Gefährdung des Kindeswohls gerichtliche Maßnahmen nach §§ 1666, 1666a BGB erforderlich sind. Bei der Einschätzung, ob die Tatbestandsvoraussetzungen der §§ 1666, 1666a BGB vorliegen, die eine Anrufung des Gerichts rechtfertigen, kommt dem Jugendamt ein Beurteilungsspielraum zu.[408] Sind die Eltern also nicht gewillt oder nicht in der Lage, die Gefährdung des Kindes durch Annahme öffentlicher Hilfen abzuwenden oder zumindest an der Abschätzung des Gefährdungsrisikos mitzuwirken, ist das Jugendamt verpflichtet, das Familiengericht anzurufen, da nur die Eltern im Sinne der §§ 27 ff. SGB VIII anspruchsberechtigt sind.[409] Zu einem gerichtlichen Eingriff in das Sorgerecht kommt es regelmäßig erst, nachdem das Jugendamt den Eltern Hilfen angeboten hat, diese aber von den Eltern nicht angenommen wurden oder aber die Hilfen keinen Erfolg gebracht haben.[410]

Der „Antrag" des Jugendamts muss hinreichend begründet sein und insbesondere darlegen, warum angebotene Hilfen gescheitert bzw. nicht erfolgsversprechend sind. Da das Jugendamt zunächst das Gericht davon überzeugen möchte, von ihm für geeignet gehaltene Maßnahmen anzuordnen oder das Sorgerecht entsprechend zu regeln, sollte es dem Gericht seine Vorstellungen über geeignete und notwendige Hilfen zur Sicherung des Kindeswohls unterbreiten (§ 50 Abs. 2 S. 1 SGB VIII: Unterrichtung „über angebotene und erbrachte Leistungen").Als Grundlage hierfür ist es sinnvoll, einen aktualisierten Hilfeplan bei Gericht vorzulegen.[411] Durch die Vorlage dieses Plans weiß das Gericht nun, welche Hilfen bereits angeboten wurden und gelangt zu einer ersten Einschätzung, welche Vorgehensweise das Jugendamt als sinnvoll erachtet. Die Einschätzung des Jugendamts dient als erste Grundlage für die spätere gerichtliche Entscheidung.

Nach Einleitung des familiengerichtlichen Verfahrens überprüft nun das Familiengericht, ob die Herausnahme des Kindes aus der Familie durch öffentliche Hilfen vermieden werden kann. [412] Ist das nicht der Fall, muss eine der konkreten Situation angemessene Regelung des Sorgerechts getroffen werden, die auch der geplanten jugendhilferechtlichen Intervention Rechnung trägt. Das

aus ihr eine Garantenpflicht des Jugendamts ableitet: Wabnitz, Rechtsansprüche, S. 229 m.w.N.; siehe insgesamt zur Garantenproblematik in der sozialen Arbeit: *Bringewat*, Tod eines Kindes, S. 35 ff.

408 GK-SGB VIII/*Fieseler*, § 8a, Rn. 3, 36; *Meysen* in: FK-SGB VIII, § 8a, Rn. 50.

409 *Maas*, Soziale Arbeit, Kap. 4.5.1., S. 214 f.

410 *Salgo*, Der Anwalt des Kindes, S. 501.

411 Wiesner/*Wiesner*, § 8a, Rn. 44a.

412 Staudinger/*Coester*, § 1666a, Rn. 10.

Familiengericht bleibt nach § 1696 BGB, § 166 FamFG auch nach Abschluss des gerichtlichen Verfahrens für Folgemaßnahmen verantwortlich.[413]

Bei der Einschätzung der Frage, ob die Voraussetzungen des § 1666 BGB vorliegen, und gegebenenfalls, welche Maßnahmen zu ergreifen sind, kann es zwischen Familiengericht und Jugendamt zu unterschiedlichen Auffassungen kommen. Diese divergierenden Auffassungen können weitreichende Folgen für das Wohl des Kindes haben. Kommt das Gericht nämlich zu dem Urteil, dass (noch) keine Maßnahmen nach §§ 1666, 1666a erforderlich sind, wird das Kind schutzlos gestellt, da sich die Eltern nun in ihrer (Verweigerungs-)Haltung bestätigt fühlen und in der Regel von einer weiteren Kooperation mit dem Jugendamt absehen werden.[414]

Nicht selten nutzt das Jugendamt das „Schwert der möglichen Anrufung des Familiengerichts“, um den Eltern den Entzug der elterlichen Sorge zu ersparen.[415] Dieser Vorgang ist nicht nur legitim, vielmehr ist das Jugendamt im Rahmen seines staatlichen Wächteramts sogar dazu verpflichtet, die Eltern auf die Folgen der Nichtannahme bzw. Nichtbeantragung von Hilfen zur Erziehung hinzuweisen.[416]

Um derartige Konflikte zu vermeiden, erscheint es deswegen sinnvoll, die Beteiligten bereits vor einer möglichen Kindeswohlgefährdung an einen Tisch zu bringen und gemeinsam Strategien zur Vermeidung aufzuzeigen. Dies nimmt den Eltern die (möglicherweise durch Drohungen des Jugendamts mit dem Familiengericht entstandene) Angst vor dem Familiengericht und hilft, dadurch verursachte Konflikte zwischen Familiengericht und Jugendamt sowie zwischen Jugendamt und Eltern vorzubeugen. Dieser Tendenz versucht das FamFG, insbesondere durch die Erörterung einer möglichen Gefährdung des Kindeswohls (§ 157 FamFG) entgegenzuwirken. Damit kommt es nun auch im BGB zu einer Unterscheidung zwischen Eingriffs- und Kontrollschwelle, wobei die Kontroll-

413 Wiesner/*Wiesner*, § 8a Rn. 50 ff.; *Mann* in: Schellhorn/Fischer/Mann, § 8a, Rn. 16-19; *Schmid*, Die Hilfeplanung nach § 36 SGB VIII, S. 86.

414 Wiesner/*Wiesner*, § 8a, Rn. 45, deswegen erscheint es wünschenswert eine generelle Verständigung zwischen Familiengericht und Jugendamt zu forcieren. Durch eine Beteiligung des Richters an der Risikoeinschätzung im Vorfeld des gerichtlichen Verfahrens käme es zu einer Verzahnung der unterschiedlichen Handlungsansätze zum Wohle des Kindes (siehe auch *Langenfeld/Wiesner* in: DIJuF, Saarbrücker Memorandum, S. 77 ff.).

415 *Maas*, Soziale Arbeit, Kap. 4.5.1., S. 215.

416 Siehe Kap. C. I. 1.; anders: *Maas*, Soziale Arbeit, Kap. 4.5.1., S. 215, demzufolge die Androhung der Konzeption des SGB VIII als „reines Leistungsrecht“ widerspricht; nach § 157 FamFG ist der Familienrichter nun verpflichtet zu erörtern, welche Folgen die Nichtannahme notwendiger Hilfen haben kann

schwelle deutlich vorverlagert wird.[417] Das Familiengericht soll in Zukunft früher angerufen werden, um zur Klärung der möglichen Kindeswohlgefährdung beizutragen, wenn die Kooperation zwischen Jugendamt und Eltern gescheitert ist. Dabei soll das Familiengericht seine Autorität nutzen, um die Kooperation wieder anzukurbeln.[418] Insofern kommt dem Erörterungsgespräch auch eine Warnfunktion zu. Eltern sollen durch den erhobenen Zeigefinger des Gerichts neu zur Kooperation „motiviert“ werden.[419]

Die frühzeitige Beteiligung des Familiengerichts soll verhindern, dass das Gericht erst dann von der Kindeswohlgefährdung Kenntnis erlangt, wenn das Jugendamt bereits alles Erdenkliche zur Vermeidung und Abwehr von Gefahren für das Kind oder den Jugendlichen getan hat. Umgekehrt gilt es aber auch, eine zu frühe Anrufung, möglicherweise aus Gründen der Entlastung der Jugendämter, zu vermeiden.[420]

d) Die Mitwirkung des Jugendamts im familiengerichtlichen Verfahren nach § 50 SGB VIII

Kommt es schließlich zum Verfahren vor dem Familiengericht, so ist das Gericht auf die Hilfe des Jugendamts angewiesen. Dieses ist gemäß § 50 SGB VIII verpflichtet, das Familiengericht bei allen Maßnahmen, die die Sorge für die Person von Kindern und Jugendlichen betreffen, zu unterstützen, über angebotene und erbrachte Hilfen zu unterrichten, soziale Gesichtspunkte zur Entwicklung des Kindes in das Verfahren einzubringen und am Verfahren mitzuwirken. Dabei verlangt das im familiengerichtlichen Verfahren schwierige Beziehungsgeflecht ein möglichst konstruktives Zusammenwirken aller Beteiligten, insbesondere zwischen Familiengericht und Jugendamt. Dies gilt aber ebenso für Eltern, Kinder, Anwälte, Verfahrensbeistände sowie im Verfahren anzuhörende Sachverständige und Experten.[421]

Bereits vor Inkrafttreten des FamFG war das Familiengericht in nahezu allen Verfahren, die die Person von Kindern und Jugendlichen betreffen, zuständig. Während das Familiengericht vor Inkrafttreten des FamFG das Jugendamt in den in §§ 49, 49a FGG aufgelisteten Verfahren anhören musste, erweitert sich die Unterstützungspflicht nach Inkrafttreten des FamFG auf alle Verfahren, die die Person des Kindes oder Jugendlichen betreffen. Gemäß § 50 Abs. 1 S. 2 Nr.

---

417 *Meysen* in: FK-SGB VIII, § 8a, Rn. 54; *Coester*, JAmt 2008, 1 (7 f.).

418 *Meysen* in: FK-SGB VIII, § 8a, Rn. 54.

419 *Fellenberg*, FPR 2008, 125 (127); *Willutzki*, ZKJ 2008, 139 (141); *Hannemann*, uj 2008, 337 (340 f.).

420 *Meysen* in: FK-SGB VIII, § 8a, Rn. 55; *Kohaupt*, JAmt 2005, 218.

421 Wiesner/*Mörsberger/Wapler*, § 50 Rn. 4; *Trenczek* in: FK-SGB VIII, § 50, Rn. 2.

1 SGB VIII gilt das insbesondere in Kindschaftssachen, unter anderem in Verfahren bei Scheidung und Trennung der Eltern, Umgangsregelungen und Kindeswohlgefährdungen.[422]

Wegen der Amtsermittlungspflicht des Familiengerichts ist eine Anhörung des Jugendamts insbesondere in Fällen einer Kindeswohlgefährdung geboten.[423] Unterbleibt die Anhörung wegen Gefahr im Verzug, ist sie gemäß § 162 Abs. 1 S. 2 FamFG unverzüglich nachzuholen. Die Anhörungsverpflichtung gilt über § 157 FamFG auch in solchen Fällen, in denen noch eine einvernehmliche Regelung getroffen werden kann. Besonders in diesen Fällen ist das Familiengericht auf die Unterstützung des Jugendamts angewiesen.[424]

Mit der Mitwirkung des Jugendamts am Gerichtsverfahren wird gewährleistet, dass Gesichtspunkte und Möglichkeiten der Jugendhilfe berücksichtigt werden. Das Jugendamt sieht die Kindeswohlgefährdung in der Regel aus einem anderen Blickwinkel als das Gericht; so kann es fachliche Aspekte einbringen, die für die weitere Entwicklung des Kindes wichtig sind. Den Äußerungen der Jugendhilfe kommt dabei große Bedeutung zu, da der unbestimmte Rechtsbegriff des Kindeswohls enorm ausfüllungsbedürftig ist, und der Schutz des Kindes nur durch bestmögliche Kooperation dieser beiden Stellen ausreichend gewährleistet werden kann.[425] Durch Inkrafttreten von KiWoMaG und FamFG hat der Gesetzgeber verdeutlicht, dass bei familiären Konflikten alle am Verfahren Beteiligten primär einvernehmliche Lösungen finden sollen.[426] Dies gilt insbesondere in Kindschaftssachen, auch in Fällen häuslicher Gewalt, es sei denn die Regelung widerspricht dem Wohl des Kindes.[427] Dabei hat das Jugendamt das Gericht bei allen Maßnahmen, die die Personensorge von Kindern und Jugendlichen betreffen, zu unterstützen. Bei der Unterstützungspflicht handelt es sich um eine allgemeine Aufgabe des Jugendamts, die es zugunsten junger Menschen und Familien wahrnehmen muss.[428] Das Ob der Mitwirkung ordnet § 50 Abs. 1 S. 2 SGB VIII nun verbindlich an. Diese Pflicht steht somit nicht im Ermessen des Jugendamts, hierdurch soll dessen aktive Rolle im gerichtlichen Verfahren gestärkt werden.[429] In welchem Umfang das Jugendamt seiner Mitwirkungsverpflichtung nachkommt und ob die Fachkräfte im Verfahren persönlich anwesend

422 *Trenczek* in: FK-SGB VIII, § 50, Rn. 3, Anhang § 50, Rn. 18 ff.).
423 *Trenczek* in: FK-SGB VIII, § 50, Rn. 4; ders., ZKJ 2009, 97 (98).
424 anders: *Trenczek* in: FK-SGB VIII, § 50, Rn. 4.
425 *H. Schellhorn* in: Schellhorn/Fischer/Mann, § 50, Rn. 17; Wiesner/*Mörsberger/Wapler*, § 50 Rn. 3; *Wabnitz*, ZfJ 2000, 336 (338).
426 *Trenczek* in: FK-SGB VIII, § 50, Rn. 13 ff.
427 *Trenczek* in: FK-SGB VIII, § 50, Rn. 14.
428 *Trenczek* in: FK-SGB VIII, § 50, Rn. 8 f.
429 *Trenczek* in: FK-SGB VIII, § 50, Rn. 10.

sein müssen, liegt allerdings im Ermessen des Jugendamts, mit Ausnahme der Fälle, in denen das persönliche Erscheinen vorgesehen ist, wie in den Fällen der §§ 155 Abs. 2 S. 3, 157 Abs. 1 S. 2 sowie in geeigneten Fällen nach § 165 Abs. 2 S. 4.[430] Ob das Jugendamt dagegen schriftlich[431] oder mündlich anzuhören ist, darüber entscheidet das Familiengericht nach pflichtgemäßem Ermessen.[432] Das Erscheinen eines Mitarbeiters des Jugendamts im Anhörungstermin kann er jedoch nicht erzwingen.[433] Mit Blick auf den frühen ersten Termin ist von einem schriftlichen Bericht zudem abzusehen.[434] Das Jugendamt wird während des frühen ersten Termins nach § 155 Abs. 2 FamFG durch einen Mitarbeiter vertreten, der mündlich über die familiäre Situation berichtet und Lösungsansätze unterbreitet. Dadurch wird den Jugendämtern viel Arbeit erspart und ihre Stellung im gerichtlichen Verfahren verbessert sich; war doch die Partei, für die der schriftliche Bericht negativ ausfiel, häufig nicht länger an einer Zusammenarbeit interessiert. Das Jugendamt muss sich nun allerdings, insbesondere wenn es vorher noch nicht mit der Familie in Kontakt stand, innerhalb eines sehr kurzen Zeitraumes ein umfassendes Bild von der familiären Situation machen. Insofern lastet ein großer Zeitdruck auf den involvierten Mitarbeitern.[435]

Das Jugendamt unterrichtet das Gericht über angebotene und erbrachte Leistungen, bringt erzieherische und soziale Gesichtspunkte zur Entwicklung des Minderjährigen ein und weist auf weitere Möglichkeiten der Hilfe hin. In diesem Rahmen sollten Familiengericht und Jugendamt zu einer gemeinsamen Einschätzung der Gefährdung gelangen und kooperativ eine Lösung erarbeiten, die dem Wohl des Kindes förderlich ist. Dabei ist es auf Seiten des Jugendamts kontraproduktiv, Entscheidungsvorschläge zu unterbreiten, solange eine einvernehmliche Lösung möglich erscheint.[436] Umgekehrt darf sich das Familiengericht nicht über bereits erbrachte (und gescheiterte) Hilfen des Jugendamts hinwegsetzen und diese trotz offensichtlichen Scheiterns erneut anordnen, um einen Eingriff in die elterliche Sorge zu umgehen.

---

430 Wiesner/*Mörsberger/Wapler*, § 50, Rn. 25; *Trenczek* in: FK-SGB VIII, § 50, Rn. 10, 12; MünchKommZPO/*Heilmann*, § 162 FamFG, Rn. 5 f.; MünchKommBGB/*Tillmanns*, § 50 SGB VIII, Rn. 6.

431 Zur gutachtlichen Stellungnahme siehe: *Oberloskamp/Borg-Laufs/Mutke*; *Trenczek* in: FK-SGB VIII, § 50, Rn. 18.

432 MünchKommZPO/*Heilmann*, § 162 FamFG, Rn. 6.

433 MünchKommZPO/*Heilmann*, § 162 FamFG, Rn. 6.

434 *Meysen*, JAmt 2008, 233 (236); *Trenczek* in: FK-SGB VIII, § 50, Rn. 10, Anhang § 50, Rn. 28.

435 *Hennemann*, FPR 2009, 20 (22).

436 *Trenczek* in: FK-SGB VIII, § 50, Rn. 18.

Jugendhilferechtliche und gerichtliche Intervention stehen also in einer starken Interdependenz, in deren Mittelpunkt der nach § 36 Abs. 2 S. 2 SGB VIII zu erstellende Hilfeplan steht. Dieser fungiert als zentrales sozialrechtliches Koordinierungsinstrument zur Feststellung und Abstimmung von Hilfebedarf und Leistungserbringung und enthält somit auch für das Gericht sowohl maßgebliche Informationen mit Blick auf angebotene und erbrachte Leistungen, als auch wesentliche Hinweise in Bezug auf erforderliche Eingriffe in das Personensorgerecht.[437] Aus der Mitwirkungspflicht des Jugendamts nach §§ 50 Abs. 2, § 8a Abs. 3 S. 1 SGB VIII und aus den §§ 1666, 1666a BGB resultiert die Pflicht zur Vorlage des Hilfeplans beim Familiengericht.[438]

e) Von der Anhörung nach §§ 49, 49a FGG zur Mitwirkung nach § 162 FamFG

Gemäß §§ 49, 49 a FGG war die Anhörung des Jugendamts durch das Vormundschafts- bzw. Familiengericht bisher anhand einer katalogisierten Auflistung geregelt. § 162 FamFG verzichtet nun auf einen solchen Katalog und sieht eine generelle Anhörung in „Verfahren, die die Person des Kindes betreffen" vor.[439]

Was also sind Verfahren, die die Person des Kindes betreffen? Diesbezüglich kann man sich an verschiedenen gesetzlichen Vorschriften orientieren. Bereits im RJWG (§ 43 RJWG) und auch später im JWG (§ 48 JWG) galt die Unterstützungspflicht des Jugendamts für Maßnahmen, welche die Sorge für die Person Minderjähriger umfasste. Vor Inkrafttreten des FamFG regelte § 50 SGB VIII die Mitwirkung des Gerichts bei allen Maßnahmen, die die Person von Kindern und Jugendlichen betreffen und auch § 158 FamFG sieht die Bestellung eines Verfahrenspflegers in die Person des Kindes betreffenden Kindschaftssachen vor.

Verfahren, die die Person des Kindes betreffen, sind insbesondere Verfahren, die sich auf die Lebensführung und Lebensstellung beziehen, somit alle Kindschaftssachen nach § 151 Nr. 1 bis 8 FamFG, solange sie nicht ausschließlich auf das Vermögen ausgerichtet sind.[440] Darunter fallen alle Vorschriften, die in den Katalogen der §§ 49, 49 a FGG aufgelistet waren, zuzüglich der Verfah-

437 *Salgo*, FamRZ 1999, 337 (340).

438 Wiesner/*Schmid-Obkirchner*, § 36, Rn. 87; *Salgo* in: Wiesner/Zarbock, S.115 (138 f); Staudinger/*Salgo*, § 1632, Rn. 60; *Schmid*, Die Hilfeplanung nach § 36 SGB VIII, S. 94; anders aber: *Trenczek* in: FK-SGB VIII, § 50, Rn. 29; GK-SGB VIII/*Nothacker*, § 36, Rn. 59, Vorlage nur in Ausnahmen, i.d.R nur im Falle einer Gefährdung des Kindeswohls.

439 Siehe Kap. C. I. 3. d).

440 Jansen/*Zorn*, FGG, § 50, Rn.9; MünchKommZPO/*Heilmann*, § 162 FamFG, Rn. 3.

ren nach § 1618 Abs. 1 Satz 4, den §§ 1628, 1629 Abs. 2 Satz 3 und § 1672 Abs. 2 BGB, außerdem Verfahren, die die Änderung (§ 1696 BGB) oder Vollstreckung (§ 33 FGG/ 53 FamFG) einer Entscheidung betreffen, die die Person des Kindes betrifft.

Trotz des vereinfachten Wortlauts und des Verzichts einer Auflistung der einzelnen Verfahren wurde die Anhörungspflicht des Jugendamts nach § 162 FamFG im Gegensatz zu den §§ 49, 49a FGG erweitert.[441] Der Verzicht auf eine Auflistung vermeidet damit die Notwendigkeit zur Bildung von Analogien, für den Fall, dass Verfahren im Laufe der Zeit hinzukommen oder vergessen wurden aufzulisten. In Zukunft muss dieses Verfahren dann lediglich unter das Tatbestandsmerkmal „Verfahren, die die Person des Kindes betreffen" subsumiert werden.

In § 162 Absatz 2 FamFG ist die Stellung des Jugendamts als Verfahrensbeteiligter geregelt.[442] Durch die Anhörung nach § 162 Abs. 1 FamFG allein wird es noch nicht zum Beteiligten (§ 7 Abs. 6 FamFG). Gemäß § 162 Abs. 2 FamFG wird dem Jugendamt lediglich eine Wahlmöglichkeit eingeräumt, ob es sich über die Anhörung hinaus in das Verfahren einschalten möchte. Stellt das Jugendamt einen entsprechenden Antrag, ist das Gericht zur Hinzuziehung verpflichtet. Es kommt zu einer „Aufwertung der verfahrensrechtlichen Position des Jugendamts".[443] Wird das Jugendamt Beteiligter im Verfahren, stehen ihm alle Rechte eines Beteiligten zu (Beweisantragsrecht, Akteneinsichtsrecht, Bekanntgabe von Dokumenten etc.), es hat die Möglichkeit der aktiven Teilnahme am Verfahren und damit auch an der am Ende des Verfahrens stehenden Sachentscheidung.[444] Ihm werden aber auch alle Pflichten eines Beteiligten auferlegt. Dazu gehört die Kostentragungspflicht gemäß § 81 FamFG.[445] Anhand der Regelbeispiele des § 81 Abs. 2 FamFG (grobes Verschulden, schuldhaft unwahre Angaben, erhebliche Verfahrensverzögerung etc.) wird allerdings deutlich, dass das Risiko der Kostenpflicht für das Jugendamt äußerst gering ist.[446]

Bei Stellung eines Sach- oder Verfahrensantrags im Antragsverfahren ist das Jugendamt automatisch als Beteiligter zu werten. Von einer generellen Stellung des Jugendamts als Verfahrensbeteiligter hat der Gesetzgeber aber ausdrücklich Abstand genommen, um unnötigen Arbeitsaufwand für Gerichte und Jugendäm-

---

441 BT-Drucks. 16/6308, S. 241; bereits § 48 JWG war umfassender als der Katalog des § 48 a JWG, siehe: Münder u.a. FK-JWG, § 48, Punkt 2.

442 Gemäß § 8 Nr. 3 FamFG ist das Jugendamt als Behörde beteiligtenfähig

443 *Trenczek* in: FK-SGB VIII, Anhang § 50, Rn. 12.

444 *Lack*, ZKJ 2010, 189 (192); MünchKommZPO/*Heilmann*, § 162 FamFG, Rn. 11 f.

445 MünchKommZPO/*Heilmann*, § 162 FamFG, Rn. 12.

446 So auch *Lack*, ZKJ 2010, 189 (193).

ter zu vermeiden und so das Verfahren praktikabler zu gestalten.[447] Stellt das Jugendamt einen Antrag nach § 162 Abs. 2 FamFG, so handelt es sich um eine Beteiligung kraft Hinzuziehung in Form einer Muss-Beteiligung gemäß § 7 Abs. 2 Nr. 2, 2. Alt. FamFG. Das Gericht hat somit keinen Ermessensspielraum bezüglich der Hinzuziehung des Jugendamts als Beteiligter.[448] Macht das Jugendamt von der Möglichkeit des § 162 Abs. 2 FamFG aber keinen Gebrauch, so dürfen ihm grundsätzlich Sachverständigengutachten oder ähnliches nicht durch das Gericht übersandt werden.[449]

In der Praxis kam es durch die Neuregelung allerdings auch zu Unsicherheiten: Viele Jugendämter wissen nicht, ob sie einen entsprechenden Antrag stellen sollen, Familiengerichte wissen nicht, wie sie mit Jugendämtern umgehen sollen, die trotz entsprechendem Hinweis keinen Antrag stellen, aber dennoch wie Beteiligte behandelt werden möchten.[450] Eine Hinzuziehung des Jugendamts als Verfahrensbeteiligter wirkt sich für beide Institutionen und damit automatisch auch für das Kindeswohl überwiegend positiv aus. Das Jugendamt wird noch früher als bisher aktiv in das Verfahren eingebunden und behält über den gesamten Verfahrensverlauf Kenntnisse über den Stand des Verfahrens. Nur so kann eine optimale Kooperation zwischen Familiengericht und Jugendamt zum Wohl des Kindes garantiert werden. Das Jugendamt sollte deshalb so früh wie möglich einen Antrag gemäß § 162 Abs. 2 FamFG stellen, aber auch das Familiengericht sollte eine Hinzuziehung des Jugendamts von Amts wegen immer in Erwägung ziehen.[451]

Gemäß § 162 Abs. 3 S. 1 FamFG sind dem Jugendamt alle Entscheidungen des Gerichts bekannt zu machen. Diese Regelung entspricht inhaltlich dem bisherigen § 49a Abs. 3 i. V. m. § 49 Abs. 3 FGG, mit der Ausnahme, dass das von Kindschaftssachen nicht betroffene Landesjugendamt nicht mehr erwähnt wird. § 162 Abs. 3 S. 2 FamFG enthält eine von § 59 FamFG unabhängige Beschwerdebefugnis des Jugendamts.[452]

---

447 BT-Drucks. 16/6308, S. 241; so auch bereits die Begründung zu § 148 Entwurf einer Verfahrensordnung für die freiwillige Gerichtsbarkeit: BMJ, Bericht der Kommission für das Recht der fG, S. 154.

448 BT-Drucks. 16/6308, S. 179; *Lack*, ZKJ 2010, 189 (190); das Jugendamt kann gemäß § 7 Abs. 3 FamFG vom Gericht oder auf Antrag anderer Personen auch von Amts wegen als Beteiligter hinzugezogen werden (Kann-Beteiligter) Bei nachvollziehbaren Gründen ist eine Hinzuziehung zu unterlassen, es sei denn, gewichtige Gründe sprechen für die Beteiligung (BT-Drucks. 16/6308, S. 179).

449 *Heilmann*, 18. Dt. Familiengerichtstag, AK. 11, S. 118 (119).

450 *Lack*, ZKJ 2010, 189.

451 *Lack*, ZKJ 2010, 189 (194); ablehnend: MünchKommZPO/*Heilmann*, § 162 FamFG, Rn. 11.

452 BT-Drucks. 16/6308, S. 241.

f) Möglichkeiten des Jugendamts, Rechtsmittel einzulegen

Gegen das Urteil des Familiengerichts steht dem Jugendamt das Rechtsmittel der Beschwerde zu. § 59 Abs. 3 FamFG räumt auch Behörden eine Beschwerdebefugnis ein, wenn dies gesetzlich bestimmt ist. Für Kindschaftssachen findet sich die Beschwerdebefugnis des Jugendamts in § 162 Abs. 3 S. 2. Danach ist das Jugendamt in allen Verfahren, die die Person des Kindes betreffen, beschwerdeberechtigt.[453]

Im Gegensatz zum Jugendamt hat das Gericht nur wenige Beschwerdemöglichkeiten gegen das Jugendamt. Eine Möglichkeit für den Familienrichter, gegen das Jugendamt vorzugehen, ist im Rahmen der Dienst-[454] oder Rechtsaufsichtsbeschwerde[455] gegeben. In der Praxis verlaufen Dienstaufsichtsbeschwerden jedoch häufig ohne sachliches Ergebnis. Es kursiert deshalb das Bonmot, die Dienstaufsichtsbeschwerde sei „formlos, fristlos und fruchtlos".

War das Jugendamt Verfahrensbeteiligter, so kann das Familiengericht dem Jugendamt allerdings nach billigem Ermessen die Kosten des Verfahrens auferlegen. Das kommt vor allem dann in Frage, wenn das Jugendamt durch grobes Verschulden Anlass für das Verfahren gegeben hat; der Antrag von vornherein keine Aussicht auf Erfolg hatte und das Jugendamt dies erkennen musste, es zu einer wesentlichen Tatsache schuldhaft unwahre Angaben gemacht hat oder durch schuldhaftes Verletzen seiner Mitwirkungspflichten das Verfahren erheblich verzögert hat.

4. Inobhutnahme, § 42 SGB VIII

Grundsätzlich ist das Kinder- und Jugendhilferecht auf präventive Leistungserbringung ausgerichtet. Auf dieser Basis können aber nicht alle Gefahren für das Kindeswohl abgewendet werden. Das Jugendamt muss in Eilfällen ermächtigt sein, das Kind von den Eltern zu trennen. Dabei geht es aber nicht um eine repressive Maßnahme. Nicht das Einschließen des Kindes darf Ziel der Inobhutnahme sein, vielmehr muss ein „sicherer Hafen" geschaffen werden, der eine Anlaufstelle für Kinder in Notlagen bietet.[456]

---

453 Keidel/*Meyer-Holz*, FamFG § 59, Rn. 55 f.; *Kroiß/Seiler*, FamFG, § 3, Rn. 296; *Finke* in: Meysen, FamFG, § 59, Rn. 19 f.

454 Wenn das Jugendamt seiner Unterstützungs- und Mitwirkungspflicht nicht angemessen nachkommt, OLG Schleswig v. 14.01.1994 – 10 WF 114/93, 124/93 – FamRZ 1994, 1129; *Kaufmann* FamRZ 2001, 7 (8); *Oberloskamp*, FamRZ 1992, 1241 (1247 f.).

455 *Kunkel*, LPK-SGB VIII, § 50, Rn. 2; *Oberloskamp*, FamRZ 1992, 1241 (1247 f.).

456 *Trenczek* in: Münder/Wiesner/Meysen, Handbuch KJHR, Kap. 3.9, Rn. 1.

Mit § 42 SGB VIII erhält das Jugendamt eine solche Rechtsgrundlage, die es ermächtigt, (vorläufig) in die Rechte der Eltern einzugreifen und so den Schutz von Kindern in Notsituationen zu gewährleisten.[457] Das Jugendamt kann das Kind also in Obhut nehmen, ohne vorher das Familiengericht anzurufen, wenn eine dringende Gefahr für dessen Wohl gegeben ist und die Eltern nicht widersprechen, eine familiengerichtliche Entscheidung nicht rechtzeitig eingeholt werden kann oder das Kind um eine Inobhutnahme durch das Jugendamt bittet. Die Inobhutnahme umgeht aber keinesfalls familiengerichtliche Kompetenzen, auch maßt sich das Jugendamt nicht an, anstelle des Gerichts zu intervenieren. Die Inobhutnahme ist eine rein vorläufige Maßnahme, das Jugendamt hat die Personensorgeberechtigten unverzüglich hiervon zu informieren. Widersprechen die Eltern der Maßnahme, so ist ihnen das Kind zu übergeben. Dies gilt nicht, wenn das Wohl des Kindes nach Einschätzung des Jugendamts gefährdet ist. In diesem Fall ist unverzüglich eine Entscheidung des Familiengerichts herbeizuführen. Dieses überprüft, ob das Wohl des Kindes tatsächlich gefährdet ist und trifft entweder eine Herausgabeverfügung nach § 1632 BGB oder entscheidet über eine (vorläufige) Beschränkung oder Entziehung der elterlichen Sorge nach §§ 1666, 1666a BGB[458] Darüber hinaus prüft es, ob Maßnahmen nach § 1666 Abs. 3 BGB zur Abwendung der Gefährdung ausreichen. Umstritten ist, ob das Familiengericht auch die Rechtmäßigkeit der Inobhutnahme kontrolliert. Nach einer Ansicht ist dies nicht der Fall: Die Entscheidung des Familiengerichts beziehe sich lediglich auf sorgerechtliche Maßnahmen, die Überprüfung der Inobhutnahme auf Rechtmäßigkeit sei einzig den Verwaltungsgerichten vorbehalten.[459] Tatsächlich ist dem Familiengericht in diesem Zusammenhang aber eine Letztentscheidungskompetenz einzuräumen. Dafür spricht bereits der eindeutige Gesetzeswortlaut (§ 42 Abs. 3 S. 2 SGB VIII), wonach im Falle einer Inobhutnahme unverzüglich eine Entscheidung des Familiengerichts über die erforderlichen Maßnahmen einzuholen ist, wenn die Eltern der Inobhutnahme nicht zustimmen.[460] Allerdings entscheidet das Familiengericht nur über das Vorliegen einer Kindeswohlgefährdung, nicht über die Rechtmäßigkeit des Verwaltungsakts.

---

457 Im Jahr 2008 haben die Jugendämter in Deutschland 32300 Kinder und Jugendliche in Obhut genommen. Das sind rund 4100 (+14,4%) mehr als 2007. Gegenüber dem Jahr 2005 beträgt die Steigerung 26%. Der Anteil der unter dreijährigen hat sich von 5 auf 10% verdoppelt. Destatis, Pressemitteilung Nr. 234 v. 25.5.2009; Destatis, Statistiken der Jugendhilfe, vorläufige Schutzmaßnahmen, destatis.de, Tabelle 1.

458 *Trenczek*, Inobhutnahme, S. 233.

459 *Trenczek* in: FK-SGB VIII, § 42, Rn. 39; Wiesner/*Wiesner*, § 42, Rn. 46; OLG Bamberg v. 11.08.1998 - 2 UF 169/98 – FamRZ 1999, 663 ff.

460 *Heilmann*, hefam.de, S. 7; *ders.* in: Elz, S. 101; Staudinger/*Coester*, § 1666a, Rn. 16.

Dem Jugendamt kommt bei seiner Entscheidung ein weiter Beurteilungsspielraum zu. Bezweifelt der Familienrichter die Richtigkeit der Entscheidung des Jugendamts oder möchte er abweichende Maßnahmen anordnen, bedarf es der Heranziehung eines Sachverständigengutachtens. [461] Ist das Jugendamt mit der Entscheidung des Gerichts nicht einverstanden, steht ihm die Beschwerde nach § 162 Abs. 3 S. 2 FamFG zu.

Eine Inobhutnahme ergibt sich häufig in Zusammenhang mit dem Schutzauftrag der Kinder- und Jugendhilfe nach § 8a SGB VIII. Danach prüft das Jugendamt im Zusammenwirken mehrerer Fachkräfte, ob gewichtige Anhaltspunkte für die Gefährdung des Wohls eines Kindes vorliegen. Kommt es zu der Einschätzung, eine solche liege vor, ist das Jugendamt ermächtigt, das Kind oder den Jugendlichen in Obhut zu nehmen, wenn eine dringende Gefahr für das Wohl des Kindes besteht und eine gerichtliche Entscheidung nicht abgewartet werden kann oder die Eltern bei der Abschätzung der Gefährdungslage nicht mitwirken.[462] Die Pflicht, das Familiengericht anzurufen, ergibt sich einerseits aus dem Rechtsstaatsprinzip, andererseits aus dem verfassungsrechtlich gewährleisteten Schutz des Elternrechts aus Art. 6 Abs. 2 S. 1 GG. Durch §§ 8a, 42 SGB VIII wird in diesem Sinne das staatliche Wächteramt als gemeinsame Aufgabe von Jugendamt und Familiengericht zur Gewährleistung des Kindeswohls konkretisiert und spezifiziert.[463] § 42 SGB VIII fungiert damit als einfachgesetzliche Ausprägung des staatlichen Wächteramts. Die Vorschrift beschreibt das Verhältnis zwischen Jugendamt und Familiengericht und verdeutlicht so die Erforderlichkeit einer funktionierenden kooperativen Zusammenarbeit durch einen lückenlosen Schutz gefährdeter Kinder und Jugendlicher.

Dennoch zeigt die Praxis ein anderes Bild. Aus einer bundesweiten Studie[464] zum Thema Kindeswohlgefährdung und Inobhutnahme ergibt sich, dass in lediglich 17 bis 20 Prozent der Inobhutnahmefälle ein familiengerichtliches Kindesschutzverfahren nach §§ 1666, 1666a BGB eingeleitet wird.[465] Das bedeutet, dass in vier von fünf Fällen eine Entscheidung über die Zukunft des Kindes nicht in kooperativer Zusammenarbeit zwischen Familiengericht und Jugendamt fällt, sondern allein im Rahmen der Hilfeplanung des Jugendamts. Das bringt diverse Nachteile mit sich: So entfällt zum einen die unabhängige Interessens-

461 Staudinger/*Coester*, § 1666a, Rn. 16; BVerfG v. 19.12.2007 - 1 BvR 2681/07 – FamRZ 2008, 492 f.

462 *Mann* in: Schellhorn/Fischer/Mann, § 8a, Rn. 6, 20; Wiesner/*Wiesner*, § 8a Rn. 59, der die Vorschrift nicht als eigenständige Anspruchsgrundlage wertet; *Trenczek*, Inobhutnahme, S. 173 ff.

463 *Mann* in: Schellhorn/Fischer/Mann, § 8a, Rn. 2.; *Salgo*, ZKJ 2007, 12 (15).

464 *Zitelmann* in: Lewis u.a., S. 75 ff.

465 *Zitelmann* in: Lewis u.a., S. 75 (86); *Zitelmann*, ZKJ 2011, 236 (240).

vertretung für das Kind im Rahmen eines familiengerichtlichen Verfahrens durch einen Verfahrensbeistand, zum anderen haben die Jugendämter im Vergleich zu den Familiengerichten weniger finanzielle und rechtliche Möglichkeiten Gutachter, zur Abklärung der Erziehungsfähigkeit der Eltern oder der Gefährdung des betroffenen Kindes, hinzuzuziehen.[466] Zudem zeigt sich, dass bei immerhin 24 Prozent der Inhobhutnahmestellen Situationen vorkommen, bei denen das Jugendamt, trotz diverser Hinweise dieser Stellen, nicht die nötigen Schritte einleitet. In 37 Prozent der Heime sind Fälle bekannt, in denen das Jugendamt die Gefährdung eines betroffenen Kindes nicht abwenden konnte. Ein weiteres Versäumnis liegt bei den Heimen selbst, die sich in 80 Prozent derartiger Fälle trotz schwerwiegender Bedenken um das betreute Kind nicht an die Familiengerichte wenden, da die Verantwortung allein beim Jugendamt liege.[467] Aber auch auf Seiten der Familiengerichte kommt es offensichtlich zu Versäumnissen. Nur selten fordern Familiengerichte Berichte direkt aus den Einrichtungen an, gleiches gilt für vom Familiengericht beauftragte Gutachter, Sachverständige und Verfahrenspfleger. Die Mehrheit der Familiengerichte verlässt sich einzig auf die Mitwirkung des Jugendamts und riskiert damit Verzögerungen, Informationslücken und Übermittlungsfehler.[468] Dieses Zusammenspiel der Versäumnisse der unterschiedlichen, für den Kindesschutz zuständigen Organisationen führt dazu, dass gerade besonders schutzwürdige Kinder, die in Obhut genommen werden müssen, alles andere als optimal geschützt werden. Zur besseren Umsetzung des staatlichen Wächteramtes als gemeinsame Aufgabe von Familiengericht und Jugendamt muss das Anliegen des § 42 SGB VIII in der Praxis besser umgesetzt werden. Dazu sollte eine Dokumentationsverpflichtung für alle Einrichtungen der Inobhutnahme gesetzlich formuliert werden, Jugendämter müssen angehalten werden besser mit den Inobhutnahmestellen zu kommunizieren und zu kooperieren und Familiengerichte müssen in Wahrnehmung ihrer Amtsermittlungspflicht den direkten Kontakt mit diesen Stellen suchen. Außerdem müssen die Inobhutnahmestellen sich ihrer Verantwortung für das Wohl der von ihnen betreuten Kinder bewusst werden und sich im Falle einer abweichenden Meinung vom Jugendamt auch direkt an die Familiengerichte wenden.

---

466 *Zitelmann* in: Lewis u.a., S. 75 (86).

467 *Zitelmann* in: Lewis u.a., S. 75 (87); *Zitelmann*, ZKJ 2011, 236 (240).

468 *Zitelmann* in: Lewis u.a., S. 75 (88 f.); *Zitelmann*, ZKJ 2011, 236 (240 f.).

II. Aufgaben des Familiengerichts in Wahrnehmung des staatlichen Wächteramts

Während der Schwerpunkt der Tätigkeit des Jugendamts im Vorfeld des familiengerichtlichen Verfahrens liegt, steht das Familiengericht im Mittelpunkt des Verfahrens. Das wird besonders in den Amtsverfahren deutlich, in denen es in Ausübung des staatlichen Wächteramts tätig wird. Gerade kindschaftsrechtliche Verfahren stellen hohe Anforderungen an das Familiengericht, geht es primär doch um die Kindeswohlbewahrung. Hierzu benötigt das Familiengericht nicht nur weitreichende Erfahrungen, sondern auch ein gewisses Einfühlungsvermögen in die Wünsche und Bedürfnisse der Beteiligten. Unumgänglich ist in diesem Zusammenhang der regelmäßige Austausch mit den am Verfahren Beteiligten.[469] Besonderes Augenmerk liegt dabei im Austausch mit dem Jugendamt.

Im Folgenden werden die praktisch bedeutsamsten Verfahren mit Beteiligung des Jugendamts dargestellt:

- das Verfahren bei Gefährdung des Kindeswohls,
- das Verfahren über die Herausgabe des Kindes,
- das Verfahren über die Sorge bei Getrenntleben der Eltern,
- das Verfahren über den Umgang des nichtsorgeberechtigten Elternteils mit dem Kind,
- das Verfahren über die Genehmigung freiheitsentziehender Unterbringung

wobei dem Verfahren bei Gefährdung des Kindeswohls ein besonderes Gewicht eingeräumt wird.

1. Das Verfahren bei Gefährdung des Kindeswohls (§§ 1666 f. BGB)

Besondere Bedeutung kommt dem familienrechtlichen Verfahren bei Gefährdung des Kindeswohls zu.[470] Hier ist das Kind besonders schutzwürdig, das Zusammenspiel zwischen Familiengericht und Jugendamt besonders präsent. Das Jugendamt ist in diesen Fällen verstärkt beteiligt, da es häufig schon im Vorfeld des gerichtlichen Verfahrens von den Missständen innerhalb der Familie weiß

469 *Finke* in: Meysen, A. Akteure, Rn. 1 f.

470 Im Jahr 2008 wurde 14.906 Mal das Familiengericht mit dem Ziel, die elterliche Sorge vollständig oder teilweise zu entziehen, angerufen. In 12.244 Fällen ergriff das Familiengericht Maßnahmen zum vollständigen oder teilweisen Entzug der elterlichen Sorge, Destatis, Statistiken der Kinder- und Jugendhilfe, Pflegschaften, destatis.de, Tabelle 3.

und insofern verpflichtet ist, das Familiengericht nach § 8a Abs. 3 SGB VIII anzurufen.

a) Einleitung des Verfahrens

Aus der Funktion des staatlichen Wächteramts, dessen Ausübung nicht von der Initiative Privater oder von Behörden abhängen kann, ergibt sich, dass die Einleitung des Verfahrens von Amts wegen erfolgen muss. Dass das Familiengericht von dritter Stelle, also z.B vom Jugendamt gemäß § 8a Abs. 3 S. 1 SGB VIII über Eingriffstatbestände informiert und gegebenenfalls zum Eingreifen angeregt wird, steht dem nicht entgegen.[471] Nun liegt es in der Verantwortung des Gerichts darüber zu befinden, ob konkrete, gewichtige Anhaltspunkte für eine Kindeswohlgefährdung vorliegen, die die Einleitung des Verfahrens nötig machen. Kommt es zu einem positiven Ergebnis, muss das Gericht gemäß § 155 Abs. 2 FamFG innerhalb eines Monats einen frühen ersten Termin anberaumen[472] oder eine einstweilige Anordnung gemäß §§ 49 ff. FamFG erlassen. Auch § 157 Abs. 3 FamFG verpflichtet den Richter in Verfahren nach den §§ 1666, 1666a BGB unverzüglich den Erlass einer einstweiligen Anordnung zu prüfen. Der Richter kann eine einstweilige Anordnung also sowohl im Anschluss an den frühen ersten Termin treffen, in dringenden Fällen aber auch schon vor Anberaumung des frühen ersten Termins. § 157 Abs. 3 FamFG darf keinesfalls dahingehend missverstanden werden, dass der frühe erste Termin zum Erlass einer einstweiligen Anordnung abgewartet werden muss. Das Eilverfahren kann unabhängig vom Hauptsacheverfahren geführt werden, die einstweilige Anordnung kann aber auch gleichzeitig mit der Hauptsache oder nach Einleitung des Hauptsacheverfahrens beantragt werden.[473] Durch den frühen Termin soll versucht werden, einer Konflikteskalation vorzubeugen. Durch das persönliche Erscheinen aller Beteiligten und des Jugendamts sollen einvernehmliche Lösungen forciert werden.[474] Insofern ist das Verhältnis zu § 157 FamFG, der speziell in Verfahren nach § 1666 BGB vorgesehen ist, unklar. Die Erörterung der Kindeswohlgefährdung ist im frühen ersten Termin zwar möglich, aber nicht zwingend notwendig und obliegt der Verfahrensleitung des Familiengerichts.[475] § 157 FamFG schreibt die Erörterung einer möglichen Kindeswohlge-

471 Hierbei handelt es sich nur um eine Anregung nach § 24 FamFG, Wiesner/*Oberloskamp*, Anhang 3 – FamFG, Rn. 65; Staudinger/*Coester*, § 1666, Rn. 261.

472 Ausprägung des Vorrangs- und Beschleunigungsgebots.

473 MünchKommZPO/*Soyka*, § 49 FamFG, Rn. 1.

474 *Meysen* in: Meysen, FamFG, § 155, Rn. 8; Staudinger/*Coester*, § 1666, Rn. 263.

475 BT-Drucks. 16/6815, S. 17; *Fellenberg*, FPR 2008, 125 (127); *Meysen* in: Meysen, FamFG, § 157, Rn. 15; Staudinger/*Coester*, § 1666, Rn. 264.

fährdung mit Eltern, Kind und Jugendamt vor. Dadurch wird die präventive Funktion des Familiengerichts in Ausprägung des staatlichen Wächteramts verstärkt in den Vordergrund gerückt. Seit Einführung des § 8a SGB VIII durch das KICK ist das Jugendamt verpflichtet, das Familiengericht bereits dann anzurufen, wenn die Personensorgeberechtigten nicht bereit oder in der Lage sind, an der Gefährdungseinschätzung mitzuwirken. § 157 FamFG ist insofern das „funktionale Äquivalent" zu § 8a SGB VIII.[476] Die Erörterung kann also bereits in einem Stadium erfolgen, in dem zwar konkrete Anhaltspunkte für eine Kindeswohlgefährdung vorliegen, aber noch nicht mit der für eine Anordnung nach § 1666 BGB notwendigen Sicherheit feststehen.[477] Damit wird die Lücke zwischen negativem und positivem Kindeswohlstandard erheblich minimiert. Bislang konnte unterhalb der Gefährdungsschwelle das „Weniger" an elterlicher Verantwortung nicht durch ein „Mehr" an staatlicher Verantwortung (gegen den Willen der Eltern) ausgeglichen werden. Dieses Defizit hatte das Kind unter Hinweis darauf, die Eltern seien eben das Schicksal des Kindes, vor Einführung des § 157 FamFG hinzunehmen.[478]

Erörtert werden soll in erster Linie, ob die Gefährdung durch geeignete und zur Verfügung stehende öffentliche Hilfen abgewendet werden kann. Ziel ist es, den Eltern die Problematik vor Augen zu führen und gemeinsam mit dem Jugendamt im Vorfeld von Maßnahmen nach § 1666 BGB eine tragfähige Lösung zu finden. Dabei dient auch die Ankündigung der Überprüfung gemäß § 166 Abs. 3 FamFG als Druckmittel.[479] Insgesamt betont die Vorschrift die gemeinsame Verantwortung von Familiengericht und Jugendamt zum Schutz des Kindeswohls.[480]

Gelingt es dem Familiengericht, die Eltern zur Kooperation mit dem Jugendamt zu bewegen, sind die Eingriffsvoraussetzungen des § 1666 BGB nicht erfüllt und das Verfahren ist nach der Erörterung der Kindeswohlgefährdung beendet.[481] Gelingt es dem Familiengericht trotz richterlicher Autorität nicht, die Eltern zur Kooperation mit dem Jugendamt zu bewegen und stellt es eine kon-

---

476 Staudinger/*Coester*, § 1666, Rn. 265; *Meysen* in: Meysen, FamFG, § 157, Rn. 4 f.; MünchKommZPO/*Heilmann*, § 157 FamFG, Rn. 2, 5.

477 *Fellenberg* in: Lipp/Schumann/Veit, S. 91 (94).

478 MünchKommZPO/*Heilmann*, § 157 FamFG, Rn. 4.

479 Hat sich bei Überprüfung die Situation des Kindes weder verbessert noch verschlechtert, kann die familiengerichtliche Kontrolle zu einer Mehrfach- oder Dauerkontrolle werden, MünchKommZPO/*Heilmann*, § 157 FamFG, Rn. 12; *Meysen*, NJW 2008, 2673 (2677).

480 Staudinger/*Coester*, § 1666, Rn. 265; *Meysen* in: Meysen, FamFG, § 157, Rn. 7; *Fellenberg* in: Lipp/Schumann/Veit, S. 91 (94).

481 *Münder*, FPR 2008, 608 (612).

krete Gefährdung des Kindeswohls fest, hat es das Verfahren nach §§ 1666, 1666a BGB einzuleiten. Damit beinhaltet die Regelung drei Funktionen[482].

- *Klärungsfunktion* (Jugendamt kann Gefährdung nicht abschließend einschätzen, § 8a Abs. 3 S. 1 2.HS.; weireichende Ermittlungsmöglichkeiten des Familiengerichts von Amts wegen, § 26 FamFG)
- *Initiierungs- und Unterstützungsfunktion* (das Familiengericht soll sich einen Überblick über die Situation verschaffen, es soll seine Autorität zur Förderung der Kooperation nutzen, insb. §§ 156, 157, 165 FamFG)
- *Warnfunktion* (Familiengericht soll den Eltern den Ernst der Lage vor Augen führen, § 157 FamFG)

b) Neudefinition des Gefährdungsbegriffs?

Ziel von KiWoMaG und FamFG ist es, die Familiengerichte nicht erst dann in das Kindesschutzverfahren zu integrieren, wenn bereits eine konkrete Gefährdung eingetreten ist, sondern schon im Vorfeld einer Gefährdung. In diesem Zusammenhang stellt sich die Frage, ob ein Tätigwerden des Gerichts mit damit möglicherweise einhergehenden Eingriffen in das Elternrecht mit dem aktuellen Gefährdungsbegriff überhaupt umsetzbar ist oder es einer Neudefinition bedarf. Auch die Arbeitsgruppe hat über eine Neudefinition des Gefährdungsbegriffes nachgedacht, dann aber ausdrücklich davon abgesehen.[483]

aa) Der Begriff der Kindeswohlgefährdung

Der Schutz von Kindern und Jugendlichen befindet sich im Grenzbereich elterlicher und staatlicher Verantwortung, wobei der Gefährdungsbegriff die Grenzlinie markiert. Auf der einen Seite der Linie besteht noch keine Gefährdung des Kindes, hier obliegt das Wohl und der Schutz des Kindes ausschließlich der elterlichen Fürsorge und Verantwortung, jenseits der Linie wird der Staat ermächtigt, in das verfassungsrechtlich gewährleistete Elternrecht zum Wohle des Kindes einzugreifen. Zwar ist aufgrund der Verantwortungsverschränkung zwischen Eltern und Staat eine exakte Grenzziehung kaum möglich,[484] dennoch steht und

482 Siehe hierzu m.w.N. *Meysen* in: Meysen, FamFG, § 157, Rn. 9 ff.

483 Abschlussbericht v. 17.11.2006, bmj.bund.de, S. 30; Plenarprotokoll 16/157, S.16515 ff.

484 So tritt der Staat auch schon im Vorfeld einer Gefährdung auf den Plan, z.B. bei der Sicherung elementarer Grundbedürfnisse (Schule, Gesundheit) oder mit Blick auf Angebote seitens des Jugendamts bzgl. Erziehungshilfen. Dies alles sind aber vorerst nur Einwirkungen auf das Elternrecht, jedoch noch keine Eingriffe in das Elternrecht.

fällt mit der Definition des Gefährdungsbegriffes die Grenzlinie und damit die Schwelle, ab der der Staat zum Eingriff in die Rechte der Eltern berechtigt ist. Demnach kann der Staat als Kontrollinstanz zwar bereits unterhalb der Gefährdungsgrenze unterstützend und wachend aktiv werden,[485] ohne dass hierin ein Verstoß gegen Art. 6 Abs. 2 S. 2 GG gesehen werden kann; zum konkreten Eingriff in die Elternrechte ist der Staat jedoch erst oberhalb der Gefährdungsgrenze berechtigt[486] und auch erst dann, wenn die Eltern nicht willens oder in der Lage sind die Gefährdung selbst abzuwenden, etwa durch die Inanspruchnahme von Hilfen zur Erziehung (sog. Gefährdungsabwendungsprimat).[487]

Es gilt die Vermutung, dass Eltern sich bei der Wahrnehmung ihrer elterlichen Verantwortung von Natur aus so lange vom Kindeswohl leiten lassen, bis die Grenze zur Kindeswohlgefährdung erreicht ist. Das staatliche Wächteramt kommt also erst dann zum Tragen, wenn eine Gefahr für das Kind in einem solchen Maß besteht, dass bei Fortbestand der Situation mit ziemlicher Sicherheit eine erhebliche Schädigung des Kindeswohls zu erwarten ist.[488] Der Gefährdungsbegriff setzt also eine aktuelle Gefährdungslage mit einem erheblichen Gefährdungsgrad voraus, die mit ziemlicher Sicherheit eine wesentliche Schädigung des Kindes in seiner weiteren Entwicklung befürchten lässt.[489]

In der Literatur wird häufig gerügt, dass es sich bei dem Begriff der Gefährdung um einen unbestimmten Rechtsbegriff handelt, der in großem Maße auslegungsbedürftig ist. So werden Forderungen aus Wissenschaft und Praxis zur Katalogisierung des Kindeswohls laut.[490] Röchling verlangt beispielsweise eine Neufassung des § 1666 Abs. 1 S. 2, in der konkret aufgezählt werden soll, wann eine Kindeswohlgefährdung vorliegt.[491] Derartige Forderungen verkennen jedoch die Unmöglichkeit, einen solch komplexen und vielschichtigen Begriff wie den der Kindeswohlgefährdung als Schablone benutzen zu können, ihn auf den Einzelfall zu legen und dann unproblematisch die Rechtsfolgen darunter zu subsumieren. Gerade in der Generalklauselhaftigkeit des Begriffes der Kindeswohlgefährdung liegt der Vorteil dieser Vorschrift. Die Norm gibt damit zwar eine gewisse Grundtendenz an, überlässt aber dem Rechtsanwender (also sowohl dem Familienrichter, als auch den Akteuren der Kinder- und Jugendhilfe) die

485 *Jestaedt* in: Münder/Wiesner/Meysen, Handbuch KJHR, Kap. 1.5, Rn. 19 f., 22 f.

486 *Jestaedt* in: Münder/Wiesner/Meysen, Handbuch KJHR, Kap. 1.5, Rn. 21 *Coester*, JAmt 2008, 1; dies wird auch nochmals im Plenarprotokoll 16/157, S. 16515 ff. betont.

487 *Salgo*, agsp.de, § 8a SGB VIII.

488 *Schumann* in: Behrends/Schumann, S. 168 (177); *Coester* in: Lipp/Schumann/Veit, S. 19 (23 ff.).

489 *Röchling*, FamRZ 2007, 1775 (1778).

490 *Dettenborn*, Kindeswohl und Kindeswille, 2001, S. 49 ff.

491 *Röchling*, FamRZ 2007, 431 (432 Fn. 22).

Verantwortung für die Normkonkretisierung im Einzelfall.[492] Dies garantiert ein auf den konkreten Einzelfall abgestimmtes Intervenieren des Staates, welches mit einer Schablone nach Schema X nur schwerlich zu erreichen wäre. Der Begriff ist in jedem Verfahren unterschiedlich zu beurteilen und unterschiedliche Aspekte des Begriffs sind zur Beurteilung verschiedener Sachverhalte nötig. Hinzu kommt, dass auch die verschiedenen Wissenschaften (Rechtswissenschaft, Sozialwissenschaft, Psychologie etc.) den Begriff des Kindeswohls jeweils unterschiedlich definieren. Die Erkenntnis, dass eine abstrakte Definition, die alle Beteiligten zufriedenstellt, nicht möglich und auch nicht erstrebenswert ist, kann also bereits als Erfolg gewertet werden.[493] Richterlicher Willkür bei der Auslegung dieses unbestimmten Rechtsbegriffs steht die Verpflichtung des Familiengerichts entgegen, den Sachverhalt von Amts wegen aufzuklären und dabei eine Reihe von Erkenntnisquellen auszuschöpfen (Anhörung Verfahrensbeistand, Eltern etc., Bestellung des Jugendamts, Heranziehen von Gutachten etc.).

bb) Modifikation des Begriffs der Kindeswohlgefährdung?

Das KiWoMaG fordert ein frühzeitiges familiengerichtliches Handeln mit niederschwelligen Maßnahmen, um gefährdete Kinder so früh wie möglich zu schützen, also effektiven Kinderschutz durch frühzeitige Prävention zu erreichen. Dabei stand die Überlegung im Raum, ob es einer Modifikation des Begriffes der Gefährdung bedarf, im Zuge derer die staatliche Interventionsschwelle herabgesetzt werden könnte, um eine Vorverlagerung des staatlichen Wächteramts zu erreichen.[494] Diese Frage stellt sich insbesondere im Zusammenhang mit der Anordnung niederschwelliger Maßnahmen. So wird zum Teil in Frage gestellt, ob diese Maßnahmen ausreichen, um eine konkrete Gefahr für das Kind abzuwenden. Dies sei nur dann möglich, wenn gleichzeitig auch die Gefährdungsschwelle herabgesetzt würde.[495] Dabei könnte zum einen daran gedacht werden, den Begriff der Gefährdung völlig neu zu definieren, etwa in dem Sinne, dass „eine Gefährdung bereits dann anzunehmen ist, wenn durch eine gegenwärtige vorhandene Gefahr die Besorgnis einer nachhaltigen Schädigung des Kindeswohls begründet ist“.[496] Es könnte aber andererseits auch daran gedacht werden, an die Wahrscheinlichkeit des Schadeneintritts geringere Anforderun-

492 *Coester*, JAmt 2008, 1 (4).

493 *Oberloskamp/Borg-Laufs/Mutke*, S. 17 ff.

494 *Röchling*, FamRZ 2007, 431 (432); *Röchling*, FamRZ 2007, 1775 (1778); *Coester*, JAmt 2008, 1 (4).

495 *Veit*, FPR 2008, 598 (600); so auch: *Röchling* in: Oxenknecht-Witzsch/Ernst/Horlbeck, Soziale Arbeit und Soziales Recht, S. 116 (117 ff.).

496 So nämlich *Röchling*, FamRZ 2007, 431(432).

gen zu knüpfen. Also je größer der zu befürchtende Schaden, umso geringer der geforderte Wahrscheinlichkeitsgrad der Schädigung. Hierdurch wäre der Staat im konkreten Einzelfall schon auf einer niedrigeren Stufe zum Eingriff berechtigt, ohne dass es einer völlig neuen Definition des Gefährdungsbegriffes bedarf. Damit würde man auch der Forderung der Arbeitsgruppe gerecht, die von einer Neudefinition des Begriffes der Kindeswohlgefährdung explizit abgesehen hat, um Unsicherheiten in der Praxis vorzubeugen.[497]

Die Vertreter der Herabsetzung der Eingriffsschwelle sind der Ansicht, es seien immer weniger Eltern in der Lage, ihrer elterlichen Erziehungsverantwortung nachzukommen. Die geringe Erziehungskompetenz der Eltern solle durch die Verantwortungsgemeinschaft von Familiengericht und Jugendamt verbessert werden.[498] Aus diesem Grund sollten mit Hilfe präventiver Maßnahmen und frühzeitiger Unterbringung bereits die Entstehung einer Kindeswohlgefährdung verhindert werden. Der gesellschaftliche Wandel und die Veränderungen der familiären Strukturen bewirkten, dass die intakte Familie nicht mehr die vorherrschende Sozialisationsinstanz für Kinder und Jugendliche sei. Der damit zwangsläufige Bedeutungszuwachs für außerfamiliäre Sozialisationsinstanzen könne nicht ohne Wirkung auf das staatliche Wächteramt bleiben. Unter dieser Prämisse sei der Staat verpflichtet, die abnehmende familiäre Sozialisationsleistung aufzunehmen und zu ersetzen. Das staatliche Wächteramt bedinge demnach staatliche Handlungsbereitschaft und vermehrte Ergänzungs- und Ersetzungsangebote familiärer Aufgaben. Generell werde der Ruf nach verstärkter Prävention durch Ausbau niederschwelliger Angebote lauter.[499]

Die Lücke zwischen positivem und negativem Kindeswohlstandard kann aber auch ohne ein Herabsenken der Gefährdungsschwelle geschlossen werden. Ein optimaler Kindesschutz ist nämlich auch dann zu verwirklichen, wenn die zuständigen Stellen im Vorfeld der konkreten Gefährdung tätig werden und hier die optimalen Hilfestellungen leisten.[500] Dies wird durch den Regierungsentwurf insofern forciert, als das Jugendamt nach § 8a Abs. 3 S. 1 2. Hs. SGB VIII das Gericht bereits dann anrufen kann, wenn „gewichtige Anhaltspunkte“ für eine Kindeswohlgefährdung bestehen und die Eltern nicht zur Aufklärung des Gefährdungsrisikos bereits sind.[501] Über § 157 FamFG wird außerdem gewährleistet, dass der Familienrichter bereits vor Erreichen der Gefährdungsschwelle die (mögliche) Kindeswohlgefährdung mit den Eltern erörtern kann. Der von der

497 Abschlussbericht v. 17.11.2006, bmj.bund.de, S. 29.

498 *Wiesner*, ZfJ 2004, 161 (162, 167), ohne den Begriff der Verantwortungsgemeinschaft zu erwähnen.

499 So *Rosenboom*, S. 201 f.

500 *Trenczek*, Inobhutnahme, S. 138 ff

501 *Coester*, JAmt 2008, 1 (7).

Arbeitsgruppe und im Regierungsentwurf geforderte Schutz des Kindes durch frühzeitige Prävention im Hinblick auf eine Vorverlagerung der Intervention in Situationen nur möglicher Gefährdungen, muss insofern nicht auch auf die Eingriffsschwelle ausgedehnt werden. Durch diese Vorschriften wird die Lücke, die zwischen dem positiven und dem negativen Kindeswohlstandard klafft, bereits weitestgehend geschlossen.[502]

Hinzu kommt, dass sich die Einschätzung von Eltern, Gesellschaft und staatlichen Stellen zu der Frage, wann eine das Kindeswohl beeinträchtigende Handlung vorliegt, in den letzten Jahren stark verändert hat. So war es in den 50er Jahren des letzten Jahrhunderts durchaus noch vom Erziehungsrecht der Eltern gedeckt, ihre 16-jährige Tochter zu schlagen, ans Bett zu fesseln, ihr die Haare kurz zu scheren und mehrere Mahlzeiten zu verwehren, um ihr den Kontakt zum anderen Geschlecht zu verbieten.[503] Heute wäre die Schwelle zur Kindesmisshandlung damit bereits deutlich überschritten.

Eine Herabsenkung der Eingriffsschwelle käme voraussichtlich mit dem verfassungsrechtlich garantierten Erziehungsprimat der Eltern in Konflikt und zöge die voraussehbare Folge der Verfassungswidrigkeit eines entsprechend geänderten § 1666 BGB nach sich.[504] Allerdings ist auch der Grundsatz Kindeswohl vor Elternrecht zu beachten. Selbst die Verfassung fordert in Art. 6 Abs. 3 GG eine Trennung des Kindes von der Familie, wenn die Erziehungsberechtigten versagen oder die Kinder aus anderen Gründen zu verwahrlosen drohen. Dabei spricht das Grundgesetz explizit von einer drohenden und gerade nicht von einer bereits eingetretenen Verwahrlosung.[505]

Damit bleibt es für Eingriffe in die elterliche Sorge vorerst beim bisherigen Gefährdungsbegriff. Für Maßnahmen unterhalb dieser Schwelle reicht in Zukunft allerdings eine nur mögliche Gefährdung gemäß § 157 FamFG.[506] Insgesamt sollte verstärkt versucht werden, Qualifikation und Kooperation aller Beteiligten zu verbessern, statt dem Ruf nach früherem Eingreifen seitens des Staates nachzugeben.[507]

502 MünchKommZPO/*Heilmann*, § 157 FamFG, Rn. 4.

503 BGH v. 25.09.1952 – 3 StR 742/51 – NJW 1953, 1440.

504 kritisch in Bezug auf eine Herabsetzung der Gefahrenschwelle: *Coester* in: Lipp/Schumann/Veit, S. 19 (39 f.); *Schumann* in: Behrends/Schumann, S. 169 (194 ff.).

505 So auch: *Röchling* in: Oxenknecht-Witzsch/Ernst/Horlbeck, Soziale Arbeit und Soziales Recht, S. 116 (117 ff.).

506 *Coester* in: Lipp/Schumann/Veit, S. 19 (38).

507 *Trenczek*, Inobhutnahme, S. 138 ff; *Coester* in: Lipp/Schumann/Veit, S. 19 (40).

c) Tatbestandliche Voraussetzungen

Mit Inkrafttreten des KiWoMaG wurde § 1666 BGB neu gefasst. Das Tatbestandsmerkmal des elterlichen Erziehungsversagens wurde gestrichen, so dass in der aktuellen Fassung nur noch zwei Tatbestandsmerkmale erfüllt sein müssen. Der Familienrichter ist nunmehr befugt Maßnahmen zu treffen, wenn das Wohl des Kindes gefährdet ist und die Eltern nicht gewillt oder in der Lage sind, diese Gefahr abzuwenden. § 1666 BGB ist die Generalklausel des Kindschaftsrechts und ist immer dann anwendbar, wenn nicht eine Sondervorschrift[508] einschlägig ist.[509]

Eine Gefährdung ist gegeben, wenn für das Kind eine gegenwärtige, in einem solchen Maß vorhandene Gefahr besteht, die so groß ist, dass sich bei weiterer Entwicklung eine erhebliche Schädigung mit ziemlicher Sicherheit voraussehen lässt.[510] Hierbei ist das Milieu, in das das Kind hineingeboren ist, ebenso zu berücksichtigen, wie Alter und Grad der geistigen Entwicklung des Kindes.[511] Das Kindeswohl ist demnach als gefährdet anzusehen, wenn sich bei fortdauernder Entwicklung der Gefährdungssituation eine signifikante Schädigung des körperlichen, seelischen oder geistigen Wohls des Kindes annehmen und nachweisen lässt. Dabei verbietet jedoch die Schutz- und Verhütungsfunktion, die dem Staat kraft seines Wächteramts zukommt, solange zu warten, bis eine Beeinträchtigung des Kindeswohls eingetreten ist. Das Gericht trägt im Einzelfall die Verantwortung zur Risikoabwägung für Kind und Eltern und trifft insofern auch die konkrete Grenzziehung zwischen Elternrecht, Kindesrecht und staatlichem Wächteramt.[512] Die Rechtsprechung hat im Laufe der Zeit verschiedene Fallgruppen zur Kindeswohlgefährdung entwickelt.[513]

Als weitere Voraussetzung muss hinzukommen, dass die Eltern nicht gewillt oder in der Lage sind, die Gefahr abzuwenden. Dieses zusätzliche Kriterium soll gewährleisten, dass gerichtliche Gefahrenabwehrmaßnahmen nur dann und in dem Maße erfolgen, wie sie bei einer Gesamtwürdigung des Verhaltens der Eltern vor und während des Gerichtsverfahrens sowie in Hinblick auf die darauf aufbauende Prognose erforderlich sind (Verhältnismäßigkeitsprinzip).[514] „Erst die Feststellung des elterlichen Ausfalls auch für die Zukunft – aus welchem

508 Etwa §§ 1632 Abs. 4, 1682., 1671 f., 1632, 1684 f.

509 Staudinger/*Coester*, § 1666, Rn. 58.

510 BGH v. 14. 7. 1956 – IV ZB 32/56 – FamRZ 1956, 350

511 Palandt/*Diederichsen*, § 1666, Rn. 9.

512 Staudinger/*Coester*, § 1666, Rn. 81; *Münder/Mutke/Schone*, S. 23.

513 Siehe hierzu: Staudinger/*Coester*, § 1666, Rn. 96 ff.; *Maas*, Soziale Arbeit, Kap. 4.5.1., S. 217 f.; *Münder/Mutke/Schone*, S. 45 ff.

514 *Münder/Mutke/Schone*, S. 25.

Grund auch immer (Unfähigkeit, Gleichgültigkeit, Unwilligkeit) – eröffnet die Möglichkeit familiengerichtlicher Eingriffe."[515] Dem trägt auch die Einführung von § 157 durch das FamFG Rechnung, in dessen Rahmen die elterlichen Möglichkeiten zur Gefahrenabwehr primäres Thema sein müssen.[516]

Wichtigstes Kriterium ist die Mitwirkungsbereitschaft der Eltern. Gerichtliche Maßnahmen sind so lange nicht möglich, wie die Eltern bereit sind, vom Jugendamt angebotene Hilfen anzunehmen und bei der Abwendung der Gefährdung des Kindes mitzuwirken.[517] Der Richter muss sich aber nicht auf gutgemeinte Beteuerungen der Eltern einlassen. Ist er der Ansicht, dass diese zur Vermeidung von familiengerichtlichen und jugendamtlichen Maßnahmen vorgeschoben sind, von den Eltern tatsächlich aber nicht umgesetzt werden können, kann und muss er gerichtliche Schritte einleiten.[518] § 1666 Abs. 1 BGB stellt die Unwilligkeit und Unfähigkeit der Eltern alternativ nebeneinander. Eine Verletzung des Erziehungsprimats der Eltern liegt nicht vor, wenn diese zwar den Willen zeigen, die Gefahr für das Kind abzuwenden, die Fallgeschichte aber das Scheitern dieser Bemühungen nahelegt. Gerade in Zweifelsfällen gebietet es das staatliche Wächteramt, das Wohl des Kindes durch die Anordnung „niederschwelliger" Maßnahmen sicherzustellen. Die in § 166 Abs. 3 FamFG eingeführte Überprüfungspflicht des FamFG „in angemessenem Zeitabstand" darf nicht als „Experimentierklausel missverstanden werden, wonach in Zweifelsfällen zunächst von Maßnahmen abzusehen ist.[519] Das gebietet im Übrigen auch der präventive Charakter des KiWoMaG.

d) Maßnahmen des Familienrichters

Gemäß § 1666 BGB ist das Gericht befugt Maßnahmen zu treffen, um einer Gefährdung des Kindeswohls entgegenzuwirken. Dem Familienrichter kommt dabei ein Auswahlermessen zu.[520] Derartige familiengerichtliche Maßnahmen müssen aber strikt den Grundsatz der Verhältnismäßigkeit beachten. Maßnahmen, die eine Trennung des Kindes von der elterlichen Familie zur Folge haben, sind demnach nur dann zulässig, wenn der Gefahr nicht auf andere Weise, auch nicht durch öffentliche Hilfen, begegnet werden kann (§ 1666a Abs. 1 S. 1 BGB). Die komplette Personensorge darf nur entzogen werden, wenn andere

515 Staudinger/*Coester*, § 1666, Rn. 169; siehe auch: *Oberloskamp/Borg-Laufs/Mutke*, S. 138.

516 Staudinger/*Coester*, § 1666, Rn. 170.

517 *Oberloskamp/Borg-Laufs/Mutke*, S. 139.

518 Staudinger/*Coester*, § 1666, Rn. 173 f.

519 Staudinger/*Coester*, § 1666, Rn. 174.

520 MünchKommBGB/*Olzen*, § 1666, Rn. 183; Staudinger/*Coester*, § 1666, Rn. 206.

Mittel erfolglos geblieben sind oder wenn anzunehmen ist, dass sie zur Abwendung der Gefahr nicht ausreichen (§ 1666a Abs. 2 BGB).[521] Bei der Anordnung von Maßnahmen durch das Familiengericht handelt es sich um Verwaltungshandeln im justiziellen Rahmen.[522]

Ziel dieser Maßnahmen ist dabei die Gefahrabwendung für das Kind.[523] Wegen der verfassungsrechtlich gewährleisteten Stellung der Familie aus Art. 6 Abs. 1 GG, des Elternrechts aus Art 6 Abs. 2 S. 1GG und des materiellen Kindesinteresses aus Art. 1 Abs. 1, 2 Abs. 1 GG darf die staatliche Intervention aber nicht gegen die Familie gerichtet sein, sondern muss auf ihre Unterstützung und Neuordnung abzielen. § 1666 BGB fordert Hilfe statt Sanktion. Erst wenn diese Hilfe scheitert, können Maßnahmen konkret gegen die Eltern gerichtet werden.[524]

Als einzelne Maßnahmen des Gerichts kommen zunächst Ermahnungen, Auflagen, Ge- und Verbote in Betracht. Diese eher geringen Eingriffe reichten in der Praxis bislang in der Regel nicht aus, da es nach § 1666 BGB bisher regelmäßig erst dann zu einem Verfahren kam, wenn die Bemühungen des Jugendamts und damit einhergehende kooperative Konfliktlösungen gescheitert waren und weitreichende Gefahren für das Wohl des Kindes drohten. Um dieser Problematik entgegenzuwirken, wurden durch das KiWoMaG neben der frühzeitigen Einschaltung des Familiengerichts die möglichen Maßnahmen unterhalb der Eingriffsschwelle hervorgehoben.[525] Ziel des Gesetzgebers war es in erster Linie, eine stärkere Vernetzung aller am Kindesschutz beteiligten Institutionen zu erreichen, insbesondere eine bessere Vernetzung von Familiengericht und Jugendamt. Dabei darf dieser Ansatz aber nicht dazu missbraucht werden, die Verantwortung wieder auf das Jugendamt zu delegieren. „Mit der Anrufung des Gerichts gemäß § 8a Abs. 3 SGB VIII trägt dieses die Letztverantwortung für effektiven Kindesschutz."[526]

Aus diesem Grund lenkt § 1666 Abs. 3 BGB das Augenmerk zunächst verstärkt auf „niedrigschwellige" Maßnahmen unterhalb des Sorgerechtsentzugs. Zu den gerichtlichen Maßnahmen gehört nach Nr. 1 insbesondere das Gebot, öffentliche Hilfen in Anspruch zu nehmen. Beispielhaft genannt sind als erstes die Leistungen der Kinder- und Jugendhilfe. Das sind in erster Linie Hilfen zur

521 MünchKommBGB/*Olzen*, § 1666, Rn. 183.

522 AK-BGB/*Münder*, § 1666, Rn. 32.

523 *Schmid*, Die Hilfeplanung nach § 36 SGB VIII, S. 90 f.

524 Staudinger/*Coester*, § 1666, Rn. 209; BVerfG v. 11.11.1988 - 1 BvR 585/88 – FamRZ 1989, 145 (146).

525 Staudinger/*Coester*, § 1666, Rn. 206, 218; BT-Drucks. 16/6815, S. 9, 11, 15; Abschlussbericht v. 17. November 2006, bmj.bund.de, S. 24 f.

526 Staudinger/*Coester*, § 1666, Rn. 218.

Erziehung nach den §§ 27 ff. SGB VIII, also Erziehungsberatung, soziale Gruppenarbeit, Erziehungsbeistand für das Kind oder den Jugendlichen, sozialpädagogische Familienhilfe, Erziehung in einer Tagesgruppe, Vollzeitpflege, Heimerziehung, sonstige betreute Wohnformen oder intensive sozialpädagogische Einzelbetreuung. Möglich sind aber auch die sonstigen Leistungen nach §§ 16, 17, 18 SGB VIII. Auch die Weisung an die Eltern, einen Kindertagesbetreuungsplatz für ihr Kind anzunehmen, kann hierunter fallen.[527] Das Familiengericht hat die Möglichkeit, die Weisung an die Eltern auszusprechen, vom Jugendamt angebotene Hilfen in Anspruch zu nehmen und hierbei mit dem Jugendamt zu kooperieren, wenn die Eltern nicht handlungsfähig oder nicht handlungswillig, bzw. weder das eine noch das andere sind.[528] Die Eingriffsmaßnahme muss dabei allerdings objektiv geeignet sein, die Kindeswohlgefährdung abzuwenden; darüber hinaus muss das Jugendamt leistungsbereit sein.[529] Das gerichtliche Gebot öffentliche Hilfen wie zum Beispiel Leistungen der Kinder- und Jugendhilfe in Anspruch zu nehmen, kann in der Praxis zu Konflikten im Verhältnis zwischen Familiengericht und Jugendamt führen. Denn das Familiengericht kann gegenüber den Eltern das Gebot aussprechen, Maßnahmen der Kinder- und Jugendhilfe auch gegen deren Willen in Anspruch zu nehmen, heftig umstritten ist aber, ob es die Maßnahme auch für das Jugendamt verbindlich anordnen kann.[530] Zwar sind Konflikte in der Praxis alles andere als die Regel, das mag aber auch daran liegen, dass Jugendämter das Familiengericht häufig gar nicht erst anrufen, wenn sie befürchten, mit ihrer Forderung beim Familienrichter nicht durchzukommen.[531] Die Verpflichtung gemäß § 1666 Abs. 3 Nr. 1 BGB, Maßnahmen der Kinder- und Jugendhilfe in Anspruch zu nehmen, setzt jedenfalls auf Seiten des Familiengerichts umfassende Kenntnisse der öffentlichen Hilfen des SGB VIII voraus. Diese sind durch Fort- und Weiterbildung und eine enge Zusammenarbeit zwischen Familiengericht und Jugendamt zu erreichen.[532]

---

527 Abschlussbericht v. 17. November 2006, bmj.bund.de, S. 32; BT-Drucks. 16/6815, S. 11; Ernst, FPR 2008, 602 (603)

528 Insofern besteht eine „Anordnungskompetenz" des Familienrichters gegenüber den Eltern, Staudinger/*Coester*, § 1666, Rn. 220, § 1666a, Rn. 13 ff.; *Röchling*, S. 243 f.; *Heilmann*, hefam.de, S. 5.

529 *Röchling*, S. 239.

530 dafür: Staudinger/*Coester*, § 1666, Rn. 220, § 1666a, Rn. 13 ff., wenn das Jugendamt diese Hilfe ohne sachliche Begründung ablehnt; uneingeschränkt dafür: Erman/*Michalski*, § 1666, Rn. 15; Palandt/*Diederichsen*, Einf. vor § 1626, Rn. 19; siehe hierzu ausführlich 3. Teil, Kap. B. I.

531 *Tenhaken*, Jugendhilfe aktuell, 27 (30 f.); siehe zu den Problemen in der Praxis auch: Abschlussbericht vom 14.7.2009, bmj.bund.de, S. 20 ff.

532 *Nothhafft*, FPR 2008, 613 (615 f.).

Als weiteres Beispiel öffentlicher Leistungen nennt das Gesetz Leistungen der Gesundheitsfürsorge. Gemeint sind damit insbesondere Früherkennungsuntersuchungen zur rechtzeitigen Diagnose von Krankheiten, die die körperliche oder geistige Entwicklung von Kindern gefährden. Diese stellen ein Angebot des Gesundheitswesens dar, um Fehlentwicklungen von Kindern frühzeitig zu erkennen und ihnen durch präventive Maßnahmen zu begegnen. Unter Umständen können bereits hier Anzeichen einer Vernachlässigung oder sonstiger Formen der Kindeswohlgefährdung, aber auch Behinderungen oder Erkrankungen erkannt und diesen rechtzeitig entgegengewirkt werden; deshalb ist das Wahrnehmen dieser Termine wichtig. Die vorgeschlagene Konkretisierung soll sicherstellen, dass die Familiengerichte im Einzelfall die Inanspruchnahmen notwendiger Früherkennungsuntersuchungen anordnen können.[533] Die Vorschrift kann allerdings nicht dahingehend verstanden werden, dass bereits das Versäumnis einer Vorsorgeuntersuchung zu einer Kindeswohlgefährdung führt. Das Gericht muss vielmehr im Rahmen des § 1666 BGB bereits eine solche festgestellt haben.[534] Es kann den Eltern aber auch eine klinische Begutachtung[535] oder eine fachärztliche Untersuchung des Kindes auferlegen.[536]

Gemäß § 1666 Abs. 3 Nr. 5 BGB ist das Familiengericht auch berechtigt, Erklärungen der elterlichen Sorge zu ersetzen. Dazu gehören rechtsgeschäftliche Erklärungen und Einwilligungen in ärztliche Eingriffe oder sonstige Untersuchungen, aber auch Anträge auf öffentliche Hilfen nach §§ 27 ff. SGB VIII. Damit kann in der Regel der Umweg über den teilweisen Entzug der elterlichen Sorge und die Übertragung auf einen Pfleger vermieden werden.[537]

Der Familienrichter hat aber auch die Möglichkeit, sonstige Gebote, Weisungen und Auflagen anzuordnen. Dazu gehören auch Gebote, für die Einhaltung der Schulpflicht zu sorgen (§ 1666 Abs. 3 Nr. 2 BGB), die Übernahme von Rechtsfolgen aus dem Gewaltschutzgesetz einschließlich Wohnungsnutzungs- und Aufenthaltsverboten (§ 1666 Abs. 3 Nr. 3 BGB), Kontaktverbote (§ 1666 Abs. 3 Nr. 4 BGB) sowie die teilweise oder vollständige Entziehung der elterlichen Sorge (§ 1666 Abs. 3 Nr. 6 BGB). Der durch das KiWoMaG 2008 eingeführte Katalog des § 1666 Abs. 3 BGB ist nicht abschließend und basiert auf dem Gedanken des Gesetzgebers, dass „ in der Praxis [...] die Vielfalt der möglichen Eingriffsmaßnahmen kaum genützt“ wird.[538]

533 Abschlussbericht v. 17. November 2006, bmj.bund.de, S. 32; BT-Drucks. 16/6815, S. 11; *Ernst*, FPR 2008, 602 (603 f.).

534 Staudinger/*Coester*, § 1666, Rn. 221.

535 BayOLG v. 20.07.1994 – 1 Z BR 74/94 -, FamRZ 1995, 501

536 *Ernst*, FPR 2008, 602 (604).

537 MünchKommBGB/*Olzen*, § 1666, Rn. 202; Staudinger/*Coester*, § 1666, Rn. 224.

538 BT-Drucks. 16/6815, S. 9,11,15; Staudinger/*Coester*, § 1666, Rn. 218.

e) Grundsatz der Verhältnismäßigkeit

Die an das Kindeswohl anknüpfende Vorschrift des § 1666a BGB stellt den – auch für § 1666 BGB geltenden - Grundsatz der Verhältnismäßigkeit für zwei Fälle nochmals besonders hervor: Einerseits nach Abs. 1 für die Trennung des Kindes von der elterlichen Familie, die bereits durch die Entziehung des Aufenthaltsbestimmungsrechts erfolgen kann, andererseits nach Abs. 2 für die Entziehung der gesamten Personensorge. Die Trennung des Kindes von den Eltern ist also nur dann gerechtfertigt, wenn mildere Mittel nicht ausreichen, um die Gefahr für das Kind abzuwenden. Dies ist nach dem Grundsatz der Verhältnismäßigkeit, der ursprünglich im Verwaltungsrecht entwickelt worden ist, zu ermitteln.[539]

Zu beachten ist jedoch, dass auch bei der Anwendung des § 1666a BGB das Kindeswohl stets oberstes Gebot aller Entscheidungen zu sein hat. Es gilt deswegen, einen angemessenen Ausgleich zu finden zwischen der Gefahr allzu forscher Eingriffe in die Familie einerseits und oftmals jahrelanger erfolgloser Bemühungen (nicht selten ist das Kind dann bereits irreparabel geschädigt) die Familie durch Hilfemaßnahmen wieder zu einen und zu stabilisieren, andererseits.[540]

f) Überprüfungspflicht des Familiengerichts

Das Familiengericht muss gemäß § 1696 BGB Entscheidungen zum Sorge- oder Umgangsrecht ändern, wenn dies aus Gründen des Kindeswohls erforderlich ist. Kindesschutzrechtliche Maßnahmen sind aufzuheben, wenn eine Gefahr für das Wohl des Kindes nicht mehr besteht oder die Erforderlichkeit der Maßnahme entfallen ist. § 166 FamFG spiegelt den verfahrensrechtlichen Gehalt der Vorschrift im FamFG wider.[541] Neben der Änderung von gerichtlichen Entscheidungen ist der Familienrichter auch gehalten, länger andauernde Maßnahmen zu überprüfen. Dabei richtet sich der Umfang der Überprüfungsverpflichtung nach der Art der getroffenen Maßnahme. Unter Umständen sind die Beteiligten erneut anzuhören, in der Regel reicht aber die Einholung einer Stellungnahme des Jugendamts.[542]

Der Familienrichter ist außerdem verpflichtet, seine Entscheidung im Fall des Absehens von einer Maßnahme nach den §§ 1666 bis 1667 BGB in ange-

539 Erman/*Michalski*, § 1666a, Rn. 1 f.; *Jarass/Pieroth*, Art. 6, Rn. 46.

540 Staudinger/*Coester*, § 1666a, Rn. 5; OLG Frankfurt FamRZ 2003, 1317 mit zust. Anmerkung von *Doukkani-Bördner*.

541 *Meysen* in: Meysen, FamFG, § 166, Rn. 1.

542 Staudinger/*Coester*, § 1666, Rn. 295.

messenem Zeitabstand zu überprüfen. Diese Vorschrift wurde als § 1696 Abs. 3 BGB durch das KiWoMaG eingeführt und findet sich nach Inkrafttreten des FamFG in § 166 Abs. 3 FamFG wieder. Auch diese Vorschrift fördert die Kooperation zwischen Familiengericht und Jugendamt. [543] Bedeutung erlangt die Vorschrift insbesondere im Zusammenhang mit § 157 FamFG. § 166 Abs. 3 FamFG soll die Umsetzung des staatlichen Wächteramts auch im Anschluss des gerichtlichen Verfahrens garantieren. Auch wenn das Familiengericht von Maßnahmen absieht, besteht der Hilfebedarf in der Regel fort, da Eltern nicht selten unter dem „Druck gerichtlicher Autorität" die Zusage machen, mit dem Jugendamt kooperieren zu wollen, im Anschluss an das Verfahren aber nicht sichergestellt ist, ob dieser gute Vorsatz auch tatsächlich umgesetzt wird. Die Überprüfungspflicht des Familiengerichts soll gewährleisten, dass Eltern und Jugendamt im Anschluss an das Verfahren tatsächlich an den Hilfeprozess anknüpfen und das Jugendamt wieder Zugang zu den Eltern findet.[544]

543 Meysen in: *Meysen*, FamFG, § 166, Rn. 6.

544 Staudinger/*Coester*, § 1666, Rn. 299; *Meysen* in: Meysen, FamFG, § 166, Rn. 6.

Abbildung 7: Verfahren nach §§ 1666 f. BGB

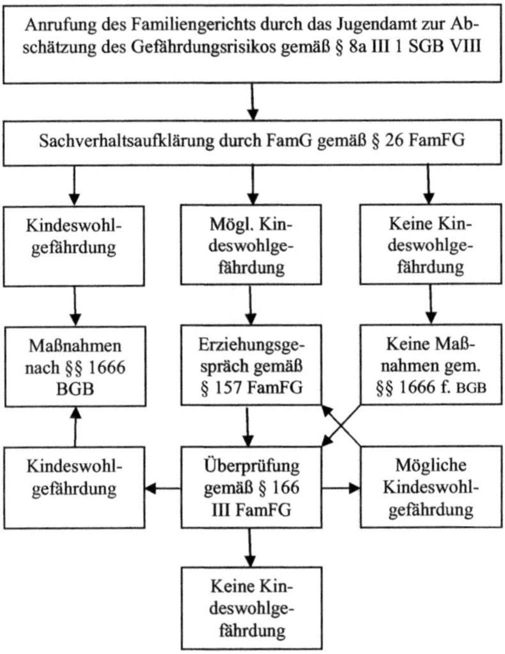

Quelle: *Schumann* in: Lipp/Schumann/Veit, S. 253

g) Mitwirkung des Jugendamts

Das Jugendamt wirkt am gerichtlichen Verfahren als Träger eigener Aufgaben mit und nimmt eine eigenständige Position gegenüber dem Gericht wahr. Dabei handelt es nicht als Hilfsorgan des Gerichts.[545] Die Beteiligung des Jugendamts dient der Tatsachenermittlung und gibt ihm Gelegenheit zur gutachtlichen Äußerung.[546] Die gesetzliche Verkettung von Familiengericht und Jugendamt durch Kommunikation und Kooperation ist Ausdruck des Zusammenführens der verschiedenen Schutzansätze dieser Instanzen auf Basis des staatlichen Wächteramts. Hier werden der sozialpädagogische, auf Hilfe und Unterstützung sowie

545 *Trenczek* in: Münder/Wiesner/Meysen, Handbuch KJHR, Kap. 3.11, Rn. 18.
546 Staudinger/*Coester*, § 1666, Rn. 280.

der justizielle, auf Rechtsschutz und Rechtseinschränkung gerichtete Ansatz miteinander in Einklang gebracht.[547]

2. Das Verfahren bei Umgangskonflikten (§§ 1632 Abs. 2, 1684, 1685 BGB)

§ 1684 regelt den Umgang des Kindes mit seinen Eltern unabhängig vom Status des Kindes (ehelich oder nichtehelich) und unabhängig von der Sorgeberechtigung der Eltern. Das Gesetz (§ 1626 Abs. 3 BGB) verdeutlicht das Recht des Kindes auf Umgang mit beiden Elternteilen oder anderen Personen, zu denen das Kind Bindungen besitzt. Es betont die grundlegende Bedeutung dieses Umgangs für das Kind und verbietet, das Ob und Wie des Umgangs in das Ermessen nur eines Elternteils, Vormunds bzw. Pflegers zu stellen. Das Familiengericht hat daher im Falle einer Sorgerechtsentscheidung eine Entscheidung immer auch unter dem Aspekt zu treffen, welcher Elternteil bereit ist, den Umgang mit dem anderen zu gestatten.[548] Ziel ist es dem Kind zu ermöglichen, die Beziehung auch zu dem Elternteil aufrechtzuerhalten, der es nicht betreut.[549] Der Umgang wird grundsätzlich unabhängig von einer früheren Ehe oder einer eventuell bestehenden Konfliktsituation zum Wohl des Kindes geregelt. Zur Verdeutlichung wird dem Kind ein Recht zum Umgang mit beiden Elternteilen eingeräumt und die Eltern werden zum Umgang verpflichtet.[550]

a) Umgangsstreitigkeiten und Kindeswohl

§ 1684 BGB gewährt beiden Elternteilen ein Recht, aber auch eine Pflicht zum persönlichen Umgang mit dem Kind, insbesondere für den Elternteil, in dessen Obhut sich das Kind nicht befindet.[551] Das beinhaltet die Pflicht beider Elternteile, alles zu unterlassen, was das Verhältnis des Kindes zum anderen Elternteil beeinträchtigt oder die Erziehung des Kindes erschwert (sogenannte Wohlverhaltensklausel).[552] Die Eltern sind zu gegenseitiger Loyalität im Umgang mit

547 Staudinger/*Coester*, § 1666, Rn. 280, § 1666a, Rn. 10 ff.

548 *Oberloskamp/Borg-Laufs/Mutke*, S. 164 f.

549 *Hoppenz/van Els*, § 1684, Rn. 1.

550 *Hoppenz/van Els*, § 1684, Rn. 2 f.

551 MünchKommBGB/*Finger*, § 1684, Rn. 4; dieses „Pflichtrecht" kann vom Kind eingeklagt werden, OLG Brandenburg v. 21.01.2004 – 15 UF 233/00 – FamRZ 2005, 293, *Hoppenz/van Els*, § 1684, Rn. 5; der Eingriff in das Persönlichkeitsrecht des Elternteils ist aber nur gerechtfertigt, wenn der zwangsweise Umgang dem Kindeswohl dient, siehe BVerfG vom 1. 4. 2008 – 1 BvR 1620/04 – FGPrax 2008, 149.

552 MünchKommBGB/*Finger*, § 1684, Rn. 16 f.

dem Kind gehalten und sollten die Beziehung mit dem jeweils anderen Elternteil auch in aktiver Weise fördern.[553] Setzen sich die Eltern über das Gebot des gegenseitigen Respektierens hinweg, kann das Gericht Anordnungen gegen sie erlassen, wenn das Wohl des Kindes beeinträchtigt scheint.[554]

Nach § 1684 Abs. 3 BGB kann das Familiengericht über den Umfang des Umgangsrechts entscheiden. Dabei muss es die Umgangsrechte des betroffenen Elternteils grundsätzlich gewährleisten, hat aber in erster Linie das Wohl des Kindes zu wahren.[555] Das Familiengericht kann den Umgang wegen des Vorrangs des Elternrechts vor dem staatlichen Wächteramt aber nur dann regeln, wenn die Eltern nicht selbst in der Lage sind, eine angemessene Regelung zu treffen oder diese gegen das Wohl des Kindes verstößt, das dabei immer Richtschnur der Entscheidung ist.[556] Diesbezüglich muss das Gericht unter Zuhilfenahme all seiner verfahrensrechtlichen Möglichkeiten herausfinden, welche Regelung dem Wohl des Kindes in seiner konkreten Situation am besten zugutekommt. „Über Dauer und Häufigkeit der Umgangskontakte kann nur nach den jeweiligen Umständen des Einzelfalles unter Berücksichtigung des Kindeswohls und unter Beachtung der berechtigten Wünsche der Eltern und des Kindes sachgerecht entschieden werden."[557] Die Belange der Eltern müssen aber immer hinter dem Kindeswohl zurückstehen. Wichtiges Kriterium zur Ermittlung ist darüber hinaus der Kindeswille, der aber nicht mit dem Kindeswohl gleichzusetzen ist.[558]

Ziel der gerichtlichen Umgangsregelung darf aber keinesfalls ein Umgang um jeden Preis sein. In geordneten Verhältnissen wirkt sich der Kontakt zu beiden Elternteilen für das Kind durchaus positiv aus. Anders sieht die Situation in Fällen von Misshandlung, Vernachlässigung, bei Konfrontation des Kindes mit häuslicher Gewalt oder bei dauerhaft schweren Konflikten der Eltern untereinander aus. Hier kann sich der Umgang für das Kind durchaus negativ auswirken, zu schwerwiegenden Schädigungen und manchmal auch zum Tod des Kindes führen.[559] Obwohl die Gerichte dazu aufgefordert sind, die „Regelvermutung von der Kindeswohldienlichkeit von Umgang" immer für den konkreten Einzelfall und unter Beachtung der jeweiligen familiären Probleme (häusliche Gewalt,

553 *Hoppenz/van Els*, § 1684, Rn. 9; OLG Rostock v. 25.07.2003 – 10 UF 98/02 – FamRZ 2004, 54.

554 MünchKommBGB/*Finger*, § 1684, Rn. 18.

555 MünchKommBGB/*Finger*, § 1684, Rn. 19.

556 Staudinger/*Rauscher*, § 1684, Rn. 131, 158, 164.

557 BVerfG v. 18.02.1993 – 1 BvR 692/92 – FamRZ 1993, 662.

558 Staudinger/*Rauscher*, § 1684, Rn. 176 ff.; *Hoppenz/van Els*, § 1684, Rn. 13.

559 *Salgo* in: Fegert/Ziegenhain, S. 108 ff.; *Kindler/Salzgeber/Fichtner/Werner*, FamRZ 2004, 1241 ff.

Kindeswohlgefährdung, bei Heim- und Pflegekindern) genau zu prüfen, zeigt sich in der Praxis häufig ein gegenteiliges Bild.[560] Nicht selten tendieren Gerichte dazu, die Gefahren für das Kind gerade im nicht stattfindenden Umgang zu vermuten und dadurch massive Gefährdungen durch und beim Umgang zu übersehen.[561]

Für das Kind ist eine Beziehung zu beiden Elternteilen wünschenswert und in geordneten Verhältnissen ein wichtiger Pfeiler in dessen Entwicklung.[562] Das Kind muss die Beziehung allerdings wollen. Erzwungener Umgang, sei es gegen den Willen des Kindes, sei es gegen den Willen des Umgangsberechtigten, ist in der Regel nicht sinnvoll.[563] Für die positive Entwicklung eines Kindes sollten die Eltern nach einer Trennung versuchen, ihre Konflikte hinter den Bedürfnissen des Kindes anzustellen und respektvoll und friedlich miteinander umzugehen, so dass eine staatliche Intervention gar nicht erst erforderlich wird. Bei Konflikten sollten sie in der Lage sein, von sich aus Beratung in Anspruch nehmen.[564] In Familien, die nicht fähig sind, ihre Feindseligkeiten von sich aus zu überwinden, kann ein verminderter Kontakt ein hilfreicher Ausweg sein.[565] Aus diesem Grund ist das Familiengericht über § 1684 Abs. 4 S. 2 BGB ermächtigt, das Umgangsrecht einzuschränken, wenn andernfalls das Wohl des Kindes gefährdet wäre.

Über § 1685 wird auch Großeltern, Geschwistern und anderen wichtigen Bezugspersonen ein Umgangsrecht mit dem Kinde eingeräumt.

b) Mitwirkung des Jugendamts

Auch im Rahmen von Umgangsstreitigkeiten kann das Jugendamt bereits im Vorfeld des gerichtlichen Verfahrens mit der Familie in Kontakt stehen. Die Eltern haben die Möglichkeit, (einzeln oder gemeinsam) die entsprechenden Stellen aufsuchen und von ihrem Recht auf Beratung nach § 18 Abs. 3 SGB VIII Gebrauch zu machen. Hierzu ist das Jugendamt verpflichtet. Das Jugendamt kann gemäß § 18 Abs. 3 S. 4 SGB VIII beim Vollzug der gerichtlichen Entscheidung vermitteln oder Hilfestellung leisten. Außerdem kann es als mitwir-

560 *Salgo* in: Stellungnahme zu BT-Drucks. 16/6308, S. 8.

561 BVerfG v. 18.12.2003 - 1 BvR 1140/03 – FPR 2004, 260 f., vorgehend OLG Brandenburg, v. 20.3.2003 – 15 UF 264/02.

562 Siehe ausführlich zum Umgang: *Kostka*, Im Interesse des Kindes?, S. 206 ff.

563 *Hoppenz/van Els*, § 1684, Rn. 5; *Salgo* in: Stellungnahme zu BT-Drucks. 16/6308, S. 9.

564 *Salgo* in: Stellungnahme zu BT-Drucks. 16/6308, S. 9.

565 *Walper* in: Fegert/Ziegenhain, S. 148 (163).

kungsbereiter Dritter bei der Ausübung des Umgangs beteiligt sein (§ 1684 Abs. 4 S. 3, 4).[566]

Viele Eltern treten aber vorher nicht an das Amt heran, sondern wenden sich direkt an das Familiengericht. In diesem Fall wird das Jugendamt vom Gericht dazu aufgefordert, am Gerichtsverfahren mitzuwirken (§ 162 FamFG). Es hat dann nach § 50 SGB VIII am Verfahren mitzuwirken und das Gericht zu unterstützen.[567] Im frühen ersten Termin (§ 155 FamFG) sollte das Familiengericht gemäß § 156 FamFG auf die Möglichkeiten der Beratung durch die Beratungsstellen und -dienste der Träger der Kinder- und Jugendhilfe insbesondere zur Entwicklung eines einvernehmlichen Konzepts für die Wahrnehmung der elterlichen Verantwortung hinweisen. Die Beteiligung des Jugendamts ist auch in Verfahren zum Erlass einer einstweiligen Anordnung und vor Anordnung einer Umgangspflegschaft zwingend erforderlich.[568]

3. Das Verfahren in Sorgerechtsstreitigkeiten (§§ 1671, 1672 BGB)

Nach § 1671 Abs. 1 BGB besteht das gemeinsame Sorgerecht grundsätzlich auch nach einer Trennung der Eltern fort. Nur wenn ein Elternteil das alleinige Sorgerecht beantragt, findet eine familiengerichtliche Sorgerechtsentscheidung statt.[569]

Dem Antrag auf das alleinige Sorgerecht nach § 1671 Abs. 1 BGB ist stattzugeben, wenn der andere Elternteil zustimmt, es sei denn das Kind (über 14) widerspricht (§ 1671 Abs. 2 Nr. 1 BGB) oder die Übertragung der Sorge dem Wohl des Kindes am besten entspricht (§ 1671 Abs. 2 Nr. 2 BGB). Auch wenn durch das Sorgerechtsänderungsgesetz von 1998 vielfach der Eindruck entstanden ist, die gemeinsame elterliche Sorge sei der bevorzugte „Regelfall", ist dem gerade nicht so. Die Neuregelung des Rechts der elterlichen Sorge enthält gerade kein Regel-Ausnahme-Verhältnis im Sinne einer Priorität zugunsten der gemeinsamen elterlichen Sorge.[570] Es sollte zwar vorrangig die Entscheidung der

566 *Oberloskamp/Borg-Laufs/Mutke*, S. 165.

567 Siehe zur Beteiligung des Jugendamts insgesamt Kap. C. I. 3.

568 Staudinger/*Rauscher*, § 1684, Rn. 407.

569 Seit Inkrafttreten des Kindschaftsrechtsreformgesetzes am 1.7.1998 (BGBl. I, 2942) erfolgt eine Umgangsregelung nur noch auf Antrag eines Elternteils. Vorher war die Regelung des Sorgerechts zwangsweise mit der Scheidung verbunden. Die Scheidung selbst ist also für die Regelung der elterlichen Sorge ohne Bedeutung (FAKomm-FamR/*Ziegler*, § 1671, Rn. 1).

570 Dennoch verblieb 2008 das Sorgerecht in 61.706 Fällen bei beiden Eltern, da ein Antrag nach § 1671 Abs. 1 BGB nicht gestellt wurde. In weiteren 7.733 Fällen übertrug das Gericht die gemeinsame Sorge nach Auflösung der Ehe beiden Elternteilen ge-

Eltern sein, wie das Sorgerecht gestaltet wird, die elterliche Alleinsorge darf aber keinesfalls nur als ultima ratio in Betracht kommen. Ebenso wenig besteht eine gesetzliche Vermutung dahingehend, die gemeinsame Sorge sei die beste Form elterlicher Verantwortung.[571]

a) Die Übertragung der elterlichen Sorge

Voraussetzung nach Abs. 1 ist, dass es sich um ein gemeinsames, minderjähriges Kind handelt, für dessen Sorge die Eltern gemeinsam verantwortlich sind. Wie die gemeinsame elterliche Sorge zustande gekommen ist, ist unerheblich. Das gemeinsame Sorgerecht kann bestehen, weil die Eltern bei Geburt des Kindes miteinander verheiratet waren, sie kann aber auch durch eine spätere Heirat (§ 1626a Abs. 1 Nr. 2 BGB) oder durch eine gemeinsame Sorgeerklärung (§ 1626a Abs. 1 Nr. 1 BGB) entstehen. § 1671 BGB ist auch dann anwendbar, wenn den Eltern die gemeinsame Sorge nur für einen Teilbereich zusteht. In diesem Fall gilt die Vorschrift nur für diesen Teilbereich.[572]

Die Alleinsorge eines Elternteils kann nur auf Antrag übertragen werden. Das Antragsrecht steht ausschließlich den Eltern zu, sofern sie nicht nur vorübergehend getrennt leben. [573] Problematisch ist in diesem Zusammenhang die mangelnde Beteiligung des Kindes zumindest auf materiell-rechtlicher Ebene. Zwar hat das Kind die Möglichkeit (wenn es 14 Jahre ist), dem Antrag gemäß § 1671 Abs. 2 Nr. 1 BGB zu widersprechen; ist das Kind oder das Jugendamt aber der Meinung, das Sorgerecht müsse anders geregelt werden, so bleibt ihm nur die Möglichkeit einer Anregung nach den §§ 1666 oder 1696 BGB. Hier sind aber die strengen Voraussetzungen einer möglichen Kindeswohlgefährdung zu prüfen.[574] Nur schwer nachvollziehbar ist, dass das Kind zwar der Alleinsorge widersprechen kann, nicht aber der gemeinsamen Sorge der Eltern.[575]

---

meinsam. Damit verbleibt die Sorge in über 90 % der Fälle bei beiden Elternteilen gemeinsam. Siehe: Destatis, Familiengerichte, destatis.de, S. 11 und Tabelle 2.8, Sorgerecht.

571 BGH v. 29.9.1999 – XII ZB 3/99 -, FamRZ 2000, 1646 ff.; *Fieseler* in: Bier-Fleiter, S. 161 (170 f.).

572 FAKomm-FamR/*Ziegler*, § 1671, Rn. 3; Staudinger/*Coester*, § 1671, Rn. 26 ff.

573 *Schwab*, FamRZ 1998, 457 (461); FAKomm-FamR/*Ziegler*, § 1671, Rn. 5; OLG Hamm v. 13.09.1990 – 2 UF 225/90 – FamRZ 1991, 216. für das Tatbestandsmerkmal des Getrenntlebens kann sich an § 1567 Abs. 1 orientiert werden, so dass auch ein Getrenntleben innerhalb der gemeinsamen Wohnung ausreicht, solange die Trennungsabsicht nach außen erkennbar wird.

574 Staudinger/*Coester*, § 1671, Rn. 47, 88 ff; FAKomm-FamR/*Ziegler*, § 1671, Rn. 5.

575 Staudinger /*Coester*, § 1671, Rn. 47, 14 ff., 282 ff.

b) Sorgerecht und Kindeswohl

Die Übertragung der elterlichen Sorge ist auf zwei Arten möglich: Zum einen durch Zustimmung des anderen Elternteils, zum anderen, wenn die Übertragung aus Gründen des Kindeswohls angezeigt ist.

aa) Zustimmung des anderen Elternteils

Im Falle der Zustimmung des anderen Elternteils ist das Gericht an die übereinstimmenden Elternvorschläge normativ gebunden. Eine gerichtliche Kontrolle darüber, ob durch die beabsichtigte Sorgerechtsregelung das Wohl des Kindes gefährdet wird, findet nicht statt.[576] Weder der Antrag noch die Zustimmung muss begründet sein. Eine solche kann vom Gericht auch nicht verlangt werden und auch eine Nachforschung über die Beweggründe des Elternteils ist nicht zulässig. Damit werden die Rechte der Eltern aus Art. 6 Abs. 2 S. 1 GG gegenüber dem staatlichen Wächteramts gestärkt. Dies führt zwangsläufig zu einer Schwächung der Rechte des Kindes. Nachteile und Belastungen des Kindes unterhalb der Eingriffsschwelle des § 1666 BGB müssen vom Gericht geduldet werden. Abgesehen von § 1666 BGB existiert keine Eingriffsbefugnis des Familiengerichts, auch nicht aus dem im Rahmen des in § 1697a BGB normierten Kindeswohlprinzips.[577] Das ist insoweit problematisch, als die typischen Belastungen, denen das Kind im Falle einer Trennung der Eltern ausgesetzt ist, in der Regel nicht den Gefährdungstatbestand des § 1666 BGB erfüllen.[578] Diese „Lücke" im materiellen Recht muss durch verfahrensrechtliche Normen geschlossen werden. Die Tatsache, dass durch den Sorgerechtsantrag Trennungsfamilie, Gericht und Jugendamt in Kontakt treten, muss zum Wohl des Kindes genutzt werden. So können sich im Rahmen der Anhörung des Jugendamts (§ 162 FamFG), des Kindes (§ 159 FamFG) und der Eltern (§ 160 FamFG) Anhaltspunkte für eine Kindeswohlgefährdung ergeben. Erhärtet sich während des Verfahrens dieser Verdacht, so ist das Gericht berechtigt und verpflichtet, im Rahmen seines staatlichen Wächteramts nach §§ 1671 Abs. 3, 1666 BGB der Gefährdung von Amts wegen nachzugehen und die elterliche Sorge notfalls abweichend von dem gestellten Antrag zu regeln.[579]

Aber auch, wenn sich der Verdacht einer Kindeswohlgefährdung nicht erhärtet und „lediglich" Belastungen für das Kind verbleiben, tragen Familienge-

576 OLG Hamm v. 31.8.1998 – 8 UF 7/98 – NJW 1999, 68 f.; OLG Dresden v. 07.07.1999 – 10 UF 185/99 – FamRZ 2000, 501; Staudinger/*Coester*, § 1671, Rn. 65.

577 Staudinger/*Coester*, § 1671, Rn. 65 f.

578 Staudinger/*Coester*, § 1671, Rn. 65.

579 FAKomm-FamR/*Ziegler*, § 1671, Rn. 11 f.

richt und Jugendamt im Rahmen ihres verbleibenden Wächteramts die Verantwortung dafür, die Eltern zu einer kindgerechten Lösung zu führen. Familiengericht und Jugendamt sind im Rahmen ihrer Anhörungspflichten gehalten, Belastungen und Bedürfnisse des Kindes aufzuzeigen. Sie müssen versuchen, überzeugend auf die Eltern einzuwirken, um eine Sorgerechtsregelung zu finden, die die geringste Belastung für das Kind darstellt (§§ 156, 163 Abs. 2, 165 FamFG). Sind die Eltern aber partout nicht gewillt, sich eines Besseren belehren zu lassen, so besteht für Gericht und Jugendamt keine Möglichkeit, von der beantragten Lösung abzuweichen; sie sind an den Willen der Eltern gebunden.[580]

Das Kind kann dem Antrag der Eltern widersprechen, wenn es das 14. Lebensjahr vollendet hat. Durch den Widerspruch wird der Richter aber nicht verpflichtet, die elterliche Sorge anders zu regeln. Er muss jedoch in einen intensiven Erörterungs- und Vermittlungsprozess mit allen Beteiligten treten und versuchen, eine einvernehmliche Lösung zwischen Eltern und Kind herbeizuführen. Dies folgt aus dem in § 1671 BGB verankerten Vorrang familienautonomer Problemlösung und wird ergänzt durch die verfahrensrechtliche Vorschrift des § 156 FamFG. Dabei soll er auf bestehende Möglichkeiten der Beratung durch Beratungsstellen und –dienste der Träger der Jugendhilfe – insbesondere zur Entwicklung eines einvernehmlichen Konzepts für die Wahrnehmung der elterlichen Sorge und der elterlichen Verantwortung – hinweisen. Im Optimalfall führt das Hinwirken auf Einvernehmen dazu, dass das Kind seinen Antrag zurücknimmt oder die Eltern die Sorge dem Antrag des Kindes entsprechend regeln. Eine weitere gerichtliche Überprüfung findet in diesem Fall nicht mehr statt, dem Antrag nach Abs. 2 Nr. 1 ist stattzugeben.[581]

War der Vermittlungsversuch jedoch ohne Erfolg, so entfällt die Bindungsverpflichtung des Gerichts an den Antrag.[582] Grundsätzlich findet nun eine Überprüfung des Antrags anhand des Abs. 2 Nr. 2 statt. Dieser ist jedoch im Lichte des Art. 6 GG einschränkend zu betrachten. Dem entgegenstehenden Willen des Kindes kommt in diesem Zusammenhang besondere Bedeutung zu.[583]

Unabhängig von der Altersgrenze müssen Gericht und Jugendamt die kindlichen Belange beachten. Sowohl die Eltern nach § 1626 Abs. 2, als auch das Jugendamt nach § 8 SGB VIII haben das Kind grundsätzlich in alle es betreffende Entscheidungen einzubeziehen. Fragen der elterlichen Sorge müssen besprochen und Einvernehmen mit dem Kind angestrebt werden.[584]

580 *Coester*, DeuFamR 1999, 3 (12); Staudinger/*Coester*, § 1671, Rn. 66.

581 Staudinger/*Coester*, § 1671, Rn. 93.

582 *Schwab*, FamRZ 1998, 461; Staudinger/*Coester*, § 1671, Rn. 94.

583 FAKomm-FamR/*Ziegler*, § 1671, Rn. 13, 81 ff.; Staudinger/*Coester*, § 1671, Rn. 94.

584 Staudinger/*Coester*, § 1671, Rn. 275; FAKomm-FamR/*Ziegler*, § 1671, Rn. 81 ff.

bb) Keine Beeinträchtigung des Kindeswohls

Dem Antrag auf alleiniges Sorgerecht eines Elternteils ist auch dann stattzugeben, wenn gemäß § 1671 Abs. 2 Nr. 2 BGB zu erwarten ist, dass die Aufhebung der gemeinsamen elterlichen Sorge dem Kindeswohl am besten entspricht. Ist das Gericht von dieser Tatsache nicht überzeugt, muss es den Antrag ablehnen und es bleibt bei der gemeinsamen elterlichen Sorge.[585] Das fehlende Einvernehmen der Eltern öffnet damit den Weg zu staatlicher Kontrolle. Nach Antragstellung ist ein Amtsverfahren eröffnet, welches sich am Wohl des Kindes orientiert, sich aber nicht an der Eingriffsschwelle des § 1666 BGB messen muss.[586] Hierdurch nimmt der Staat seine ihm aus dem staatlichen Wächteramt obliegende Pflicht zum Schutze des Kindes war.[587] Das Wohl des Kindes ist damit das zentrale Entscheidungskriterium im Rahmen des § 1671 Abs. 2 Nr. 2 BGB. Bei einer eventuellen Kollision ist dem Wohl des Kindes Vorrang vor den Interessen der Eltern einzuräumen.[588] Dabei wird von den Eltern häufig vergessen, dass das Elternrecht seine einzige Rechtfertigung im Bedürfnis des Kindes nach Schutz und Hilfe findet. Viel zu oft werden Sorgerechtsstreitigkeiten von den Eltern als Kampf um das Kind verstanden. Viel zu selten wird versucht, eine Lösung zum Wohle des Kindes zu finden.[589]

Das Gericht muss prüfen, ob die Aufhebung der gemeinsamen elterlichen Sorge und die Übertragung auf den Antragsteller dem Wohl des Kindes am ehesten entsprechen. Obwohl in den meisten Fällen eine zweistufige Prüfung dieser Fragen zu angemessenen Ergebnissen kommen wird,[590] ist immer einzelfallabhängig zu entscheiden. Denn oftmals kann die Frage, ob die gemeinsame Sorge für das Wohl des Kindes die beste Lösung ist, nur in einem Vergleich zu

---

585 *Schwab*, FamRZ 1998, 462

586 MünchKommBGB/*Finger*, § 1671, Rn. 69; Palandt/*Diederichsen*, § 1671, Rn. 17 ff; Staudinger/*Coester*, § 1671, Rn. 98.

587 Staudinger/*Coester*, § 1671, Rn. 98.

588 BVerfG v. 29.10.1998 – 2 BvR 1206-98 – NJW 1999, 631 = FamRZ 1999, 85 (86).

589 FAKomm-FamR/*Ziegler*, § 1671, Rn. 16.

590 Von der Rechtsprechung erfolgt die Prüfung in zwei Stufen. Zunächst wird untersucht, ob die Aufhebung der gemeinsamen Sorge dem Kindeswohl am besten entspricht. Erst, wenn dieser Punkt bejaht wird, kann die zweite Frage überprüft werden, so auch: OLG Hamm v. 25.08.1998 – 2 UF 73/98 – FamRZ 1999, 38 (39); OLG Nürnberg v. 17.11.1998 – 11 UF 1752/98 – FamRZ 1999, 673 (674); *Hoppenz/van Els*, § 1671, Rn. 14 ff.; dies (soll) auch aus der amtlichen Begründung zum Regierungsentwurf des Kindschaftsrechtsreformgesetzes hervorgehen: BT-Drucks. 13/4899, S. 99; siehe zusammenfassend: FAKomm-FamR/*Ziegler*, § 1671, Rn. 18 f.

der in Frage stehenden Alternative der beantragten Alleinsorge entschieden werden.[591]

Die lange Zeit umstrittene Frage, ob die gemeinsame elterliche Sorge die Regel und die Alleinsorge die Ausnahme darstellt, hat der BGH in seiner Entscheidung vom 29.9.1999[592] dahingehend entschieden, dass keine Priorität bezüglich des gemeinsamen Sorgerechts besteht. Aus der Tatsache, dass es in erster Linie Sache der Eltern ist, ob nach einer Scheidung das gemeinsame Sorgerecht beibehalten werden soll, könne nicht der Rückschluss gezogen werden, dass die Alleinsorge nur als ultima ratio in Betracht zu ziehen sei.[593]

Ein Vorrang der gemeinsamen elterlichen Sorge könnte nur dann bestehen, wenn die gemeinsame Sorge generell als die bessere Lösung für das Kindeswohl anzusehen wäre. Hiervon kann jedoch nicht ausgegangen werden.[594] Die Frage, welche Sorgerechtsform die für das Kind geeignetste ist, ist Gegenstand einer langen, noch offenen entwicklungspsychologischen und sozialwissenschaftlichen Diskussion,[595] die den Gesetzgeber nicht berechtigt, eigenmächtig zu entscheiden. Die für das Wohl des Kindes am geeignetsten erscheinende Lösung lässt sich nur am konkreten Einzelfall herausarbeiten und darf nicht pauschal betrachtet werden.[596]

Die optimale Lösung ist immer die, die sich am Wohl des Kindes orientiert. Insofern existiert zwar keine Idealform elterlicher Sorge, aber eine Idealform elterlichen Verhaltens. Dieses ist dann verwirklicht, wenn die Eltern sich, trotz Trennung und damit einhergehender Differenzen und Probleme, zusammensetzen und so die bestmögliche Lösung für das gemeinsame Kind finden.[597] Das eigentliche Problem liegt also darin, dass das Gericht in einer auf den konkreten Einzelfall bezogenen Prognoseentscheidung herausarbeiten muss, ob von den

---

591 Staudinger/*Coester*, § 1671, Rn. 103 f.; FAKomm-FamR/*Ziegler*, § 1671, Rn. 19.

592 BGH v. 29.9.1999 – XII ZB 3/99 – NJW 1999, 203 f.; BGH v. 11. 5. 2005 – XII ZB 33/04 – NJW 2005, 2080 = FamRZ 2005, 1167.

593 BGH v. 29.9.1999 – XII ZB 3/99 – NJW 1999, 203 f.; so bereits die amtliche Begründung der Bundesregierung: BT-Drucks. 13/4899, S. 63.

594 So aber tendenziell: *Proksch*, Rechtstatsächliche Untersuchung zur Reform des Kindschaftsrechts.

595 Zur Darstellung des Forschungsstandes siehe: *Kostka*, Im Interesse des Kindes?

596 Johannsen/Henrich/*Jaeger*, Familienrecht, § 1671, Rn. 34 f.; FAKomm-FamR/*Ziegler*, § 1671, Rn. 23; kritisch zu der von der Bundesregierung in Auftrag gegebenen Implementationsstudie von Proksch: *Kostka*, FamRZ 2004, 1924 ff. Die Studie soll belegen, dass Kinder, deren Eltern nach einer Scheidung kooperieren am wenigsten Probleme in ihrer Entwicklung haben und, dass das gemeinsame Sorgerecht hierfür den optimalen Rahmen bietet, vgl.: *Proksch*, Rechtstatsächliche Untersuchung zur Reform des Kindschaftsrechts.

597 Staudinger/*Coester*, § 1671, Rn. 115.

Eltern eine dem Kindeswohl entsprechende Kooperation zu erwarten ist.[598] Zeigt sich insofern, dass die Eltern in der Lage sind, Differenzen hinten anzustellen und vorrangig die Wünsche und Bedürfnisse des Kindes zu garantieren, ist die gemeinsame elterliche Sorge vorzugswürdig. Sind die Eltern hierzu aber nicht in der Lage und tragen ihre Probleme auf dem Rücken des Kindes aus, so ist die Aufhebung der gemeinsamen Sorge in der Regel die bessere Wahl für das Kind.[599]

Ist geklärt, ob die Aufhebung der gemeinsamen elterlichen Sorge dem Wohl des Kindes am besten entspricht, muss weiterhin geklärt werden, ob die Übertragung gerade auf den Antragsteller dem Wohl des Kindes am besten entspricht. Dabei ist wiederum eine Gesamtabwägung vorzunehmen, die alle Kriterien des Kindeswohls umfasst.[600]

c) Mitwirkung des Jugendamts

Auch in Verfahren, die die elterliche Sorge betreffen, ist das Jugendamt zu beteiligen und anzuhören. Das Jugendamt soll in seinem Bericht die tatsächlichen Verhältnisse in der Familie schildern und so zur Entscheidungsfindung des Familiengerichts beitragen,[601] ohne jedoch zu einem konkreten Vorschlag verpflichtet zu sein.[602] In Fällen nach Abs. 2 Nr. 2 ist das Jugendamt zur umfassenden Mitwirkung, Unterstützung und Berichterstattung gemäß § 50 SGB VIII verpflichtet. Dies umfasst auch die Berichterstattung über Beratungen und Unterstützungen im Rahmen des § 156 Abs. 1 S. 2, 4 FamFG und über die Bemühungen um eine einvernehmliche Lösung.[603]

Gemäß § 50 Abs. 2 S. 1 SGB VIII unterrichtet das Jugendamt das Gericht über angebotene und erbrachte Leistungen, bringt erzieherische und soziale Gesichtspunkte ein und weist auf weitere Hilfemöglichkeiten hin. Auch in Fällen, in denen sich die Eltern um das Sorgerecht streiten, sollte zunächst versucht werden, durch Beratung und Unterstützung seitens der Jugendhilfe eine einvernehmliche Lösung zu finden. Dies gilt mit Inkrafttreten von KiWoMaG und FamFG ohnehin verstärkt, auch in Zusammenarbeit mit dem Gericht. In vielen Fällen ist aber eine richterliche Entscheidung erforderlich, gibt es doch Situationen, in denen jede Beratung an ihre Grenzen stößt. Darüber hinaus kann auch

598 Staudinger/*Coester*, § 1671, Rn. 116.

599 FAKomm-FamR/*Ziegler*, § 1671, Rn. 25

600 Siehe zu den Kriterien: Johannsen/Henrich/*Jaeger*, Familienrecht, § 1671, Rn. 51 ff.; Staudinger/*Coester*, § 1671, Rn. 177 ff.; FAKomm-FamR/*Ziegler*, § 1671, Rn. 39 ff.

601 MünchKommBGB/*Finger*, § 1671, Rn. 151.

602 Staudinger/*Coester*, § 1671, Rn. 284.

603 Staudinger/*Coester*, § 1671, Rn. 284.

der „Robenträgerbonus“ zum Wohle des Kindes verhelfen, wenn der Richter den Eltern ihre Verantwortung vor Augen führt, in kritischen Situationen schlichtet oder im Falle des Scheiterns einer einvernehmlichen Lösung entscheidet. Insofern hat das Jugendamt auch hier das Familiengericht anzurufen, wenn es das Tätigwerden des Gerichts zur Abwendung einer Gefährdung des Kindeswohls für erforderlich hält. Es kann aber auch im Rahmen seiner Beratungsfunktion einem Elternteil raten, das alleinige Sorgerecht gemäß § 1671 BGB zu beantragen, wenn dies die bessere Lösung für das Wohl des Kindes ist. Antragsberechtigt im Sinne des § 1671 Abs. 1 BGB sind nur die gemeinsam sorgeberechtigten Eltern. Das betroffenen Kind, das Jugendamt und sonstige Dritte haben kein Antragsrecht.[604] Unberührt bleiben die Vorschriften der §§ 1666, 1666a BGB. Steht zu befürchten, dass vom Antragssteller eine Kindeswohlgefährdung ausgeht, kann das Familiengericht diesem das Sorgerecht gemäß §§ 1671 Abs. 3, 1666, auch auf Anregung des Jugendamts, entziehen.[605]

4. Das Verfahren über die Herausgabe des Kindes (§§ 1632 Abs. 1, 4, 1682 BGB)

a) Herausgabeanspruch

Gemäß § 1632 Abs. 1 haben Personensorgeberechtigte das Recht, von jedem die Herausgabe des Kindes zu verlangen, wenn es den Ettern oder einem Elternteil[606] widerrechtlich vorenthalten wird. Der Anspruch kann sowohl von den leiblichen Eltern, als auch von einem Amtsvormund/Ergänzungspfleger geltend gemacht werden, wenn das Kind in einer Pflegefamilie lebt. Ziel ist die Wiedereingliederung in die Ursprungsfamilie.[607] Gründe für ein Herausgabeverlangen können Stabilisierungen in der Beziehung der Eltern, eine neue Partnerschaft eines Elternteils oder Veränderungen der äußeren Bedingungen (Wohnungsgröße, psychische Veränderungen etc.) sein.[608]

b) Verbleibensanordung

Gegen das Herausgabeverlangen kann das Gericht von Amts wegen oder auf Antrag der Pflegeperson eine Verbleibensanordnung erlassen, wenn es dem Wohl des Kindes widerspricht, § 1632 Abs. 4 BGB. Die Vorschrift soll das

604 Kritisch hierzu: Staudinger/*Coester*, § 1671, Rn. 14.

605 Staudinger/*Coester*, § 1671, Rn. 20, 150.

606 Nur im Falle der alleinigen elterlichen Sorge.

607 *Oberloskamp/Borg-Laufs-Mutke*, S. 123.

608 *Oberloskamp/Borg-Laufs-Mutke*, S. 123.

Pflegekind davor schützen, zur Unzeit aus der Pflegefamilie herausgenommen zu werden, wenn es dadurch zu einer Gefährdung des Kindeswohls käme. Dadurch soll insbesondere der Bindung zur Pflegefamilie Rechnung getragen werden, wenn bereits eine Entfremdung des Kindes zur Ursprungsfamilie eingetreten ist.[609] Ob das Herausgabeverlangen dem Wohl des Kindes zuwiderläuft, ist durch Abwägung des konkreten Einzelfalls unter Berücksichtigung der verfassungsrechtlichen Positionen von Eltern (Art. 6 Abs. 1, Abs. 2 S. 1, Abs. 3 GG), Kind (Art. 2 Abs. 1, Art. 1 Abs. 1 GG) und Pflegeeltern (Art. 6 Abs. 1, 3 GG[610]) zu ermitteln.[611] Dabei müssen die Rechte von Eltern und Pflegeeltern gegenüber dem Wohl des Kindes zurücktreten.[612] Dies ist einerseits Ausdruck der Pflichtgebundenheit des Elternrechts, andererseits einfachgesetzliche Ausprägung der Bedeutung des kindlichen Zeitempfindens.[613]

Bei der Abwägung sind verschiedene Aspekte besonders zu beachten, wie zum Beispiel das Alter des Kindes, der Grund für die Inpflegegabe, bestehende Bindungen an die Pflegeeltern, eine mögliche Entfremdung von den leiblichen Eltern, die Dauer des Pflegeverhältnisses, Probleme in der Ursprungsfamilie, der Wille des Kindes und das Ziel der beabsichtigten Herausgabe des Kindes.[614]

Gleiches gilt gemäß § 1682 BGB auch im Falle eines Herausgabeverlangens des anderen Elternteils.[615]

c) Mitwirkung des Jugendamts

Das Jugendamt ist auch in Verfahren nach §§ 1632 Abs. 1, 4; 1682 BGB zwingend anzuhören. Es wirkt am Verfahren mit und unterstützt das Gericht. Dabei erarbeitet es in der Regel eine gutachtliche Stellungnahme, in der es meist auch einen Entscheidungsvorschlag unter-breitet.[616] In der Regel wird das Jugendamt einen Verbleib in der Pflegefamilie empfehlen, wenn das Kind dort sicher gebunden ist. Ist die Bindung zu den leiblichen Eltern stärker, ist in der Regel eine Rückführung zu diesen zu empfehlen.

---

609 MünchKomm/*Huber*, § 1632, Rn. 37.

610 BVerfG v. 17.10.1984 – 1 BvR 284/84 – FamRZ 1985, 39 ff.

611 *Hoppenz/van Els*, § 1632, Rn. 17.

612 Zur verfassungsrechtlichen Konfliktsituation: Staudinger/*Salgo*, § 1632, Rn. 47.

613 Staudinger/*Salgo*, § 1632, Rn. 44; *Heilmann*, Kindliches Zeitempfinden und Verfahrensrecht.

614 *Hoppenz/van Els*, § 1632, Rn. 18; MünchKomm/*Huber*, § 1632, Rn. 44 ff.

615 MünchKommBGB/*Finger*, § 1682, Rn. 1 ff.

616 Zu einem möglichen Entscheidungsvorschlag im Rahmen des § 1632 siehe: *Oberloskamp/Borg-Laufs/Mutke*, S. 132.

Insgesamt kommt den Regelungen des SGB VIII im Rahmen des § 1632 Abs. 4 BGB besondere Bedeutung zu. Dies gilt zum einen im Vorfeld einer möglichen Fremdplatzierung. Ziel ist es, eine Fremdplatzierung des Kindes mittels öffentlicher Hilfen zunächst zu vermeiden. Gelingt dies nicht, ist das nächste Ziel der Kinder- und Jugendhilfe die möglichst baldige Rückführung in die Ursprungsfamilie. Ist auch dieses Ziel ohne eine Gefährdung des Kindeswohls nicht zu erreichen, zielen die Anstrengungen der Kinder- und Jugendhilfe nun auf die Sicherung der Lebensumstände außerhalb der Herkunftsfamilien ab. Dabei ist insbesondere das kindliche Zeitgefühl zu beachten. Die Erziehungsbedingungen in der Herkunftsfamilie müssen innerhalb eines im Hinblick auf die Entwicklung des Kindes oder Jugendlichen vertretbaren Zeitraums verbessert werden (§ 37 Abs. 1 S. 2 SGB VIII). Ist eine Verbesserung der Zustände innerhalb der Herkunftsfamilie nicht zu erreichen, so soll eine andere auf Dauer angelegte Lebensperspektive erarbeitet werden.[617]

D. Zusammenwirken als Verantwortungsgemeinschaft

I. Die Ausgangslage

Familiengericht und Jugendamt garantieren gemeinsam das staatliche Wächteramt zum Wohle des Kindes. Dies geschieht zunächst unabhängig voneinander. Die Kinder- und Jugendhilfe versucht im Vorfeld einer Kindeswohlgefährdung durch Beratungs- und Förderungsangebote, auf die Bedürfnisse von Eltern und Kindern einzugehen und familiäre Schwierigkeiten durch öffentliche Hilfen zu begleiten und abzuwenden bzw. zu lösen. Dabei versteht sich das Jugendamt als modernes Dienstleistungsunternehmen, das großen Wert auf Freiwilligkeit, Vertrauen, Transparenz und Kooperation legt, um sich möglichst von den Familiengerichten, den Repräsentanten staatlicher Autorität abzugrenzen.[618]

Das Familiengericht ist Hauptakteur des gerichtlichen Verfahrens und verfügt in dieser Eigenschaft über eine Fülle verschiedener Möglichkeiten bis hin zur Zwangsausübung. Während die Aufgabe der Kinder- und Jugendhilfe darin besteht, Schutzmaßnahmen unterhalb der Eingriffsschwelle zur Verbesserung der elterlichen Erziehungskompetenzen anzubieten, sind Eingriffe in das elterliche Erziehungsrecht den Familiengerichten vorbehalten. Damit sind die Aufgaben dieser beiden Institutionen materiell-rechtlich deutlich voneinander ge-

617 Staudinger/*Salgo*, § 1632, Rn. 59.

618 *Flemming*, ZKJ 2009, 315.

trennt.[619] Dennoch überschneiden sich die Aufgabenbereiche und Befugnisse von Familiengericht und Jugendamt. Denn primäres Ziel ist auch im Rahmen des familiengerichtlichen Verfahrens zunächst die Herstellung von Einvernehmen zwischen den Beteiligten und die Akzeptanz öffentlicher Hilfen seitens der Eltern. Zwar ist auf verfahrensrechtlicher Ebene die Mitwirkung des Jugendamts am gerichtlichen Verfahren bereits seit Inkrafttreten des RJWG gesetzlich verankert, dennoch sind sozialrechtlicher Hilfeansatz nach SGB VIII und familiengerichtliches Verfahren nach BGB und FamFG bis heute nicht ausreichend aufeinander abgestimmt. Die Akteure der Kinder- und Jugendhilfe und die Familienrichter haben unterschiedliche Verhandlungs- und Entscheidungsansätze, „sie sprechen unterschiedliche Sprachen".[620] Hauptbelastung im Verhältnis zwischen Familiengericht und Jugendamt ist dabei der „Konkurrenzkampf" dieser Institutionen. Nicht selten besteht die Gefahr, dass jeder der Meinung ist, besser zu wissen, was für das Kind das Beste ist, und versucht, seine Vorstellung von bestmöglichem Kinderschutz in die Tat umzusetzen. Dabei wird das Familiengericht von der Angst getrieben, seine richterliche Unabhängigkeit zu verlieren, das Jugendamt wiederum fürchtet um seine Steuerungsverantwortung.[621]

Erst in den letzten Jahren, ausgelöst durch die ungezählten Fälle schwerer Vernachlässigung und Misshandlung von Kindern, kam es wieder zu einer Annäherung zwischen Familiengericht und Jugendamt sowie einem beiderseitigen Bewusstsein für die Bedeutung von Zusammenarbeit und Kooperation. Nicht zuletzt gestärkt und flankiert durch die neuere Gesetzgebung im Rahmen von KICK, KiWoMaG und FamFG, wurde die grundsätzliche Trennung der beiden Institutionen relativiert.[622]

Ihren Anfang nahm diese Entwicklung mit Einführung des § 8a Abs. 3 S. 1 SGB VIII und der damit verbundenen Vorverlagerung der Schwelle zur Anrufung des Familiengerichts. Unklar blieb zunächst aber, aus welchem Grund die Vorverlagerung erfolgte. Sollte lediglich die Autorität des Richters zur Abschätzung des Gefährdungsrisikos genutzt oder sollte das Verfahren frühzeitig an das Familiengericht weitergegeben werden? Klarheit verschaffte die Einführung der Erörterung der Kindeswohlgefährdung durch das KiWoMaG, mittlerweile als § 157 im FamFG verankert. Die Vorschrift regelt klar, dass das Gericht bereits bei möglichen Gefährdungen des Kindeswohls die Situation mit allen Beteiligten erörtern und mit Hilfe richterlicher Autorität die Eltern dazu bewegen soll, öffentliche Hilfen in Anspruch zu nehmen und mit dem Jugendamt zu kooperie-

619 *Wiesner*, FPR 2008, 608.

620 *Flemming*, ZKJ 2009, 315.

621 *Flemming*, ZKJ 2009, 315.

622 *Wiesner*, FPR 2008, 608 (609); *Flemming*, ZKJ 2009, 315.

ren. Abgerundet wird die Entwicklung durch die Einführung des Katalogs gerichtlicher Maßnahmen in § 1666 Abs. 3 BGB und die Überprüfungspflicht des Gerichts nach Absehen von Maßnahmen, § 166 Abs. 3 FamFG.[623]

Der Gesetzgeber hat bereits früh erkannt, dass eine Institution alleine nicht in der Lage ist, umfassenden Kindesschutz zu gewährleisten. Seit Verabschiedung des RJWG er deswegen kontinuierlich bemüht den Kindesschutz zu verbessern. Dieser gerät gerade in jüngster Zeit vermehrt in den „Fokus der Rechtspolitik"[624]. Veranschaulicht wird dies durch stetige gesetzliche Neuerungen, sei es durch das Kinderrechtsverbesserungsgesetz, das Gewaltschutzgesetz, KICK, TAG (Tagesbetreuungsausbaugesetz), KiWoMaG, FamFG, Bundeskinderschutzgesetz oder die Bestrebungen zur Verankerung von Kindesrechten im Grundgesetz. In dieser kontinuierlichen Entwicklung wird auch die Bedeutung der Verkettung von materiellem und Verfahrensrecht sowie zwischen Zivil- und Sozialrecht für einen umfassenden Kindesschutz deutlich. Das besondere Augenmerk wird zudem vermehrt auf die interdisziplinäre Zusammenarbeit der am Kindesschutz beteiligten Institutionen, respektive Familiengericht und Jugendamt gerichtet. Theoretisch verfügen wir mittlerweile über alle wichtigen rechtlichen Befugnisse und Ermächtigungen zur Verwirklichung eines umfassenden Kindesschutzes, sei es im Vorfeld einer Gefährdung durch öffentliche Hilfen, sei es im Falle einer konkreten Gefährdung durch Maßnahmen und Eingriffe seitens des Familiengerichts (§ 1666 Abs. 3 BGB) oder des Jugendamts (§ 42 SGB VIII).[625]

Tatsächlich zeigt die Realität aber kein einheitliches Bild. So gibt es Familiengerichte und Jugendämter, bei denen diese Befugnisse richtig angewendet werden und die Zusammenarbeit gut funktioniert, wo Informationen weitergeleitet werden, wo gemeinsam eine Lösung für Probleme gefunden wird und wo notfalls Kompromisse getroffen werden, mit denen sich alle Beteiligten arrangieren können. Es kommt aber auch immer wieder zu Fällen, bei denen das nicht der Fall ist, [626] wo die Zusammenarbeit nicht oder nur mühsam funktioniert, wo der eine dem anderen die Schuld in die Schuhe schiebt und man sich gegenseitig Vorwürfe und Vorhaltungen macht; Fälle in denen Jugendhilfe und/oder Justiz lebensgefährliche Situationen nicht erkannt oder falsch eingeschätzt haben.[627]

Aber auch in Fällen, in denen die Zusammenarbeit grundsätzlich funktioniert und sich sowohl Familiengericht als auch Jugendamt für das Wohl des Kindes engagieren, können nicht alle Gefahren immer abgewendet werden. Dies

---

623 *Wiesner*, FPR 2008, 608 (609); *Gernhuber/Coester-Waltjen*, FamR, § 57, Rn. 102.

624 *Salgo*, ZKJ 2006, 531.

625 *Salgo*, ZKJ 2006, 531 f.

626 Siehe z.B. OLG Celle vom 18.6.2002 – 10 UF 150/01 – FamRZ 2003, 549

627 *Salgo*, ZKJ 2006, 531 (532).

zeigt zum Beispiel ein Fall aus Bonn, der sich Anfang 2008 ereignete. Hier hatte das Jugendamt einen erst wenige Wochen alten Säugling in Obhut genommen und beim Familiengericht einen Antrag auf Entzug des Sorgerechts gestellt. Bei dem Kind wurden Verletzungen diagnostiziert, die an der Erziehungskompetenz der Eltern erhebliche Zweifel aufwarfen. Da die Eltern zwar offensichtlich überfordert waren, sich aber uneingeschränkt kooperationsbereit zeigten, beließ der Familienrichter, in Einklang mit § 1666a Abs. 1, S. 1 BGB, das Sorgerecht bei den Eltern, nachdem er sich von der engmaschigen Überwachung der Familie durch das Jugendamt überzeugt hatte. Obwohl die Familie dreimal am Tag von einer Hebamme und zweimal täglich von einer Familienfürsorgerin betreut worden war, kam es erneut zu Verletzungen des Kindes. Erst nach diesem neuen Vorfall entzog der Familienrichter den Eltern in Absprache mit dem Jugendamt das Aufenthaltsbestimmungsrecht.[628]

II. Interdependenzen

Ohne Frage besteht zwischen Familiengericht und Jugendamt eine starke Interdependenz.[629] Das Familiengericht ist von der Mitwirkung, den Erfahrungen und Kenntnissen des Jugendamts genauso abhängig, wie das Jugendamt von der Autorität und den Eingriffsbefugnissen des Familiengerichts.

Besonders deutlich ist diese Zusammenarbeit zwischen Gericht und Jugendhilfe in Verfahren nach §§ 1666, 1666a BGB nachzuvollziehen. Nirgends ist das Gericht mehr auf das Jugendamt angewiesen und umgekehrt: Das Jugendamt tritt häufig als Initiator des Verfahrens nach § 8a III 2 SGB VIII auf, das Gericht ist auf das Jugendamt als Mitwirkungs- und Hilfeinstanz nach § 50 SGB VIII angewiesen, es schlägt dem Familiengericht geeignete Einzelvormünder oder –pfleger vor und übernimmt die elterlichen Befugnisse als Amtsvormund oder Amtspfleger (§ 55 SGB VIII).[630] Die Jugendämter bringen ihre Erfahrungen und Kenntnisse in das gerichtliche Verfahren als Fachbehörde ein und garantieren so, dass die Lebensbedingungen und Entwicklungschancen der Kinder und Jugendlichen möglichst verbessert, zumindest aber ausreichend berücksichtigt werden.[631] Das Jugendamt wiederum ist auf das Gericht angewiesen, da es seinen Kindesschutzauftrag in zahlreichen Fällen ohne gerichtliche Intervention

628 Kölner Stadtanzeiger v. 5.2.2008, Verletztes Kind bleibt bei Eltern, ksta.de; Kölner Rundschau v. 12.2.2008, Bonner Baby ist erneut verletzt, rundschau-online.de

629 *Salgo*, FamRZ 1999, 337 (340).

630 *Wiesner* in: dijuf.de, Tagungsdokumentation, S. 30 (36) = *Wiesner*, ZfJ 2003, 121 (127).

631 *Fieseler/Herborth*, Kap. 6, 2.3 (S. 224).

nicht durchzusetzen vermag.[632] Des Weiteren muss das Jugendamt unverzüglich eine Entscheidung des Familiengerichts herbeiführen, wenn es ein Kind gegen den Willen der Eltern in Obhut genommen hat. Der Eingriff in das Elternrecht muss gerichtlich legitimiert werden. Im Anschluss an das gerichtliche Verfahren hat das Jugendamt als sozialpädagogische Fachbehörde das Familiengericht durch die praktische Durchführung der Maßnahmen zu unterstützen.[633]

Zwar handelt es sich bei den sozialrechtlichen Bestimmungen des SGB VIII und dem zivilrechtlichen Kindesschutz um eigenständige Regelungsbereiche, dennoch sind die jugendhilferechtlichen Bestimmungen zur Erziehungshilfe gemäß §§ 27 ff SGB VIII und die Hilfeplanung nach § 36 SGB VIII für die Entscheidung einer Intervention des Familiengerichts nach §§ 1666, 1666a BGB von maßgeblicher Bedeutung. Jugendamt und Familiengericht sind zwingend auf Kooperation angewiesen.[634]

Für einen umfassenden Kindesschutz ist aber nicht nur die Zusammenarbeit während des familiengerichtlichen Verfahrens wichtig, auch im Vorfeld und im Anschluss an das gerichtliche Verfahren muss nahtlos mit der staatlichen Hilfe angesetzt werden. Diese Gesamtschau macht das Verhältnis der für den Kindesschutz zuständigen Institutionen aus, nicht lediglich der kurze Ausschnitt „gerichtliches Verfahren“. Optimaler Kindesschutz bedeutet Vor- und Nachsorge in kooperativer Zusammenarbeit von Familiengericht und Kinder- und Jugendhilfe. Hier setzen auch interdisziplinäre Arbeitskreise, runde Tische etc. an.[635] Auch im Anschluss an ein gerichtliches Verfahren bleibt der Kontakt dieser Institute, durch die Überprüfungsverpflichtung des Familienrichters auf der einen und die eventuelle Übernahme des Jugendamts einer Beistandschaft, Vormundschaft oder Pflegschaft von Kindern- und Jugendlichen auf der anderen Seite, bestehen.[636] Zu beachten ist in diesem Zusammenhang allerdings die unterschiedliche Zielsetzung von Familiengericht und Kinder- und Jugendhilfe[637]: Die Kinder-

632 *Wiesner* in: dijuf.de, Tagungsdokumentation, S. 30 (36) = *Wiesner*, ZfJ 2003, 121 (127).

633 *Gernhuber/Coester-Waltjen*, § 49, Rn. 5.

634 *Schmid*, Die Hilfeplanung nach § 36 SGB VIII, S. 86.

635 *Meysen* in: FK-SGB VIII, § 8a, Rn. 56; diesbezüglich wird immer wieder die bundesgesetzliche Verankerung interdisziplinärer Arbeitskreise gefordert, zuletzt: Abschlussbericht v. 14.7.2009, bmj.bund.de, S. 16.

636 Siehe hierzu: *Hofmann* in: Münder/Wiesner/Meysen, Handbuch KJHR, Kap.3.1.

637 Im Rahmen der Mitwirkung des Jugendamts am gerichtlichen Verfahren wurde früher häufig der Begriff „Familiengerichtshilfe“ verwendet. Dieser ist nicht unumstritten. Er suggeriere eine vom Jugendamt abgetrennte und dem Familiengericht untergeordnete Institution, siehe hierzu: *Trenczek* in: Münder/Wiesner/Meysen, Handbuch KJHR, Kap.3.11, Rn. 14; *ders.* in: FK-SGB VIII, Vor § 50, Rn. 22; zum Streitstand: *Oberloskamp*, Kind-Prax 2002, 3 (4 f.).

und Jugendhilfe lässt sich primär vom Aspekt der Hilfe für das gefährdete Kind leiten, das Familiengericht dagegen will und muss zu einer Entscheidung kommen und soweit möglich einen Kompromiss zwischen den Belangen aller Beteiligten finden. Dabei sind die Familiengerichte außerdem gehalten, eine Steigerung der Hilfeakzeptanz durch alle Beteiligten, möglichst unter Hinzuziehung des Jugendamts, zu erreichen, § 157 FamFG. Sowohl die Familiengerichte, als auch die Kinder- und Jugendhilfe müssen insofern den Interessen des Kindes sowie den Interessen der Eltern gerecht werden.

Im Optimalfall läuft der Kindesschutz dann folgendermaßen ab: Das Jugendamt bietet den Eltern zunächst Hilfen gemäß §§ 27 ff. SGB VIII auf freiwilliger Basis an (Angebotsphase). In einem zweiten Schritt findet, immer noch durch das Jugendamt, eine Abschätzung der Gefährdungssituation statt (Mitwirkungsphase). Erst wenn die Eltern das Jugendamt hierbei nicht unterstützen oder sich sogar weigern, wird das Familiengericht angerufen und die Erörterung der Kindeswohlgefährdung durchgeführt (Warnphase). In diesem Rahmen macht das Jugendamt, das sich bereits im Vorfeld eingehend mit dem Fall auseinandergesetzt hat, konkrete Hilfevorschläge und gibt eine fachliche Begründung ab. Daraufhin versucht der Richter, auf die Eltern einzuwirken, die vorgeschlagene Hilfe anzunehmen und mit dem Jugendamt zu kooperieren. Je konkreter dabei die Hilfevorschläge sind, desto effektiver kann im Erörterungsgespräch auf Mitwirkung und aktive Teilnahme der Eltern hingearbeitet werden. Im Anschluss an das Verfahren überprüft der Richter mit Unterstützung des Jugendamts, ob sich die Situation für das Kind verbessert hat (Kontrollphase).[638]

Kooperation beginnt im Vorfeld des gerichtlichen Verfahrens, das hat auch der Gesetzgeber erkannt. Dennoch werden der Kooperation weiterhin Steine in den Weg gelegt. So stimmen noch immer nicht Gerichtsbezirke und Verwaltungseinheiten überein, viele Gerichte verweigern sich bis heute der Nutzung von E-Mail-Verkehr oder Faxen, was zu einer deutlichen Verkürzung des Verfahrens und zur Förderung informeller Absprachen[639] führen würde. Derartige informelle Absprachen werden auf Seite der Jugendhilfe überwiegend positiv bewertet. Vielen sozialpädagogischen Fachkräften ist der persönliche Kontakt mit dem Familienrichter wichtig, um sich abzusichern, ob das angestrebte Verfahren Aussicht auf Erfolg hat.[640] Auf Seiten der Richter werden informelle Absprachen unterschiedlich bewertet. Einige Richter lehnen derartige Absprachen prinzipiell ab und sehen darin ihre richterliche Unabhängigkeit verletzt. Durch

---

638 *Schumann* in: Lipp/Schumann/Veit, S. 236 ff., sowie Übersicht auf S. 252; *Wagner*, FPR 2008, 605 (607).

639 *Münder/Mutke/Schone*, S. 196 ff.; 217 ff.

640 *Münder/Mutke/Schone*, S. 197.

ein Vorgespräch mit dem Jugendamt sei eine neutrale, objektive Wertung nicht mehr möglich. Andere Familienrichter stehen informellen Absprachen aber durchaus positiv gegenüber. Sie sind der Ansicht, die Gespräche seien Teil ihrer Amtsermittlungspflicht, eine Einflussnahme auf die richterliche Entscheidung finde nicht statt.[641] Tatsächlich kann durch eine verantwortliche Zusammenarbeit zwischen Jugendamt und Familiengericht bereits im Vorfeld des gerichtlichen Verfahrens Schäden für das Kindeswohl vermieden werden. Dies gilt insbesondere auch in Fällen der Inobhutnahme. Wie eine Studie von Zitelmann zum Thema Kindeswohlgefährdung und Inobhutnahme zeigt, mangelt es gerade in diesen Fällen an der nötigen Kooperation zwischen Familiengericht und Jugendamt.[642] Gerade aber bei potentiellen Kindeswohlgefährdungen kann eine informelle Absprache zwischen Familiengericht und Jugendamt von großem Vorteil sein, um in einem gemeinsamen Gespräch zu überlegen, wie in dem konkreten Fall vorgegangen werden soll. Es muss allerdings sichergestellt werden, dass keine Allianzen gegenüber einzelnen Betroffenen entstehen.[643]

Auf Seiten der Jugendhilfe fehlt es vielfach an der notwendigen Transparenz, auch gegenüber dem Familiengericht bezüglich der Funktionen und Rollen der Fachkräfte, aber auch bezüglich der Angebote der Kinder- und Jugendhilfe[644] sowie an Erreichbarkeit.[645]

Abbildung 8: Die Interdependenz gerichtlicher und jugendhilferechtlicher Intervention in Verfahren nach §§ 1666 f. BGB

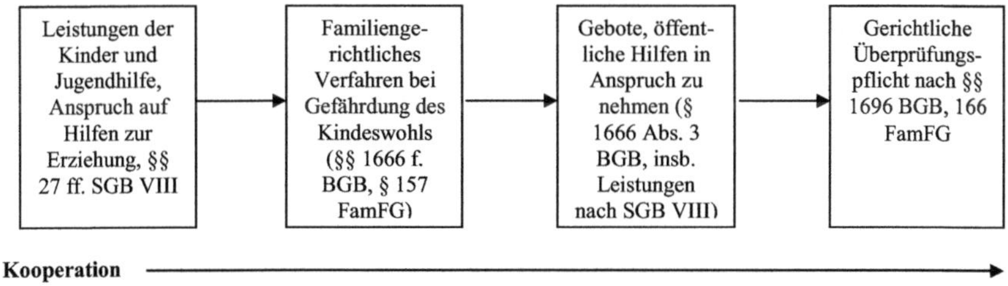

Quelle: Eigene Darstellung

641 *Münder/Mutke/Schone*, S. 217 ff.

642 *Zitelmann* in: Lewis u.a., S. 75 (86 f.); siehe hierzu auch Kap. C. I.4.

643 *Münder/Mutke/Schone*, S. 220, 300 f.

644 *Greese* in: SPI, Jugendämter zwischen Hilfe und Kontrolle, S. 7 (15); *Schone* in: SPI, Jugendämter zwischen Hilfe und Kontrolle, S. 51 (79).

645 *Flemming*, ZKJ 2009, 315.

Das Jugendamt vermittelt dem Familiengericht wichtige Informationen zur Sachaufklärung, es unterstützt das Familiengericht bei allen Maßnahmen, die die Sorge für die Person von Kindern und Jugendlichen betreffen und wirkt in derartigen Verfahren mit (§ 50 SGB VIII, § 162 FamFG). Es hat jedoch gegenüber dem Familiengericht eine eigenständige Position inne und fungiert somit nicht als Hilfsorgan des Gerichts. Dieses muss sich seine Informationen im Rahmen seines Amtsermittlungsgrundsatzes selbst beschaffen und aufgrund dessen eigenständig überprüfen, ob ein Eingriff in das elterliche Erziehungsrecht nötig ist oder nicht. Das Abhängigkeitsverhältnis besteht also nicht nur auf dem Weg der Entscheidungsfindung, sondern auch mit Blick auf die Entscheidung selbst. Im Rahmen eines Verfahrens nach § 1666 BGB kann es zu folgenden Konstellationen kommen:[646]

1. Das Jugendamt regt eine Sorgerechtsbeschränkung bzw. einen Sorgerechtsentzug mit dem Ziel einer Fremdplatzierung an. Das Gericht dagegen hält die Erbringung (weiterer) Hilfen zur Abwehr der Kindeswohlgefährdung für ausreichend.

An diesem Beispiel lässt sich zeigen, dass auch „Unfreiwilligkeit" eine Basis für die Annahme öffentlicher Hilfen sein kann. Dazu folgendes Fallbeispiel:[647] Das Jugendamt hatte den Entzug des Sorgerechts beantragt, der Familienrichter folgte der Anregung nicht, sondern sprach das Gebot aus, sozialpädagogische Familienhilfe in Anspruch zu nehmen. Diese führte zu einer erfolgreichen Zusammenarbeit der Mutter mit der Jugendhilfe, die eine Trennung des Kindes von der Mutter erfolgreich abwenden konnte.

Frau Pirger ist 22 Jahre alt und hat einen Sohn im Alter von vier Jahren. Sie hat keine Berufsausbildung und lebt in Scheidung von ihrem Ehemann, der wegen einer alkoholbedingten Straftat eine mehrjährige Gefängnisstrafe verbüßt. Frau Pirger bleibt nach der Inhaftierung ihres Ehemannes schockiert und hilflos alleine zurück und weiß nicht, wie sie mit ihrem Leben und ihrer Aufgabe als Mutter fertig werden soll; ihre finanzielle Situation ist ungeklärt, die Wohnung wurde ihr gekündigt usw. Das Jugendamt erhält anonyme Hinweise darauf, dass ihr Sohn allzu häufig weint; sie würde ihn schlagen und vernachlässigen. Frau Pirger weist dieses empört von sich; sie wehrt sich gegen die Einmischung vom Jugendamt. Die Bezirkssozialarbeiterin wird von ihr als Kontrollinstanz wahrgenommen, die ihr keine Unterstützung gibt, sondern sie bevormundet und abwertet. Da die Mitarbeiterin des Jugendamts um das Wohl des Kindes besorgt ist, das kaum redet und Entwicklungsrückstände aufweist, und die Mutter ihr völlig überfordert und nicht ansprechbar erscheint, möchte sie durch das

646 Siehe hierzu auch *Heilmann* in: Elz, S. 89 (101 f.).

647 Fallbeispiel in: BMFSFJ, Handbuch SPFH, S. 30 f., auch online: bmfsfj.de Kap. 2.3, S. 2.

Vormundschaftsgericht einen Sorgerechtsentzug und damit eine Unterbringung des Kindes in einem Heim oder einer Pflegestelle erreichen. Frau Pirger wehrt sich dagegen und verstrickt sich in einen Machtkampf mit der Bezirkssozialarbeiterin: Eine vom Jugendamt vorgeschlagene Erziehungsberatung lehnt sie ab. Schließlich kommt es zum gerichtlichen Verfahren wegen Gefährdung des Kindeswohls. Vor Gericht wird der geplante Sorgerechtsentzug durch den Vormundschaftsrichter in sozialpädagogische Familienhilfe umgebogen. Diese wird von Frau Pirger angenommen. Mit der Familienhilfe macht sie im Verlauf sehr positive Erfahrungen. Da sie sich offensichtlich von der Familienhelferin respektvoll angenommen fühlt, kann sie dann auch ihre Schwierigkeiten im Verhältnis zu ihrem Sohn sehen und benennen, was sie gegenüber der Bezirkssozialarbeiterin, mit der sie in einem Kampf um die Definition des Problems verstrickt war, nicht konnte. Die Gefährdung des Kindeswohls konnte also ohne einen Eingriff in die elterliche Sorge abgewendet werden.

Dieser Fall zeigt, dass ein Eingreifen des Gerichts durchaus zur Deeskalation der Situation beitragen kann. Erst die Auseinandersetzung der Beteiligten mit sich und der Situation auf familiengerichtlicher Ebene führte zu einer einvernehmlichen Lösung, die sich in erster Linie am Wohl des Kindes orientierte. Erreicht wurde dies jedoch nur, weil sich auch das Jugendamt bereit erklärte, die sozialpädagogische Familienhilfe zur Verfügung zu stellen, obwohl es das Familiengericht mit dem Ziel des Entzugs der elterlichen Sorge angerufen hatte. Das Familiengericht war insofern von der Kooperation und Mitarbeit des Jugendamts zur Umsetzung seiner Entscheidung abhängig.

2. Das Jugendamt hält weitere Maßnahmen nach SGB VIII zur Abwendung der Kindeswohlgefährdung für geeignet und bietet diese auch an, das Familiengericht entzieht dennoch das Sorgerecht.

In dieser Konstellation ist die Rechtslage zunächst eindeutig: Sobald es um die Entziehung (von Teilen) des Sorgerechts geht, kann sich der Familienrichter über die fachliche Beurteilung des Jugendamts hinwegsetzen. Er muss unabhängig vom Jugendamt überprüfen, ob öffentliche Hilfen ausreichen oder ob eine Fremdunterbringung nötig ist (§ 1666 Abs. 1 S. 1 BGB). Kommt er zu dem Entschluss, dass eine Kindeswohlgefährdung nur noch durch eine Fremdplatzierung des Kindes vermieden werden kann, entzieht er den Erziehungsberechtigten das Sorgerecht. Diese Anordnung ist auch für das Jugendamt verbindlich. Das Familiengericht kann sich in diesem Fall ohne Weiteres über die fachliche Beurteilung des Jugendamts hinwegsetzen. Der Familienrichter entzieht den Eltern das besagte Recht und überträgt die entzogenen Sorgerechtsteile auf das Jugendamt oder auf einen Dritten als Pfleger oder als Vormund. Ist das Jugendamt mit der

Entscheidung des Gerichts nicht einverstanden, so steht ihm das Rechtsmittel der Beschwerde zur Verfügung.[648]

Problematisch wird die Sache erst jetzt. Denn auch in diesem Fall stellt sich das Problem, ob der Richter zusätzlich auch die genaue Art der Unterbringung anordnen kann oder ob er den Pfleger oder Vormund verpflichten kann, begleitende Hilfen zu beantragen. Das Familiengericht ist damit auch hier von der weiteren Arbeit des Jugendamts abhängig. Denn dieses entscheidet als Vormund oder Ergänzungspfleger im Folgenden darüber, ob eine Fremdunterbringung erfolgt, ob eine Bereitschaftspflege oder eine Dauerpflegstelle zur Verfügung steht oder ob ein Heimaufenthalt unausweichlich ist.[649]

Für eine sinnvolle staatliche Intervention bedarf es demnach in jedem Stadium eines konstruktiven Zusammenwirkens von Familiengericht und Jugendamt. Nur auf diese Art und Weise kann das Wohl des Kindes adäquat gewährleistet werden.

III. Existiert eine Verantwortungsgemeinschaft?

Vernetzung und Kooperation sollen der Optimierung einzelner Systeme zu einer Gesamtheit dienen. Sie sollen ein Mittel der Qualitätssicherung[650] darstellen. „Auf einer sozialpolitischen Ebene verbinden sich mit dem Kooperations-, Koordinations- und Vernetzungsdiskurs Forderungen und Erwartungen nach Rationalisierung, Kosteneinsparung, Vermeidung von Fehl- und Doppelversorgung, Steigerung von Wirksamkeit und Effizienz sowie der Nutzung von Synergieeffekten durch gezielte Formen der Vernetzung.“[651] Kooperation stellt aber nicht die Lösung aller Probleme dar, sie ist vielmehr auch kritisch zu betrachten und zu hinterfragen. So kann Kooperation keine neuen Quellen erschließen, keine neuen Verfahrensarten entwickeln, sie kann Probleme der Entfremdung oder des Misstrauens nicht lösen und sie kann ineffektive Systeme nicht in effektive verwandeln.[652] Mit anderen Worten: Wo kein Vertrauen existiert, kann auch eine Verpflichtung zur Kooperation nicht weiterhelfen.

Auch Familiengericht und Jugendamt sind im Rahmen des staatlichen Wächteramts verpflichtet, das Wohl des Kindes im kooperativen Zusammenwirken zu gewährleisten und notfalls auch gegenüber den Eltern durchzusetzen.

648 Schulte-Bunert/Weinreich/*Ziegler*, FamFG, § 162, Rn. 10, Schulte-Bunert/Weinreich/*Unger*: § 59, Rn. 36 f., 39.

649 *Heilmann* in: Elz, 89 (102).

650 BMFSFJ, QS 10.

651 *v. Kardorff* in: Röhrle/Sommer/Nestmann, S. 203 (204).

652 *van Santen/Seckinger*, S. 21 f.

In diesem Zusammenhang wird immer wieder der Begriff der „Verantwortungsgemeinschaft“[653] bemüht.[654] Durch Inkrafttreten des FamFG werde diese Verantwortungsgemeinschaft weiter verstärkt.[655] Tatsächlich fördern die aktuellen Gesetzesreformen die Kooperation zwischen Familiengericht und Jugendamt. Dennoch sollte der Begriff der Verantwortungsgemeinschaft vorsichtig benutzt werden, denn er verführt dazu, als Paradigma für die Lösung aller Probleme im Verhältnis dieser Institutionen idealisiert zu werden. Nicht umsonst weist Coester daraufhin, dass die Verantwortungsgemeinschaft bislang eher beschworen als realisiert wurde.[656]

Das Problem, das in einer Gemeinschaft häufig auftaucht, ist, dass sich der eine auf den anderen verlässt und sich letztlich niemand verantwortlich fühlt oder der eine die Verantwortung auf den anderen abwälzt. Diese Gefahr besteht in Verfahren wegen Gefährdung des Kindeswohls insbesondere bei der frühzeitigen Anrufung des Familiengerichts durch das Jugendamt sowie wenn das Familiengericht von Maßnahmen absieht und die Eltern auf Hilfen durch das Jugendamt verweist. Nehmen die Beteiligten ihr Verhältnis als Gemeinschaft war, besteht in diesen Fällen die Gefahr, dass sie die Verantwortung auf den anderen abwälzen, um sich so aus ihrer eigenen Verantwortung zu befreien. [657] Aus diesem Grund ist die Annahme einer Verantwortungsgemeinschaft kritisch zu betrachten. Familiengericht und Jugendamt sollten ihre jeweilige Verantwortung unabhängig voneinander jeder für sich tragen.[658]

Der Gesetzgeber sieht dies grundsätzlich ebenso. Das zeigt sich zum einen in der fortbestehenden Verantwortung des Jugendamts auch während eines anhängigen familiengerichtlichen Verfahrens. Stellt das Jugendamt eine Gefährdung des Kindeswohls fest, so ist es verpflichtet, das Kind in Obhut zu nehmen, auch wenn sich das Familiengericht zu diesem Zeitpunkt noch in der Phase der Abklärung befindet. Auf der anderen Seite wird der Familienrichter den Eltern das Aufenthaltsbestimmungsrecht entziehen, wenn es der Meinung ist, dies sei

---

653 Nach *Langenfels/Wiesner* in: DIJuF, Saarbrücker Memorandum, S. 45 (62, 77 f.)

654 *Wiesner*, ZfJ 2003, 121 ff.; *ders.*, FPR 2008, 608 f.; *Schmid-Obkirchner* in: Münder/Wiesner/Meysen, Handbuch KJHR, Kap. 3.8, Rn. 10; *Trenczek* in: FK-SGB VIII, Vor §§ 50-52, Rn. 20; *Meysen* in: FK-SGB VIII, § 8a, Rn. 56 ff.; *Flemming*, ZKJ 2009, 315; *Oberloskamp/Lewe*, FPR 2009, 553.

655 *Oberloskamp/Lewe*, FPR 2009, 553; *Wiesner*, FPR 2008, 608 f.

656 *Coester* in: Lipp/Schumann/Veit, S. 19 (40).

657 *Heilmann* in: Elz, 89; zu dieser Problematik auch: *Tenhaken*, Jugendhilfe aktuell 3/2007, 27 (32).

658 So auch: *Rüting*, ZKJ 2011, 244 (246).

zur Abwendung der Kindeswohlgefährdung die geeignete Maßnahme, auch wenn das Jugendamt anderer Meinung ist.[659]

Die Negierung der Verantwortungsgemeinschaft ändert aber nichts an der Notwendigkeit des kooperativen Zusammenwirkens dieser Institutionen. Denn sind auch die Verantwortungsträger und Verantwortlichkeiten unterschiedlich, so existiert doch im Kindeswohl ein gemeinsames Verantwortungsziel.[660] Familiengericht und Jugendamt sind Träger des staatlichen Wächteramts und damit an die verfassungsrechtlichen Vorgaben gebunden, die zugleich die Prämisse für kooperatives Handeln sind. Insofern bedeutet das Nein zur Verantwortungsgemeinschaft ein Ja zu einer Verantwortungsverschränkung.[661]

659 So auch: *Heilmann* in Elz, S. 89 f.

660 *Rüting*, ZKJ 2011, 244 (246).

661 Den Begriff benutzt auch *Wiesner*, FPR 2008, 608 (609), wenngleich er ihn mit dem der Verantwortungsgemeinschaft gleichsetzt.

3. Teil: Konflikte im Verhältnis von Familiengericht und Jugendamt

A. Das Problem

Am Verhältnismäßigkeitsgrundsatz des § 1666a BGB manifestiert sich eine grundlegende Problematik familiengerichtlicher Intervention. Denn eine Trennung des Kindes von den Eltern ist nur dann zulässig, wenn keine milderen Mittel zur Verfügung stehen, um das Wohl des Kindes ausreichend zu schützen. Mit der Einführung dieser Vorschrift hat der Gesetzgeber die familiengerichtlichen Kindesschutzmaßnahmen mit dem System öffentlicher und privater Sozialleistungen verbunden.[662] Dieser Ansatz wird durch die Einführung des § 1666 Abs. 3 Nr. 1 BGB weitergeführt. Hierdurch kommt es zu einer Abkehr sanktionierender Staatseingriffe bei elterlichem Fehlverhalten zugunsten eines Hinwendens zu unterstützenden, rehabilitierenden und fördernden Maßnahmen. Nicht nur das Verhältnis zwischen dem Recht des Kindes und dem der Eltern wird zu einer besseren Abstimmung gebracht, sondern auch der Grundsatz verwirklicht, dass dem Kind am besten in der Familie und nicht „gegen die Familie“ geholfen wird.[663] Eine Gefährdung des Kindeswohls sollte nicht in erster Linie ein „Trennungssignal“ für staatliche Eingriffe bedeuten, sondern primär ein „Notruf“ für familienunterstützende Intervention sein.[664] In Verfahren wegen Gefährdung des Kindeswohls nach § 1666 BGB befindet sich der Familienrichter also in einem Dilemma zwischen vorschnellen Eingriffen in die Familie und der Gewährung immer neuer erfolgloser Chancen. Auf der einen Seite dürfen mildere Mittel, die einen Eingriff in das Elternrecht vermeiden, nicht vorschnell außer Acht gelassen werden, einer Gefahr, der durch § 1666a BGB entgegengewirkt werden soll. Auf der anderen Seite darf aber auch keine Überbetonung des Verhältnismäßigkeitsgrundsatzes mit der Folge stattfinden, dass der Problemfamilie immer neue Chancen gegeben werden und schließlich, nach langjährigen erfolglosen Bemühungen, das Kind irreparabel geschädigt ist.[665] Bei der Abwägung der entgegenstehenden Interessen - zum einen die des Kindes, zum anderen die der Eltern – ist und bleibt das Interesse und das Wohl des Kindes im Zentrum aller Bemü-

---

662 Staudinger/*Coester*, § 1666a, Rn. 1; *Simitis* in: Goldstein u.a., Diesseits des Kindeswohls, S. 169 (178 f.); *Salgo*, S. 93, *Rünz*, S. 111; *Röchling*, S. 218 ff., 241 ff.; *Münder*, FPR 2003, 280 ff.

663 Staudinger/*Coester*, § 1666a, Rn. 1.

664 *Simitis* in: Festschrift für Müller-Freienfels, S. 579 (609).

665 Staudinger/*Coester*, § 1666a, Rn. 4 f. mit umfassenden Belegen aus der Rechtsprechung.

hungen. Zwar darf der Staat nicht zugunsten optimaler Entwicklungsbedingungen in das verfassungsrechtlich garantierte Elternrecht eingreifen, diese Erkenntnis ist aber keine Rechtfertigung dafür, das Kind jahrelang in unsicheren Verhältnissen aufwachsen zu lassen und seine familiäre Zukunft „in der Schwebe zu lassen".[666] „Familienzerstörung aus professionalen „Rettungsphantasien" heraus und Instrumentalisierung des Kindes zugunsten staatlicher Familientherapie – diese beiden Klippen zu vermeiden, gehört zu der schwierigen Abwägungsaufgabe des Familienrichters im Rahmen der §§ 1666, 1666a BGB."[667]

Diese Problematik allein stellt für den einzelnen Familienrichter bereits dann eine schwierige Aufgabe dar, wenn er eine Lösung in kooperativer Zusammenarbeit mit dem Jugendamt sucht. Zusätzlich erschwert wird die Situation, wenn Familiengericht und Jugendamt nicht in der Lage sind, eine einvernehmliche Lösung in Bezug auf die im Raum stehende Kindeswohlgefährdung zu finden. Auch wenn die Kooperation zwischen Familiengericht und Jugendamt immer besser funktioniert, kommt es im gerichtlichen Verfahren doch häufig zu Spannungen und Differenzen zwischen diesen Institutionen. So lehnen Jugendämter immer wieder vom Gericht als geeignet gehaltene Hilfen ab. Meinungsverschiedenheiten können oft nur nach intensiven Gesprächen gelöst werden. Gerichte müssen sich vor einer Entscheidung an den Amtsleiter wenden, um eine Finanzierungszusage zu erhalten. Sie verzichten auf die Anordnung von Maßnahmen, wenn absehbar ist, dass eine Einigung mit dem Jugendamt nicht erreicht werden kann. Jugendämter revidieren teilweise ihre eigenen Entscheidungen und halten Vereinbarungen nicht ein oder Leistungen erfolgen mit Verzögerung, weil die Finanzierung innerhalb des Trägers noch nicht geklärt ist. Außerdem wird immer wieder die begrenzte finanzielle und personelle Ausstattung der Jugendämter kritisiert, was dazu führt, dass Leistungen nicht umgesetzt werden können oder kostenintensivere Maßnahmen nach Möglichkeit umgangen werden.[668]

666 Staudinger/*Coester*, § 1666a, Rn. 6.

667 Staudinger/*Coester*, § 1666a, Rn. 6.

668 Siehe hierzu die Stellungnahmen der Landesjustizverwaltungen, Abschlussbericht v. 14.7.2009, bmj.bund.de, Anlage 2, S. 3, im Rahmen dieser Umfrage wurde auch darüber nachgedacht, ob § 36a SGB VIII geändert werden sollte.

B. Auflösung des Konfliktes de lege lata?

I. Die Anordnungs-/ Entscheidungskompetenz des Familiengerichts gegenüber dem Jugendamt

Zu den genannten Problemen im Verhältnis Familiengericht und Jugendamt sowie dem Dilemma zwischen zu frühem Eingriff und zu später Intervention kommt noch eine dritte Schwierigkeit hinzu: Die Verschränkung familienrechtlicher und sozialrechtlicher Schutzansätze unter dem gemeinsamen Dach des staatlichen Wächteramts. Diese Schwierigkeiten manifestieren sich an der Frage, ob dem Familienrichter eine Anordnungs-/ Entscheidungskompetenz bezüglich der Erbringung öffentlicher Hilfen gegenüber dem Jugendamt zusteht.

Die rechtliche Situation scheint eindeutig. Das Jugendamt bietet den Eltern im Vorfeld des gerichtlichen Verfahrens Hilfen an und erstellt bei längerfristigen Hilfen einen Hilfeplan, ruft das Familiengericht an, wenn es dies für erforderlich hält, und nimmt das Kind in Obhut, wenn eine dringende Gefahr für das Kind besteht oder das Kind um die Inobhutnahme bittet. Das Familiengericht wird im Rahmen einer Kindeswohlgefährdung tätig und ergreift die zur Abwendung der Kindswohlgefährdung geeigneten Maßnahmen. Im gerichtlichen Verfahren wirken Familiengericht und Jugendamt im Rahmen ihrer Verantwortungsverschränkung zusammen. Sowohl Jugendamt, als auch Familiengericht entscheiden eigenverantwortlich über die Gewährung der geeigneten Maßnahmen.

Solange sich Familiengericht und Jugendamt über die zu ergreifenden Maßnahmen einig sind, funktioniert dieses System problemlos. Schwierig wird die Sache erst, wenn Familiengericht und Jugendamt unterschiedlicher Meinung sind. So kann das Jugendamt einen Entzug bzw. Teilentzug der elterlichen Sorge und die Platzierung des Kindes bei einem Vormund bzw. Pfleger anregen, während das Gericht die Erbringung (weiterer) ambulanter Hilfen zur Abwehr der Kindeswohlgefährdung für ausreichend hält. Auf der anderen Seite kann das Jugendamt (weitere) Maßnahmen nach SGB VIII zur Abwendung der Kindeswohlgefährdung für geeignet halten und diese auch anbieten, während das Familiengericht bereits von einer möglichen Kindeswohlgefährdung ausgeht, den Entzug des Sorgerechts für unumgänglich erachtet und dies auch umsetzt. Insbesondere im ersten Fall kommt es häufig zu Konflikten zwischen Familiengericht und Jugendamt. Denn das Familiengericht kann ohne weiteres gegenüber den Eltern gemäß § 1666 Abs. 3 Nr. 1 BGB Gebote erlassen, Leistungen der Kinder- und Jugendhilfe in Anspruch zu nehmen. Umstritten ist allerdings die Frage, ob dieses Gebot auch gegenüber dem Jugendamt verbindlich ist oder ins Leere läuft, da es lediglich die Eltern, nicht aber das Jugendamt bindet. Dieser Streit wird mehr oder minder seit Inkrafttreten des RJWG geführt und hat sich entgegen der Ansicht von Meysen nicht mit der Arbeit von Röchling erschöpft.[669] Vielmehr wurde der Streit insbesondere durch die Einfügung des § 36a SGB VIII im Rahmen des KICK neu angeheizt und erlangt stetig neuen Zündstoff, nicht zuletzt durch das KiWoMaG 2008 und das zum 1.9.2009 in Kraft getretene FamFG. Auch ein Blick auf das neuerliche Aufkeimen der Diskussion im Bereich des Jugendstrafrechts zeigt, dass diese Problematik nicht ad acta gelegt werden kann, sondern sich – im Gegenteil – als hoch aktuelle Thematik zeigt.[670]

1. Klärung der Begrifflichkeiten

In der Diskussion um gerichtliche Anordnungskompetenzen wird der Begriff „Anordnungskompetenz“ in Bezug auf unterschiedliche Konstellationen benutzt. Generell zu unterscheiden ist einerseits die Anordnungskompetenz gegenüber dem Jugendamt und andererseits die gegenüber den Eltern. In der Fachliteratur wird dieser Unterschied zuweilen unterschlagen und nicht zwischen einer solchen gegenüber dem Jugendamt und der gegenüber den Eltern unterschieden. Das liegt daran, dass vor Inkrafttreten des KJHG die vormundschaftsgerichtliche Anordnung von Leistungen der Kinder- und Jugendhilfe überwiegend abgelehnt wurde, da sie nicht mit dem Grundsatz der Freiwilligkeit vereinbar sei. Eine öffentliche Hilfe, die gegen den Willen des Betroffenen angeordnet werde, laufe in der Regel leer.[671] Mittlerweile ist unbestritten, dass § 1666 BGB eine Eingriffsgrundlage gegen handlungsunfähige bzw. -unwillige Eltern darstellt, und den Familienrichter gemäß § 1666 Abs. 3 Nr. 1 BGB ermächtigt, Maßnahmen der Kinder- und Jugendhilfe auch gegen den Willen der Eltern anzuordnen. Die Vorschrift setzt sogar gerade voraus, dass sich die Eltern nicht freiwillig zur Annahme von Hilfen bereit erklärt haben, andernfalls wären gerichtliche Gebote gar nicht erforderlich.[672] Umstritten ist demnach nur noch die Frage, ob das Gebot des Familienrichters, Leistungen der Kinder- und Jugendhilfe in Anspruch zu nehmen, auch für das Jugendamt verbindlich ist – ob dem Familienrichter also eine Anordnungskompetenz gegenüber dem Jugendamt zusteht –, wenn sich dieses nicht bereit erklärt, eine geeignete und notwendige Hilfe zu erbringen.

669 *Meysen*, FamRZ 2008, 562 (565 Fn. 52)

670 siehe auch *Fellenberg* in: Lipp/Schumann/Veit, S. 65 (72).

671 AK-BGB/*Münder*, § 1666a, Rn. 11, siehe auch *Röchling*, S. 106.

672 Staudinger/*Coester*, § 1666, Rn. 219 f.

In diesem Zusammenhang tauchen in letzter Zeit auch vermehrt die Begriffe der Entscheidungs- bzw. Letztentscheidungskompetenz sowie der Letztverantwortung des Familienrichters auf.[673] Diese Begriffe werden als Synonyme für die Anordnungskompetenz des Familiengerichts gegenüber dem Jugendamt benutzt. Auch diese Begriffe sind jedoch nicht unproblematisch, da dem Familienrichter unbestritten die Letztentscheidungsverantwortung über das Schicksal von Kindern und Jugendlichen anvertraut ist. Schließlich ist aufgrund des Rechtsstaatsprinzips allein die unabhängige Judikative, in diesem Fall der Familienrichter, berechtigt und ermächtigt, in verfassungsrechtliche Positionen (der Eltern) zum Wohle des Kindes einzugreifen.

Um Missverständnisse auszuschließen, wird im Folgenden der Terminus „Anordnungskompetenz" nur im Zusammenhang mit der Frage benutzt, ob das gegenüber den Eltern ausgesprochene Gebot des Familienrichters, öffentliche Hilfen in Anspruch zu nehmen, auch Bindungswirkung gegenüber dem Jugendamt entfaltet. In Bezug auf die Anordnung von Maßnahmen gegenüber den Eltern, wird der Begriff „Anordnungskompetenz" vermieden und stattdessen von einem Gebot gemäß § 1666 Abs. 3 Nr. 1 BGB bzw. einem Gebot gegenüber den Eltern, öffentliche Hilfen in Anspruch zu nehmen, gesprochen.

2. Das Verhältnis von Justiz und Behörde

Für ein besseres Verständnis der Problematik soll an dieser Stelle zunächst das grundlegende Verhältnis von Justiz und Behörde erörtert werden.

Das SGB VIII gehört als Teil des Sozialleistungsrechts zum öffentlichen Recht. Werden durch (Sozial-) Verwaltungsrecht einer staatlichen Behörde Aufgaben zugewiesen, so bedeutet das, dass diese Behörde zur Erfüllung ihrer Aufgaben entsprechende gesetzlich vorgeschriebene Entscheidungen treffen muss.[674] Gleiches gilt auch für Zuständigkeitsfragen. Aufgaben und Zuständigkeiten sind im öffentlichen Recht durch kompetenzbegründende und kompetenzbegrenzende Regelungen verbindlich festgelegt.[675] Da es sich bei den Aufgaben des SGB VIII, sofern sie den örtlichen Trägern der öffentlichen Jugendhilfe zugewiesen sind, um solche der kommunalen Selbstverwaltung handelt, obliegt den Kommunen im Rahmen ihrer Aufgabenerfüllung grundsätzlich die Organisations-, Personal- und Finanzhoheit nach Art. 28 Abs. 2 GG.[676]

673 Staudinger/*Coester*, § 1666a, Rn. 13; *Heilmann*, hefam.de, S. 7.

674 Wiesner/*Wiesner*, § 36a, Rn. 7.

675 VGH Mannheim vom 07.06.1984 – 11 S 2127/81 – NJW 1985, 2603 (2605).

676 Wiesner/*Wiesner*, § 36a, Rn. 8.

Den Gerichten als Judikative sind die Aufgaben der Rechtsprechung zugewiesen. Sie sind der Verwaltung als Teil der Exekutive aber weder über- noch untergeordnet. Die Kontrolle des Verwaltungshandelns der Kinder- und Jugendhilfe obliegt grundsätzlich den Verwaltungsgerichten. Diese sind befugt, die Jugendhilfe als Teil der öffentlichen Verwaltung zu kontrollieren und sie dabei im Rahmen des § 113 VwGO[677] bzw. im Rahmen der vollen verwaltungsgerichtlichen Kontrolle[678] zu bestimmten Handlungen zu verpflichten. Anderen Gerichten kommt eine solche Kompetenz nur dann zu, wenn sie vom Gesetzgeber ausdrücklich hierzu ermächtigt werden. Das folgt aus dem Prinzip der Gewaltenteilung, welches eine Trennung der Staatsmacht in Exekutive, Legislative und Judikative vorsieht. Allerdings sind in keinem gewaltenteiligen System die einzelnen Gewalten organisatorisch und funktionell streng voneinander getrennt.[679] Vielmehr kommt es regelmäßig zu einer Gewaltenhemmung und einer Gewaltenverschränkung. Nicht absolute Trennung, sondern gegenseitige Kontrolle, Hemmung und Mäßigung der Gewalten ist dem Verfassungsaufbau des Grundgesetzes zu entnehmen.[680] Da eine trennscharfe Unterscheidung und institutionelle Zuordnung aufgrund des Ineinandergreifens der verschiedenen Staatsgewalten nicht möglich ist, kann allein die Subsumtion einer Maßnahme unter eine der Staatsgewalten nicht das vorherrschende Kriterium für die Feststellung einer Verletzung bzw. Beachtung des Prinzips der Gewaltenteilung sein. Um einen Verstoß gegen das Gewaltenteilungsprinzip anzunehmen, reicht die Feststellung allein, die Maßnahme betreffe einen Bereich, der einer anderen Gewalt zugeordnet ist, nicht aus. Es bedarf vielmehr der zusätzlichen Feststellung, dass die Maßnahme das auf gegenseitige Kontrolle und Ausbalancierung angelegte System mehr als nur unerheblich beeinträchtigt. Bleiben die Staatsgewalten also im Wesentlichen voneinander verschieden, so ist eine teilweise Überschneidung der Verantwortungsbereiche zulässig, solange die Verantwortungsklarheit nicht verloren geht.[681] Insbesondere in Hinblick auf das FamFG ist dabei eine immer weiter fortschreitende Annäherung der Funktionen von Familiengericht und Jugendamt zu beobachten. Dies zeigen bereits die zentralen Vorschriften im fami-

---

677 Wiesner/*Wiesner*, § 36a, Rn. 9.

678 Tammen/*Trenczek* in: FK-SGB VIII, § 27, Rn. 57, 16; im Rahmen der §§ 27 ff. SGB VIII ist umstritten, ob es sich bei der Auswahl der Hilfe um behördliches Ermessen oder gebundenes Ermessen handelt, siehe Kap. B. II. 1. a).

679 *Sommermann* in: v. Mangoldt/Klein/Starck, GG II, Art. 20, Rn. 210; BVerfG vom 17.7.1996 – 2 BvF 2/93 –NJW 1997, 383: „Das Prinzip der Gewaltenteilung ist nirgends rein verwirklicht."

680 vgl. BVerfG vom 28. 11. 1957 – 2 BvL 11/56 – NJW 1958, 97; BVerfG vom 27. 4. 1959 - 2 BvF 2/58 NJW 1959, 1171.

681 *Sommermann* in: v. Mangoldt/Klein/Starck, GG II, Art. 20, Rn. 214 f.

liengerichtlichen Kindesschutz - §§ 1666, 1666a BGB. Diese Normen haben mehr Ähnlichkeit mit einer öffentlich-rechtlichen Eingriffsermächtigung, als mit zivilrechtlichen Schutznormen.[682] Nicht zuletzt durch das Heraufbeschwören einer Verantwortungsgemeinschaft kommt es zu einer Vermischung der Aufgabenfelder von Familiengericht und Jugendamt. Als Beispiele seien das Erörterungsgespräch gemäß § 157 FamFG und das Hinwirken auf Einvernehmen gemäß § 156 FamFG genannt. Hier wird der Familienrichter ermächtigt, pädagogische Gespräche mit zerstrittenen oder gefährdenden Eltern und gefährdeten Kindern zu führen. Im Grunde wird der Richter hier zur Wahrnehmung von Aufgaben verpflichtet, die eigentlich in die Kompetenzen der Kinder- und Jugendhilfe fallen.[683] Das Jugendamt ist gesetzlich zur Unterstützung des Familiengerichts verpflichtet (§ 50 Abs. 1 S. 1 SGB VIII), das Familiengericht wiederum zur Anhörung des Jugendamts (§ 162 Abs. 1 FamFG). Dabei ist das Jugendamt insofern auch an der gerichtlichen Entscheidung beteiligt, als es dem Gericht konkrete Vorschläge zur Lösung des Konfliktes aufzeigt. Auch hier kommt es zu einer Verschränkung von Exekutive (Jugendamt) und Judikative (Familiengericht) zur Wahrnehmung des Kindesschutzes. Der Kernbereich der Kinder- und Jugendhilfe als exekutive Gewalt bleibt dabei aber erhalten, da es zu einer Verschränkung lediglich in einem Teil der von der Kinder- und Jugendhilfe auszuführenden Aufgaben kommt, namentlich nur im Rahmen ihrer gesetzlichen Aufgabe: Mitwirkung am familiengerichtlichen Verfahren.[684]

Hier wird eine weitere Problematik des Kindesschutzes aufgezeigt: Kindesschutz liegt an der Grenze von öffentlichem und privatem Recht. Kompetenzen, Ermächtigungen und Befugnisse können in diesem Grenzgebiet nicht immer klar abgesteckt werden. Das Argument der Gewaltenteilung räumt die Möglichkeit einer Anordnungskompetenz gegenüber dem Jugendamt nicht grundsätzlich aus. Derartige Verschiebungen bedürfen aber in aller Regel einer gesetzlichen Grundlage um auch zwischen Gerichten und Behörden zulässig zu sein.[685]

Ob eine solche Ermächtigungsgrundlage, die statt des Verwaltungsgerichts das Familiengericht zur Kontrolle der Kinder- und Jugendhilfe ermächtigt, vorhanden ist, insbesondere, ob in §§ 1666, 1666a BGB eine solche erblickt werden kann, ist Mittelpunkt des Streits um eine Anordnungskompetenz des Familienrichters gegenüber dem Jugendamt; dies gilt es im weiteren Verlauf zu klären.

---

682 So auch *Münder*, FPR 2003, 280.

683 Kritisch hierzu *Rakete-Dombek* in: Lipp/Schumann/Veit, FamFG, S. 92 (100); *Oberloskamp* in: Lipp/Schumann/Veit, S: 45 (59), die im Erziehungsgespräch gar eine Maßnahme sieht, die „in die Nähe der Überschreitung der Grenze zur Gewaltenteilung rückt".

684 *Schlink* in: BMJ, Jugendgerichtshilfe – Quo vadis?, S. 51, 52 f.

685 *Schlink* in: BMJ, Jugendgerichtshilfe – Quo vadis?, S. 51, 52 f.

3. Verschränkung familienrechtlicher und sozialrechtlicher Schutzansätze

Dass der Kindesschutz an der Schnittstelle verschiedener Staatsgewalten und verschiedener Gesetze liegt, ist sowohl Segen, als auch Fluch. Denn so positiv sich das kooperative Zusammenwirken zwischen Familiengericht und Jugendamt zum Schutz des Kindes in der Regel gestaltet, so negativ sind die Auswirkungen, wenn die Kooperation scheitert. Insbesondere ist umstritten, wem die Entscheidungskompetenz bezüglich öffentlicher Hilfen obliegt, denn sowohl die Familiengerichte, als Teil der Judikative, als auch die Jugendämter, als Teil der Exekutive, entscheiden über die für das Wohl des Kindes geeigneten und erforderlichen Hilfen.

Dabei entscheidet das Jugendamt auf sozialrechtlicher Ebene, ob und welche konkrete Hilfe geeignet und erforderlich ist, um ein bestehendes Erziehungsdefizit der Eltern auszugleichen (§ 27 Abs. 1 SGB VIII). Bei den Maßnahmen der Kinder- und Jugendhilfe handelt es sich um Sozialleistungen, die der Leistungsberechtigte beim Jugendhilfeträger beantragen kann. Soll die Hilfe voraussichtlich für längere Zeit geleistet werden, findet im Vorfeld ein Hilfeplanverfahren nach § 36 SGB VIII statt. Da es sich bei den Angeboten im Sinne des SGB VIII um Sozialleistungen handelt, entspricht es der Konzeption dieses Gesetzes, dass die Eltern öffentliche Hilfen von sich aus beantragen. Dies dürfte aber regelmäßig nur bei solchen Hilfen der Fall sein, die die Eltern entlasten, etwa im Falle der Aufnahme von Kindern in einer Tageseinrichtung oder Kindertagespflege nach §§ 22 ff. SGB VIII.[686] Bei den Hilfen zur Erziehung nach §§ 27 ff. SGB VIII bleibt die von den Eltern ausgehende Initiative dagegen häufig die Ausnahme, da diese Hilfen in der Regel die Leistungsfähigkeit ihrer elterlichen Erziehung in Frage stellen.[687] In solchen Fällen ist das Jugendamt aber berechtigt und verpflichtet, die Eignung einer Hilfe eigenverantwortlich zu überprüfen und diese den Eltern anzubieten, wenn eine dem Wohl des Kindes entsprechende Erziehung nicht mehr gewährleistet ist. Ist das Jugendamt der Ansicht, das Wohl des Kindes sei gefährdet, muss es das Risiko abschätzen und den Eltern gegebenenfalls geeignete und notwendige Hilden anbieten, § 8a Abs. 1 SGB VIII.[688]

Somit erfolgt die Entscheidung über die Erfüllung der Tatbestandsvoraussetzungen und die Leistungserbringung von öffentlichen Hilfen durch den Träger der öffentlichen Jugendhilfe (§ 8 SGB X, § 3 Abs. 2 SGB VIII);[689] sie ergeht

---

686 *Miehe* in: Yesiou-Faltsi, S. 435.

687 *Miehe* in: Yesiou-Faltsi, S. 435, mit Nachweis des statistischen Bundesamtes von 1993, wonach lediglich in 18 % der Fälle die Anregung von den Eltern ausging.

688 Staudinger/*Coester*, § 1666a, Rn. 13.

689 *Trenczek* in: FK-SGB VIII, Anhang, Rn. 18 f.

als Verwaltungsakt (§ 31 SGB X) oder in Form eines öffentlich-rechtlichen Vertrages (§ 53 SGB X). Streitigkeiten im Rahmen des SGB VIII sind damit öffentlich-rechtliche Streitigkeiten, deren rechtliche Überprüfung auf dem Verwaltungsrechtsweg durch die Verwaltungsgerichte erfolgt (§ 40 VwGO).[690]

Kann das Jugendamt mit seinen Maßnahmen die familiären Konflikte nicht abwenden oder weigern sich die Eltern, mit dem Jugendamt zu kooperieren und liegt (weiterhin) der Verdacht einer Kindeswohlgefährdung vor, kommt es, zumeist auf Anregung des Jugendamtes (§ 8a Abs. 3 SGB VIII), auf familiengerichtlicher Ebene zu einem Verfahren nach § 1666 BGB, im Zuge dessen nun der Familienrichter verpflichtet ist, geeignete und erforderliche Maßnahmen zur Abwendung der Gefahr zu ergreifen. Gemäß § 1666a BGB sind dabei Maßnahmen, mit denen eine Trennung des Kindes von der elterlichen Familie verbunden ist, nur zulässig, wenn der Gefahr nicht auf andere Weise – auch nicht durch öffentliche Hilfen – begegnet werden kann. Dieser Vorrang öffentlicher Hilfen vor Eingriffen in das Sorgerecht wird auch in § 1666 Abs. 3 Nr. 1 BGB deutlich, wonach der Familienrichter den Eltern gebieten kann, öffentliche Hilfen wie zum Beispiel Leistungen der Kinder- und Jugendhilfe in Anspruch zu nehmen.

Damit ist auf der einen Seite das Jugendamt als Teil der Exekutive, auf der anderen Seite das Familiengericht als Teil der Judikative zur Erbringung bzw. Anordnung geeigneter und erforderlicher Maßnahmen berechtigt und verpflichtet. Diese materiell-rechtlich vorgegebene Verschränkung familienrechtlicher und sozialrechtlicher Schutzansätze unter dem Dach des „staatlichen Wächteramts“ erweist sich insofern als Fluch, da sie organisations- und kompetenzrechtlich vom Gesetzgeber nicht klar strukturiert ist und die gesetzlichen Bestimmungen in SGB VIII und BGB nicht aufeinander abgestimmt sind.[691] Die Kompetenzen des Familienrichters gemäß § 1666 BGB und die Leistungsverpflichtung nach § 27 SGB VIII stehen unverbunden nebeneinander.[692] Werden diese Kompetenzen nicht aufeinander abgestimmt oder arbeiten gar gegeneinander, wird der Kindesschutz gefährdet, im schlimmsten Fall sogar verhindert.[693] Zwar ist die Kooperationsverpflichtung von Familiengericht und Jugendamt eindeutig im Gesetz verankert (§ 162 FamFG, § 50 SGB VIII), aus dem Gesetz geht jedoch nicht hervor, wer im Konfliktfall die Letztverantwortung trägt.[694]

690 Zu der diesbezüglichen Kritik siehe Kap. B. II. 2.

691 *Ostendorf/Hinghaus/Kasten*, FamRZ 2005, 1514 (1518); Staudinger/*Coester*, § 1666a, Rn. 13; auf strukturelle Mängel weist auch der Arbeitskreis 22 im Rahmen des 17. Dt. Familiengerichtstages hin: *Oberloskamp/Gallowek*, 17. Dt. Familiengerichtstag, AK 22, S. 171.

692 Wiesner/*Schmid-Obkirchner*, Vor § 27, Rn. 27.

693 *Buck*, JAmt 2010, 161 (165).

694 *Ostendorf/Hinghaus/Kasten*, FamRZ 2005, 1514 (1518).

Der Gesetzgeber sucht diesen Streit durch verstärkte Verpflichtung zur Kooperation der am Kindesschutz Beteiligten zu lösen und proklamiert die Verantwortungsgemeinschaft von Familiengericht und Jugendamt im Gesetzgebungsverfahren als Ideal, um Konflikte gar nicht erst entstehen zu lassen.[695] Gesetzlich verankert und verfahrensrechtlich unterstützt wird diese Lösung in FamFG und SGB VIII, verstärkt durch das KiWoMaG 2008 und das FamFG 2009 (§§ 155 Abs.2 S. 3, §156 Abs. 1 S. 2-4, 157 Abs. 1 S. 1, 2,162, 165 Abs. 2 S. 4, Abs. 3 S. 3 FamFG; §§ 8a Abs. 3, 42 Abs. 3 S. 2 Nr. 2, 50 SGB VIII). Ohne Frage ist dieser Ansatz richtig und wichtig, um juristische und sozialpädagogische Fachkompetenzen miteinander zu verbinden.[696] Er löst aber nicht immer jene Fälle, in denen sich Familiengericht und Jugendamt gerade nicht über die richtige Maßnahme zum Schutz des Kindes einig sind, mithin der „Königsweg“ der Kooperation gescheitert ist. Damit der „Königsweg“ nicht in einer Sackgasse endet, sollte das Recht aber auch und gerade in Konfliktfällen Abzweigungen parat haben.

4. Der Streitstand

Das Problem zeigt sich in erster Linie dann, wenn das Familiengericht eine konkrete öffentliche Hilfe für geeignet hält, die Gefährdung des Kindeswohls abzuwenden, ohne in das elterliche Sorgerecht einzugreifen, das Jugendamt die vom Gericht vorgeschlagene Hilfe aber gerade (aus welchen Gründen auch immer) nicht für geeignet hält. Ob und in welchem Umfang dem Familienrichter[697] eine Kompetenz zur Anordnung öffentlicher Hilfen gegenüber dem Jugendamt zusteht[698] oder ob die Anordnung des Familienrichters ins Leere läuft, weil sie lediglich die Eltern, nicht aber das Jugendamt verpflichtet, war und ist seit jeher

695 BT-Drucks. 16/6815, S. 1, 7, 15.; zu der Problematik des Begriffs „Verantwortungsgemeinschaft“ siehe 2. Teil, Kap. D.

696 Staudinger/*Coester*, § 1666a, Rn. 13; *Meysen*, FamRZ 2008, 562 (568 ff.); *Wiesner*, ZKJ 2008, 143 (145); *Wabnitz*, ZfJ 2000, 336 (342 f.) schlägt zusätzlich eine deutliche Verankerung der Kooperation im Gesetz vor; Bedenken hinsichtlich der „Verantwortungsgemeinschaft“ äußert *Heilmann* in: Elz, S. 89; ähnliche Bedenken hat *Fellenberg* in: Lipp/Schumann/Veit, S. 65 (70).

697 bzw. vor dem 1.7.1998 noch Vormundschaftsrichter.

698 In letzter Zeit wird anstatt des Begriffs der Anordnungskompetenz vermehrt der Begriff der Entscheidungs- bzw. Letztentscheidungskompetenz oder Letztverantwortung des Familienrichters für die Gewährung effektiven Kindesschutzes benutzt, so insbesondere *Heilmann*, hefam.de, S. 7; *ders.* in: Elz, 89 (101 f.); Staudinger/*Coester*, § 1666a, Rn. 13, 16. Das Problem dürfte sich durch die Reform des § 1666 BGB im Rahmen des KiWoMaG in Zukunft auch im Verhältnis Familiengericht und Gesundheitsfürsorge stellen.

umstritten.[699] Insbesondere, weil der Gesetzgeber zum Thema schweigt und eine ausdrückliche Regelung im Gesetz bis heute fehlt, sind die Pforten für eine umfassende Rechtsauslegung geöffnet. Auch im Rahmen des KiWoMaG hat der Gesetzgeber es erneut verpasst, eine klarstellende Regelung in § 1666 Abs. 3 Nr. 1 BGB aufzunehmen.[700]

Zur Auflösung dieses Dilemmas bestehen zwei unterschiedliche Lösungsansätze: Nach einer Mindermeinung liegt die Letztverantwortung für die Gewährleistung effektiven Kindesschutzes beim Familiengericht. Demzufolge ist der Familienrichter berechtigt, Leistungen der Kinder- und Jugendhilfe, insbesondere öffentliche Hilfen auch mit Bindungswirkung für das Jugendamt, anzuordnen.[701] Nach herrschender Meinung kann das Familiengericht das Jugendamt dagegen nicht zur Gewährung einer bestimmten Jugendhilfeleistung verpflichten.[702] Aus der Fachkompetenz des Jugendamts lasse sich auch dessen Entscheidungskompetenz ableiten und die Erbringung von öffentlichen Hilfen gehöre nicht nur im Vorfeld eines gerichtlichen Verfahrens, sondern auch in dessen Rahmen in die alleinige Aufgaben- und Entscheidungskompetenz des Jugendamts. Für eine solche Kompetenz des Familienrichters fehle es an einer eindeutigen Ermächtigungsgrundlage. Die einzig in Frage kommende Vorschrift (§ 1666 Abs. 1, 3 BGB) stelle lediglich eine Eingriffsgrundlage gegenüber handlungsunfähigen bzw. –unwilligen Eltern dar. Öffentliche Hilfen im Sinne des § 1666a Abs. 1 BGB seien daher nur solche, die das Jugendamt im Verfahren nach § 1666 BGB konkret anbiete, andere vom Familiengericht angeordnete Hilfen entfalteten ihre Wirkung nur gegenüber den Eltern, seien aber nicht für das Jugendamt verbindlich. Sind die Eltern mit der Entscheidung des Jugend-

699 Zur Entwicklung des Streites siehe unten, Kap. B. I. 4.; eine detaillierten Übersicht zum Streitstand vor Inkrafttreten des KICK siehe außerdem bei *Röchling*, S. 106 ff, 233 ff.

700 so auch *Wapler*, RdJB 2009, 21 (30), allerdings im Sinne einer eindeutigen Ablehnung einer Anordnungskompetenz des Familienrichters.

701 *Heilmann*, hefam.de, S. 7; *ders.* in Elz, S. 89 (95, 101); *Czerner*, S. 272 f., 498; *Ostendorf/Hinghaus/Kasten*, FamRZ 2005, 1514 (1518); MünchKommBGB/*Tillmanns*, § 1 SGB VIII, Rn. 7, § 27 SGB VIII, Rn. 5; *Fellenberg* in: Lipp/Schumann/Veit, 65 (69 ff.); Staudinger/*Coester*, § 1666a, Rn. 16 ff.; Fellenberg und Coester verneinen eine Anordnungskompetenz allerdings dann, wenn das Jugendamt öffentliche Hilfen aus pädagogischen Gründen verweigert; *Johannsen/Henrich/Büte*, Familienrecht, § 1666, Rn. 69a m.w.N.

702 Siehe u.a.: *Fischer* in: Schellhorn/Fischer/Mann, §. 36a, Rn. 9; Wiesner/*Schmid-Obkirchner*, Vor § 27, Rn. 27 ff., Wiesner/*Wiesner*, § 36a, Rn. 9, 18 ff.; *Meysen*, FamRZ 2008, 562 (565 ff.); *ders.* in: Lipp/Schumann/Veit, S. 75 (80 ff.); *Mrozynski*, § 27, Rn. 22, § 36a, Rn. 4; § 50, Rn. 1; *Happe/Saurbier* in: Jans/Happe/Saurbier/Maas, § 27, Rn. 12; MünchKommBGB/*Olzen*, § 1666, Rn. 190 ff.

amts, das heißt insbesondere mit der Ablehnung einer beantragten Leistung, nicht einverstanden, müssten sie den vom Gesetzgeber hierfür vorgesehenen Verwaltungsrechtsweg beschreiten. Bei der Entscheidung über die geeignete und erforderliche Hilfe handele es sich um ein dem Jugendamt zustehendes Beurteilungsermessen, welches uneingeschränkt der verwaltungsgerichtlichen Kontrolle unterliege. Mit der Einfügung des § 36a SGB VIII durch das KICK stützen die Gegner einer richterlichen Anordnungskompetenz sich vermehrt auf diese Vorschrift, die die „Steuerungsverantwortung" des Trägers der öffentlichen Jugendhilfe regelt.

5. Der Konflikt: Ursprung und Entwicklung

Im Reichsjugendwohlfahrtsgesetz und im Jugendwohlfahrtgesetz war die Anordnungsbefugnis des Vormundschaftsgerichts klar geregelt. Gemäß § 43 RJWG konnte der Richter die Ausführung von Maßnahmen gegenüber dem Jugendamt nur mit dessen Einverständnis anordnen. Im Jugendwohlfahrtsgesetz war der Richter zusätzlich berechtigt, in Fällen, die die Regelung des Umgangs des nichtsorgeberechtigten Elternteils betrafen und in Fällen des § 1631 Abs. 2 (heute Abs. 3) BGB Maßnahmen gegenüber dem Jugendamt auch ohne dessen Einverständnis anzuordnen. Außerdem regelte das Jugendwohlfahrtsgesetz im Rahmen der Fürsorgeerziehung sowohl gemäß § 64 JWG die richterliche Anordnung der Maßnahme, als auch gemäß §§ 69, 71 JWG deren Umsetzung.[703]

Schon zu Zeiten des Reichsjugendwohlfahrtsgesetzes ging die überwiegende Meinung davon aus, dass das Einverständnis des Jugendamts eng auszulegen sei und nur aus besonderen Gründen verweigert werden dürfe.[704] Diese Ansicht wurde auch im Geltungsbereich des Jugendwohlfahrtsgesetzes überwiegend vertreten. Das Jugendamt sollte sein Einverständnis nur bei Vorliegen von besonderen Gründen verweigern können, insbesondere dann, wenn es die Maßnahme als nicht mit dem Kindeswohl vereinbar hielt. Gegen die Verweigerung des Einverständnisses sollte das Gericht Dienstaufsichtsbeschwerde einlegen können. Erst Anfang der 80er Jahre des letzten Jahrhunderts entwickelte sich langsam eine Gegenansicht, die ins-besondere von Wiesner vertreten wurde.[705]

Die Diskussion über das Verhältnis von Familiengericht und Jugendamt tauchte also erst einige Jahre vor Inkrafttreten des KJHG auf. Erst jetzt stellt sich die Frage, in welchem Verhältnis Jugendamt und Gericht zueinander stehen.

703 Wiesner/*Schmid-Obkirchner*, Vor § 27, Rn. 27.

704 *Potrykus*, § 43, Anm. 8; *Jans/Happe*, JWG 1963, § 48, Anm. 10; *Friedeberg-Polligkeit*, § 43, Anm. 10.

705 *Wiesner*, ZfJ 1981, 509 ff.

Erst jetzt taucht die Frage auf, ob das Vormundschaftsgericht das Jugendamt als Teil einer Gebietskörperschaft des öffentlichen Rechts mit der Ausführung gerichtlicher Anordnungen überhaupt betrauen kann und darf. Erst jetzt taucht die Frage auf, ob der Inhalt der Aufgaben des Jugendamts, die in Kooperation mit dem Gericht wahrzunehmen sind, durch das die Aufgaben des Jugendamts bestimmende Gesetz definiert wird oder ob der Vormundschaftsrichter diese Aufgaben delegiert. Erst jetzt stellt sich die Frage, ob die Tätigkeit des Jugendamts Hilfe für das Gericht, Hilfe für Kinder und deren Sorgeberechtigte oder Hilfe sowohl für das Gericht, als auch für die Bürger ist. Erst jetzt stellt sich die Frage, ob der Mitarbeiter des Jugendamts einerseits eine vertraulich helfende Beziehung zu seinem Klienten aufbauen kann und andererseits im Rahmen dieses Vertrauensverhältnisses bekannt gewordene Umstände an das Gericht weitergeben soll und muss.[706]

In der Begründung zur Einführung des KJHG macht der Gesetzgeber deutlich, dass sich die Aufgaben des Jugendamts als Teil der Verwaltung einer Gebietskörperschaft und damit als Träger öffentlicher Verwaltung unmittelbar aus dem Gesetz ergeben. Sind dort keine ausdrücklichen Befugnisnormen vorhanden, könne das Gericht das Jugendamt zum Tätigwerden weder ermächtigen, noch verpflichten.[707] Von der Einfügung einer solchen klarstellenden Vorschrift in das KJHG hat der Gesetzgeber aber ausdrücklich abgesehen.[708] Demnach könne es auch nicht Aufgabe des Jugendamts sein, gerichtliche Anordnungen auszuführen, es sei denn, es handele sich um ein Verpflichtungsurteil im Rahmen der gerichtlichen Kontrolle der Verwaltung innerhalb des dafür vorgesehenen Rechtsweges (z.B. § 113 Abs. 4 VwGO). Das Jugendamt könne nur im Rahmen seiner eigenen Befugnisse und Aufgaben handeln. Andernfalls käme es zu einer unzulässigen Vermischung unterschiedlicher Staatsfunktionen. Aus diesem Grund sollten alle Bestimmungen, die das Jugendamt als Ausführungsorgan des Gerichts erscheinen lassen, als eigenständige Aufgaben des Jugendamts umformuliert werden. Dies seien unter anderem die §§ 47a, 48, 48c JWG.[709]

Die Unterstützungsverpflichtung des Jugendamts wurde ursprünglich in § 43 RJWG aufgenommen, weil man das Jugendamt als am besten geeignet sah, aufgrund seiner Erfahrung und Fachkenntniss eine sachgemäße Entscheidung vorzuschlagen.[710] Welche Beweggründe den Gesetzgeber dazu veranlasst haben, dass der Richter das Jugendamt zur Ausführung von bestimmten Anordnungen mit dessen Einverständnis bestimmen konnte, geht aus der Gesetzesbegründung

706 BT-Drucks. 11/5948, S. 86.
707 BT-Drucks. 11/5948, S. 86 f.
708 BT-Drucks. 11/5948, S. 66 f.
709 BT-Drucks. 11/5948, S. 86 f.
710 Aktenstück 1666 v. 15.3.1921, Verhandlungen des Reichstages Band 366, S. 1260.

nicht hervor, zeigt jedoch den schon früh vorhandenen Willen des Gesetzgebers, Exekutive und Judikative gemeinsam die Belange von Kindern- und Jugendlichen anzuvertrauen. Dennoch wurde die Anordnungskompetenz des Richters im JWG erweitert, so dass er in bestimmten Fällen auch ohne Einverständnis des Jugendamts Maßnahmen anordnen durfte. Fest steht, dass Überlegungen zum Verhältnis von Jugendamt und Vormundschaftsgericht kaum in die Vorüberlegungen zur Novelle von 1961 einbezogen wurden und auch keine Stelle existierte, die sich mit diesen Fragen beschäftigte. Weder verfügten die Hochschulen über ausreichend Lehrstühle für Jugendrecht, noch waren adäquate Institutionen von Seiten der Politik eingerichtet. Auch das deutsche Jugendinstitut entstand erst 1961 und konnte insofern keinen Beitrag zur Novelle von 1961 leisten.[711] Das Vormundschaftsgericht konnte das Jugendamt bereits vor Inkrafttreten des JWG von 1961 in einzelnen Fällen mit der Ausführung von Anordnungen ohne dessen Einverständnis betrauen.[712] Das Verhältnis von Vormundschaftsgericht und Jugendamt war demnach nicht Gegenstand gesetzgeberischer Diskussion; erst im Zuge des Jugendhilferechtsentwurfs von 1970 wurde ausführlich auf dieses Verhältnis eingegangen und die Frage nach der gesetzlichen Regelung einer eventuellen Anordnungskompetenz aufgeworfen.

a) Das Problem der Anordnungskompetenz vor Inkrafttreten des SGB VIII

Im RJWG durfte das Vormundschaftsgericht das Jugendamt gemäß § 43 nur dann mit der Ausführung von Anordnungen betrauen, wenn das Jugendamt damit einverstanden war. Das Einverständnis durfte nach überwiegender Auffassung jedoch nur aus besonderen Gründen verweigert werden.[713]

711 *Hasenclever*, S. 197, siehe auch BT-Drucks. 3/2226, S. 24; Anlage 2 (Stellungnahme des Bundesrates), S. 38 f., interessant ist, dass der Bundesrat bereits hier vorschlägt in § 43 JWG einzufügen, dass das Jugendamt in Fällen des § 1850 Abs. 1 (Überwachung der Vormunde) das Recht auf Zutritt zu den Minderjährigen hat, insofern also das Grundrecht auf Unverletzlichkeit der Wohnung eingeschränkt wird. Diese Diskussion erlangt gerade im Falle des § 8a SGB VIII im Rahmen eines verpflichtenden Hausbesuches seitens des Jugendamts an Aktualität; Anlage 3 (Stellungnahme der Bundesregierung zu den Vorschlägen des Bundesrates), S. 45; Schriftlicher Bericht des Ausschusses für Familien- und Jugendfragen v. 23.6.1961 zu BT-Drucks. 3/2226 und 3/2854, S. 8, auch in den Sitzungen des Deutschen Bundestages und in den Protokollen des Ausschusses für Familien- und Jugendfragen wurde das Verhältnis von Familiengericht und Jugendamt nicht thematisiert, alles abgedruckt in Deutsches Jugendinstitut, Materialien zum JWG.

712 BT-Drucks. 3/2226, S. 24, abgedruckt in: Deutsches Jugendinstitut, Materialien zum JWG, S. 36.

713 Siehe oben, Kap. B, I. 5.

Dieser Grundsatz galt zunächst im JWG unverändert fort, zumal sich auch die gesetzliche Regelung nicht grundlegend veränderte, sondern zunächst lediglich die Stellung im Gesetz. Die Vormundschaftsgerichtshilfe war nun in § 48 JWG geregelt. Mit Inkrafttreten des Jugendwohlfahrtsgesetzes änderte sich im Hinblick auf die Anordnungskompetenz gegenüber dem Jugendamt, dass das Vormundschaftsgericht das Jugendamt nun nach § 48 Abs. 2 S. 2 JWG mit der Ausführung von Anordnungen nach §§ 1631 Abs. 3, 1634 Abs. 2 und 4 sowie 1711 Abs.2 S. 1 und 2 BGB auch ohne dessen Einverständnis betrauen konnte. [714] Bei allen übrigen Anordnungen war weiterhin das Einverständnis des Jugendamts erforderlich. Nach überwiegender Meinung durfte dieses jedoch nach wie vor nur aus besonderen Gründen verweigert werden.[715] Sinn und Zweck des Erfordernisses des Einverständnisses war es, dem Jugendamt ein Einspruchsrecht gegen solche Maßnahmen zu geben, die eine zu starke finanzielle Belastung für das Jugendamt darstellten, insbesondere dann, wenn der zu erwartende Erfolg im Missverhältnis zu den zu erbringenden Aufwendungen stand. Das Erfordernis des Einverständnisses wurde in solchen Fällen dem Jugendamt teilweise auch in den Fällen der Anordnungen nach §§ 1631 Abs. 2, 1634 Abs. 2 S.1 BGB a.F. zugestanden.[716]

Durch das Gesetz zur Änderung und Ergänzung des Gesetzes für Jugendwohlfahrt vom 27.6.1970[717] wurde die Vormundschaftsgerichtshilfe nicht mehr ausschließlich in § 48 JWG, sondern in den §§ 48 ff. JWG geregelt. Die vorher in § 48 Abs. 2 S. 2 JWG geregelte Problematik richterlicher Anordnungen wurde nun von § 48c JWG[718] erfasst. Vormundschaftsgericht und Jugendamt arbeiteten zwar gleichberechtigt neben- und miteinander, allerdings war das Jugendamt weiterhin an gerichtliche Weisungen gebunden.[719]

War das Verhältnis von Vormundschaftsgericht und Jugendamt zunächst relativ eindeutig, änderte sich dies mit Inkrafttreten des § 1666a BGB durch das Gesetz zur Neuregelung der elterlichen Sorge vom 1.1.1980[720]. Bereits kurz nach

714 *Jans/Happe*, JWG 1963, § 48, Anm. 9, vor der Novelle v. 1961 war auch in diesen Fällen ein Einverständnis des Jugendamts gefordert, Anm.10.

715 *Jans/Happe*, JWG 1963, § 48, Anm. 10; *Friedeberg-Polligkeit*, § 43, Anm. 10; *Potrykus*, § 43, Anm. 8.

716 *Jans/Happe*, JWG 1963, § 48, Anm. 10; diese Problematik ist nun durch § 36a SGB VIII gelöst und stellt kein Hinderniss mehr für eine mögliche Anordnungskompetenz dar.

717 BGBl. I (1970), S. 920 ff.

718 dieser galt in nur leicht veränderter Form bis zum Inkrafttreten der Kinder- und Jugendhilferechtsreform.

719 BGH v. 21.5.1954 – IV ZB 8/54 – FamRZ 1954, 219 f.

720 BGBl. I, 1061.

Inkrafttreten des § 1666a BGB entbrannte eine Diskussion über die Bedeutung dieser Norm. Die Meinungen zu dieser Vorschrift gingen weit auseinander und variierten zwischen völliger Bedeutungslosigkeit der Norm[721] über die Verpflichtung des Staates zu aktiver Hilfeleistung[722] bis hin zu einer Kompetenzerweiterung des Vormundschaftsrichters.[723] In diesem Zusammenhang entwickelte sich also der Streit um eine mögliche Anordnungskompetenz des Vormundschaftsrichters gegenüber dem Jugendamt, als dessen Hauptbefürworter sich zunächst Münder auf der einen Seite und dessen Hauptgegner sich Wiesner auf der anderen Seite herauskristallisierten. Diese unterschiedlichen Auslegungsmöglichkeiten der Norm verwundern nicht, fand doch die Vorschrift keinen Halt im weiterhin geltenden JWG. Verabschiedet wurde § 1666a BGB zu einem Zeitpunkt, zu dem ein Gesetzesvorhaben zu einem neuen Kinder- und Jugendhilferecht kurz vor der Verabschiedung stand, schließlich aber doch an der Zustimmung des Bundesrats scheiterte.[724] Es fehlte damit ein effektives Hilfesystem, auf das der Vormundschaftsrichter im Rahmen des § 1666a BGB zurückgreifen konnte. Vollendet wurde die Idee des § 1666a BGB von einer Verschränkung vormundschaftsgerichtlicher Schutzansätze mit dem System öffentlicher und privater Sozialleistungen erst mit Inkrafttreten des Kinder- und Jugendhilfegesetzes, welches die Möglichkeiten staatlicher Unterstützung in den §§ 27 ff. SGB VIII konkretisiert.[725]

aa) Befürwortung einer Anordnungskompetenz

Zum Teil wurde auch für die Fälle, in denen dem Richter keine ausdrückliche Anordnungskompetenz im Sinne des § 48c JWG zustand – also insbesondere Fälle des § 1666 BGB – angenommen, dass das nötige Einverständnis des Jugendamts auch weiterhin nur dann verweigert werden könne, wenn hierfür besondere Gründe, insbesondere solche des Kindeswohls, vorgebracht werden konnten. Für das Jugendamt bestehe eine umfassende Pflicht zur Jugendhilfeleistung, das Einverständnis sei daher eng auszulegen.[726] Insbesondere Münder

---

721 *Gernhuber*, Lehrbuch des FamR, 3. Auflage, § 49 VIII, S. 741.

722 Hier war wiederum umstritten, ob der Staat generell zur aktiven Hilfeleistung verpflichtet sei oder nur im Rahmen der bestehenden Sozialgesetze. Für ersteres: *Diederichsen*, NJW 1980, 1 (7).; *Kemper*, FamRZ 1983, 647 (648). Für das zweite: *Wiesner*, ZfJ 1981, 509 (514 f.).

723 AK-BGB/*Münder*, Anhang zu § 1666a, Rn. 8.

724 BT-Drucks. 8/4388.

725 Staudinger/*Coester*, § 1666a, Rn. 1.

726 AK-BGB/*Münder* 1981, Anhang § 1666a, Rn. 8; *Münder* u.a., FK-JWG 1988, § 48c, Punkt 5; *Jans/Happe*, JWG 1963, § 48, Anm. 10.

leitete daraus ab, dass auch das Jugendamt Adressat vormundschaftsgerichtlicher Anordnungen sein könne. Dies sei eine selbstverständliche Konsequenz aus der Neuregelung des § 1666a BGB und vom Gesetzgeber so auch gewünscht,[727] da sich die Erforderlichkeit der gebotenen Maßnahmen nicht vom Aufwand, sondern nur vom Wohl des Kindes und dem Recht der Sorgeberechtigten her bestimme.[728] Aus diesem Grund seien alle vormundschafts- und familienrechtlichen Beschlüsse vom Jugendamt umzusetzen. Zwar seien sonstige Anordnungen, insbesondere solche nach § 1666 BGB, nur mit Einverständnis des Jugendamts zu erbringen, dieses sei jedoch angesichts der ansonsten umfassenden Verpflichtung des Jugendamts eng auszulegen. Es dürfe die Ausführung der Anordnung nur bei Vorliegen besonderer Gründe, insbesondere, wenn die Maßnahme nicht mit dem Kindeswohl vereinbar sei, ablehnen.[729] Spätestens mit der Entscheidung des BVerfG vom 17.02.1982[730] sei klargestellt, dass das Gericht nicht nur den Eltern gegenüber, sondern auch Behörden der Jugendhilfe gegenüber eine Anordnungskompetenz habe.[731] Die Trennung des Kindes von seinen Eltern sei nur zulässig, wenn andere Maßnahmen nicht ausreichen, um die Gefahr für das Kind abzuwenden. Dabei könnten nur das Kindeswohl und das Elternrecht und nicht der erforderliche Aufwand bestimmend für die notwendigen Hilfen sein.[732]

Es wurde außerdem eine vermittelnde Ansicht vertreten, der zufolge eine Anordnungskompetenz des Jugendamts verneint wurde, da es an einer entsprechenden Ermächtigung des Vormundschaftsgerichts fehle. Weder § 1666a BGB noch § 48c JWG kämen als solche in Frage. Gerade § 48c JWG mache die Durchführung vormundschaftsgerichtlicher Anordnungen vom Einverständnis des Jugendamts abhängig. Dieses könne aber weder gemäß § 33 FGG erzwungen, noch eingeklagt werden.[733] Den Erziehungsberechtigten sollte aber die Möglichkeit verbleiben, einen Antrag gemäß § 1631 Abs. 2 a.F. BGB auf Unterstützung bei der Ausübung der Personensorge an das Vormundschaftsgericht zu stellen, wenn das Jugendamt die Übernahme der Leistungen ablehne. Auf Grund dessen könne der Staat die geeignete Jugendhilfemaßnahme anordnen, da er zu einer offensiven Jugendhilfe und einer aktiven Familienpolitik verpflichtet sei. Zur Umsetzung dieser Hilfemaßnahme sei das Jugendamt gemäß § 48c 2. HS JWG auch dann verpflichtet, wenn es der entsprechenden Hilfemaßnahme nicht

727 BT-Drucks. 8/2788, S. 59 f.
728 AK-BGB/*Münder* 1981, Anhang § 1666a, Rn. 9 ff.
729 *Münder u.a.*, FK-JWG 1988, § 48c, Punkt 5.
730 1 BvR 188/80 – FamRZ 1982, 567 ff..
731 *Salgo* in: du Bois, S. 156 (161).
732 BVerfG vom 17.02.1982 - 1 BvR 188/80 – FamRZ 1982, 567 (570).
733 *Rünz*, S. 141-145, 150 f.

zugestimmt hatte. Wegen des in § 1666a BGB verankerten Verhältnismäßigkeitsgrundsatzes sei das Gericht verpflichtet, die Eltern auf diese Möglichkeit hinzuweisen und darauf hinzuwirken, dass der Antrag auch gestellt werde.[734]

bb) Ablehnung einer Anordnungskompetenz

Die Gegner einer Anordnungskompetenz argumentieren seit jeher mit den verfassungsrechtlichen Grundsätzen kommunaler Selbstverwaltung und der Gewaltenteilung. Eine solche Kompetenz sei mit dem in Art. 20 Abs. 2 GG verankerten Grundsatz der Gewaltenteilung nicht zu vereinbaren. Die Anordnung und Ausführung von Hilfemaßnahmen sei ausschließlich Sache des Jugendamts und damit der Exekutive; das Vormundschaftsgericht dürfe als Judikative nicht in Kompetenzen der Exekutive eingreifen. Dies sei eine nicht gerechtfertigte Durchbrechung des Prinzips der Gewaltenteilung. Das Jugendamt als Verwaltungsbehörde sei im Rahmen der Gewaltenteilung nach Art. 20 Abs. 2 GG zur Erfüllung der ihr gesetzlich zugeordneten Aufgaben zuständig. Weder eine andere Behörde, noch ein Gericht, noch ein freier Träger sei berechtigt, in diese Kompetenz einzugreifen, es sei denn, es wäre ausdrücklich im Gesetz vorgesehen. Auch wenn das Vormundschaftsgericht materielle Verwaltung im justizförmigen Verfahren ausübe, gehöre dessen Tätigkeit dennoch zur rechtsprechenden Gewalt und dürfe nicht in die Kompetenzen der öffentlichen Verwaltung eingreifen.[735] Auch stünde die Garantie der kommunalen Selbstverwaltung einer Anordnungskompetenz des Richters gegenüber dem Jugendamt entgegen.[736] Jugendhilfe werde von den Kommunen und Kreisen als eigene Angelegenheit ausgeführt, dabei ist die kommunale Selbstverwaltung grundrechtlich durch Art. 28 GG geschützt. Es sei damit allein Sache der Kommunen, über ihre finanziellen Mittel zu bestimmen, die Organisation zu handhaben und das entsprechende Personal zur Verfügung zu stellen. Eine Anordnung des Vormundschaftsrichters stelle folglich einen Eingriff in dieses Recht dar.[737]

Außerdem sei das Jugendamt als Verwaltungsbehörde dem Vormundschaftsgericht nicht in einem hierarchischen Abhängigkeitsverhältnis untergeordnet, sondern als eigenständige Institution der Exekutive zwar zur engen Zusammenarbeit mit dem Gericht verpflichtet, jedoch keinen Weisungen des Richters unterworfen. Die gerichtliche Kontrolle der Jugendhilfe stehe ausschließlich

734 *Rünz*, S. 153 f., 156; ähnlich: *Zenz*, Kindesmisshandlung und Kindesrechte, S. 345.

735 *Wiesner*, ZfJ 1981, 509 (512 ff).

736 AGJ-Kommission, Forum Jugendhilfe 3/1984, S. 3.

737 *Wiesner*, ZfJ1981, 509 (514)

den Verwaltungsgerichten zu.[738] Des Weiteren wird eine Anordnungskompetenz wegen einer fehlenden Ermächtigungsgrundlage abgelehnt, eine solche sei weder in § 1666a BGB selbst, noch in §§ 48 S. 1 bzw. § 48c JWG zu sehen.[739]

Dass in dieser Situation keine wirklich befriedigende Lösung existierte, erkannten Befürworter und Gegner der Anordnungskompetenz. Aus diesem Grund wurde schon vor Inkrafttreten des KJHG - auch unter den Befürwortern - die Forderung laut, der Gesetzgeber müsse eine Klarstellung hinsichtlich einer Anordnungskompetenz im Rahmen der §§ 1666, 1666a BGB treffen.[740]

b) Veränderung der Problematik mit Inkrafttreten des SGB VIII

Mit Inkrafttreten des SGB VIII veränderte sich das gesamte Kinder- und Jugendhilferecht. Es wechselte von seinem eher ordnungsrechtlich geprägten Charakter nun endgültig in einen unbestrittenen Angebotscharakter. Diese bahnbrechenden Veränderungen machten auch vor der Diskussion um eine mögliche Anordnungskompetenz nicht halt. Sowohl im Gesetzgebungsverfahren, als auch in Literatur und Rechtsprechung wurde und wird diese Thematik kontrovers diskutiert.

Mit Inkrafttreten des SGB VIII flammte die Diskussion erneut auf. Sie wurde nun in erster Linie von Coester angeführt, der die Frage nach der Anordnungskompetenz im Bezugsrahmen des SGB VIII weiterhin für bedeutungsvoll hielt. Der „fehlende Unterbau" des § 1666a BGB werde nun durch das im SGB VIII „entfaltete Netz gesellschaftlicher und öffentlicher Leistungen" konkretisiert.[741] Zwar betone das Gesetz in § 50 SGB VIII die eigenständige Aufgabe des Jugendamts, andererseits seien Familiengericht und Jugendamt gemeinsam zur Wahrnehmung des staatlichen Wächteramts verpflichtet. Durch die vom Gesetzgeber in § 1666a BGB angeordnete Verschränkung gerichtlicher Schutzmaßnahmen mit dem System der Jugendhilfe werde deutlich, dass das Prinzip der Gewaltenteilung kein ausreichendes Argument für das Jugendamt sein könne, Leistungsanordnungen des Vormundschaftsgerichts abzuwehren. Lediglich Maßnahmen, die in Ermessensbereiche der Verwaltung eingreifen, dürfe der Richter nicht verbindlich anordnen. Gewähre das Gesetz aber dem Kind oder

738 *Wiesner*, ZfJ1981, 509 (513); soweit Röchling hier *Franz*, FamRZ 1982, 349 (351) zitiert stimmt das so nicht. Dieser sagt lediglich, dass das Jugendamt in Wahrnehmung eigener Angelegenheiten tätig wird, soweit ihm gesetzlich konkrete Aufgaben zugewiesen sind.

739 *Wiesner*, ZfJ1981, 509 (513 f.); *Hinz*, NJW 1983, 377 (378), der sich aber für die Einführung einer gesetzlich verankerten Anordnungskompetenz ausspricht.

740 *Zenz*, Kindesmisshandlung und Kinderrechte, S. 345, 357 f.

741 *Coester*, FamRZ 1991, 253 (259).

dem Personensorgeberechtigten einen Rechtsanspruch auf Leistung, könne der Richter die Tatbestandsvoraussetzungen eigenverantwortlich überprüfen und gegebenenfalls auch gegenüber dem Jugendamt anordnen. Auch Soll-Vorschriften begründen eine Regelverpflichtung, so dass die Kompetenz des Vormundschaftsrichters erst bei Kann-Vorschriften ende, da hier in das Ermessen der Behörde eingegriffen werde. Insbesondere die Leistungsvorschriften der §§ 27 ff. SGB VIII seien jedoch Regelverpflichtungen der öffentlichen Träger. Eine gerichtliche Leistungsanordnung greife deswegen nicht in Verwaltungsfreiräume ein, sondern konkretisiere lediglich eine bereits bestehende Handlungsverpflichtung.[742] Dies gelte insbesondere, da Gericht und Jugendamt gemeinsam der staatlichen Wächteraufgabe gemäß Art. 6 Abs. 2 S. 2 GG verpflichtet sind.[743] Des Weiteren begründe der Vorrang der öffentlichen Hilfen gemäß § 1666a BGB aufgrund des Sachzusammenhangs eine Zuständigkeit des Vormundschaftsgerichts (bzw. ab 1.7.1998 des Familiengerichts). Dieses sei zur Anordnung von Leistungen der Kinder- und Jugendhilfe gegenüber dem Jugendamt berufen, wie andere Gerichte gegenüber anderen Behörden. Es sei mit dem Verhältnismäßigkeitsgrundsatz unvereinbar, einschneidendere Maßnahmen zu ergreifen, solange die Anordnung einer erzieherischen Hilfe ein geeignetes, milderes Mittel darstelle[744] Die Letztentscheidungskompetenz müsse dem Familiengericht als sachnäherem Gericht zukommen, schließlich begründe § 1666 Abs. 1 BGB nicht nur eine Entscheidungsbefugnis, sondern auch ein Auswahlermessen. Bekräftigt werde diese Auffassung durch § 1666a BGB, der eine Trennung des Kindes von der Familie nur vorsieht, „wenn der Gefahr nicht auf andere Weise, auch nicht durch öffentliche Hilfen begegnet werden kann“. Indirekt werde damit eine Verpflichtung zur Umsetzung der vom Familiengericht für erforderlich gehaltenen Jugendhilfemaßnahmen aufgestellt. Da die Judikative über die Einhaltung der Rechtsregeln wache, läge auch kein Eingriff in die Gewaltenteilung vor.[745]

Ganz anders beurteilt Münder die Situation nach Inkrafttreten des SGB VIII. Während dieser vorher ein vehementer Vertreter einer richterlichen Anordnungskompetenz war, lehnte er nach Inkrafttreten des SGB VIII und damit mit Wegfall der Ermächtigungsgrundlage des § 48c JWG eine derartige Kompetenz ab. Die Erbringung von Leistungen läge in der alleinigen Aufgaben- und Entscheidungskompetenz des Jugendamts. Für eine Anordnungskompetenz fehle es an der gesetzlichen Grundlage, diese sei auch nicht in § 1666 BGB zu sehen, da

742 *Coester*, FamRZ 1991, 253 (260); MünchKommBGB/*Hinz*, 3. Auflage, § 1666, Rn. 53

743 *Coester*, FamRZ 1991, 253 (260).

744 MünchKommBGB/*Hinz*, 3. Auflage, § 1666, Rn. 53.

745 *Ostendorf/Hinghaus/Kasten*; FamRZ 2005, 1514 (1518); ähnlich: *Heilmann*, hefam.de, S. 6.

dies lediglich eine Eingriffsgrundlage gegen handlungsunwillige und –unfähige Eltern darstelle.[746] Der Familienrichter müsse den Eltern zunächst das Aufenthaltsbestimmungsrecht entziehen. Dies beinhalte allerdings nicht automatisch das Recht, öffentliche Hilfen in Anspruch zu nehmen. Vielmehr müsse das Gericht zusätzlich einen Pfleger mit dem Aufgabenkreis bestellen, Hilfen zur Erziehung in Anspruch zu nehmen. Dieser Pfleger sollte eine Person außerhalb des Wirkungskreises des Jugendamts sein (wie § 1791b BGB es auch vorsieht) und nicht das Jugendamt selbst, um eine (weitere) Rollenvermischung zu vermeiden.[747]

Die Gegner der Anordnungskompetenz berufen sich weiterhin auf die verfassungsrechtlichen Grundsätze kommunaler Selbstverwaltung[748] und der Gewaltenteilung.[749] Eine Anordnungskompetenz führe zur Schaffung hierarchischer Strukturen, also einer Unterordnung des Jugendamts unter das Familiengericht. Hierdurch verschließe man die Augen vor den tatsächlichen Schwierigkeiten, die im Verhältnis Familiengericht und Jugendamt bestehen und verhindere damit eine konstruktive Qualifizierung der Zusammenarbeit.[750] Des Weiteren maße sich das Familiengericht, indem es den Anspruch der Eltern gegenüber dem Jugendamt umsetzt, verwaltungsgerichtliche Kompetenzen an. Dies gelte auch in solchen Konstellationen, in denen das Jugendamt gegen den Willen der Eltern eine familienunterstützende Maßnahme ins Auge fasst und aus diesem Grund einen Antrag auf Ersetzung der Einwilligung beim Familiengericht beantragt. Ist das Familiengericht aber entgegen der Ansicht des Jugendamts der Meinung, eine familienersetzende Maßnahme sei erforderlich und überträgt sorgerechtliche Befugnisse der Eltern deswegen auf einen Pfleger, stelle dies einen Übergriff in die verwaltungsgerichtliche Zuständigkeit dar, wenn es zusätzlich die Gewährung einer stationären Hilfe anordnet. Die gerichtliche Kontrolle der Jugendhilfe stehe ausschließlich den Verwaltungsgerichten zu.[751] Es stehe dem Familiengericht frei, das Antragsrecht der Eltern auf einen Pfleger zu übertragen, der dann den Verwaltungsrechtsweg beschreiten könne.[752] Eine solche

746 *Münder u.a.*, FK-SGB VIII, 2. Auflage, § 50, Rn. 13; *Münder u.a.*, FK-SGB VIII, 4. Auflage, § 50, Rn. 28.

747 *Münder*, FPR 2003, 280 (284).

748 AGJ-Kommission, Forum Jugendhilfe 3/1984, S. 3; Wiesner/*Wiesner*, § 36a, Rn. 8.

749 Wiesner/*Schmid-Obkirchner*, Vor § 27, Rn. 31, Wiener/*Wiesner*, § 36a, Rn. 7; *Schmid-Obkirchner* in: Münder/Wiesner/Meysen, Handbuch KJHR, Kap. 3.8., Rn. 10; *Meysen* in: FK-SGB VIII, § 36a, Rn. 9.

750 *Meysen* in: Lipp/Schumann/Veit, 74 (88).

751 GK-SGB VIII/*Häbel*, § 27, Rn. 57, *Schmid-Obkirchner* in: Münder/Wiesner/Meysen, Handbuch KJHR, Kap. 3.8., Rn. 9; Wiesner/*Wiesner*, § 36a, Rn. 22.

752 Wiesner/*Wiesner*, SGB VIII (2006), § 36a, Rn. 22; *Münder*, FPR 2003, 280 (284).

Kompetenz widerspreche auch der für eine effektive Zusammenarbeit zwischen Eltern und Jugendamt nötigen Basis der Freiwilligkeit.[753]

Eine Anordnungskompetenz scheitere im Übrigen an einer fehlenden Ermächtigungsgrundlage; § 1666a BGB könne als solche nicht herangezogen werden.[754] Schon vor Inkrafttreten des SGB VIII wurde aber - auch unter den Befürwortern einer Anordnungskompetenz - die Forderung laut, es müsse vom Gesetzgeber eine Klarstellung hinsichtlich einer Anordnungskompetenz im Rahmen des § 1666 BGB getroffen werden.[755] Dies wird auch im Gesetzgebungsverfahren zum KJHG deutlich. Trotz der Forderungen über eine Klarstellung bzgl. einer Anordnungskompetenz wurde im Gesetzgebungsverfahren davon abgesehen, eine konkrete Ermächtigungsgrundlage in das KJHG einzufügen.[756] Der Bundesrat hatte in seiner Stellungnahme erkannt, dass es einer Anordnungskompetenz bedarf, um die Umsetzung des staatlichen Wächteramts optimal zu gewährleisten, und die Bundesregierung ausdrücklich angeregt, eine entsprechende Ermächtigungsgrundlage in das KJHG einzufügen;[757] eine solche erkennt der Bundesrat nämlich nicht im Regierungsentwurf zum KJHG. Damit werde deutlich, so die Gegner einer Anordnungskompetenz, dass auch in den §§ 1666, 1666a BGB keine entsprechende Ermächtigungsgrundlage gesehen werden könne[758] Die Tatsache, dass die Bundesregierung die Kritik aufnimmt, im weiteren Verfahren aber nicht mehr darauf zurückkommt, bedeute automatisch, dass der Vormundschafts-/ Familienrichter auf Eingriffe in die Personensorge beschränkt bleibe und ausschließlich das Jugendamt über das Ob und Wie der Hilfemaßnahmen entscheide.[759] Die Befürworter einer Anordnungskompetenz erkennen jedoch in den §§ 1666, 1666a BGB eine Ermächtigungsgrundlage, die den Familienrichter zu Anordnungen gegenüber dem Jugendamt berechtigt. Dass im Gesetzgebungsverfahren trotz der Forderungen über eine Klarstellung bezüglich einer Anordnungskompetenz davon abgesehen wurde, eine konkrete Ermächtigungsgrundlage in das KJHG einzufügen, bedeute nicht automatisch, dass die §§ 1666, 1666a BGB nicht als Ermächtigungsgrundlage gesehen werden dürfen. Auch, dass die Bundesregierung die Kritik aufnimmt, im weiteren Verfahren aber nicht mehr darauf zurückkommt, bedeute nicht automatisch, dass der Vormundschafts-/ Familienrichter auf Eingriffe in die Personensorge beschränkt

753 GK-SGB VIII/*Häbel*, § 27, Rn. 57.

754 Wiesner/*Schmid-Obkirchner*, Vor § 27, Rn. 29; *Fischer* in: Schellhorn/Fischer/Mann, § 36a, Rn. 9.

755 *Zenz*, Kindesmisshandlung und Kinderrechte, S. 345, 357 f.

756 BT-Drucks. 11/5948, S. 86 f.

757 BT-Drucks. 11/5948, S. 130.

758 *Miehe* in: Festschrift für Fenge, S. 442, *Röchling*, ZfJ1999, 197 (202).

759 *Miehe* in: Festschrift für Fenge, S. 442.

bleibe und ausschließlich das Jugendamt über das Ob und Wie der Hilfemaßnahmen entscheidet.[760] Vielmehr könne das Schweigen auch bedeuten, dass mit §§ 1666, 1666a BGB eine geeignete Ermächtigungsgrundlage bereits vorliege, es einer weiteren im Rahmen des KJHG nicht mehr bedürfe.[761]

c) Neue Impulse zum Thema Anordnungskompetenz durch Inkrafttreten des KICK, insbesondere durch Einführung des § 36a SGB VIII?

Wie die vorstehenden Überlegungen zeigen, ist und war umstritten, ob dem Familien- bzw. Vormundschaftsgericht eine Anordnungskompetenz im Rahmen des § 1666 BGB gegenüber dem Jugendamt zusteht oder nicht. Mit der Einführung des § 36a SGB VIII[762] zur Steuerverantwortung des Jugendamts hat diese Diskussion neuen Zündstoff bekommen. Nun stellt sich die Frage, ob die Einführung des § 36a SGB VIII durch das KICK tatsächlich neue Aspekte hinsichtlich einer Anordnungskompetenz des Familienrichters gegenüber dem Jugendamt ins Spiel bringt oder ob insofern ‚alles beim Alten bleibt'.

aa) Gesetzgebungsverfahren und Regelungsgehalt des § 36a SGB VIII

Die Vorschrift des § 36a SGB VIII soll der Verbesserung der fachlichen und wirtschaftlichen Steuerungskompetenz des Jugendamts dienen. Die in der kommunalen Praxis geäußerten Bedenken, die Jugendämter würden als bloße Zahlstelle für selbst beschaffte oder vom Familiengericht bzw. Jugendamt angeordnete Leistungen missbraucht, sollten ausgeräumt werden.[763] Deswegen sei mit Blick auf knappe Kassen zu beachten, dass die Leistungen der Jugendhilfe gezielt den Kindern und Jugendlichen zugutekommen, die sie am dringendsten benötigen. Gleichzeitig sollte die Selbstbeschaffung von Leistungen auf Kosten der Jugendhilfe durch die Vorschrift erschwert werden.[764] Das Jugendamt dürfe nicht darauf reduziert werden, reiner Kostenträger zu sein, sondern müsse in erster Linie Leistungsträger bleiben.[765]

Gemäß § 36a SGB VIII ist die Erbringung von Hilfen ohne vorherige Entscheidung des Jugendamts grundsätzlich nicht mehr möglich. Während im Refe-

760 So sieht das aber *Miehe* in: Festschrift für Fenge, S. 442

761 so auch: MünchKommBGB/*Hinz*, 3. Auflage, § 1666, Rn. 53.

762 Am 1.10.2005 in Kraft getreten durch das Gesetz zur Weiterentwicklung der Kinder – und Jugendhilfe (Kinder- und Jugendhilfeweiterentwicklungsgesetz – KICK) v. 8.9.2005, BGBl. I, S. 2729.

763 BT-Drucks. 15/3676, S. 26; GK-SGB VIII/*Fieseler*, § 36a, Rn. 1.

764 *Fischer* in: Schellhorn/Fischer/Mann, § 36a, Rn. 1, 3.

765 BVerfG v. 28.9.2000 – 5 C 29/99 – ZfJ 2001, 310 (312); BT-Drucks. 15/3676, S. 26.

rentenentwurf zum Tagesbetreuungsausbaugesetz noch vorgesehen war, dass dieser Grundsatz auch in solchen Fällen gelte, in denen Eltern oder Jugendliche vom Gericht zur Inanspruchnahme von Hilfeleistungen verpflichtet werden, fehlen derartige Aussagen zum Verhältnis von Jugendamt und Familien- bzw. Jugendgericht im späteren Regierungsentwurf.[766] Da die Bestimmung zum Teil heftige Kritik erfuhr, wurde der Vorschlag – wohl auf fachpolitischen Druck hin – wieder zurückgezogen.[767] In der Fassung des Regierungsentwurfs fehlen dann auch sämtliche Bezüge zum Familiengericht und zum Jugendrichter.[768] Im Gesetzgebungsverfahren[769] wurde § 36a SGB VIII zurückgestellt, um die ansonsten erforderliche Zustimmung des Bundesrats zu umgehen. Die Streichung des betreffenden Absatzes war jedoch wiederholt gerügt worden.[770] Nachdem dieser Teil des Gesetzesentwurfs also zunächst zurückgestellt wurde, ist er mit dem KICK mittlerweile aber verabschiedet worden,[771] so dass der Grundsatz nach § 36a Abs. 1 S. 1 2. HS SGB VIII nun auch dann gilt, wenn Eltern durch das Familiengericht bzw. Jugendliche durch den Jugendrichter zur Inanspruchnahme von Hilfen verpflichtet werden.[772]

Wie im Gesetzgebungsverfahren deutlich wird, war die Einführung des § 36a SGB VIII ins-besondere in Hinblick auf dessen Aussage zum Verhältnis von öffentlicher Jugendhilfe und Familiengericht bzw. Jugendrichter sehr umstritten. Auch ein Blick auf die Systematik des SGB VIII zeigt, dass sich die Vorschrift in Bezug auf den Aussagegehalt zum Verhältnis der beiden Institutionen systematisch nicht in die §§ 36 ff. einfügt. Vielmehr wäre § 36a Abs. 1, 2.

766 BT-Drucks. 15/3676, S. 13; *Meysen*, FamRZ 2008, 562 (563).

767 *Ostendorf/Hinghaus/Kasten*, FamRZ 2005, 1514 (1517); *Ostendorf*, ZJJ 2004, 294 ff.; teilweise wird durch § 36a SGB VIII sogar die richterliche Unabhängigkeit für verletzt erklärt (vgl. AG Eilenburg v. 23.01.2006 – 11 Ls 254 Js 66216/05 – ZJJ 2006, 85 ff.), mittlerweile jedoch vom BVerfG verneint: BVerfG v. 11.1.2007 – 2 BvL 7/06 – ZJJ 2007, 213-216.

768 In der Fassung des Regierungsentwurfs lautete § 36a SGB VIII: „Werden Leistungen ohne eine Entscheidung des Trägers der öffentlichen Jugendhilfe über die Gewährung im Einzelfall erbracht oder ohne Feststellung des Hilfebedarfs durch den Träger der öffentlichen Jugendhilfe vom Leistungsberechtigten selbst beschafft, so ist der Träger der öffentlichen Jugendhilfe zur Übernahme der Kosten nur verpflichtet, wenn die Deckung des Bedarfs keinen zeitlichen Aufschub duldet und der Träger der öffentlichen Jugendhilfe unverzüglich über die Leistungserbringung unterrichtet wird.“ BT-Drucks. 15/3676.

769 Siehe: Beschlussempfehlung des Ausschusses für Familie, Senioren, Frauen und Jugend, BT-Drucks. 15/4045, S. 7.

770 *Sauter* in: FSFJ-Ausschuss des deutschen Bundestages, Wortprotokoll 15/40, S. 58.

771 *Ostendorf*, ZfJ 2005, 415 (423).

772 Wiesner/*Wiesner*, § 36a, Rn. 1.

HS SGB VIII im Bereich der §§ 27 ff. oder 50 ff. SGB VIII zu verorten gewesen.[773]

§ 36a Abs. 1 SGB VIII normiert den „Grundsatz der Unzulässigkeit der Selbstbeschaffung“ und damit auch den „Grundsatz des Entscheidungsprimats des Jugendamts“.[774] Der Leistungsberechtigte darf sich öffentliche Hilfen nur dann selbst beschaffen, wenn der öffentliche Träger der Jugendhilfe nicht rechtzeitig in der Lage war, die Leistung zur Verfügung zu stellen, die Bedarfsdeckung keinen Aufschub bis zu dessen Entscheidung duldet oder er die Leistung zu Unrecht ablehnt (vgl. § 36a Abs. 3 SGB VIII).[775] Die Kosten einer Leistung werden vom Jugendamt demnach nur dann getragen, wenn es den Hilfeprozess von Anfang an steuert, es also vor Beginn der Hilfemaßnahme auf Grundlage des SGB VIII und des darin vorgesehenen Verfahrens über die Tauglichkeit und Erforderlichkeit der Hilfe entschieden hat.[776] Dies ist nach § 36a Abs. 1 S. 1 2. Hs. SGB VIII auch dann der Fall, wenn die Eltern durch das Familiengericht zur Inanspruchnahme von Hilfen verpflichtet werden.

Entscheidungsprimat des Jugendamts bedeutet aber nicht, dass einzig und allein das Jugendamt über geeignete Hilfemaßnahmen entscheiden darf.[777] Dies gilt vielmehr nur solange das Gericht noch nicht eingeschaltet ist. Sobald das Gericht von einer Kindeswohlgefährdung Kenntnis erlangt, hat es die Möglichkeit (und ist aufgrund des Verhältnismäßigkeitsprinzips zunächst auch gehalten) die Eltern zu verpflichten, bestimmte Hilfemaßnahmen in Anspruch zu nehmen. Dabei kommt dem Gericht in Bezug auf die konkrete Maßnahme ein Auswahlermessen zu, das Entscheidungsprimat des Jugendamts erlischt. Bestünde noch in diesem Stadium ein Entscheidungsprimat des Jugendamts, könnte das Gericht nicht mehr darüber befinden, welche Maßnahme im Einzelfall die geeignete ist; das würde den Kindesschutz in einem Maße einschränken, der weder politisch noch gesellschaftlich so gewollt sein kann.[778]

Gemäß § 36a Abs. 2 SGB VIII soll der Träger der öffentlichen Jugendhilfe abweichend von Absatz 1 die niedrigschwellige unmittelbare Inanspruchnahme von ambulanten Hilfen zulassen. Gemeint ist damit insbesondere die Erziehungsberatung, aber auch die soziale Gruppenarbeit und die sozialpädagogische Familienhilfe, die Erziehungsbeistandschaft bzw. der Betreuungshelfer. Dazu

773 Es könnte der Eindruck erweckt werden, die Vorschrift sei im Zuge des KICK in das SGB VIII „eingeschmuggelt“ worden.

774 Wiesner/*Wiesner*, § 36a, Rn. 13; *Schmid-Obkirchner* in: Münder/Wiesner/Meysen, Handbuch KJHR, Kap. 3.8, Rn. 3.

775 GK-SGB VIII/*Fieseler*, § 36a, Rn. 4.

776 *Schmid-Obkirchner* in: Münder/Wiesner/Meysen, Handbuch KJHR, Kap. 3.8, Rn. 2.

777 So aber: Wiesner/*Wiesner*, § 36a, Rn. 12 ff.

778 *Heilmann*, hefam.de, S. 5 f.

soll er mit den Leistungserbringern Vereinbarungen schließen, in denen die Voraussetzungen und die Ausgestaltung der Leistungserbringung sowie die Übernahme der Kosten geregelt werden. Abs. 2 S. 1 verpflichtet den Träger der öffentlichen Jugendhilfe, den Leistungsberechtigten die unmittelbare Inanspruchnahme von ambulanten Hilfen grundsätzlich zu ermöglichen, wenn mit den Leistungserbringern eine vertragliche Vereinbarung besteht. Das Jugendamt darf die Übernahme der Kosten dann nicht davon abhängig machen, ob die Voraussetzungen des Abs. 1 vorliegen.[779] Das muss dann aber auch für vom Familiengericht angeordnete Leistungen gelten. Ordnet das Gericht in einem Verfahren nach § 1666 BGB also eine niedrigschwellige Hilfe an, zu der es eine Vereinbarung mit einem Leistungserbringer gibt, so darf das Jugendamt die Erbringung dieser Leistung nicht verweigern. In diesen Fällen ist die Anordnung des Familiengerichts auch gegenüber dem Jugendamt verbindlich. Bekräftigt wird diese Auffassung durch das Gesetz zur Erleichterung familiengerichtlicher Maßnahmen bei Gefährdung des Kindeswohls. Schließlich gehörten zu den Hauptzielen des KiWoMaG die frühere Anrufung des Gerichts und die Anordnung niedrigschwelliger Maßnahmen durch das Familiengericht. Dieses wird nun in die Lage versetzt, nicht nur bei einer bestehenden, sondern bereits bei einer möglichen Kindeswohlgefährdung aktiv zu werden. Schließlich wurde das Gesetz vor dem Hintergrund verabschiedet, dass rechtzeitige Prävention das beste Mittel zum Schutz von Kindern und Jugendlichen ist.[780]

§ 36a Abs. 3 SGB VIII garantiert schließlich einen nachträglichen Aufwendungsersatzanspruch, wenn das Jugendamt vor der Selbstbeschaffung über den Hilfebedarf informiert wurde, eine Antragsberechtigung vorlag, die Leistung zum Zeitpunkt der Selbstbeschaffung unaufschiebbar und ein Abwarten nicht zumutbar war bzw. gegen die Ablehnung der Hilfe Rechtsmittel eingelegt wurde.[781]

bb) Entwicklungen und Neuerungen bzgl. der richterlichen Anordnungskompetenz?

Teilweise wird proklamiert, mit Einführung des § 36a SGB VIII bestehe das Problem einer Anordnungskompetenz nicht mehr, da diese Vorschrift klarstelle, dass das Familiengericht nicht befugt sei, Anordnungen gegenüber dem Jugend-

779 Wiesner/*Wiesner*, § 36a, Rn. 38.

780 BR-Drucks. 550/07, S: 4; Abschlussbericht v. 17. November 2006, bmj.bund.de, S. 3, 26; *Veit* in: Lipp/Schumann/Veit, S. 2; *Salgo*, ZKJ 2006, 531 (532).

781 *Schmid-Obkirchner* in: Münder/Wiesner/Meysen, Handbuch KJHR, Kap. 3.8, Rn. 5.

amt zu treffen.[782] Teilweise wird jedoch gerade in Frage gestellt, ob § 36a SGB VIII eine derartig deutliche Regelung bezüglich der Anordnungskompetenz treffe[783].

Wichtigstes Argument der Gegner einer Anordnungskompetenz ist und bleibt demnach auch nach Inkrafttreten des KICK, dass das Jugendamt als Verwaltungsbehörde im Rahmen der Gewaltenteilung nach Art. 20 Abs. 2 GG zur Erfüllung der ihr gesetzlich zugeordneten Aufgaben zuständig sei. Weder eine andere Behörde, noch ein Gericht, noch ein freier Träger sei berechtigt, in diese Kompetenz einzugreifen,[784] mit der Ausnahme, er wäre ausdrücklich durch Gesetz dazu ermächtigt;[785] eine solche Ermächtigungsgrundlage existiere aber nicht. Das Familiengericht wache zur Gewährleistung des Kindeswohls nur über das Verhalten der Eltern, nicht dagegen über das Verhalten des Jugendamts. Dem Jugendamt stehe auch in den Fällen der §§ 27 ff. SGB VIII ein Auswahlermessen zu,[786] Es sei einzig und allein Aufgabe der Verwaltungsgerichte, das Auswahlermessen des Jugendamts auf Ermessensfehler zu überprüfen.[787] Die Verfassung kenne insofern keine Aufgabenverteilung, bei der das Gericht anstelle der Behörde Entscheidungen treffe, deren Vollzug aber dem Jugendamt überlasse.[788] Zusätzlich stützen sich die Gegner nun auf § 36 Abs. 1 S. 1 2. HS SGB VIII. Nach Wiesner ist das Problem der Anordnungskompetenz mit Einführung des § 36a SGB VIII obsolet geworden. Abs. 1 stelle die Funktionen von Jugendhilfe und Familiengericht insofern klar, als dass der Grundsatz des Entscheidungsprimats des Jugendamts auch im Verhältnis zum Familiengericht gelte. Damit werde ausdrücklich geklärt, dass das Familiengericht gegenüber dem Ju-

---

782 Wiesner/*Wiesner*, § 36a, Rn. 18; *ders.*, § 36a SGB VIII im Kontext des KICK, jgh-dresden.de, S. 2 f.; *Schmid-Obkirchner* in: Münder/Wiesner/Meysen, Handbuch KJHR, Kap. 3.8, Rn. 8; Kunkel in: LPK-SGB VIII, § 36, Rn. 22, § 36a Rn. 4; *Münder u.a.*, FK-SGB VIII (2006), § 36a, Rn. 17; *Meysen* in: FK.SGB VIII, § 36a, Rn. 17; DIJuF-Rechtsgutachten, JAmt 2006, 26 f.

783 Staudinger/*Coester*, § 1666a, Rn. 15; MünchKommBGB/*Tillmanns*, § 36a SGB VIII, Rn. 3; *Fischer* in: Schellhorn/Fischer/Mann,§ 36a, Rn.1, 8, der jedoch im Ergebnis eine Anordnungskompetenz des Familienrichters auch ablehnt; für eine Entscheidungsprimat: Palandt/*Diederichsen*, Einf. vor § 1626, Rn. 19.

784 *Schmid-Obkirchner* in: Münder/Wiesner/Meysen, Handbuch KJHR, Kap. 3.8, Rn. 9.

785 *Meysen* in: FK-SGB VIII, § 36a, Rn. 9; Wiesner/*Wiesner*, § 36a,Rn. 7.

786 Zu der Frage, ob dem Jugendamt bei Entscheidungen gem. §§ 27 ff. SGB VIII ein Auswahlermessen zusteht oder ob es sich um gebundene Entscheidungen handelt, siehe Kap. B. II. 1. a).

787 So bereits: *Happe*, Jugendwohl 1994, 92 (95, 96).

788 *Wiesner*, § 36a SGB VIII im Kontext des KICK, jgh-dresden.de, S. 2 f.

gendamt nicht berechtigt sei, Hilfemaßnahmen anzuordnen.[789] Durch die Einführung des § 36a SGB VIII habe der Gesetzgeber bislang noch bestehende Zweifel an der Alleinzuständigkeit des Jugendamts ausgeräumt; der Streit um eine Anordnungskompetenz sei endgültig beendet.[790] Während Kunkel noch vor Einführung des § 36a SGB VIII eine Anordnungskompetenz des Richters mit Bindungswirkung gegenüber dem Jugendamt in den Fällen annahm, in denen sowohl das Jugendamt, als auch der Personensorgeberechtigte eine Hilfe zur Erziehung ablehnte,[791] negiert er nun die Bindungswirkung einer Anordnung gegenüber dem Jugendamt. Dies ergebe sich aus dem durch das KICK eingeführten § 36a SGB VIII. Dieser verhindere zwar nicht grundsätzlich, dass es unterschiedliche Entscheidungen von Richter und Behörde geben könne, er regele aber explizit, dass das Jugendamt diese „Kuckuckseier im Nest der Jugendhilfe" nicht zu bezahlen habe.[792]

Korrekterweise enthält § 36a I 1 2. Hs. SGB VIII keine Aussage über das Verhältnis zwischen Behörde (Jugendamt) und Justiz (Familiengericht). Die Vorschrift stellt lediglich klar, dass der Träger der öffentlichen Jugendhilfe die Kosten für eine Hilfeleistung nur dann trägt, wenn sie auf Grundlage seiner Entscheidung getroffen worden ist, auch im Falle einer Verpflichtung der Eltern oder des Jugendlichen durch den Richter. Bei der Vorschrift handelt es sich also in erster Linie um eine Kostentragungsregel, die nicht generell die Möglichkeit einer Anordnungskompetenz des Familienrichters gegenüber dem Jugendamt verneint. Sie besagt zunächst nur, dass das Jugendamt die Kosten für die angeordnete Maßnahme dann nicht trägt, wenn die Maßnahme nicht Grundlage der Entscheidung des Jugendamts war.[793] Abgesehen davon gilt die „Steuerungsverantwortung" des Trägers der öffentlichen Jugendhilfe nicht für „niedrigschwellige" ambulante Hilfen.[794] Das Gesetz regelt lediglich die Kostenverteilung zwischen Sozial- und Justizkasse, es trifft keine Aussage zum Verhältnis von Familiengericht und Jugendamt. Auch das Bundesverfassungsgericht hält die Auslegung des § 36a SGBVIII als reine „Kostenvorschrift" für eine „nahe liegende Möglichkeit".[795]

---

789 Wiesner/*Wiesner*, § 36a, Rn. 18; so auch: *Schmid-Obkirchner* in: Münder/Wiesner/Meysen, Handbuch KJHR, Kap. 3.8, Rn. 8.

790 *Werner* in: Jans/Happe/Saurbier/Maas, § 36a, Rn. 12.

791 *Kunkel* in: LPK-SGB VIII, 2. Auflage, § 36, Rn. 18.

792 *Kunkel* in: LPK-SGB VIII, § 36, Rn. 22, § 36a, Rn. 4.

793 Staudinger/*Coester*, § 1666a, Rn. 15; so auch: *Fischer* in: Schellhorn/Fischer/Mann, § 36a, Rn. 8.

794 Staudinger/*Coester*, § 1666a, Rn. 15.

795 BVerfG v. 11.01.2007 - 2 BvL 7/06 – JAmt 2007, 211 (214).

Die Einführung des § 36a SGB VIII durch das KICK brachte also keine konkreten Neuerungen bezüglich einer Anordnungskompetenz des Familienrichters; es wurde auch keine entsprechende Vorschrift in das SGB VIII eingefügt.[796] Die Frage nach der Anordnungskompetenz des Familienrichters gegenüber dem Jugendamt wird durch § 36a SGB VIII nicht obsolet und bleibt nach Inkrafttreten des KICK in Literatur und Rechtsprechung weiterhin ein Streitthema.

d) Stimmen der Rechtsprechung

Die Bedeutung des Streits in der Literatur schlägt sich in der Rechtsprechung weniger deutlich nieder. Tatsächlich sind nur wenige Urteile bekannt, die sich mit der Problematik der Anordnungskompetenz auseinander setzen. Höchstrichterliche Rechtsprechung existiert nicht. Ob das daran liegt, dass in den meisten Fällen Einvernehmen zwischen Familiengericht und Jugendamt herrscht oder zumindest im Laufe des Verfahrens hergestellt werden kann, oder daran, dass Familienrichter wegen der kontroversen Diskussion und aus Angst vor einer Verzögerung des Verfahrens von einer Anordnung absehen, lässt sich nicht abschließend beurteilen. Sicher ist es eine Kombination unterschiedlicher Faktoren. Fest steht lediglich, dass in einigen Verfahren die Situation des Kindes durch die richterliche Anordnung verschlechtert wurde,[797] in anderen Verfahren eine Anordnung die Situation des Kindes verbessert hätte.[798]

Zeitnah nach Inkrafttreten des KJHG wurden einige OLG-Entscheidungen bekannt, die die Position der Befürworter einer Anordnungskompetenz stützten.[799] Das OLG machte darin jeweils deutlich, dass das Vormundschaftsgericht im Rahmen des § 1666 BGB befugt ist, Jugendhilfemaßnahmen mit Bindungswirkung für das Jugendamt anzuordnen, wenn sie im Hinblick auf den Verhältnismäßigkeitsgrundsatz das mildere Mittel darstellen. Die Entscheidungen sind allerdings nicht nur bei den Gegnern einer Anordnungskompetenz auf Ableh-

796 Siehe BT-Drucks. 15/3676, 15/3986 und 15/4045.

797 Siehe die zusammenhängenden Verfahren OLG Frankfurt v. 11.7.2007 – 1 UF 227/05 EA I – n.v. und VG Darmstadt v. 29.8.2007 – 3 G 1267/07 – JAmt 2008, 323 ff.; HessVGH v. 6.11.2007 – 10 TG 1954/07 – JAmt 2008, 327 f.,

798 Fälle aus dem Bericht des Amtsgerichts W, Auswertung der Stellungnahmen der Landesjustizverwaltungen, Anlage „Fallschilderungen“.

799 OLG Frankfurt v. 03.11.1992 bzw. 4.8.1993 - 20 W 71/93 – DAVorm 1993, 943 ff. = Jugendwohl 1994, 94; BayOLG v. 08.12.1994 - 1Z BR 147/94 -, FamRZ 1995, 948 (949 f.), das BayOLG Gericht bejaht eine Anordnungskompetenz des Familienrichters gegenüber dem Jugendamt. Es sieht allerdings von einer Anordnung ab, da seitens des Mädchens mangelnde Bereitschaft bestand, die Hilfe anzunehmen und das Jugendamt auch keine pädagogische Perspektive in diesem Fall sah.

nung gestoßen.[800] Hauptkritikpunkt ist das Fehlen der Tatbestandsvoraussetzungen des § 1666 BGB. Für vormundschaftsgerichtliche Maßnahmen sei kein Raum, da die Eltern handlungswillig und handlungsfähig gewesen seien. Das Gericht hatte die Gewährung sozialpädagogischer Familienhilfe angeordnet, obwohl sich die Eltern vor Gericht ausdrücklich dazu bereit erklärt hatten, eine entsprechende Hilfe anzunehmen. Diese Bereitschaft hatten sie im Übrigen bereits gegenüber dem Jugendamt zu erkennen gegeben, welches die Bereitschaft der Eltern allerdings für nicht „tragfähig" bzw. „in keiner Weise mit Inhalten gefüllt" angesehen hatte.[801] Tatsächlich stößt in derartigen Fällen eine Anordnungskompetenz, hält man sie für zulässig, an ihre Grenzen. Denn liegen die Tatbestandsvoraussetzungen des § 1666 BGB nicht vor, muss der Familienrichter von Maßnahmen gleich welcher Art absehen, auch wenn diese zum Wohl des Kindes angebracht wären und sich das Jugendamt weigert, diese zu leisten. Hier wird deutlich, dass eine Anordnungskompetenz nicht die Lösung in jedem strittigen Fall ist. Inwieweit hier die Überprüfungspflicht des Familienrichters gemäß § 166 Abs. 3 FamFG zur Lösung dieses Dilemmas beiträgt, muss sich erst noch zeigen. Ob die Eltern in den vorliegenden Fällen tatsächlich handlungsfähig und –willig waren, sei dahingestellt, tatsächlich blieb die Bedeutung des Elternprimats in der bisherigen Entscheidungspraxis oft in seinem systematischen und rechtspolitischen Stellenwert zurück.[802] Erwähnt sei außerdem, dass der Richter sich nicht auf gutgemeinte Beteuerungen der Eltern einlassen muss, wenn er der Ansicht ist, dass diese zur Vermeidung von familiengerichtlichen und jugendamtlichen Maßnahmen vorgeschoben sind, von den Eltern aber nicht umgesetzt werden können.[803] Tatsächlich stellt § 1666 Abs. 1 BGB die Unwilligkeit und Unfähigkeit der Eltern alternativ nebeneinander. Zeigen die Eltern zwar den Willen, die Gefahr für das Kind abzuwenden, legt die Fallgeschichte aber das Scheitern dieser Bemühungen nahe, liegt keine Verletzung des Erziehungsprimats der Eltern vor, wenn der Familienrichter Maßnahmen nach § 1666 BGB anordnet. Gerade in Zweifelsfällen gebietet das staatliche Wächteramt, das Wohl des Kindes durch die Anordnung „niederschwelliger" Maßnahmen sicher-

800 Siehe *Dickmeis*, ZfJ 1993, 561, der in bestimmten Fällen eine Anordnungskompetenz für gegeben hält. Ob der vom OLG Frankfurt entschiedene Fall diese Voraussetzungen erfüllt, vermag er wegen fehlender Sachverhaltsdarstellung nicht zu beurteilen; Röchling, S. 233 f.; *Happe*, Jugendwohl, 1994, 94 ff.

801 AG Frankfurt v. 1.9.1992 – 40 X B 39067 – Jugendwohl1994, 92 f. (Gründe); ähnlich auch das nicht veröffentlichte Urteil des OLG Frankfurt v. 16.7.1993 – 20 W 166/93, auch hier zeigte die Mutter grds. Bereitschaft zeigte, Hilfestellung durch Dritte anzunehmen; eingehende Auseinandersetzung bei Röchling, S. 234 f.

802 Staudinger/*Coester*, § 1666, Rn. 172.

803 Staudinger/*Coester*, § 1666, Rn. 173 f.

zustellen. Die in § 166 Abs. 3 FamFG eingeführte Überprüfungspflicht des FamFG „in angemessenem Zeitabstand“ darf nicht als „Experimentierklausel“ missverstanden werden, wonach in Zweifelsfällen zunächst von Maßnahmen abzusehen ist.[804]

Ebenfalls in diesen Zeitraum fällt das Urteil des AG Kamen vom 9.11.1993.[805] Das Amtsgericht weist auf die umstrittene Rechtslage hin und stellt diese ausführlich dar. Zu einer Streitentscheidung kommt es im vorliegenden Fall nicht. Allerdings räumt das Amtsgericht selbst im Falle der Ablehnung einer Anordnungskompetenz dem (Vormundschafts-) Gericht die Befugnis ein, das jugendhilferechtliche Verfahren des Jugendamts darauf zu überprüfen, ob es sein Auswahlermessen erkannt und beachtet sowie die notwendigen Verfahrensschritte eingehalten hat.

In den folgenden Jahren wurde es auf gerichtlicher Ebene ruhig um die Problematik der Anordnungskompetenz. Erst nach Inkrafttreten des KICK 2005 wurden wieder vermehrt Fälle bekannt, die diese Problematik im Zusammenhang mit dem neu eingeführten § 36a SGB VIII thematisieren, wenn sie auch nicht so deutlich zugunsten einer Anordnungskompetenz Stellung nehmen, wie es die Urteile der 90er Jahre taten. Bezeichnend ist, dass der Begriff Anordnungskompetenz weitgehend vermieden wird und die Urteile grundsätzlich nur im Falle der Ablehnung einer derartigen Kompetenz veröffentlicht werden. Das trifft auch auf das Urteil des OLG Oldenburg vom 27.11.2007[806] zu, demzufolge familiengerichtliche Gebote keine Bindungswirkung gegenüber dem Jugendamt entfalten. Sollte der Antrag durch das Jugendamt ablehnend beschieden werden, seien auf entsprechende Veranlassung der Eltern die Verwaltungsgerichte zur Kontrolle des Jugendamts berufen. Nach dem Willen des Gesetzgebers obliege die inhaltliche Kontrolle der Arbeit der Jugendämter den Verwaltungsgerichten. Durch die Anweisung der Familienrichterin an die Eltern, einen Jugendhilfeantrag auf Bewilligung einer Unterbringung in einer Eltern-Kind-Einrichtung zu stellen, werde in die, dem Jugendamt durch § 36a SGB VIII eingeräumte Steuerungskompetenz nicht eingegriffen. Es wird aber richtig erkannt, dass der angefochtene Beschluss ins Leere ginge, sollte der Antrag der Eltern vom Jugendamt rechtskräftig abgelehnt werden. Dann wäre die Erforderlichkeit weiterer familiengerichtlicher Maßnahmen zu prüfen.

In den Gerichtsverfahren wird allerdings auch eine Gefahr deutlich, die entsteht, wenn sowohl Familiengericht, als auch Jugendamt für sich beanspruchen, besser zu wissen, welche Hilfe den Schutz des Kindes am besten gewährleistet.

---

804 Staudinger/*Coester*, § 1666, Rn. 174.

805 10 X S 2863 - FamRZ 1995, 950 ff.

806 4 WF 240/07 – JAmt 2008, 330 f.

In diesen Fällen kommt es zu einem Helferkonflikt zwischen Familiengericht und Jugendamt, der durch die Annahme einer Anordnungskompetenz noch verstärkt werden kann. Auslöser für derartige Konflikte sind in der Regel Streitigkeiten zwischen Familiengericht und Jugendamt. Der Wille des Gesetzgebers zur Kooperation wird von beiden Institutionen negiert. Ein anschauliches Beispiel liefern hier die zusammenhängenden Entscheidungen des OLG Frankfurt vom 11.7.2007[807], des VG Darmstadt vom 29.8.2007[808] und des HessVGH vom 8.11.2007[809]. Das OLG Frankfurt hatte die elterliche Sorge auf die Mutter übertragen, um die vom Familiengericht für geeignet gehaltene Hilfe im verwaltungsgerichtlichen Verfahren einzufordern. Mit Blick auf § 36a SGB VIII weist das VG Darmstadt den Antrag ab, die Steuerungsverantwortung nach § 36a SGB VIII obliege ausdrücklich dem Jugendamt. Der VGH Hessen bestätigt den Beschluss des VG, weist allerdings auch darauf hin, dass zweifelhaft ist, ob die Mutter einer Aufnahme des Kindes in einer anderen Einrichtung zustimmen werde. Das Jugendamt wird aus diesem Grund aufgefordert, den Fall weiter „im Blick zu behalten".[810] Die Probleme entstanden nicht, weil der Familienrichter die öffentliche Hilfe für das Jugendamt verbindlich angeordnet hatte, sondern durch die mangelnde Kooperation der Beteiligten. Auch hier wird wieder das Dilemma deutlich, das durch die Verschränkung familienrechtlicher und sozialrechtlicher Schutzansätze entsteht.

Ähnlich gelagert ist der Fall des AG Wermelskirchen vom 6.9.2005[811], nur dass der Familienrichter hier eine verbindliche Anordnung gegenüber dem Jugendamt ausspricht und das Verfahren im Folgenden nicht vor die Verwaltungsgerichte, sondern vor das Oberlandesgericht kommt. Es ging um eine Familie mit acht Kindern. Das Jugendamt war bereits mit der Familie in Kontakt, hatte einen Hilfeplan aufgestellt und Hilfen erbracht. Diese Maßnahmen der Kinder- und Jugendhilfe für acht Kinder empfand das Jugendamt als nicht mehr ausreichend und beantragte den Entzug des Sorgerechts für alle acht Kinder. Das Familiengericht entzog das Sorgerecht allerdings nur für zwei Kinder. Für die anderen sechs Kinder ordnete das Familiengericht sozialpädagogische Familienhilfe und Haushaltshilfe/Kinderbetreuung an. Dabei ging das Amtsgericht ausdrücklich von einer verbindlichen Anordnungskompetenz aus. Das Jugendamt legte gegen die Entscheidung Beschwerde ein, und wurde zunächst vom OLG gerügt, es solle den Anordnungen des Amtsgerichts Folge leisten. Vor der Entscheidung kam es aber zu weiteren Misshandlungen seitens der Mutter, so dass

807 1 UF 227/05 EA I.

808 10 TG 1267/07 – JAmt 2008, 323 ff.

809 10 TG 1954/07 - JAmt 2008, 327 f.

810 VGH Hessen v. 6.11.2007 - 10 TG 1954/07 - JAmt 2008, 327 (328).

811 5 F 155/05, n.v.

das Jugendamt die Kinder in Obhut nahm. Daraufhin entzog das OLG den Eltern auch für die übrigen Kinder die Sorge.[812] Dieses Urteil zeigt aber auch, dass der Weg über eine (gesetzlich verankerte) Anordnungskompetenz ein gangbarer Weg wäre. Ist das Jugendamt mit der Entscheidung des Amtsgerichts nicht einverstanden, kann es Beschwerde dagegen einlegen, so dass das OLG die betreffende Entscheidung dann überprüfen muss.

Immer wieder werden aber auch Urteile bekannt, die deutlich machen, dass eine Anordnungskompetenz – zumindest mit den bestehenden Kompetenzen und Kenntnissen der (meisten) Familienrichter – nicht die richtige Lösung ist. In diese Richtung weisen die Beschlüsse des AG Ludwigshafen vom 17.11.2006[813] und des OLG Zweibrücken vom 5.9.2007[814]. In beiden Fällen verpflichtet das Familiengericht das Jugendamt zur Finanzierung eines Integrationshelfers, ohne die rechtlichen Voraussetzungen für eine entsprechende Leistungsgewährung zu prüfen. Vorliegend war das Familiengericht nicht in der Lage, die sozialverwaltungsrechtlichen Implikationen umfassend zu würdigen. Hier wird wiederum das Problem der mangelnden Aus- und Weiterbildung deutlich: Solange Familienrichter nicht über umfassende Kenntnisse des Sozialrechts und des Verwaltungsverfahrens verfügen, werden derartige Fehler immer wieder vorkommen.

Auf der anderen Seite könnte in etlichen Fällen durch die Annahme einer Anordnungskompetenz ein langwieriges Verwaltungsverfahren vermieden werden und so viel zu einem effektiven Rechtsschutz von Kindern und Jugendlichen beigetragen werden. Dies zeigt sich auch anhand der Fallschilderungen[815] des niedersächsischen Justizministeriums.[816]

Bei einer unter Betreuung stehenden jungen Kindesmutter wurde im Jahre 2005 das Kind aus dem Kreißsaal heraus in Obhut genommen. Die Erziehungsfähigkeit der Mutter erschien eingeschränkt. Da das erste Lebensjahr für die Entwicklung der Bindungsfähigkeit des Kindes entscheidend ist, über die Erziehungsfähigkeit der Mutter aber ein zeitaufwändiges Gutachten eingeholt werden musste, wurde gerichtlicherseits eine gemeinsame stationäre Unterbringung von Mutter und Kind während der Begutachtung befürwortet. Die Mutter war dazu bereit, das Jugendamt übernahm die Kosten jedoch nicht. Das Kind musste zu einer Pflegefamilie gegeben werden mit eng begrenzten Besuchen der Mutter. Nur der sehr engagierten Verfahrensgestaltung, die letztlich zu einem Umdenken beim Jugendamt führte, ist es zu verdanken, dass der Aufenthalt in der Pflegefamilie lediglich sechs Wochen

812 OLG Köln v. 14.3.2006 – 25 UF 185/05 – n.v.

813 5b F 459/06, n.v.

814 2 UF 86/07, n.v.

815 Alle Fallschilderungen aus dem Bericht des Amtsgerichts Wilhelmshaven.

816 Stellungnahme des niedersächsischen Justizministeriums zur Zusammenarbeit zwischen Gericht und Jugendamt in Fällen der Kindeswohlgefährdung v. 3.3.2008, Anlage, S. 1 ff.

dauerte. Unterstützt durch dann bewilligte ambulante Familienhilfe konnte das Kind in den mütterlichen Haushalt zurückkehren und lebt dort heute noch wohl versorgt.

In einem andern Fall hat ein mittlerweile geschiedenes Ehepaar eine heute sieben Jahre alte Tochter, die aufgeweckt, gepflegt und gut in der Schule ist. Das Kind hat ein sehr vertrautes, ungetrübt liebevolles Verhältnis zu seiner Mutter. Der Ehemann wurde vor rund eineinhalb Jahren inhaftiert und später wegen sexuellen Missbrauchs von Kindern verurteilt. Heute räumt er seine pädophile Neigung unumwunden ein und propagiert sie sogar. Die Mutter, die sich mit dem Vater immer gut verstanden hatte und von seinen Neigungen nichts wusste, beantragte sogleich nach seiner Inhaftierung die Scheidung und das alleinige Sorgerecht. Nach seiner Haftentlassung nahm der Ehemann wieder Kontakt zu seiner Familie auf. Die Mutter – in Verkennung der Gefährlichkeit des Mannes – ließ diese Kontakte zunächst zu und besorgte ihm eine Wohnung im Nachbarhaus. In der gerichtlichen Scheidungs- und Sorgerechtsverhandlung wurde dies in aller Deutlichkeit erörtert und die Mutter erkannte nun das Risiko, das von ihrem Mann auch für die eigene Tochter ausging. Gerichtlicherseits wurde ihr die Auflage erteilt, so schnell wie möglich mit dem Kind umzuziehen und jeglichen Kontakt zum Vater aktiv zu verhindern. Ein Gutachten zur Frage der Erziehungsfähigkeit und des Umgangsrechts wurde in Auftrag gegeben. Mit der nun uneingeschränkt kooperativen Mutter wurde besprochen, dass ihr über das dem Jugendamt zugeordnete Beratungszentrum Therapiegespräche angeboten werden, denn sie war durch das gesamte Geschehen tief verunsichert und verletzt. Ferner wurde die Notwendigkeit von Familienhilfe und Erziehungsbeistandschaft für das Kind betont, um Mutter und Tochter über die Krisensituation hinwegzuhelfen. Für die Dauer des Umzugs wurde das Kind im Einvernehmen mit der Mutter in eine Pflegefamilie gegeben. Das Jugendamt, das sich in der mündlichen Verhandlung mit der beschriebenen Vorgehensweise einverstanden erklärt hatte, änderte später bei gleich gebliebener Sachlage seine Haltung, hielt nun den Verbleib des Kindes in der Pflegefamilie während des gesamten mehrmonatigen Begutachtungsprozesses für unumgänglich und verweigerte jede ambulante Hilfestellung mit der Begründung, die Sicherheit des Kindes sei nur in der Pflegefamilie gewährleistet. Die Therapiegespräche im Beratungszentrum wurden der Mutter mit der gleichen Begründung verweigert. Vor dem Hintergrund der engen Mutter-Kind-Bindung und der bedrückenden Erfahrungen der beiden war aus Sicht des Gerichts eine längere Trennung nicht zu verantworten. Das Kind sollte nicht auch noch hinsichtlich der eigenen Mutter verunsichert werden. Zudem war es in einer Pflegefamilie außerhalb Wilhelmshavens untergebracht und hätte einen Schulwechsel vornehmen müssen. Nur aufgrund intensiver Intervention über die Leitung des Jugendamts gelang es, das Kind dann doch noch nach dem Umzug in den mütterlichen Haushalt zurückkehren zu lassen. Nunmehr wurden auch ambulante Hilfeleistungen gewährt, beides Maßnahmen, für die sich auch das zwischenzeitlich eingegangene Gutachten ausspricht.

Eine Frau mit neun Kindern geriet in Bedrängnis, nachdem ihr Ehemann seine Großfamilie völlig überraschend verließ und für sieben Jahre verschwand. Mutter und Kindern gelang es nur allmählich sich zu stabilisieren und ein einigermaßen funktionierendes Familiengefüge herzustellen, erschwert allerdings durch das manipulative Wesen der Mutter, die in krassem Schwarz-Weiß-Denken verhaftet ist. Hierdurch entstanden innerhalb der Familie ungesunde Abhängigkeiten und eine ausgeprägte

Wagenburgmentalität, die den älter werdenden Kindern den Ablösungsprozess erschwerten. Zu einer dramatischen Zuspitzung der schon labilen Situation kam es, als der Vater wieder auftauchte und zu einzelnen Kindern Kontakt aufnahm. Für die Mutter war dies unerträglich. Die Familie drohte zu zerbrechen. Insbesondere die jüngeren Kinder zeigten besorgniserregenden Verhaltensauffälligkeiten bis hin zu Schulversagen, Gewaltausbrüchen und Delinquenz. Es kam in schneller Folge zu einer Vielzahl familiengerichtlicher Verfahren. In dieser Situation war aus Sicht des Gerichts eine stationäre Krisenbegleitung von Mutter und Kindern unbedingt erforderlich, um zukunftsorientierte Lösungen zu erreichen und die gegenseitigen Blickwinkel mit professioneller Hilfe zu erweitern. Eine geeignete pädagogische Einrichtung stand zur Verfügung, die Mutter war einverstanden, das Jugendamt verweigerte die Kostenübernahme und verwies darauf, dass aus seiner Sicht ambulante Familienhilfe ausreichend sei. Die Verfahren sind bis heute nicht beendet. Sie füllen Aktenbände. Die ambulante Familienhilfe erwies sich angesichts der Vielschichtigkeit der Sachlage als völlig unzureichend. Das Verhalten der Mutter entwickelt sich zunehmend zu blindem Agieren. Nicht ausgeschlossen ist, dass zwei der jüngeren Kinder die Familie verlassen müssen, eines von ihnen ist schon jetzt immer wieder in Bereitschaftspflegestellen und -einrichtungen. Eine schnell einsetzende, gründliche und kompetente Abklärung im Rahmen eines mehrwöchigen stationären Aufenthaltes, bei dem insbesondere mit der Mutter engmaschig und professionell hätte gearbeitet werden können, hätte diese Entwicklung mit großer Wahrscheinlichkeit verhindert.

Diese drei Fallschilderungen beschreiben anschaulich das Dilemma mangelnder Kooperation von Familiengericht und Jugendamt. In allen drei Fällen kam es nicht oder erst spät zu einer Übereinstimmung der beiden Institutionen. Dieses Defizit schlägt sich regelmäßig zu Lasten der betroffenen Kinder nieder. Eine Letztentscheidungskompetenz des Richters hätte in allen Fällen zu einer schnelleren, dem Wohl des Kindes entsprechenden Lösung geführt. Die vorliegenden Urteile machen aber auch deutlich, dass durchweg engagierte Familienrichter für die Entscheidungen verantwortlich waren, die sich nicht nur im Bereich des Kinder- und Jugendhilferechts umfassend auskennen, sondern auch zusätzliche Kompetenzen nicht juristischer Art vorzuweisen haben. Nur so ist es zu erklären, dass es ihnen, zumindest in zwei der Fälle, gelungen ist, die ablehnende Haltung des Jugendamts aufzubrechen und den Fall doch noch einer einvernehmlichen Lösung zuzuführen. Es geht nicht darum, in jedem Fall eine Letztentscheidungskompetenz durchzusetzen. Hat das Jugendamt umfassende pädagogische Argumente, darf das Familiengericht nicht einfach über dieses fachliche Urteil hinwegsehen. Widerspricht die Jugendhilfe der Erbringung öffentlicher Hilfen aber aus rein finanziellen oder verwaltungsrechtlichen Gründen, muss diese Entscheidung in irgendeiner Weise anfechtbar sein. Die Eltern fallen aus vielerlei Gründen dabei aus, die ablehnende Haltung des Jugendamts durch das Verwaltungsgericht überprüfen zu lassen.[817] Es kann nicht sein, dass die Ju-

817 Siehe hierzu ausführlich Kap. II.

gendhilfe hier das letzte Wort zu Lasten der Kinder spricht. Erneut zeigt sich insofern das Dilemma des Familienrichters, nicht konkret gegen das Jugendamt vorgehen zu können.

Durch die Auswertung der Gerichtsurteile zeigt sich jedenfalls, dass der Weg über eine (gesetzlich verankerte) Anordnungskompetenz ein gangbarer Weg wäre. Ist das Jugendamt mit der Entscheidung des Amtsgerichts nicht einverstanden, kann es Beschwerde gegen diese einlegen. Das OLG überprüft die Entscheidung dann. Das Jugendamt wäre ausreichend geschützt und dem Familiengericht stünde die Möglichkeit zu, gegen Entscheidungen des Jugendamts vorzugehen. Auf der anderen Seite zeigt die Auswertung der Gerichtsurteile auch, dass eine verbindliche Anordnungskompetenz auch keine abschließende befriedigende Lösung mit sich bringt. Zwar würde in vielen Fällen ein langwieriges verwaltungsgerichtliches Verfahren vermieden und Helferkonflikte könnten zeitnah gelöst werden, doch ohne eine gesetzliche Verankerung ist dem Missbrauch Tür und Tor geöffnet.[818]

6. Der Streit in der aktuellen Diskussion

Zuletzt wurde der Streit nur noch bei der Ablehnung von Maßnahmen aus anderen als sozialpädagogischen Gründen geführt. In den letzten Jahren haben vielfältige Veränderungen stattgefunden. Das Verhältnis von Familiengericht und Jugendamt sowie deren Sichtweise in Bezug aufeinander haben sich nicht zuletzt durch die Umsetzung mehrerer Gesetzesvorhaben (KiWoMaG 2008, FamFG 2009) verändert. Als Stichpunkte seien genannt: Verantwortungsgemeinschaft, Kooperation, Interdependenzen etc. Bevor auf das Für und Wider einer möglichen Anordnungskompetenz eingegangen werden kann, gilt es zu überprüfen, ob für diese innerhalb der aktuellen politischen Diskussion und Gesetzeslage überhaupt noch Raum bleibt.

a) Keine Anordnungskompetenz wegen der Verantwortungsgemeinschaft von Familiengericht und Jugendamt?

Es stellt sich die Frage, ob der Streit darüber, ob der Richter Maßnahmen auch mit Bindungswirkung gegenüber dem Jugendamt anordnen kann, obsolet geworden ist. Gerade in letzter Zeit wird vermehrt die „Verantwortungsgemeinschaft" zwischen Familiengericht und Jugendamt heraufbeschworen. Durch Kooperation sollen Konflikte grundsätzlich vermieden werden. Im Rahmen der aktuellen Reformen des Kindschaftsrechts in prozessualer (FamFG) und materiell-

818 So bereits *Zenz*, Kindesmisshandlung und Kinderrechte, S. 345, 357 f.

rechtlicher (KiWoMaG) Hinsicht wurde dieser Ansatz ausgebaut und manifestiert. Beide Gesetze fordern eine gerichtsnahe Beratung und die frühzeitige Zusammenarbeit von Familiengericht und Jugendamt im Sinne einer Verantwortungsgemeinschaft.[819] „Effektiver Kindesschutz setzt voraus, dass Familiengerichte und Jugendämter ihre jeweiligen Aufgaben im Sinne einer Verantwortungsgemeinschaft wahrnehmen und das Bewusstsein für die jeweiligen Rollen schärfen. Durch eine entsprechende Ausgestaltung der materiell-rechtlichen und verfahrensrechtlichen Vorschriften zum familiengerichtlichen Kindesschutzverfahren soll eine bessere Unterstützung des kinder- und jugendhilferechtlichen Hilfesystems erreicht werden."[820] Tatsächlich stellt sich der Streit nur in wenigen Situationen, die Zusammenarbeit zwischen Familiengericht und Jugendamt gestaltet sich im Großen und Ganzen zunehmend positiv. Arbeitsgemeinschaften werden geschlossen, runde Tische ins Leben gerufen und Konzepte für einen gemeinsamen Kindesschutz erarbeitet. Auf der anderen Seite werden vermehrt Fälle bekannt, in denen sich die Zusammenarbeit schwierig gestaltet. Dies ergab zuletzt auch eine Umfrage des Bundesministeriums der Justiz zur Zusammenarbeit zwischen Familiengericht und Jugendhilfe.[821]

In der Praxis zeigt sich häufig, dass die vielbeschworene Verantwortungsgemeinschaft eine komplexe Angelegenheit ist, deren Gelingen nicht nur von guten Vorsätzen und positiven Bemühungen des Gesetzgebers abhängt. Konflikte entstehen in vielfältigen Situationen, ob nun das Familiengericht als „konkurrierender Helfer" agiert oder das Jugendamt den vom Familiengericht angeordneten betreuten Umgang durch Verweigerung der Kostenübernahme außer Kraft setzt. Müssen die betroffenen Familien zur Klärung das Verwaltungsgericht anrufen, steht dem Familienrichter eine Anordnungskompetenz zu oder ergibt sich noch eine andere Möglichkeit derartige Konflikte zu lösen? Kommt es zu einer Abstimmungslücke zwischen materiellem Familienrecht und Familienverfahrensrecht zwischen zivilrechtlichem Kindesschutz und Kinder- und Jugendhilferecht?[822]

819 BT-Drucks. 16/6815, S. 7, 15

820 BT-Drucks. 16/6815, S. 7.

821 Im Rahmen der Umsetzung des Kindergipfels v. 17. 12. 2007 hatte das BMJ mit Schreiben v. 30. 1. 2008 drei Fragen zur Zusammenarbeit zwischen Familiengericht und Jugendhilfe an die Landesjustizverwaltungen gerichtet.

822 Siehe hierzu auch: *Nothhafft*, FPR 2008, 613.

b) Auswirkungen der aktuellen Reformen (KiWoMaG und FamFG) auf die Anordnungskompetenz?

Dass die Diskussion um eine Anordnungskompetenz nicht obsolet geworden ist, zeigen auch die aktuellen materiellen und prozessualen familienrechtlichen Reformen im Rahmen derer in der fachlichen Debatte wieder verstärkt auf das Thema eingegangen wurde. Obwohl der Wortlaut des Gesetzesentwurfs (Erleichterung familiengerichtlicher Maßnahmen) vermuten lässt, dass in diesem Zusammenhang auch die Frage einer Anordnungskompetenz hinsichtlich öffentlicher Hilfemaßnahmen endlich einmal abschließend geklärt würde, ist das nicht der Fall. Vielmehr wurde weder von der Arbeitsgruppe „Familiengerichtliche Maßnahmen bei Gefährdung des Kindeswohls“, noch in den Drucksachen konkret auf die Problematik eingegangen. Einzig im Plenarprotokoll des Bundestages wird darauf hingewiesen, dass der Richter die Möglichkeit hat, Maßnahmen anzuordnen, wobei aber nicht darauf eingegangen wird, ob nur den Eltern oder auch dem Jugendamt gegenüber angeordnet werden darf.[823] Die Frage, ob dem Familienrichter eine für das Jugendamt verbindliche Anordnungskompetenz zusteht, hat der Gesetzgeber erneut offen gelassen.

Allerdings wurde schon im Gesetzgebungsverfahren zum Gesetz zur Erleichterung familiengerichtlicher Maßnahmen wieder verstärkt über eine Anordnungskompetenz des Familiengerichts gegenüber dem Jugendamt debattiert. Auch im Rahmen der Länder- und Verbändeanhörung wurde dieser Gesichtspunkt kontrovers diskutiert.[824] Bereits die Ministerpräsidentenkonferenz am 17.12.2007 in Berlin (sog. Kindergipfel) fasste zur Lösung der Problematik folgenden Beschluss: „Die Bundesregierung wird in Zusammenarbeit mit den Ländern prüfen, welche weiteren gesetzgeberischen Maßnahmen zur Förderung einer reibungslosen Kooperation der Familien- und Jugendgerichte mit den Jugendämtern zum Wohle gefährdeter Kinder und Jugendlicher erforderlich sind. Staatliches Handeln gegenüber Eltern und Kindern in schwierigen Lebenssituationen sollte stets aufeinander abgestimmt und widerspruchsfrei sein“.[825] Die Prüfung sollte in der beim Bundesministerium der Justiz eingerichteten Arbeitsgruppe "Familiengerichtliche Maßnahmen bei Gefährdung des Kindeswohls – § 1666 BGB" fortgeführt werden. Daraufhin rief das Bundesministerium der Justiz die Arbeitsgruppe erneut zusammen. Von Oktober 2008 bis Juli 2009 fanden

823 Plenarprotokoll 16/157, S.16517.

824 *Fellenberg* in: Lipp/Schumann/Veit, S. 65 (66).

825 Vorläufiges Ergebnisprotokoll der Ministerpräsidentenkonferenz v. 19. 12. 2007 in Berlin, bmfsfj.de, Top 1.10 Kinderschutz, 8. Beschluss.

fünf weitere Sitzungen der Arbeitsgruppe unter dem Vorsitz des Bundesministeriums der Justiz statt.[826]

Ausgangspunkt der Überlegungen der Arbeitsgruppe zur Verbesserung der Zusammenarbeit zwischen Familiengericht und Jugendamt war der durch das KICK 2005 eingefügte § 36a SGB VIII und die dadurch ausgelösten Diskussionen über die Kompetenzen von Familiengericht und Jugendhilfe im Verhältnis zueinander. Während die Justiz auf die Unabhängigkeit der Richter und ihre Verantwortung für die gerichtliche Entscheidung hinweist, hält die Jugendhilfe dagegen, dass die Entscheidung über eine geeignete und erforderliche Leistung nach dem SGB VIII dem Träger der öffentlichen Jugendhilfe und nicht dem Familiengericht obliegt. Sie verfüge über die notwendigen Fachkompetenzen zur Beurteilung der Geeignetheit und Erforderlichkeit einer Hilfemaßnahme und trage im Übrigen die Kosten der Hilfe.[827]

Vor diesem Hintergrund haben die Landesjustizverwaltungen Anfang des Jahres 2008 im Rahmen einer vom Bundesministerium der Justiz durchgeführten Befragung zur Zusammenarbeit zwischen Familiengericht und Jugendhilfe Stellungnahmen von Praktikern aus ihren Ländern eingeholt. Dabei ging es um die Zusammenarbeit zwischen Familiengericht und Jugendamt in Bezug auf die Finanzierung von öffentlichen Hilfemaßnahmen, deren Inanspruchnahme gerichtlich angeordnet wurde.[828]

Die Befragung umfasste drei Punkte: Mit der ersten Frage sollte geklärt werden, ob aus der familiengerichtlichen Praxis Fälle bekannt geworden sind, in denen die gerichtlichen Anordnungen der Inanspruchnahme von Leistungen der öffentlichen Jugendhilfe nicht umgesetzt werden konnten, da die Träger der öffentlichen Jugendhilfe die Finanzierung der Leistung unter Berufung auf § 36a SGB VIII verweigert hatten. Die Mehrzahl der Bundesländer gab an, dass bislang keine solchen Fälle bekannt geworden seien. Die Zusammenarbeit zwischen Familiengericht und Jugendamt sei so gut, dass regelmäßig vor der gerichtlichen Entscheidung eine Einigung erzielt werden könne. Allerdings berichteten sechs der befragten Länder, dass das Jugendamt in einigen Fällen die Finanzierung von verschiedenen Maßnahmen der Kinder- und Jugendhilfe nicht umsetzen konnte oder wollte. Oft handelt es sich dabei um Leistungen der sozialpädagogischen Familienhilfe, eine Erziehungshilfe, die häufig von den Gerichten im Zusammenhang mit einem Verfahren nach § 1666 BGB angeordnet wird.

826 Abschlussbericht v. 14.7.2009, bmj.bund.de, S. 12.

827 Abschlussbericht v. 14.7.2009, bmj.bund.de, S. 20.

828 Im Rahmen der Umsetzung des Kindergipfels v. 17.12.2007 hatte das BMJ mit Schreiben v. 30. 1. 2008 drei Fragen zur Zusammenarbeit zwischen Familiengericht und Jugendhilfe an die Landesjustizverwaltungen gerichtet. Diese ist als Anlage 2 über den Abschlussbericht v. 14.7.2009, bmj.bund.de abrufbar.

Auch konnten Meinungsverschiedenheiten häufig erst nach langen, intensiven Gesprächen gelöst werden.

Die zweite Frage stellte darauf ab, ob Fälle bekannt geworden seien, in denen die Finanzierung gerichtlich angeordneter Hilfeleistungen vom Träger der öffentlichen Jugendhilfe an die Justizkasse delegiert werden sollte. Auch hier berichteten einige Länder, das Jugendamt hätte einzelne Maßnahmen aus Kostengründen abgelehnt. Mehrere Länder sahen außerdem eine Tendenz zur Kostendelegation an die Justiz im Vorfeld der gerichtlichen Entscheidung. Das Jugendamt versuche, wegen begrenzter finanzieller Mittel kostenintensive Maßnahmen zu vermeiden.

Obwohl die Mehrzahl der Länder in den meisten Fällen die Zusammenarbeit von Gericht und Jugendamt im familiengerichtlichen Verfahren positiv einschätzten, sehen mehrere Landesjustizverwaltungen an dieser Schnittstelle gesetzgeberischen Handlungsbedarf. Die Vorschläge darüber, welche Neuregelungen sinnvoll seien, differieren:

- Anordnungskompetenz des Familiengerichts gegenüber dem Jugendamt,
- Verbindlichkeit der in Abstimmung zwischen Familiengericht und Jugendamt getroffenen Entscheidung,
- Bindung des Jugendamts an seine Finanzierungszusage,
- Einführung konkreter Vorgaben für die Berichte der Jugendämter,
- Einbezug eines Fachgremiums bei Meinungsverschiedenheiten von Gericht und Jugendamt.

Die Arbeitsgruppe kommt zu dem Ergebnis, dass die Zusammenarbeit zwischen Familiengericht und Jugendamt zwar teilweise durch Informationsdefizite und Rollenunsicherheiten im Umgang mit dem Thema „Kindeswohlgefährdung" erschwert werde, Kompetenz- und Finanzierungsstreitigkeiten aber nur vereinzelt auftreten. Gegebene Zusagen des Jugendamts seien in der Vergangenheit nur in seltenen Fällen nicht eingehalten worden. Außerdem sei ein fachlicher Dissens im Vorfeld der gerichtlichen Entscheidung nicht grundsätzlich als Defizit anzusehen, sondern müsse durch die Suche nach einer gemeinsam getragenen Lösung im Spannungsfeld zwischen Kinderschutz und Elternrechten aufgelöst werden.[829] Dies steht im Widerspruch zu den Ergebnissen der Umfrage, der zufolge lediglich fünf Bundesländer keinen gesetzgeberischen Handlungsbedarf sehen. Vorgeschlagen wurde unter anderem auch die Einführung einer bindenden Anordnungskompetenz.[830] Umgesetzt wurden die Vorschläge der Landesjus-

829 Abschlussbericht v. 14.7.2009, bmj.bund.de, S. 21.

830 Abschlussbericht v. 14.7.2009, bmj.bund.de, Anlage 2, S. 4.

tizverwaltungen bislang aber nicht. Die Arbeitsgruppe lehnt sowohl das Einfügen einer Anordnungskompetenz des Gerichts gegenüber dem Jugendamt, als auch das Einfügen einer Feststellungskompetenz, nach der der Richter über das „Ob", das Jugendamt über das „Wie" der Maßnahme entscheidet, in das materielle Recht ab. Dies führe zu einer Art „Hierarchie" zwischen Familiengericht und Jugendamt und liefe der Idee einer Verantwortungsgemeinschaft zwischen Jugendamt und Familiengericht zuwider.[831] Zur Verbesserung des Verhältnisses von Familiengericht und Jugendamt schlägt die Arbeitsgruppe eine verbesserte Teilnahme des Jugendamts an der gerichtlichen Verhandlung vor, durch die Problemen im Zusammenhang mit der Finanzierung von öffentlichen Hilfen, deren Inanspruchnahme gerichtlich angeordnet wird, vorgebeugt werden soll. Das Jugendamt solle in allen Kindschaftssachen verstärkt in die Sachverhaltsaufklärung, in die Erarbeitung einvernehmlicher Lösungen und in die Grundlage der Entscheidungsfindung des Gerichts eingebunden werden. Eine entsprechende Vorschrift solle in SGB VIII und FamFG gesetzlich verankert werden. Außerdem solle der Termin von einer mit dem Fall vertrauten Fachkraft wahrgenommen werden.[832]

Ob diese Vorschläge zur Vermeidung von Konflikten ausreichen, kann allerdings bezweifelt werden. Schon nach geltendem Recht ist das Jugendamt an sämtlichen Verfahren, die die Person des Kindes betreffen, zu beteiligen. Durch die frühe Anrufung des Familiengerichts und die Erörterung der Kindeswohlgefährdung nach § 157 FamFG wird das Jugendamt bereits nach geltendem Recht frühzeitig in das Verfahren und die Sachverhaltsaufklärung eingebunden. Einzig der Vorschlag bezüglich der Einbeziehung einer mit dem Fall vertrauten Fachkraft in das gerichtliche Verfahren ist beachtlich. Tatsächlich erscheint die Verankerung einer entsprechenden Vorschrift in § 50 SGB VIII und § 162 FamFG vielversprechend, um das Verfahren im Interesse des Kindes zu führen.

Der Fokus des KiWoMaG liegt jedenfalls auf präventivem Schutz und niederschwelligen Maßnahmen und damit auf der Betonung des Grundsatzes der Verhältnismäßigkeit. „Bislang werden die Familiengerichte in der Praxis leider häufig zu spät angerufen, wenn also ‚das Kind bereits in den Brunnen gefallen' ist und das Gericht nur noch mit der Entziehung der elterlichen Sorge reagieren kann. Ziel ist es, gefährdete Kinder so früh wie möglich zu schützen, um Schlimmeres zu verhindern. Die Neuregelung erlaubt es den Familiengerichten, frühzeitiger und stärker auf die Eltern einzuwirken, damit diese öffentliche Hilfen in Anspruch nehmen, die zur Stärkung ihrer Elternkompetenz notwendig

831 Abschlussbericht v. 14.7.2009, bmj.bund.de, S. 21, so auch *Nothhafft*, FPR 2008, 613 (616).

832 Abschlussbericht v. 14.7.2009, bmj.bund.de, S. 23.

sind."[833] Der Gesetzgeber legt in dem neuen Gesetzesentwurf also ausdrücklich das Augenmerk auf ein präventives Eingreifen und auf eine gesteigerte Kooperation zwischen Gericht und Jugendamt. Damit wird deutlich, dass der Entzug des Sorgerechts nur als letztes Mittel in Betracht kommen soll, Priorität aber Hilfemaßnahmen unterhalb der Eingriffsschwelle haben sollen. Dies soll in erster Linie durch Kommunikation und Kooperation dieser Institute erreicht werden.[834] Gleiches gilt für das Gesetz zur Reform des Verfahrens in Familiensachen und in den Angelegenheiten der freiwilligen Gerichtsbarkeit. Beide Gesetze stärken die Möglichkeit gerichtsnaher Beratung sowie die frühzeitige Zusammenarbeit von Familiengericht und Jugendamt im Rahmen von Kommunikation und Kooperation.[835]

Beide Gesetze geben dem Richter aber eindeutig auch stärkere gerichtliche Kompetenzen als bisher an die Hand, um das Wohl des Kindes zu schützen. Dies zeigt sich zum einen in der Neufassung des § 1666 Abs. 3 BGB durch das KiWoMaG, aber auch an den verfahrensrechtlichen Vorschriften des FamFG wie beispielsweise am Hinwirken auf Einvernehmen (§ 156 FamFG), der Erörterung der Kindeswohlgefährdung, wobei als Voraussetzung das Vorliegen einer möglichen Gefährdung ausreicht (§ 157 FamFG), oder dem Vermittlungsverfahren (§ 165 FamFG). § 1666 Abs. 1 BGB bestimmt weiterhin, dass das Gericht „die zur Abwendung der Gefahr erforderlichen Maßnahmen" anzuordnen hat. Diese Maßnahmen werden durch die Neufassung des Abs. 3 konkretisiert, indem er beispielhaft verschiedene Handlungsmöglichkeiten des Familiengerichts aufzählt. Danach besteht auch die Möglichkeit der Anordnung sogenannter niederschwelliger Maßnahmen, wie zum Beispiel das Aussprechen des Gebots gegenüber den Eltern, Leistungen der Kinder- und Jugendhilfe oder der Gesundheitsfürsorge in Anspruch zu nehmen. (§ 1666 Abs. 3 Nr. 1 BGB). Dazu gehören die Wahrnehmung von Früherkennungsuntersuchungen, die Inanspruchnahme eines Kindergartenplatzes, die Wahrnehmung einer Erziehungsberatung oder anderer öffentlicher Hilfen.[836] Im Grunde ändert sich damit aber nicht der Regelungsgehalt des § 1666 BGB. Vielmehr handelt es sich lediglich um eine Konkretisierung der Rechtsfolgen des § 1666 BGB.[837] Bereits vor Inkrafttreten dieser Vorschrift standen dem Familienrichter derartige Anordnungsmöglichkei-

833 BMJ Pressemitteilung v. 11.7.2007, Besserer Schutz für gefährdete Kinder.

834 BT-Drucks. 16/6815, S. 1; BMJ Pressemitteilung v. 11.7.2007, Besserer Schutz für gefährdete Kinder;

835 *Nothhafft*, FPR 2008, 613.

836 *Fellenberg* in: Lipp/Schumann/Veit, S: 65 (66).

837 BT-Drucks. 16/6815, S. 15.

ten zu,[838] sie wurden allerdings viel zu selten genutzt.[839] In den Anhörungen der Länder und Verbände wurde unter anderem auch die Frage aufgeworfen, ob durch die Neufassung des § 1666 Abs. 3 BGB die Stellung der Gerichte im Kindesschutz gestärkt werde und dadurch die Entscheidungskompetenz des Jugendamts in Frage gestellt werde. Die Verbände der Jugendhilfe haben in diesem Zusammenhang betont, dass die Steuerungsverantwortung der Jugendämter gewahrt bleiben müsse; teilweise wurde auch eine klarstellende Regelung gefordert, dass Anordnungen des Richters nur für den Inhaber elterlicher Sorge verbindlich seien.[840] Die Stellungnahmen der Justiz gehen in die entgegengesetzte Richtung. Sie fordern eine Vorschrift, die die Verbindlichkeit gerichtlicher Anordnungen auch gegenüber dem Träger der öffentlichen Jugendhilfe fordert.[841] Die Gesetzesbegründung stellt allerdings klar, dass sich die originären Zuständigkeiten des Jugendamts durch die Neuregelung nicht zu den Familiengerichten hin verschieben. Die eigenständigen Verantwortungsbereiche von Jugendamt und Familiengericht bleiben in der bisherigen Form bestehen.[842] Die beispielhafte Aufzählung der möglichen Maßnahmen soll lediglich verdeutlichen, welche Möglichkeiten dem Familienrichter auch unterhalb der Eingriffsschwelle in das elterliche Erziehungsrecht zur Verfügung stehen.[843] Die Vorschrift greift damit die Feststellung der Arbeitsgruppe auf, das Familiengericht werde häufig erst dann angerufen, wenn nur noch die Entziehung der elterlichen Sorge in Betracht komme.[844] Durch die exemplarische Aufzählung der Möglichkeiten sollen die Jugendämter ermutigt werden, das Familiengericht zukünftig früher anzurufen. Die Verantwortung des Jugendamts für den sozialpädagogischen Hilfeprozess bleibt unberührt, eine Verschiebung der Verantwortungsbereiche findet nicht statt.[845]

Obwohl die aktuellen Reformen des Kindschaftsrechts keine konkrete Aussage bezüglich einer Entscheidungskompetenz von Familiengericht oder Jugendamt treffen, hat die vermehrt geforderte und teilweise bereits umgesetzte, frühzeitige Beteiligung des Familienrichters mit dem „Fall“ doch Auswirkungen

838 Palandt/*Diederichsen*, § 1666, Rn. 38; Staudinger/*Coester*, § 1666, Rn.218; MünchKommBGB/*Olzen*, § 1666, Rn. 170.

839 BT-Drucks. 16/6815, S. 9; nach *Münder/Mutke/Schone*, S. 120 f. werden niederschwellige Maßnahmen nur in ca. acht Prozent der Fälle beantragt und noch seltener angeordnet.

840 *Fellenberg* in: Lipp/Schumann/Veit, S: 65 (67); *Peifer*, NDV 2008, 395 (396 f.).

841 *Fellenberg* in: Lipp/Schumann/Veit, S: 65 (67); BMJ, Schreiben v. 30. 1. 2008

842 BT-Drucks. 16/6815, S. 14

843 *Fellenberg* in: Lipp/Schumann/Veit, S: 65 (67).

844 Abschlussbericht v. 17. November 2006, bmj.bund.de, S. 6, 30 ff.

845 BT-Drucks. 16/6815, S. 15.

auf die Frage nach einer Anordnungskompetenz des Familienrichters gegenüber dem Jugendamt. Durch die §§ 156, 157, 165 FamFG werden dem Richter zusätzliche Kompetenzen eingeräumt, er begleitet die Familie nun auf dem Weg zum Hilfeverfahren. Damit nimmt er mehr und mehr die Funktion eines „Moderators des Hilfeverfahrens" ein.[846] Dabei stellt sich die Frage, ob der Richter, je mehr er in die Entscheidungsfindung der Exekutive eingebunden ist, weniger als unabhängige Kontrollinstanz auftreten kann. Das ist durchaus eine berechtigte Frage, empfinden doch Eltern häufig Jugendamt und Familiengericht im gerichtlichen Verfahren als Einheit, die gemeinsam auftritt und gemeinsam das Kindeswohl durchsetzen möchte.[847] Gerade die vermehrte Tendenz zu Kommunikation und Kooperation zwischen Familiengericht und Jugendamt wird von vielen Eltern insofern als Bedrohung angesehen, als sie gegen sich gerichtete Allianzen vermuten. In der Tat ist gerade bei informellen Absprachen[848] (von denen die betroffenen Eltern in der Regel erst im Nachhinein erfahren) die Gefahr gegeben, dass der Richter seine Neutralität nicht gewährleisten kann.[849] Tatsächlich ist es wichtig, dass der Richter seine Unabhängigkeit wahrt. Das darf aber nicht bedeuten, dass er aus seiner Sonderrolle gedrängt wird. Der Familienrichter ist insofern kein „normaler Richter". Seine Arbeit unterscheidet sich wesentlich von der anderer Zivilrichter. Urteile fällen nach „Schema F" ist im Familienrecht nicht möglich. Vielmehr muss der Richter hier alle emotionalen und persönlichen Wünsche und Bedürfnisse der Beteiligten – insbesondere der Kinder – berücksichtigen und zu einem Ausgleich bringen. Ein rein juristisch schlüssiges und richtiges Urteil ist in diesem Fall nicht immer das, was zur Lösung der Konflikte der Beteiligten führt.[850] Ein weiterer wichtiger Unterschied zu anderen Zivilprozessen ist, dass in diesen in der Regel ein abgeschlossener Sachverhalt zu beurteilen ist. In familienrechtlichen Verfahren muss hingegen eine Lösung und damit ein „Leitfaden für die Zukunft" gefunden werden.[851] Im Familienrecht müssen die Normen deswegen immer am Maßstab des Kindeswohls ausgerichtet und dahingehend modifiziert werden, wie es ein optimaler Kindesschutz verlangt. Insofern ist eine frühzeitige Beteiligung und die Erweiterung der Kompetenzen des Richters keine negative, mit Vorsicht zu sehende Tendenz, sondern vielmehr der richtige Weg für einen besseren Kindesschutz. Auch stellt diese Beteiligung kein Einfallen der Anordnungskompetenz durch die Hintertür dar.[852]

846 *Hildebrand*, ZKJ 2008, 396 (402).
847 *Münder/Mutke/Schone*, S. 299 ff., 309.
848 *Münder/Mutke/Schone*, S. 196 ff.; 217 ff.
849 *Münder/Mutke/Schone*, S. 217; 220.
850 *Becker/Brandt/Rüll*, FPR 2008, 467.
851 *Salgo*, FamRZ 1984, 221 (225).
852 So aber: *Hildebrand*, ZKJ 2008, 396 (402).

Vielmehr werden dadurch die Kompetenzen des Familienrichters hervorgehoben, die von allen Seiten geforderte Verantwortungsgemeinschaft zwischen Familiengericht und Jugendamt wird forciert und die Anordnungskompetenz weiter ins Abseits gestellt. Denn unter optimalen Bedingungen, wäre eine einseitige Anordnungskompetenz gerade nicht mehr notwendig.[853]

Da optimale Bedingungen aber nicht immer herrschen, bleibt die Frage nach einer Anordnungskompetenz auch nach Inkrafttreten von FamFG und KiWoMaG ein Streitthema. Im Gesetzgebungsverfahren wurde deutlich, dass die Verantwortungsverschränkung zwischen Familiengericht und öffentlicher Jugendhilfe unter Beibehaltung der Eigenständigkeit der Aufgabenbereiche gestärkt werden soll. Jugendhilfeträger und Familiengerichte sollen den Kindesschutz in eigenständigen Verantwortungsbereichen wahrnehmen, die von den gesetzlichen Novellierungen nicht in Frage gestellt werden sollen.[854] Der Gesetzgeber versucht, Konflikte durch Kooperationsverpflichtungen von Familiengericht und Jugendamt zu vermeiden. Allerdings sind die gesetzlichen Neuerungen nicht in der Lage, Konflikte gänzlich zu vermeiden. Vielmehr nehmen Konflikte seit Inkrafttreten des § 36a SGB VIII eher wieder zu, da das Jugendamt durch Verweigerung der Kostenübernahme Anordnungen des Familiengerichts vermehrt außer Kraft setzt.

Die aktuellen Reformen stärken den Familienrichter und seine Kompetenzen. Insofern liefern sie auch Argumente für eine Anordnungskompetenz. Stellt sich das Jugendamt nämlich quer, ist der präventive Aspekt des Gesetzes nur mit einer Anordnungskompetenz zu erreichen, da ansonsten das Gericht den Entzug des Sorgerechts veranlassen müsste, was eindeutig gegen die Betonung auf den Präventiv-Charakter des Gesetzes spricht. Wird das Gericht bereits angerufen, wenn sozialpädagogische Familienhilfe noch möglich ist, gehört es ohnehin zur Pflicht des Gerichts, auf den Vorrang der entsprechenden Hilfe hinzuweisen.[855] Durch die stärkeren Kompetenzen des Richters wäre eine Anordnung dann auch gerechtfertigt. Es ist aber in der Regel nicht davon auszugehen, dass das Jugendamt Hilfemaßnahmen verweigert, wenn es das Gericht gerade mit der Intention anruft, präventiv tätig zu werden. Insofern wird eine Verweigerungshaltung des Jugendamts und eine damit einhergehende Notwendigkeit für eine Anordnung des Richters auch in Zukunft die Ausnahme bleiben.

Eine weitere Möglichkeit für die Annahme einer verbindlichen Anordnungskompetenz bietet § 162 Abs. 2 FamFG. Danach besteht für das Jugendamt die Möglichkeit, Beteiligter des Verfahrens zu werden. Dem Jugendamt kom-

853 Siehe hierzu Kap. B. I. 5. c).

854 *Nothhafft*, FPR 2008, 613 (615).

855 *Dickmeis*, ZfJ 1993, 561 (562).

men im Falle einer Beteiligung alle Rechte eines Verfahrensbeteiligten zu, jedoch auch alle Pflichten. Verfahrensbeteiligte sind an Weisungen des Gerichts gebunden. Man könnte also im Falle einer Beteiligung des Jugendamts am Verfahren eine Anordnungskompetenz des Familienrichters gegenüber dem Amt annehmen, da es als Beteiligter des Verfahrens vom Gericht weisungsabhängig ist. Dies würde allerdings zwangsläufig dazu führen, dass das Jugendamt nie einen Antrag auf Beteiligung am Verfahren stellen würde, aus Angst vor verbindlichen Anordnungen seitens des Gerichts. Auch diese Möglichkeit stellt damit keine Lösung des Problems dar, da das Jugendamt sich den Anordnungen des Gerichts beliebig entziehen könnte.

c) Keine Anordnungskompetenz unter optimalen Bedingungen

Klar sollte in diesem Zusammenhang auch sein, dass wenn es erst einmal zu einem Verfahren wegen Gefährdung des Kindeswohls gekommen ist, die Kooperationsbereitschaft der Eltern häufig sehr gering sein wird. Eine Anordnung des Gerichts, Hilfemaßnahmen in Anspruch zu nehmen, hat deswegen ohnehin nur Sinn, wenn dadurch noch die Gefahr für das Kind abgewendet werden kann. Fatal wäre es, solange Hilfen anzuordnen, bis es für das betroffene Kind zu spät ist. Dies gilt insbesondere dann, wenn das Jugendamt bereits im Vorfeld des Verfahrens etliche Hilfsangebote erfolglos durchgeführt hat. Es gilt, den richtigen Zeitpunkt zu finden, das Kind aus der Familie zu nehmen, um es notfalls vor den eigenen Eltern zu schützen. Dieser Zeitpunkt zwischen zu frühem und zu spätem Eingreifen erweist sich als eine Gratwanderung für alle am Kindesschutz beteiligten Personen und Institutionen.

Fest steht auch, dass eine Anordnungskompetenz unter optimalen Bedingungen nicht nötig wäre. Unter optimalen Bedingungen erfährt das Jugendamt – sei es von Nachbarn, sei es von der Schule, sei es von den Eltern oder dem Kind selbst – von Umständen, die den Verdacht aufwerfen, das Wohl eines Kindes könnte gefährdet sein. Daraufhin tritt das Jugendamt mit den Eltern in Kontakt, bietet sämtliche möglichen und sinnvollen Hilfen an und erstellt einen Hilfeplan. Erst wenn diese Maßnahmen gescheitert sind, ruft das Jugendamt das Familiengericht an, welches erneut die Sachlage prüft und versucht, die Kindeswohlgefährdung zunächst durch Anordnung von Hilfen gegenüber den Eltern und schließlich als letztes Mittel durch den Entzug der elterlichen Sorge, abzuwenden.[856] All dies geschieht unter optimalen Bedingungen natürlich immer im Einverständnis mit dem Jugendamt und unter dessen Mitwirkung im gerichtlichen Verfahren. Dabei ist das Jugendamt für die sozialen Kompetenzen zuständig, hat

856 Siehe hierzu das „idealtypische Ablaufmodell“ bei: *Münder/Mutke/Schone*, S. 157 f.

eine größere Nähe zum Fall, also längere Kontakte zu den Betroffenen und eine bessere Grundlage für die Entscheidung, welche Hilfemaßnahmen getroffen werden sollten. Das Gericht beschränkt sich auf die juristische Arbeit, also auf die Übertragung rechtlicher Kompetenzen, wie das Aufenthaltsbestimmungsrecht oder das Sorgerecht, Einsetzung des Jugendamts als Pfleger usw.[857] Hinzu kommt, dass unter optimalen Bedingungen die Richter gut aus- und fortgebildet sind und sich im Kinder- und Jugendhilferecht genauestens auskennen, während die Mitarbeiter des Jugendamts ihre Befugnisse detailliert kennen, keinerlei Vorurteile gegenüber der Justiz haben und ihnen ausreichend finanzielle Mittel zur Umsetzung aller öffentlichen Hilfen zur Verfügung stehen.

Das Problem ist nur: Optimale Bedingungen liegen nicht immer vor, weder auf Seite der Gerichte, noch auf Seite der Jugendämter. Gerade aber in Fällen fehlender Einigung bedarf es einer gesetzlichen Entscheidung.[858] Hier gilt es, eine Lösung zu finden. Ob diese Lösung eine Anordnungskompetenz des Familienrichters ist, gilt es im Folgenden zu überprüfen.

d) Wann entsteht der Konflikt?

Zunächst soll hier dargestellt werden, welche Fallgruppen in Zusammenhang mit einer gerichtlichen Intervention nach §§ 1666, 1666a BGB möglich sind, und ob Konstellationen bestehen, die eine Anordnungskompetenz des Familienrichters gegenüber dem Jugendamt erforderlich erscheinen lassen.

aa) Generelle Ablehnung der Anordnungskompetenz bei handlungsfähigen oder –willigen Eltern?

Besteht die generelle Bereitschaft oder Fähigkeit der Eltern, die Gefahr eigenverantwortlich abzuwenden, so bliebe nach Röchling für eine Anordnungskompetenz des Familienrichters ohnehin kein Raum.[859] Dies kann so pauschal aber nicht stehen gelassen werden. In der Tat ist ein Einschreiten des Familiengerichts unzulässig und auch nicht notwendig, sollten die Eltern fähig oder willens sein, die Gefahr für das Kind abzuwenden. So kann in der Bereitschaft der Eltern, öffentliche Hilfen in Anspruch zu nehmen, eine verantwortliche Gefährdungsabwendung seitens der Eltern liegen, die eine familiengerichtliche Eingriffsbefugnis nach § 1666 Abs. 1 BGB verdrängt.[860] Das Familiengericht muss sich jedoch nicht auf – wenn auch möglicherweise ernstgemeinte – Beteuerun-

857 *Zenz*, Kindesmisshandlung- und Kindesrechte, S. 363.
858 *Möller*, ZKJ 2007, 178.
859 *Röchling*, S. 239.
860 *Röchling*, S. 234 f., 283, 288 f.; Staudinger/*Coester* (2004),§ 1666, Rn. 151.

gen der Eltern einlassen, wenn die Fallgeschichte befürchten lässt, dass die Eltern nicht in der Lage sind, das Wohl des Kindes dauerhaft zu gewährleisten. Nur wenn die Eltern dem Familiengericht durch eine tiefe Einsicht und innere Entschlossenheit den Schutz des Kindes garantieren können, ist das Abwendungsprimat der Eltern vorrangig.[861] Gerade mit Blick auf die vom Gesetzgeber geforderte frühzeitige Anrufung des Familiengerichts bei gefährdeten Kindern, muss der Richter möglichst früh eine mögliche Unwilligkeit oder Unfähigkeit der Eltern überprüfen. Die Eltern dürfen nicht bereit *oder* nicht fähig sein, die Gefahren für ihr Kind abzuwenden (z.B. wenn die Eltern drogen- oder alkoholabhängig sind). Das Tatbestandsmerkmal ist also auch dann erfüllt, wenn die Eltern zur Abwendung der Gefahr zwar in der Lage sind, dies aber nicht wollen, oder wenn sie es zwar wollen, aber dazu nicht in der Lage sind. In diesem Zusammenhang ist insbesondere zu prüfen, ob Hilfen nach §§ 27 ff. SGB VIII möglich sind und die Eltern bereit sind, diese Hilfen zu akzeptieren. Sie können demnach handlungsunwillig oder handlungsunfähig und dennoch zur Annahme von Hilfen bereit sein. In der Gerichtspraxis wird dieses (negative) Tatbestandsmerkmal häufig vernachlässigt. In den Entscheidungsgründen wird es oft nicht erwähnt; gleiches gilt für die Berichte des Jugendamts.[862] Es spielt also keine Rolle, ob die Eltern unfähig, gleichgültig oder unwillig sind für das Wohl des Kindes zu garantieren. Wichtig ist in erster Linie, ob die Eltern auch in Zukunft nicht gewillt oder in der Lage sind, die Gefahr abzuwenden. Die Möglichkeit familiengerichtlicher Eingriffe besteht damit bereits bei einer negativen Zukunftsprognose.[863] Dies folgt aus dem Grundsatz, dass § 1666 BGB in erster Linie eine Schutznorm des Kindes ist und erst an zweiter Stelle das elterliche Erziehungsprimat garantiert.[864] Hilflosigkeit der Eltern steht der Unwilligkeit oder Unfähigkeit gleich.[865] Insofern kann von einem generellen Ausschluss einer Anordnungskompetenz im Falle (vermeintlich) handlungsfähiger oder –williger Eltern nicht ausgegangen werden. Auch hier ist in erster Linie auf das Kindeswohl abzustellen. Im Einzelnen muss weiter differenziert werden.

bb) Eltern sind tatsächlich handlungswillig und/oder handlungsfähig

Sind die Eltern aber tatsächlich handlungswillig und/oder handlungsfähig, besteht kein Raum für eine Anordnungskompetenz, da die Bereitschaft zur Ab-

861 Staudinger/*Coester*, § 1666, Rn. 174

862 *Hoppenz/van Els*, § 1666, Rn. 13.

863 Staudinger/*Coester*, § 1666, Rn.169; *Münder*, Familienrecht, Kap. 12, S. 165.

864 *Lessing*, RpflStud 2008, 1 (3).

865 MünchKommBGB/*Olzen*, § 1666, Rn. 129; *Fieseler/Hannemann*, ZKJ 2006, 117 (119).

wendung der Gefahr für das Kindeswohl die familiengerichtliche Eingriffsbefugnis gemäß § 1666 Abs. 1 BGB verdrängt. Sind die Eltern nämlich willig und fähig, die Gefahr abzuwenden, ist ein familiengerichtliches Einschreiten nicht nur unzulässig, sondern ohnehin nicht erforderlich.[866] Nur in Fällen, in denen Eltern zwar ihren Willen zum Handeln bekunden, das Wohl des Kindes aber dennoch gefährdet erscheint, kann über eine Anordnungskompetenz nachgedacht werden, wenn das Jugendamt die Hilfe verweigert.[867]

Es kann aber vorkommen, dass das Gericht mit dem Ziel des Entzuges der elterlichen Sorge angerufen wird, obwohl die Abwendung der Gefahr noch mit Hilfe jugendhilferechtlicher Maßnahmen möglich ist (die Eltern sind handlungswillig, das Jugendamt verweigert aber jegliche Hilfen). Tatsächlich sind hier die Voraussetzungen der §§ 1666, 1666a BGB nicht gegeben und der Richter müsste von der Anordnung gleich welcher Maßnahmen Abstand nehmen und die Eltern darauf verweisen, eine geeignete öffentliche Hilfe beim Jugendamt zu beantragen und diese notfalls im verwaltungsgerichtlichen Verfahren einzuklagen. Hier gerät der Familienrichter allerdings in einen (Gewissens-) Konflikt, wenn sich zeigt, dass das Jugendamt die geeignete Maßnahme ohnehin aus anderen als sozialpädagogischen Gründen ablehnt. In diesem Fall wird das Familiengericht geradezu verführt, die Maßnahme eigenhändig anzuordnen. Wird das Familiengericht in einem derartigen Fall nicht tätig, so ist das Wohl des Kindes nicht mehr gewährleistet. Sieht das Familiengericht in diesem Fall nämlich von Maßnahmen ab, ist das Jugendamt auch danach nicht gewillt, den Eltern die Maßnahme zu gewähren. Früher oder später wird der Fall dann wieder vor Gericht landen, mit für das Kind wesentlichen ungünstigeren Voraussetzungen. Das Familiengericht ist aber zu Eingriffen in das Elternrecht nur unter den Tatbestandsvoraussetzungen des § 1666 BGB berechtigt. Sind die Eltern also handlungsfähig und handlungswillig, liegen die Voraussetzungen für ein Verfahren nach § 1666 BGB auch dann nicht vor, wenn sich das Jugendamt ausdrücklich weigert, öffentliche Hilfen zu erbringen. Dieser Fall dürfte in der Praxis allerdings nur selten vorkommen. In der Regel ist das Jugendamt daran interessiert und gesetzlich auch verpflichtet, alle ihm zur Verfügung stehenden Möglichkeiten zu ergreifen, um eine Gefahr von Kindern und Jugendlichen abzuwenden. Probleme, die auf diese Art und Weise entstehen, sind solche der fehlenden Fachaufsicht der Jugendämter,[868] die nicht mithilfe einer möglichen Anordnungskompetenz gelöst werden können. Hier kann (und muss) das Familienge-

866 Staudinger/*Coester*, § 1666, Rn. 171.

867 Siehe Kap. B I. 5. d) dd).

868 Siehe hierzu: *Hildebrandt*, ZKJ 2008, 396 (400); mangelnde Dienst- und Fachaufsicht war auch mit ursächlich für den Tod des zweijährigen Kevins, *Mäurer*, agsp.de, S. 57.

richt lediglich im Rahmen des Erörterungsgespräches auf das Jugendamt einwirken, eine adäquate Hilfe zu installieren.[869] Im Übrigen greift hier die Überprüfungsverpflichtung des Familiengerichts nach § 166 Abs. 3 FamFG.

cc) Eltern sind kooperationsbereit, Jugendamt ist zur Hilfeleistung bereit

Liegen die Voraussetzungen des § 1666 BGB vor, besteht aber eine generelle Bereitschaft der Eltern zur Kooperation und ist auch das Jugendamt zur Gewährung der Hilfe bereit, bleibt für eine Anordnungskompetenz gegenüber dem Jugendamt kein Raum. Die Eltern werden dann vom Familiengericht verpflichtet, die in Absprache mit und vom Jugendamt zur Verfügung gestellte Hilfe in Anspruch zu nehmen. Dies ist der optimale und vom Gesetz vorgeschriebene Fall einer kooperativen Zusammenarbeit zwischen Familiengericht und Jugendamt. Das gilt auch im Falle handlungsunwilliger und –unfähiger Eltern. Das Familiengericht ist auch dann berechtigt, eine öffentliche Hilfe im Einverständnis mit dem Jugendamt gegenüber den Eltern verbindlich anzuordnen. Denn im Gegensatz zum Jugendamt kann das Familiengericht eine Verpflichtung zur Inanspruchnahme öffentlicher Hilfen aussprechen, während das Jugendamt nur im Einverständnis mit allen Beteiligten tätig werden kann.[870] Schon hier stellt sich allerdings die Frage, ob die Anordnung einer öffentlichen Hilfe gegen den Willen der Eltern sinnvoll erscheint. Sicherlich ist diese Zwangsmaßnahme in einigen Fällen zum Scheitern verurteilt, doch manchmal muss der Mensch auch „zu seinem Glück gezwungen werden“. Wird die Hilfe erst einmal gewährt, erschließt sich für viele auch der Nutzen und der Konflikt kann ohne einen Eingriff in das elterliche Sorgerecht beendet werden.[871]

dd) Eltern sind nicht handlungsfähig und/oder –willig, Jugendamt weigert sich, die Hilfe zu erbringen

Fraglich erscheint, ob in diesem Falle überhaupt Raum für eine Anordnungskompetenz bleibt.

869 In diesem Rahmen ist der Familienrichter auch verpflichtet auf die mögliche Garantenstellung des Jugendamts hinzuweisen.

870 Erman/*Michalski*, § 1666, Rn. 17.

871 *Zenz*, S. 268 (im Falle einer gerichtlich angeordneten Psychotherapie. Eine derartige Verpflichtung wird vielfach als absolute Kontraindikation betrachtet, andere sehen jedoch in einem gewissen autoritativen Druck sogar eine wesentliche Voraussetzung für eine kontinuierliche Durchführung der Maßnahme); vgl. OLG Frankfurt v. 22. 12. 2005 - 6 UF 192/05 – NJW-RR 2006, 1228; ablehnend bezüglich des therapeutischen Einsatzes: BGH v. 27.10.1993 - XII ZB 88/92 – NJW 1994, 312 ff.; OLG Koblenz, v. 19.02.2008 - 11 WF 936/07, OLGR Koblenz 2008, 383 ff.

Denn Eltern, die in keinster Weise zu einer Kooperation mit der Behörde bereit sind, können auch im Falle einer gerichtlichen Anordnungskompetenz kaum zur Kooperation gezwungen werden. In diesem Fall könnte eine zumindest teilweise Entziehung der elterlichen Sorge unumgänglich sein. Eine gewisse Kooperationsbereitschaft der Eltern muss daher auch im Falle einer Anordnungskompetenz vorausgesetzt werden, da beratungsresistente Eltern in der Regel nicht an der Verwirklichung des Kindeswohls interessiert sein dürften. Da sich der Familienrichter aber nicht auf die Beteuerungen der Eltern einlassen muss, sondern anhand einer negativen Zukunftsprognose selber entscheiden kann, ob die Eltern das Wohl des Kindes dauerhaft gewährleisten können, ist das Tatbestandsmerkmal bereits dann erfüllt, wenn die Eltern zwar in der Lage sind die Gefahr für ihr Kind abzuwenden, dies aber nicht wollen, bzw. es wollen aber nicht dazu in der Lage sind.[872] Auch ist immer wieder zu beobachten, dass Eltern, die zuvor jegliche Kooperation mit dem Jugendamt verweigert haben, vor Gericht eher gewillt sind Hilfen in Anspruch zu nehmen, als es vorher im Gespräch mit den Mitarbeitern des Jugendamts der Fall war. Dies mag daran liegen, dass erst durch das Gericht der nötige Druck ausgeübt wird, um den Eltern den Ernst der Lage vor Augen zu führen. Schließlich steht nun erstmalig die konkrete Gefahr des Entzuges der elterlichen Sorge im Raum. Zwar wird das Jugendamt diese Möglichkeit den Eltern im Vorfeld auch bereits in Aussicht gestellt haben, es fehlen ihm hierzu allerdings – mit Ausnahme des § 42 SGB VIII – die nötigen Kompetenzen zur Umsetzung der Androhung.[873] Der Richter darf das Gebot, eine öffentliche Hilfe in Anspruch zu nehmen, aber nur dann aussprechen, wenn er der Ansicht ist, das Gebot sei geeignet, um die Gefahr für das Kindeswohl abzuwenden. Besteht diesbezüglich keinerlei Hoffnung, ist der Richter ohnehin verpflichtet, eine für Eltern und Kind einschneidendere Maßnahme anzuordnen. Sieht der Richter im Laufe des Verfahrens also eine Bereitschaft der Eltern, doch mit dem Jugendamt zu kooperieren, oder ist er der Ansicht, die Eltern werden durch die gerichtliche Anordnung kooperationsbereit, so stellt sich gerade in dieser Konstellation die Frage nach der richterlichen Anordnungskompetenz erst, wenn sich das Jugendamt zur Erbringung der Hilfe nicht bereit erklärt. Erweisen sich die Eltern allerdings im Laufe der Verhandlung als vollkommen beratungs- und kooperationsresistent, so erscheint eine Anordnung von Hilfen zur Erziehung nach dem SGB VIII zwecklos und gerade kontraproduktiv, da die Annahme öffentlicher Hilfen auf dem Prinzip der Freiwilligkeit basiert. In diesen Fällen wird das Gericht den Eltern eher das Recht zur Stellung

872 Siehe Kap. B. I. 5. d) aa).

873 *Langenfeld/Wiesner* in: Saarbrücker Memorandum, S 45 (77 f.); *Prestien*, ZKJ 2008, 59 (62).

eines Antrages nach § 27 SGB VIII entziehen[874] und diesen ersetzen oder auf einen Pfleger (i.d.R. das Jugendamt) übertragen, mit der Weisung an den Sorgeberechtigten, die Hilfe nach SGB VIII anzunehmen.[875] In derartigen Fällen wird von den Gerichten in der Regel auch das Aufenthaltsbestimmungsrecht entzogen und auf einen Pfleger (häufig das Jugendamt) übertragen.[876]

e) Lösung des Konflikts durch Annahme einer bindenden Anordnungskompetenz?

In der letztgenannten Konstellation ist umstritten, wem die Entscheidungskompetenz in Bezug auf die Erbringung öffentlicher Hilfen zusteht. Dabei wurde zuletzt hauptsächlich noch die Ansicht vertreten, der Familienrichter könne Erziehungshilfen nach § 27 SGB VIII anordnen, wenn das Jugendamt diese aus anderen als sozialpädagogischen Gründen ablehne (z.B. allgemein verwaltungsrechtliche, organisatorische oder finanzielle Gründe).[877] Eine Letztentscheidungsbefugnis sei auch in den Fällen möglich, wenn das Familiengericht abweichend vom Jugendamt der Ansicht ist, geeignete Hilfsansätze stünden zur Verfügung.[878] Für eine abweichende gerichtliche Beurteilung könne aber nur ein Sachverständigengutachten als tragfähige Grundlage herangezogen werden. Dieser Fall wird in erster Linie dann eintreten, wenn im Laufe des Gerichtsverfahrens neue oder weitergehende Aspekte bekannt werden, die dem Jugendamt bei der Beurteilung der Rechtslage nicht zur Verfügung standen.[879] Bietet das Jugendamt eine konkrete Hilfe als geeignet an, kann sich das Familiengericht dagegen nicht über das fachliche Urteil des Jugendamts hinwegsetzen. Insofern gebührt diesem ein weiter Beurteilungsspielraum. Das Familiengericht kann allerdings zu der Einschätzung gelangen, dass weitere Eingriffe zur Gefahrenabwehr nötig sind oder von einem erneuten Hilfeversuch aus Gründen des Kindeswohls abgesehen werden muss.[880]

Für die Annahme einer Anordnungskompetenz und damit gegen ein Entscheidungsprimat der Jugendhilfe spricht insbesondere, dass das staatliche

874 BayObLG v. 21.11.1996 - 1Z BR 221/96 – FamRZ 1997, 572.

875 *Löhnig*, Zivilrechtlicher Gewaltschutz, Rn. 22.

876 *Münder*, Familienrecht, Kap. 12, S. 171; so auch: BayObLG v. 21.11.1996 - 1Z BR 221/96 – FamRZ 1997, 572.

877 Staudinger/*Coester*, § 1666a, Rn. 19.

878 Staudinger/*Coester*, § 1666a, Rn. 18.

879 MünchKommBGB/*Tillmanns*, § 1 SGB VIII, Rn. 7; Staudinger/*Coester*, § 1666a, Rn 13; *Dickmeis*, ZfJ 1993, 561 (562); so noch in der Vorauflage (4. Auflage 2003) *Johannsen/Henrich/Büte*, Eherecht § 1666, Rn. 60.

880 Staudinger/Coester, § 1666a, Rn. 17 spricht von einer „untrennbaren Gemengelage zwischen sozialpädagogischer und justizieller Kompetenz".

Wächteramt aus Art. 6 Abs. 2 S. 2 GG Jugendamt und Familiengericht in jeweils eigener Verantwortung auferlegt ist. „Die eigenständige Verantwortung der Justiz für effektiven Kindesschutz ist zentrales Thema der §§ 1666, 1666a – der Verweis auf den Vorrang öffentlicher Hilfen in § 1666a Abs. 1 S 1 zielt auf Vernetzung der gerichtlichen und sozialen Schutzsysteme, berührt aber nicht die jeweils eigenständige Verantwortlichkeit.“[881]

Es spricht aber auch etliches gegen eine Anordnungskompetenz des Familiengerichts und damit für die materielle Steuerungsverantwortung der Kinder- und Jugendhilfe. Dies ist zum einen die sozialpädagogische Fachkompetenz der Kinder- und Jugendhilfe, zum anderen die Gefahr einer „Helferkonkurrenz“ zwischen Familiengericht und Jugendamt sowie die Tatsache, dass das Jugendamt in der Regel näher an der Problemfamilie ist und häufig schon im Vorfeld des familiengerichtlichen Verfahrens in Kontakt mit dieser stand.[882] Die wichtigsten Argumente bleiben aber der Verstoß gegen den Grundsatz der Gewaltenteilung und gegen die kommunale Selbstverwaltung.

Stehen die Entscheidungsbefugnisse von Familiengericht und Jugendamt demnach unverbunden nebeneinander oder kommt dem Familienrichter im Falle des Scheiterns der Verantwortungsgemeinschaft die Letztverantwortung zu? Muss die Anordnung des Familienrichters durch Leistungsklage der Eltern oder eines Pflegers im Verwaltungsrechtsweg umgesetzt werden oder findet das rechtsstaatliche Verfahren vor dem Familiengericht seinen Abschluss?

aa) Verstoß gegen kommunale Selbstverwaltung

Von den Gegnern der Anordnungskompetenz wird vorgetragen, die Verbindlichkeit der Anordnungen des Familiengerichts für die Kinder- und Jugendhilfe stelle einen Verstoß gegen die Garantie der kommunalen Selbstverwaltung dar und stehe der Autonomie freier Träger entgegen.[883] Kinder- und Jugendhilfe wird von den Kommunen und Kreisen als eigene Angelegenheit ausgeführt, dabei ist die kommunale Selbstverwaltung verfassungsrechtlich durch Art. 28 GG geschützt. Es sei damit allein Sache der Kommunen, über ihre finanziellen Mittel zu bestimmen, die Organisation zu handhaben und das entsprechende Personal zur Verfügung zu stellen. Eine Anordnung des Richters stelle folglich einen Eingriff in dieses Recht dar.[884] Tatsächlich verpflichteten die Gerichte die Ju-

881 Staudinger/*Coester*, § 1666a, Rn. 16.

882 Dazu insb. *Meysen*, FamRZ 2008, 562 (565 ff.); *ders.* in: Lipp/Schumann/Veit, S. 75 (81 ff.).

883 Siehe nur: AGJ-Kommission, Forum Jugendhilfe 3/1984, S. 3; BT-Drucks. 11/5948, S. 67; *Happe*, Jugendwohl 1994, 92 (96).

884 Wiesner/*Wiesner*, § 36a, Rn. 8.

gendämter aber nur im Rahmen ihrer gesetzlichen Pflichtaufgabe Mitwirkung am familiengerichtlichen Verfahren. Berechtigte haben auch im Rahmen eines familiengerichtlichen Verfahrens einen Rechtsanspruch auf Hilfen zur Erziehung, deren Gewährung nicht im Ermessen des Jugendamts liegt.[885] Die Organisation und Personalplanung bliebe dem Jugendamt auch im Rahmen einer gerichtlichen Anordnung weitestgehend erhalten; ein Eingriff in die Finanzhoheit ist ohnehin über § 36a SGB VIII ausgeschlossen. Es liegt somit kein Eingriff in den Kernbestand der kommunalen Selbstverwaltung vor, welche ohnehin hinter dem Grundrecht des Kindeswohls zurückzutreten hätte. Wenn aber dieser gesetzliche Auftrag das Recht der Selbstverwaltung nicht berührt, dann auch nicht die gerichtliche Inanspruchnahme im Einzelfall.[886] Zudem stünde dem Jugendamt im Falle einer Anordnungskompetenz ein Beschwerderecht nach § 162 Abs. 3 S. 2 FamFG zu. Ist das Jugendamt mit der Entscheidung des Familiengerichts also nicht einverstanden, kann es dagegen vorgehen. Damit ist das Jugendamt auch ausreichend geschützt.

bb) Negierung der Fachlichkeit der Kinder- und Jugendhilfe

Auch das Argument, durch eine richterliche Anordnungskompetenz werde die Fachlichkeit der Kinder- und Jugendhilfe, insbesondere die Regeln des § 36 SGB VIII missachtet, überzeugt nicht.[887] Familienrichter hätten in der Regel nur sehr geringe Kenntnisse über die ausdifferenzierte Palette an öffentlichen Hilfen, die dem Jugendamt zur Verfügung stehe. Zudem seien die Familiengerichte nur selten mit der rechtlichen Einordung der Leistungen vertraut. Beobachtungen aus der Praxis legten den Schluss nahe, dass Familiengerichte in erster Linie die klassischen Maßnahmen wie die sozialpädagogische Familienhilfe anordneten. Das Familiengericht sei keine Hilfe-, sondern eine Entscheidungsinstanz. Es fehle an zeitlichen, organisatorischen und fachlichen Ressourcen, um gemeinsam mit den Familien Hilfe- und Schutzkonzepte zu erarbeiten. Ohne die tatsächlich bestehenden Defizite in Qualifikation, Aus- und Weiterbildung von Familienrichtern zu leugnen,[888] wird bei dieser Einschätzung aber verkannt, dass es gerade die Aufgabe von Richtern ist, unterschiedliche Fachfragen zu beurteilen. Der Zivilrichter richtet über technische Mängel an Schaufelbaggern, der Strafrichter beurteilt, ob bei einem Angeklagten eine psychische Störung vorliegt oder nicht, der Verwaltungsrichter entscheidet über die Gefährlichkeit technischer Anlagen, ohne dass ihm fehlendes Fachwissen vorgeworfen wird.

885 Siehe Kap. B, II. 1. a).

886 *Miehe* in: Yessiou-Faltsi, S. 429 (439 f.).

887 *Meysen* in: Lipp/Schumann/Veit, S. 75 (83 f.).

888 Siehe hierzu: Kap. C, III. 2. a).

Das gerichtliche Verfahren ist gerade darauf ausgelegt, über unterschiedliche Rechtsfragen zu urteilen. Dazu gehört auch, gerade im Bereich der freiwilligen Gerichtsbarkeit, dass bestimmte materielle Verwaltungsaufgaben dem Richter vorbehalten sind. Dort, wo der Richter nicht weiter weiß, kann er jederzeit Gutachter oder Sachverständige bestellen, um Fachfragen zu beantworten. Gerade in Verfahren nach § 1666 BGB wirkt zusätzlich das Jugendamt mit und kann die Einhaltung fachlicher Standards überwachen. Wer sich hier vehement gegen gerichtliche Überprüfung wehrt, scheint sein pädagogisches Handeln generell jeglicher Kontrolle entziehen zu wollen.[889]

cc) Verstoß gegen Grundsatz der Gewaltenteilung

Stärkstes Argument der Gegner ist der Verstoß gegen den Grundsatz der Gewaltenteilung. Auch wenn die freiwillige Gerichtsbarkeit, insbesondere die Entscheidung des Familienrichters nach §§ 1666, 1666a BGB, als materielle Verwaltung bezeichnet werden kann, und die Tätigkeit des Gerichts eher der Tätigkeit der Verwaltung entspricht, handelt es sich doch um eine gerichtliche Entscheidung.[890] Das Jugendamt als Teil der Exekutive kann deswegen von der Familiengerichtsbarkeit als Teil der Judikative nicht zur Erfüllung konkreter Aufgaben verpflichtet werden.[891] Grundsätzlich ist in unserem Rechtssystem ein Eingriff in die Verwaltung aber möglich. Gemäß Art. 19 Abs. 4 GG kommt den Gerichten eine Kontrollfunktion gegenüber der öffentlichen Verwaltung zu. In der Regel sind hierfür die Verwaltungsgerichte nach § 40 VwGO zuständig. Dies gilt auch für Streitigkeiten zwischen dem Leistungsberechtigten und dem Jugendamt im Rahmen des SGB VIII.[892] Die Verwaltungsgerichte sind außerdem gemäß § 113 Abs. 4, 5 VwGO berechtigt, die Verwaltung zum Erlass eines bestimmten Verwaltungsakts zu verpflichten. In Ausnahmefällen sind aber auch andere Gerichtsbarkeiten zur Überprüfung und Einwirkung auf die Verwaltung berechtigt. Tatsächlich stellte die Anordnung von Hilfen zur Erziehung durch die Familiengerichte eine Verschiebung der gesetzlich festgelegten Zuständigkeiten dar. Es käme zu einer Verschränkung von Exekutive (Jugendamt) und Judikative (Familiengericht) zur Wahrnehmung des Kindesschutzes. Durch die Anordnungskompetenz würde das Familiengericht das Jugendamt zu einer Sozialleistung verpflichten, der Familienrichter würde mithin eine Leistungspflicht des Jugendamts begründen. Aufgrund der Kontrollfunktion der Gerichte gegenüber Behörden ist dies grundsätzlich möglich. Diese Kontrollfunktion kommt de

889 *Miehe* in: Yessiou-Faltsi, S. 429 (443 f.).
890 *Rünz*, S. 128 ff.
891 Wiesner/*Wiesner*, § 36a, Rn. 9 ff., 18 ff.
892 *Hufen*, Verwaltungsprozessrecht, § 11, Rn. 25.

lege lata zwar grundsätzlich dem Verwaltungsgericht zu, aber auch der Familienrichter überprüft die Entscheidungen des Jugendamts; er übt materielle Verwaltungstätigkeit aus.[893] Bei der Anhörung des Jugendamts im familiengerichtlichen Verfahren handelt es sich demnach um eine indirekte Kontrolle jugendamtlichen Handelns. Eine entsprechende Anordnungskompetenz gegenüber dem Jugendamt wäre Teil dieser Kontrolle. Es stellt sich nun die Frage, ob eine Ermächtigungsgrundlage existiert, die das Familiengericht berechtigt anstelle des Verwaltungsgerichts das Handeln des Jugendamts zu überprüfen. Ein Eingriff in die Gewaltenteilung läge aber auch ohne konkrete Ermächtigungsgrundlage nicht vor, da der Kernbereich der Kinder- und Jugendhilfe als exekutive Gewalt erhalten bliebe. Es käme lediglich in einem Teil der von der Kinder- und Jugendhilfe auszuführenden Aufgaben zu einer Verschränkung von Exekutive und Judikative, nämlich im Rahmen ihrer gesetzlichen Aufgabe Mitwirkung am familiengerichtlichen Verfahren. Einzige Konsequenz einer Anordnungskompetenz wäre demnach lediglich, dass der Familienrichter als unzuständiger Richter handelte. Die Annahme einer Anordnungskompetenz stellt damit keinen Verstoß gegen den Grundsatz der Gewaltenteilung dar. Aber selbst wenn ein Verstoß gegen den Grundsatz der Gewaltenteilung vorläge, ließe sich dieser durch eine entsprechende Ermächtigungsgrundlage ausräumen, um auch zwischen Gerichten und Behörden zulässig zu sein.[894] Wegen des Grundsatzes der Normenklarheit muss es sich um ein Spezialgesetz handeln, welches die Voraussetzungen und den Umfang der Verschiebung eindeutig und für den Bürger und die Behörde erkennbar aufzeigt.[895]

dd) §§ 1666, 1666a BGB als Ermächtigungsgrundlage?

Im Folgenden soll nun überprüft werden, ob die einzig in Frage kommenden §§ 1666, 1666a BGB eine solche Ermächtigungsgrundlage darstellen. Dabei stellt sich die Frage, ob diese Normen Befugnisse des Jugendamts in der rechtsstaatlichen Klarheit eines Spezialgesetzes in den Dienst richterlicher Aufgaben stellen.

Die §§ 1666, 1666a BGB ermächtigen den Familienrichter, alle erforderlichen Maßnahmen zu treffen, die zur Abwendung einer Kindeswohlgefährdung erforderlich sind. Dabei werden öffentlichen Hilfen in den §§ 1666 Abs. 3 Nr. 1, 1666a BGB eindeutig als mildere Alternative zu anderen Maßnahmen genannt, mit denen eine Trennung des Kindes von den Eltern verbunden ist. Der Richter

893 *Heilmann*, hefam.de, S. 6-8; siehe ausführlich Kap. C. I. 1. c).

894 *Schlink* in: BMJ, Jugendgerichtshilfe – Quo vadis?, S. 51, 52 f.; *Miehe* in: Yessiou-Faltsi, S. 429 (440).

895 *Schlink* in: BMJ, Jugendgerichtshilfe – Quo vadis?, S. 51, 52 f.; BVerfG v. 15.12.1983 – 1 BvR 209, 269, 362, 420, 440, 484/83 – BVerfGE 65, 1 (45 f., 61 f.).

muss die Frage, ob und welche öffentliche Hilfe in Betracht kommt, in vollem Umfang in seine Prüfung der Erforderlichkeit einbeziehen.[896] Insbesondere aufgrund der Erweiterung des § 1666 Abs. 3 BGB durch das KiWoMaG sowie durch §§ 157 Abs. 1, 166 Abs. 3 FamFG wird die Verschränkung gerichtlicher Schutzmaßnahmen mit den sozialrechtlichen Leistungen bestärkt. Als gerichtliche Maßnahmen werden in § 1666 Abs. 3 BGB nun ausdrücklich Gebote öffentliche Hilfen wie zum Beispiel Leistungen der Kinder- und Jugendhilfe anzunehmen, genannt. § 1666 BGB trifft allerdings keine ausdrückliche Aussage darüber, ob die gerichtliche Anordnung nur gegenüber den Eltern oder auch gegenüber dem Jugendamt bindend ist. Der Wortlaut des § 1666 BGB gibt damit in Bezug auf eine verbindliche Anordnung gegenüber dem Jugendamt nichts her. Auch betreffend einer Differenzierung nach Kann-, Muss- und Sollvorschriften lässt der Wortlaut des § 1666 BGB keine definitive Aussage zu. Ebenso wenig findet sich in § 1666 BGB eine Unterscheidung, ob das Jugendamt die öffentliche Hilfe aus sozialpädagogischen, finanziellen, allgemein verwaltungsrechtlichen oder organisatorischen Gründen ablehnt. Aus dem Wortlaut des § 1666 BGB kann damit weder eine Anordnungskompetenz bestätigt, noch abgelehnt werden.

Die historische Entwicklung zeigt eine immer stärker werdende Konzentration hin zur Kooperation zwischen Familiengericht und Jugendamt, letztmalig gestärkt durch KiWoMaG und FamFG. Konflikte zwischen Familiengericht und Jugendamt sollen gar nicht erst entstehen, der Schutz des Kindes gemeinsam verwirklicht werden. Auf der anderen Seite räumt der Gesetzgeber dem Familiengericht aber gerade in neuerer Zeit immer weitreichendere Kompetenzen ein, beginnend mit Einführung des § 1666a BGB, vorläufig endend durch das Gesetz zur Erleichterung familiengerichtlicher Maßnahmen bei Gefährdung des Kindeswohls und das FamFG. Die Entwicklung scheint zwiespältig.

In der amtlichen Begründung zum KJHG hat der Gesetzgeber seinen Standpunkt zu einer möglichen Anordnungskompetenz deutlich gemacht: „Auch bei einem künftig noch stärker präventiv orientierten Handlungsansatz der Jugendhilfe werden krisenhafte Entwicklungen nicht immer so rechtzeitig abgefangen werden können, dass eine Beschränkung elterlicher Sorgerechte gänzlich ausgeschlossen werden kann. Dafür reichen jedoch, wie die bisherige Praxis zeigt, die Rechtsgrundlagen des Bürgerlichen Gesetzbuchs (insbesondere §§ 1666, 1666a BGB) aus; einer eigenständigen Befugnis des Vormundschaftsgerichts, Hilfen zur Erziehung anzuordnen, bedarf es nicht."[897] Daraus ziehen die Befürworter einer Anordnungskompetenz den Schluss, eine eigenständige Anordnungskom-

896 *Miehe* in: Yessiou-Faltsi, S. 429 (441).

897 BT-Drucks. 11/5948, S. 66 f.

petenz sei nicht nötig, da die §§ 1666, 1666a BGB bereits eine solche gewährten.[898] Tatsächlich erschließt sich aus dieser Aussage des Gesetzgebers nicht eindeutig, ob eine Anordnungskompetenz generell abgelehnt werden soll. In der weiteren Begründung lehnt er dies aber eindeutig ab. Das Jugendamt sei „Teil der Verwaltung einer Gebietskörperschaft und damit Träger öffentlicher Verwaltung. Deren Aufgaben ergeben sich unmittelbar aus dem Gesetz. Soweit dort keine hinreichenden Befugnisnormen vorgesehen sind, kann das Jugendamt nicht durch ein Gericht zum Tätigwerden ermächtigt oder verpflichtet werden. Aufgabe des Jugendamts kann es deshalb auch nicht sein, gerichtliche Anordnungen auszuführen, sofern es sich dabei nicht um ein Verpflichtungsurteil im Rahmen der gerichtlichen Kontrolle der Verwaltung innerhalb des dafür vorgesehenen Rechtsweges handelt (z.B. § 113 Abs. 4 VwGO).“[899] Daraufhin hatte der Bundesrat in seiner Stellungnahme die Prüfung angeregt, ob nicht eine entsprechende Ermächtigungsgrundlage in das KJHG eingefügt werden solle. Es sei fraglich, ob das Vormundschaftsgericht ohne eine Anordnungskompetenz das ihm anvertraute Wächteramt, insbesondere in Fällen schwer gefährdeter Jugendlicher, wahrnehmen und verwirklichen könne.[900] Die Bundesregierung hatte zwar eine Prüfung zugesagt,[901] war im weiteren Gesetzgebungsverfahren aber nicht mehr auf die Anregung zurückgekommen. Auch der Bundesrat hatte die Überprüfung nicht weiter forciert. Damit muss davon ausgegangen werden, dass es bei der ursprünglichen Ansicht des Gesetzgebers geblieben ist.

Auch im Gesetzgebungsverfahren zum KiWoMaG wurde besonders in Zusammenhang mit § 36a SGB VIII wieder verstärkt über das Thema Anordnungskompetenz diskutiert.[902] Dies zeigt zwar, dass die Frage noch immer nicht abschließend geklärt ist, und immer noch eine große Zahl von Befürwortern existiert. Der Beschluss des Kindergipfels und die daraufhin durchgeführte Abfrage zur Zusammenarbeit zwischen Familiengericht und Jugendhilfe zeigt aber, dass der Gesetzgeber in den §§ 1666, 1666a BGB keine eigenständige Anordnungskompetenz sieht. Zweck der Befragung war es ja zu erfahren, ob eine gesetzliche Verankerung einer Anordnungskompetenz nötig sei oder nicht.

In systematischer Hinsicht spricht allerdings vieles für eine Anordnungskompetenz. Durch Einfügung des § 1666a BGB hat der Gesetzgeber erstmalig eine „Verschränkung familiengerichtlicher Kindesschutzmaßnahmen mit dem System öffentlicher und privater Sozialleistungen“[903] anerkannt. Dieser Ansatz

898 MünchKommBGB/*Hinz*, 3. Auflage, §, Rn. 53.
899 BT-Drucks. 11/5948, S. 86.
900 BT-Drucks. 11/5948, S. 130.
901 BT-Drucks. 11/6002, S. 5.
902 Siehe Kap. B. I. 4. d).
903 Staudinger/*Coester*, § 1666, Rn. 1.

wurde durch Inkrafttreten des KJHG gestärkt und durch Einfügung des Abs. 3 in § 1666 BGB im Rahmen das KiWoMaG verankert.[904] Der Gesetzgeber hat das Zusammenspiel von familienrechtlichen und sozialrechtlichen Schutzansätzen nicht klar strukturiert. Er sieht in der Verantwortungsgemeinschaft zwischen Familiengericht und Jugendamt den Königsweg zum Kindesschutz, vergisst dabei aber eine Abzweigung für Konfliktfälle, in denen durch Kooperation alleine keine Lösung mehr gefunden werden kann. Auch das staatliche Wächteramt spricht gegen ein Entscheidungsprimat der Kinder- und Jugendhilfe. Der Gesetzgeber hat dieses beiden Institutionen gleichermaßen auferlegt und die eigenständige Verantwortung der Justiz in §§ 1666, 1666a BGB verankert. Hieraus folgt auch die Vernetzung der beiden Institutionen. Außerdem muss in diesem Zusammenhang klargestellt werden, dass sich beim Familienrichter im Bereich des Kindesschutzes ohnehin eine Systemwidrigkeit gegenüber dem Prinzip der Gewaltenteilung ergibt. Dem Richter wird durch §§ 1666, 1666a BGB die Aufgabe erteilt zu überprüfen, ob eine Kindeswohlgefährdung vorliegt und gegebenenfalls festzustellen, ob die Eltern tatsächlich nicht in der Lage sind, das zur Abwendung der Gefahr Erforderliche zu tun. Insofern erhält der Richter durch §§ 1666, 1666a BGB neben seinem judikativen Auftrag, über Eingriffe in das Elternrecht zu entscheiden und über die Einhaltung rechtsstaatlicher Garantien zu wachen, auch exekutive Aufgaben übertragen.[905] Der Familienrichter ist nämlich berechtigt die Eltern zu verpflichten, öffentliche Hilfen in Anspruch zu nehmen. Dabei steht ihm ein Auswahlermessen zu, welche konkrete Maßnahme er im Einzelfall für die richtige hält.[906] Eine familiengerichtliche Leistungsanordnung scheidet demnach nur bei „Kann-Vorschriften" aus. Hier unterliegt eine Entscheidung dem Ermessen des Jugendamts, in das der Familienrichter nicht eingreifen darf. Ein Eingriff in Verwaltungsfreiräume durch eine richterliche Anordnung liegt jedoch dann nicht vor, wenn dem Kind oder den Eltern durch „Soll"- oder „Muss-Vorschriften" ein Rechtsanspruch auf Leistung zusteht.[907] Ein solcher wird den Eltern gemäß §§ 27 ff. SGB VIII auch eingeräumt.[908]

Wie gezeigt, steht dem Richter gemäß §§ 1666, 1666a BGB ohnehin ein Ermessen zu, welche konkrete Hilfeleistung nach dem SGB VIII er anordnet. Die Vorschriften stellen allerdings in erster Linie eine Eingriffsgrundlage gegenüber handlungsunwilligen oder –unfähigen Eltern dar. Sie treffen keine Aussage zu übergeordneten Verantwortlichkeiten. Der Gesetzgeber geht also von einer jeweils eigenen Entscheidungsbefugnis von Familiengericht und Jugend-

---

904 Staudinger/*Coester*, § 1666, Rn. 1.

905 *Münder/Mutke/Schone*, S. 209; *Raack*, FPR 1995, 143.

906 *Schmidt*, Der Spiegel 22/2007, S. 36 (37); BT-Drucks. 16/6815, S. 8, 9, 11.

907 OLG Frankfurt vom 4.8.1993 – 20 W 71/93 – Jugendwohl 1994, 94.

908 Siehe Kap. B. II. 1. a).

hilfe aus; Anordnungen des Familienrichters würden das Jugendamt nicht binden, die Eltern oder ein Pfleger müssten die Maßnahmen vor dem Verwaltungsgericht einklagen. Die Motivation der Eltern dürfte sich diesbezüglich aber in Grenzen halten[909] und die Übertragung des Antragsrechts auf einen Pfleger kann einen Verstoß gegen den Verhältnismäßigkeitsgrundsatz darstellen. Damit wäre ein effektiver Schutz des Kindes mit Blick auf den Zeitablauf nicht mehr möglich.[910] Es zeigt sich, „dass mit der Entscheidung für den Verwaltungsrechtsweg eine Lücke im Schutz des Kindes aufgerissen wird".[911] Im Gegensatz zum familiengerichtlichen Verfahren kann das Verwaltungsverfahren nur auf Antrag der Eltern eingeleitet werden, das Gericht wird nicht von Amts wegen tätig. Es zeigt sich aber, dass die wenigsten der hier betroffenen Eltern auf Leistungen der Jugendhilfe klagen. Zwar werden immer wieder Klagen bekannt, bei denen Eltern Sozialleistungen einklagen, dabei handelt es sich aber in der Regel nicht um sozial benachteiligte Familien. Das gilt insbesondere dann, wenn es bereits zu Konflikten und zu einem Verfahren vor dem Familiengericht gekommen ist. So zeigt sich, dass eine beträchtliche Anzahl von Eltern nur äußerst selten von sich aus einen Antrag auf Hilfe zur Erziehung stellen, geschweige denn eine solche vor den Verwaltungsgerichten einklagen.[912]

Auch andere verfassungsrechtliche Grundsätze würden durch die Ablehnung einer Anordnungskompetenz verletzt. Art. 1 Abs. 3 GG bindet alle Gewalten, mithin auch die Rechtsprechung, an die verfassungsrechtlichen Grundsätze. Damit ist auch der Familienrichter an das Gebot gebunden, sich familienfreundlich zu verhalten und dementsprechend zu entscheiden. Das staatliche Wächteramt ermächtigt ihn damit erst dann zu Eingriffen in die Elternautonomie, wenn er vorher den möglichen Hilferahmen ausgeschöpft hat, ohne dass es nach diesem möglich war, die Gefahr von dem Kind bzw. Jugendlichen abzuwenden.[913]

Entzieht der Familienrichter den Eltern einen Teil oder die gesamte elterliche Sorge, so stellt dies einen Eingriff in das grundgesetzlich verankerte Elternrecht dar. Ein solcher Eingriff des Staates ist nur dann gerechtfertigt, wenn er nach dem in der Verfassung verankerten, Grundsatz der Verhältnismäßigkeit das mildeste zur Verfügung stehende Mittel darstellt.[914] Wären also mildere Mittel möglich, um die Gefahr für das Kind abzuwenden, und weigert sich das Jugendamt, diese Hilfemaßnahmen zur Verfügung zu stellen, so liegt ein Eingriff in das

909 *Meysen* in: Lipp/Schumann/Veit, S. 75 (84).

910 *Czerner*, S. 264.

911 *Miehe* in: Yessiou-Faltsi, S. 446.

912 *Miehe* in: Yessiou-Faltsi, S. 435 ff., 446; *Urban*, ZKJ 2006, 126; siehe hierzu ausführlich Kap. B. II. 2.

913 *Dickmeis*, ZfJ 1993, 561 f.

914 *Jarass/Pieroth*, Art. 6, Rn. 46.

Recht der Eltern aus Art. 6 Abs. 2 S. 1 GG vor, soweit der Richter sich für die härtere Maßnahme, mithin den Entzug der elterlichen Sorge entscheidet. Des Weiteren läge hierin auch ein Eingriff in die Rechte des Kindes, da das Kind als Träger der Menschenwürde ein Recht auf freie Entfaltung seiner Persönlichkeit und damit auch auf bestmöglichen Schutz[915] unterhalb der Eingriffsschwelle hat, solange dies noch möglich ist.

Die Gerichte sind nach dem Grundsatz der Gewaltenteilung und der damit einhergehenden gegenseitigen Kontrolle der Gewalten verpflichtet, die Macht der Exekutive zu beschränken. Auch das Familiengericht ist grundsätzlich dazu berufen, die Macht der Exekutive einzuschränken. Dies wird in § 42 Abs. 3 S. 2 Nr. 2 SGB VIII deutlich, wonach das Jugendamt im Falle einer Inobhutnahme unverzüglich eine Entscheidung des Familiengerichts über die erforderlichen Maßnahmen zum Wohl des Kindes oder des Jugendlichen herbeiführen muss.[916]

Ziel der §§ 1666, 1666a BGB ist einzig und allein die Abwendung einer Gefahr für das Wohl des Kindes. Einziges Kriterium und damit entscheidend muss sein, dass der Staat seinem Wächteramt zum Schutz des Kindes nachzukommen verpflichtet ist. Primäres und einziges Ziel ist es also, die Gefahr für das Kind abzuwenden.[917] Wer das anders sieht, übersieht fatalerweise, dass der Staat durch § 1666 BGB verpflichtet wird, sein Wächteramt zugunsten eines gefährdeten Kindes auszuüben.

Tatsächlich hat der Gesetzgeber sich aber eindeutig für die Kontrolle der Jugendämter durch die Verwaltungsgerichte entschieden. Schließlich handelt es sich bei Rechtsstreitigkeiten über die Gewährung von Hilfen zur Erziehung zwischen den Eltern und dem Jugendamt um öffentlich-rechtliche Streitigkeiten, für die demzufolge gemäß § 40 Abs. 1 VwGO der Verwaltungsrechtsweg zu den allgemeinen Verwaltungsgerichten eröffnet ist.[918] Mit dieser Entscheidung wird zwar eine Lücke im Rechtsschutz aufgerissen, es ist aber nicht Aufgabe des Familienrichters, diese Lücke eigenhändig zu schließen; hier ist der Gesetzgeber gefordert.[919]

Eine gesetzliche Anordnungskompetenz, die anstelle des Verwaltungsgerichts das Familiengericht dazu ermächtigen würde, in das Handeln des Jugendamts einzugreifen, müsste den Umfang und die Voraussetzungen der Verschiebung eindeutig aufzeigen. Obwohl eine gewisse Unzufriedenheit zurückbleibt, weil doch vieles für die Annahme der §§ 1666, 1666a BGB als Ermächtigungs-

915 Dieser ist durch ein verwaltungsgerichtliches Verfahren nicht ausreichend gewährleistet, siehe Kap. B. II. 2.

916 *Heilmann*, hefam.de, S. 6-8.

917 MünchKommBGB/*Olzen*, § 1666, Rn. 1; Staudinger/*Coester*, § 1666, Rn. 1.

918 *Hufen*, Verwaltungsprozessrecht, § 1, Rn. 25.

919 So auch *Miehe* in: Yessiou-Faltsi, S. 429 (446).

grundlage für eine Anordnungskompetenz spricht, ist dies im Ergebnis abzulehnen. Die §§ 1666, 1666a BGB ermächtigen den Familienrichter damit nur zu Ge- und Verboten gegenüber den Erziehungsberechtigten, sie gestatten ihm nicht, direkt für das Jugendamt verbindlich öffentliche Hilfen anzuordnen.[920] Grundsätzlich darf eine Maßnahme vom Familienrichter also nur im Einvernehmen mit dem Jugendamt gegenüber den Eltern angeordnet werden. Das ergibt sich insbesondere aus historischen Gesichtspunkten; zudem gibt der Wortlaut von §§ 1666, 1666a BGB für eine Anordnungskompetenz gegenüber dem Jugendamt nichts her (spricht allerdings auch nicht explizit dagegen). Auch die Vorschrift des § 1631b BGB spricht gegen eine verbindliche Anordnungskompetenz des Familienrichters. Denn gemäß § 1631b BGB können auch freiheitsentziehende Maßnahmen durch das Familiengericht nur genehmigt, nicht aber verbindlich angeordnet werden.[921] Zwar wurde aufgezeigt, dass die Ablehnung einer Anordnungskompetenz vielfältige Probleme mit sich bringt, die §§ 1666, 1666a BGB scheiden als Ermächtigungsgrundlage jedoch aus.

Andere Ermächtigungsgrundlagen existieren nicht, und auch eine analoge Heranziehung der §§ 1666, § 1666a BGB kann nicht als Ermächtigungsgrundlage herangezogen werden. Zwar kann davon ausgegangen werden, dass die Regelungslücke planwidrig und auch eine vergleichbare Interessenslage gegeben ist, es fehlt aber an einer Regelungslücke. Das Fehlen einer Ermächtigungsgrundlage ist planwidrig, da der Gesetzgeber nicht berücksichtigt hat, dass das Jugendamt eine öffentliche Hilfe aus ungerechtfertigten Gründen ablehnen und die Kooperation mit dem Gericht verweigern kann. Umfassender Kindesschutz soll nach dem Willen des Gesetzgebers durch Kooperation der am Verfahren Beteiligten umgesetzt werden. Das Gesetz trifft aber keine Regelung für den Fall des Scheiterns der Kooperation. Auch eine vergleichbare Interessenslage ist gegeben. § 1666 BGB ermächtigt den Familienrichter, Maßnahmen für die Eltern verbindlich – auch gegen ihren Willen – anzuordnen. Eine Anordnung gegenüber dem Jugendamt wäre zwar, anders als gegenüber den Eltern, eine Anordnung gegenüber einer Behörde und damit gegenüber einem anderen gewaltenausübenden Teil des Staates, § 1666 BGB ist allerdings in erster Linie eine Schutznorm für Kinder. Durch die Anordnung gegenüber den Eltern wird dieser Schutz in Ausübung des staatlichen Wächteramts vom Familienrichter gewährleistet. Lehnt das Jugendamt eine öffentliche Hilfe aus anderen als pädagogischen Gründen ab, so ist das Wohl des Kindes nicht mehr gewährleistet. Durch die Anordnungskompetenz des Richters würde dieser Schutz (ohne ein langwie-

920 So auch *Salgo*, S, 94.

921 OLG Brandenburg v. 29.09.2003 - 9 WF 177/03 – FamRZ 2004, 815 (817); Staudinger/*Salgo*, § 1631b, Rn. 16.

riges verwaltungsrechtliches Verfahren) wieder hergestellt und so dem verfassungsrechtlich verankerten Gebot des Kinderschutzes Genüge getan.

Es fehlt aber an einer planwidrigen Regelungslücke. Der Gesetzgeber hat sich eindeutig für die Kontrolle der Verwaltung durch die Verwaltungsgerichte entschieden. Über den Willen des Gesetzgebers kann man sich – und wäre es noch so sinnvoll – nicht einfach hinwegsetzen. Dagegen kann auch nicht das Argument eingewendet werden, das Verwaltungsgericht sei im System unseres Rechtsstaats nicht dazu berufen, Entscheidungen des Familiengerichts zu überprüfen.[922] Denn das Verwaltungsgericht überprüft gar nicht die Entscheidung des Familienrichters, sondern immer die Rechtmäßigkeit bzw. –widrigkeit der Ablehnung des Antrags der Eltern. Auch im Falle eines Gebots gemäß § 1666 Abs. 3 Nr. 1 BGB seitens des Familienrichters müssen die Eltern einen Antrag auf Gewährung der Hilfe stellen. Selbst wenn man von einer Anordnungskompetenz des Familienrichters gegenüber dem Jugendamt ausginge, ist und bleibt eine öffentliche Hilfe ein Verwaltungsakt, der nur durch Antrag von der zuständigen Behörde gefordert werden kann. Zwar widerspricht die Überprüfung seitens der Verwaltungsgerichte der Entscheidung des Gesetzgebers zur Einrichtung von (sachnäheren und kompetenten) Familiengerichten,[923] dennoch ist das Verwaltungsgericht zur Kontrolle der öffentlichen Jugendhilfe als Zweig der Verwaltung berufen. Dies gilt auch im Falle eines Gebots nach §§ 1666, 1666a BGB; es handelt sich nicht um die Umsetzung einer in einem rechtsstaatlichen Verfahren getroffenen Entscheidung eines anderen Gerichts, sondern um die Ablehnung eines Antrags auf Sozialleistungen seitens des Jugendamts.

ee) Weitere Bedenken gegen eine Anordnungskompetenz

Unabhängig vom Grundsatz der Gewaltenteilung stehen einer Anordnungskompetenz noch andere Schwierigkeiten im Weg: Es ist zu befürchten, dass Familiengericht und Jugendamt in einen Helferkonflikt geraten könnten, wenn beide Institutionen das vermeintlich Beste für das Kind wollen, jedoch unterschiedlicher Meinung über dessen Umsetzung sind.[924] Hier besteht die Gefahr, über den Streitigkeiten das Wohl des Kindes aus den Augen zu verlieren.[925] Diese Prob-

---

922 *Heilmann*, hefam.de, S. 6; ders. in: Elz, S. 101; Staudinger/*Coester*, § 1666a, Rn. 16.

923 So auch: *Heilmann*, hefam.de, S. 6.

924 Siehe hierzu auch: *Meysen* in: Lipp/Schumann/Veit, S. 75 (81).

925 Siehe hierzu insb. die Zusammenhängenden Beschlüsse des OLG Frankfurt v. 11.7.2007 – 1 UF 227/05 – EA I – n.v.; VG Darmstadt v. 29.8.2007 – 3 G 1267/07 – JAmt 2008, 323 ff.; HessVGH v. 6.11.2007 – 10 TG 1954/07 – JAmt 2008, 327 f., mit Anmerkung von *Meysen*, diese Entscheidungen zeigen allerdings auch die Umständlichkeit des momentanen Rechtswegs.

lematik ließe sich zwar minimieren, wenn man von einer Anordnungskompetenz nur im Falle der Ablehnung von Maßnahmen seitens des Jugendamts aus finanziellen, allgemein verwaltungsrechtlichen oder organisatorischen Gründen ausginge.[926] Das Jugendamt wird aber in der Regel sozialpädagogische Gründe vorschieben,[927] so dass es dennoch zu Auseinandersetzungen käme. Hinzu kommt, dass sich die Familienrichter im SGB VIII und den möglichen Hilfen häufig nicht gut genug auskennen, und die Familiengerichte (noch) nicht ausreichend mit sozialverwaltungsrechtlichen Implikationen vertraut sind.[928] Abgesehen davon, dass das Familiengericht überprüfen müsste, ob sämtliche Leistungsvoraussetzungen für die Maßnahme vorliegen, müsste es – um nur einige sozialverwaltungsrechtliche Aspekte zu nennen – auch den zuständigen Sozialleistungsträger ermitteln oder mögliche Abgrenzungsprobleme zu Sozialhilfeträgern, Krankenkassen oder zur Bundesagentur für Arbeit berücksichtigen.[929] Hinzu kommt, dass einige Familienrichter nur rudimentäre Kenntnisse von der „ausdifferenzierten Palette an Hilfen und Interventionsmöglichkeiten des Jugendamts (haben), die es gemeinsam mit den Trägern der freien Jugendhilfe individuell für die örtlichen Verhältnisse entwickelt hat."[930] Auch die rechtliche Einordnung der Leistungen kann dem Familiengericht Schwierigkeiten bereiten. So ist zum Beispiel die Gewährung einer Erstausstattung eines Kinderzimmers keine Leistung nach dem SGB VIII.[931] Den Familiengerichten fehlt es für eine Anordnungskompetenz auch an der Verpflichtung, sich fort- und weiterzubilden. Ihnen fehlt es weiterhin an zeitlichen, organisatorischen und fachlichen Ressourcen, um gemeinsam mit den Familien Hilfe- und Schutzkonzepte zu erarbeiten, sowie letztendlich die Eltern davon zu überzeugen, diese anzunehmen und in kooperativer Zusammenarbeit mit dem Jugendamt umzusetzen.[932] Oberste Priorität für eine Anordnungskompetenz wäre in erster Linie eine verbindliche Verpflichtung der Familienrichter zu Fort- und Weiterbildungen. Außerdem müssten bereits an den Zugang zum Amt des Familienrichters bestimmte fachliche Voraussetzungen geknüpft werden. Um andere Beteiligte wie Sachverständige, Gutachter, Verfahrensbeistände und Jugendamt davon überzeugen zu können, warum das Familiengericht zu abweichenden Ergebnissen gelangt ist, braucht es zusätzliche

926 Siehe hierzu Staudinger/*Coester*, § 1666a, Rn. 19.

927 Wiesner/*Wiesner*, § 36a, Rn. 10.

928 *Meysen* in: Lipp/Schumann/Veit, S. 75 (82).

929 Siehe hierzu auch die Entscheidungen des AG Ludwigshafen v. 17.11.2006 – 5b F 459/06 – n.v. und OLG Zweibrücken v. 5.9.2007 – 2 UF 86/07 – n.v.

930 *Meysen* in: Lipp/Schumann/Veit, S. 75 (83).

931 sondern nach § 23 Abs. 3 Nr. 1 SGB II.

932 *Meysen* in: Lipp/Schumann/Veit, S. 75 (84); so auch schon: *Salgo*, S. 95; *Zenz*, S. 365 f.

Kompetenzen. Neben dem Vertiefen juristischer Kenntnisse, insbesondere im Bereich des Sozialrechts, gilt es auch, sich auf interdisziplinärer Ebene fortzubilden. Dazu gehören Kenntnisse aus dem sozialpädagogischen, psychosozialen und medizinischen Bereich, ebenso wie Sprach- und Gesprächskompetenzen sowie eventuellen Weiterbildungen im Bereich der Mediation.[933] Solange diese Kompetenzen nicht zum Standardwissen eines Familienrichters gehören, sollte ihm keine Anordnungskompetenz eingeräumt werden, mit der er alleine über das Ob und Wie sozialpädagogischer Maßnahmen entscheidet. Es kann nicht sein, dass das Schicksal von Kindern und Jugendlichen vom persönlichen Engagement des einzelnen Familienrichters abhängt.[934]

Tatsächlich könnte man fragen, warum das Familiengericht, wenn es doch sogar die elterliche Sorge entziehen kann, nicht auch eine öffentliche Hilfe anordnen kann. Damit wird aber übersehen, dass das Familiengericht durch § 1666, 1666a BGB ja gerade ausdrücklich ermächtigt wird, die elterliche Sorge zu entziehen. In diesem Fall greift das Familiengericht nicht in Zuständigkeiten einer anderen Gerichtsbarkeit ein, sondern erfüllt seine ihm durch Gesetz übertragene Aufgabe. Anders dagegen im Falle einer Anordnungskompetenz. Für einen derartigen Eingriff in die Kompetenzen der Verwaltungsgerichte bedarf es einer ausdrücklichen Ermächtigungsgrundlage, die aber bislang nicht existiert.

7. Ergebnis

Tatsächlich kommt es immer wieder zu Konflikten zwischen Familiengericht und Jugendamt über die zu ergreifenden Maßnahmen. Das Jugendamt ruft das Familiengericht häufig mit der Intention an, das Sorgerecht zu entziehen und familienersetzende Hilfen zu installieren. Zu Konflikten kommt es dann, wenn das Familiengericht der Meinung ist, familienunterstützende Maßnahmen reichten aus.[935] In anderen Fällen ist das Jugendamt der Ansicht, mit einer familienunterstützenden Hilfe auszukommen und beantragt die Ersetzung der elterlichen Einwilligung für eine öffentliche Hilfe, weil sich die Eltern nicht kooperationsbereit zeigen. Das Familiengericht ist aber der Ansicht, es komme nur eine familienersetzende Hilfe in Betracht. Auch in diesen Fällen zeigt sich das Problem der Anordnungskompetenz dann, wenn der Familienrichter nun die stationäre Hilfe für das Jugendamt verbindlich anordnen möchte.[936] Die Erfahrung zeigt

933 *Meysen* in: Lipp/Schumann/Veit, S. 75 (88 f.).

934 So stellt sich die lege lata aber die Situation bei den Verwaltungsgerichten dar, denen die Überprüfung der Entscheidungen des Jugendamts obliegt, siehe Kap. B. II. 1.

935 OLG Frankfurt v. 03.11.1992 bzw. 4.8.1993 - 20 W 71/93 – DAVorm 1993, 943, m. Anm. *Dickmeis*.

936 so auch BayOLG v. 08.12.1994 - 1 Z BR 147/94 – FamRZ 1995, 948 (949 f.)

jedoch, dass eine Anordnungskompetenz in vielen Fällen keine optimale Lösung ist. Das belegen auch einige der veröffentlichten Gerichtsentscheidungen.[937] Dennoch gibt es Fälle, in denen eine entsprechende Kompetenz des Richters die Gefahr für das Kind hätte abwenden können.[938] Etliches spricht für eine Anordnungskompetenz des Richters, etliches dagegen. Es kann jedoch nicht sein, dass eine unsichere Rechtslage durch die nächste unsichere Rechtslage abgelöst wird. Damit ist der Gesetzgeber gefordert, dieses Vakuum im Kindesschutz zum Wohle des Kindes aufzulösen. Es muss eine Lösung auch für Konfliktfälle gefunden werden. Dies zeigt sich insbesondere in Fällen, in denen Familiengericht und Jugendamt zunächst zu einer einvernehmlichen Entscheidung gelangen, das Jugendamt sich aber später weigert, sich an die Absprache zu halten und die Erbringung der vereinbarten Hilfe ablehnt.[939]

Selbst wenn man § 1666 BGB als Ermächtigungsgrundlage anerkennen würde, liefe die Kompetenz ins Leere, da § 36a SGB VIII verbindlich festlegt, dass das Jugendamt eine Leistung der Kinder- und Jugendhilfe nur dann finanziert, wenn es die Leistung auf Grundlage des SGB VIII und dem dort vorgesehenen Verfahren bejaht hat. § 36a SGB VIII berührt zwar nicht die Frage nach einer Anordnungskompetenz des Familienrichters gegenüber dem Jugendamt, ist aber die Finanzierung der Maßnahme nicht gesichert, läuft die Anordnung ins Leere. Setzt sich nämlich das Familiengericht über den Willen des Jugendamts hinweg, ist eine konstruktive Zusammenarbeit der Beteiligten in der Regel nicht mehr möglich. Familiengericht und Jugendamt sind auf Kooperation angewiesen, um einen bestmöglichen Kindesschutz zu gewährleisten. Entscheidungen, die nicht im Einvernehmen mit dem Jugendamt erfolgen, sind für den Schutz von Kindern und Jugendlichen kontraproduktiv. Ein weiteres Problem ergibt sich bei der Umsetzung der Verpflichtung. Auch wenn die Anordnung für das Jugendamt verbindlich wäre, könnte sie dennoch nicht zwangsweise durchgesetzt werden, da dem Familienrichter gegenüber dem Jugendamt keine Zwangsmittel zustehen.[940] Ebenso wenig ist das Familiengericht in der Lage, die Entscheidung des Jugendamts mit einer Klage vor dem Verwaltungsgericht

937 siehe Kap. B. I. 4. e).

938 siehe die vom Amtsgerichts W geschilderten Fälle in der Stellungnahme niedersächsisches Justizministerium, Anlage, S. 1 ff.

939 Dies wird auch anhand des 2. Falles des Amtsgerichts W deutlich, Stellungnahme niedersächsisches Justizministerium, Anlage, S. 2.

940 Das Problem besteht nur im Zusammenhang mit § 1666 BGB. Denn dieser gibt dem Familienrichter keine Zwangskompetenz an die Hand. Anders aber die VwGO. Hier ist die richterliche Entscheidung verbindlich, da hier die Judikative zur Kontrolle der Exekutive ausdrücklich ermächtigt ist. Hier kann sich die Behörde nicht über eine Gerichtsentscheidung hinwegsetzen.

überprüfen zu lassen.[941] Von einer Anordnungskompetenz kann aber nur gesprochen werden, wenn das Familiengericht das Jugendamt auch gegen dessen Willen zur Durchführung einer bestimmten Maßnahme verpflichten kann.[942] Aus diesem Grund würde eine für das Jugendamt verbindliche Anordnung des Familienrichters aus § 1666 BGB ohnehin ins Leere laufen.

Um aber zu vermeiden, dass die §§ 1666, 1666a BGB ohne Anordnungskompetenz eine leere Hülse bleiben, gilt es, die bestehenden Möglichkeiten auszubauen und zu überlegen, ob gesetzgeberischer Handlungsbedarf besteht. Wie bereits festgestellt wurde, kommt es bei entsprechender Kooperation zwischen Familiengericht und Jugendamt in der Regel nicht zu Konflikten. Die Kompetenzen beider Institutionen sind eng miteinander verstrickt. Dies zeigt sich auch in § 42 SGB VIII, der dem Gericht die Letztentscheidungskompetenz über die Inobhutnahme durch das Jugendamt anvertraut. Außerdem wird es im neuen § 1666 Abs. 3 BGB deutlich, der dem Richter nun ausdrücklich die Möglichkeit des Gebots öffentliche Hilfen in Anspruch zu nehmen einräumt und den Schwerpunkt deutlicher als bisher auf die Möglichkeit präventiver Maßnahmen des Familiengerichts legt (so auch § 157 FamFG). Es besteht also ein Dilemma, da das Familiengericht zwar die Kompetenz hat, Gebote, die auch Leistungen der öffentlichen Jugendhilfe beinhalten können, gegenüber den Eltern auszusprechen, „die Sachkompetenz im Sinne fachlicher Qualifikation und Problemvertrautheit sowie die Verfügungsgewalt über die zur Durchführung der Entscheidung notwendigen Mittel und Einrichtungen haben andere, in erster Linie die Behörden der Jugendhilfe.“[943] Dieses Dilemma lässt sich einerseits durch bessere Aus- und Weiterbildung speziell in interdisziplinären Fragestellungen erreichen, auch dann können Konflikte jedoch nicht gänzlich ausgeschlossen werden. Denn auch (und gerade) zwei Experten eines Fachgebietes können zu divergierenden Meinungen gelangen. Ziel sollte es deswegen sein, dass der Richter nach § 1666 BGB den Rahmen steckt, ob das Kind in der Familie bleibt oder fremd untergebracht wird, ob den Eltern das Sorgerecht entzogen wird oder öffentliche Hilfen in Anspruch genommen werden sollen. Die konkrete Ausgestaltung der Maßnahmen wäre dann vom Jugendamt zu treffen. Auch die Grundrichtung sollte und muss selbstverständlich in Zusammenarbeit mit dem Jugendamt erarbeitet werden.[944] Dieses Konzept wird so auch in der Regel praktiziert.

941 *Rünz*, S. 144 f.

942 *Rünz*, S. 143 f.

943 *Zenz*, S. 365.

944 so auch *Zenz*, S. 365 f.; durch die im Gesetz vorgesehene kooperative Zusammenarbeit zwischen Jugendamt und Familiengericht, zu der beide gemeinsam auf Grund der staatlichen Wächteraufgabe aus Art. 6 Abs. 2 S. 2 GG verpflichtet sind, ließe sich dieses Problem also umgehen. Dennoch kommt es immer wieder zu divergierenden Mei-

Dennoch kann es auch dann noch zu Problemen zwischen den am Verfahren Beteiligten kommen. Der Familienrichter kann aufgrund mangelnder Sachkenntnis realitätsfremde Entscheidungen treffen, während das Jugendamt auf der anderen Seite die Entscheidungen des Familiengerichts durch Ablehnung der Ausführung geeigneter Hilfen unterlaufen kann. Realitätsfremde Entscheidungen können durch Veränderung der Ausbildung und Entwicklung von Kooperationsmodellen weitestgehend vermieden werden. Im Notfall steht dem Jugendamt immer die Beschwerde zu. Auch das Problem des Boykottierens der richterlichen Entscheidung kann durch vermehrte Kooperation verringert, nicht aber ganz vermieden werden. Problematisch ist, dass das Gericht keine Möglichkeit hat, gegen ablehnende Entscheidungen oder schlichte Verweigerung zunächst zugesagter Hilfen[945] der Jugendhilfe vorzugehen. Den Familien oder dem Ergänzungspfleger bliebe dann nur der Gang vor das Verwaltungsgericht. Diese nach geltendem Recht einzige Möglichkeit der Eltern, ihren Rechtsschutz durchzusetzen, wird selbst von den Gegnern einer möglichen Anordnungskompetenz als zu umständlich kritisiert.[946] Die Lösung dieses Dilemmas wäre nur über eine gesetzliche Verankerung einer Anordnungskompetenz oder über eine abdrängende Sonderzuweisung der Überprüfung an die ordentlichen (Familien-) Gerichte möglich. Ersteres ist aufgrund der vielfachen Gegenstimmen nicht umsetzbar. Zudem besteht die Problematik, dass dadurch das sich immer besser entwickelnde Verhältnis zwischen Jugendamt und Familiengericht Schaden nehmen könnte.

Des Weiteren stellten sich Folgefragen: In welchen exakt zu bestimmenden Fällen steht dem Familienrichter diese Kompetenz zu? Eine Regelung, die nicht die Türen für einen möglichen Missbrauch öffnen würde, ist in diesem Zusammenhang schwer realisierbar. Wie kann der Richter (zwangsweise) durchsetzen, dass das Jugendamt die Anordnung des Familienrichters auch umsetzt? Denn im Falle einer zunächst erfolgten Zusage könnte das Jugendamt die Umsetzung im Anschluss an das gerichtliche Verfahren doch noch verweigern. In diesem Falle wären die Eltern wieder auf den Verwaltungsrechtsweg verwiesen. Eine befrie-

---

nungen und zu einer einheitlichen Meinungsbildung kann niemand verpflichtet werden. Insofern wird dringend eine Lösung derartiger Problemfälle benötigt, da diese durch das Gebot zur Kooperation (das im Übrigen konkret nirgends im Gesetz steht, kritisch dazu auch *Wabnitz*, ZfJ 2000, 336, (343)), nicht gelöst werden können.

945 In diesen Fällen hilft auch die Übertragung der Sorge auf einen Pfleger nicht weiter, da sich das Gericht auf die Zusage des Jugendamts verlassen hat und nicht alternativ für den Fall, dass sich das Jugendamt um entscheidet, quasi hilfsweise Teile der elterlichen Sorge entziehen kann.

946 MünchKommBGB/*Olzen*, § 1666, Rn. 192, Kritik auch in der 3. Aufl. Rn. 53a (*Hinz*); angedeutet (sogar!) bei *Röchling*, S. 49; Wiesner/*Wiesner*, § 36a, Rn. 21.

digende Lösung sieht anders aus. Zu prüfen ist, ob eine Zuweisung derartiger Streitigkeiten an das Familiengericht das geeignetere und sicherere Mittel wäre, Differenzen zwischen Familiengericht und Jugendamt zu lösen.[947] Damit könnte auch das Problem gelöst werden, dass das Familiengericht dann die Entscheidung des Jugendamts lediglich im selben Maß wie das Verwaltungsgericht überprüfen und sich nicht ohne weiteres – was die Gegner einer Anordnungskompetenz befürchten – über die Entscheidung des Jugendamts hinwegsetzen könnte. Ein weiterer Vorteil im Vergleich zu einer Anordnungskompetenz wäre, dass die zu überprüfende Entscheidung für das Jugendamt bindend wäre. Das Jugendamt wäre ausreichend geschützt, da es gemäß § 162 Abs. 3 S. 2 FamFG Beschwerde einlegen kann.[948]

Zudem macht es auch wenig Sinn, dem Familiengericht eine Anordnungskompetenz im Falle eines Verfahrens nach §§ 1666, 1666a BGB an die Hand zu geben, die Entscheidungen des Jugendamts im Vorfeld einer gerichtlichen Entscheidung aber weiterhin durch die Verwaltungsgerichte überprüfen zu lassen.

Problematisch an all diesen Lösungen ist außerdem, dass der Richter nur dann anordnen darf, wenn die Eltern nicht handlungsfähig und/oder –willig sind, und auch das Jugendamt sich weigert, öffentliche Hilfen anzubieten. Denn sind die Eltern mit der Annahme von Hilfen einverstanden, so fehlt der Raum für gerichtliche Gebote ihnen gegenüber, da die Eltern gemäß § 1666 BGB handlungsunfähig oder handlungsunwillig sein müssen. Dies ist anhand einer negativen Zukunftsprognose zu bestimmen. Wollen die Eltern zwar kooperieren, ist der Richter aber der Meinung, sie seien dazu gar nicht in der Lage, kann er dennoch Maßnahmen nach § 1666 Abs. 3 BGB ergreifen. Sind die Eltern aber handlungswillig und handlungsfähig, so muss der Richter von Maßnahmen nach § 1666 BGB absehen.[949]

Damit bleibt im Falle einer vom Jugendamt abweichenden Meinung de lege lata für das Familiengericht nur die Möglichkeit, von einem Sorgerechtsentzug abzusehen und das Jugendamt auf seine Verantwortung hinzuweisen. Denn durch ein ‚Nein' zum Sorgerechtsentzug wird die Verantwortung des Jugendamts perpetuiert, „Leistungen zur Abwendung der Gefährdung anzubieten (§ 8a Abs. 1 S. 3 SGB VIII), die Gefährdungssituation weiter einzuschätzen (§ 8a Abs. 1 S. 1, 2 SGB VIII) und bei den partizipatorischen Hilfeplanprozessen mit der Familie (§ 36a Abs. 1, Abs. 2 S. 2 SGB VIII) den weiteren Verbleib des Kindes oder Jugendlichen in der Familie zu berücksichtigen."[950] Im Falle einer

947 siehe Kap. C. I.

948 siehe hierzu die Beschlüsse des AG Wermelskirchen v. 6.9.2005 – 5 F 155/05 und des OLG Köln v. 14.3. 2006 – 25 UF 185/05 n.v.

949 *Miehe* in: Yessiou-Faltsi, 429 (444 f.).

950 *Meysen* in: Lipp/Schumann/Veit, S. 75 (86).

plötzlichen Verschlechterung der Situation des Kindes muss das Jugendamt das Kind gemäß § 42 SGB VIII vorläufig in Obhut nehmen. Dem Familiengericht steht es sicherlich frei, das Jugendamt auf seine bestehende Garantenstellung und die damit verbundenen Konsequenzen aufmerksam zu machen. Hält das Familiengericht das Wohl des Kindes aber für derart gefährdet, dass das Absehen von Maßnahmen es noch verschlechtern würde, muss es die elterliche Sorge (teilweise) entziehen und auf einen Pfleger übertragen. In beiden Fällen müssen Eltern bzw. Pfleger bei Ablehnung von öffentlichen Hilfen durch das Jugendamt den Verwaltungsrechtsweg bestreiten.

Oberste Priorität sollte aber die vom Gesetzgeber vorgesehene und in der Verfassung statuierte kooperative Zusammenarbeit zwischen Familiengericht und Jugendamt sein.[951] Im familienrechtlichen Verfahren bedarf es – das hat der Gesetzgeber schon früh erkannt und das impliziert auch das von Jugendamt und Familiengericht gemeinsam auszuübende staatliche Wächteramt – eines interdisziplinären Austausches zwischen juristischen und pädagogischen Fachkompetenzen. Dabei sollte das Gericht im Wege seiner nach dem FamFG gewährleisteten Amtsermittlungspflicht in der Lage sein, außerjuristische Kenntnisse bei den entsprechenden Stellen anzufordern, was zu einer unbedingten Beteiligung des Jugendamts am familiengerichtlichen Verfahren führt.[952] Zwar bilden zivilrechtlicher Kindesschutz und sozialrechtliches Handwerkszeug eigenständige Regelungsbereiche, sie stehen aber an der Schnittstelle zwischen bürgerlichem und öffentlichem Recht.[953] Sowohl Familiengericht als auch Jugendamt befassen sich mit Fragen der Personensorge und des Schutzes gefährdeter Kinder, wenn auch aus unterschiedlichen Blickwinkeln. Das Jugendamt ist dafür zuständig, Sozialleistungen zu gewähren und helfend zur Seite zu stehen, während das Familiengericht den Grundrechtsschutz von Eltern und Kind sichern soll. Hierbei ergeben sich mannigfaltige Berührungspunkte, so dass eine gelungene Kooperation dieser Institute unumgänglich ist.[954] Der Gesetzgeber beabsichtigte damit eine Verzahnung der verschiedenen Institutionen und Interventionsansätze: Sozialpädagogisch helfend und kontrollierend auf der einen Seite, justiziell rechtsschützend auf der anderen Seite.[955] Für eine derartige Kooperation bedarf es allerdings in erster Linie gegenseitigen Vertrauens. Auch wenn das Jugendamt die Situation der konkreten Familie aufgrund oft jahrelanger Begleitung meist besser kennt, muss die Jugendhilfe den Gerichten doch zugestehen, sich ein eigenes Bild von den familiären Verhältnissen zu machen und eine ei-

951 MünchKommBGB/*Olzen*, § 1666, Rn. 192.

952 Staudinger/*Coester*, § 1666, Rn. 280; *Wabnitz*, ZfJ 2000, 336.

953 *Salgo*, FamRZ 1999, 337 (340); *Wabnitz*, ZfJ 2000, 336.

954 Wiesner/*Mörsberger/Wapler*, § 50, Rn. 3 f.

955 Staudinger/*Coester*, § 1666, Rn. 280; *Heilmann*, hefam.de, S. 1.

gene Beurteilung hinsichtlich einer möglichen Gefährdung vorzunehmen. Das Jugendamt muss sich eingehend mit der abweichenden Ansicht des Familiengerichts befassen, überprüfen, warum es dazu gekommen ist und offen dafür sein, seine Meinung doch noch zu ändern. Die Familiengerichte müssen im Gegenzug darauf vertrauen, dass die Jugendämter sich ihrer Verantwortung auch nach Abschluss des Prozesses bewusst sind, die Familie weiterhin zu beobachten und notfalls erneut zu intervenieren, auch wenn die vom Jugendamt geforderte Fremdunterbringung des Kindes vom Gericht nicht bestätigt wurde.[956] Für eine Kooperation dieser sehr unterschiedlichen Institute ist es – auch im Vorfeld des gerichtlichen Verfahrens – unerlässlich, sich immer wieder den gemeinsamen Schutzauftrag vor Augen zu halten, sei es durch die Einrichtung von Kooperationskreisen[957] oder im Rahmen sogenannter „round-table-Gespräche".[958] Derartige Maßnahmen und ihre Verankerung im Gesetz sind durch das Gesetz zur Erleichterung familiengerichtlicher Maßnahmen bei Gefährdung des Kindeswohls[959] wieder verstärkt ins Zentrum des Interesses gerückt.[960]

8. Anstöße aus dem Jugendstrafrecht / Gesetzgeberischer Handlungsbedarf?

Damit stellt sich abschließend die Frage, ob gesetzgeberischer Handlungsbedarf besteht. Darauf deutet zum einen die Umfrage des BMJ vom 30.1.2008 zur Zusammenarbeit zwischen Familiengericht und Jugendamt an die Landesjustizverwaltungen hin, zum anderen der Beschluss der Justizministerkonferenz zu den Auswirkungen des § 36a SGB VIII auf die jugendstrafrechtliche Praxis.[961] Darin sehen die Justizminister gesetzgeberischen Handlungsbedarf, um die Umsetzung richterlicher Entscheidungen zu gewährleisten. Sie bitten die Bundesministerin der Justiz zu prüfen, welche Regelungen insoweit erforderlich sind.[962]

956 *Meysen*, FamRZ 2008, 562 (568 f.).

957 Die Einrichtung derartiger Kooperationskreise wird in Rheinland-Pfalz (LT-Drucks. 15/1629, S. 5) und Schleswig-Holstein (LT-Drucks. 16/1705, S. 9 f.) ab März bzw. April 2008 Pflicht; Vorschlag der Arbeitsgruppe „Familiengerichtliche Maßnahmen bei Gefährdung des Kindeswohls", Abschlussbericht v. 17.11.2006, bmj.bund.de, S. 11, 50 f. für einen § 81a SGB VIII-E.

958 *Wiesner* in: dijuf.de, Tagungsdokumentation, S. 30 (38) = *Wiesner*, ZfJ 2003, 121 (129)

959 BT-Drucks. 16/6815.

960 Siehe zu diesem Thema: *Seckinger* in: Röhrle/Sommer/Nestmann, S. 259 ff.

961 Zu dieser Fragestellung hatte der Strafrechtsausschuss der Justizministerkonferenz eine Bund-Länder-Arbeitsgruppe eingerichtet. Der Bericht der Arbeitsgruppe lag der 78. Konferenz der Justizminister (JuMiKo) im Juni 2007 vor.

962 Beschluss der 78. JuMiKo, justiz.bayern.de.

Im Jugendstrafrecht sind die Stimmen der Befürworter einer Anordnungskompetenz generell lauter.[963] Gerade im Bereich des Jugendstrafrechts hat die Einführung des § 36a SGB VIII eine intensive Diskussion ausgelöst.[964] Während dem Jugendrichter vor Inkrafttreten des KICK überwiegend eine bindende Anordnungskompetenz zugestanden wurde, überwiegen nach Einführung des § 36a SGB VIII die Stimmen, die dies verneinen.[965] Im Jugendstrafrechtlichen Verfahren ist der Jugendrichter noch stärker als im familiengerichtlichen Verfahren darauf angewiesen, dass das Jugendamt die Anordnungen des Richters umsetzt. Denn zeigt sich das Jugendamt nicht kooperationsbereit, läuft das Urteil des Jugendrichters ins Leere. Im Strafrecht ist eher als im Familienrecht anerkannt, „dass das Vertrauen der Bevölkerung in die Funktionsfähigkeit der Rechtspflege verloren geht, wenn gerichtliche Urteile von anderen staatlichen Stellen nicht beachtet werden".[966] Es steht zu befürchten, die Jugendhilfe entziehe sich aus Kostengründen ihrer Verantwortung für delinquente Jugendliche. Aus diesem Grund werden nun vermehrt Überlegungen angestellt, eine Anordnungskompetenz gesetzlich zu verankern. Selbstverständlich müsse zunächst versucht werden, bestehende Differenzen im Vorfeld der jugendgerichtlichen Entscheidung durch Kooperation zu lösen. Lässt sich jedoch kein Einvernehmen zwischen Jugendgericht und Jugendamt erreichen, soll das Jugendgericht ausnahmsweise in die Lage versetzt werden, verbindlich festzustellen, dass der Träger der öffentlichen Jugendhilfe zur Gewährung von Hilfen zur Erziehung verpflichtet ist. Da zu der besonderen Qualifikation von Jugendrichtern grundsätzlich auch ausreichende Kenntnisse in den Gebieten der Pädagogik, der Jugendpsychologie, der Jugendpsychiatrie, der Kriminologie und der Soziologie, aber auch im Kinder- und Jugendhilferecht gehören,[967] erscheint die Einräumung einer solchen Kompetenz nicht sachfremd.[968] Soweit der Träger der öffentlichen Jugendhilfe zur

963 Zumindest gemäß § 12 JGG sei dem Jugendrichter eine verbindliche Anordnungskompetenz für Leistungen nach den §§ 30, 34 SGB VIII eingeräumt, *Mrozynski*, § 27, Rn. 22, § 36a, Rn. 5 f.; *Czerner*, S.498.

964 Teilweise wird sogar eine Verletzung richterlichen Unabhängigkeit konstatiert, siehe AG Eilenburg v. 23.01.2006 - 11 Ls 254 Js 66216/05 – ZJJ 2006, 85 ff.; *Bareis*, ZJJ 2006, 11 (12 f.); a.A. *Brandt*, NStZ 2007; 190 (191 f.); *Möller/Schütz*, ZKJ 2007, 178 (282); *Goerdeler*, ZJJ 2006, 4 ff.

965 Siehe hierzu *Meysen*, FamRZ 2008, 562 (563).

966 *Fellenberg* in: Lipp/Schumann/Veit, S. 65 (72).

967 *Eisenberg*, JGG, § 37, Rn. 7; *Diemer* in: D/S/S, JGG, § 37, Rn. 3; *Drews*, ZJJ 2005, 409 ff., möchte § 37 JGG zu einer zwingenden Vorschrift umwandeln; so auch die Forderungen von *Ostendorf*, JGG, Grdl. z. §§ 33-38, Rn. 9 m.w.N.

968 Da die Vorschrift als Soll-Vorschrift ausgeprägt ist, von der Rechtsprechung zu einer unverbindlichen Ordnungsvorschrift herabgestuft und die vom Gesetzgeber verwendeten Begriffe der erzieherischen Befähigung und Erfahrung in der Jugenderziehung in

Leistungserbringung verpflichtet ist, muss der Richter seine Entscheidung unter Bezugnahme auf die Leistungsvoraussetzungen des SGB VIII begründen. Zwar würde in diesem Fall ein Gericht der ordentlichen Gerichtsbarkeit die öffentliche Verwaltung verpflichten, dies ist in diesem Fall aber zu tolerieren. Im Grundgesetz besteht ein Spielraum für den Gesetzgeber, da dort nur vereinzelt bestimmte Sachfragen bestimmten Gerichten zugewiesen werden. Eine grundsätzliche Zuweisung von Entscheidungskompetenzen über Streitigkeiten des öffentlichen Rechts an die ordentlichen Gerichte ist damit kraft Sachzusammenhang mit Art. 95 GG vereinbar. Ein solcher wäre vorliegend gegeben, da die Entscheidungsbefugnis des Jugendgerichts über eine verwaltungsrechtliche Frage nur in dieser speziellen Konstellation im Zusammenhang mit jugendgerichtlichen Entscheidungen auftritt. So kann z.B. im Wege eines Amtshaftungsprozesses das Zivilgericht entscheiden, ob ein Verwaltungsakt rechtswidrig war oder nicht. Auch hier überprüft damit ein ordentliches Gericht die Entscheidung einer Behörde. Natürlich geht es in diesem Fall, anders als bei der Überprüfung jugendamtlicher Entscheidungen, um eine Vorfrage, die für die Entscheidung des Rechtsstreites wichtig ist. Allerdings bestimmt § 17 GVG darüber hinaus, dass das Gericht des zulässigen Rechtsweges den Rechtsstreit unter allen in Betracht kommenden rechtlichen Gesichtspunkten entscheidet. Damit werden die Gerichte auch in die Lage versetzt, den Fall über die Klärung von Vorfragen hinaus unter allen rechtlichen Gesichtspunkten, also auch verwaltungsrechtlicher Art, zu überprüfen.[969]

Eine Überprüfung der jugendamtlichen Entscheidung durch die Verwaltungsgerichte macht im jugendgerichtlichen Verfahren wenig Sinn. Es erscheint wenig realistisch und unter erzieherischen Gründen unzumutbar, dass ein verurteilter Jugendlicher oder dessen Eltern den Verwaltungsrechtsweg beschreiten, um die ihm auferlegte Sanktion quasi einzufordern.[970] Um der Steuerungsverantwortung der Jugendhilfe gerecht zu werden, dürften dem Jugendgericht allerdings keine weiterführenden Kompetenzen zustehen, als dem Verwaltungsgericht im Falle einer Verpflichtungsklage.

Eine derartige Regelung soll letztendlich zu einer verbesserten Abstimmung zwischen Jugendgericht und Jugendamt führen. Denn stellt das Rechtsmittelgericht wiederholt fest, dass die Voraussetzungen für Hilfen zur Erziehung entge-

der Literatur teilweise als nichtssagend bezeichnet werden, fehlt es in der Praxis aber an der Umsetzung dieser Norm, siehe hierzu: *Ostendorf*, JGG, § 37, Rn. 2, Grdl. z. §§ 33-38, Rn. 7; *Eisenberg*, JGG, § 37, Rn. 6; aus diesen Gründen werden immer wieder zu begrüßende Forderungen laut, die Vorschrift des § 37 JGG in eine Muss-Vorschrift zu ändern, siehe hierzu . *Ostendorf*, JGG, Grdl. z. §§ 33-38, Rn. 9 m.w.N.

969 *Hufen*, Verwaltungsprozessrecht, § 11, Rn. 76; anders: *Ehlers* in: Schoch/Schmidt-Aßmann/Pietzner, VwGO, § 40, Rn. 489 ff., m.w.N. für beide Auffassungen.

970 So auch: *Fellenberg* in: Lipp/Schumann/Veit, S. 65 (72).

gen der Ansicht des Jugendgerichts nicht vorliegen, wird dieses sich in Zukunft um einen bessere Abstimmung mit dem Jugendamt bemühen. Auf der anderen Seite wird auch das Jugendamt ein Interesse daran haben, so wenig wie möglich durch das Jugendgericht zur Erbringung von Leistungen verpflichtet zu werden und sich ebenfalls um eine bessere Kooperation im Vorfeld der gerichtlichen Entscheidung bemühen. Dabei stellt sich allerdings die Frage, ob ein solcher „Zwang zur Kooperation“ wirklich sinnvoll ist oder nicht vielmehr die Fronten verhärtet.[971] Zeigt sich doch durch diese Argumentation erneut: Wo Kooperation zwischen den Institutionen funktioniert, ist eine Entscheidungs- oder Anordnungskompetenz nicht nötig.

Bislang sind aus den Überlegungen keine konkreten Gesetzesvorschläge geworden. Die Diskussion im Jugendstrafrecht ist aber angestoßen. Es bleibt abzuwarten, ob dieser Anstoß auch Auswirkungen auf die familiengerichtliche Situation zeigt. Eine gesetzliche Verankerung einer verbindlichen Anordnungskompetenz lässt sich in Bezug auf das familiengerichtliche Verfahren sicherlich nicht verwirklichen. Obwohl im Familienrecht weiterhin zahlreiche Zwangskontexte existieren,[972] weisen die Gesetzesvorhaben der letzten Jahre verstärkt in Richtung Konfliktlösung durch Kooperation. Gerade der Verankerung einer Anordnungskompetenz hat der Gesetzgeber mehrfach eine Absage erteilt.[973]

II. Überprüfung von Kinder- und Jugendhilfesachen durch die Verwaltungsgerichte

Im Folgenden soll überprüft werden, wie das verwaltungsgerichtliche Verfahren zur Überprüfung der Kinder- und Jugendhilfe abläuft, und ob dieser vom Gesetzgeber vorgesehene Weg zur Verwirklichung des Kindesschutzes ausreicht.

1. Verwaltungsgerichtlicher Schutz de lege lata

a) Verwaltungsgerichtliches Verfahren und Kontrolldichte

Bei Rechtsstreitigkeiten über die Gewährug von Hilfen (zur Erziehung) zwischen dem Leistungsberechtigten und dem Jugendamt als Sozialleistungs-

971 Siehe hierzu auch: *Weisbrodt*, Zwang zur Kooperation, konfliktbehandlung.de

972 So stehen dem Familiengericht weiterhin Ordnungsmittel bei Zuwiderhandlung gegen einen Vollstreckungstitel zur Herausgabe von Personen und zur Regelung des Umgangs zu, § 89 FamFG.

973 Trotz der anhaltenden Diskussionen, siehe zuletzt: Abschlussbericht vom 14.7.2009, S. 21, hat der Gesetzgeber eine Anordnungskompetenz des Familienrichters bis heute nicht gesetzlich geregelt.

träger handelt es sich um öffentlich-rechtliche Streitigkeiten, für die (nach erfolgloser Führung eines Widerspruchsverfahrens, §§ 68 ff. VwGO) gemäß § 40 Abs. 1 VwGO der Rechtsweg zu den allgemeinen Verwaltungsgerichten eröffnet ist.[974] Eine Zuweisung an die besonderen Zweige der Verwaltungsgerichtsbarkeit – insbesondere an die Sozialgerichte nach § 51 SGG – besteht für die Angelegenheiten des SGB VIII (noch) nicht.[975]

Grundsätzlich sind zwei Konstellationen denkbar, in denen es zu Streitigkeiten über die Gewährung von Hilfen zwischen Leistungsberechtigten und Jugendamt kommen kann und die einer gerichtlichen Überprüfung zugeführt werden können:

1. Das Jugendamt lehnt die Gewährung von Hilfe zur Erziehung generell ab.
2. Das Jugendamt ist zwar grundsätzlich bereit, eine öffentliche Hilfe zu erbringen, es lehnt aber die Gewährung einer bestimmten, von den Eltern oder dem Familiengericht gewünschten Hilfeart ab.

aa) Generelle Ablehnung der Hilfegewährung

Lehnt das Jugendamt die Gewährung von Hilfe generell ab oder lehnt es die Gewährung einer konkreten Hilfe ab, kann der Leistungsberechtigte nach Beschreiten des Vorverfahrens (Widerspruchsverfahren, § 68 VwGO)[976] Verpflichtungsklage nach § 42 Abs. 1, 2. Alt. VwGO erheben. In beiden Fällen begehrt der Kläger den Erlass eines Verwaltungsaktes i.S.v. § 31 SGB X.[977]

Im ersten Fall lehnt das Jugendamt die Gewährung von Hilfen zur Erziehung generell ab. Es negiert also bereits die Tatbestandsvoraussetzung des erzieherischen Bedarfs, im Sinne des § 27 Abs. 1 SGB VIII. Bei dem Begriff erzieherischer Bedarf handelt es sich um einen unbestimmten Rechtsbegriff. Ob das Vorliegen der Tatbestandsvoraussetzungen des § 27 SGB VIII gerichtlich voll überprüfbar ist, ist davon abhängig, ob dem Jugendamt ein Beurteilungsspielraum bei der Auslegung dieses unbestimmten Rechtsbegriffs zusteht.[978] Das Vorliegen der tatbestandlichen Voraussetzungen einer Norm, inklusive etwaiger unbestimmter Rechtsbegriffe unterliegt grundsätzlich der

974 *Hufen*, Verwaltungsprozessrecht, § 11, Rn. 25.

975 Siehe hierzu Kap. C. II.

976 im Zuge der Verwaltungsstrukturreform haben einige Länder das Widerspruchsverfahren (auch in Jugendhilfesachen) abgeschafft, vgl z.B.: § 8a des Niedersächsisches Ausführungsgesetz zur Verwaltungsgerichtsordnung (Nds. AGVwGO) in der Fassung der Bekanntmachung v. 1. Juli 1993 (Nds.GVBl. S. 175), zuletzt geändert durch Gesetz v. 25.11.2009.

977 *Kopp/Schenke*, § 42, Rn. 6.

978 *Tammen* in: Münder/Wiesner/Meysen, Handbuch KJHR, Kap.3.5.6., Rn. 66, 71.

uneingeschränkten verwaltungsgerichtlichen Kontrolle.[979] Der Verwaltung wird also nur in eng begrenzten Ausnahmefällen ein Beurteilungsspielraum eingeräumt. Die Anerkennung von Beurteilungsspieräumen wurde durch das BVerfG selbst bei besonderer fachlicher Kompetenz der Verwaltung und bei komplexen fachlichen Einschätzungen erheblich eingeschränkt.[980] Das BVerfG räumt einen Beurteilungsspielraum nur in solchen Fällen ein, in denen es sich um derart komplexe Einschätzungen handelt, dass eine gerichtliche Überprüfung an ihre Funktionsgrenzen stoßen würde.[981] Hiervon kann bei der Überprüfung der Voraussetzungen des § 27 SGB VIII selbst dann nicht ausgegangen werden, wenn es sich um das „Ergebnis eines kooperativen pädagogischen Entscheidungsprozesses unter Mitwirkung des Kindes bzw. des Jugendlichen und mehrerer Fachkräfte handelt".[982] Unterschiedliche Rechtsanwender können demnach bei der Überprüfung eines unbestimmten Rechtsbegriffs zwar zu unterschiedlichen Lösungen kommen. Die Letztentscheidungs-kompetenz liegt aber grundsätzlich immer bei der Gerichtsbarkeit.[983]

Im Rahmen einer gerichtlichen Überprüfung der Ablehnung von Jugendhilfeleistungen seitens des Jugendamts wird überprüft, ob die Tatbestandsvoraussetzungen des § 27 SGB VIII vorliegen. Bei der Beurteilung, ob ein erzieherischer Bedarf vorliegt oder nicht, geht es um Fragen, die eine fachliche Bewertung nach sozialpädagogischen Maßstäben erfordern. Dabei handelt es sich zwar um außerrechtliche Kriterien, die nach der Rechtsprechung des Bundesverfassungsgerichts aber der vollen gerichtlichen Überprüfung durch Sachverständige unterliegen.[984] Bei der Verwendung unbestimmter Rechtsbegriffe gehen Literatur[985] und Rechtsprechung[986] mittlerweile einhellig von einer

979 *Fischer* in: Münder/Wiesner/Meysen, Handbuch KJHR, Kap.6.3.2, Rn. 21.

980 BVerfG v. 17.4.1991 – 1 BvR 213/83 – BVerfGE 84, 34; *Fischer* in: Münder/Wiesner/Meysen, Handbuch KJHR, Kap.6.3.2, Rn. 20; *Tammen* in: Münder/Wiesner/Meysen, Handbuch KJHR, Kap. 3.5.6., Rn. 70.

981 BVerfG v. 17.4.1991 – 1 BvR 213/83 – BVerfGE 84, 34 ff.

982 BVerwG v. 24. 6. 1999 - 5 C 24/98 – NVwZ 2000, 326 (328).

983 *Jestaedt* in: Erichsen/Ehlers, AllgVerwR, § 10, Rn. 33, 44 ff., 54; *Maas*, RsDE 25, S. 1 (6 f.); dies war aber nicht immer so, zur Entwicklung siehe *Höfling*, RdJB 1995, 387 ff.

984 BVerfG v. 27.11.1990 - 1 BvR 402/87 - NJW 1991, 1471 ff.; BVerfG v. 17.4.1991 - 1 BvR 1529/84, 1 BvR 138/87 – NJW 1991, 2008 (2011).

985 *Maas*, RsDE 25, 1 (5 ff.); *Ollmann*, ZfJ 1995, 45 ff.; Wiesner/*Schmid-Obkirchner*, § 27, Rn. 65; *Tammen/Trenczek* in: FK-SGB VIII, § 27, Rn. 57; *Trenczek* in: FK-SGB VIII, Anhang, Rn. 87; *Kopp/Schenke*, § 114, Rn. 23 ff.; *Fischer* in: Münder/Wiesner/Meysen, Handbuch KJHR, Kap. 6.3.2, Rn. 20 f. m.w.N; ausführlich *Tammen* in: Münder/Wiesner/Meysen, Handbuch KJHR, Kap.3.5.6, Rn. 69 ff.

verwaltungsgerichtlichen Vollkontrolle aus und lehnen einen Beurteilungsspielraum des Jugendamts ab.[987] Unbestimmte Rechtsbegriffe unterliegen demnach der uneingeschränkten verwaltungsgerichtlichen Kontrolle, ohne dass der Behörde ein irgenwie gearteter Entscheidungsspielraum eingeräumt wäre.[988]

bb) Ablehnung einer konkreten Hilfeart

Anders stellt sich die Sache aber auf der Rechtsfolgenseite dar; hier ist umstritten, ob es sich bei der Auswahl der konkreten öffentlichen Hilfe um jugendamtliches Ermessen[989] bzw. einen Beurteilungsspielraum des Jugendamts[990] handelt, welche vom Verwaltungsgericht nur einer eingeschränkten Überprüfung unterzogen werden können, oder ob es sich hier um eine gebundene Entscheidung der Verwaltung handelt, welche von den Gerichten in vollem Umfang überprüft werden kann und muss.[991] Es ist also fraglich, ob das Verwaltungsgericht auch darüber entscheiden kann, welche Hilfe im konkreten Fall die geeignete und notwendige ist, ob es insofern bei der Frage nach der konkreten Hilfe zur Erziehung (Wie) die Entscheidung des Jugendamts voll überprüfen kann. Die Beantwortung dieser Frage hängt davon ab, ob dem

986 VGH Mannheim v. 8.11.2001 – 2 S 1198/99 – NVwZ-RR 2002, 581; OVG Lüneburg v. 10.4.2002 – 4 LB 53/02 – JAmt 2002, 195 ff.; BVerfG v. 27.11.1990 - 1 BvR 402/87 - NJW 1991, 1471 ff.; BVerfG v. 17.4.1991 - 1 BvR 1529/84, 1 BvR 138/87 – NJW 1991, 2008 (2011).

987 *Fischer* in: Münder/Wiesner/Meysen, Handbuch KJHR, Kap.6.3.2, Rn. 20 f.; *Maas*, RsDE 25, S. 1 (7, 19); BVerfG v. 16.12.1992 - 1 BvR 167/87 – NVwZ 1993, 666 ff. Ein Beurteilungsspielraum, der eine eingeschränkte gerichtliche Kontrolle zur Folge hat, wird nur noch im Recht der technischen Sicherheit, sowie im Schul- und Prüfungsrecht anerkannt, siehe Wiesner/*Schmid-Obkirchner*, § 27, Rn. 65; BVerfG v. 17.4.1991 - 1 BvR 419/81, 1 BvR 213/83 – NJW 1991, 2005; BVerfG 17.4.1991 - 1 BvR 1529/84, 1 BvR 138/87 – NJW 1991, 2008.

988 *Fischer* in: Münder/Wiesner/Meysen, Handbuch KJHR, Kap.6.3.2, Rn. 21; BVerfG v. 17.4.1991 – 1 BvR 213/83 – BVerfGE 84, 34.

989 So Wiesner/*Schmid-Obkirchner*, § 27, Rn. 66.

990 So *Fischer* in: Münder/Wiesner/Meysen, Handbuch KJHR, Kap. 6.3.2, Rn. 22; BVerwG v. 24. 6. 1999 – 5 C 24/98 – NVwZ 2000, 326 (328), zur Begründung seiner Entscheidung zieht das BVerwG übrigens einzig Wiesner/*Wiesner*, § 36, Rn. 48, 50 (1995) heran, der allerdings dem Jugendamt auf der Rechtsfolgenseite gar keinen Beurteilungsspielraum sondern vielmehr ein Ermessen einräumt, so dieser selbst in der 3. Auflage, § 36, Rn. 50; VG Würzburg v. 04.11.2010 – 3 K 10.992 – juris.

991 So *Tammen* in: Münder/Wiesner/Meysen, Handbuch KJHR, Kap.3.5.6, Rn. 72; in diese Richtung auch: VGH Baden-Württemberg v. 17.03.2011 - 12 S 2823/08 - BeckRS 2011, 49795; VGH Baden-Württemberg v. 8.11.2001 – 2 S 1198/99 – ZfJ 2003, 68.

Jugendamt in diesem Zusammenhang ein Ermessen bzw. ein Beurteilungsspielraum eingeräumt ist oder nicht.

Bei den öffentlichen Hilfen gemäß §§ 27 ff. SGB VIII handelt es sich um subjektive Rechtsansprüche, die dem Antragssteller bei Vorliegen der Voraussetzungen Ansprüche auf Leistungen gewähren.[992] Sie setzen sich aus Tatbestandsvoraussetzungen und Rechtsfolgen zusammen. Rechtsansprüche können gegenüber dem Träger der öffentlichen Jugendhilfe unterschiedlich gestaffelte Verpflichtungen auslösen. So gibt es Rechtsansprüche, bei denen der Leistungsverpflichtete bei Vorliegen der Tatbestandsvoraussetzungen zwingend verpflichtet ist, diesen auch zu erbringen (Formulierungen sind z.B.: "ist zu leisten", "muss erbringen", "hat Anspruch auf"). Hierbei handelt es sich um eine gebunde Entscheidung der Verwaltung, die der vollen verwaltungsgerichtlichen Überprüfung unterliegt.

Die zweite Kategorie von Rechtsansprüchen sind sogenannte "Kann-Leistungen", die den Träger der öffentlichen Jugendhilfe bei Vorliegen der Tatbestandsvoraussetzungen dazu berechtigen, eine Leistung zu erbringen. Die Entscheidung, ob eine derartige Leistung erbracht wird, liegt hier im Ermessen der Behörde. Das Ermessen ist aber immer ein pflichtgebundenes Ermessen, so dass es nur unter strenger Bindung an die Ziele der zu Grunde liegenden Rechtsnorm ausgeübt werden darf. In diesem Fall kann das Jugendamt auch andere sachliche Gründe, wie beispielsweise finanzielle oder fiskalische Überlegungen berücksichtigen.[993] Ist der Verwaltung ein Ermessen eingeräumt, so kann das Verwaltungsgericht lediglich überprüfen, ob diese ihr Ermessen pflichtgemäß ausgeübt hat. Wäre der Verwaltung im Falle des § 27 SGB VII ein Ermessen eingeräumt, überprüfe das Verwaltungsgericht, so die Vertreter dieser Ansicht, im Falle der Ablehnung einer konkreten vom Leistungsberechtigten beantragten Hilfe, ob das Jugendamt sein Ermessen richtig ausgeübt (Ermessensnichtgebrauch), ob es die gesetzlichen Grenzen des Ermessens überschritten (Ermessensüberschreitung) oder ob es von dem ihm zustehenden Ermessen in einer der Ermächtigung unzulässigen Art und Weise Gebrauch gemacht hat (Ermessensfehlgebrauch). Das Gericht überprüfe die Entscheidung des Jugendamts demnach nur auf ihre Rechtmäßigkeit; eigene Zweckmäßigkeits- oder Billigkeitserwägungen dürfe es keinesfalls anstellen. Das Verwaltungsgericht dürfe nicht an Stelle der Behörde eigenes Ermessen ausüben.[994] Ist das Gericht der Ansicht, die Entscheidung des Jugendamts sei ermessensfehlerhaft, so könne

992 *Münder* in: FK-SGB VIII, VorKap 2, Rn. 6 f.

993 *Münder* in: FK-SGB VIII, VorKap 2, Rn. 8.

994 *Schmid*, S. 134; generell zur verwaltungsgerichtlichen Kontrolldichte bei Vorliegen von Ermessen: *Fischer* in: Münder/Wiesner/Meysen, Handbuch KJHR, Kap. 6.3.2, Rn. 23.

es lediglich ein Bescheidungsurteil erlassen. Es könne das Jugendamt also lediglich dazu verpflichten, in einen neuen Aushandlungsprozess, gegebenenfalls in der Zuständigkeit einer neuen Fachkraft einzutreten.[995] Ein Vornahmeurteil nach § 113 Abs. 5, S. 1 VwGO komme nur dann in Betracht, wenn das Ermessen des Jugendamts ausnahmsweise auf Null reduziert sei. Das sei der Fall, wenn der im Hilfeplanverfahren ermittelte erzieherische Bedarf nur eine bestimmte Hilfeart für notwendig und geeignet anzeigt, und jede andere Entscheidung als ermessensfehlerhaft beurteilt werden müsste. In diesem Fall könne das Verwaltungsgericht das Jugendamt zur Erbringung dieser bestimmten Hilfe verpflichten.[996]

Die dritte Möglichkeit, Rechtsansprüche auszugestalten, ist die Form sogenannter „Soll-Bestimmungen". Derartige Rechtsansprüche begründen eine Regelverpflichtung, weshalb sie in der verwaltungsrechtlichen Terminologie auch als gebundenes Ermessen bezeichnet werden. Danach ist die beantragte Leistung im Regelfall zu erbringen und darf nur ausnahmsweise, bei Vorliegen besonderer Umstände, verweigert werden.[997] Im Gegensatz zu den „Kann-Leistungen" darf sich der Leistungsverpflichtete bei der Ablehung des Aspruchs nicht auf fehlende finanzielle Mittel beziehen, da es sich hierbei nicht um einen atypischen Umstand handelt.[998] Bei Soll-Vorschriften ist für den Regelfall eine Bindung der Verwaltung vorgesehen, ein Ermessen ist der Verwaltung somit nicht eingeräumt. Nur in atypischen Fällen oder aus besonders wichtigen Gründen liegt die Entscheidung im nur insoweit pflichtgemäßen Ermessen der Behörde. Die Entscheidung der Verwaltung unterliegt der verwaltungsgerichtlichen Vollkontrolle, dies gilt auch für die Voraussetzungen des Vorliegens eines atypischen Falles sowie für den in diesem Falle eingeräumten Beurteilungsspielraum.[999]

Ob der Behörde bezüglich der Auswahl der konkreten Hilfe ein Ermessen eingeräumt ist oder nicht, wird also unterschiedlich beantwortet. Da § 27 Abs. 1 SGB VIII etwas unglücklich formuliert ist,[1000] kann die Antwort dem Wortlaut nicht eindeutig entnommen werden. So wird teilweise davon ausgegangen, die Erbringung der geeigneten und notwendigen Hilfe liege, als Rechtsfolge der

---

995 Wiesner/*Schmid-Obkirchner*, § 36, 66, § 27, Rn. 63 f.

996 *Schmid*, S. 130 ff.

997 *Münder* in: FK-SGB VIII, VorKap 2, Rn. 8; *Wolf/Bachoff/Stober/Kluth*, Verwaltungsrecht I, § 31, Rn. 41.

998 BVerwG v. 26.10.1989 – 5 C 34/86 – NJW 1990, 1309 ff.

999 *Gutzler* in: Rolfs/Giesen/Kreikelborn/Udsching, SGB I, § 39, Rn. 4; *Kopp/Ramsauer*, VwVfG, § 40, Rn. 44.

1000 So auch *Happe/Saurbier* in: Jans/Happe/Saurbier/Maas, § 27, Rn. 14, die dem Jugendamt im Ergebnis allerdings ein Ermessen einräumen.

Vorschrift, im Ermessen des Jugendamts. Die Beurteilung, welche konkrete Hilfe zu erbringen sei, könne das Gericht nicht an dessen Stelle treffen, § 114 VwGO.[1001] Das Verwaltungsgericht könne demnach keine Entscheidung darüber treffen, welche Hilfe im konkreten Fall geeignet und notwendig ist, eine (Voll-) Kontrolle der Verwaltungsgerichtsbarkeit scheide aus.[1002]

Mittlerweile wird in Literatur und insbesondere seitens der Rechtsprechung auf der Rechtsfolgenseite immer öfter ein Beurteilungsspielraum des Jugendamts und somit eine eingeschränkte verwaltungsgerichtliche Überprüfbarkeit angenommen.[1003] Denn nur das Jugendamt könne nach den Kriterien sozialpädagogischer Fachlichkeit auf der Rechtsfolgenseite entscheiden, welche Hilfeart die geeignete und notwendige ist. Auch die Vertreter dieser Ansicht sehen die Erbringung der geeigneten und notwendigen Hilfe demnach auf Rechtsfolgenseite, folgern aus dieser Erkenntnis jedoch kein Ermessen des Jugendamts, sondern räumen dem Jugendamt für die Auslegung dieser unbestimmten Rechtsbegriffe einen Beurteilungsspielraum ein. Die Auswahl der für den konkreten Fall geeigneten und notwendigen Hilfe sei das Ergebnis eines komplexen Bewertungsvorganges. Der Gesetzgeber habe in Fällen, in denen eine Hilfe zur Erziehung für einen längeren Zeitraum zu gewähren ist, eine Entscheidung im Team nach Durchführung eines Hilfepanverfahrens vorgesehen (§ 36 Abs. 2 S. 1, 2 SGB VIII). Damit komme zum Ausdruck, "dass es sich bei der Entscheidung über die Notwendigkeit und Geeignetheit der Hilfe um das Ergebnis eines kooperativen pädagogischen Entscheidungsprozesses unter Mitwirkung des Kindes bzw. des Jugendlichen und mehrerer Fachkräfte handelt, welches nicht den Anspruch objektiver Richtigkeit erhebt, jedoch eine angemessene Lösung zur Bewältigung der festgestellten Belastungssituation enthält, die fachlich vertretbar und nachvollziehbar sein muss."[1004] Da dieser Vorgang im gerichtlichen Verfahren nicht wiederholt werden könne, habe sich die verwaltungsgerichtliche Überprüfung darauf zu beschränken, ob allgemeingültige fachliche Maßstäbe beachtet, keine sachfremden Erwägungen eingeflossen und die Leistungsadressaten in umfassender Weise beteiligt worden

1001 *Maas*, RsDE 25, S. 1 (7); Wiesner/*Schmid-Obkirchner*, § 27, Rn. 66; *Happe/Saurbier* in: Jans/Happe/Saurbier/Maas, § 27, Rn. 14.

1002 *Fischer* in: Schellhorn/Fischer/Mann, § 35a, Rn. 28; so auch: Hess. VGH v. 6.11.2007 – 10 TG 1954/07 – JAmt 2008, 327; anders VGH Baden-Württemberg v. 8.11.2001 – 2 S 1198/99 – ZfJ 2003, 68.

1003 BVerwG v. 26.10.1989 – 5 C 34/86 – NJW 1990, 1309 ff.; *Tammen* in: Münder/Wiesner/Meysen, Handbuch KJHR, Kap. 3.5.6., Rn. 71 m.w.N. aus der Rspr.

1004 BVerwG v. 24. 6. 1999 - 5 C 24/98 – NVwZ 2000, 326 (328).

sind.[1005] Das Verwaltungsgericht könne dem Jugendamt demnach lediglich aufgeben, den Antrag des Klägers unter Zugrundelegung der Rechtsauffassung des Gerichts neu zu bescheiden.

Richtigerweise handelt es sich bei jugendamtlichen Entscheidungen nach §§ 27 ff. SGB VIII auch bei der Frage nach der konkreten Hilfe zur Erziehung aber weder um eine Ermessensentscheidung noch um unbestimmte Rechtsbegriffe, die dem Jugendamt einen Beurteilungsspielraum einräumen, sondern um eine gebundene Entscheidung.[1006] Stellte man den Wortlaut des § 27 SGB VIII nämlich in einen Satz mit Tatbestand und Rechtsfolge um, müsste er in etwa folgendermaßen lauten: *„Wenn eine dem Wohl des Kindes oder des Jugendlichen entsprechende Erziehung nicht gewährleistet und nach dem erzieherischen Bedarf im Einzelfall eine der in §§ 28-35 SGB VIII aufgeführten Hilfen geeignet und notwendig ist, dann ist diese Hilfe zu gewähren."* Der Anspruch konkretisiert sich damit bereits auf der Tatbestandsseite durch den erzieherischen Bedarf und die Eignung und Notwendigkeit der Hilfe, so dass dem Jugendamt für ein Auswahlermessen oder einen Beurteilungsspielraum auf der Rechtsfolgenseite kein Raum mehr bleibt.[1007] Wenn nämlich nach dem erzieherischen Bedarf im Einzelfall sozialpädagogische Familienhilfe erforderlich ist, wäre es unangemessen, dennoch eine andere Hilfeart auszuwählen. Sind ausnahmsweise einmal verschiedene Hilfen möglich, ist die konkrete Hilfeart unter Berücksichtigung des Wunsch- und Wahlrechtes der Betroffenen zu ermitteln. Behördliches Ermessen stellt eine Durchbrechung gerichtlicher Vollkontrolle dar, die vom Gesetzgeber besonders eingeräumt worden sein muss. Bei Zweifeln muss davon ausgegangen werden, dass der Behörde kein Ermessen eingeräumt werden sollte.[1008] Gleiches gilt für die Frage, ob der Verwaltung ein Beurteilungsspielraum eingeräumt ist. Auch die unbestimmten Rechtsbegriffe „geeignet" und „erforderlich" werden bereits auf Tatbestandsebene berücksichtigt und können nun nicht mehr auf Rechtsfolgenebene herangezogen werden. Wenn nämlich die Frage, ob tatsächlich entsprechend den aus-

1005 BVerwG v. 24. 6. 1999 - 5 C 24/98 – NVwZ 2000, 326 (328); ebenso Wiesner/*Schmid-Obkirchner*, § 36 Rn. 63, 66; *Fischer* in: Münder/Wiesner/Meysen, Handbuch KJHR, Kap.6.3.2, Rn. 22.

1006 Teilweise wird vertreten, es handele sich um eine Soll-Vorschrift, *Coester*, FamRZ 1991, 253 (260); MünchKommBGB/*Hinz*, 3. Auflage, § 1666, Rn. 53, auch in diesem Fall unterläge die Entscheidung der verwaltungsgerichtlichen Vollkontrolle.

1007 MünchKommBGB/*Tillmanns*, § 1 SGB VIII, Rn. 7; *Winkler* in: Rolfs/Giesen/Kreikebohm/Udsching, SGB VIII, § 27, Rn. 1 f.; VGH Baden-Württemberg v. 8.11.2001 – 2 S 1198/99 – ZfJ 2003, 68.

1008 *Tammen/Trenczek* in: FK-SGB VIII, § 27, Rn. 57, 16; *Ollmann* in: ZfJ 1995, 45 (48 f.); *Höfling*, RdJB 1995, 387 (392, 394).

drücklichen Vorgaben des § 27 SGB VIII im Einzelfall eine erzieherische Mangelsituation vorliegt und die von der Behörde ausgewählte Hilfe geeignet und notwendig ist, einer vollständigen gerichtlichen Überprüfbarkeit unterliegt, so ist nicht nachvollziehbar, dass dann dem Jugendamt bzgl. der Auswahl der konkreten Hilfe ein Entscheidungsspielraum eingeräumt werden sollte. Dies widerspräche auch der klaren Vorgabe des Verfassungsgerichts, das der Verwaltung nur in begrenzten Ausnahmefällen einen Beurteilungsspielraum zubilligt.[1009]

Dem widerspricht auch nicht die Entscheidung des BVerwG, dass die Überprüfung des Verwaltungsgerichts darauf beschränkt, ob allgemeingültige fachliche Maßstäbe beachtet wurden, keine sachfremden Erwägungen eingeflossen und die Leistungsadressaten in umfassender Weise beteiligt wurden. Denn diese Entscheidung verstößt klar gegen die Vorgaben des Bundesverfassungsgerichts. Dieses hat explizit klargestellt, dass auch bei besonderer fachlicher Kompetenz der Verwaltung und bei komplexen fachlichen Entscheidungen kein Beurteilungsspielraum besteht und nur in dem Falle anzunehmen sei, wenn es sich um eine derart komplexe Einschätzung handelt, dass eine gerichtliche Überprüfung an ihre Funktionsgrenzen stoßen würde.[1010] Dies kann im Falle des § 27 SGB VIII nicht angenommen werden. Die Einräumung eines Beurteilungsspielraums würde zudem den effektiven Rechtsschutz des Bürgers, gerade in dieser sensiblen Thematik, unangemessen einschränken.[1011] Zudem verkennt das BVerwG, dass die „Notwendigkeit" und „Geeignetheit" der konkreten Hilfe auf Tatbestands- und nicht auf Rechtsfolgenebene auftauchen.[1012] Der Anspruch konkretisiert sich in § 27 SGB VIII bereits auf der Tatbestandsebene für einen Entscheidungsspielraum oder gar ein Auswahlermessen bleibt kein Raum. Bleiben Wahlmöglichkeiten offen, sind diese anhand des Wunsch- und Wahlrechts der Leistungsberechtigten zu erörtern. [1013] Auf Rechtsfolgenseite sind somit keine unbestimmten Rechtsbegriffe ersichtlich, die dem Jugendamt einen Beurteilungsspielraum einräumen könnten.

Der unbeschränkten gerichtlichen Überprüfung im Einzelfall steht auch die Tatsache, dass Entscheidungen nach §§ 27 ff. SGB VIII, wenn sie für einen längeren Zeitraum getroffen werden, gemäß § 36 SGB VIII im Zusammenwirken mehrerer Fachkräfte geschlossen werden, nicht entgegen. Denn die Verantwortung für die Entscheidung bleibt nach Vorstellung des Gesetzgebers bei der zuständigen Fachkraft des Jugendamts, die "Erziehungskonferenz" nach § 36 SGB VII ist nur als fachliches Beratungsgremium gedacht. Die Tatsache,

1009 BVerfG v. 17.4.1991 – 1 BvR 213/83 - BVerfGE 84, 34 ff.

1010 BVerfG v. 17.4.1991 – 1 BvR 213/83 - BVerfGE 84, 34 ff., 59 ff.

1011 *Tammen* in: Handbuch KJHR, Kap.3.5.6, Rn. 71.

1012 Anders: *Happe/Saurbier* in: Jans/Happe/Saurbier/Maas, § 27, Rn. 14.

1013 *Tammen* in: Handbuch KJHR, Kap.3.5.6, Rn. 72.

dass einzelne Ämter durch Organisationsregelungen dem Team die Entscheidung über die angemessene Hilfeart zugewiesen haben, ist für das Ausmaß der gerichtlichen Überprüfung der Entscheidung ohne Belang.[1014] Die volle verwaltungsgerichtliche Kontrolle ist darüber hinaus zur Vermeidung eines Ausfalls der (verwaltungs)gerichtlichen Kontrolle unbedingt erforderlich. Nur so kann eine angemessenen Überprüfung (ablehnender) Entscheidungen seitens des Jugendamts stattfinden.

Damit ist die volle verwaltungsgerichtliche Kontrolle[1015] nicht nur im Falle der generellen Ablehnung von öffentlichen Hilfen, sondern auch im Falle der Ablehnung einer konkreten Hilfe durch das Jugendamt möglich.[1016] Diese Kompetenz zur vollen gerichtlichen Überprüfung bedeutet aber nicht, dass die Verwaltungsgerichte das Handeln des Jugendamts in eigener Sachkunde überprüfen; vielmehr werden sie, insbesondere bei schwierigen sozialpädagogischen Prüfungen, Gutachter, Sachverständige und Experten zu Rate ziehen.[1017]

Selbst wenn man aber davon ausgehen würde, dass die Erbringung einer geeigneten und notwendigen Hilfe auf Rechtsfolgenseite stünde, ist dies dennoch kein Argument, der Verwaltung ein Ermessen einzuräumen. Schließlich fehlt es hierfür auch weiterhin an der Ausprägung des § 27 SGB VIII als Kann-Vorschrift. Rechtsfolge der Vorschrift wäre dann nämlich die folgende: *„...dann ist eine geeignete und notwendige Hilfe zu gewähren."* Die Vertreter dieser Ansicht übersehen, dass der Gesetzgeber ein Ermessen immer explizit einräumt („kann", „darf"). § 27 SGB VIII ist jedoch klar nicht als Ermessensvorschrift ausgelegt. Gegen ein Ermessen des Jugendamts spricht insofern bereits der Wortlaut der Norm. Hätte der Gesetzgeber dem Jugendamt ein Ermessen eingeräumt, so hätte er den § 27 SGB VIII als Kann-Vorschrift ausarbeiten müssen. Geht man von einem Auswahlermessen aus, stellt man sich gegen die eindeutige Wertung durch den Gesetzgeber.

1014 *Ollmann* in: ZfJ 1995, 45 (49).

1015 Siehe auch *Höfling*, RdJB 1995, 387 ff.

1016 *Tammen/Trenczek* in: FK-SGB VIII, § 27, Rn. 57, 16; *Ollmann* in: ZfJ 1995, 45 (48 f.); *Winkler* in: Rolfs/Giesen/Kreikebohm/Udsching, SGB VIII, § 27, Rn. 1 f.

1017 *Trenczek* in: FK-SGB VIII, Anhang, Rn. 87.

Abbildung 9: Gerichtliche Überprüfbarkeit von öffentlichen Hilfen

Rechtstatbestand	**Rechtsfolge**
„Wenn" eine dem Wohl des Kindes oder des Jugendlichen entsprechende Erziehung nicht gewährleistet und nach dem erzieherischen Bedarf im Einzelfall eine der in §§ 28-35 SGB VIII aufgeführten Hilfen geeignet und notwendig ist,	*„dann"* **ist** diese Hilfe zu gewähren
Unbestimmte Rechtsbegriffe *ABER: Kein Beurteilungsspielraum; Kein Ermessen* • volle gerichtliche Überprüfbarkeit	*Gebundene Entscheidung* *Kein Ermessen; Kein Beurteilungsspielraum* • volle gerichtliche Überprüfbarkeit • bei Wahlmöglichkeiten: Wunsch- und Wahlrecht der Leistungsberechtigten

Quelle: Eigene Darstellung, angelehnt an *Maas*, RsDE 25, 1 (6).

b) Vorläufiger Rechtsschutz – einstweilige Anordnung

Gerichtsverfahren vor den Verwaltungsgerichten dauern in der Regel sehr lange, deshalb ist gerade in der Jugendhilfe unbedingt erforderlich, dass die Möglichkeit eines Eilverfahrens zur Verfügung steht. Im Gegensatz zu einem Gerichtsverfahren, das in der Regel ein bis zwei Jahre in Anspruch nehmen kann, ist ein Verfahren im einstweiligen Rechtsschutz wesentlich kürzer.[1018] Dies erfordert das verfassungsrechtliche Gebot effektiven Rechtsschutzes.[1019]

Der Erlass einer einstweiligen Anordnung ist normalerweise dann unzulässig, wenn er zu einer Vorwegnahme der Hauptsache führen würde. Dies gilt aber nicht, legt man Art. 19 Abs. 4 GG zu Grunde, wenn ansonsten unzumutbar schwere, nicht anders abwendbare Schäden entstünden, die nachträglich nicht mehr durch die Entscheidung in der Hauptsache beseitigt werden könnten. Diese Gefahr besteht gerade bei der Geltendmachung von Jugendhilfeleistungen, ins-

1018 *Lakies*, Anm. zu OVG Hamburg v. 24.10.1994 – OVG Bs IV 144/94 – FuR 1995, 146 (148); *Trenczek* in: FK-SGB VIII, Anhang, Rn. 91.

1019 BVerfG v. 29.10.1975 – 2 BvR 630/73 – NJW 1976, 141; BVerfG v. 16.12-1980 – 2 BvR 419/80 - NJW 1981, 1499 (1500).

besondere bei Streitigkeiten um Hilfen zur Erziehung nach §§ 27 ff. SGB VIII mit Blick auf die Sicherung des Kindeswohls.[1020]

Eine einstweilige Anordnung ist zum einen dann möglich, wenn die Gefahr besteht, dass durch Veränderung eines bestehenden Zustandes die Verwirklichung eines Rechts des Antragstellers verhindert oder wesentlich erschwert wird (Sicherungsanordnung). Zum anderen kann das Gericht auch dann eine einstweilige Anordnung aussprechen, wenn dies aus Gründen der Abwendung wesentlicher Nachteile oder drohender Gefahr notwendig erscheint. Eine solche Regelungsanordnung kommt in der Kinder- und Jugendhilfe insbesondere dann in Betracht, wenn das Jugendamt eine begehrte Leistung ablehnt oder nicht rechtzeitig erbringt.[1021] Voraussetzung für eine einstweilige Anordnung nach § 123 Abs. 1 S. 2 VwGO ist, dass ein Anordnungsanspruch und ein Anordnungsgrund bestehen. Ein Anordnungsanspruch ist dann gegeben, wenn die Wahrscheinlichkeit überwiegt, dass der materiell-rechtliche Anspruch auf die beantragte Jugendhilfeleistung besteht. Probleme ergeben sich hier insbesondere bei unbestimmten Rechtsbegriffen und Ermessensleistungen.[1022] Ein Anordnungsgrund liegt dann vor, wenn besondere Eilbedürftigkeit besteht, also eine unverzügliche Entscheidung erforderlich ist, um den effektiven Rechtsschutz zu gewährleisten.[1023] An den Anordnungsgrund, also den materiell-rechtlichen Leistungsanspruch, sind im Falle der vorläufigen Verpflichtung des Jugendamts zur Erbringung einer Leistung gesteigerte Anforderungen zu stellen, da diese Verpflichtung zu einer Vorwegnahme der Hauptsache führen kann.[1024] Der Antragsteller muss Anordnungsgrund und Anordnungsanspruch glaubhaft machen.[1025] Unter Umständen ist die Sach- und Rechtslage bereits im einstweiligen Rechtsschutzverfahren erschöpfend zu erörtern. Hierzu müssen gegebenenfalls Sachverständigengutachten eingeholt werden.[1026] Der zuständige Verwaltungsrichter kann dann, wenn erforderlich, im einstweiligen Rechtsschutzverfahren öffentliche Hilfen vorläufig anordnen. Da das Verwaltungsgericht zur vollen Überprüfung berechtigt ist, kann es auch Maßnahmen nach SGB VIII (vorläufig) anordnen.

1020 *Lakies*, Anm. zu OVG Hamburg v. 24.10.1994 – OVG Bs IV 144/94 – FuR 1995, 146 (148); *Trenczek* in: FK-SGB VIII, Anhang, Rn. 91.

1021 *Fischer* in: Münder/Wiesner/Meysen, Handbuch KJHR, Kap. 6.3, Rn. 43.

1022 *Trenczek* in: FK-SGB VIII, Anhang, Rn. 93.

1023 *Trenczek* in: FK-SGB VIII, Anhang, Rn. 93.

1024 *Fischer* in: Münder/Wiesner/Meysen, Handbuch KJHR, Kap. 6.3, Rn. 43 f.

1025 *Trenczek* in: FK-SGB VIII, Anhang, Rn. 93.

1026 *Lakies*, Anm. zu OVG Hamburg v. 24.10.1994 – OVG Bs IV 144/94 – FuR 1995, 146 (148).

c) Aufbau der Verwaltungsgerichte

Am verwaltungsgerichtlichen Verfahren sind gemäß § 19 VwGO ehrenamtliche Richter – zumindest in erster Instanz – beteiligt.[1027] Diese haben grundsätzlich dieselben Rechte wie die Berufsrichter.[1028] Allerdings handelt es sich bei den ehrenamtlichen Richtern am Verwaltungsgericht nicht um Fachrichter, sie müssen also keine besondere Qualifikation vorweisen, um ernannt zu werden, und haben eine ähnliche Funktion wie die Schöffen am Strafgericht.[1029] Durch ihre Mitwirkung soll die Rechtsprechung volksnäher und der Richter durch die Auseinandersetzung mit juristischen Laien dazu veranlasst werden, von abstrakten, lebensfremden Entscheidungen abzusehen.[1030] Allein wegen der unterschiedlichen Regelungsbereiche, die vor den Verwaltungsgerichten verhandelt werden, ist das Einbringen von spezifischem Fachwissen kaum möglich. Fachwissen könnten sie sich damit nur durch Weiterbildung in Eigeninitiative aneignen, was sich für einen ehrenamtlichen Richter am Verwaltungsgericht in der Regel schwierig gestalten wird und für das verwaltungsgerichtliche Verfahren grundsätzlich auch nicht vorgesehen ist. Hinzu kommt, dass es sich wegen der geringen Zahl der Verfahren vor dem Verwaltungsgericht, die sich mit abgelehnten Hilfen in prekären Situationen befassen,[1031] es sich weder für die Berufs- noch für die ehrenamtlichen Richter lohnt, sich auf dem Gebiet der Kinder- und Jugendhilfe und des Kindschaftsrechts fortzubilden.

d) Möglichkeit der Selbstbeschaffung nach § 36a SGB VIII

§ 36a SGB VIII wurde im Rahmen des KICK eingefügt und sollte der Tendenz entgegenwirken, das Jugendamt als bloße Zahlstelle für von dritter Seite oder selbst beschaffter Leistungen zu degradieren. Die dem Jugendamt zugewiesene Steuerungsverantwortung sollte diesem weder von anderen Institutionen wie

1027 *Kopp/Schenke*, VwGO, § 19, Rn. 1, § 5, Rn. 1 (bei den Oberverwaltungsgerichten wirken sie nur mit, soweit die Landesgesetzgebung dies vorsieht); *Prütting* in: Marutschke, S. 87 (92).

1028 *Kopp/Schenke*, VwGO, § 19, Rn. 2 f.

1029 *Kopp/Schenke*, § 5 VwGO, Rn. 2; *Prütting* in: Marutschke, S. 87 (93); es müssen nur die allgemeinen Voraussetzungen vorliegen und es dürfen keine Ausschließungs- und Hinderungsgründe bestehen, §§ 20 ff. VwGO.

1030 *Kopp/Schenke*, VwGO, § 5, Rn. 2.

1031 *Urban*, ZKJ 2006, 126, 131; so aber auf Druck des Familiengerichts: VG Darmstadt v. 29.8.2007 – 3 G 1267/07 – JAmt 2008, 323 und die gegen den Beschluss gerichtete Beschwerde beim HessVGH v. 6.11.2007 – 10 TG 1945/07 – JAmt 2008, 327.

Schule, Psychiatrie oder Arbeitsverwaltung, noch von den Personensorgeberechtigten oder den Gerichten aus der Hand genommen werden.[1032]

Dennoch gewährt § 36a Abs. 3 SGB VIII den Eltern im Rahmen der Selbstbeschaffung von öffentlichen Leistungen der Kinder- und Jugendhilfe eine weitere Möglichkeit, bei Vorliegen der Tatbestandsvoraussetzungen möglichst schnell an die begehrte Leistung zu gelangen. Zwar gilt nach § 36a Abs. 1 SGB VIII der Grundsatz, dass der Träger der öffentlichen Jugendhilfe die Kosten für eine Leistung nur trägt, wenn sie auf Grundlage seiner Entscheidung nach Maßgabe des Hilfeplans und unter Beachtung des Wunsch- und Wahlrechts der Eltern erbracht wurde, § 36a Abs. 3 SGB VIII garantiert den Eltern allerdings einen nachträglichen Kosten- bzw. Aufwendungsersatzanspruch im Falle einer selbst vorgenommenen Bedarfsdeckung.[1033] Im Falle eines Systemversagens muss das Jugendamt die Kosten einer selbst beschafften Leistung tragen, wenn es vor der Selbstbeschaffung über den Hilfebedarf informiert wurde, eine Antragsberechtigung vorlag, die Leistung zum Zeitpunkt der Selbstbeschaffung unaufschiebbar und ein Abwarten nicht zumutbar war, bzw. gegen die Ablehnung der Hilfe ein Rechtsmittel eingelegt wurde[1034]. Der Primäranspruch auf Leistung wandelt sich im Falle eines Systemversagens demzufolge in einen Sekundäranspruch auf Erstattung der Kosten um.[1035] Für Leistungen der Kinder- und Jugendhilfe besteht kein formelles Antragserfordernis, maßgeblich ist lediglich die Kenntnis des Jugendamts von den Voraussetzungen der Hilfe. Insofern genügt eine eindeutige Willensbekundung des Leistungsberechtigten, Hilfe in Anspruch nehmen zu wollen.[1036] Voraussetzung ist aber, dass er seinen Hilfebedarf selbst an das Jugendamt heranträgt, eine Information durch Dritte ist nicht ausreichend.[1037]

Die Selbstbeschaffung ist möglich, wenn bis zu einer (erstmaligen) Entscheidung des Jugendamts nicht abgewartet werden kann, aber auch, wenn bis zu einer Entscheidung über ein Rechtsmittel nach einer zu Unrecht abgelehnten Entscheidung nicht abgewartet werden kann. Diese Alternative ist besonders in den Fällen relevant, in denen das Jugendamt die Erbringung einer vom Familiengericht „angeordneten" Leistung verweigert. In diesen Fällen können sich die Personensorgeberechtigten (theoretisch) eine zu Unrecht abgelehnte Hilfe selbst

---

1032 BT-Drucks. 15/5616, S. 26; BT-Drucks. 15/3676, S. 36; Wiesner/*Wiesner*, § 36a, Rn. 2.

1033 *Grube*, JAmt 2002, 490 (zur Situation vor Inkrafttreten des § 36a SGB VIII.

1034 *Schmid-Obkirchner* in: Münder/Wiesner/Meysen, Handbuch KJHR, Kap. 3.8, Rn. 5.

1035 *Meysen* in: § 36a, Rn. 4; Grube, JAmt 2002, 490; OVG Münster v. 14. 3. 2003 - 12 A 1193/01 - JAmt 2003, 482 (483).

1036 str. siehe hierzu: Wiesner/*Wiesner*, § 36a, Rn. 6, 44, 14 m.w.N. auch der Gegenseite.

1037 Wiesner/*Wiesner*, § 36a, Rn. 44.

beschaffen. Der Leistungsberechtigte muss in diesem Fall die Durchsetzung seines Anspruchs aber auf dem Verwaltungsrechtsweg weiter verfolgen. Er muss also gegen den ablehnenden Bescheid Widerspruch einlegen und – falls diesem nicht stattgegeben wird – gegen den belastenden Verwaltungsakt Klage beim Verwaltungsgericht einreichen.[1038]

Wegen des Vorranges des Primärrechtsschutzes muss der Bürger im Falle der Untätigkeit oder Ablehnung der Behörde also zunächst seine Rechtsschutzmöglichkeiten ausschöpfen. In Eilfällen sind die Eltern zunächst auf den vorläufigen Rechtsschutz zu verweisen.[1039] Die Möglichkeit der Selbstbeschaffung ist aber auch neben einer einstweiligen Anordnung[1040] sowie im Vorfeld einer solchen möglich, wenn die jugendhilferechtliche Bedarfslage derart zeitkritisch ist, dass auch ein verwaltungsgerichtliches Eilverfahren zu spät käme.[1041]

e) Umfassender Schutz nach geltendem Recht?

Legt man die vorstehenden Ausführungen zugrunde, gestaltet sich der Kindesschutz derzeit folgendermaßen:

(1) Unterhalb der Kindeswohlgefährdungsschwelle

- Jugendamt bietet öffentliche Hilfen gemäß §§ 27 ff. SGB VIII an / Anspruch der Eltern auf Hilfe zur Erziehung
- Jugendamt schätzt das Gefährdungsrisiko gemäß § 8a Abs. 1 SGB VIII ab
- Jugendamt ruft das Familiengericht zur Klärung der Gefährdung nach § 8a Abs. 3 S. 1 SGB VIII an
- Familiengericht erörtert mit Eltern und Jugendamt die mögliche Kindeswohlgefährdung nach § 157 FamFG
- Liegt keine konkrete Gefährdung vor, überprüft das Familiengericht die Situation (in der Regel nach drei Monaten) erneut gemäß § 166 Abs. 3 FamFG

(2) Oberhalb der Kindeswohlgefährdungsschwelle

- Jugendamt oder anderer Dritter ruft Familiengericht wegen einer (möglichen) Kindeswohlgefährdung an

1038 Wiesner/*Wiesner*, § 36a, Rn. 52 f.

1039 *Meysen* in: FK-SGB VIII, § 36a, Rn. 11.

1040 *Münder u.a.* FK-SGB VIII (2006), Anhang, Rn. 94; a.A. *Fischer* in: Münder/Wiesner/Meysen, Handbuch KJHR, Kap. 6.3, Rn. 46, die Selbstbeschaffung sei vorrangig, wenn die Kosten einer jugendhilferechtlichen Maßnahme durch eigene finanzielle Mittel oder solcher Dritter vorläufig gedeckt werden können. Hier missachtet Fischer jedoch den Vorrang des Primärrechtsschutzes vor Sekundäransprüchen.

1041 *Meysen* in: FK-SGB VIII, § 36a, Rn. 50.

- Familiengericht stellt eine konkrete Kindeswohlgefährdung fest, Tatbestandsvoraussetzungen des § 1666 BGB liegen vor
  a) Familiengericht entzieht den Eltern (Teile des) Sorgerecht(s) oder spricht Gebote bzw. Verbote nach § 1666 Abs. 3 Nr. 1-4 BGB aus
     - familiengerichtliches Verfahren ist beendet. Eventuell Überprüfungspflicht nach § 1696 Abs. 1, 2 BGB, § 166 Abs. 1, 2 FamFG
  b) Familiengericht gelangt zu der Ansicht, die Annahme öffentlicher Hilfen reiche zur Abwendung der Gefahr aus. Familiengericht und Jugendamt einigen sich hinsichtlich der konkreten Hilfe. Familiengericht ordnet die in Abstimmung mit dem Jugendamt für geeignet befundene konkrete Hilfe gegenüber den Eltern an
     - familiengerichtliches Verfahren ist beendet. Evtl. Überprüfungspflicht nach § 166 Abs. 3 FamFG
     - Gewährung der öffentlichen Hilfe richtet sich nach Verwaltungsverfahren
  c) Familiengericht gelangt zu der Ansicht, die Annahme öffentlicher Hilfen reiche zur Abwendung der Gefahr aus. Familiengericht und Jugendamt einigen sich **nicht** hinsichtlich der konkreten Hilfe / Jugendamt lehnt Hilfeerbringung generell ab
     - Streit, ob dem Familiengericht eine Anordnungskompetenz auch gegenüber dem Jugendamt zusteht; nach hier vertretener Ansicht kann eine solche de lege lata nicht angenommen werden
     - Familiengerichtliches Verfahren ist beendet, Eltern können die Ablehnung des Verwaltungsaktes, nach erfolgloser Beschreitung eines Widerspruchsverfahrens, nur vor dem Verwaltungsgericht überprüfen lassen, evtl. besteht die Möglichkeit der Selbstbeschaffung

2. Defizite des verwaltungsgerichtlichen Verfahrens

a) Fehlende Fachaufsicht der Jugendämter

Die Kontrolle von Jugendamtshandeln ist nur unbefriedigend ausgestaltet. Die Aufgaben der Träger der öffentlichen Jugendhilfe sind Angelegenheiten der kommunalen Selbstverwaltung. Die öffentliche Jugendhilfe ist keine Pflichtaufgabe nach Weisung, für die eine umfassende Fachaufsicht eröffnet ist, sondern eine weisungsfreie Pflichtaufgabe, für die lediglich die Rechtsaufsicht eröffnet ist. Die öffentliche Jugendhilfe ist damit in der Ausübung ihrer Aufgaben frei und entscheidet insbesondere über das Ob und Wie der Erfüllung.[1042] Mit anderen Worten entscheidet in der Regel allein der einzelne Mitarbeiter, ob und wel-

1042 Wiesner/*Wiesner*, Vor § 11 ff., Rn. 25 f.

che öffentliche Hilfe erbracht wird. Einziges Korrektiv bildet § 36 Abs. 2 S. 1 SGB VIII für Hilfen zur Erziehung, die über längere Zeit gewährt werden. Hier soll die Entscheidung über die konkrete Hilfeart im Zusammenwirken mehrerer Fachkräfte erbracht werden. Hat der Fallverantwortliche allerdings den Sachverhalt nur unzureichend ermittelt, erfolgt die Entscheidung im Fachteam auf Grundlage dieser Sachverhaltsermittlung. In einem solchen Fall ist auch das Kollektiv kein Korrektiv. So war mangelnde Dienst- und Fachaufsicht mit ursächlich für den Tod des kleinen Kevin.[1043] Zu diesem Ergebnis kam der von der Bremer Bürgerschaft eingesetzte Untersuchungsausschuss.[1044] Die zuständige Dienstaufsichtsbehörde überprüft lediglich, ob die gesetzlich festgelegten und übernommenen öffentlich-rechtlichen Aufgaben und Verpflichtungen der Gemeinde eingehalten wurden und überwacht die Gesetzmäßigkeit der Verwaltungstätigkeit. Eine Zweckmäßigkeitskontrolle findet nicht statt, es werden allenfalls Ermessensfehler überprüft.[1045] Aber nicht nur die Leistungen der Kinder- und Jugendhilfe, auch die Mitwirkung im gerichtlichen Verfahren und der Schutzauftrag bei Gefährdung des Kindeswohls sind Aufgaben der kommunalen Selbstverwaltung, die lediglich der Rechtsaufsicht unterliegen. Gerade in diesem Bereich wird die Rechtsaufsichtsbehörde nicht von sich aus einschreiten, so dass sich die Jugendhilfe lange Zeit in einem kontrollfreien Vakuum befindet. Eine gewisse Kontrollfunktion kommt lediglich dem Familiengericht zu. Es entscheidet zwar grundsätzlich nur darüber, welche Maßnahmen zur Abwendung einer Kindeswohlgefährdung angeordnet werden, inzident überprüft es aber auch die „Fachlichkeit und Rechtmäßigkeit des vorausgegangenen sozialrechtlichen Verwaltungshandelns“.[1046] Problematisch ist in diesem Zusammenhang allerdings, dass das Familiengericht in der Regel nicht über die notwendigen fachlichen Kenntnisse verfügt. Zudem ist der Familienrichter nicht befugt, fehlerhafte Verwaltungsakte oder Hilfeplanverfahren zu überprüfen und dagegen vorzugehen. Deckt der Familienrichter in einem kindschaftsrechtlichen Verfahren derartige Mängel auf, kann er den Sachverhalt lediglich an die Rechtsaufsichtsbehörde weiterleiten, dort kann sich der Mitarbeiter des Jugendamts dann wiederum

---

1043 Der kleine Kevin wurde am 10.10.2006 tot im Kühlschrank seines drogenabhängigen Vaters aufgefunden. Er musste sterben, obwohl er unter der Vormundschaft des Jugendamts stand und die Familie den Behörden seit der Geburt des Kindes bekannt war; siehe zum „Fall Kevin“ *Emig*, np 2007, 445; Süddeutsche.de v. 10.11.2006; *Salgo*, agsp.de; *Stengel*, tagesspiegel.de.

1044 *Mäurer*, agsp.de, S. 57; Bericht des Untersuchungsausschusses zur Aufklärung von mutmaßlichen Vernachlässigungen der Amtsvormundschaft und Kindeswohlsicherung durch das Amt für Soziale Dienste, LT-Drucks. (Bremen) 16/1381.

1045 *Hildebrandt*, ZKJ 2008, 396 (400).

1046 *Hildebrandt*, ZKJ 2008, 396 (400 f.).

auf seine Fachkompetenz berufen. Zwar kann auch das Verwaltungsgericht das Handeln des Jugendamts überprüfen, dieses wird aber nur auf Antrag der Eltern als Personensorgeberechtigte tätig, die von ihrem Recht – gerade in kritischen Fällen – nur selten Gebrauch machen.[1047] „Während man dem unabhängigen Richter mit zwei Staatsexamen (...) offensichtlich erheblich mehr Irrtümer zutraut und ihn in ein ausgeklügeltes Rechtsmittelsystem zur fachlichen Überprüfung seiner Arbeit einbindet"[1048], bewegt sich das Jugendamt in einem „rechtlichen Beinahe-Vakuum"[1049]. Diese Situation geht vor allem zu Lasten des Jugendamts, welches entgegen seiner Bemühungen weiterhin als undurchschaubar, unkontrollierbar und allmächtig wahrgenommen wird.[1050]

b) Ausfall richterlicher Kontrolle

In der Theorie erscheint die Durchsetzung individueller Rechtsansprüche denkbar einfach: Liegt ein erzieherischer Bedarf vor, haben die Eltern unter Zugrundelegung ihres Wunsch- und Wahlrechts gegenüber dem Jugemdamt einen Rechtsanspruch auf eine geeignete und notwendige Hilfe. Dieser Anspruch entsteht unabhängig davon, ob bereits ein familiengerichtliches Verfahren stattgefunden hat, aufgrund dessen den Eltern vom Gericht aufgetragen wurde, öffentliche Hilfen wie zum Beispiel Leistungen der Kinder- und Jugendhilfe, in Anspruch zu nehmen oder ob sich die Eltern im Vorfeld einer Kindeswohlgefährdung selbständig an das Jugendamt wenden. Wird die öffentliche Leistung nicht erfüllt, obwohl die Anspruchsvoraussetzungen vorliegen, kann der Leistungsberechtigte (i.d.R. die Eltern bzw. Sorgeberechtigten) den Anspruch vor den Verwaltungsgerichten geltend machen.

In der Praxis zeigt sich aber ein differenzierteres Bild. Tatächlich finden Gerichtsverfahren über die Gewährung von Leistungen der Kinder- und Jugendhilfe äußerst selten und erst recht nicht statt, wenn den Eltern im Vorfeld seitens des Familiengerichts aufgetragen wurde, eine öffentliche Hilfe in Anspruch zu nehmen.[1051] Zwar werden immer wieder einzelne Klagen vor den Verwaltungsgerichten bekannt, die sich beispielsweise mit der Finanzierung von Lerntherapien oder der Unterbringung in Internaten beschäftigen;[1052] bei den

1047 Siehe hierzu die folgenden Ausführungen.

1048 *Prestien*, ZKJ 2008, 59 (63).

1049 *Hildebrandt*, ZKJ 2008, 396 (401).

1050 Diese Befürchtung hat auch das BJK, Schutz vor Kindeswohlgefährdung, S. 8 f. dji.de.

1051 *Urban*, ZKJ 2006, 126.

1052 Vgl. etwa: OVG Münster v. 15.9.2008 - 12 B 1249/08 – NJW-RR 2009, 336; spezielle Förderung bei ADHS; Unterbringung in einem Internat); OVG Münster v. 30.1.2004 -

Klägern handelt es sich jedoch überwiegend um Eltern mit hohem Bildungsstand, die für ihre Kinder qualifizierte Hilfen in besonderen Einrichtungen durchsetzen möchten. Die Anzahl der Klagen, mit denen sozial benachteiligte Eltern Hilfen zur Erziehung, die Unterbringung des Kindes in einem Heim oder soziale Gruppentherapie beantragen, sind dagegen sehr gering.[1053] Es zeigt sich, dass nur wenige Betroffene über das rechtliche und fachliche Wissen verfügen, das für die Beschreitung des Verwaltungsrechtsweges notwendig ist. Auch fehlen ihnen in der Regel die emotionale Stabilität und die finanziellen Mittel für eine rechtliche Vertretung, die zum (erfolgreichen) Beschreiten des Rechtsweges unbedingt nötig sind.[1054] Ist die Hemmschwelle, gerichtliche Hilfe in Anspruch zu nehmen bereits bei den Personensorgeberechtigten hoch, die von sich aus bereit sind, eine Hilfe in Anspruch zu nehmen, wie hoch ist diese Schwelle dann erst bei solchen Personen, denen gegenüber die Wahrnehmung einer öffentlichen Hilfe nach § 1666 BGB gerichtlich angeordnet wurde, es also bereits zur Gefährdung des Kindeswohls und zu einem entsprechenden Verfahren gekommen ist? In solchen Verfahren kommt erschwerend hinzu, dass die Eltern vom Familiengericht auch gegen ihren Willen verpflichtet werden können, öffentliche Hilfen in Anspruch zu nehmen. Diese Verpflichtung wirkt für die Eltern oftmals ähnlich einer jugendgerichtlichen Sanktion, so dass von diesen Eltern kaum erwartet werden kann, dass sie diese „Sanktion" auch noch freiwillig einklagen. Nicht selten kommt es aber auch erst durch die Ablehnung öffentlicher Hilfen durch das Jugendamt zur Eskalation familiärer Konflikte, die dann (erneut) vor dem Familienrichter wegen Gefährdung des Kindeswohls enden.[1055]

Das Dilemma des Kindesschutzes liegt in der materiell-rechtlich vorgegebenen Verschränkung familienrechtlicher, sozialrechtlicher und verwaltungsrechtlicher Schutzansätze unter dem Dach des staatlichen Wächteramts. Diese ist organisations- und kompetenzrechtlich vom Gesetzgeber nicht klar strukturiert. Das macht sich insbesondere in Konstellationen bemerkbar, in denen Jugendamt und Gericht verschiedener Meinung über die Herausnahme des Kindes aus der

---

12 B 2392/03 – NVwZ 2004, 502 (Besuch einer Privatschule); OVG Münster v. 14.3.2003 – 12 A 122/02 – JAmt 2003, 479 (Unterbringung in einem Internat); OVG Münster v. 14.3.2003 – 12 A 1193/01 – JAmt 2003, 482 (mathematische Lerntherapie); OVG Lüneburg v. 19.3.2003 – 4 LB 111/02 – JAmt 2003, 486.

1053 *Urban*, ZKJ 2006, 126; so aber, anscheinend auf Druck des Familiengerichts: VG Darmstadt v. 29.8.2007 – 3 G 1267/07 – JAmt 2008, 323 und die gegen den Beschluss gerichtete Beschwerde beim HessVGH v. 6.11.2007 – 10 TG 1954/07 – JAmt 2008, 327.

1054 *Urban*, ZKJ 2006, 126 (132, 134).

1055 *Urban*, ZKJ 2006, 126 (132 f.).

Familie oder eine konkrete Hilfemaßnahme sind. Die Probleme manifestieren sich daran, dass mit dem Verwaltungsgericht noch eine dritte Instanz in das kindschaftsrechtliche Verfahren eingebracht wird. Verwaltungsrechtliches und verwaltungsgerichtliches Verfahren erfordern ein hohes Maß an Eigeninitiative des Betroffenen. Es zeigt sich aber, dass Eltern in konfliktbehafteten Situationen gerade dieses Maß an Eigeninitiative nicht aufbringen können. Das Verfahren gestaltet sich nach aktueller Gesetzeslage also durchaus problematisch und nicht selten zu Lasten der Kinder.[1056] Hinzu kommt, dass viele Eltern keine oder nur geringe Kenntnisse über ihre Rechte haben. Zwar ist die Verwaltung verpflichtet, sie darüber aufzuklären, eine Überprüfung, ob die Mitarbeiter der Verwaltung dieser Verpflichtung auch nachkommen, ist aber schwierig, da die Betroffenen in der Regel nicht wissen, worüber sie hätten aufgeklärt weden müssen. Diese Unkenntnis führt zu unbegründeten Ängsten in Bezug auf das gerichtliche Verfahren generell.[1057] Zusätzlich haben viele Eltern bereits „schlechte Erfahrungen“ vor den Familiengerichten gemacht und werden es aus diesem Grund vermeiden, ein weiteres Verfahren vor dem Verwaltungsgericht einzuleiten.

In Jugendhilfesachen werden gemäß § 188 S. 2, 1 HS. VwGO keine Gerichtskosten erhoben. Allerdings muss im Falle der Antrags-, Klage- oder Rechtsmittelrücknahme der Rücknehmende nach § 155 Abs. 2 VwGO die Kosten des Verfahrens tragen. Dies ist beispielsweise im sozialgerichtlichen Verfahren nicht der Fall, hier kann der Kläger jederzeit, bis zur rechtskräftigen Entscheidung ohne Sanktion die Klage zurücknehmen. Den Kläger trifft hier, anders als in anderen Verfahrensordnungen, nicht ohne weiteres die Kostenlast, vielmehr entscheidet das Gericht nach billigem Ermesen.[1058] Natürlich kann dem Beteiligten eines Verwaltungsprozesses Prozesskostenhilfe[1059] einschließlich der Kostenübernahme für einen Rechtsanwalt gewährt werden.[1060] Allerdings setzt die Bewilligung voraus, dass die Bedingungen für die Beiordnung eines Rechtsanwaltes vorliegen. Der Partei wird gemäß § 121 Abs. 2 ZPO auf ihren Antrag ein zur Vertretung bereiter Rechtsanwalt ihrer Wahl beigeordnet, wenn die Vertretung durch einen Rechtsanwalt erforderlich erscheint oder der Gegner

---

1056 Siehe hierzu: *Urban*, ZKJ 2006, 126 (132 f.).

1057 *Urban*, ZKJ 2006, 126 (132)

1058 *Leitherer* in: Meyer-Ladewig/Keller/Leitherer, SGG, § 102, Rn. 9 f.; § 193, Rn. 13a.

1059 Gemäß § 166 VwGO gelten die Vorschriften der Zivilprozessordnung entsprechend.

1060 Die Zurückweisung eines Antrags auf Gewährung von Prozesskostenhilfe mit dem pauschalen Hinweis auf den Amtsermittlungsgrundsatz verletzt die Verpflichtung zur Gewährung effektiven Rechtsschutzes, BVerfG v. 18. 12. 2001 - 1 BvR 391/01 – NZS 2002, 420; BVerfG v. 17.2.1997 - 1 BvR 1440/96 – NJW 1997, 2103; VGH Mannheim v. 30.3.1998 - 7 S 376/98 – NVwZ 1998, 647.

durch einen solchen vertreten ist. Zwar besteht keine Anwaltspflicht, es ist jedoch nicht ratsam, das Verfahren ohne rechtlichen Beistand zu führen. In Verfahren über die Gewährung öffentlicher Hilfen ist in der Regel eine anwaltliche Vertretung von Vorteil, da der Bürger hier einem sachkundigen, teilweise durch einen Juristen vertretenen Jugendamt gegenüber steht. Wird Prozesskostenhilfe bewilligt, erstattet die Staatskasse dem Antragssteller die Anwaltskosten. Verliert die Partei aber den Prozess, muss sie die gegnerischen Rechtsanwalts- und gegebenenfalls Gerichtskosten im gleichen Umfang erstatten, wie dies auch bei nicht bedürftigen Personen der Fall ist.[1061]

Obwohl also in der Regel Prozesskostenhilfe auf Antrag gewährt wird,[1062] ist es doch von sehr vielen unsicheren Faktoren abhängig, ob der Betroffene nicht doch auf den Kosten des Rechtsstreites sitzen bleibt. Viele Betroffene verfügen aber nicht über ausreichende finanzielle Mittel, um einen Rechtsbeistand selbst zu finanzieren oder mögliche Gerichtskosten zu tragen.[1063] Zudem wird Prozesskostenhilfe auch nur auf Antrag gewährt. Damit eröffnet sich wieder das Gleiche Dilemma, dass schon bei der Geltendmachung der Rechte vor dem Verwaltungsgericht besteht. Fällt es den Eltern schon schwer ihre Rechte vor dem Verwaltungsgericht geltend zu machen, so gilt das mit Sicherheit auch für die Suche nach einem geeigneten Anwalt und die Antragsstellung zur Gewährung von Prozesskostenhilfe.

Hinzu kommt, dass es an in Jugendhilfesachen kundigen Rechtsanwälten fehlt. Zwar gibt es Fachanwälte für Sozialrecht, diese verfügen aber nur selten über ausreichende Kenntnisse des SGB VIII. Gemäß § 11 FAO muss ein Fachanwalt für Sozialrecht besondere Kenntnisse in den Bereichen des allgemeinen Sozialrechts, einschließlich des Verfahrensrecht, des Arbeitsförderungs- und Sozialversicherungsrecht (Krankenversicherung, Unfallversicherung, Rentenversicherung, Pflegeversicherung), des Rechts der sozialen Entschädigung bei Gesundheitsschäden, des Rechts des Familienlastenausgleichs, des Rechts der Eingliederung Behinderter, des Sozialhilferechts und des Ausbildungsförderungsrechts nachweisen. Eine Schwerpunktsetzung für den Bereich des Kinder- und Jugendhilferechts hängt also auch hier vom persönlichen Engagement und Interesse des einzelnen Anwalts ab.

Auch die emotionale Belastung durch ein gerichtliches Verfahren ist sehr hoch. Klagen vor den Verwaltungsgerichten dauern häufig mehrere Jahre und auch im einstweiligen Rechtsschutz zieht sich das Verfahren häufig über

---

1061 *Fischer* in: Münder/Wiesner/Meysen, Handbuch KJHR, Kap. 6.3, Rn. 53 f.

1062 Siehe bezüglich der Vorgehensweise z.B. auf der Internetseite des Verwaltungsgerichts Göttingen, www.verwaltungsgericht-goettingen.niedersachsen.de.

1063 *Urban*, ZKJ 2006, 126 (132).

Wochen und Monate hin. Ein solcher Zeitraum ist aber für tendenziell ohnehin überforderte Eltern, die auf Hilfe angewiesen sind, bereits zu lange.[1064] Erschwerend kommt hinzu, dass sie in dieser Zeit ganz auf öffentliche Hilfen verzichten müssen. Natürlich besteht für Fälle, in denen eine schnelle Entscheidung nötig ist, wie beispielsweise bei einer akuten Kindeswohlgefährdung, die Möglichkeit der Selbstbeschaffung bei einem freien Träger. Dieses Verfahren ist für den (möglichen) Leistungsberechtigten allerdings auch mit dem Risiko verbunden, dass die Hilfe aufgrund mangelnder tatsächlicher Leistungsberechtigung abgeleht wird, und er auf seinen Kosten sitzen bleibt. Zudem können die betroffenen Eltern die entsprechenden Mittel oftmals nicht vorlegen, so dass sie schon auf Grund mangelnder Finanzierungsmöglichkeiten nicht von ihren Rechten Gebrauch machen können.

Den Leistungsberechtigten steht theoretisch also die Möglichkeit zur Verfügung, sich gegen eine ablehnende Entscheidungen des Jugedamts zu wehren. In der Praxis wird der Verwaltungsrechtsweg aber von den Leistungsberechtigten nur in den seltensten Fällen beschritten. Dabei lässt sich die Tendenz feststellen: Je geringer der Bildungsstand und das Einkommen der Leistungsberechtigten ist, desto unrealistischer ist es, dass diese sich (erfolgreich) an das Verwaltungsgericht wenden. Die Bereitschaft nimmt außerdem mit dem Maß an Freiwilligkeit ab, mit dem die Eltern sich für die Gewährung der öffentlichen Jugendhilfe einsetzen. Sie tendiert gegen Null, bei Eltern, die die Wahrnehmung einer öffentlichen Hilfe gerichtlich angeordnet bekommen und sich das Jugendamt im Anschluss an das familiengerichtliche Verfahren weigert, die (zugesagte) Hilfe zu gewähren. Faktisch kommt es damit zu einem „Ausfall gerichtlicher Kontrolle".[1065] Dies bereits deswegen, weil die Eltern zunächst gegen den ablehnenden Bescheid des Jugendamts Widerspruch einlegen müssen. Bereits hier stellt sich die Frage nach der Bereitschaft der (in der Regel ohnehin überforderten) Eltern Widerspruch gegen den ablehnenden Bescheid zur Gewährung von Hilfen zur Erziehung einzulegen. Die Einlegung des Widerspruchs ist aber für die Überprüfung der behördlichen Entscheidung unbedingt erforderlich und zudem Voraussetzung für die Einleitung des verwaltungsgerichtlichen Verfahrens, § 68 VwGO. Da es sich bei den Aufgaben nach SGB VIII um Selbstverwaltungsangelegenheiten handelt, ist die Widerspruchsbehörde gemäß § 73 Abs. 1 S. 2 Nr. 3 VwGO grundsätzlich dieselbe Behörde, die den

1064 *Urban*, ZKJ 2006, 126 (132 f.)

1065 *Urban*, ZKJ 2006, 126 (133); Salgo in: SPI, Jugendhilfe zwischen Hilfe und Kontrolle, S. 23 (27).

ablehnenden Bescheid auch erlassen hat, mithin das Jugendamt. Hier findet dann eine uneingeschränkte Recht- und Zweckmäßigkeitskontrolle statt.[1066]

Auch die zweite Möglichkeit, die dem Familiengericht de lege lata zur Verfügung steht, erscheint in der Praxis nicht haltbar. So kann der Familienrichter den Eltern unter den Voraussetzungen des § 1666 BGB das Antragsrecht gemäß §§ 27 ff.SGB VIII entziehen und auf einen Pfleger übertragen, der dann anstelle der Eltern Hilfe zur Erziehung beim Jugendamt beantragen und im Falle der Ablehnung seitens des Jugendamts den Verwaltungs-gerichtweg beschreiten kann. Diese Konstruktion gilt zu Recht – auch unter den Gegnern einer Anordnungskompetenz – als etwas umständlich.[1067] Die Variante stößt zudem auf erhebliche, auch verfassungsrechtliche, Bedenken. Zum einen läge der Kindesschutz nun in den Händen eines Dritten; zusätzlich zu Familiengericht und Jugendamt käme somit noch ein weiterer Helfer ins Spiel. Dies erscheint gerade unter dem Aspekt der Helferkonkurrenz bedenklich.[1068] Zum anderen ist hierin ein Verstoß gegen den Grundsatz der Verhältnismäßigkeit zu sehen. Durch die Übertragung des Antragsrechts greift das Familiengericht in das elterliche Erziehungsrecht ein, obwohl mildere Mittel zur Verfügung stehen. Aus dem Grundsatz der Verhältnismäßigkeit folgt, dass das Familiengericht einen Eingriff in die Personensorge unterlassen muss, wenn es öffentliche Hilfen zur Abwendung der Kindeswohlgefährdung für ausreichend hält.[1069] Entzieht der Familienrichter den Eltern also Teile der Sorge oder auch nur das Antragsrecht und überträgt diese auf einen Pfleger, obwohl öffentliche Hilfen ausreichen, liegt ein Eingriff in das Elternrecht unter Verletzung des Grundsatzes der Verhältnismäßigkeit vor. Zudem ist diese Variante auch unter dem Gesichtspunkt der Verfahrensbeschleunigung und dem damit einhergehenden Aspekt des kindlichen Zeitempfindens bedenklich. Durch die Übertragung auf einen Pfleger würde das Verfahren weiteren Unsicherheiten ausgesetzt und damit weiter verzögert.

1066 *Trenczek* in: FK-SGB VIII, Anhang, Rn. 66; in Frankfurt am Main entscheidet das Rechtsamt über Widersprüche. Dieses verfügt in der Regel nicht über fundierte Kenntnisse des Kinder- und Jugendhilferechts. Zwar gibt es in Frankfurt innerhalb des Rechtsamts eine eigene Abteilung, die ausschließlich über abgelehnte Leistungen aus dem Sozialrecht entscheidet, Widersprüche aus dem SGB VIII sind aber eher die Seltenheit.

1067 so auch: Wiesner/*Wiesner*, § 36a, Rn. 20.

1068 Zur Helferkonkurrenz zwischen Familiengericht und Jugendamt durch eine Anordnungskompetenz siehe *Nothhafft*, FPR 2008, 613 (616).

1069 Wiesner/*Wiesner*, § 36a, Rn. 21.

C. Auflösung des Konflikts de lege ferenda?

Wie gezeigt wurde, ist das Problem der Letztentscheidungskompetenz zwischen Familiengericht und Jugendamt mit den bestehenden Gesetzen keiner befriedigenden Lösung zuzuführen. Besonders problematisch stellt sich die materiellrechtlich vorgegebene Verschränkung familienrechtlicher und sozialrechtlicher Schutzansätze dar. Der Familienrichter kann und muss nach dem Grundsatz der Verhältnismäßigkeit das, zur Abwendung der Kindeswohlgefährdung mildeste Mittel gegenüber den Eltern anordnen. Diese Anordnung droht aber leer zu laufen, wenn das Jugendamt im Anschluss erneut und selbständig überprüft, ob die Tatbestandsvoraussetzungen für die Erbringung der vom Familiengericht „vorgeschlagenen" Hilfe vorliegen, und nun entscheidet, ob es diese Hilfe den Eltern gewährt oder nicht.

Da der Konflikt zwischen (Eltern,) Familiengericht und Jugendamt nach geltendem Recht nicht aufzulösen ist, soll im Folgenden untersucht werden, ob und wie dies in Zukunft möglich gemacht werden kann. Hierbei sind zwei Szenarien vorstellbar:

1. Eine Möglichkeit wäre, alle bzw. Teile der Kinder- und Jugendhilfesachen nach SGB VIII den Sozialgerichten zuzuweisen. Seit dem 1.1.2005 sind nach § 51 Abs. 1 Nr. 4a, Nr. 6 SGG nun auch Streitigkeiten aus dem SGB II (Grundsicherung für Arbeitssuchende) und dem SGB XII (Sozialhilfe) den Sozialgerichten zugeordnet.[1070] Die Kinder- und Jugendhilfe ist die einzige zusammenhängende Materie innerhalb des Sozialgesetzbuches, die nicht der Sozialgerichtsbarkeit zugeordnet ist. Es gibt aber Bestrebungen, die im Sozialgesetzbuch geregelten Materien aus Gründen der Systemgerechtigkeit einheitlich in die gerichtliche Zuständigkeit der Sozialgerichte zu stellen.[1071] Insbesondere wegen der großen inhaltlichen Nähe zum SGB XII ist diese Sonderstellung der Kinder- und Jugendhilfesachen innerhalb der Sozialgesetzgebung durchaus reformbedürftig.[1072]
2. Die zweite Möglichkeit besteht darin, die Kinder- und Jugendhilfesachen zumindest teilweise der Familiengerichtsbarkeit zuzuweisen. Dieser Weg wurde bereits im Rahmen des Entwurfs eines Sozialgesetzbuches – Ju-

1070 eingefügt durch das 7. Gesetz zur Änderung des Sozialgerichtsgesetzes (7. SGGÄndG) v. 9.12.2004, BGBl. I 2004, 3302.

1071 *Waibel*, SGb 2005, 215 (226 f.); Verhandlungen des 59. Deutschen Juristentages, Band II, Teil Q, Beschluss Nr. 11, S. Q 174; gemeint waren damit allerdings insbesondere die Zuständigkeit der Sozialgerichte für die Sozialleistungsbereiche Sozialhilfe, Wohngeld und BaföG.

1072 *Münder u.a.*, FK-SGB VIII (2006), Anhang, Rn. 8; *Waibel*, SGb 2005, 215 (226 f).

gendhilfe – der Bundesregierung diskutiert, letztendlich aber wieder verworfen.[1073]

I. Abdrängende Sonderzuweisung zu den Familiengerichten

1. Familienrecht zwischen öffentlichem und Privatrecht

a) Entwicklung der Familiengerichtsbarkeit in Deutschland

aa) Rechtszustand vor 1977

Vor Einführung der Familiengerichte existierte keine einheitliche Zuständigkeit für Familiensachen. Je nach erstrebtem Ziel des Prozesses war das Landgericht, das Amtsgericht oder das Vormundschaftsgericht sachlich zuständig. Je nachdem, vor welchem Gericht die Sache verhandelt wurde, war ein Einzelrichter oder Richterkollegium zuständig und es galt die Verhandlungs- oder Offizialmaxime.[1074] So war beispielsweise für Ehesachen das Landgericht zuständig, während für die Regelung der Folgen der Eheauflösung (Neuordnung des Sorgerechts, Unterhaltsfragen, güterrechtliche und sonstige vermögensrechtliche Auseinandersetzungen) verschiedene andere Zuständigkeiten begründet waren. Sorgerechtsangelegenheiten wurden vor dem Amtsgericht in seiner Zuständigkeit als Vormundschaftsgericht geregelt; Unterhaltsansprüche erledigte das Amtsgericht als Gericht der streitigen Zivilgerichtsbarkeit; güterrechtliche und sonstige vermögensrechtliche Auseinandersetzungen der Eheleute wurden je nach Höhe des Streitwertes vor den Amts- oder Landgerichten verhandelt, und Verfahren nach der Hausratsverordnung vor den Amtsgerichten im Verfahren der freiwilligen Gerichtsbarkeit abgewickelt.[1075] Allein für die Scheidung und ihre Folgen konnten demnach bis zu fünf verschiedene Gerichte tätig werden. Kindschaftsrechtliche Belange regelte das Vormundschaftsgericht. Dieses war aufgrund der abweichenden Ausführungsgesetze der Länder zu § 55 RStGB für strafunmündige Kinder zuständig.[1076] Mit Inkrafttreten des BGB und der damit einhergehenden Möglichkeit, Maßnahmen anzuordnen, wenn das Kindeswohl durch missbräuchliches Verhalten der Eltern gefährdet war, oblag es wiederum dem

1073 BT-Drucks. 8/2571, S. 36 ff.; 153 ff.

1074 *Grobe*, S. 65.

1075 BT-Drucks. 7/650, S. 78 f.; zu der Willkür der Zuständigkeiten siehe auch: Habscheid, FamRZ 1955, 153 (154).

1076 *Scherpner*, S 163.

Vormundschaftsrichter, gegen die Eltern (damals noch gegen den Vater) einzuschreiten.[1077]

Die Zersplitterung der Zuständigkeiten für Familiensachen wurde bereits damals in der juristischen Literatur und der politischen Diskussion sehr bemängelt. Die Diskussion um die Schaffung einer Familiengerichtsbarkeit in Deutschland geht in erster Linie zurück auf den 35. Deutschen Juristentag im Jahre 1928. Hier setzte sich insbesondere Schiffer für eine Reform der Gerichtsorganisation und eine Neugestaltung des Eherechtsverfahrens ein. Ausschlaggebend waren für ihn schon zu dieser Zeit moderne sozialpsychologische Zielsetzungen.[1078] Schiffer hatte zwar damals mit seinen Vorschlägen keinen Erfolg, sie wurden aber nach dem 2. Weltkrieg wieder aufgriffen.[1079] Doch schon früher, kurz nach Ende des 1. Weltkrieges, setzte sich insbesondere May mit der Diskussion um die Einführung einer Familiengerichtsbarkeit auseinander.[1080] Gefordert wurden bereits hier die Einführung eines Familiengerichts mit besonders qualifizierten Richtern und die Besetzung der Richterbank mit qualifizierten ehrenamtlichen Richtern.[1081] Im Rahmen der Diskussion um die Einführung eines Familiengerichts wurde insbesondere auch mit Blick auf Japan und Nordamerika angedacht, die Zuständigkeit des Familiengerichts sowohl auf Familien- und Vormundschaftssachen, als auch auf Jugendsachen zu erstrecken, die in die Zuständigkeit des Jugendgerichts fielen. Die Idee dahinter war, mit dem Familiengericht eine Instanz zu schaffen, die familiäre und kindschaftsrechtliche Belange „von der Kindheit bis zur Reife in allen seinen Erscheinungen als Gefährdeten, Verwahrlosten und Straffälligen behandelt“.[1082]

bb) 1. Eherechtsreformgesetz (1977)

Die Diskussion um die Einführung einer zusammenhängenden Familiengerichtsbarkeit wurde von der Eherechtskommission beim Bundesministerium der Justiz aufgenommen. Während vorher die familienrechtlichen Streitigkeiten bei den verschiedensten Gerichten verhandelt wurden, sollte nun eine Familiengerichtsbarkeit entstehen, die familiäre Konflikte nur noch vor einem Gericht, dem

1077 *Mugdan*, S. 427, 994 f.

1078 35. Jur. Tag, Bd. 2, 98 ff (ins.111 ff.); *Schiffer*, S. 138 ff., 146.

1079 U.a. *Habscheid*, FamRZ 1955, 153 ff. Erdsiek, NJW 1961, 1006 ff.; *Müller-Freienfels*, Ehe und Recht, S. 309 ff.; ders., ZvglRW 1973, 117 ff.; Grobe, Entstehung und Funktion der Familiengerichte.

1080 *May*, Preußische Jahrbücher 173, 319 (342).

1081 *May*, Preußische Jahrbücher 173, 319 (342 f.).

1082 *Dallinger-Lackner*, JGG 1955, § 34, Rn. 11; siehe auch *Grobe*, S. 89 f.; *van Els*, ZblJugR 1978, 97 ff.

neu einzuführenden Familiengericht, verhandelte. Ausgenommen waren freilich noch die Verfahren, die vor dem Vormundschaftsgericht verhandelt wurden. Hierzu gehörten auch Fragen, die den Entzug der elterlichen Sorge behandelten. Die diesbezügliche Zuständigkeit verblieb zunächst beim Vormundschaftsgericht und fiel erst 1998 im Rahmen des Kindschaftsrechtsreformgesetzes[1083] in die Zuständigkeit der Familiengerichte.[1084] Dennoch ist die damalige Diskussion auch für den hier interessierenden Aspekt der Kindeswohlgefährdung von Interesse, hat sich die Familiengerichtsbarkeit doch stetig erweitert und immer neue Regelungsbereiche in sich vereint, was zuletzt zur Abschaffung der Vormundschaftsgerichte durch das FGG-Reformgesetz führte.

Bei der Diskussion um die Einführung eines solchen Gerichts wurde auch intensiv die Frage nach der möglichen Ausgestaltung und Besetzung eines derartigen Gerichts erörtert. In Anlehnung an ausländische Vorbilder, wie die Vereinigten Staaten und Japan, sollten Gerichte geschaffen werden, die von der bestehenden Struktur staatlicher Gerichte gänzlich abweichen. Die Vorschläge wiesen zwar eklatante Unterschiede auf, gemeinsam war ihnen aber die besondere Ausbildung des Vorsitzenden Richters, die Angliederung eines Sachverständigenstabs an den Spruchkörper, die uneingeschränkte Zuständigkeit in Familiensachen, die Konzentration von Haupt- und Nebenentscheidungen in Ehesachen sowie die Einführung eines informellen Verfahrens, in dem auch ehetherapeutische Maßnahmen berücksichtigt werden können. Je nachdem, wie weitreichend die letztendliche Lösung war und ob ein Sachverständigengremium in das Gericht eingefügt werden sollte, unterschied man zwischen einem „Kleinen Familiengericht“ und einem „Großen Familiengericht“.[1085] Im Raum stand auch der Vorschlag, das Gericht durch ein Richterkollegium, bestehend aus einem Berufsrichter und zwei ehrenamtlichen Richtern, zu besetzen. Bezüglich des Kollegialgerichts wurde wiederum diskutiert, ob bzw. welche fachlichen Qualifikationen diese ehrenamtlichen Richter mitbringen sollten.[1086]

Ursprünglich sollte die Zuständigkeit des Familiengerichts sehr weit gefasst sein und neben den Ehe-, Scheidungs- und Scheidungsfolgesachen auch Kindschaftssachen, alle Unterhaltsverfahren, Ansprüche der nichtehelichen Mutter, Vormundschaftssachen, Entmündigungssachen, Adoptionsverfahren und Perso-

1083 BGBl I S. 2942.

1084 *Kissel/Mayer*, GVG, § 23b, Rn. 3; *Willutzki* in: dijuf.de, Tagungsdokumentation, S. 25 (27).

1085 Eherechtskommission, Vorschläge zum Verfahrensrecht in Ehesachen, These 8, S. 39 f.

1086 *Kissel/Mayer*, GVG, § 23b, Rn. 6; *Willutzki* in: dijuf.de, Tagungsdokumentation, S. 25; BT-Drucks. 6/650, S. 82; BT-Drucks. 7/4361, S. 23;

nenstandsachen umfassen.[1087] Diese Idee wurde vom Gesetzgeber aber wieder verworfen, als der deutsche Richterbund die Chance sah, wegen der Ausgestaltung des Aufgabenfelds die Stellung des Familienrichters als richterliche Beförderungsstelle aufzuwerten. Um diesen, nach Ansicht der Finanzminister der Länder, unangemessenen standespolitischen Begehrlichkeiten einen Riegel vorzuschieben, wurde der Aufgabenbereich der Familiengerichte deutlich reduziert und beinhaltete bei Einführung der Familiengerichte am 1.7.1977 hauptsächlich nur noch die Scheidungsverfahren und deren Folgesachen sowie einige wenige andere Verfahren (Verbund von Scheidung und Folgesachen, § 623 a.F. ZPO).[1088].Kernpunkt der Neuregelung des Verfahrensrechts war also das Prinzip der Entscheidungskonzentration.[1089] Durch die Schaffung von Familiengerichten stellte man sicher, dass die neu geordneten Familiensachen einheitlich vor diesem Gericht erledigt werden. Unter den Begriff der Familiensachen fielen unter anderem die Ehesachen. Damit war das Familiengericht für alle Angelegenheiten, die mit dem Institut der Ehe zusammenhängen, zuständig, unabhängig davon, ob eine konkrete Familiensache anhängig war oder nicht. Der Zuständigkeitsbereich des Gerichts umfasste außerdem alle Angelegenheiten der ehelichen Kinder, die im Zusammenhang mit Trennung und Scheidung einhergingen. Zu den ehebezogenen Verfahren gehörten die Unterhalts- und Güterrechtsprozesse einschließlich der wichtigsten Nebenverfahren, Verfahren über den Versor-

1087 Diese umfassende Zuständigkeit sollte erst durch das FamFG umgesetzt werden.

1088 Bis zum Inkrafttreten des FamFG wurden auch Verfahren, die die elterliche Sorge, den Umgang sowie die Herausgabe des Kindes im Verbund geregelt, soweit sie rechtzeitig von einem Ehegatten anhängig gemacht wurden. Seit Inkrafttreten des FamFG am 1.9.2009, sind Kindschaftssachen gemäß § 137 FamFG nur noch dann als Folgesachen zu behandeln, wenn ein Ehegatte vor Schluss der mündlichen Verhandlung die Einbeziehung in den Verbund beantragt. Erfasst werden nur Verfahren bezüglich der Übertragung oder Entziehung der elterlichen Sorge, des Umgangsrechts oder der Herausgabe des Kindes, siehe hierzu MünchKommZPO/*Heiter*, § 137 FamFG, Rn. 73 ff. Dies hat auch Auswirkungen auf die Kinder- und Jugendhilfe. Im Zusammenhang mit einer Scheidung, sind eventuell vorhandene Kinder nicht mehr automatisch ein Thema. Zwar teilen die Gerichte dem Jugendamt auch weiterhin die Rechtshängigkeit von Scheidungssachen, wenn gemeinschaftliche minderjährige Kinder vorhanden sind, mit, die Eltern werden von der Beratungspflicht jedoch weniger Gebrauch machen, als zuvor. In diesem Zusammenhang ist allerdings darauf hinzuweisen, dass § 133 FamFG gegenüber § 621 a.F. ZPO erweiterte Anforderungen an den Inhalt der Antragsschrift stellt. So soll sichergestellt werden, dass das Gericht über das Vorhandensein gemeinsamer Kinder, deren Aufenthalt und die Anhängigkeit weiterer Verfahren möglichst früh informiert wird, MünchKommZPO/*Heiter*, § 133 FamFG, Rn. 1 f.

1089 *Willutzki* in: dijuf.de, S. 25 (26), siehe auch *Bartsch*, DRiZ 1983, 226 ff.; Eherechtskommission, Vorschläge zum Verfahrensrecht in Ehesachen, These 8, S. 15, 39.

gungsausgleich und Hausratssachen. Für sonstige vermögensrechtliche Ansprüche der Ehegatten gegeneinander war das Familiengericht jedoch nicht zuständig. Zu den Verfahren über die Angelegenheiten der Kinder gehörten die Sorgerechtsverfahren, Verfahren zur Regelung des Besuchsrechts, zur Herausgabe des Kindes und Unterhaltsachen. Zwar konnten dem Familiengericht auch andere Sachen, beispielsweise Vormundschaftssachen, zugewiesen werden, allerdings nur dann, wenn das Familiengericht mit den Familiensachen nicht ausgelastet war.[1090] Das neu eingeführte Familiengericht war also zunächst eher ein Spezialgericht für Ehesachen und ehebezogene Verfahren, als ein umfassendes Familiengericht, welches sich mit allen Angelegenheiten aus dem familiären Bereich beschäftigt.[1091]

Angesiedelt wurde das Familiengericht beim Amtsgericht. Unter anderem auch um dem Widerstand der Anwaltschaft, die sich für eine Verortung beim Landgericht einsetzte, die Grundlage zu entziehen, wurde für das Scheidungsverfahren für den Antragssteller ein genereller, für den Antragsgegner ein eingeschränkter Anwaltszwang festgelegt. Die Frage wurde zugunsten eines Einzelrichters entschieden. Dies ergab sich aus der Überlegung, dass es sich in der Regel bei Streitigkeiten vor dem Familiengericht um sehr persönliche Angelegenheiten handelt, man den Streitparteien die Darlegung intimster Sachverhalte vor einem Richtergremium ersparen wollte und hoffte, die Parteien seien deswegen vor einem Einzelrichter eher bereit, sich zu öffnen.[1092]

cc) Kindschaftsrechtsreformgesetz (1998)

Durch das Kindschaftsrechtsreformgesetz sollte insbesondere die grundlegende Gleichbehandlung nichtehelicher und ehelicher Kinder erreicht werden.[1093] Damit wurde auch die familiengerichtliche Zuständigkeit erheblich erweitert. Sie umfasste nun Verfahren, die die elterliche Sorge für eheliche und nichteheliche Kinder betreffen, alle auf Ehe und Verwandtschaft beruhenden Unterhaltsklagen sowie Abstammungsverfahren und Verfahren zu Rechtsstreitigkeiten über den Unterhalt des Kindes nicht miteinander verheirateter Eltern (§§ 1615k bis 1615m) sowie sämtliche auf Ehe und Verwandtschaft beruhenden Unterhalts-

1090 *Vogel*, FamRZ 1976, 481 (487 f.).

1091 Umfassend zur Zuständigkeit des Familiengerichts: *Brüggemann*, FamRZ 1977, 1 ff.; vgl. auch *Salgo*, FamRZ 1984, 221 ff.

1092 *Kissel/Mayer*, GVG, § 23b, Rn. 6; *Willutzki* in: dijuf.de, Tagungsdokumentation, S. 25; BT-Drucks. 6/650, S. 82; BT-Drucks. 7/4361, S. 23; tatsächlich spielten hier wohl eher finanzielle Gründe eine Rolle, siehe hierzu auch 3. Teil, Kap. C. 6. c).

1093 MünchKommBGB/*Seidel*, Vor § 1589, Rn. 5

klagen zuständig.[1094] Dazu gehörte zudem die Erweiterung der Zuständigkeit des Familiengerichts auf die Entscheidungen nach §§ 42, und 43 SGB VIII, also die indirekte richterliche Überprüfung der Sofortmaßnahmen des Jugendamts.[1095] Auch die Zuständigkeit der Vormundschaftsgerichte bei Gefährdung des Kindeswohls nach §§ 1666, 1666a, 1667 BGB wurde nun dem Familiengericht zugewiesen. Gleiches gilt für die Genehmigung bestimmter Rechtsgeschäfte für das Kind, die Genehmigung der Unterbringung des Kindes, die Überlassung von Gegenständen etc.[1096]

Mit dem Kindschaftsrechtsreformgesetz wurde insbesondere die komplizierte Unterscheidung zwischen Sorgerechtsverfahren, die in die Zuständigkeit der Familiengerichte und solchen, die in die vormundschaftsgerichtliche Zuständigkeit fielen, ausgeräumt. Allerdings verblieben einzelne Angelegenheiten aus dem Bereich der Vermögenssorge und der Unterbringung weiterhin bei den Vormundschaftsgerichten. Gleiches galt auch für Verfahren betreffend die Vormundschaft Minderjähriger.[1097] Die Erweiterung der Zuständigkeit des Familiengerichts durch das Kindschaftsrechtsreformgesetz war zwar beträchtlich, brachte aber nicht das „Große Familiengericht". Insbesondere der umfassende Bereich vermögensrechtlicher Streitigkeiten außerhalb des Familienvermögens zwischen Eheleuten und nicht miteinander verheirateten Partnern verblieb in der Zuständigkeit der allgemeinen Zivilgerichte.[1098]

dd) FGG-Reformgesetz (2009)

Dies änderte sich erst mit dem FGG-Reformgesetz, das die vermögensrechtlichen Streitigkeiten von Eheleuten außerhalb des Güterrechts als sonstige Familiensachen nach § 266 FamFG der Zuständigkeit der Familiengerichte zuführt.[1099] Mit dem FamFG wurde das „Große Familiengericht" endlich etabliert. Die Zuständigkeit des Familiengerichts wurde erweitert und umfasst nun auch die Bereiche, die bislang der Zuständigkeit des Vormundschaftsgerichts und der

1094 BT-Drucks. 13/4899, S. 71; siehe zur Entwicklung auch: *Kissel/Mayer*, GVG, § 23b, Rn. 1 ff.

1095 *Peschel-Gutzeit*, NJW 2002, 2737 (2742); der Familienrichter prüft nicht die Rechtmäßigkeit der Inobhutnahme, sondern ist dafür zuständig, die notwendigen (sorgerechtlichen) Maßnahmen im Anschluss an die Inobhutnahme zu treffen, Wiesner/*Wiesner*, § 42, Rn. 45 ff., 70 eine indirekte Überprüfung der Entscheidung des Jugendamts findet de facto allerdings statt.

1096 BT-Drucks. 13/4899, S. 159; BT-Drucks. 13/8511, S. 76.

1097 BT-Drucks. 13/4899, S. 71 f.; siehe zur Entwicklung auch: *Kissel/Mayer*, GVG, § 23b, Rn. 1 ff.

1098 *Büttner*, FamRZ 1998, 585 (586).

1099 *Wever*, FF 2008, 399 (400).

allgemeinen Zivilgerichte unterstellt waren. Das Vormundschaftsgericht wurde abgeschafft und durch das so genannte Betreuungsgericht ersetzt, welches in erster Linie für die Betreuung und Unterbringung Erwachsener zuständig ist. Dies führt zu einer Straffung der gerichtlichen Zuständigkeiten und garantiert, dass das Gericht sachlich verbundene Rechtsstreitigkeiten in einer Zuständigkeit entscheiden kann.[1100] Die Materien, die in die Zuständigkeit der Familiengerichte fallen, sind nun in § 111 FamFG abschließend geregelt.[1101]

b) Stetige Erweiterung der Zuständigkeiten des Familiengerichts

Anhand der wichtigsten Reformen zur Erweiterung der Zuständigkeiten des Familiengerichts zeigt sich, dass der Gesetzgeber dessen Zuständigkeit stetig erweitert hat. Für die heute beim Familiengericht zusammengefassten familienrechtlichen Streitigkeiten waren ursprünglich teils die Vormundschaftsgerichte, teils die normalen Zivilgerichte und zum Teil sogar die Jugendgerichte zuständig. Doch schon sehr früh wurden Forderungen laut, für Familiensachen eigene Gerichte zur Verfügung zu stellen. Dabei orientierte man sich an Erfahrungen einiger Staaten der USA[1102] und Japan[1103], die bereits eigene Familiengerichte eingerichtet hatten.[1104] So taucht der Gedanke eines eigenständigen Familiengerichts in Deutschland im Zusammenhang mit der Kritik am durch das BGB eingeführten Verschuldensprinzip erstmalig gegen Ende des ersten Weltkrieges auf.[1105]

Die Zersplitterung der Zuständigkeiten spitzte sich immer weiter zu, eine einheitliche Rechtsprechung und Rechtsfortbildung war unter diesen Voraussetzungen nicht möglich. Spätestens mit der Einführung des neuen Ehe- und Ehescheidungsrechts wurde eine einheitliche gerichtliche Zuständigkeit zumindest für Ehesachen und damit eng verbundene Verfahren unumgänglich. Obwohl in der Diskussion um die Einführung von Familiengerichten die Einführung eines großen Familiengerichts gefordert wurde, beschränkte der Gesetzgeber die Zu-

---

1100 Pressemitteilung des BMJ, Mehr Rechte für Kinder: Das neue Verfahren in Familiensachen, abgedruckt in ZKJ 2008, 135; *Wever*, FF 2008, 399 f.

1101 BT-Drucks. 16/6308, S. 169; *Kretzschmar/Meysen*, FPR 2009, 1; siehe zur Zuständigkeit des Familiengerichts nach dem FamFG auch: *Bruns*, FamFR 2009, 105 ff.

1102 So wurde das erste Familiengericht bereits 1914 im Staate Ohio errichtet, v. *Busekist*, S. 30.

1103 *Röhl*, NJW 1957, 12 f.; *Mikazuki*, FamRZ 1958, 53 (54 ff.).

1104 *Müller-Freienfels*, ZvglRW 1973, 117 ff.; sowohl in den USA, als auch in Japan beinhaltet die Familiengerichtsbarkeit im Gegensatz zu Deutschland auch die Jugendgerichtsbarkeit, *Mikazuki*; FamRZ 1958, 53 (54); *v. Busekist*, S. 30 ff.

1105 *Leonardy*, DRiZ 1977, 353.

ständigkeit der Familiengerichte bei ihrer Einführung am 1.7.1977[1106] in erster Linie auf die Ehescheidung, damit zusammenhängende Folgeregelungen und weitere familienrechtliche Streitigkeiten. Durch das Gesetz zur Neuregelung der elterlichen Sorge vom 18.7.1979[1107] wurde die Zuständigkeit des Familiengerichts zwar erweitert, jedoch an der Doppelgleisigkeit zwischen Vormundschaftsgericht und Familiengericht festgehalten.[1108] Ebenfalls in diesen Zeitraum fällt der Regierungsentwurf eines Jugendhilfegesetzes vom 14.2.1979. [1109] Danach sollten alle Verfahren über Leistungen und sonstige Maßnahmen der Jugendhilfe, die das Verhältnis des Einzelnen als Leistungsberechtigten betreffen, in den ordentlichen Rechtsweg unter Zuständigkeit des Vormundschaftsrichters verwiesen werden. Damit wollte man den Rechtsweg vereinheitlichen, um eine zufriedenstellende Regelung zusammenhängender Lebenssachverhalte zu erreichen. Nach bestehender Rechtswegregelung fiel die Anordnung einer Hilfe zur Erziehung außerhalb der Familie nämlich in die Zuständigkeit des Vormundschaftsrichters, während die gerichtliche Kontrolle einer Verwaltungshandlung nur auf Antrag eines Leistungsberechtigten vom Verwaltungsgericht überprüft werden konnte. Die Vorschrift ging demnach von einer umfassenden Zuständigkeit des Vormundschaftsrichters aus. „Diese umfasst zunächst die dem Vormundschaftsgericht durch dieses Gesetz bereits ausdrücklich zugewiesenen Angelegenheiten; insoweit dient die Regelung der Klarstellung.“ [1110] In die Zuständigkeit des Vormundschaftsgerichts sollten darüber hinaus alle öffentlich-rechtlichen Streitigkeiten im Sinne des § 40 Abs. 1 VwGO aus dem Bereich der Jugendhilfe nach diesem Gesetz fallen, soweit diese nicht ausdrücklich dem Verwaltungsgericht vorbehalten waren. Die Zuständigkeit des Vormundschaftsgerichts sollte insoweit alle Verfahren über Leistungen und Maßnahmen der Jugendhilfe nach §§ 27 bis 53 SGB VIII umfassen.[1111]. Wegen angeblicher erheblicher Belastungen für die freiwillige Gerichtsbarkeit scheiterte der Regierungsentwurf allerdings am 4.7.1980.[1112] Wäre aus dem Regierungsentwurf von 1979

1106 Das Familiengericht als Spezialspruchkörper des Amtsgerichts wurde durch die Eherechtsreform von 1976 als eine für das Gerichtsverfassungsrecht vollkommen neue Einrichtung etabliert. Sie veränderte nicht nur den Gerichtsaufbau, sondern auch die Rechtsmittelzüge und das Verfahrensrecht, BT-Drucks. 7/650, S. 78 ff.

1107 BGBl. I, S.1061).

1108 *Bosch*, FamRZ 1980, 1 (9).

1109 BT-Drucks. 8/2571, S. 153 f.

1110 BT-Drucks. 8/2571, S. 153 f.

1111 BT-Drucks. 8/2571, S. 153 f.

1112 Vgl. BR-Drucks. 287/80, Protokoll der 490. Sitzung des Bundesrats am 4.7.1980; „zur Kontroverse um das Jugendhilferecht“ siehe: *Wiesner*, ZblJugR 1980, 455 ff.; *Schlipphak*, ZblJugR 1980, 468 ff.; siehe auch Kap. C. I. 2. a).

ein Gesetz geworden, wären in diesem Zusammenhang die Verfahren über Leistungen und Maßnahmen der Jugendhilfe nach §§ 27 ff. SGB VIII an die Familiengerichte verwiesen worden.

Zum 1.9.2009 ist das FamFG in Kraft getreten. Hierin findet die Entwicklung des Familienverfahrensrechts in Deutschland seinen vorläufigen Abschluss. Im Zuge des Gesetzes wurde die Zuständigkeit des Familiengerichts wiederum erweitert. Das Vormundschaftsgericht wird aufgelöst und seine Zuständigkeiten auf das Familiengericht und das neu zu schaffende Betreuungsgericht verteilt. Die familiengerichtliche Zuständigkeit erstreckt sich jetzt auf alle Rechtsstreitigkeiten, die durch den sozialen Verband von Ehe und Familie sachlich verbunden sind. Fast 100 Jahre nach den ersten Rufen zur Einführung eines für alle Angelegenheiten der Ehe und der Familie zuständigen Familiengerichts hat die Bundesregierung den Weg zu einem „Großen Familiengericht“ (beinahe) vollzogen.[1113] An eine Erweiterung der familiengerichtlichen Zuständigkeit im Sinne des gescheiterten Reformansatzes von 1979 (Jugendhilferechtsentwurf der Bundesregierung), durch Verweisung aller Verfahren über Leistungen und sonstige Maßnahmen der Kinder- und Jugendhilfe, die das Verhältnis des einzelnen als Leistungsberechtigten betreffen, ist seither allerdings von niemandem mehr gedacht worden. Damit verbleibt de lege lata ein Teil der kindschaftsrechtlichen Fragestellungen in der Kompetenz der Verwaltungsgerichte.[1114]

c) Die Sonderstellung des Familiengerichts und die Besonderheiten im familiengerichtlichen Verfahren

aa) Familiengerichtliches Verfahren als freiwillige Gerichtsbarkeit

Die Zuständigkeit des Familiengerichts erstreckt sich auf eine Vielzahl unterschiedlicher Verfahren. § 1 FamFG unterwirft nunmehr alle Familiensachen dem Regelungsbereich des FamFG. Gemäß § 111 FamFG sind dies Ehesachen, Kindschaftssachen, Abstammungssachen, Adoptionssachen, Ehewohnungs- und Haushaltssachen, Gewaltschutzsachen, Versorgungsausgleichssachen, Unterhaltssachen, Güterrechtssachen, sonstige Familiensachen und Lebenspartnerschaftssachen. Der Begriff der Familiensachen wird durch den Sachzusammenhang von Ehe und Familie bestimmt. Es kommen unterschiedliche Verfahrensvorschriften zur Anwendung. So unterliegt ein Großteil der Familiensachen, zu welchem auch die Kindschaftssachen gehören, den Verfahrensvorschriften der freiwilligen Gerichtsbarkeit, während Familienstreitsachen, Ehesachen, Schei-

1113 Pressemitteilung Bundesregierung v. 19.9.2008, bundesregierung.de; *Wever*, FF 2008, 399.

1114 Siehe hierzu Kap. B. I. 5. b) und Kap. C. I. 2. a).

dungssachen und Folgesachen ergänzend Vorschriften der Zivilprozessordnung und anderen besonderen Verfahrensvorschriften unterliegen.[1115] In der freiwilligen Gerichtsbarkeit lassen sich Angelegenheiten der Rechtsfürsorge und echte Streitsachen der freiwilligen Gerichtsbarkeit unterscheiden. Diese wiederum unterteilen sich in privatrechtliche und öffentlich-rechtliche Streitsachen. Hiervon sind wiederum die Familienstreitsachen zu unterscheiden (Unterhaltssachen, Güterrechtssachen und sonstige Familiensachen).[1116] Den Gerichten der freiwilligen Gerichtsbarkeit sind demnach nicht nur privatrechtliche Streitigkeiten zugeordnet, sondern auch öffentlich-rechtliche. Das sind Verfahren, in denen über subjektive Rechte zwischen Privaten und Behörden bzw. öffentlich-rechtlichen Körperschaften oder Streitigkeiten innerhalb öffentlich-rechtlicher Körperschaften entschieden wird. Diesen gerichtlichen Verfahren geht in der Regel ein Verwaltungsakt voraus, so dass die Verfahren den Klagearten der VwGO entsprechen. Zu den öffentlich-rechtlichen Streitigkeiten, die der freiwilligen Gerichtsbarkeit zugeordnet sind, gehört unter anderem das Verfahren zur Anfechtung von Justizverwaltungsakten (§§ 23 ff. EGGVG);[1117] Freiheitsentziehungs- und Unterbringungssachen gehören dagegen nicht zu den öffentlich-rechtlichen Streitsachen. Hier überprüft das Gericht nicht die Rechtmäßigkeit des Verwaltungsaktes einer Behörde, vielmehr entscheidet es auf Antrag der zuständigen Behörde unmittelbar über die Freiheitsentziehung bzw. Unterbringung als solche.[1118]

Wegen der Vielschichtigkeit und der unterschiedlichen Verfahren ist eine exakte Definition der freiwilligen Gerichtsbarkeit nicht möglich. Sie stellt ein höchst komplexes Gebilde dar, welches verschiedene Arten staatlicher Tätigkeit erfasst: „Sie ist teils Rechtsprechung, teils Verwaltung; teils streitige, teils nicht streitige Gerichtsbarkeit; teils Zivil-, teils Verwaltungsgerichtsbarkeit.“[1119] Im Wesentlichen handelt es sich aber um eine gerichtliche Tätigkeit, die Rechtsfürsorge beinhaltet.[1120] Dies gilt allerdings nur für den klassischen Bereich der freiwilligen Gerichtsbarkeit, beispielsweise also für die Familiensachen, die zuvor in die Zuständigkeit des Vormundschaftsgerichts fielen, nicht dagegen für die Streitsachen der freiwilligen Gerichtsbarkeit.[1121] Die richterliche Tätigkeit in den meisten Bereichen der freiwilligen Gerichtsbarkeit lässt sich aber doch eindeutig

1115 *Bumiller/Harders*, FamFG, § 1, Rn. 4; *Sternel* in: Keidel, FamFG, §. 1, Rn. 1 f.

1116 *Sternel* in: Keidel, FamFG, § 1, Rn. 30, 32.

1117 *Keidel/Sternal*, FamFG, § 1, Rn. 41 f.

1118 *Keidel/Sternal*, FamFG, § 1, Rn. 43.

1119 *Bettermann* in: Festschrift für Lent, S. 24.

1120 *Bumiller/Harders*, FamFG, § 1, Rn. 4.

1121 *Keidel/Sternal*, FamFG, § 1, Rn. 30.

zuordnen. Anders stellt sich die Situation im Kindschaftsrecht dar.[1122] Dies richtet sich nach dem Verfahren in Familiensachen und in den Angelegenheiten der freiwilligen Gerichtsbarkeit (FamFG) und steht auf der Schwelle zwischen Zivilrecht und öffentlichem Recht, zwischen Rechtsprechung und Verwaltungshandeln. Die Abgrenzung zwischen Angelegenheiten der freiwilligen Gerichtsbarkeit und Verwaltungssachen ist problematisch.

bb) Die Sonderstellung des Familiengerichts

Tatsächlich werden im Verfahren der freiwilligen Gerichtsbarkeit nicht nur private Rechte und Interessen des Einzelnen, sondern auch öffentlich-rechtliche Interessen der Allgemeinheit geregelt. Dies zeigt sich insbesondere im Bereich des Kindschaftsrechts, in dem der Familienrichter nicht nur die Interessen der Eltern oder des Kindes wahrt, sondern in erster Linie das öffentliche Interesse am Schutz des Kindes gewährleisten muss und damit in Ausübung des staatlichen Wächteramts tätig wird. Dies wird insofern deutlich, als dem Schutz des Kindes Verfassungsrang zukommt und mit der öffentlichen Kinder- und Jugendhilfe eine besondere Verwaltungsbehörde zum Schutz von Kindern und Jugendlichen existiert, die auch am familiengerichtlichen Verfahren beteiligt ist.[1123] Urteile des Familiengerichts ziehen privatrechtliche (Entzug der elterlichen Sorge) und öffentlich-rechtliche Folgen (Gewährung jugendhilferechtlicher Maßnahmen) nach sich.

Dem Familienrichter kommt im familiengerichtlichen Verfahren aber nicht nur in Bezug auf die anzuordnenden Maßnahmen eine besondere Stellung zu. Zum einen herrscht im Gegensatz zum „normalen“ Zivilverfahren hier der Amtsermittlungsgrundsatz, § 26 FamFG. Dieser ist neben dem Strafprozess vor allem im Verwaltungsverfahren und im Verwaltungsprozess anzuwenden. Zum anderen setzt der Familienrichter den Schutz des Minderjährigen nach § 1666 BGB mit Mitteln der Verwaltung durch. In Verfahren bei Kindeswohlgefährdung kommt ihm bezüglich der zu treffenden Maßnahmen ein richterliches Ermessen zu,[1124] er kann seine Entscheidung unter den Voraussetzungen der §§ 1696 Abs. 1 BGB, 166 Abs. 1 FamFG abändern oder nach §§ 1696 Abs. 2 BGB, 166 Abs. 3 FamFG aufheben. Außerdem ist das Gericht gehalten, länger andauernde Maßnahmen gemäß § 166 Abs. 2 FamFG in angemessenen Abständen zu

1122 Vergleichbar ist auch die Situation in Gewaltschutzsachen. Auch in Kindschaftssachen ordnet der Richter Maßnahmen an und übt damit materielle Verwaltungstätigkeit aus. Besonders deutlich wird der Zusammenhang in § 1666 Abs. 3 Nr. 3, 4 BGB. Danach kann der Richter auch Maßnahmen aus dem GewSchG anordnen.

1123 *Bettermann* in: Festschrift für Lent, S. 17 (22 f.).

1124 Staudinger/*Coester*, § 1666, Rn. 11, 181, 206.

überprüfen. Diese administrativen Instrumentarien, die die Ausübung familiengerichtlichen Rechtsschutzes als Ausübung materieller Verwaltungstätigkeit erscheinen lassen, erklären sich aus der Notwendigkeit eines staatlichen Schutzes zu Gunsten von Kindern und Jugendlichen. Diesem kann man mit rein rechtsprechungsorientierten Rechtsschutzformen und -verfahren nicht gerecht werden.[1125] Aus diesem Grund gilt im familiengerichtlichen Verfahren auch der Grundsatz der Verhältnismäßigkeit nach § 1666a BGB, der aus dem Verwaltungsrecht übernommen wurde. Tatsächlich nimmt der Familienrichter damit sowohl privatrechtliche, als auch öffentlich-rechtliche Kompetenzen wahr. Bei den gerichtlichen Geboten und Weisungen nach § 1666 Abs. 3 BGB handelt es sich um Ausübung materieller Verwaltungstätigkeit bzw. um die materielle Gewährung von Rechtsschutz mit administrativen Mitteln.[1126]

Auch die aktuelle Entwicklung zeigt, dass der Familienrichter vielfältige, über die reine Rechtsprechung hinausgehende Kompetenzen bereits inne hat und weitere benötigt, um seiner Aufgabe als staatlicher Wächter gerecht zu werden. So werden im neuen § 1666 Abs. 3 BGB explizit die (jugendhilferechtlichen) Maßnahmen aufgeführt, die der Familienrichter zum Schutz des Kindes anordnen kann. In diesen Verfahren soll das Gericht mit den Eltern und in geeigneten Fällen auch mit dem Kind erörtern, wie einer möglichen Gefährdung des Kindeswohls, insbesondere durch öffentliche Hilfen, begegnet werden und welche Folgen die Nichtannahme notwendiger Hilfen haben kann, § 157 FamFG. Damit wird der Familienrichter noch mehr als bisher in die Prüfung der öffentlichen Hilfen nach SGB VIII eingebunden. Auch mit dem neuen FamFG werden die Kompetenzen des Familienrichters weiter ausgebaut. Die Einführung eines eigenen Familienverfahrensrechts und damit die Herauslösung des familienrechtlichen Verfahrens aus FGG und ZPO betont die Sonderstellung, die dieser Verfahrensart zukommt. Obwohl die Familiengerichte Abteilungen der Amtsgerichte sind und die Vorschriften sich aus dem BGB ergeben, nehmen die Familiengerichte eine Sonderstellung ein.

Die Ausübung und Überprüfung von Verwaltungshandeln ist dem Familienrichter auch nicht fremd. Vielmehr existieren etliche Bereiche, in denen der Richter verwaltungsrechtliche Aufgaben wahrnimmt. So handelt es sich bei der Eheschließung um einen Verwaltungsakt. Diesen kann der Richter nach § 1313 ff. BGB aufheben oder gemäß §§ 1564 ff. BGB scheiden.[1127] Dem Familiengericht obliegt die Kontrolle des Standesbeamten. Lehnt dieser die Mitwirkung an

1125 MünchKommBGB/*Hinz*, 3. Auflage, § 1666, Rn. 6.

1126 MünchKommBGB/*Hinz*, 3. Auflage, § 1666, Rn. 49; *Hinz*, S. 25 ff.; *Zenz*, S. 351 ff.

1127 Zu beachten ist allerdings, dass es sich bei der Eheschließung zwar um einen Verwaltungsakt handelt, es sich bei der Ehe aber um ein privates Rechtsverhältnis handelt.

der Eheschließung ab, so können die Verlobten das Amtsgericht anrufen, welches auf Grundlage des FamFG tätig wird (§§ 49, 51 PStG).[1128] Abgeschlossene Registereinträge können nur auf Anordnung des Gerichts berichtigt werden, § 48 PStG. Lehnt das Standesamt die Vornahme der Amtshandlung ab, ist der Richter berechtigt, den Standesbeamten zur Vornahme der Amtshandlung anzuweisen, § 49 PStG.[1129] Die Kontrolle der Behörde unterliegt in diesem Fall somit nicht der Verwaltungsgerichtsbarkeit, sondern der ordentlichen.[1130]

cc) § 1666 BGB – öffentlich-rechtliche Norm im zivilen Gewand

Betrachtet man § 1666 BGB einmal genau, so erkennt man in dieser Norm weniger eine Norm des Zivilrechts, als vielmehr eine solche des öffentlichen Rechts. Sind die Tatbestandsvoraussetzungen erfüllt, wird dem Familiengericht die Möglichkeit eingeräumt, erforderliche Maßnahmen zu treffen. Die Struktur dieser Norm hat damit mehr Ähnlichkeiten mit der Generalklausel des allgemeinen Sicherheits- und Ordnungsrechts, als mit zivilrechtlichen Normen, in denen es klassischerweise um das Bestehen bzw. Nichtbestehen von Rechtsverhältnissen geht.[1131] Dies zeigt sich unter anderem auch bei dem Tatbestandsmerkmal der „Gefahr". Diesem begegnet man in erster Linie im öffentlichen Recht, vorrangig im Sicherheits- und Ordnungsrecht. Eine Gefahr ist im öffentlichen Recht eine Lage, in der bei ungehindertem Weiterlauf der Dinge ein Zustand oder ein Verhalten mit hinreichender Wahrscheinlichkeit zu einem Schaden für die Schutzgüter der öffentlichen Sicherheit und Ordnung führt.[1132] Ähnlich interpretiert auch die familienrechtliche Rechtsprechung den Terminus „Gefahr für das Kindeswohl" als "eine gegenwärtige, in einem solchen Maße vorhandene Gefahr, dass sich bei der weiteren Entwicklung eine erhebliche Schädigung mit ziemlicher Sicherheit voraussehen lässt".[1133] Die Konkretisierung darf aber nicht im Wege der Subsumtion unter einen vorgegebenen Gefährdungsbegriff erfolgen, sondern muss immer das Ergebnis eines komplexen Abwägungsprozesses sein, den das Familiengericht in jedem Einzelfall neu vorzunehmen hat.[1134] Auch

1128 MünchKommBGB/*Müller-Gindullis*, § 1310, Rn. 20.

1129 *Bettermann* in: Festschrift für Lent, S. 17 (27).

1130 Zur Zuständigkeit siehe: *Gaaz/Bornhofen*, PStG, § 50, Rn. 5 ff.; insofern handelt es sich um öffentlich-rechtliche Streitigkeiten, die dem Familiengericht zugewiesen sind.

1131 *Münder*, FPR 2003, 280; vgl. hierzu auch die „Gegenüberstellung von verfahrensrechtlichen Idealtypen" bei *Salgo*, FamRZ 1984, 221 (225 f.).

1132 BVerwG v. 26. 2. 1974 - I C 31/72 – NJW 1974, 807 (809); *Schoch* in: Schmidt-Aßmann/Schoch, VerwR BT, 2. Kapitel, Rn. 84.

1133 BGH v. 14. 7. 1956 – IV ZB 32/56 – FamRZ 1956, 350; BGH v. 15.12.2004 - XII ZB 166/03 FamRZ 2005, 344.

1134 Staudinger/*Coester*, § 1666, Rn. 81.

die Verwendung unbestimmter Rechtsbegriffe, wie zum Beispiel „Kindswohlgefährdung“ macht den öffentlich-rechtlichen Charakter der Vorschrift deutlich.

Für den Bereich des Kindschaftsrechts, insbesondere für die Anordnung von Maßnahmen nach § 1666 BGB, stellt sich die Frage, ob es sich bei der Tätigkeit des Familiengerichts um klassische Rechtsprechung handelt oder (auch) um Verwaltungshandeln. Ein Merkmal von Rechtsprechung ist, dass diese einen Antrag voraussetzt (Ne eat judex ex officio; Wo kein Kläger, da kein Richter). Entscheidungen in kindschaftsrechtlichen Verfahren setzen jedoch gerade keinen Antrag voraus. Im Falle des § 1666 BGB wird das Gericht entweder gemäß § 26 FamFG von Amts wegen tätig oder auf Anregung (des Jugendamts).[1135] Die Anregung ist aber keinesfalls mit einem Antrag gleichzusetzen. Durch die Anregung erlangt der Richter lediglich Kenntnis von einer möglichen Gefährdung eines Kindes oder Jugendlichen. Nun kann es (im Gegensatz zu einem Antrag ist es nicht verpflichtet), hält es eine Kindeswohlgefährdung für möglich, das Verfahren nach § 1666 BGB einleiten. Ein Antrag unterscheidet sich von der bloßen Anregung also dadurch, dass beim Antrag eine Entscheidung erwartet wird und der Antragsteller auch ein Recht auf eine Entscheidung hat. Das Fehlen eines Antragserfordernisses ist demnach ein untrügliches Zeichen für die Zurechnung zur Verwaltung.[1136] Die Einleitung des Verfahrens nach § 1666 BGB von Amts wegen bzw. auf Anregung macht deutlich, dass der Familienrichter im Rahmen des staatlichen Wächteramts hier als Organ des staatlichen Kindesschutzes tätig wird und damit materielle Verwaltung ausübt.

Des Weiteren entfalten familiengerichtliche Entscheidungen auch keine endgültige Wirksamkeit. Im Gegenteil: Diese Entscheidungen sind jederzeit änder- und aufhebbar (§ 166 FamFG, § 1696 BGB). Für die Ausübung von Rechtsprechung darf der Richter in einer Sache auch nicht die Wahl zwischen verschiedenen Möglichkeiten haben. Wird ihm echtes Ermessen eingeräumt, kann er sich also nach Zweckmäßigkeit so oder auch anders entscheiden übt er keine rechtsprechende Funktion mehr aus, sondern eine verwaltende.[1137] In der Regel ist der Richter als Rechtsprechungsorgan dem Gesetz nicht unterworfen, um es wie die Verwaltung auszuführen, „sondern um in ihm das Recht zu finden, das er den Parteien, den Verfahrensbeteiligten oder den sonst seinem Urteil Unterworfenen spricht. Für ihn ist das – materielle – Recht Erkenntnismittel, Beurteilungsmaßstab, für die Verwaltung dagegen Verhaltensnorm: Gebot, Verbot, Ermächtigung.“[1138] § 1666 Abs. 3 BGB ist aber für den Familienrichter gerade eine

1135 Anregungen sind in § 24 FamFG geregelt und können grundsätzlich von Jedermann an das Gericht herangetragen werden.

1136 *Bettermann* in: Festschrift für Lent, S. 17 (25).

1137 *Bettermann* in: Festschrift für Lent, S. 28

1138 *Bettermann* in: Festschrift für Lent, S. 29.

Verhaltensnorm, die ihn ermächtigt Gebote und Verbote gegenüber den Eltern auszusprechen. Zudem wird ihm ein Ermessen eingeräumt, welche Maßnahme er anordnet. Zwar hört er zuvor das Jugendamt an und holt verschiedenen Meinungen ein, er überprüft aber selbständig, ob die Voraussetzungen für die konkrete Maßnahme vorliegen und spricht diese gegenüber den Eltern in Form von Ge- und Verboten gemäß § 1666 Abs. 3 Nr. 1-4 BGB auch aus. Bei der Anordnung von Maßnahmen nach § 1666 Abs. 3 BGB durch den Familienrichter handelt es sich damit gerade nicht um Rechtsprechung, sondern um reine Verwaltungstätigkeit. § 1666 BGB ist also eine in ein justizielles Gewand gekleidete (öffentlich-rechtliche) Ermächtigung für gerichtliche Eingriffe im Falle einer Kindeswohlgefährdung. Diese Tatsache ist aber nicht verwunderlich, da § 1666 BGB im Rahmen des zivilrechtlichen Kindesschutzes das in Art. 6 Abs. 2 S. 2 GG formulierte staatliche Wächteramt realisiert. Bei der Anordnung der Maßnahmen nach § 1666 BGB handelt es sich also nicht um Rechtsprechung im materiellen Sinne, sondern um „Verwaltungstätigkeit in justizieller Form“ [1139]. Das bedeutet aber nicht, dass der Richter durch die Anordnung der Maßnahmen gegenüber den Eltern einen Verwaltungsakt erlässt. Denn es steht dem Gesetzgeber frei, auch diese Tätigkeiten des Gerichts der Rechtsprechung im formellen Sinn des Art. 92 GG zuzuordnen.[1140]

Auch die historische Entwicklung macht den öffentlich-rechtlichen Charakter der Vorschrift deutlich. Zum Zeitpunkt des Inkrafttretens des § 1666 BGB am 1.1.1900 existierte noch keine Kinder- und Jugendhilfe. Weder gab es Jugendämter, noch umfassende Gesetze, noch staatlich anerkannte Ausbildungen für den Bereich der Kinder- und Jugendhilfe. Das Verständnis von Jugendwohlfahrt blieb vielmehr auch in den folgenden Jahren weitgehend ordnungsrechtlich (mit fürsorgerischen Anteilen) geprägt.[1141] Außerdem ging das neu geschaffene Vormundschaftsgericht aus der vormals für die Unterbringung verwahrloster Kinder zuständigen Vormundschaftsbehörde hervor. Ursprünglich war also (abgesehen vom Strafgericht, welches die Unterbringung krimineller und verwahrloster Kinder anordnen konnte) nicht ein Gericht, sondern eine Behörde, mithin die Exekutive, für die Anordnung von Maßnahmen zuständig.[1142] Damit erklärt sich, dass der Gesetzgeber die Struktur einer Sicherheits- und Ordnungsnorm im

1139 *Maunz/Dürig*, Art. 92, Rn. 53; *Münder*, FPR 2003, 280 (283); *Bettermann* in: Festschrift für Lent, S. 17; *Zenz* S. 351 ff.; MünchKommBGB/*Olzen*, § 1666, Rn. 170; *Hinz*, S. 25 ff.; AK-BGB/*Münder*, § 1666, Rn. 32

1140 *Keidel/Sternal*, FamFG, § 1, Rn. 19 ff.

1141 *Rauschenbach/Züchner/Schilling* in: Münder/Wiesner/Meysen, Handbuch KJHR, Kap. 1.2, Rn. 1, 4 f.

1142 siehe 2. Teil, Kap. A. I 1.

BGB schaffte, um so eine Grundlage für gerichtliche Eingriffe in das Elternrecht zu schaffen.

dd) Die Ausbreitung des öffentlichen Rechts im Familienrecht

Insgesamt gibt es eine Tendenz des Vordringens des öffentlichen Rechts im Familienrecht.[1143] Gerade die aktuelle Entwicklung im Bereich des Kindschaftsrechts zeigt die wachsende Bedeutung, die dem staatlichen Wächteramt und dessen Wahrnehmung auch durch den Familienrichter zugemessen wird.[1144] Dies erfordert weitergehende Kompetenzen des Familiengerichts, insbesondere, was die Anordnung von Maßnahmen zur Vermeidung bzw. Beendigung einer Gefährdung des Kindeswohls angeht. Müller-Freienfels stellt sogar Erwägungen an, den Familienrichter durch einen Verwaltungsbeamten zu ersetzen oder zumindest dem Familienrichter zusätzliche Kompetenzen und Möglichkeiten einzuräumen, damit dieser eine fachlich kompetente Entscheidung treffen könne. Er hält den „ordentlichen Richter" nicht für befähigt, (gute) familienrechtliche Entscheidungen zu treffen. Dieser sei bestrebt, im Rahmen offener Tatbestände auf dem Wege begrifflicher Verdichtung tastend schrittweise vorwärtszukommen und zumindest nach und nach zu einer typisierenden Ausformung zu gelangen, insbesondere, um nach Möglichkeit die Gleichheit in der Rechtsprechung zu wahren. Derartige Erwägungen lägen einem Verwaltungsbeamten fern, da dieser es gewohnt sei, auf Grund der für ihn selbstverständlichen Ermessens- und Gestaltungsfreiheit einzelfallbezogende Entscheidungen zu treffen. Der Zivilrichter dagegen sei es gewohnt ausführliche, berufungssichere Begründungen unter detaillierter Abwägung des Für und Wider zu liefern. Auch die unmittelbare Staatsintervention sei für den Richter etwas Außergewöhnliches im Gegensatz zu einem Verwaltungsbeamten, für den staatliche Intervention etwas „Normales" sei. Die Heranziehung außerjuristischer Kenntnisse durch Pädagogen, Psychologen und Soziologen stelle eine Besonderheit des Familienrechts dar. Müller-Freienfels ist bereits der Ansicht, dass der Richter von diesen Personen mehr und mehr in Bezug auf seine Entscheidung abhängig werde. Dies führe dazu, dass sich der Familienrichter als solcher nur dann behaupten könne, wenn er für seine Tätigkeit noch überzeugende Gründe anführen könne. Dies könnten

1143 Siehe hierzu bereits *Müller-Freienfels* in: Festschrift für Hinderling, 111 (148 ff.); Rosenboom fordert neuerdings sogar eine Ausweitung des präventiven Handelns seitens der Familiengerichte, *Rosenboom*, S. 202.

1144 Verdeutlicht wird dies ganz aktuell anhand der Diskussion um die Einführung eines Kindergrundrechts in die Verfassung. Dem Recht des Kindes wird gegenüber dem Elternrecht eine wachsende Bedeutung beigemessen, dessen Verwirklichung der Staat durch das ihm zugeordnete Wächteramt garantieren soll.

lediglich seine Erfahrungen in Bezug auf die Ermittlung komplexer Lebenssachverhalte, deren Darstellung und Analyse sein. Zudem sei er mehr als andere daran gewöhnt, Entscheidungen selbstverantwortlich, fachübergreifend und objektiv rechtlich zu begründen. Diese Eigenschaften erschienen gerade bei einem Nebeneinander verschiedener Fachleute, von denen jeder nur für seinen Bereich spricht, besonders wichtig.[1145] Seit diesen Forderungen von Müller-Freienfels hat sich der Familienrichter weiterentwickelt. Die Übertragung auf einen Verwaltungsbeamten gilt nicht (mehr) als die bessere Möglichkeit. Vielmehr muss darüber nachgedacht werden, dem Familienrichter, neben einer interdisziplinären Fortbildung, weitergehende verwaltungsrechtliche und verwaltungsgerichtliche Kompetenzen einzuräumen, schließlich ist das Familiengericht das zur Wahrnehmung des staatlichen Wächteramts zuständige Gericht.

Die freiwillige Gerichtsbarkeit, insbesondere die Familiengerichtsbarkeit, umfasst also sowohl privatrechtliche, als auch öffentlich-rechtliche Komponenten. Zwar sind am familiengerichtlichen Verfahren natürliche Personen beteiligt, die ihre privaten Interessen durchsetzen wollen, der Richter wird jedoch von Amts wegen tätig, er überprüft seine Entscheidungen, kann diese aufheben und nimmt im Rahmen des staatlichen Wächteramts öffentliche Interessen wahr. Das Handeln des Familienrichters ist damit nicht eindeutig nur der Rechtsprechung zuzuordnen, vielmehr übt dieser auch materielle Verwaltungstätigkeit aus. Die freiwillige Gerichtsbarkeit zeichnet sich gerade dadurch aus, dass sie weder nur Rechtsprechung, noch reine Verwaltungstätigkeit ist. Dennoch sind die Aufgaben der freiwilligen Gerichtsbarkeit nach ganz überwiegender Meinung kraft gesetzgeberischer Zuordnung der Rechtsprechung zuzuordnen, sofern sie von Richtern erledigt werden.[1146]

Die Übergänge von justiziellem Handeln und Verwaltungshandeln seitens des Familiengerichts sind also fließend. Die freiwillige Gerichtsbarkeit und damit auch das Verfahren nach den §§ 1666, 1666a BGB lassen sich nicht deutlich von der Verwaltungstätigkeit trennen. Die Kontrolle der öffentlichen Jugendhilfe, ob und warum zu Recht oder zu Unrecht (vom Gericht angeordnete) öffentliche Hilfen abgelehnt wurden, dient dem Kindesschutz und ist damit Wahrnehmung des staatlichen Wächteramts. Dabei handelt es sich um öffentlich-rechtliche Streitigkeiten, die grundsätzlich den Verwaltungsgerichten zugewiesen sind. Im Bereich des Kinderschutzes leistet aber auch der Familienrichter materielle Verwaltung im justizförmigen Verfahren.[1147] Der Familienrichter ist

1145 *Müller-Freienfels* in: Festschrift für Hinderling, S. 111 (148 ff.).

1146 *Keidel/Sternal*, FamFG, § 1, Rn. 19 ff.; *Hormuth*, S. 66 ff.; *Wittereck*, Die Verwaltung der dritten Gewalt, S. 12 f.

1147 *Bettermann* in: Festschrift für Lent, S. 17; *Zenz* S. 351 ff.; MünchKommBGB/*Olzen*, § 1666, Rn. 170; *Hinz*, S. 25ff.

also geschult, Ermessensentscheidungen zu treffen und Entscheidungen der öffentlichen Jugendhilfe zu überprüfen; er übt materielle Verwaltungstätigkeit aus. Dies rechtfertigt zwar keine Anordnungskompetenz gegenüber dem Jugendamt, könnte aber eine Gesetzesänderung dahingehend rechtfertigen, dass nicht wie bisher das Verwaltungsgericht für die Überprüfung der Gewährung von Leistungen der Jugendhilfe zuständig ist, sondern das Sozial- bzw. Familiengericht. Durch die §§ 1666, § 1666a BGB wird den öffentlichen Hilfen Vorrang vor gerichtlichen Eingriffen eingeräumt. [1148] Je mehr die Infrastruktur zur Gewährung dieser Hilfen ausgebaut wird, desto mehr entfernt sich „das Kindschaftsrecht von den traditionellen Regelungsstrukturen des Familienrechts und entwickelt sich durch die systematische Verknüpfung richterlicher Entscheidungen mit der Mobilisierung administrativer Ressourcen zu einem festen Bestandteil des Sozialrechts“.[1149] Nach der aktuellen Gesetzeslage funktionieren sozialrechtliches und familienrechtliches Verfahren nur dann reibungslos, wenn sie nicht konfligieren. Kommt es zu einer Verbindung im Rahmen eines Verfahrens wegen Gefährdung des Kindeswohls, können Konflikte auftreten, die einem effektiven (Kindes-/) Rechtsschutz zuwiderlaufen. Das System der klaren Gewaltenteilung funktioniert an dieser Stelle nicht. Die verschiedenen Staatsgewalten sind aber immer so auszubalancieren, dass der durch die Gewaltenhemmung erreichte Gewinn an Mäßigung und Rationalität einzelner Maßnahmen nicht zur Minderung der Funktionsfähigkeit des Systems außer Verhältnis steht und damit in der Gesamtbilanz keine Rationalitätsminderung zur Folge hat.[1150]

2. Verweisung der Zuständigkeit zur Überprüfung jugendhilferechtlicher Entscheidungen zum Familiengericht?

In der Tat ist das Familiengericht größer geworden, umfassend ist dessen Zuständigkeit jedoch noch nicht. Damit bleibt der Gesetzgeber seit dem Aufkeimen der Diskussion über eine eigenständige Familiengerichtsbarkeit auch nach Inkrafttreten des FGG-Reformgesetzes hinter den Forderungen nach einem alle familiären Angelegenheiten umfassenden großen Familiengericht zurück. Es zeigt sich allerdings die Tendenz einer Entwicklung in diese Richtung. Mit der Reform des Gesetzes über die Angelegenheiten der freiwilligen Gerichtsbarkeit ist diese Entwicklung aber noch lange nicht abgeschlossen. Vielmehr sollte sich die Diskussion dahingehend entwickeln dem Familiengericht weitere Zuständigkeiten, soweit das Eltern-Kind-Staat-Verhältnis betroffen ist, an die Hand zu

1148 *Simitis* in: Festschrift für Müller-Freienfels, S. 579 (610).

1149 *Simitis* in: Festschrift für Müller-Freienfels, S. 579 (610).

1150 *Sommermann* in: Mangoldt/Klein/Starck, GG, Art. 20, Rn. 212 f.

geben. Dies scheint im Sinne der Behandlung einheitlicher Lebenssachverhalte vor einer Gerichtsbarkeit innerhalb eines Instanzenzuges dringend geboten und stellt sich auch im Zusammenhang mit der Ablehnung einer Anordnungskompetenz des Familienrichters gegenüber dem Jugendamt.

Weil sich für eine derartige Anordnungskompetenz nicht genügend überzeugende Argumente ins Feld führen lassen, bleibt es in den Fällen bei der unbefriedigenden Situation, dass Konflikte zwischen Familiengericht und Jugendamt unaufgelöst bleiben. Diese Problematik könnte durch eine abdrängende Sonderzuweisung an die Familiengerichte gelöst werden.

a) Versuch einer Lösung durch den Jugendhilferechtsentwurf der Bundesregierung von 1979

Im Jahre 1979 einigte sich die Bundesregierung auf einen Jugendhilferechtsentwurf[1151], der die Verbesserung der Förderungsangebote und der Hilfen zur Erziehung vorsah, um die Erziehungskraft der Familien zu stärken, notfalls aber auch Aufgaben der Familien zu übernehmen, wenn eine am Kindeswohl ausgerichtete Erziehung nicht mehr gewährleistet sei.[1152]

Außerdem waren erstmals konkrete Vorschriften geplant, die das Problem der Anordnungskompetenz zu lösen versuchten, indem gemäß § 117 Abs. 1 JHG-E alle Verfahren über Leistungen und sonstige Maßnahmen der Jugendhilfe, die das Verhältnis des Einzelnen als Leistungsberechtigten betreffen, in den ordentlichen Rechtsweg unter Zuständigkeit des Vormundschaftsrichters verwiesen werden sollten. Durch Einfügen dieser Vorschrift sollte die Aufspaltung des Rechtsweges vermieden werden, um so eine zufriedenstellende Regelung zusammenhängender Lebenssachverhalte zu erreichen. Der Vormundschaftsrichter sollte so in die Lage versetzt werden, nicht nur Hilfen zur Erziehung gegenüber den Erziehungsberechtigten anzuordnen, sondern auch zu überprüfen, ob ein öffentlicher Träger der Jugendhilfe die Leistung zu Unrecht verweigert hatte. Nach bestehender Rechtswegregelung fiel die Anordnung einer Hilfe zur Erziehung außerhalb der Familie in die Zuständigkeit des Vormundschaftsrichters, während die gerichtliche Kontrolle einer Verwaltungshandlung nur auf Antrag eines Leistungsberechtigten vom Verwaltungsgericht überprüft werden konnte. Die bestehende Rechtswegzersplitterung sei nicht nur für das Verfahren nachteilig, sondern würde auch den Interessen von Kindern und Jugendlichen entgegenstehen. Die Vorschrift ging nun von einer umfassenden Zuständigkeit des Vormundschaftsrichters aus, „weil uns dieses Gericht mit pädagogischen

---

1151 BT-Drucks. 8/2571.
1152 BT-Drucks. 8/2571, S. 50 f.

Fragen vertrauter zu sein scheint als das Verwaltungsgericht."[1153] Die Zuständigkeit sollte die dem Vormundschaftsgericht durch dieses Gesetz bereits ausdrücklich zugewiesenen Angelegenheiten umfassen und insoweit der Klarstellung dienen. Darüber hinaus sollten in die Zuständigkeit des Vormundschaftsgerichts nach § 117 JHG-E Abs.1 alle öffentlich-rechtlichen Streitigkeiten im Sinne des § 40 Abs. 1 VwGO aus dem Bereich der Jugendhilfe nach diesem Gesetz fallen, soweit nicht § 117 Abs. 2 JHG-E diese ausdrücklich dem Verwaltungsgericht vorbehalten sollte. Die Zuständigkeit des Vormundschaftsgerichts sollte insoweit auch alle Verfahren über Leistungen und Maßnahmen der Jugendhilfe nach §§ 27 bis 53 JHG-E (entsprechen den heutigen §§ 27 ff. SGB VIII) umfassen.[1154] Die Leistungen der Jugendhilfe seien Teil eines sorgfältig abgestimmten Hilfeprozesses, der am Bedarf von Kindern und Jugendlichen ausgerichtet sein müsse. Die rechtsstaatliche Kontrolle dieses Prozesses durch die Judikative dürfe nicht zwischen zwei Gerichtsbarkeiten aufgeteilt werden.[1155] Das Verfahren sollte sich nach den Vorschriften des FGG richten, wenn nicht die §§ 119 bis 132 etwas anderes bestimmten. Diese Vorschriften regelten in erster Linie die betreffenden Streitigkeiten nach ihrem Gegenstand, den Verfahrensgang und die inhaltliche Gestaltung der Entscheidung. In § 124 JHG-E wurde aufgrund der Vielzahl von Ermessensentscheidungen im neuen Jugendhilferecht ein gesondertes Vorverfahren eingeführt. Danach sollte vor dem gerichtlichen Verfahren über einen Anfechtungs- oder Verpflichtungsantrag ein außergerichtliches Vorverfahren durchgeführt werden, durch welches die Rechts- und Zweckmäßigkeit des betroffenen Verwaltungsaktes noch einmal gemäß der §§ 68 ff VwGO überprüft werden sollte. Dadurch sollte einerseits forciert werden, Streitigkeiten bereits auf dieser Ebene zu lösen, andererseits die Endgültigkeit von Ermessensentscheidungen der Verwaltung zu vermeiden.[1156] Hierzu wurde ausgeführt: „Da das Vormundschaftsgericht wie auch sonst das Verwaltungsgericht im Hinblick auf das Prinzip der Gewaltenteilung Ermessensentscheidungen der Verwaltung in Jugendhilfesachen nur auf Ermessensfehler hin überprüfen kann, wäre die Ermessensentscheidung der Verwaltung in vielen Fällen endgültig, wenn sie nicht im Rahmen eines außergerichtlichen Vorverfahrens nach Art der in §§ 68-73 VwGO getroffenen Regelung noch einmal einer verwaltungsinternen Überprüfung unterzogen werden könnte."[1157]

Das Verfahren sollte demnach folgendermaßen ablaufen: Lehnte das Jugendamt eine Maßnahme rechtswidrig ab, so hätte das Vormundschaftsgericht,

1153 *Wiesner*, DAVorm 1978, 1 (16).

1154 BT-Drucks. 8/2571, S. 153 f.

1155 *Wiesner*, DAVorm 1978, 1 (16).

1156 BT-Drucks. 8/2571, S. 158.

1157 BT-Drucks. 8/2571, S. 157 f.

nach erfolglosem Vorverfahren, diese Entscheidung des Jugendamts überprüfen können. Wie das Verwaltungsgericht hätte der Vormundschaftsrichter die verwaltungsrechtliche Entscheidung des Jugendamts (nach hier vertretener Auffassung[1158]) voll überprüfen können. Wäre die Entscheidung des Jugendamts rechtmäßig gewesen, hätte der Vormundschaftsrichter das Jugendamt verpflichten können, die beantragte Maßnahme zu gewähren. Der Vormundschaftsrichter wäre demnach berechtigt gewesen, Maßnahmen verbindlich für das Jugendamt anzuordnen. Insofern wäre eine Anordnungskompetenz des Vormundschaftsrichters gegenüber dem Jugendamt – auch außerhalb der Fälle von Unterstützung der Eltern und Streitigkeiten über den Umgang mit dem Kind –[1159] verbindlich im Gesetz festgelegt worden.[1160]

Der Streit um eine Anordnungskompetenz des Vormundschaftsrichters gegenüber dem Jugendamt wäre durch diese Regelung zu einem Abschluss gekommen. In streitigen Fällen wäre eine Überprüfung der jugendamtlichen Entscheidung zwar in einem gesonderten Verfahren, aber immer noch im Zuständigkeitsbereich des Vormundschaftsrichters und durch diesen möglich. Außerdem wäre es nun möglich gewesen, inhaltlich verbundene Lebenssachverhalte unter Wahrung des Prinzips der Gewaltenteilung einheitlich zu prüfen. Eine derartige Regelung hätte zu einer Klarstellung der Verfahrensweise und von Prüfungs- und Anordnungskompetenzen des Vormundschaftrichters im Rahmen eines Eingriffs zur Abwehr einer Gefährdung des Kindeswohls geführt.[1161]

Der Entwurf für ein neues Jugendhilferecht war allerdings von Anfang an in der politischen Diskussion umstritten[1162] und blieb dies auch bis zu seinem endgültigen Scheitern am 4.7.1980.[1163] Am 12.6.1979 fand eine Anhörung von Fachverbänden und Sachverständigen vor dem Ausschuss für Jugend, Familie und Gesundheit statt, die den Auftakt zu einer intensiven Beratungsphase in den Ausschüssen des Bundestags, insbesondere im Ausschuss für Jugend, Familie und Gesundheit bildete.[1164] In seinem Bericht[1165] zu dem von der Bundesregie-

1158 Kap. B. II. 1. a).

1159 Der Regelungsgehalt des § 48c JWG sollte in § 72 JHG-E geregelt werden und blieb inhaltlich weitestgehend identisch, BT-Drucks. 8/2571, S. 122.

1160 BT-Drucks. 8/2571, 153 f.; *Wiesner*, DAVorm 1978, 1 (16).

1161 *Röchling*, S. 48 f.

1162 Siehe bereits den stenografischen Bericht der 468. Sitzung des Bundesrats vom 21. 12.1978, S. 487 ff.

1163 Vgl. BR-Drucks. 287/80, Protokoll der 490. Sitzung des Bundesrats am 4.7.1980; „zur Kontroverse um das Jugendhilferecht“ siehe: *Wiesner*, ZblJugR 1980, 455 ff.; *Schlipphak*, ZblJugR 1980, 468 ff.

1164 Öffentliche Anhörung des Ausschusses für Jugend, Familie und Gesundheit am 12.6.1979.

1165 BR-Drucks. 8/4080 zur entsprechenden Beschlussempfehlung BR-Drucks. 8/4010.

rung eingebrachten Gesetzesentwurf eines Sozialgesetzbuches (SGB) - Jugendhilfe[1166], empfiehlt der Ausschuss, auf die Konzentration aller gerichtlicher Verfahren, inklusive aller Verfahren über Leistungen und sonstige Maßnahmen, die das Verhältnis des Einzelnen als Leistungsberechtigten betreffen, beim Vormundschaftsgericht zu verzichten. Er schlägt vor, die bisherige Zuständigkeitsverteilung zwischen ordentlicher Gerichtsbarkeit und Verwaltungsgerichtsbarkeit beizubehalten. Zwar seien die sachlichen Argumente für die Einführung eines einheitlichen Rechtswegs beachtlich, die damit verbundenen erheblichen Belastungen seien jedoch für die freiwillige Gerichtsbarkeit zum jetzigen Zeitpunkt nicht vertretbar. Insofern sei daran festzuhalten, Anordnungen und Genehmigungen im Zusammenhang mit Hilfen zur Erziehung in die Zuständigkeit der Vormundschaftsgerichte zu legen, die gerichtliche Kontrolle von Verwaltungshandeln aber weiterhin der Verwaltungsgerichtsbarkeit zuzuweisen.[1167] Somit war die Konzentration aller gerichtlichen Verfahren beim Vormundschaftsgericht schon vor der endgültigen Ablehnung des Gesetzes gescheitert[1168], so dass eine Lösung des Konflikts bezüglich einer für das Jugendamt verbindlichen Anordnung weiterhin aussteht.

b) Das Familiengericht als Überprüfungsinstanz

Es sollte darüber nachgedacht werden, die Vorschläge dieses Entwurfs aufzugreifen und in der jetzigen Familiengerichtsbarkeit zu implementieren. Das Familiengericht bietet sich als Überprüfungsinstanz für die Gewährung öffentlicher Hilfen und sonstiger Rechtsansprüche aus verschiedenen Gründen an. Zwar gilt auch im Verwaltungsverfahren der Untersuchungsgrundsatz, dennoch können Verfahren nicht von Amts wegen eingeleitet werden, sondern sind von einem Antrag der Personensorgeberechtigten abhängig, § 74 VwGO. Dieses Antragserfordernis, das den Zugang zu den Verwaltungsgerichten insbesondere in konflikthaften Fällen erschwert (in der Regel sogar verhindert), könnte durch Verweisung an die Familiengerichte vermieden werden. Das Verfahren vor dem

1166 BT-Drucks. 8/2571

1167 BR-Drucks. 8/4080, S. 58 f.; kritisch auch die Stellungnahme des Deutschen Vereins zum Regierungsentwurf, S. 113 f.; noch kritischer der Entwurf eines Gesetzes zur Verbesserung der Jugendhilfe des Bundesrats, wonach es zu einer Erschwerung des Verfahrens vor dem Vormundschaftsgericht und zu einer unnötigen weiteren Zersplitterung des Rechts (?) käme. Zudem fehle dem Vormundschaftsrichter jegliche Praxis in der Anwendung der Verfahrensvorschriften der VwGO, BR-Drucks. 100/79, S. 128.

1168 Das Gesetz wurde am 23.5.1980 vom Bundestag verabschiedet; der Bundesrat verweigerte dem Gesetz nach zweimaliger Vertagung jedoch am 4.7.1980 die Zustimmung, Protokoll der 490. Sitzung des Bundesrats (Anlage zu BR-Drucks. 287/80 (Beschluss).

Familiengericht richtet sich nach FamFG, in welchem in Kindschaftssachen der Amtsermittlungsgrundsatz auch bei der Verfahrenseinleitung zum Tragen kommt, § 24 FamFG. Es besteht jedoch nach FamFG ebenso die Möglichkeit eines Antragsverfahrens, § 23 FamFG. Ein solches liegt aber immer nur dann vor, wenn es ausdrücklich im Gesetz bestimmt ist; so beispielsweise bei Verfahren in Ehesachen, § 124 FamFG.[1169] Antragsverfahren eröffnet der Gesetzgeber nur da, wo das private Rechtsschutzinteresse des Einzelnen im Vordergrund steht, und das öffentliche Interesse an der Überprüfung einer Angelegenheit vergleichsweise gering ist.[1170] Das Amtsverfahren ist insbesondere in den klassischen Bereichen der freiwilligen Gerichtsbarkeit anzuwenden, in denen das Gericht rechtsfürsorglich tätig wird. Dies gilt beispielsweise für die kindschaftsrechtlichen Verfahren nach §§ 1666, 1666a BGB.[1171] Gerade in diesen Verfahren ist das öffentliche Interesse an der Verwirklichung eines effektiven Kinderschutzes besonders groß. Gleiches muss auch für die Überprüfung von Leistungen der Kinder- und Jugendhilfe gelten. Ein effektiver Kindesschutz kann nur dann verwirklicht werden, wenn die angeordneten Maßnahmen von der Kinder- und Jugendhilfe umgesetzt werden. Dies ist nur dann möglich, wenn das Verfahren auch von Amts wegen eingeleitet werden kann, was die Erfahrungen aus dem verwaltungsgerichtlichen Verfahren zeigen.[1172] Aber auch wenn das Jugendamt eine öffentliche Hilfe zu Unrecht abgelehnt hat, ohne, dass zuvor ein familiengerichtliches Verfahren nach § 1666 BGB anhängig war, muss dem Familiengericht zumindest die Option zustehen, ein Verfahren auch von Amts wegen einzuleiten. Aus diesem Grund muss das Verfahren zur Überprüfung jugendhilferechtlicher Entscheidungen sowohl von Amts wegen, als auch auf Anregung der Eltern eingeleitet werden können. Denn es gibt auch Situationen, in denen das öffentliche Interesse an der Wahrnehmung der Angelegenheit eher gering ist.[1173] In diesen Fällen muss das Verfahren weiterhin von den Personensorgeberechtigten initiiert werden können. Diese legen dann wie bisher Widerspruch gegen die Entscheidung des Jugendamts ein und können im Falle dessen Scheiterns den Rechtsweg vor dem nun zuständigen Familiengericht bestreiten.

Die Einleitung des Amtsverfahrens könnte folgendermaßen zustande kommen: Das Familiengericht überprüft im Rahmen seiner Überprüfungsverpflichtung aus §§ 1696 BGB, 166 FamFG, ob das Jugendamt die gegenüber den Eltern nach § 1666 BGB angeordnete Hilfe tatsächlich gewährt hat. Ist das nicht

1169 *Keidel/Sternal*, FamFG, § 23, Rn. 8.

1170 *Keidel/Sternal*, § 23, Rn. 4.

1171 Staudinger/*Coester*, § 1666, Rn. 261.

1172 siehe Kap. B. II. 2. b)

1173 siehe Kap. B. II. 2. b), gemeint ist hier, die Geltendmachung der Gewährung von Unterbringung in Internaten, die Finanzierung von Lerntherapien etc.

der Fall, kann das Familiengericht ein Verfahren zur Überprüfung der Ablehnung der öffentlichen Hilfe von Amts wegen einleiten und ist nicht auf den Antrag der Eltern angewiesen. Auch in den Fällen, in denen das Familiengericht von Maßnahmen abgesehen hatte, weil die Eltern im Verfahren nach §§ 1666, 1666a noch bereit waren, eine öffentliche Hilfe anzunehmen oder gar keine Kindeswohlgefährdung vorgelegen hatte, kann das Familiengericht das Verfahren von Amts wegen einleiten, wenn sich die Situation im Nachhinein geändert hat und das Jugendamts eine notwendige Hilfe nicht gewährt. Auch hier erlangt das Familiengericht im Rahmen seiner Überprüfungspflicht nach § 166 Abs. 3 FamFG von der Ablehnung der öffentlichen Hilfe Kenntnis und kann das Verfahren einleiten, ohne einen Antrag bzw. die Klageerhebung der Eltern abwarten zu müssen. Kommt es durch die Ablehnung des Bescheids oder den (ablehnenden) Widerspruchsbescheid zu einer Gefährdung des Kindeswohls, ist das Familiengericht ohnehin aufgrund des staatlichen Wächteramts verpflichtet, ein Verfahren wegen Gefährdung des Kindeswohls nach §§ 1666, 1666a BGB einzuleiten.

Des Weiteren entspricht es im Hinblick auf Art.19 Abs. 4 GG einer sinnvollen Ordnung des Rechtsweges, dass über einen einheitlichen Lebenssachverhalt möglichst nur in einem Rechtsweg entschieden wird.[1174] Nach aktueller Gesetzeslage kommt es allerdings zu Überschneidungen im Rechtsweg, die einer einheitlichen Regelung zusammenhängender Sachverhalte nicht dienlich sind. So ordnet der Familienrichter zum Beispiel die freiheitsentziehende Unterbringung eines Minderjährigen nach den Landesgesetzen über die Unterbringung psychisch Kranker an und muss die freiheitsentziehende Unterbringung eines Minderjährigen (§§ 1631b BGB) genehmigen. Für die gerichtliche Kontrolle des Verwaltungshandels ist aber auf Antrag der Eltern das Verwaltungsgericht zuständig. Ähnlich ist es bei den öffentlichen Hilfen nach §§ 27 ff. SGB VIII. Diese können entweder (auch gegen den Willen der Eltern) vom Familiengericht angeordnet werden, dann ergeht ein Beschluss, der als Entscheidung der freiwilligen Gerichtsbarkeit im familiengerichtlichen Verfahren anfechtbar ist; oder der Leistungsberechtigte beantragt unabhängig vom familiengerichtlichen Verfahren eine Hilfe zur Erziehung, dann ergeht ein Verwaltungsakt, der im verwaltungsgerichtlichen Verfahren angefochten werden kann. Durch diese Aufspaltung des Rechtsweges kann eine befriedigende Regelung zusammenhängender Sachverhalte nicht erreicht werden. So kann es vorkommen, dass der Leistungsberechtigte bereits eine öffentliche Hilfe beim Jugendamt beantragt hat, über die das Jugendamt negativ entschieden hat, und aus diesem Grund ein verwaltungsgerichtliches Verfahren anhängig ist, parallel der Fall aber wegen Gefährdung des

1174 BVerwG v. 25.6.1981 – 1 C 93/76 – NJW 1982, 536

Kindeswohls vor dem Familiengericht anhängig ist.[1175] Die Überprüfung/Kontrolle des Jugendamts durch das Familiengericht wäre auch nicht systemfremd, da das familiengerichtliche Verfahren bereits de lege lata auch dem Schutz des Bürgers vor der Exekutive dient. Dies zeigt § 42 Abs. 3 S. 2 Nr. 2 SGB VIII, wonach im Falle einer Inobhutnahme unverzüglich eine Entscheidung des Familiengerichts über die erforderlichen Maßnahmen einzuholen ist, wenn die Eltern der Inobhutnahme nicht zustimmen.[1176] Zwar handelt es sich bei der Inobhutnahme um einen Verwaltungsakt, dessen Rechtmäßigkeit de lege lata einzig das Verwaltungsgericht überprüft, der Familienrichter überprüft jedoch im Rahmen des § 42 Abs. 3 SGB VIII indirekt auch die Entscheidung des Jugendamts. Auch die Führung der Vormundschaft und Beistandsschaft wird durch das Familien- und nicht durch das Verwaltungsgericht überprüft (§§ 56 ff., 87c SGB VIII), obwohl ca. 80 % der Vormundschaften als Amtsvormundschaften vom Jugendamt geführt werden.[1177] Deswegen wäre eine Zuweisung der Verfahren über Leistungen und sonstige Maßnahmen der Jugendhilfe, die das Verhältnis des Einzelnen als Leistungsberechtigten zum Jugendamt betreffen (also alle Verfahren über Leistungen, Maßnahmen und sonstige Ansprüche gegenüber der Jugendhilfe), an das Familiengericht keinesfalls systemfremd. Des Weiteren entscheidet das Familiengericht bereits über Maßnahmen der Kinder- und Jugendhilfe. Im Rahmen der §§ 1666, 1666a BGB überprüft das Gericht, welche Maßnahmen zur Abwendung der Gefahr für das Kindeswohl in Frage kommen und beurteilt in diesem Fall auch, ob und gegebenenfalls welche öffentliche Hilfe nach §§ 27 ff. SGB VIII als Gebot an die Eltern herangezogen werden kann.

Aus diesem Grund sollten, wie bereits im Jugendhilferechtsentwurf von 1979 vorgesehen, alle Verfahren über Leistungen oder sonstige Verfahren der Kinder- und Jugendhilfe, die das Verhältnis des Einzelnen als Leistungsberechtigten zum Jugendamt betreffen, in den ordentlichen Rechtsweg verwiesen werden. Zuständig wäre das Familiengericht, das bereits mit Fragen der Erziehung und Entwicklung von Kindern und Jugendlichen sowie im Rahmen von § 1666 BGB mit der Beurteilung von Fragen aus dem Bereich des Kinder- und Jugendhilfegesetzes befasst ist und in diesem Zusammenhang verwaltungsrechtlich tätig wird. Das Verfahren wäre sowohl auf Anregung der Eltern, als auch von Amts wegen einzuleiten. Streitigkeiten, die das Verhältnis der Träger der Jugendhilfe untereinander, zu den Jugendhilfeausschüssen oder das Verhältnis der

1175 Eine derartige Konstellation ist zwar äußerst unwahrscheinlich, faktisch aber möglich.

1176 *Heilmann*, hefam.de, S. 7; Staudinger/*Coester*, § 1666a, Rn. 16; a.A. Wiesner/*Wiesner*, § 42, Rn. 46.

1177 Wiesner/*Wiesner*, § 55 , Rn. 63; ISA, JAmt 2004, 228.

Träger untereinander betreffen, sollten an die Sozialgerichtsbarkeit verwiesen werden. Gleiches gilt für Streitigkeiten nach den §§ 43 ff. SGB VIII, da es sich auch hier in erster Linie um Streitigkeiten zwischen Trägern der Jugendhilfe handelt.

aa) Sonderzuweisung an das Familiengericht kraft Sachzusammenhangs

Von einer „abdrängenden Sonderzuweisung“[1178] spricht man, wenn eine Streitigkeit ausdrücklich einem anderen Gericht, als dem eigentlich zuständigen, zugewiesen wird. Sonderzuweisungen finden sich sowohl im Verfassungs-, als auch im einfachen Recht und verweisen an Gerichte der ordentlichen Gerichtsbarkeit oder an die besonderen Gerichtsbarkeiten (Finanz-, Sozial-, Berufsgerichte). Bei diesen Streitigkeiten handelt es sich um öffentlich-rechtliche Streitigkeiten, deren Lösung zwar nach der jeweiligen Verfahrensordnung erfolgt, sich inhaltlich aber nach öffentlichem Recht richtet. [1179] Diese Zuweisungen müssen in der Regel ausdrücklich durch Gesetz bestimmt werden. Hiervon werden in der Rechtsprechung allerdings Ausnahmen gemacht. Ergibt sich aus dem Gesamtgehalt einer Regelung und dem Sachzusammenhang eine inhaltliche Sachnähe der betroffenen Regelungsbereiche zueinander, kann von einer eindeutigen (gesetzlichen) Zuweisung abgesehen werden.[1180] Im Zweifel können für die Auslegung der Vorschriften über die Rechtswegzuweisung Merkmale des Sachzusammenhangs und der Sachnähe herangezogen werden. Damit wird in Einklang mit Art. 19 Abs. 4 GG nicht nur der Rechtsweg garantiert, sondern auch ein bereits bestehender erweitert.[1181]

Damit stellt sich die Frage, ob für Verfahren über Leistungen oder sonstige Maßnahmen der Jugendhilfe, die das Verhältnis des Einzelnen als Leistungsberechtigten zum Jugendamt betreffen, insbesondere auch Ansprüche aus den §§ 27 ff. SGB VIII, der Rechtsweg zu den Familiengerichten kraft Sachzusammenhang bereits de lege lata eröffnet ist. Teilweise wird angenommen, dass die Gerichte zur Vermeidung einer doppelten Inanspruchnahme auch über rechtswegsfremde Streitigkeiten entscheiden können, wenn ein Sachzusammenhang zu der zu verhandelnden Angelegenheit besteht. Bei der Auslegung der Rechtswegsvorschriften müsse den Gesichtspunkten der Sachnähe, der Sachkunde und des Sachzusammenhangs besondere Beachtung geschenkt werden. Der Rechtsweg sei insbesondere im Falle von nicht ausdrücklich genannten Hilfs- und Nebenan-

1178 *Hufen*, Veraltungsprozessrecht, § 11, Rn. 53.

1179 *Hufen*, Verwaltungsprozessrecht, § 11, Rn. 53.

1180 *Kopp/Schenke*, VwGO, § 40, Rn. 49; BVerwG v. 15.5.1986 - 4 B 92/86 – NJW 1986, 2845.

1181 *Kopp/Schenke*, VwGO, § 40, Rn. 49.

sprüchen gegeben. Um eine ökonomische Prozessführung zu gewährleisten, erschöpfe sich Art. 19 IV GG nicht allein darin, den Rechtsweg zu eröffnen, sondern auch einen bereits gegebenen zu erweitern. Insofern genüge es, wenn sich im Wege der Auslegung aus der gesetzlichen Regelung ergebe, dass es der Wille des Gesetzgebers war, eine bestimmte Rechtsmaterie in ihrer Gesamtheit einem Gerichtsweg zuzuweisen.[1182]

Bei der Überprüfung jugendhilferechtlicher Entscheidungen besteht aber bereits das Problem, dass es sich hierbei weder um einen Hilfs- noch um einen Nebenanspruch handelt. Die Überprüfung beispielsweise der Ablehnung einer Hilfeleistung seitens des Jugendamts muss in einem gesonderten Verfahren vorgenommen werden. Hierfür ist der Rechtsweg zu den Verwaltungsgerichten eröffnet. Art. 19 Abs. 4 S. 2 GG hilft aber nicht weiter, wenn tatsächlich ein Rechtsweg gegeben und lediglich unsicher ist, welche Gerichtsbarkeit Rechtsschutz zu leisten hat. Auch eine Verweisung des Rechtswegs aus prozessökonomischen Gesichtspunkten scheitert am eindeutigen Wortlaut des § 40 Abs. 1 S.1 VwGO.[1183] Danach ist der Verwaltungsrechtsweg nur dann nicht einschlägig, wenn die Streitigkeiten ausdrücklich einem anderen Gericht zugewiesen sind. Unter einer Kompetenz kraft Sachzusammenhangs versteht man aber „das Übergreifen in einen materiell andersgearteten Sachbereich auf der Grundlage einer stillschweigenden Zuweisung."[1184] § 40 Abs. 1 S. 1 VwGO verlangt jedoch gerade eine ausdrückliche und keine stillschweigende Verweisung. Eine Sonderzuweisung aus Gründen des Sachzusammenhangs scheitert auch an der Ambivalenz dieser Kompetenz. Denn gerade im Bereich der öffentlichen Hilfen nach SGB VIII besteht nicht nur ein Sachzusammenhang zu den Familiensachen, die in die Zuständigkeit des Familiengerichts fallen, sondern auch zu den Sozialhilfesachen, die in die Zuständigkeit der Sozialgerichte fallen.[1185] In Betracht kommen könnte also lediglich die erweiterte Auslegung einer bereits bestehenden Rechtswegverweisung

bb) Verweisung durch extensive Auslegung von §§ 23a, 23b GVG i.V.m. § 1666 BGB?

Gemäß §§ 23a, 23b GVG§ i.V.m. 1666 BGB wird das Familiengericht ermächtigt, die zur Abwendung einer Gefährdung des Kindeswohls erforderlichen Maßnahmen zu treffen. Fraglich ist, ob eine Verweisung der Streitigkeiten über Ansprüche nach §§ 27 ff. SGB VIII durch eine extensive Auslegung dieser

1182 *Kopp/Schenke*, § 40, Rn. 49.

1183 *Ehlers* in: Schoch/Schmidt-Aßmann/Pietzner, VwGO, § 40, Rn. 490.

1184 *Ehlers* in: Schoch/Schmidt-Aßmann/Pietzner, VwGO, § 40, Rn. 492.

1185 siehe Kap. C. II.

Rechtswegvorschriften zu den Familiengerichten in Frage kommt. Eine erweiterte Auslegung kommt allerdings nur dann in Betracht, wenn es sich bei der auslegungsfähigen Norm bereits um eine abdrängende Sonderzuweisung handelt, deren Geltungsbereich ergänzt werden soll.[1186] Dies ist bei der in Frage stehenden Verweisung aber nicht der Fall. § 23a GVG verweist lediglich bürgerrechtliche Streitigkeiten an die Familiengerichte. Eine Regelung über öffentlich-rechtliche Streitigkeiten wird nicht getroffen, so dass § 23a GVG keinesfalls als Sonderzuweisung in Anspruch genommen werden kann.

cc) Einfügen einer konkreten Sonderzuweisung in das Gesetz

Der Bereich der Jugendhilfe ist öffentlich-rechtlich. Streitigkeiten aus dem Bereich der Kinder- und Jugendhilfe sind demzufolge öffentlich-rechtliche Streitigkeiten, für die der Verwaltungsrechtsweg nach § 40 VwGO eröffnet ist.[1187] Man könnte jedoch eine „abdrängende Sonderzuweisung" im Gesetz verankern, die öffentlich-rechtliche Streitigkeiten der Kinder- und Jugendhilfe den Familiengerichten zuweist. § 40 VwGO lässt aus Gründen des Sachzusammenhangs und der Prozessökonomie in gewissem Umfang Ausnahmen von der Rechtswegzuständigkeit der Verwaltungsgerichte zu. Dies setzt allerdings eine ausdrückliche Regelung in Form eines förmlichen Bundesgesetzes oder eines nach Inkrafttreten der VwGO förmlich erlassenen Landesgesetzes voraus.[1188]

In das FamFG muss also eine Vorschrift aufgenommen werden, wonach Streitigkeiten über Leistungen und sonstige Maßnahmen der Jugendhilfe, die das Verhältnis des Einzelnen als Leistungsberechtigten betreffen, an die Familiengerichte verwiesen werden. Dadurch würde das Familiengericht in die Lage versetzt, verbindlich festzustellen, ob der Träger der öffentlichen Jugendhilfe zur Gewährung von Hilfen zur Erziehung verpflichtet ist. Da zu der besonderen Qualifikation von Familienrichtern grundsätzlich auch ausreichende Kenntnisse im Kinder- und Jugendhilferecht gehören, erscheint die Einräumung einer solchen Kompetenz nicht sachfremd. Soweit der Träger der öffentlichen Jugendhilfe zur Leistungserbringung verpflichtet ist, muss der Richter seine Entscheidung unter Bezugnahme auf die Leistungsvoraussetzungen des SGB VIII begründen. Zwar würde in diesem Fall ein Gericht der ordentlichen Gerichtsbarkeit die öffentliche Verwaltung überprüfen und gegebenenfalls auch verpflichten, dies ist in einem solchen Fall aber zu tolerieren. Im Grundgesetz besteht insofern ein Spielraum für den Gesetzgeber, als nur vereinzelt im Grundgesetz bestimmte

1186 *Ehlers* in: Schoch/Schmidt-Aßmann/Pietzner, VwGO, § 40, Rn. 490.

1187 *Hufen*, Verwaltungsprozessrecht, § 11, Rn. 25

1188 *Kopp/Schenke*, VwGO, § 40, Rn. 48; *Ehlers* in: Schoch/Schmidt-Aßmann/Pietzner, VwGO, § 40, Rn. 485 ff.

Sachfragen bestimmten Gerichten zugewiesen werden. Dies zeigen auch die einfachgesetzlichen Regelungen, die die Zuständigkeit der Gerichte unter den Vorbehalt einer auf- oder abdrängenden Sonderzuweisung stellen. Eine gesetzliche Zuweisung von Entscheidungskompetenzen über Streitigkeiten des öffentlichen Rechts an die ordentlichen Gerichte aus Gründen des Sachzusammenhangs ist deswegen mit Art. 95 GG vereinbar. Ein solcher ist vorliegend gegeben, da die Überprüfung einer verwaltungsrechtlichen Frage durch das Familiengerichts in erster Linie im Zusammenhang mit einer familiengerichtlichen Entscheidung nach § 1666 BGB auftritt.

Um eine befriedigende Lösung zusammenhängender Sachverhalte zu erreichen ist zusätzlich die Zuweisung aller Verfahren bezüglich Rechtsansprüchen des Einzelnen gegenüber dem Jugendamt an die Familiengerichte ist nötig,. Der Gesetzgeber fordert verstärkt ein möglichst frühzeitiges Tätigwerden des Familiengerichts und die Wahrung des Kindeswohls durch präventive Maßnahmen. Diese Forderungen können aber nur umgesetzt werden, wenn das Familiengericht möglichst früh von der möglichen Kindeswohlgefährdung bzw. Missständen in der Familie Kenntnis erlangt. Durch eine Sonderzuweisung der Verfahren bezüglich Leistungen und sonstiger Ansprüche nach SGB VIII würde diese Forderung erfüllt und der Familienrichter könnte schon vor einer möglichen Kindeswohlgefährdung (§ 157 FamFG) mit dem Kind, der Familie und dem Jugendamt in Kontakt treten.

Eine Beibehaltung des Ist-Zustandes würde die Aufrechterhaltung des Ausfalls von Kontrolle bedeuten. Die Kinder- und Jugendhilfe könnte weiterhin quasi im „gerichts- und kontrollfreien Raum" agieren. Denn eine Überprüfung der Entscheidung der Kinder- und Jugendhilfe durch die Verwaltungsgerichte macht wenig Sinn. Es erscheint kaum realistisch und unter erzieherischen Gründen unzumutbar, dass ein gefährdeter Jugendlicher oder dessen Eltern den Verwaltungsrechtsweg beschreiten, um die angeordnete Hilfe einzufordern.[1189]

Um der Steuerungsverantwortung der Jugendhilfe gerecht zu werden, dürfte das Gericht allerdings keine weiterführenden Kompetenzen als das Verwaltungsgericht im Falle einer Verpflichtungsklage haben. Im Falle von gebundenem Ermessen wäre die Entscheidung des Jugendamts voll überprüfbar, im Falle von jugendamtlichem Ermessen nur eingeschränkt. Hier käme man nun wieder zu der generellen Unterscheidung zwischen Soll-, Kann- und Muss-

1189 Tatsächlich wird der Rechtsweg in den seltensten Fällen beschritten, siehe Kap. B. II. 2. b). Eine ähnliche Situation herrscht auch im jugendgerichtlichen Verfahren. Hier wirkt die angeordnete Hilfe ähnlich einer Sanktion, so dass es noch unwahrscheinlicher ist, dass der Jugendliche oder seine Eltern den Verwaltungsrechtsweg bestreiten. Ein gerichtliches Gebot öffentliche Hilfe in Anspruch zu nehmen kommt für die Eltern oftmals einer Sanktion gleich.

Bestimmungen. Im Falle einer Muss- Bestimmung oder einer Ermessensreduzierung auf Null kann das Verwaltungsgericht, um Spruchreife herzustellen, die Verpflichtung der Behörde, die beantragte Amtshandlung umzusetzen, eigenhändig vornehmen. In diesen Fällen könnte das Familiengericht das Jugendamt direkt anweisen, die Maßnahme umzusetzen. Im Falle einer Ermessensvorschrift muss das Gericht die Auswahl der geeigneten Hilfe zur Erziehung dem Jugendamt überlassen.[1190] Handelt es sich dagegen um gebundenes Ermessen, wie es bei den öffentlichen Hilfen nach §§ 27 ff. SGB VIII der Fall ist, könnte der Familienrichter die Entscheidung des Jugendamts voll überprüfen.[1191] Diese Regelung soll letztendlich zu einer verbesserten Abstimmung zwischen Familiengericht und Jugendamt führen. Denn stellt das Rechtsmittelgericht wiederholt fest, dass die Voraussetzungen für Hilfen zur Erziehung entgegen der Ansicht des Familiengerichts nicht vorliegen, wird dieses sich in Zukunft um einen bessere Abstimmung mit dem Jugendamt bemühen. Auf der anderen Seite wird auch das Jugendamt ein Interesse daran haben, so wenig wie möglich durch das Familiengericht zur Erbringung von Leistungen verpflichtet zu werden und sich ebenfalls um eine bessere Kooperation im Vorfeld der gerichtlichen Entscheidung bemühen.

Im Hinblick auf Art. 19 Abs. 4 GG entspricht es einer sinnvollen Ordnung des Rechtsweges, dass über einen einheitlichen Lebenssachverhalt möglichst nur in einem Rechtsweg entschieden wird.[1192] Durch die Verweisung der Überprüfung von Leistungen der Kinder- und Jugendhilfe auf das Familiengericht würde das Problem des Eingriffs in die Gewaltenteilung obsolet. Der Familienrichter wäre dann gesetzlich dazu berechtigt, Entscheidungen der öffentlichen Jugendhilfe zu überprüfen. Das Jugendamt wiederum wäre ausreichend durch die ihm zustehende Beschwerdebefugnis geschützt. Nötig ist damit eine konkrete Rechtswegszuweisung, die alle Verfahren über Leistungen oder sonstige Maßnahmen der Jugendhilfe in den ordentlichen Rechtsweg unter Zuständigkeit des Familienrichters verweist. Damit wäre die Überprüfung inhaltlich verbundener Lebenssachverhalte in einem Instanzenzug möglich. Ein Eingriff in die gesetzliche Zuweisung der gerichtlichen Überprüfung würde vermieden, da der Familienrichter die (ablehnende) Entscheidung des Jugendamts wie zuvor der Verwaltungsrichter überprüfen würde.[1193] Er wäre berechtigt, die Entscheidung des Jugendamts, wie auch bisher der Verwaltungsrichter, einer vollen gerichtlichen

1190 *Hufen*, Verwaltungsprozessrecht, § 26, Rn. 19 ff.

1191 *Tammen/Trenczek* in: FK-SGB VIII, § 27, Rn. 57.

1192 BVerwG v. 25.6.1981 – 1 C 93/76 – NJW 1982, 536

1193 Siehe auch *Röchling* zum Jugendhilferechtsentwurf v. 1979, S. 47 ff.

Kontrolle zu unterziehen und im Falle einer vom Jugendamt abweichenden Entscheidung dieses zur Vornahme der Jugendhilfeleistung zu verpflichten.[1194]

Dafür spricht auch die Überprüfungsverpflichtung des § 166 FamFG. Denn erst durch die Zuweisung aller Verfahren über Leistungen und sonstige Maßnahmen, die das Verhältnis des Einzelnen als Leistungsberechtigten betreffen an das Familiengericht, könnten die Möglichkeiten im Kindesschutz umfassend genutzt werden. Zudem würde die einheitliche Zuweisung in einen einheitlichen Rechtsweg zu einer beschleunigten Verfahrensgestaltung beitragen und so dem Vorrangs- und Beschleunigungsgebot aus § 155 FamFG zu Gute kommen.

Abbildung 10: Abdrängende Sonderzuweisungen im Bereich des öffentlichen Rechts

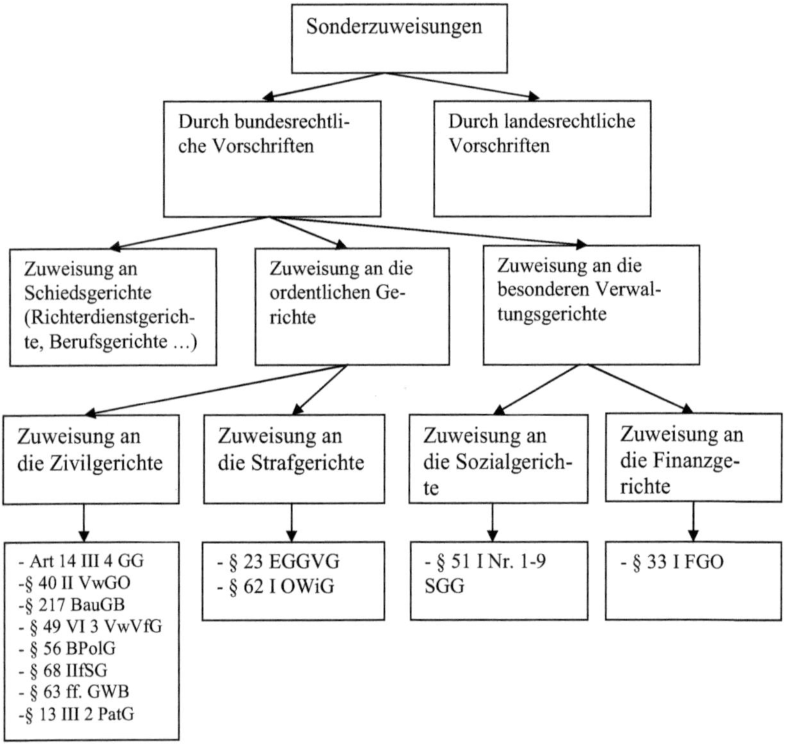

Quelle: Eigene Darstellung

1194 Siehe Kap. B. II. 1. a) bb).

c) Rechtsschutzmöglichkeiten des Jugendamts

Fraglich ist, ob das Jugendamt durch die Einführung einer Sonderzuweisung an die Familiengerichte ausreichend geschützt ist. Bisher stand dem Jugendamt gegen die Entscheidungen des Familiengerichts das Rechtsmittel der Beschwerde zu. Im verwaltungsgerichtlichen Verfahren steht dem Jugendamt das Rechtsmittel der Berufung, der Revision und der Beschwerde zu.

Durch die aufdrängende Sonderzuweisung wären nicht mehr die Verwaltungsgerichte, sondern die Familiengerichte für die Überprüfung des Verwaltungshandelns zuständig. Gegen das Urteil des Familiengerichts stünde dem Jugendamt das Rechtsmittel der Beschwerde nach § 58 FamFG zu. Gemäß § 59 Abs. 3 FamFG sind auch Behörden beschwerdebefugt, wenn dies gesetzlich bestimmt ist. Nach § 162 Abs. 3 S. 2 FamFG ist das Jugendamt in allen Verfahren, die die Person des Kindes betreffen, beschwerdeberechtigt.[1195] Bei den Verfahren bezüglich Leistungen und sonstiger Maßnahmen der Jugendhilfe handelt es sich um Verfahren in Kindschaftssachen, die die Person des Kindes betreffen. Dem Jugendamt stünden damit auch nach Verweisung dieser Verfahren ausreichend Rechtsschutzmöglichkeiten zur Verfügung, da die Rechtsschutzmöglichkeiten des FamFG nicht schwächer ausgestaltet sind, als die der VwGO.

Zwar ist das Jugendamt unabhängig von seiner Beteiligtenstellung beschwerdeberechtigt,[1196] es zeigt sich jedoch, dass es seine Möglichkeiten nur als Verfahrensbeteiligter optimal ausschöpfen kann. Denn sowohl im Antrags-, als auch im Amtsverfahren hat das Jugendamt nur als Beteiligter umfassende Rechte aktiv am Verfahren mitzuwirken. Zwar hat das Jugendamt auch ohne Beteiligtenstellung das Recht auf Akteneinsicht, allerdings nur, wenn es ein berechtigtes Interesse glaubhaft macht und schutzwürdige Interessen Dritter nicht entgegenstehen, § 13 Abs. 2 FamFG. Beteiligte haben dagegen gemäß § 13 Abs. 1 FamFG jederzeit das Recht, die Gerichtsakten einzusehen. Im Falle einer Beteiligtenstellung wäre das Jugendamt demnach durch Übersendung aller relevanten Schriftstücke laufend über den Gang des Verfahrens informiert.[1197] Gleiches gilt für die Bekanntgabe von Dokumenten. Ist das Jugendamt kein am Verfahren Beteiligter, sind ihm lediglich die Entscheidungen des Gerichts bekannt zu machen, zu denen es gemäß § 162 Abs. 1 S. 1 FamFG zu hören war. Zwar sind Vertreter des Jugendamts an allen Verhandlungen, Erörterungen und Anhörungen in Sachen, die die Person des Kindes betreffen teilnahmeberechtigt, die Möglichkeit das Verfahren aktiv mitzugestalten besteht allerdings auch in diesem Fall nur als Verfahrensbeteiligter. Dadurch wäre das Jugendamt auch in der

---

1195 *Keidel/Meyer-Holz*, FamFG § 59, Rn. 55 f.

1196 *Lack*, ZKJ 2010, 189 (193).

1197 *Lack*, ZKJ 2010, 189 (191).

Lage den Verlauf des Verfahrens so zu beeinflussen, dass das Einlegen von Rechtsmitteln gar nicht mehr nötig wäre.[1198] Gerade für das Einlegen von Rechtsmitteln ist eine Beteiligtenstellung von besonderem Vorteil. Denn das Risiko die Kosten für ein ohne Erfolg eingelegtes Rechtsmittel nach § 84 FamFG auferlegt zu bekommen, lässt sich durch umfangreiche Akteneinsicht und eine aktive Teilnahme am Verfahren minimieren, die nur einem Beteiligten unbeschränkt zusteht.[1199] Aus diesem Grund sollte darüber nachgedacht werden, dem Jugendamt in allen Verfahren, die die Person des Kindes betreffen in der Regel eine Beteiligtenstellung von Gesetzes wegen einzuräumen.

d) Anforderungen an das (neue) Familiengericht

Fraglich ist jedoch, ob das Familiengericht in seiner jetzigen Qualifikation und Zusammensetzung über ausreichende Kompetenzen für eine Erweiterung seiner Zuständigkeit verfügt.[1200] Es wäre zu prüfen, ob eine Fortbildungsverpflichtung für Familienrichter gesetzlich verankert und eine interdisziplinäre Richterbank eingeführt werden sollte, die zusätzlich mit sachverständigen, ehrenamtlichen Richtern zu besetzen wäre.

aa) Qualifikation verbessern

Mit § 37 JGG existiert eine Vorschrift, die von Jugendrichtern und Jugendstaatsanwälten fordert, erzieherisch befähigt und in der Jugenderziehung erfahren zu sein. Für den Familienrichter existiert keine entsprechende Regelung. Das liegt wohl daran, dass das Familiengericht nicht nur in Kindeswohlgefährdungsfällen tätig wird, sondern ein umfassendes Handlungsspektrum aufweist, in dem es zum großen Teil nicht einmal um Kinder und Jugendliche geht. Hierin kann aber keine Rechtfertigung für die generelle Ablehnung einer Fortbildungsverpflichtung gesehen werden. Es wäre z.B. möglich, Familienrichter erst dann Kindschaftssachen behandeln zu lassen, wenn sie entsprechende Qualifikationen nachweisen können.

Zu der besonderen Qualifikation von Jugendrichtern im Sinne des § 37 JGG gehören auch fundierte Kenntnisse der einschlägigen Rechtsvorschriften. Dies

---

1198 *Lack*, ZKJ 2010, 189 (191 f.).

1199 *Lack*, ZKJ 2010, 189 (193).

1200 Dies gilt nicht nur im Falle einer Erweiterung der Zuständigkeit, sondern auch bei Beibehaltung der jetzigen Rechtslage.

umfasst auch Kenntnisse aus dem Bereich des Kinder- und Jugendhilferechts.[1201] Gleiches sollte für Familienrichter gelten. Im familiengerichtlichen Verfahren, bei der Beurteilung und Bewertung zwischenmenschlicher Beziehungen, sind besondere, auch fächerübergreifende Kompetenzen des Richters unverzichtbar. Insbesondere in kindschaftsrechtlichen Verfahren sollten Sensibilität, Wissen, Erfahrung und Einfühlungsvermögen zum unabdingbaren Rüstzeug des Familienrichters gehören.[1202]

Die Frage nach einer speziellen Aus- und Weiterbildung von Familienrichtern wird seit dem ersten Aufkommen der Diskussion um die Einführung von Familiengerichten geführt.[1203] Schon beim ersten Deutschen Familiengerichtstag 1978 in Brühl wurde die Bedeutung dieser Forderungen insbesondere bei Sorgerechtsentscheidungen herausgearbeitet und deutlich gemacht, dass die Behandlung ehelicher und familiärer Angelegenheiten besondere Begabungen und Fähigkeiten verlangt, die nicht jeder Richter ohne weiteres mitbringt.[1204] So wenig der Zugang zum Amt des Familienrichters von besonderen Qualifikationen abhängt, so wenig findet sich bis heute im Gesetz eine Verpflichtung zur Teilnahme an Fort- und Weiterbildungsveranstaltungen, obwohl immer wieder Forderungen nach einer gesetzlichen Verankerung laut werden.[1205] Natürlich sollte das Präsidium es als nobile officium ansehen, nur besonders qualifizierte Richter zu bestellen.[1206] Dies wird allerdings schwierig sein, solange „von der alten, überholten Prämisse ausgegangen (wird), ein guter Jurist könne sich in alle Rechtsgebiete einarbeiten, heute Wettbewerbsrecht, morgen Strafrecht, übermorgen Familienrecht und dann wieder ein anderes Gebiet. So war das vom Gesetzgeber mit Sicherheit nicht gedacht, als er den Familienrichter eingeführt hat.“[1207] Durch die Einführung eines Familiengerichts wird dem Rechtsuchenden suggeriert, es handele sich um ein Spezialgericht mit kompetenter Besetzung. Tatsächlich weist der Familienrichter aber in der Regel nicht die Kompetenzen auf, die

1201 *Diemer* in: D/S/S, JGG, § 37, Rn. 3; *Drews*, ZJJ 2005, 409 ff., möchte § 37 JGG zu einer zwingenden Vorschrift umwandeln; so auch die Forderungen von *Ostendorf*, JGG, Grdl. z. §§ 33-38, Rn. 9 m.w.N.

1202 *Schnitzler* in: Anwaltshandbuch Familienrecht, § 4, Rn. 34; siehe bereits: *Theile* DRiZ 1977, 274 (275 f.)

1203 BT-Drucks. 8/2788, S. 42; BVerfG v. 5.11.1980 – 1 BvR 349/80 – NJW 1981, 217 (218).

1204 *Schnitzler* in: Anwaltshandbuch Familienrecht, § 4, Rn. 3, soweit dieser auf *Hussmann* in: Tagungsband erster Deutscher Familiengerichtstag, S. 7, 8 verweist, ist diese Quelle nicht überprüfbar, da der erste Band nicht in veröffentlichter Form vorliegt; siehe auch den Bericht über den 1. Deutschen Familiengerichtstag von *Baltes*, ZblJugR 1978, 512.

1205 Zuletzt Arbeitsgruppe „Familiengerichtliche Maßnahmen bei Gefährdung des Kindeswohls“ Abschlussbericht v. 17. November 2006, bmj.bund.de, S.52 f. und v. 14.7.2009, S. 23 ff.

1206 *Kissel/Mayer*, GVG, § 23b, Rn. 15.

1207 *Schnitzler* in: Anwaltshandbuch Familienrecht, § 4, Rn. 38.

beispielsweise ein Arbeits- oder Sozialrichter in seinem Fachgebiet mitbringt.[1208]

Solange keine gesetzliche Verankerung zur Aus-, Fort- und Weiterbildung existiert, muss von den Justizverwaltungen verlangt werden, nur solche Personen zu Familienrichtern zu ernennen, die ihre besondere Befähigung für dieses Amt durch Teilnahme an Fortbildungsveranstaltungen, der Veröffentlichung von Fachbeiträgen oder ähnlichem bewiesen haben.[1209]

Ebenso müssen natürlich die Mitarbeiter des Jugendamts in gerichtsspezifischen Bereichen weitergebildet werden. Nur so können sich diese sehr unterschiedlichen Institutionen, die doch gemeinsam den grundrechtlichen Kindesschutz verwirklichen müssen, einander annähern und ein gegenseitiges Verständnis und Einvernehmen entwickeln. Aus diesem Grunde ist es wichtig, gemeinsame Fortbildungsmaßnahmen zu schaffen und auszubauen, um breitere Einsichten zu entwickeln sowie fern vom konkreten Einzelfall unbelastet über Schwierigkeiten und Konflikte zu sprechen.[1210]

bb) Veränderung der Struktur des Familiengerichts / Jugendhilfekompetenzen ins Gericht

Der Gesetzgeber hat sich im Bereich der Familiengerichtsbarkeit, anders als in der Jugendgerichtsbarkeit, für einen Einzelrichter entschieden. Dies hatte (unter anderem) den Hintergrund, dass sensible familiäre Angelegenheiten nicht vor einer Richterkammer entschieden werden sollten. Man war der Ansicht, es falle den Beteiligten dann leichter, sich zu öffnen und Vertrauen zu fassen. Dennoch wäre es sinnvoll, den Einzelrichter – zumindest in Kindschaftssachen und in dem, dem Familiengericht neu zuzuweisenden Bereich – durch ein erweitertes Familiengericht zu ersetzen bzw. zu ergänzen. Durch die Besetzung der Richterbank mit sachverständigen, ehrenamtlichen Richtern könnten außerjuristische Kompetenzen auf die Richterbank geholt und so das kindschaftsrechtliche Verfahren optimiert werden. Es könnte auch dazu führen, dass Eltern Familiengericht und Jugendamt nicht mehr oder zumindest weniger als eine gegen sie gerichtete Einheit wahrnehmen.[1211] Auch auf die Kinder könnte dies einen positiven Effekt haben. Zwar wird dem Kind in der Regel ein Verfahrensbeistand an

[1208] *Schnitzler* in: Anwaltshandbuch Familienrecht, § 4, Rn. 37; dies zeigt auch die Praxis. Immer wieder werden Richter zum Familienrichter berufen, die zuvor noch nie etwas mit Familienrecht zu tun hatten.

[1209] So kann es dem Schutz von Familie und Kindern nicht dienlich sein, wenn ein OLG seine sieben Familiensenate lediglich mit zwei erfahrenen Familienrichtern besetzt; vgl. insofern die Interviews mit *Willutzki* FF 1997, 63 ff.; *Büttner* FF 1997, 30; *Luthin* FF 1999, 33 f. und *Dieckmann* FF 2000, 37 (38); *Riedel* FF 2007, 210 (211 f.); *Heilmann*, FR v. 10.10.2008.

1210 *Weisbrodt*, Zwang zur Kooperation, konfliktbehandlung.de.

1211 siehe hierzu *Münder/Mutke/Schone*, S. 299 f.

die Seite gestellt, dennoch könnte die Anhörung durch den Richter nach § 159 FamFG weniger beängstigend auf das Kind wirken, wenn neben dem Richter weitere Personen mit anderem Blickwinkel und Ausbildungshintergrund an der Entscheidung beteiligt sind. Dies erscheint besonders vor dem Hintergrund einer aktuellen Studie von Zitelmann wichtig, der zufolge deutliche Versäumnisse der Familiengerichte bei der Kindesanhörung zu Tage treten. Mögliche Ursachen liegen neben einer hohen Fallbelastung in der ungenügenden Aus- und Weiterbildung der Familienrichter. Oftmals haben Richter, die in ihrer Ausbildung nur selten mit erziehungs- und sozialwissenschaftlichen sowie psychologischen Fragestellungen konfrontiert werden, Ängste vor der Kindesanhörung in Kindesschutzverfahren und verfügen nicht über die erforderlichen Methoden zur Begegnung insbesondere mit jüngeren Kindern.[1212] Diese Defizite könnten durch kompetente ehrenamtliche Richter geschlossen werden. Das FamFG hat bereits gute Voraussetzungen in Hinblick auf erweiterte Kompetenzen des Familiengerichts geschaffenen. Nun ist es an der Zeit, die weitreichenden Kompetenzen des Familienrichters durch die Beiordnung sachverständiger ehrenamtlicher Richter abzurunden.

Die Besetzung von Gerichten (insbesondere von den besonderen Gerichten) mit ehrenamtlichen Richtern oder Schöffen ist in der deutschen Gerichtsbarkeit nichts Neues. So setzt sich in der Sozialgerichtsbarkeit, der Arbeitsgerichtsbarkeit und in den Kammern für Handelssachen die Richterbank aus einem Berufsrichter und zwei ehrenamtlichen Richtern zusammen. Ehrenamtliche Richter werden auch in der Finanzgerichtsbarkeit, der Verwaltungsgerichtsbarkeit und diversen Spezialgerichtsbarkeiten eingesetzt. Darüber hinaus kennt auch die (Jugend-) Strafgerichtsbarkeit Schöffen bzw. sachverständige Jugendschöffen. Durch die Beteiligung von ehrenamtlichen Richtern mit Fachkenntnissen sollen die beruflichen und fachlichen Kompetenzen dieser Personen genutzt und so eine größere Akzeptanz der Urteile forciert werden.[1213]

Aus den Erfahrungen mit ehrenamtlichen Richtern und Schöffen in diesen Gerichtsbarkeiten können wichtige Rückschlüsse für eine Etablierung von ehrenamtlichen Richtern in der Familiengerichtsbarkeit gezogen werden. Im Folgenden soll deswegen überlegt werden, ob und wie eine Erweiterung der Richterbank durch interdisziplinäre Besetzung in der Familiengerichtsbarkeit möglich wäre.

1212 *Zitelmann* in: Lewis, S. 75 (90 f.); *Zitelmann*, ZKJ 2011, 236 (241).
1213 *Liebscher* in: Schwab/Weth, ArbGG, § 16, Rn. 2.

3. Erweiterung der Richterbank durch interdisziplinäre Besetzung?

a) Die Forderungen nach einer interdisziplinären Richterbank im Zusammenhang mit der Einführung der Familiengerichte

Die Familiengerichte in Deutschland wurden am 1.7.1977 im Zuge des Eherechtsreformgesetzes, dem größten familienrechtlichen Reformwerk seit der Kodifizierung des Bürgerlichen Gesetzbuches, etabliert. Im Zuge dessen hat sich der Gesetzgeber zur Besetzung der Richterbank mit einem Einzelrichter entschieden, da dieser einen engeren Kontakt des Gerichts mit den Parteien ermögliche.[1214] Diese Entscheidung hat trotz verschiedener verfahrensrechtlicher Reformen, zuletzt das FGG-Reformgesetz, bis heute Bestand. Zwar hat der Familienrichter heute weitreichendere Befugnisse und seine Aufgabe geht über die reine Rechtsprechung hinaus, dennoch besteht für ihn auch heute weder die Verpflichtung, sich fortzubilden, noch sind fachliche Kenntnisse an den Zugang zu diesem Amt geknüpft. Die Diskussion um eine interdisziplinäre Richterbank scheint gänzlich verstummt zu sein.[1215]

Seit Beginn der Diskussion über ein mögliches Familiengericht zum Ende des 1. Weltkrieges wurde über die mögliche Besetzung eines derartigen Gerichts diskutiert. Dabei zeigte sich bereits zu diesem frühen Zeitpunkt eine Tendenz in Richtung einer kollegialen Richterbank. Die Vorschläge zu deren Besetzung variierten allerdings stark,[1216] sie schwankten zwischen Begeisterung und völliger Ablehnung. Ein Teil der Literatur erkannte aber bereits damals den Stellenwert einer interdisziplinär besetzten Richterbank, in jedem Fall aber die Notwendigkeit von fachlich (über rein juristisches Wissen hinaus) qualifizierten Richtern.[1217]

Im Zuge der Einführung des Familiengerichts 50 Jahre später wurden die Ideen der 20er Jahre wieder aufgriffen. Nun wurde die Frage nach der Besetzung der Richterbank und der Qualifikation des Familienrichters konkret. Sollte die Entscheidung in familiären Fragen durch einen Einzelrichter oder durch ein Kollegialgericht getroffen werden? Sollte der Familienrichter zusätzliche Qualifikationen nachweisen können? Wie sollte das Kollegialgericht besetzt sein? Gedacht wurde dabei nicht an die Besetzung mit mehreren Berufsrichtern, sondern vielmehr an eine Regelung, vergleichbar mit einem Schöffengericht.[1218]

1214 BT-Drucks. 7/4361, S. 23.

1215 Siehe aber: *Oberloskamp/Gawollek*, 17. Dt. Familiengerichtstag, AK 22, S. 172: „Eine interdisziplinäre Besetzung der Richterbank sollte geprüft werden."

1216 *Willutzki*, in: dijuf.de, Tagungsdokumentation, S. 25.

1217 *Buzengeiger*, JW 1922, 431 (434); *May*, Preußische Jahrbücher 173, 319 (331, 342 f.).

1218 BMJ, Bericht der Kommission zur Vorbereitung einer Reform der Zivilgerichtsbarkeit, S. 110, die die Einführung einer Familiengerichtsbarkeit allerdings ablehnt; Parallel zu

Insbesondere wurde die Möglichkeit in Erwägung gezogen, die Richterbank mit einem vorsitzenden Berufsrichter und zwei ehrenamtlichen Beisitzern zu besetzen. Auch hier wurden unterschiedliche Varianten durchgespielt, von der Besetzung zwingend mit einem Mann und einer Frau, über die Besetzung mit qualifizierten Beisitzern, Fachkräften auf dem Gebiet der Erziehung, Psychologen, Sozialpädagogen, Soziologen etc., bis hin zur Zuordnung eines Stabs von Mitarbeitern zum Familiengericht.[1219] Auch der vorsitzende Richter sollte ein spezialisierter Richter sein, möglichst mit einer psychologisch-pädagogischen Zusatzausbildung und längerer Erfahrung in der Jugendarbeit.[1220] Zumindest forderte man von ihm den Nachweis besonderer, über das rein juristische Wissen hinausgehender, Fachkenntnisse.[1221]

Die Forderungen nach mehr Qualifikation und der Bündelung von Kompetenzen auf der Richterbank ziehen sich wie ein roter Faden durch die Diskussionen zur Errichtung von Familiengerichten[1222] und spielten auch in der parlamentarischen Beratung[1223] eine große Rolle. Umso erstaunlicher ist es, dass diese Forderung bis heute keinen gesetzlichen Niederschlag gefunden hat.[1224] Von den Überlegungen des Familienrichters als Ehrentitel,[1225] den Forderungen nach be-

der Diskussion um die Besetzung des Familiengerichts entwickelte sich auch in der jugendrechtlichen Literatur eine ähnliche Diskussion um die Besetzung der Jugendgerichte, in der nach überwiegender Auffassung auch eine Zusammenlegung von Vormundschafts- und Jugendgericht gefordert wird. Auch hier wurden Forderungen laut und Vergleiche zu anderen Rechtsordnungen gezogen, für den Jugendrichter eine psychologisch-pädagogische Zusatzausbildung zu verlangen und auch das Amt des Laienrichters an fachliche Voraussetzungen zu knüpfen, siehe hierzu: *Simonsohn*, Der junge Mensch vor Gericht, S. 18 ff., insb. 24 f. ; *Schumann*, Gewerkschaftliche Monatshefte 1970, 273 (274); Vorschläge der Arbeiterwohlfahrt zur Jugendrechtsreform, S. 5 (13 f.).

1219 *Willutzki* in: dijuf.de, Tagungsdokumentation, S. 25; *Schumann*, Gewerkschaftliche Monatshefte 1970, 273 (274); *Müller-Freienfels* in: Festschrift für Hinderling, S. 111 (150); *Müller-Freienfels*, Ehe und Recht, S. 312 ff.; *Müller-Freienfels*, ZvglRW 1973, 117 (138); insgesamt ablehnend: BMJ, Bericht der Kommission zur Vorbereitung einer Reform der Zivilgerichtsbarkeit, S. 109 ff. (insb. 110), 93 f.

1220 *Simonsohn*, Der junge Mensch vor Gericht, S. 18 (24).

1221 *Müller-Freienfels*, Ehe und Recht, S. 310; *Müller-Freienfels*, ZvglRW 1973, 117 (126 f.); *Theile* DRiZ 1977, 274 (275 f.).

1222 Nachweise bei *Leonardy*, DRiZ 1977, 353 (354 ff.).

1223 BT-Drucks. 7/650, S.80 ff.

1224 Das BVerfG forderte bereits 1980 mehr Qualifikation vom Familienrichter, BVerfG v. 05.11.1980 - 1 BvR 349/80 – NJW 1981, 217 (218).

1225 *Grobe*, Die Entstehung und Funktion des Familiengerichts, S. 83 f.

sonderen soziologischen, medizinischen u.a. Kenntnissen[1226] und möglicher besoldungsrechtlicher Heraushebung der Familienrichter[1227] ist nichts mehr übrig geblieben. Übrig geblieben war zwar zunächst noch, dass Richter auf Probe generell von der Tätigkeit als Familienrichter ausgeschlossen wurden. Diese Einschränkung gilt mittlerweile jedoch auch nur noch insofern, als Richter auf Probe nur im ersten Jahr nach ihrer Ernennung nicht als Familienrichter tätig sein dürfen.[1228] Natürlich sollte es als Selbstverständlichkeit gelten, dass nur solche Richter zu Familienrichtern bestellt werden, die den Erwartungen des Gesetzgebers über deren fachliche Qualifikation weitestgehend entsprechen.[1229] Tatsächlich ist es jedoch dem Engagement des einzelnen Richters vorbehalten, wie weit er sein juristisches Wissen durch zusätzliche Qualifikationen ergänzt.

Auch die Diskussion um die Einführung einer interdisziplinären Richterbank in der deutschen Familiengerichtsbarkeit ist leiser geworden. Vereinzelt werden aber doch Forderungen laut, über eine solche nachzudenken.[1230] Gerade mit Blick auf die wachsende Bedeutung des Jugendamts im gerichtlichen Verfahren erscheint die Besetzung der Richterbank mit sachkundigen Ehrenrichtern wichtiger als je zuvor. Sieht doch das neue FamFG vor, dass sich das Jugendamt mehr und mehr als Beteiligter des Verfahrens selbstbewusst gegenüber dem Familiengericht positionieren soll (§ 166 Abs. 2 FamFG).[1231]

b) Erfordernis einer interdisziplinären Richterbank in der Familiengerichtsbarkeit?

In der Familiengerichtsbarkeit ist ein richtiges Urteil, das sich am Wohl des Kindes orientiert, wichtiger als in allen anderen Rechtsgebieten. Denn hier geht es nicht um Geld und Vermögenswerte, sondern um Weichenstellungen für die zukünftige Entwicklung von Kindern und Jugendlichen. Im Mittelpunkt des familiengerichtlichen Verfahrens steht der Kindesschutz, der einem ständigen

---

1226 *Müller-Freienfels*, Ehe und Recht, 109; Ehekommission beim Bundesministerium der Justiz, Vorschläge zur Reform des Verfahrensrechts in Ehesachen, zum Recht der Kinder geschiedener und getrennt lebender Eltern, zur Behandlung der Ehewohnung und des Hausrats sowie zum ehe- und familiengerechten Steuerrecht, S. 45.

1227 Ablehnend: BT-Drucks. 7/4361, S. 23; kritisch hierzu auch: *Leonardy*, DRiZ 1977, 353 (370 f.).

1228 Die ursprüngliche Regelung des § 23b Abs. 3 S. 2 wurde durch Art. 3 Nr. 3 RpflEntlG v. 1.3.1993 auf ein Jahr gelockert.

1229 *Kissel/Mayer*, GVG, § 23b, Rn. 15.

1230 *Eylmann* in: Lieber/Sens, S. 35 (37); *Oberloskamp/Gawollek*, 17. Dt. Familiengerichtstag, AK 22, S. .172.

1231 Ob das Jugendamt diese Position tatsächlich einnimmt ist allerdings fraglich, vgl. *Lack*, ZKJ 2010, 189 ff.

Wandel ausgesetzt ist. Da sich die Gesellschaft immer rasanter verändert, müssen auch die Gesetze in immer kürzer werdenden Abständen an die sich wandelnden gesellschaftlichen Strukturen angepasst werden. Hinzu kommt die ständige Erweiterung der Kompetenzen des Familiengerichts. Waren – gerade im Kindschaftsrecht – die Kompetenzen lange dem Vormundschaftsgericht übertragen, so ist nun das Familiengericht für alle Streitigkeiten, die den Bereich der Ehe und der Familie betreffen, zuständig. Gerade in sich rasch verändernden Bereichen wie dem Familienrecht zeigt es sich häufig, dass eine ständige legislative Fixierung für die Lösung von Konflikten wenig hilfreich, ja sogar deplatziert und hinderlich sein kann. Gesetzgeberische Maßnahmen sind häufig nur langsam zu verwirklichen und passen sich oft noch langsamer neuen Begebenheiten und Veränderungen an. Aus diesem Grund ist es wichtig, neben neuen Gesetzesvorhaben, großen Wert auf Einzelfallgerechtigkeit zu legen. Dies kann durch die Erweiterung der Richterbank um ehrenamtliche Sachverständige Richter gefördert werden.[1232] Auch wenn viele Familienrichter sehr engagiert sind und in ihre Entscheidungen auch interdisziplinäre Kenntnisse einbringen, so bleiben sie dennoch ausgebildete Juristen, die es als Interpreten des Gesetzes gewohnt sind, sich streng an diesem zu orientieren.[1233] Im Gegensatz dazu verhindern Laienrichter, „dass sich die beruflichen Richterinnen und Richter zunehmend isolieren, sie tragen dazu bei, dass diese ihre Überlegungen verständlich und nachvollziehbar darlegen [und] sie bringen nicht eben selten spezielle Sachkunde, wertvolle Erfahrungen und gesunden Menschenverstand in den Prozess ein.“[1234]

Ein weiterer Grund, statt neue Gesetze einzuführen lieber auf kompetentes Fachwissen im Einzelfall zu setzten, ist, dass durch die exzessive Ausweitung der Themen, mit denen sich der Gesetzgeber auseinanderzusetzen hat, häufig Gesetze verabschiedet werden, ohne dass sich der Gesetzgeber ausreichend und in adäquater Form mit der Thematik beschäftigt hat.[1235]Gerade in der heutigen Zeit, in der die Presse Themen oftmals gründlich aufbauscht, ist der Druck auf die Politiker zu schnellem Handeln in Form von immer neuen Gesetzen groß. Der Gesetzgeber handelt vermehrt, ohne statistische, empirische und ökonomische Analysen ausreichend zu berücksichtigen und versäumt es aufgrund man-

1232 *Cappelletti* in: Festschrift für Baur, S. 313 (316 ff.).

1233 Daran soll keinesfalls Kritik geübt werden, ist es doch gerade wichtig, dass der Richter als neutrale Person außerhalb des Konfliktes steht.

1234 *v. Bargen*, VBlBW 1998, 121 (122), diese Aussage galt zwar den ehrenamtlichen Richtern am Verwaltungsgericht, lässt sich aber in einzelnen Elementen auch auf andere Gerichtszweige ausweiten und sich teilweise noch steigern, insofern bei einigen Gerichtsbarkeiten ein besonderer Sachverstand sogar vorausgesetzt wird.

1235 So auch: *Cappelletti* in: Festschrift für Baur, S. 313 (319).

gelnder Vorbereitung, Kosten und Nutzen eines gesetzgeberischen Eingriffs abzuwägen.[1236] Dieses Dilemma zeigt sich gerade im Bereich des Kinderschutzes. So berichtet die Presse seit einigen Jahren verstärkt über immer schlimmer und (angeblich) häufiger werdende Fälle massiver Kindeswohlgefährdungen. Ob die Zahl der Fälle in den letzten Jahren aber tatsächlich gestiegen ist, ist weder hinreichend evaluiert, noch nachgewiesen. Der Gesetzgeber reagiert mit einer Fülle neuer Gesetzte und Gesetzesentwürfe (KiWoMaG, BKiSchG etc.)

Hinzu kommt, dass die streitige Justiz grundsätzlich auf die Vergangenheit ausgerichtet ist und sich auf in der Vergangenheit erlittenes Unrecht konzentriert. Hier besteht die Aufgabe des Richters darin, über dieses vergangene Geschehen zu urteilen. Im Familienrecht hingegen gilt es, in der Vergangenheit erlittenes Leid in Zukunft zu vermeiden und die Beteiligten trotz ihrer Differenzen zu einem, wenn auch nicht harmonischen, so doch wenigstens konfliktfreien Zusammenleben zu verhelfen.[1237] Diese Aufgabe fällt einem sachkundigen Nichtjuristen sicherlich leichter als einem Juristen.

Zu diesen grundlegenden Vorteilen einer Besetzung der Richterbank mit ehrenamtlichen Richtern kommen noch einige Aspekte speziell für die familiengerichtliche Richterbank hinzu. Bei den ehrenamtlichen Richtern der Familiengerichtsbarkeit sollte es sich nicht um „unqualifizierte" Laien(richter) handeln, sondern vielmehr um fachlich in den Sozialwissenschaften, der Psychologie, der Pädiatrie etc. qualifizierte „interdisziplinäre Richter". Es wird häufig kritisiert, es komme zu einer Rollenvermischung zwischen Familiengericht und Jugendamt. Einer solchen kann durch die Etablierung einer interdisziplinären Richterbank vorgebeugt werden. Denn wenn außerjuristische Experten an der gerichtlichen Entscheidung beteiligt sind, kann der Familienrichter wieder verstärkt auf seine Kernkompetenzen zurückgreifen. So könnte der pädagogisch versierte Beisitzer die Kindesanhörung durchführen oder zumindest bei der Anhörung dabei sein. Immer wieder wird bemängelt, dass sich der Richter quasi als „Schmalspurtherapeut" betätigt und durch den Versuch, eine einvernehmliche Regelung zu finden, das Verfahren unnötig verzögert. Zwar hat das Bundesverfassungsgericht schon 1980[1238] den Familiengerichten einen großen Gestaltungs-

1236 kritisch ist auf dem Gebiet des Familienrechts das FamFG zu nennen, dass sich in einigen Teilen stark am sog. Cochemer Modell orientiert. Dieses für das Gebiet des Scheidungsrechts entwickelte, nicht ausreichend (höchstens selbst-) evaluierte Modell, überträgt der Gesetzgeber wiederum ohne Evaluation auf das gesamte Familienverfahrensrecht. Dies wird zu Recht äußerst kritisch betrachtet, siehe nur: *Salgo*, Stellungnahme zu BT-Drucks. 16/6308 am 13. 2. 2008, S. 2 ff.

1237 Vgl. *Salgo*, FamRZ 1984, 221 (225 f.); ähnlich für den Bereich des Nachbarrechts: *Cappelletti* in: Festschrift für Baur, S. 313 (324 ff.).

1238 BVerfG v. 05.11.1980 -1 BvR 349/80 - NJW 1981, 217 ff.

freiraum zugestanden, was die Gestaltung des Verfahrens in Kindschaftssachen angeht, daraus darf aber nicht resultieren, dass der Familienrichter Aufgaben übernimmt, die Fachleuten vorbehalten sein sollten.[1239] Sicherlich wird ein einfühlsamer, in außerjuristischen Bereichen ausreichend erfahrener Richter rasch erkennen, ob es für das Kind hilfreich ist, dass eine Person seines Vertrauens (Verfahrensbeistand, Jugendamtsmitarbeiter, Mitarbeiter der Beratungsstelle) dabei ist oder ob es dem Kind in einem Gespräch unter vier Augen mit dem Richter allein leichter fällt, seine Wünsche und seinen Willen zu äußern. Dieses Ermessen wird dem Familiengericht durch das FamFG auch klar eingeräumt. Es bleibt dem Ermessen des Gerichts überlassen, ob Geschwister getrennt oder gemeinsam angehört werden, in welchen Räumen die Anhörung erfolgt und ob sie im zeitlichen Zusammenhang mit dem Erörterungstermin oder zu einem anderen Zeitpunkt durchgeführt wird.[1240] Mit einer interdisziplinären Richterbank stünde dem Familiengericht immer eine in kindschaftsrechtlichen Belangen erfahrene Fachkraft zur Seite, die zum einen das Gespräch kompetent begleiten könnte, zum anderen – besser als der Familienrichter – beurteilen könnte, ob noch eine andere Person zu der Anhörung hinzuzuziehen ist. Die ehrenamtlichen Richter müssten also von Anfang an am Verfahren teilnehmen und mitwirken, und zwar bereits im frühen ersten Termin nach § 157 FamFG.

4. Ehrenamtliche Richter in der deutschen Gerichtsbarkeit

Ehrenamtliche Richter findet man in Deutschland an allen Gerichtsbarkeiten. Die Mitwirkung ehrenamtlicher Richter an der Rechtsprechung ist ein wesentliches Element deutscher Gerichtsbarkeit. Ihr kommt als praktische Umsetzung des Demokratie- und Sozialstaatsprinzips große Bedeutung zu. Die ehrenamtlichen Richter sollen die in ihrem täglichen, beruflichen und sozialen Umfeld gewonnenen Erfahrungen, Kenntnisse und Wertungen in die Verhandlungen und die gemeinsame Beratung einbringen, die stärker juristisch geprägte Sichtweise der Berufsrichter sinnvoll ergänzen und so das Vertrauen und die Akzeptanz der Bevölkerung in die Rechtsprechung fördern.[1241] Der ehrenamtliche Richter übt gemäß § 30 GVG als Vertreter des Volkes neben dem Berufsrichter „das Richteramt in vollem Umfang und mit gleichem Stimmrecht“ aus. In der Strafgerichtsbarkeit werden ehrenamtliche Richter als Schöffen, bei den Kammern für Handelssachen als Handelsrichter bezeichnet. Ehrenamtliche Richter wirken

1239 *Willutzki*, Die Reform des Verfahrens in Kindschaftssachen in: lvr.de, S. 6 f.

1240 *Willutzki*, Die Reform des Verfahrens in Kindschaftssachen in: lvr.de, S. 11 f.

1241 *Bader/Hohmann/Klein*, Kap. I, Rn. 4.

aber auch an den Verhandlungen der Arbeits-, Sozial-, Verwaltungs- und Finanzgerichte mit.[1242]

In der Rechtslehre werden zwei Gruppen von ehrenamtlichen Richtern unterschieden:

1. Zum einen die ehrenamtlichen Richter, zu denen jeder berufen werden kann und die als Vertreter der Allgemeinheit an der Rechtsprechung mitwirken. Voraussetzung zur Berufung ist lediglich, dass die Person deutsch ist, das 25. Lebensjahr vollendet und ihren Wohnsitz innerhalb des Gerichtsbezirks hat. Personen, die infolge Richterspruchs die Fähigkeit zur Bekleidung öffentlicher Ämter nicht besitzen oder wegen einer vorsätzlichen Tat zu einer Freiheitsstrafe von mehr als sechs Monaten verurteilt worden sind, gegen die Anklage wegen einer Tat erhoben ist, die den Verlust der Fähigkeit zur Bekleidung öffentlicher Ämter zur Folge haben kann, und solche, die nicht das Wahlrecht zu den gesetzgebenden Körperschaften des Landes besitzen, sind vom ehrenamtlichen Richteramt ausgeschlossen (§ 21 VwGO, § 32 GVG, 18 FGO). Zu dieser Gruppe gehören die Schöffen der Strafgerichte und die ehrenamtlichen Richter der Verwaltungs- und Finanzgerichte.[1243]
2. Die zweite Gruppe ehrenamtlicher Richter sind diejenigen, die zur Bekleidung ihres Amts besonderen Sachverstand bzw. Fachkunde benötigen und die einer bestimmten Gruppierung angehören müssen. Diese können nur unter bestimmten Voraussetzungen bestellt werden.[1244] Dazu gehören die ehrenamtlichen Richter bei der Arbeits- und der Sozialgerichtsbarkeit, die Handelsrichter, die ehrenamtlichen Richter der Landwirtschaftsgerichte und anderer Sondergerichte (Richterdienstgerichte, Anwaltsgerichte, Berufsgerichte der Steuerberater, Wirtschaftsprüfer, Ärzte etc.)[1245] und in gewisser Weise auch die Jugendschöffen.

In der Literatur findet sich häufig der Begriff „Laienrichter“. Diese Bezeichnung ist aber gerade mit Blick auf die zweite Gruppe ehrenamtlicher Richter unpassend, ja sogar irreführend. Denn es handelt sich um Personen, die wegen ihrer besonderen Sachkunde vorgeschlagen werden und nicht lediglich um Vertreter

1242 Legaldefinition in § 45a DRiG, *Prüttting* in: Marutschke, Laienrichter in Japan, Deutschland und Europa, S. 87.

1243 *Marburger*, S. 25 f.; *Prütting* in: Marutschke, Laienrichter in Japan, Deutschland und Europa, S. 87 (88).

1244 Die oben genannten Ausschlussgründe gelten natürlich auch für diese Gruppe von ehrenamtlichen Richtern.

1245 *Marburger*, S. 26; *Prütting* in: Marutschke, Laienrichter in Japan, Deutschland und Europa, S. 87 (88, 94 f.).

der Allgemeinheit, deren Einsatz durch das Los entschieden wird. Es sind auch nicht bloße Gehilfen des Berufsrichters, die das laienhafte Rechtsgefühl der Bevölkerung repräsentieren sollen. Es sind gleichberechtigte Mitglieder der Richterbank,[1246] mit besonderen Erfahrungen und Kenntnissen in den jeweiligen sozialen, kaufmännischen oder anderen beruflichen Bereichen, die gemeinsam mit dem Berufsrichter das Recht suchen und eine Entscheidung fällen.[1247]

Im Folgenden soll das Augenmerk auf die zweite Gruppe ehrenamtlicher Richter gelenkt und untersucht werden, ob sich bestimmte Aspekte auf die Familiengerichtsbarkeit bzw. eine neue, für Kinder- und Jugendhilfesachen zuständige Sozialgerichtsbarkeit übertragen lassen.

a) Ehrenamtliche Richter am Arbeitsgericht

aa) Aufbau

Die Arbeitsgerichtsbarkeit in Deutschland ist dreistufig aufgebaut, wobei in allen drei Instanzen ehrenamtliche Richter am Verfahren beteiligt sind. In erster Instanz entscheidet eine Kammer aus einem Berufs- und zwei ehrenamtlichen Richtern, in der zweiten Instanz entscheiden die Landesarbeitsgerichte ebenfalls in dieser Besetzung, in dritter Instanz entscheidet das Bundesarbeitsgericht durch Senate, bestehend aus drei Berufs- und zwei ehrenamtlichen Richtern. In allen drei Instanzen wirken demnach immer zwei ehrenamtliche Richter mit, von denen in jedem Spruchkörper einer aus dem Kreis der Arbeitnehmer und der andere aus dem Kreis der Arbeitgeber rekrutiert werden muss (§§ 16, 22, 23 ArbGG). Sie werden von der obersten Arbeitsbehörde des Landes (oder einer durch Rechtsverordnung beauftragten Stelle, § 20 Abs. 1 ArbGG) für die Dauer von fünf Jahren berufen. Die ehrenamtlichen Richter des BAG werden durch das Bundesministerium für Arbeit und Soziales ernannt.[1248] Sie nehmen zwar grundsätzlich dieselben Aufgaben wahr wie der Berufsrichter, bestimmte richterliche Befugnisse sind aber dem Berufsrichter vorbehalten. So können sie zum Beispiel nicht außerhalb der Sitzungen, etwa bei Beweisterminen oder Güteverhandlungen, tätig werden, § 55 ArbGG. Ihnen verbleibt die Mitwirkung an der streitigen Verhandlung, ihnen steht ein umfassendes Fragerecht zu, sie wirken an der Urteilsfällung mit und haben das Recht auf Akteneinsicht.[1249]

1246 Sie haben die gleichen Rechte und Pflichten wie der vorsitzende Berufsrichter, u.a. das gleiche Stimmrecht, vgl. §30 GVG, § 105 GVG, § 19 I SGG, § 5 LwVfG.

1247 *Bader/Hohmann/Klein*, Kap. I, Rn. 2.

1248 *Prütting* in: Germelmann/Matthes/Prütting/Müller-Glöge, § 6, Rn. 9a.

1249 *Prütting* in: Germelmann/Matthes/Prütting/Müller-Glöge, § 6, Rn. 16; *Bader/Hohmann/Klein*, Kap. I, Rn. 3.

bb) Entstehung

Die Beteiligung von ehrenamtlichen Richtern in der deutschen Arbeitsgerichtsbarkeit ist historisch bedingt. Sie basiert auf dem Vorbild der französischen Arbeitsgerichtsbarkeit napoleonischer Zeit. 1806 wurde in Lyon erstmals ein Spruchkörper aus neun Richtern gebildet, der mit fünf Arbeitgebern und vier Arbeitnehmern besetzt war. Diese Idee breitete sich zunächst in Frankreich, später auch in Deutschland aus, so dass die Arbeitsgerichte spätestens ab dem 20. Jahrhundert mit Laienrichtern besetzt waren, die paritätisch von Arbeitgeber- und Arbeitnehmerseite kamen. Diese Besetzung fand ihren Niederschlag im ersten deutschen Arbeitsgerichtsgesetz von 1926 und wurde 1953 in das ArbGG übernommen.[1250]

cc) Qualifikation

Bei den ehrenamtlichen Richtern am Arbeitsgericht handelt es sich um sachverständige Richter, die durch ihre besonderen Erfahrungen und Kenntnisse kompetente Beiträge zur Rechtsfindung leisten sollen. Des Weiteren soll durch die paritätische Beteiligung von Arbeitnehmern und Arbeitgebern das Vertrauen in die Rechtsprechung der Arbeitsgerichte gesichert werden.[1251] Die Beteiligung von ehrenamtlichen Richtern in der Arbeitsgerichtsbarkeit hat demnach mehrere Gründe: Besonders wichtig ist die Tatsache, dass sie besondere Sachkenntnis und wertvolle Gesichtspunkte aus der Praxis zur Behandlung von Streitigkeiten zwischen Arbeitnehmer- und Arbeitgeberseite in das Gerichtsverfahren einbringen. Insofern ergänzen sie mit ihren Kenntnissen das juristische Wissen und die fachlichen Kenntnisse des Berufsrichters, dem in der Regel die praktische Erfahrung und der Überblick über die Vielfältigkeit des Geschehens in Betrieb, Unternehmen, Wirtschaft und Arbeitsleben fehlen. Ein rein juristisch gebildeter Richter ist in der Regel nicht in der Lage, die Vielfältigkeit des Arbeitslebens in ausreichendem Maße zu erfassen und letztlich zu einem gerechten Urteil zu gelangen.[1252] Die ehrenamtlichen Richter gewährleisten, dass außerjuristische Belange in das Gerichtsverfahren mit einbezogen werden, der Berufsrichter seine Rechtsansichten verständlich darlegt und so zu einem lebensnahen, von den be-

---

1250 *Prütting* in: Marutschke, Laienrichter in Japan, Deutschland und Europa, S. 87 (89); zur Entwicklung der Arbeitsgerichtsbarkeit siehe *Wenzel*, JZ 1965, 697 ff.

1251 *Prütting* in: Germelmann/Matthes/Prütting/Müller-Glöge, § 6, Rn. 4.

1252 *Bader/Hohmann/Klein*, Kap. I, Rn.6; *Prütting* in: Marutschke, Laienrichter in Japan, Deutschland und Europa, S. 87 (89); dies gilt auch für den Familienrichter. Auch dieser ist sozialwissenschaftlich nicht ausgebildet und kann die familiären Belange häufig nicht ausreichend erfassen und beurteilen.

teiligten Rechtskreisen akzeptierten Urteil gelangt.[1253] Der zweite Gesichtspunkt einer Beteiligung von ehrenamtlichen Richtern an der Arbeitsgerichtsbarkeit ist der einer erhöhten Akzeptanz arbeitsgerichtlicher Entscheidungen in der Bevölkerung. Insbesondere von Seiten der Arbeitnehmer wurde häufig eine gewisse Klassenjustiz kritisiert und dem Richter eine schichtspezifische Betrachtungsweise vorgeworfen. Durch die Beteiligung von ehrenamtlichen Richtern wird diesen Befürchtungen entgegengewirkt und ein sozialer Ausgleich gefunden, dem auch eine Befriedigungsfunktion zukommt.[1254]

dd) Rekrutierung

Die ehrenamtlichen Richter der Arbeitsgerichtsbarkeit werden gemäß § 20 ArbGG für die Dauer von fünf Jahren berufen. Verantwortlich hierfür ist die zuständige oberste Landesbehörde, mithin das Justiz- oder Arbeitsministerium.[1255] Die Berufung erfolgt auf Grundlage von Vorschlagslisten, zu deren Erstellung die in § 20 Abs. 2 ArbGG aufgeführten Gewerkschaften, Vereinigungen und Körperschaften berechtigt sind.[1256] Die ehrenamtlichen Richter müssen zur einen Hälfte aus Kreisen der Arbeitnehmer, zur anderen Hälfte aus Kreisen der Arbeitgeber stammen. Das Gesetz setzt zwar keine besonderen arbeitsrechtlichen Kenntnisse oder Erfahrungen voraus, diese sind aber wichtig und sollten regelmäßig, wie auch eine gewisse Berufserfahrung, zu der Ausstattung ehrenamtlicher Arbeitsrichter gehören.[1257] Die positiven und negativen Berufungsvoraussetzungen finden sich in den §§ 21 ff ArbGG.

ee) Nutzen

Den ehrenamtlichen Richtern kommt damit in der Praxis eine bedeutende Funktion zu. Zwar ist ihre Beteiligung an den Arbeitsgerichten nicht unumstritten,[1258] sie wird aber doch überwiegend befürwortet. So wird ihre Mitwirkung von Berufsrichtern und ehrenamtlichen Richtern selbst als vorteilhaft bzw. sehr vorteilhaft eingeschätzt. Ehrenamtliche Richter üben ihr Amt in der Regel gerne aus und fühlen sich als Partner der Berufsrichter akzeptiert.[1259]

1253 *Bader/Hohmann/Klein*, Kap. I, Rn.6.

1254 *Prütting* in: Marutschke, Laienrichter in Japan, Deutschland und Europa, S. 87 (90); *ders.* in: Germelmann/Matthes/Prütting/Müller-Glöge, § 6, Rn. 18.

1255 BCF/*Bader* ArbGG, § 20, Rn. 6.

1256 BCF/*Bader* ArbGG, § 20, Rn. 7.

1257 BCF/*Bader* ArbGG, § 21, Rn. 2.

1258 *Prütting* in: Marutschke, Laienrichter in Japan, Deutschland und Europa, S. 87 (99 f.); *ders.* in: Germelmann/Matthes/Prütting/Müller-Glöge, § 6, Rn. 18 m.w.N.

1259 *Klausa*, Ehrenamtliche Richter, S. 129, 137.

b) ehrenamtliche Richter am Sozialgericht

aa) Aufbau

Auch in der Sozialgerichtsbarkeit sind in Deutschland ehrenamtliche Richter an der Rechtsprechung beteiligt. Der dreistufige Aufbau der Sozialgerichte und die Besetzung mit ehrenamtlichen Richtern in diesen Instanzen stimmen strukturell mit derjenigen der Arbeitsgerichtsbarkeit überein. Auch hier entscheiden demnach ein Berufs- und zwei ehrenamtliche Richter, auch hier kommen die ehrenamtlichen Richter aus unterschiedlichen Lagern. Anders als in der Arbeitsgerichtsbarkeit aber nicht in jedem Fall aus ein und demselben Lager, vielmehr differenziert dies je nach zuständiger Kammer.[1260] Es gibt Kammern für Angelegenheiten der Sozialversicherung, die mit einem ehrenamtlichen Richter aus dem Kreis der Versicherten und einem aus dem Kreis der Arbeitgeber besetzt sind. Den Kammern für Angelegenheiten des Vertragsarztrechts gehören ehrenamtliche Richter aus den Kreisen der Krankenkassen und der Vertragsärzte, -zahnärzte und Psychotherapeuten an. In den Kammern für Angelegenheiten des sozialen Entschädigungsrechts und des Schwerbehindertenrechts sind ein ehrenamtlicher Richter aus dem Kreis der mit dem sozialen Entschädigungsrecht oder dem Recht der Teilhabe behinderter Menschen vertrauten Personen sowie einer aus dem Kreis der Versorgungsberechtigten, der behinderten Menschen im Sinne des Neunten Buches Sozialgesetzbuch und der Versicherten beteiligt. In den Kammern für Angelegenheiten der Grundsicherung für Arbeitsuchende einschließlich der Streitigkeiten aufgrund § 6a des Bundeskindergeldgesetzes und der Arbeitsförderung wirken ehrenamtliche Richter aus den Vorschlagslisten der Arbeitnehmer und der Arbeitgeber mit. In den Kammern für Angelegenheiten der Sozialhilfe und des Asylbewerberleistungsgesetzes sind ehrenamtliche Richter aus den Vorschlagslisten der Kreise und der kreisfreien Städte beteiligt (§ 12 Abs. 2-5 SGG).

bb) Entstehung

Die Beteiligung ehrenamtlicher Richter in der Sozialgerichtsbarkeit geht zurück auf das Unfallversicherungsgesetz von 1884, welches Schiedsgerichte vorsah, die von einem Berufs- und zwei ehrenamtlichen Richtern aus den Kreisen der Arbeitgeber und Arbeitnehmer besetzt waren. Diese Entwicklung wurde durch das Inkrafttreten des Sozialgerichtsgesetzes von 1953 bestätigt, durch welches eine eigene Gerichtsbarkeit für sozialversicherungsrechtliche Streitigkeiten etabliert wurde. Dessen Zuständigkeiten wurden im Laufe der Zeit kontinuierlich

1260 *Prütting* in: Marutschke, Laienrichter in Japan, Deutschland und Europa, S. 87 (91).

erweitert. So wurden 1986 zu dem Gebiet der Kriegsopferversorgung das Schwerbehindertenrecht[1261] und 2004 Angelegenheiten der Grundsicherung für Arbeitssuchende, der Sozialhilfe und des Asylbewerberleistungsgesetzes[1262] hinzugefügt.[1263]

cc) Qualifikation

Neben den allgemeinen Voraussetzungen (Vollendung des 25. Lebensjahrs bzw. des 30. beim Landessozialgericht und des 35. beim Bundessozialgericht, Berufung unter der Voraussetzung, zuvor mindestens fünf Jahre als ehrenamtlicher Richter an einem im Rechtszug nachgeordneten Gericht tätig gewesen zu sein, Deutscher Staatsbürger etc.) müssen die ehrenamtlichen Richter bei der Sozialgerichtsbarkeit weitere Kriterien erfüllen. Die ehrenamtlichen Richter der Sozialgerichtsbarkeit unterscheiden sich von den ehrenamtlichen Richtern anderer Gerichtsbarkeiten in ihrer funktionellen Stellung, ihrer Rekrutierung und ihrer besonderen Aufgabenstellung. Sie repräsentieren die jeweiligen Gruppen von Arbeitgebern, Arbeitnehmern, Versicherten, Vertragsärzten, Versorgungsberechtigten oder Behinderten im Rahmen paritätischer sozialer Selbstverwaltung. So soll gewährleistet werden, dass die Versicherten- und Solidargemeinschaft adäquat repräsentiert wird, da die beteiligten sozialen Gruppierungen in der Regel gemeinsam und paritätisch die finanziellen Mittel für diese aufbringen. Durch die Beteiligung soll außerdem erreicht werden, dass die Entscheidung breite Zustimmung der beteiligten Gruppen erfährt, um so das Vertrauen in sozialgerichtliche Entscheidungen zu stärken.[1264]

Das wichtigste Kriterium für den Einsatz ehrenamtlicher Richter ist aber auch in der Sozialgerichtsbarkeit der besondere Sachverstand, den diese in das Verfahren einbringen. Sie sollen Kenntnisse und Erfahrungen insbesondere aus dem Arbeits- und Wirtschaftsleben und den von ihnen vertretenen Fachbereichen in das Verfahren einbringen.[1265] Hier sind die ehrenamtlichen Richter in ihrer Funktion mit den ehrenamtlichen Richtern der Arbeitsgerichtsbarkeit zu vergleichen, so dass auf die dazugehörigen Ausführungen zu verweisen ist.[1266]

1261 Gesetz v. 24.7.1986, BGBl. I, S. 1110.

1262 7. SGGÄndG v. 9.12.2004, BGBl. I, S. 3302.

1263 Siehe hierzu: *Groß/Lüdke*, SGG, § 12, Rn.1.

1264 *Bader/Hohmann/Klein*, Kap. I, Rn. 12.

1265 Lüdtke/*Lüdtke*, SGG, §. 3, Rn. 4.

1266 siehe Kap. C. I. 5. a) cc).

dd) Rekrutierung

Die Berufung der ehrenamtlichen Richter bestimmt sich nach den Ausführungsgesetzen der Länder und ist von Land zu Land unterschiedlich.[1267] Die Entscheidung erfolgt aufgrund von Vorschlagslisten, die je nachdem, für welche Spruchkörper ehrenamtliche Richter zu berufen sind, von unterschiedlichen Einrichtungen erstellt werden (§ 14 SGG). Unter anderem sind dies die Gewerkschaften, Interessenvertretungen der Leistungsempfänger nach dem sozialen Entschädigungsrecht, Interessenvertretungen der behinderten Menschen, Vereinigungen von Arbeitgebern, bestimmte oberste Bundes- und Landesbehörden, Kassenärztliche Vereinigungen, Zusammenschlüsse der Krankenkassen, Kreise, kreisfreie Städte etc. Die Zahl der für jedes Sozialgericht und das Landessozialgericht zu berufenden ehrenamtlichen Richter bestimmt der Präsident des Landessozialgerichts (z.B. in Baden-Württemberg) oder das Justizministerium (z.B. ins Hessen). Damit soll gewährleistet werden, dass jeder zu etwa zehn (§ 5 des Ausführungsgesetzes zum Sozialgerichtsgesetz Baden-Württemberg) bzw. zwölf (§ 6 Hessisches Ausführungsgesetzes zum Sozialgerichtsgesetz) ordentlichen Sitzungen im Jahr herangezogen werden kann. Die ehrenamtlichen Richter beim Bundessozialgericht werden vom Bundesministerium für Gesundheit und Soziale Sicherung berufen. Die Amtsperiode der ehrenamtlichen Richter beträgt fünf Jahre; eine wiederholte Berufung ist zulässig und in der Praxis die Regel. Der ehrenamtliche Richter bleibt solange im Amt, bis ein Nachfolger berufen ist. Die Berufung ist ein formloser staatlicher Hoheitsakt, der mit dem Zugang an den Berufenen wirksam wird.[1268]

ee) Nutzen

Die Beteiligung von ehrenamtlichen Richtern in der Sozialgerichtsbarkeit hat sich über viele Jahre bewährt und ist aus der sozialgerichtlichen Rechtsprechung nicht mehr wegzudenken.[1269] Durch die Besetzung der Fachkammern mit ehren-

---

1267 So entscheidet in Baden-Württemberg der Präsident oder Direktor des jeweiligen Gerichts (Leitfaden für ehrenamtliche Richter beim Sozialgericht, justiz.baden-wuerttemberg.de, S. 16 f.), in Hessen das Justizministerium (§ 6 Abs. 2 S. 1 Hessisches Ausführungsgesetz zum Sozialgerichtsgesetz, die Befugnis kann nach Satz 2 einer anderen Stelle übertragen werden.).

1268 Leitfaden für ehrenamtliche Richter beim Sozialgericht, justiz.baden-wuerttemberg.de, S. 16 f.

1269 *Eichenhofer*, SGb 2005, 313 (314, 320); *Bader/Hohmann/Klein*, Kap. I, Rn. 14; *Prütting* in: Marutschke, Laienrichter in Japan, Deutschland und Europa, S. 87 (91 f.); kritisch aber: *Windel*, ZZP 1999, 293 ff.; differenzierend zu den ehrenamtlichen Richtern aller Gerichtsbarkeiten: *Wagner*, DRiZ 2005, 118 ff.

amtlichen Richtern wird der Sachverstand der Praxis in das Verfahren eingebracht und führt so zu einer größeren Akzeptanz der gerichtlichen Entscheidung unter den Beteiligten und in der Bevölkerung.[1270]

c) Ehrenamtliche Richter in der Zivilgerichtsbarkeit

In der Zivilgerichtsbarkeit wirken grundsätzlich keine ehrenamtlichen Richter am Verfahren mit. Hier bestimmen die Parteien aufgrund ihrer Privatautonomie selbst den Gang des Verfahrens. Deswegen ist eine Beteiligung von Laienrichtern als Kontrolle oder fachlich qualifizierte Bereicherung der Rechtspflege nicht nötig und aufgrund der Komplexität und der Schwierigkeiten des modernen Zivil- und Wirtschaftsrechts auch undenkbar. Von diesem Grundsatz wird nur in wenigen Ausnahmen abgewichen. Dazu gehört insbesondere die Kammer für Handelssachen mit der Beteiligung qualifizierter Handelsrichter. Weiterhin finden sich ehrenamtliche Richter in einigen Spezialspruchkörpern, etwa den Landwirtschaftsgerichten oder den Berufsgerichten der Steuerberater, Wirtschaftsprüfer, Ärzte, Anwälte, Notare etc.

aa) Handelsrichter

(1) Aufbau

Die Kammer für Handelssachen ist die wichtigste Ausnahme von diesem Grundsatz. Hierbei handelt es sich um eine Zivilkammer beim Landgericht, die sich mit speziellen landgerichtlichen Fragen erster und zweiter Instanz auseinandersetzt (§§ 93, 100 GVG). Sie existiert nicht bei jedem Gericht, sondern wird konstitutiv durch Landesverordnung gebildet, wenn ein Bedürfnis für ihre Bildung vorhanden ist.[1271] Wurde eine Kammer für Handelssachen eingerichtet, entscheidet diese an Stelle der Zivilkammer in erster Linie über Streitigkeiten in denen durch Klage Ansprüche gegen einen Kaufmann geltend gemacht werden, wenn das Geschäft für beide Seiten ein Handelsgeschäft ist und ein Antrag auf Verhandlung vor der Kammer für Handelssachen gestellt wurde.[1272] Handelssachen sind auch Streitigkeiten des Wechsel- und Scheckrechts sowie Rechtsverhältnisse von Handelsgesellschaften, Fragen zur Handelsfirma usw. (§ 95 GVG).

1270 *Wagner*, DRiZ 2005, 118 (120).

1271 *Kissel/Mayer*, GVG, § 93, Rn. 4.

1272 *Kissel/Mayer*, GVG, § 94, Rn.7, § 96, Rn. 1.

(2) Entstehung

Zwar kannte schon das römische Recht ein Handelsrecht und damit verbunden eine Handelsgerichtsbarkeit, das Handelsrecht gestaltete sich in Europa allerdings sehr uneinheitlich, bis 1804 das erste deutsche Handelsgericht in Nürnberg entstand. Besetzt war dieses Gericht schon damals mit einem Juristen und zwei Kaufleuten. Diese Zusammenarbeit bewährte sich im Laufe der Jahre so gut, dass diese Regelung 1877 in das Gerichtsverfassungsgesetz aufgenommen wurde.[1273] Ursprünglich wollte der Gesetzgeber ein eigenständiges Handelsgericht als besonderes Gericht erster Instanz mit einheitlicher Rechtsmittelinstanz beim Oberlandesgericht. Nachdem es bei den Verhandlungen im Reichstag zunächst so aussah, als würde die Errichtung besonderer Handelsgerichte gänzlich abgelehnt, entschied sich der Gesetzgeber schließlich für die heutige Konstruktion mit der Kammer für Handelssachen als besondere Kammer des Landgerichts und führte diese durch das Gerichtsverfassungsgesetz vom 27.1.1877 ein.[1274] Wichtigster Leitgedanke für die Einführung einer solchen „Spezialgerichtsbarkeit" war das Einbringen besonderen Sachverstandes in das Verfahren durch sachverständige, ehrenamtliche Richter. Bereits damals erkannte man, dass es für die Akzeptanz dieser Gerichte förderlich sei, die Kenntnisse von erfahrenen Fachleuten in das Verfahren einfließen zu lassen. Durch die ehrenamtlichen Richter sollte eine sachgemäße Urteilsfällung gefördert werden, indem „die kaufmännischen Mitglieder dem rechtsgelehrten Richter die Handhabung der kaufmännischen Geschäfte erläutern, ihn mit der Ausdrucksweise und den Gebräuchen des Handelsstandes vertraut machen und ihm das Verständnis des Zweckes der einzelnen Geschäftsbetriebe erleichtern"[1275] sollten. Dies sei wesentlich effektiver und einfacher, als „das umständliche und weniger sichere Mittel der Vernehmung von Sachverständigen".[1276]

(3) Qualifikation

Die Kammern für Handelssachen sind mit einem Berufs- und zwei ehrenamtlichen Richtern, den Handelsrichtern, besetzt. Neben den allgemeinen Voraussetzungen, die jeder ehrenamtliche Richter erfüllen muss (deutscher Staatsbürger, Vollendung des 30. Lebensjahres), müssen die Handelsrichter außerdem als Kaufmann, Vorstandsmitglied, Geschäftsführer einer juristischen Person oder

1273 IHK, Der Handelsrichter heute, S. 3.

1274 RGBl., S. 41. Das GVG trat am 1.10.1879 in Kraft; siehe ausführlich *Hahn*, Materialien zum GVG, Abt. 2, S. 1098 ff.

1275 *Hahn*, Materialien zum GVG, Abt. 1, S. 111 f.

1276 *Hahn*, Materialien zum GVG, Abt. 1, S. 111 f.

als Prokurist in das Handelsregister eingetragen sein, § 109 GVG. Dies macht deutlich, dass auch der Handelsrichter – ähnlich wie die ehrenamtlichen Richter der Arbeits- und Sozialgerichte – besonderen Sachverstand und Fachkenntnisse in das Verfahren einbringen sollen. Gemäß § 112 GVG haben die Handelsrichter für die Dauer ihres Amts alle Rechte und Pflichten eines Richters. Das Amt des Handelsrichters ist insofern noch weitreichender als das der Arbeits- und Sozialrichter, da sie auch außerhalb der Sitzungen, z.B. bei Beweisterminen, als beauftragte Richter tätig werden können.[1277]

(4) Rekrutierung

Die Ernennung der Handelsrichter ist Ländersache und erfolgt durch das Landesjustizministerium. Veranlasst wird sie über das jeweilige Landgericht bzw. den Landgerichtspräsidenten.[1278] Die Berufung der Handelsrichter ist auf fünf Jahre befristet und kann wiederholt werden (§ 108 GVG). Gemäß § 108 werden für geeignet gehaltene Personen auf gutachterlichen Vorschlag der Industrie- und Handelskammer ernannt.[1279]

Da im Gerichtsverfassungsgesetz nähere Vorschriften über die Art und Weise der Ernennung fehlen, erfolgt die Auswahl der für das Amt des Handelsrichters geeigneten Personen von Bundesland zu Bundesland unterschiedlich.[1280] Als Handelsrichter kann man sich aus eigener Initiative bewerben oder man wird von der Kammer gefragt, ob man zur Übernahme dieses Amts bereit sei. Im Anschluss überprüft die Kammer, ob die persönlichen Voraussetzungen vorliegen und ob der entsprechende Kandidat vorgeschlagen wird. Entscheidend für die Ernennung ist die Qualifikation des potenziellen Handelsrichters. Diese richtet sich nach den §§ 109, 110 GVG.[1281] Da die Ernennung zum Handelsrichter eine ehrenvolle Aufgabe ist, ernennen die Handelskammern nur Personen, die diesem Amt gewachsen und seiner würdig sind. Im Anschluss überprüft in der Regel die Justizverwaltung,[1282] ob der Kandidat Einträge in das Strafregister hat oder bereits mit dem Insolvenzgericht zu tun hatte; in diesen Fällen muss von einer Ernennung abgesehen werden. Erweist sich der Kandidat als geeignet, ernennt die Justizverwaltung ihn zum Handelsrichter.[1283]

1277 *Bader/Hohmann/Klein*, Kap. I, Rn. 3.
1278 handelsrichter.de → Aufgaben
1279 *Kissel/Mayer*, GVG, § 108, Rn. 2 f.
1280 *Kissel/Mayer*, GVG, § 108, Rn. 2.
1281 *Kissel/Mayer*, GVG, § 108, Rn. 5.
1282 So jedenfalls in Hamburg, *Lindloh*, S: 24.
1283 *Lindloh*, S. 24.

(5) Nutzen

Bei den Handelsrichtern handelt es sich um gestandene Persönlichkeiten, die sich im Handels- und Wirtschaftsrecht mit seinen Handelsgeschäften und -bräuchen sehr gut auskennen. Die Kammer für Handelssachen beendet überproportional viele Verfahren mit Vergleichen und die Urteile erfahren große Akzeptanz bei den Beteiligten.[1284] Dies ist in erster Linie das Verdienst der „Sachverständigen auf der Richterbank", die mit dem zur Entscheidung anstehenden Themenfeld aufgrund ihrer beruflichen Erfahrung eng verbunden sind.[1285] Handelsrichter sind also ehrenamtliche Richter, deren Aufgabe es ist, besonderen Sachverstand in das Verfahren einzubringen. Die Kombination aus juristischem Sachverstand des Berufsrichters und kaufmännischem Sachverstand der beiden Handelsrichter lässt eine in wirtschaftsrechtlichen Streitfällen praxisnahe und sachgemäße Entscheidung zu, die allgemeine kaufmännische Geschäftsgepflogenheiten angemessen würdigt.[1286] Sicherlich könnte ein gerechtes Urteil auch durch die Hinzuziehung von Sachverständigen gefällt werden. Einfacher und schneller ergeht eine derartige Entscheidung aber, wenn grundlegender Sachverstand bereits auf der Richterbank vorhanden ist.[1287]

bb) Ehrenamtliche Richter am Landwirtschaftsgericht

Einen weiteren Spezialfall bilden die Landwirtschaftsgerichte, für die in erster Instanz die Amtsgerichte in der Besetzung mit einem Berufs- und zwei ehrenamtlichen Richtern zuständig sind. Auch in zweiter Instanz beim OLG und in dritter Instanz beim BGH sind die Gerichte neben drei Berufsrichtern mit zwei ehrenamtlichen Richtern besetzt, § 2 LwVfG. Die ehrenamtlichen Richter, auch Landwirtschaftsrichter genannt, werden auf Grund einer Vorschlagsliste vom Präsidenten des Oberlandesgerichts für die Dauer von fünf Jahren berufen. In die Vorschlagsliste werden nur Deutsche aufgenommen, die die Landwirtschaft im Gerichtsbezirk selbständig im Haupt- oder Nebenberuf ausüben oder ausgeübt haben, §§ 3, 4 LwVfG. Die ehrenamtlichen Richter beim Landwirtschaftsge-

1284 *Wagner*, DRiZ 2005, 118 (119).

1285 *Prütting* in: Marutschke, Laienrichter in Japan, Deutschland und Europa, S. 87 (95).

1286 IHK, Der Handelsrichter heute, S. 3; handelsrichter.de → Aufgaben, Kammer für Handelssachen.

1287 Kritisch: *Prütting* in: Marutschke, Laienrichter in Japan, Deutschland und Europa, S. 87 (97); natürlich ist im Falle spezieller Fragestellungen ein externes Sachverständigengutachten einzuholen. Grundlegende Fragestellung kann aber der sachverständige Handelsrichter beantworten, so dass in vielen Fällen auf ein Gutachten verzichtet werden kann. Dies kommt insbesondere der Prozessökonomie zugute (Kosten, Beschleunigung etc.).

richt üben das Richteramt – wie die Handelsrichter – in vollem Umfang und mit gleichem Stimmrecht wie die Berufsrichter aus, § 5 LwVfG. Auch hier handelt es sich demnach um besonders sachverständige „Laienrichter", die aufgrund ihrer besonderen Kenntnisse und Erfahrungen wichtige Aspekte in das Verfahren einbringen und so eine gerechte Entscheidung forcieren.

cc) Ehrenamtliche Richter an Berufsgerichten

Des Weiteren gibt es in der deutschen Gerichtsbarkeit Spezialgerichte, die sich in erster Linie mit berufsrechtlichen Fragen beschäftigen. Diese Gerichte sind teils an die allgemeinen (Verwaltungs- bzw. ordentlichen[1288]) Gerichte angegliedert, teils eigenständige Gerichte. Zu nennen sind hier die Richterdienstgerichte, die Anwaltsgerichte, Gerichte für Notare, Steuer- und Wirtschaftsprüfer, das Gericht für Heilberufe ((Zahn-, Tier -) Ärzte, Apotheker etc.), die Gerichte für Architekten und Ingenieure. Diese Gerichte verhängen in erster Linie Disziplinarmaßnahmen, wenn das Verhalten eines Beteiligten mit dem Ansehen des Berufes nicht vereinbar ist. Die vom Gericht getroffenen Maßnahmen können vom Verweis bis zum Berufsverbot reichen. Auch bei diesen Gerichten ist die Richterbank in der Regel neben einem Berufsrichter mit sachkundigen ehrenamtlichen Richtern besetzt, die in der Regel Vertreter des jeweiligen Berufsstandes sind. [1289] So müssen die ehrenamtlichen Richter beim Gericht für Heilberufe Mitglieder der Landeskammer sein, der das Kammermitglied angehört (z.B. Landesärztekamer), § 49 HeilBerG, die ehrenamtlichen Richter der Anwaltsgerichte sind Anwälte, die des Berufsgerichts für Ingenieure Mitglieder der Ingenieurkammer-Bau, wobei ein Beisitzer der Fachrichtung des Beschuldigten angehören und seinen Beruf in derselben Tätigkeitsart wie der Beschuldigte ausüben soll.[1290]

d) Jugendschöffen

aa) Aufbau

Auch beim Jugendgericht, welches der Gesetzgeber an den Amts- und Landgerichten vorgesehen hat – in der Revisionsinstanz entscheiden die für allgemeine Strafsachen zuständigen OLG- bzw. BGH-Senate ohne Schöffen – finden sich auf der Richterbank sachverständige ehrenamtliche Richter, die sogenannten

1288 Verwaltungsgerichte: Gericht für Heilberufe, Berufsgericht für Architekten und Ingenieure; ordentliche Gerichte: Wirtschaftsprüfer, Steuerberater, Anwälte, Richter.

1289 *Prütting* in: Marutschke, Laienrichter in Japan, Deutschland und Europa, S. 87 (95).

1290 Siehe z.B.: http://www.vg-aachen.nrw.de/aufgaben/index.php.

Jugendschöffen, wenn nicht der Einzelrichter zur Entscheidung berufen ist.[1291] Auch hier sind die Kammern mit einem vorsitzenden Berufsrichter und zwei ehrenamtlichen Richtern besetzt, von denen einer eine Frau, der andere ein Mann sein soll, § 33a JGG. Diese wirken allerdings nur an der Hauptverhandlung mit. Sie nehmen ihr Richteramt grundsätzlich in vollem Umfang und unabhängig, gleich einem Berufsrichter wahr. Umfang der Tätigkeit und Auswahl der Jugendschöffen richten sich nach den allgemeinen Vorschriften des GVG, die aber durch § 35 JGG modifiziert werden.

bb) Entstehung

Schon seit Ende des 19. Jahrhunderts entwickelte sich das moderne Jugendkriminalrecht, mit dem die erzieherische Reaktion auf Straftaten Jugendlicher in den Vordergrund rückte und erste Sonderregelungen für jugendliche Straftäter gesetzlich verankert wurden. Ein eigenständiges Jugendgerichtsgesetz, das die besonderen Belange junger Menschen berücksichtigt, wurde jedoch erst 1923 geschaffen, nachdem die Bemühungen um ein einheitliches Jugendrecht, welches Reichsjugendwohlfahrtsgesetz und Reichsjugendgerichtsgesetz zusammenfassen sollte, gescheitert waren.[1292] Hier hob man erstmals einheitlich die Strafmündigkeitsgrenze von 12 auf 14 Jahre an.[1293] Das Jugendstrafgericht sollte die Aufgabe eines Erziehungsgerichts haben, der Jugendrichter möglichst zugleich Vormundschaftsrichter sein. Im Vordergrund sollten nicht mehr Sanktionen stehen, sondern versucht werden, den Jugendlichen zu rehabilitieren und wieder als Teil der Gesellschaft aufzunehmen. Hierzu wurden vermehrt Erziehungsmaßregeln (Schutzaufsicht, Fürsorgeerziehung) angeordnet bzw. die Vollstreckung der Strafe zur Bewährung ausgesetzt. Das neue Jugendgericht war von Beginn an als Schöffengericht ausgeprägt, bei dem auch Frauen für das Schöffenamt zugelassen waren.[1294] Nach dem JGG von 1923 war das Jugendgericht grundsätzlich als Schöffengericht zuständig. Jugendgerichte, die mit einem Einzelrichter besetzt waren, gab es nicht.[1295]

1291 *Eisenberg*, JGG, §§ 33-33b, Rn. 13 ff., dessen Zuständigkeit in erster Instanz richtet sich nach § 39 JGG.

1292 *Dallinger-Lackner*, JGG 1955, § 34, Rn. 11; *Grobe*, S. 89 f.

1293 *Hasenclever*, S. 90.

1294 *Gerstein* in: Lieber/Sens, S. 94.

1295 *Ostendorf*, JGG, Grdl. z.§ § 39-42, Rn. 2.

cc) Qualifikation

Anders als bei anderen Schöffen obliegt die Auswahl der Jugendschöffen nicht den Gemeinden, sondern dem Jugendhilfeausschuss. Diese Tatsache hängt damit zusammen, dass die Jugendschöffen erzieherisch befähigt und in der Jugenderziehung erfahren sein sollen. Voraussetzung für die Befähigung ist also auch hier eine gewisse Sachkunde und damit einhergehende Fachkenntnisse. Da die Vorschrift als Soll-Vorschrift konzipiert ist, erscheint es besonders wichtig, deren Bedeutung hervorzuheben. Als Jugendschöffen sollten deshalb Personen vorgeschlagen werden, die in der praktischen Jugendarbeit tätig sind. Die erzieherische Befähigung und Erfahrung in der Jugenderziehung kann sich aus längerfristiger beruflicher wie ehrenamtlicher Betätigung im Bereich von Jugendverbänden und Jugendhilfe- und Jugendfreizeiteinrichtungen, Engagement im schulischen Bereich sowie im Rahmen privater Erziehungs- und Betreuungstätigkeit ergeben. Angehörige bestimmter Berufsgruppen sollten hier nicht bevorzugt werden, vielmehr sollen möglichst geeignete Personen aus allen Kreisen der Bevölkerung berücksichtigt werden.[1296] Tatsächlich sind aber überdurchschnittlich viele Angehörige des öffentlichen Dienstes Jugendschöffen, darunter insbesondere Lehrer, Sozialarbeiter und Kindergärner.[1297]Dies kommt einer Forderung nach Fachschöffen gleich, die mit den ehrenamtlichen Richtern des Handels-, Arbeits- und Sozialgerichts vergleichbar sind.[1298] Auch in der Jugendgerichtsbarkeit soll durch die Jugendschöffen außerjuristisches Fachwissen in das Verfahren eingebracht und der Richter animiert werden, sich einer allgemein verständlichen Sprache zu bedienen. [1299] Durch die Ausprägung der Vorschrift als Soll-Vorschrift klaffen der gesetzgeberische Anspruch und die Wirklichkeit allerdings weit auseinander.[1300] Der Forderung nach fachlicher Qualifikation scheint bei den Jugendschöffen aber noch eher entsprochen zu werden, als bei den Jugendrichtern und Jugendstaatsanwälten.[1301]

1296 *Ostendorf*, JGG, Grdl. z. §§ 33-38, Rn. 7; *Klausa*, Ehrenamtliche Richter, S. 50 ff.

1297 *Ostendorf*, JGG, Grdl. z. §§ 33-38, Rn. 7.

1298 Dies fordert auch: *Ostendorf*, JGG, Grdl. z. §§ 33-38, Rn. 10 m.w.N.

1299 *Ostendorf*, JGG, § 35, Rn. 4, Grdl. z. §§ 33-38, Rn. 5.

1300 *Ostendorf*, JGG, Grdl. z. §§ 33-38, Rn. 6; kritisch auch: *Eisenberg*, JGG, § 35, Rn. 7, Einleitung, Rn. 11; *Delitzsch*, MSchrKrim 1979, 26 (29 ff.); tatsächlich scheint weniger die Qualifikation der Schöffen das entscheidende Auswahlkriterium zu sein, sondern vielmehr die Zugehörigkeit zu einer Partei, siehe: *Gerken* in: Gerken/Schumann, S. 101 (107).

1301 *Ostendorf*, JGG, Grdl. z. §§ 33-38, Rn. 7.

dd) Rekrutierung

Die Auswahl der Jugendschöffen trifft der Jugendhilfeausschuss. Dieser besitzt in der Regel eine besondere Sachnähe zu Fragen der Jugendkriminalität und ist durch seine Kompetenz besonders geeignet, qualifizierte Bürger für das Jugendschöffenamt zu gewinnen.[1302] Der Jugendhilfeausschuss muss mindestens die doppelte Menge an Personen auswählen, die tatsächlich als Jugendschöffen benötigt werden. Er ist Teil des Jugendamts und setzt sich gemäß § 71 SGB VIII aus Mitgliedern der Vertretungskörperschaft des öffentlichen Trägers (Kreistag/ggf. Rat, auf Landesebene des Landtages) sowie Frauen und Männern, die von den anerkannten freien Trägern der Jugendhilfe und der Jugendverbände vorgeschlagen werden, zusammen.[1303] Der Jugendhilfeausschuss stellt die Vorschlagsliste häufig nicht selbst auf, sondern bedient sich dabei des Jugendamts. Dieses wiederum holt sich die Vorschläge von den Parteien und den Trägern der freien Jugendhilfe sowie den Kirchengemeinden.[1304]

Die Jugendschöffen werden gemäß § 35 JGG auf Vorschlag des Jugendhilfeausschusses von dem, nach § 40 GVG gebildeten Schöffenwahlausschuss gewählt. Vorsitzender dieses Ausschusses ist der für den Verwaltungsbezirk zuständige Jugendrichter.[1305] Aus der Vorschlagsliste wählt der Schöffenwahlausschuss unter Vorsitz des Jugendrichters die erforderliche Zahl von Jugendschöffen. Es müssen ebenso viele Frauen wie Männer gewählt werden, die erzieherisch befähigt und in der Jugenderziehung erfahren sein sollen. Die Wahl erfolgt mit einer Zweidrittelmehrheit.[1306]

ee) Nutzen

Die Beteiligung von ehrenamtlichen Richtern an der Jugendgerichtsbarkeit hat sich bewährt. Insbesondere das Einbringen von besonderem Sachverstand durch die Jugendschöffen wird im Allgemeinen als Vorteil gesehen. Dies wird nicht nur in der Literatur häufig herausgekehrt, sondern wird auch von Jugendrichtern

1302 *Gerstein* in: Lieber/Sens, S. 94 (95).

1303 In Frankfurt gehören dem Jugendhilfeausschuss 20 stimmberechtigte und 23 beratende Mitglieder an. Stimmberechtigt sind der/die Oberbürgermeisterin oder das von ihm/ihr beauftragte Magistratsmitglied, elf Mitglieder der Stadtverordnetenversammlung oder von ihr gewählte Frauen und Männer, die in der Jugendhilfe erfahren sind, acht Frauen und Männer auf Vorschlag der im Bereich des Jugendamts wirkenden und anerkannten Jugendverbände, Wohlfahrtsverbände, sonstigen Trägern der freien Jugendhilfe sowie ihre Zusammenschlüsse, siehe: http://www.frankfurt.de/sixcms/detail.php?id=2980.

1304 *Klausa*, Ehrenamtliche Richter, S. 47 f.; *Gerstein* in: Hasso/Lieber, S. 94 (95 f.).

1305 *Klausa*, Ehrenamtliche Richter, S. 47; *Ostendorf*, JGG, § 35, Rn. 9.

1306 *Eisenberg*, JGG, § 35, Rn. 14; *Gerstein* in: Hasso/Lieber, S. 94 (95 f.).

und Jugendschöffen so wahrgenommen. Die Jugendrichter sind in der Regel mit ihren Schöffen zufrieden und schätzen deren Erziehungserfahrung und den Anstoß zu Diskussionen, die sich positiv auf die Urteilsfindung niederschlagen.[1307] Auch die Jugendschöffen beurteilen ihre Aufgabe positiv und sehen in der Beteiligung von ehrenamtlichen Richtern einen (großen) Vorteil. Insbesondere die Erziehungs- und Berufserfahrung schlage sich positiv auf das Verfahren nieder.[1308]

Auch wenn das Amt des Jugendschöffen in der Literatur oft positiv bewertet wird und in der Praxis auf beiden Seiten häufig positive Erfahrungen gemacht werden, treten viele Jugendschöffen bis heute ihr Amt völlig unvorbereitet an.[1309] Oft wissen die Schöffen nicht, was sie und was von Ihnen erwartet wird. Auch die Einführungsveranstaltungen lassen teilweise zu wünschen übrig. Fort- und Weiterbildungsveranstaltungen werden – wenn überhaupt – nur vereinzelt angeboten.[1310] Wegen der Ausprägung des § 35 Abs. 2 S. 2 JGG als Soll-Vorschrift mangelt es bei vielen Jugendschöffen an einer pädagogischen, psychologischen oder soziologischen Qualifikation.[1311]

Des Weiteren wird kaum Nutzen aus den Erfahrungen der Jugendschöffen gezogen. Gerade für die Träger der freien Jugendhilfe könnten diese Erfahrungen der Jugendschöffen aber für die Planung von präventiven Einrichtungen und sozialen Diensten interessant sein. Sie werden aber nur selten gebeten, über ihre Erfahrungen zu berichten, so dass die Organisationen in der Regel nicht von den von ihnen vorgeschlagenen Schöffen profitieren können.[1312]

Diese Mängel stehen im krassen Gegensatz zu dem Nutzen, den qualifizierte Jugendschöffen in das Verfahren einbringen können.[1313] Die „Qualifizierung

1307 *Klausa*, Ehrenamtliche Richter, S. 69 f.

1308 *Klausa*, Ehrenamtliche Richter, S. 70.

1309 Empirische Untersuchung zu der Situation von Schöffen insgesamt bei *Meurer* in: DVS, 1. Deutscher Schöffentag, S. 13 ff.

1310 Siehe zur Kritik; *Gerstein* in: Lieber/Sens, S. 94 (96 f.); ähnlich: *Ostendorf* in: Lieber/Sens, S. 99 ff.; allerdings gibt es verschiede „Leitfäden für Schöffen bzw. Jugendschöffen" z.B.: DVJJ, Leitfaden für Jugendschöffen; Lieber, Leitfaden für Schöffinnen und Schöffen.

1311 DVJJ, Leitfaden für Jugendschöffen, S. 4; eine Umfrage unter Hamburger Jugendschöffen im Jahr 1988 ergab, dass lediglich 32 % aus einem im weitesten Sinn pädagogischen Beruf kamen, viele der Befragten wussten nicht einmal, dass eine solche Qualifikation Voraussetzung für das Schöffenamt sein soll, *Gerken* in: Gerken/Schumann, S. 101 (107).

1312 *Gerstein* in: Lieber/Sens, S. 94 (96).

1313 *Lieber* appelliert mit seiner Darstellung – Die Verantwortung bei der Wahl der Schöffen und Jugendschöffen – an die Kommunen mehr Verantwortung bei der Wahl der Schöffen und Jugendschöffen an den Tag zu legen.

von Jugendschöffen bedeutet mehr Fachkompetenz und eröffnet damit die Chance zu einer Qualitätssteigerung der Rechtsprechung in Jugendsachen".[1314]

5. Ehrenamtliche Richter in der deutschen Familiengerichtsbarkeit

Ursprünglich waren das Jugendgericht und das Vormundschaftsgericht miteinander verbunden. Sie gehen beide zurück auf das Strafgesetzbuch von 1871, in dem erstmals eine Sonderbehandlung für jugendliche Straftäter vorgeschlagen wurde, mit der Möglichkeit, diesen auch dann staatliche Hilfe (in erster Linie Unterbringung) zukommen zu lassen, wenn eine Straftat noch gar nicht begangen worden war. Diese präventiven Maßnahmen gingen dann in die Zuständigkeit des Vormundschaftsgerichts, später in die des Familiengerichts über. Bei Einführung des JGG 1923 war jedenfalls die Personalunion von Jugend- und Vormundschaftsrichter gesetzlich verankert (§ 19 S. 2 JGG 1923).[1315] Auch die Besetzung der Richterbank mit Schöffen wurde bereits im Jahre 1923 eingeführt. Schon damals wurde der besondere Sachverstand dieser Schöffen gesetzlich verankert. Das Gesetz sah besondere Jugendschöffen vor, die auf Vorschlag der Jugendämter gewählt wurden. Sie sollten nicht lediglich die Teilhabe des Volkes an der Rechtspflege sichern, sondern Erziehungserfahrungen in das Verfahren einbringen. Daher berücksichtigte man väterliche und mütterliche Komponenten, was die Beteiligung von Frauen begünstigte, deren Einbeziehung ausdrücklich empfohlen wurde.[1316]

Insofern ist weder die Idee von ehrenamtlichen Richtern in der Familiengerichtsbarkeit, noch die Umsetzung dazu in der Geschichte des Familiengerichts (ehemals Vormundschaftsgericht, ehemals Jugendgericht) neu. Mit der Herauslösung der Vormundschaftssachen zunächst aus der Jugendgerichtsbarkeit, später mit der Herauslösung der Familiensachen aus der Vormundschaftsgerichtsbarkeit, wurde das Amt der ehrenamtlichen Richter trotz vielfältiger Forderungen nicht mehr in die Vormundschafts- bzw. Familiengerichtsbarkeit integriert. Einen anderen Weg hat beispielsweise Italien beschritten, wo strafrechtliche, zivilrechtliche und verwaltungsrechtliche Befugnisse beim Jugendgericht vereint sind. Die Wiedereingliederung von ehrenamtlichen Richtern in die Familiengerichtsbarkeit ist gerade auf Grundlage der Erfahrungen in der Jugendgerichtsbarkeit von besonderem Interesse. Dies wird auch dadurch bestätigt, dass die Jugendrichter im Allgemeinen eine hohe Meinung von „ihren" Schöffen haben,

1314 DVJJ, Leitfaden für Jugendschöffen, S. 5.

1315 *Ostendorf*, JGG, Grdl. z. §§ 33-38, Rn. 2.

1316 *Walter*, 100 Jahre Jugendgerichte, dvjj.de.

und diese gerade mit Blick auf ihre pädagogische Berufserfahrung eine positive Einstellung zu ihrer Funktion als Jugendschöffe vorweisen.[1317]

Die Idee der Einbringung besonderen Sachverstandes in Familiensachen ist in der deutschen Rechtsgeschichte nicht neu. Bereits in der preußischen Gerichts- und Prozessordnung (PrGO) von 1793 existierte für eherechtliche Streitigkeiten ein Schlichtungsverfahren, für das der Eherichter außergerichtlichen Sachverstand hinzuziehen konnte.[1318] So war der Richter zunächst gehalten, den wahren Grund für die Streitigkeiten zu erforschen und zu beseitigen. Diese Aufgabe konnte er auch auf einen Seelsorger übertragen. Eine weitere Möglichkeit bestand darin, Freunde oder Bekannte der Eheleute heranzuziehen, „von deren Vermittlung sich wegen ihrer bekannten Gabe, Versöhnungen zu stiften oder wegen des von den Parteien in sie gesetzten Vertrauens oder wegen anderer besonderer Verhältnisse ein guter Erfolg am wahrscheinlichsten hoffen“ ließ (§ 37 PrGO). Dieser Schlichtungsversuch wurde durch eine Verordnung von 1844 verbindlich auf einen Geistlichen übertragen, um den Eheleuten die Chance zu geben, doch noch eine außergerichtliche Lösung zu finden.[1319] Dieser Sühneversuch sollte im Vorfeld des gerichtlichen Verfahrens stattfinden und zu einer außergerichtlichen Lösung führen. Die Regelung zeigt aber auch die Bedeutung, die außerjuristischen Kenntnissen im Familienrecht beigemessen wurden. Schon der preußische Gesetzgeber hatte erkannt, dass der Richter oft nicht die geeignete Persönlichkeit ist, um eine einvernehmliche Regelung zwischen den Parteien auszuhandeln. Vielmehr galt es schon damals als besonders wichtig, geeignete Personen wegen ihres persönlichen Geschicks zu der Verhandlung hinzuzuziehen. Für den Bereich des Eherechts wurden diese Kompetenzen auf Institute der Eheberatung übertragen, auf die der Richter verweisen kann. An die Stelle des persönlichen Geschicks sind damit wissenschaftliche Ausbildung und Kompetenzen getreten.[1320]

Die Regelung zeigt, dass die Hinzuziehung außerjuristischer Erkenntnisse und deren Bedeutung auch in der Familiengerichtsbarkeit keineswegs ein Novum darstellt. Schon zu diesem frühen Zeitpunkt wurde die Bedeutung außerjuristischer Kenntnisse und möglichst einvernehmlicher Lösungen erkannt und im familiengerichtlichen Verfahren umgesetzt. Die Idee ging im familiengerichtlichen Verfahren in seiner Ausprägung als reines Prozessverfahren zunächst fast vollständig verloren und taucht erst im Rahmen des Kindschaftsrechtsreformgesetzes von 1998 vermehrt wieder auf. Nach der Verwirklichung des „Großen

1317 *Klausa*, Ehrenamtliche Richter, S. 69 f.

1318 Siehe hierzu *Wolf/Lüke/Hax*, S. 103 ff.

1319 Siehe hierzu *Erdsiek*, NJW 1961, 1006 (1007 f.).

1320 *Wolf/Lüke/Hax*, S. 104.

Familiengerichts“ und der Behandlung aller Familiensachen in der Hand dieses Gerichts muss die Bedeutung außerjuristischer Erkenntnisse wieder vermehrt aufgegriffen und weiter optimiert werden. Ziel dieser Entwicklung sollte die Besetzung des Familiengerichts mit sachverständigen ehrenamtlichen Richtern sein, die insbesondere in kindschaftsrechtlichen und sozialrechtlichen Verfahren zu einer sachgerechten und zukunftsorientierten Entscheidung beitragen könnten.

a) Stand der Diskussion

In der deutschen Rechtslehre tauchten schon sehr früh Überlegungen über die Besetzung eines zu gründenden Familiengerichts auf. Vor Einführung der Familiengerichte waren in der familiengerichtlichen Rechtsprechung Einflüsse außerjuristischer Wissenschaften, wie beispielsweise Psychologie, Psychiatrie, Soziologie, Pädagogik etc. der familienrechtlichen Rechtsprechung weitestgehend fremd. Der Einbeziehung dieser Erkenntnisse stand die Abstraktheit des Privatrechts entgegen. Familienrechtliche Fälle wurden meist von den ordentlichen Gerichten entschieden, von Richtern, die kaum Erfahrung mit familiären Konflikten und den damit einhergehenden Besonderheiten hatten.[1321] Das Familienrecht ist und war aber niemals reines Privatrecht, sondern immer auch von öffentlichem Interesse und damit Teil des öffentlichen Rechts.[1322] Zudem kommt es im Familienrecht gerade nicht darauf an, sich am einzelnen Individuum zu orientieren, sondern vielmehr, ausgehend von der familiären Gemeinschaft, einen Ausgleich zwischen Familie und Gesellschaft zu schaffen. Gerade also im Familienrecht fällt die abstrakte Lösung strikt am Gesetz besonders schwer.[1323]

In der heutigen Zeit ist die Vermischung von Rechtssätzen mit den Verhältnissen des sozialen Lebens aber für uns eine Selbstverständlichkeit. Heute werden die Entscheidungen des Familienrichters von außerjuristischen Wissenschaften beeinflusst. Die Beteiligung des Jugendamts ist bei allen Verfahren, die die Person des Kindes betreffen, zwingend. Der Familienrichter zieht für seine Entscheidung Sachverständige heran, er hört die Beteiligten an, er erörtert mit den Beteiligten die Kindeswohlgefährdung und wirkt auf ein Einvernehmen hin. Viele der außerjuristischen Erkenntnisse sollen demnach bereits heute in das Verfahren einbezogen werden. Insofern stellt sich die Frage, ob in der heutigen Zeit überhaupt noch eine interdisziplinäre Richterbank von Interesse bzw. ob für den Familienrichter die Forderung nach zusätzlicher Qualifikation überhaupt noch zeitgemäß ist, da doch – wie das Gesetz glauben lässt – der Familienrichter

1321 *Müller-Freienfels*, ZvglRW 1973, 117 f.

1322 *Müller-Freienfels* in: Festschrift für Hinderling, S. 111 (124 ff.); siehe Kap. C. I. 1. c).

1323 *Müller-Freienfels*, ZvglRW 1973, 117 f.

all diese Attribute längst besitzt. An die Familienrichter werden immer höhere Anforderungen gestellt, von ihnen wird immer mehr erwartet. Sie sollen nicht nur eine juristisch korrekte Lösung, sondern möglichst eine befriedigende, auch soziale Lösung für die Familie finden und dafür sorgen, dass deren zukünftiges Zusammenleben möglichst reibungslos funktioniert. Sie sollen ihren Beitrag zum Kinderschutz leisten, sollen Ehen glücklich scheiden und für alle Beteiligten gerechte Unterhaltsregelungen treffen. Diese zusätzlichen Anforderungen an das Familiengericht funktionieren aber erst durch zusätzliche Qualifikationen. Aus diesem Grund ist es heute wichtiger denn je, außerjuristische Fachkenntnisse in das Familiengericht zu integrieren.

In allen besonderen Gerichtsbarkeiten (Arbeitsgerichtsbarkeit, Verwaltungsgerichtsbarkeit, Sozialgerichtsbarkeit, Finanzgerichtsbarkeit, Art. 95 Abs. 1 GG) und in der ordentlichen Gerichtsbarkeit in Spezialkammern (Kammer für Handelssachen) gibt es sachverständige ehrenamtliche Richter. Der Gesetzgeber hat demnach schon längst erkannt, dass es in speziellen Gebieten spezieller Fachkunde bedarf. Einzig in der Familiengerichtsbarkeit sind keine ehrenamtlichen Richter tätig.

Auch die geschichtliche Entwicklung deutet in diese Richtung. Familien- und vormundschaftsrechtliche Verfahren nahmen im deutschen Recht immer eine Sonderstellung ein. Auch wenn diese Sonderstellung nicht von Anfang an gesetzlich fixiert war,[1324] gehen die Diskussionen zur Einführung eines Familiengerichts – und damit zur besonderen Stellung dieses Gerichts – bis ins Jahr 1918 zurück. Diese Sonderstellung bezog sich immer auch auf die Persönlichkeit des Richters, sei es nun des Vormundschafts- oder des Familienrichters und auf die Erkenntnis, dass familiengerichtliche Rechtsprechung ohne außerjuristische Kenntnisse und Wissenschaften nicht möglich ist.

Durch Inkrafttreten von KiWoMaG und FamFG bekommt das Erfordernis einer interdisziplinären Richterbank neuen Antrieb. Mit diesen Reformen hat der Gesetzgeber die besondere Stellung, die das Familiengericht im Kindesschutz inne hat, hervorgehoben. Insbesondere im Rahmen der Erörterung der Kindeswohlgefährdung nach § 157 FamFG und des § 1666 Abs. 3 BGB konnte der Gesetzgeber die interdisziplinären Kompetenzen des Familienrichters stärken. Zwar wurde auf den Begriff des „Erziehungsgesprächs" verzichtet, dem Gespräch kommt dennoch ein gewisser erziehender Charakter zu.[1325] Um zu vermeiden, dass der Familienrichter zum „Hilfspädagogen" wird und die Wandlung

---

1324 Zwar existierten bereits sehr früh Vormundschaftsgerichte, eine eigene Familiengerichtsbarkeit wurde jedoch erst 1977 auf den Weg gebracht. Es dauerte weitere 32 Jahre, bis alle familiengerichtlichen Streitigkeiten vor einem „Großen Familiengericht" verhandelt werden sollten.

1325 MünchKommZPO/*Heilmann*, § 157 FamFG, Rn. 11.

vom Entscheider zum Erzieher vollzieht,[1326] wäre es von Vorteil, ihm sachkundige Beisitzer zur Seite zu stellen. Diese müssen die zur Gesprächsführung und Konfliktlösung nötigen Kompetenzen mitbringen, um so der Aufgabe des Familiengerichts, Möglichkeiten zur Abwehr von Kindeswohlgefährdungen[1327] zu finden, Sorge-[1328] und Umgangsstreitigkeiten[1329] zu lösen sowie zukünftig über öffentliche Hilfen und sonstige Rechtsansprüche nach SGB VIII zu entscheiden, gerecht zu werden.

b) Ausgestaltung einer interdisziplinären Richterbank

Sinnvoll wäre die Besetzung der Richterbank mit sachverständigen ehrenamtlichen Richtern, wie sie auch in anderen Gerichtsbarkeiten eingesetzt werden. Die Beteiligung solcher ehrenamtlichen Richter in der deutschen Gerichtsbarkeit (Arbeits-, Sozialgerichtsbarkeit, Kammer für Handelssachen) ist insbesondere deswegen so wichtig, weil sie besondere Sachkunde und Sachverstand in das Verfahren einbringen. Diese von den ehrenamtlichen Richtern eingebrachte Sachkunde hat sich in der Spruchpraxis der Arbeits- und Sozialgerichte sowie bei den Kammern für Handelssachen bewährt.[1330] Gerade in der Arbeitsgerichtsbarkeit erscheint das Verfahren mittlerweile ohne das fachliche Wissen, das die ehrenamtlichen Richter einbringen, kaum noch denkbar. Interessant für das Verfahren sind gerade nicht juristische Sachkenntnisse, sondern reale Erfahrungen und Kenntnisse aus den verschiedenen Fachbereichen. Während der Arbeitsrichter häufig nicht in der Lage ist, die Belange des Betriebs und des Arbeitslebens ausreichend zu erfassen, ist auch der Familienrichter, der nicht mehr bzw. sogar weniger zusätzliche Qualifikationen besitzt als der Arbeitsrichter, häufig nicht in der Lage, die tatsächlichen Probleme innerhalb einer Familie zu lösen. Das liegt nicht selten daran, dass der Familienrichter die möglichen, zur Verfügung stehenden Hilfeformen nicht kennt und ihm damit die fachliche Kompetenz zur

1326 *Neumann*, DRiZ 2007, 65 (66).

1327 Im Jahr 2008 wurde 14.906 Mal das Familiengericht mit dem Ziel, die elterliche Sorge vollständig oder teilweise zu entziehen, angerufen. In 12.244 Fällen ergriff das Familiengericht Maßnahmen zum vollständigen oder teilweisen Entzug der elterlichen Sorge, Destatis, Statistiken der Kinder- und Jugendhilfe, Pflegschaften, destatis.de, Tabelle 3.

1328 Im Jahr 2008 wurde in 92.732 die elterliche Sorge entzogen bzw. übertragen, davon waren 79.452 allein anhängige Verfahren, Destatis, Familiengerichte, destatis.de, Tabelle 2.1.

1329 Im Jahr 2008 wurde in 44.780 Fällen eine Umgangsregelung vor dem Familiengericht getroffen, davon 40.752 als allein anhängige Verfahren, Destatis, Familiengerichte, destatis.de, Tabelle 2.1.

1330 *Sommer*, DRiZ 1992, 135 ff.

Aussprache entsprechender Gebote fehlt. So wie die ehrenamtlichen Richter am Arbeitsgericht dafür sorgen, dass sich der Berufsrichter von „Überlegungen reiner Begriffsjurisprudenz“ [1331] löst, so könnten die sachverständigen Beisitzer des Familiengerichts dafür Sorge tragen, dass die Belange der Familien und Kinder ausreichend berücksichtigt werden und der Fall – im Sinne des Gesetzgebers – insgesamt und nicht lediglich in rechtlicher Hinsicht behandelt und gelöst wird.[1332] Die Einführung von fachkundigen ehrenamtlichen Richtern ist insbesondere deshalb so wichtig, weil der Familienrichter selbst (noch) nicht dazu verpflichtet ist, besondere Qualifikationen in das Amt einzubringen oder sich regelmäßig fortzubilden. Zwar machte das Bundesverfassungsgericht bereits 1980 deutlich, dass eine sinnvolle Arbeit als Familienrichter ohne durch Fortbildung erlangte Zusatzqualifikationen nicht möglich sei, [1333] der Gesetzgeber hat aber bis heute eine Verpflichtung zur Fortbildung oder einen besonderen Zugang zum Amt des Familienrichters nicht gesetzlich verankert. Aus diesem Grunde ist der Familienrichter besonders auf die Sachkunde von ehrenamtlichen Richtern angewiesen.[1334] Aber auch ein fortgebildeter Familienrichter wäre auf die Fachkunde der Laienrichter angewiesen.[1335]

aa) Aufbau

Beim Aufbau des (neuen) Familiengerichts könnte man sich an den Jugendgerichten orientieren. Hier entscheidet das Jugendschöffengericht in allen Verfahren, die nicht zur Zuständigkeit eines anderen Jugendgerichts (Einzelrichter, Jugendkammer) gehören (§ 40 JGG). Auch in der Familiengerichtsbarkeit erscheint es nicht sinnvoll, in der Besetzung mit ehrenamtlichen Richtern alle familienrechtlichen Verfahren zu verhandeln. Die Besetzung als erweitertes Familiengericht sollte sich auf Verfahren beschränken, die die Person des Kindes betreffen. In der Besetzung mit interdisziplinärer Richterbank sollte das Gericht also nur dann entscheiden, wenn es um kindschaftsrechtliche Fragen (§ 151 FamFG), insbesondere um Verfahren wegen Gefährdung des Kindeswohls, Sorge- und Umgangsstreitigkeiten oder (zukünftig) die Überprüfung jugendhilferechtlicher Entscheidungen nach SGB VIII geht. Ehesachen, Wohnungszuwei-

1331 *Bader/Hohmann/Klein*, S. 3 (das Zitat stammt aus der Vorauflage).

1332 Zur Situation bei den Arbeitsgerichten: *Bader/Hohmann/Klein*, S. 3 f.

1333 BVerfG v. 5.11.1980 – 1 BvR 349/80 – NJW 1981, 217 ff.

1334 Dies gilt auch für die Arbeitsgerichtsbarkeit heute mehr als früher. Mit Inkrafttreten des DRiG am 01.07.1962 wurde § 18 Abs. 3, der von dem Vorsitzenden Richter besondere Kenntnisse und Erfahrungen auf den Gebieten des Arbeitsrechts und des Arbeitslebens verlangte, aufgehoben, *Bader/Hohmann/Klein*, S, 4.

1335 Siehe Kap. C. II. 2. b).

sungs- und Hausratssachen, Versorgungsausgleichssachen und Güterrechtssachen sowie Unterhaltssachen, sonstige Familiensachen und Lebenspartnerschaftssachen, sollten vor dem Einzelrichter verhandelt werden, wenn diese nicht die Belange von Kindern- und Jugendlichen betreffen.

Anders als in der Jugendgerichtsbarkeit sollte die interdisziplinäre Besetzung aber in allen Instanzen möglich sein. Familiengerichtliche Streitigkeiten beginnen immer (streitwertunabhängig) beim Familiengericht (Abteilung des Amtsgerichts). Gegen diese Entscheidung kann Beschwerde (Rechtsbeschwerde) erhoben werden. Liegen die Voraussetzungen der Beschwerde vor, so ist in der zweiten Instanz der Familiensenat des Oberlandesgerichts, besetzt mit einem vorsitzenden und zwei beisitzenden Berufsrichtern, zuständig. Gegen diese Entscheidung kann weitere Beschwerde eingelegt werden, in diesem Fall ist dann der Bundesgerichtshof für Zivilsachen (hier der XII. Zivilsenat), besetzt mit einem Vorsitzenden Richter und vier Beisitzern, zuständig. Auch in zweiter und dritter Instanz sollten grundsätzlich zusätzlich ehrenamtliche Richter am Verfahren mitwirken. Gemäß § 68 Abs. 4 FamFG kann das Beschwerdegericht (OLG) die Beschwerde durch Beschluss einem seiner Mitglieder zur Entscheidung als Einzelrichter übertragen. Von der Übertragung auf einen Einzelrichter erhofft man sich zum einen – mit Blick auf das kindliche Zeitempfinden – eine Beschleunigung des Verfahrens,[1336] zum anderen – und dieser Aspekt stand bei der Einführung der Möglichkeit der Übertragung auf einen Einzelrichter im Vordergrund[1337] – eine Entlastung der Justiz.[1338] Es ist fraglich, ob diese Vorschrift bei einer Besetzung mit ehrenamtlichen Richtern weiter Bestand haben könnte. Die Untersuchungen, die den Vergleich zwischen Einzelrichter und Kammerbesetzung mit drei Berufsrichtern im allgemeinen Zivilprozess betreffen, lassen sich nicht auf ein Verfahren übertragen, das in Fachkammern verhandelt wird.[1339] Nicht untersucht wurden in diesem Zusammenhang die positiven Effekte, die eine Besetzung der Kammer mit ehrenamtlichen Richtern nach sich ziehen. Aus diesem Grund sollte die Entscheidung, auch für den Fall, dass die Vorschrift nach Einführung eines erweiterten Familiengerichts erhalten bleibt, keinesfalls voreilig einem Einzelrichter übertragen, sondern immer im Einzelfall überprüft werden, was dem Wohl des Kindes mehr dient: Ein möglichst beschleunigtes Verfahren oder eine ihm zugutekommende Fachlichkeit auch auf der Richterbank des Beschwerdegerichts. Zudem zeigen die Erfahrungen in der Verwal-

1336 *Heilmann*, S. 246 f.; siehe auch die Untersuchung von *Rottleuthner/Böhm/Gasterstädt*, S. 121 ff., die Untersuchung wurde im allgemeinen Zivilprozess anhand von § 348 ZPO durchgeführt.

1337 §§ 30 Abs. 1 FGG i.V.m. 526 ZPO, jetzt in § 68 Abs. 4 FamFG.

1338 BR-Drucks. 605/96, S. 36, 42.

1339 So auch *Redeker*, DVBl. 1992, 212 (214).

tungsgerichtsbarkeit, wo ehrenamtliche Richter grundsätzlich am Verfahren beteiligt sind (§ 5 VwGO), dass der Übertragung der Entscheidung auf einen Einzelrichter verfassungsrechtliche und rechtspolitische Bedenken entgegenstehen. Zum einen unterliegt der Ausschluss der ehrenamtlichen Richter in Hinblick auf die Garantie des gesetzlichen Richters verfassungsrechtlichen Bedenken,[1340] zum anderen ist zweifelhaft, ob der Ausschluss tatsächlich zu einer Verfahrensbeschleunigung und zu Einsparungen führt.[1341]

bb) Qualifikation

Aufgabe der Familiengerichte ist nicht lediglich die Durchsetzung des materiellen Rechts, sondern auch die Lösung familiärer Konflikte im Interesse der Beteiligten und der Allgemeinheit, primär durch Ermöglichung von Zugang zu öffentlichen Hilfen, §§ 156, 157 FamFG. Daher muss das Familiengericht nicht nur in der Lage sein, Rechtsnormen richtig anzuwenden, sondern auch die Auswahl der anzuordnenden Maßnahmen unter Berücksichtigung der Interessen aller Beteiligten, insbesondere der betroffenen Kinder, genau zu durchdenken. Hierfür benötigt das Familiengericht neben umfassenden juristischen Kenntnissen auch umfassende sozialwissenschaftliche Erkenntnisse. Aus diesen Gründen müssen dem Familienrichter sachkundige Experten an die Seite gestellt werden.

Die Berufung zum ehrenamtlichen Familienrichter muss an bestimmte Bedingungen geknüpft sein. Sie müssen fachliche Qualifikationen nachweisen können, die die besondere Funktion des Familiengerichts unterstützen. Die ehrenamtlichen Richter sollen auf der einen Seite zwar juristische Laien sein, auf der anderen Seite aber Spezialisten der Human- bzw. Sozialwissenschaften im weitesten Sinne. Denkbar wäre etwa die Besetzung mit einem Experten aus dem Bereich der Jugendhilfe (etwa ein Sozialpädagoge, Erzieher oder Sozialarbeiter) und einem aus dem Bereich der Psychologie (etwa ein Kinder- und Jugendpsychologe, möglich wäre auch ein Jugendpsychiater, evtl. auch ein Kinder- und Jugendmediziner).

Die Beteiligung von sachkundigen ehrenamtlichen Richtern am familiengerichtlichen Verfahren würde viele Vorteile mit sich bringen; sie könnten, besser als ein (durchschnittlicher) Familienrichter, Fragestellungen an einen Gutachter sinnvoll formulieren[1342], das Gutachten nachvollziehen, die Ergebnisse auswerten und kritisch betrachten. Dadurch könnte in einigen Fällen durchaus auf Gutachter und Sachverständige verzichtet werden. Die Fachlichkeit des Familiengerichts bedeutet aber keinesfalls einen vollständigen Verzicht auf Gutachter bzw.

1340 *Kopp/Schenke*, VwGO, § 6, Rn. 1, m.w.N.

1341 *Redeker*, DVBl. 1992, 212 (214 f.); *Kopp/Schenke*, VwGO, § 6, Rn. 1.

1342 *Salgo*, FamRZ 1984, 221 (227).

Sachverständige, noch geraten ehrenamtliche Richter mit diesen in Konflikt. Dies zeigen auch die Erfahrungen aus anderen Gerichtsbarkeiten, in denen ehrenamtliche Richter beteiligt sind, beispielsweise aus der Kammer für Handelssachen. Eine umfassende Auseinandersetzung mit den Ergebnissen des Sachverständigen setzt ein vertieftes Fachwissen bei Familienrichter und ehrenamtlichen Richtern voraus. „Nur fundierte Kenntnisse des richterlichen Spruchkörpers in den genannten Gebieten geben eine Gewähr dafür, dass der Sachverständige in der ihm vom Gesetzgeber zugewiesenen Rolle als Gehilfe für die Entscheidungsfindung verbleibt.“[1343]

Die ehrenamtlichen Richter könnten auch bei der Anhörung des Kindes und der Eltern mitwirken. Kindesanhörungen sowie die Gesprächsführung mit den Beteiligten werden ohne zusätzliche Qualifikationen häufig nur wenig zur Konfliktbewältigung beitragen können. Schon Familienrichter, denen psychologische und soziale Hintergründe von Familienkonflikten bewusst sind und die die Methoden und Formen der Gesprächsführung wie auch Kindesanhörung beherrschen, sind eher in der Lage, einen Streit zwischen den Parteien zu schlichten.[1344] Das gilt erst recht für sachverständige ehrenamtliche Beisitzer, die Fachkenntnisse aus den Bereichen der Human- bzw. Sozialwissenschaften mitbringen.

Auch bezüglich der Hinweise auf Beratungsstellen und Möglichkeiten der Mediation sowie der außergerichtlichen Streitbeilegung nach § 156 FamFG könnte der vorsitzende Richter auf die Kenntnisse und das Wissen der ehrenamtlichen Richter zurückgreifen, da diese über derartige Einrichtungen in der Regel mehr wissen, als der Familienrichter. In leichteren Fällen könnte darüber nachgedacht werden, einen ehrenamtlichen Richter eine Art vorgeschaltete Güteverhandlung führen zu lassen, in der sich die Beteiligten außergerichtlich einigen können. Gedacht werden könnte an eine Art vorgeschaltete Vermittlung nach §§ 156, 157 FamFG. Erst bei Scheitern dieses Vermittlungsversuchs seitens des ehrenamtlichen Richters würde das gesamte Familiengericht eingeschaltet werden. Er kann verstärkt auf ein Einvernehmen der Beteiligten hinwirken und sollte auch die Überprüfung der familiengerichtlichen Entscheidung nach §§ 1696 BGB, 166 FamFG vorbereiten.

Den ehrenamtlichen Richtern müssten aber auch umfassende Befugnisse zur Sachverhaltsermittlung eingeräumt werden. Besonders wichtig ist dabei die Aktenkenntnis vor und während des Verfahrens. Befragungen im Bereich der Verwaltungsgerichtsbarkeit haben gezeigt, dass der Einfluss der ehrenamtlichen Richter steigt, wenn sie von dieser Befugnis Gebrauch machen.[1345] Wie den eh-

1343 *Delitzsch*, MschrKrim 1979, 26 (27).

1344 *Salgo*, FamRZ 1984, 221 (227); *Zitelmann*, ZKJ 2011, 236 (241).

1345 *Machura*, Ehrenamtliche Verwaltungsrichter, S. 67.

renamtlichen Richtern der Arbeits-, Sozial- und Strafgerichtsbarkeit muss daher auch den ehrenamtlichen Richtern der Familiengerichtsbarkeit das Recht gewährt werden, die Akten so früh wie möglich einzusehen und so früh wie möglich am Verfahren mitzuwirken. Keinesfalls darf sich die Mitwirkung auf die mündliche Verhandlung beschränken.

cc) Rekrutierung

Wie in den oben genannten Gerichtsbarkeiten sollten auch die ehrenamtlichen Richter am Familiengericht nicht wie Schöffen per Los bestimmt, sondern von entsprechenden Verbänden und Organisationen benannt werden. In Frage käme an erster Stelle der Jugendhilfeausschuss. Dieser ist bereits für die Rekrutierung der Jugendschöffen zuständig und leistet dort gute Arbeit. Der Jugendhilfeausschuss besitzt nicht nur in Fragen der Jugendkriminalität eine besondere Sachnähe,[1346] sondern auf dem gesamten Gebiet der Kinder- und Jugendhilfe. Im Jugendhilfeausschuss werden „die für die Jugendhilfe relevanten Informationen ausgetauscht, gesellschaftliche Entwicklungen in ihren Auswirkungen auf die Jugendhilfe diskutiert und unter Berücksichtigung der spezifischen örtlichen Bedingungen in Zielvorstellungen für die Jugendhilfe auf örtlicher Ebene umgesetzt".[1347] Er befasst sich nach § 71 Abs. 2 SGB VIII insbesondere auch mit der Erörterung aktueller Problemlagen junger Menschen sowie deren Familien, und besteht in erster Linie aus Frauen und Männern, die in der Jugendhilfe erfahren sind.[1348] Der Jugendhilfeausschuss vertritt darüber hinaus die Interessen der Jugendverbände.[1349] Er steht damit den Organisationen besonders nahe, aus deren Reihen die ehrenamtlichen Richter mit Fachwissen rekrutiert werden könnten. Die vorschlagsberechtigten Verbände können in Zusammenarbeit mit dem Jugendhilfeausschuss am besten die fachlichen Kenntnisse, die beruflichen Erfahrungen, das kinder- und jugendpolitische Interesse und das persönliche Engagement der potentiellen ehrenamtlichen Richter beurteilen.[1350]

Die ehrenamtlichen Familienrichter sollen für die Dauer von fünf Jahren auf Vorschlag des Jugendhilfeausschusses von einem Wahlausschuss gewählt werden. Dazu muss ein Ausschuss gebildet werden, der aus dem, für den Verwaltungsbezirk zuständigen Richter des Familiengerichts, von der Landesregierung zu bestimmenden Verwaltungsbeamten sowie mehreren Vertrauenspersonen als

1346 *Gerstein* in: Lieber/Sens, S. 94 (95).

1347 BT-Drucks. 6/3170, S. 138

1348 Wiesner/*Wiesner*, § 71, Rn. 3.

1349 *Mrozynski*, § 71, Rn. 1.

1350 So auch für die ehrenamtlichen Richter der Sozialgerichtsbarkeit: *Sommer*, DRiZ 1992, 135 (137 f.).

Beisitzern besteht. Die Beisitzer sollten sich – anders als die Beisitzer des Schöffenwahlausschusses des Jugendgerichts, nicht aus unqualifizierten Laien, sondern – aus Vertretern von Jugend-, Eltern- und Ärzteverbänden sowie Kinder- und Jugendgesundheitsdiensten zusammensetzen. Der Wahlausschuss wählt unter Vorsitz des Familienrichters die erforderliche Anzahl ehrenamtlicher Richter. Es müssen ebenso viele Frauen, wie Männer gewählt werden, die in dem Bereich der Human- bzw. Sozialwissenschaften erfahren und pädagogisch, soziologisch oder psychologisch qualifiziert sind. Die Wiederwahl ist unbeschränkt zulässig. Sie sollten einem bestimmten Spruchkörper zugeordnet werden, um eine gewisse Kontinuität zu gewährleisten. Nur so können sie die notwendige Selbstsicherheit, Sachkunde und Vertrautheit mit dem Vorsitzenden Richter erreichen und ihr Fachwissen bestmöglich in den Prozess einbringen.[1351]

dd) Bezeichnung der ehrenamtlichen Richter

Bleibt die Frage, wie die ehrenamtlichen Richter am Familiengericht zu bezeichnen sind. Die Bezeichnung der ehrenamtlichen Richter ist in § 45a DRiG legaldefiniert. Danach führen die ehrenamtlichen Richter in der Strafgerichtsbarkeit die Bezeichnung "Schöffe", die ehrenamtlichen Richter bei den Kammern für Handelssachen die Bezeichnung "Handelsrichter" und die anderen ehrenamtlichen Richter die Bezeichnung "ehrenamtlicher Richter". In der Literatur findet sich allerdings noch häufig der Begriff „Laienrichter“.[1352] Dieser steht nicht im Gesetzestext und wird wegen der abwertenden Konnotation als nicht mehr zeitgemäß empfunden und trifft auf die sachverständigen ehrenamtlichen Richter beim Familiengericht auch nicht zu. Denn diese sind gerade keine Laien, sondern Experten in den Gebieten der Sozialpädagogik, Psychologie, Jugendpsychologie oder Jugendhilfe.

Wegen der besonderen Bedeutung, die den ehrenamtlichen Richtern in der Familiengerichtsbarkeit zukommen würde, sollte darüber nachgedacht werden, für diese eine besondere Bezeichnung, ähnlich der der Handelsrichter in § 45a DRiG, einzuführen. Wegen der erheblichen Bezüge, die ehrenamtliche Richter der Familiengerichtsbarkeit zu den Jugendschöffen aufweisen, könnte an den Begriff „Familienschöffe“ gedacht werden. Weil der Begriff des Schöffen aber immer ein gewisses Laienelement beinhaltet, ist diese Bezeichnung für das Amt des ehrenamtlichen Familienrichters weniger geeignet. Das gilt insbesondere deswegen, weil die Vorschrift, die an das Amt des ehrenamtlichen Familienrichters besondere Qualifikationen knüpft, anders als bei den Jugendschöffen als

1351 *Jescheck* in: Festgabe für Hans Schultz, S. 229 (259).

1352 Siehe z.B. *Marutschke*, Laienrichter in Japan, Deutschland und Europa; *Prütting* in Marutschke, Laienrichter in Japan, Deutschland und Europa, S. 87 ff.

Muss-Regelung ausgestaltet sein wird. Des Weiteren wird der ehrenamtliche Familienrichter wesentlich weitreichendere Funktionen wahrnehmen, als der Jugendschöffe. So wird er in der Regel an der Anhörung des Kindes und der Eltern teilnehmen und diese eventuell vorbereiten, die Befragung der Gutachter vorbereiten und an dieser unterstützend mitwirken. Auch die Vermittlung nach §§ 156, 157 FamFG würde zunächst der ehrenamtliche Richter übernehmen und erst bei deren Scheitern an das gesamte Gericht übergeben. Überlegt werden könnte auch, ob die Vorbereitung der Überprüfung der familiengerichtlichen Entscheidung auf die ehrenamtlichen Richter übertragen werden könnte. Bei den ehrenamtlichen Familienrichtern handelte es sich also um qualifizierte Beisitzer, die wegen ihrer sozialwissenschaftlichen Ausbildung im weiteren Sinne besonders für dieses Amt geeignet wären, wichtige Kompetenzen in das Verfahren einbringen und so familiengerichtliche Entscheidungen effizienter, einheitlicher und besser treffen könnten. Anbieten würde sich auf Grundlage dieser Überlegungen der Begriff „Familienfachrichter"[1353].

ee) gesetzliche Verankerung

Um die Einführung einer interdisziplinären Richterbank gesetzlich zu manifestieren, müssen verschiedene Normen verändert, ergänzt und neu eingefügt werden.

- § 151 FamFG muss ergänzt werden. In § 151 FamFG ist folgende Nr. 9 einzufügen: Kindschaftssachen sind die dem Familiengericht zugewiesenen Verfahren über Leistungen, Maßnahmen und Rechtsansprüche der Jugendhilfe nach SGB VIII, die das Verhältnis des Einzelnen als Leistungsberechtigten zum Jugendamt betreffen.
- § 23b Abs. 1 Bei den Amtsgerichten werden Abteilungen für Familiensachen (Familiengerichte)gebildet. Dieses verhandelt in Kindschaftssachen und in allen Verfahren, die die Person des Kindes betreffen als Familienfachgericht.
- In § 23b Abs. 3 GVG sind folgende Sätze 3 und 4 einzufügen: Die Familienfachgerichte werden mit einem Familienrichter und zwei Familienfachrichtern besetzt. Als Familienfachrichter sollen ein Mann und eine Frau herangezogen werden. Satz 2 wird als Satz 5 hinten angestellt: Ein Richter auf Probe darf im ersten Jahr nach seiner Ernennung Geschäfte des Familienrichters nicht wahrnehmen.

1353 Angelehnt an den von *Delitzsch*, MschrKrim 1979, 26 (29) eingeführten Begriff des „Jugendfachrichters".

- Es ist folgender Absatz 3 anzufügen: Bei dem Familienfachgericht wirkt je ein ehrenamtlicher Familienfachrichter aus dem Bereich der Jugendhilfe und einer aus dem Bereich der Kinder- und Jugendmedizin (Psychologie, Psychiatrie, Medizin) mit.
- Es ist folgender § 23e GVG einzufügen: (1) Die ehrenamtlichen Richter der Familiengerichte (Familienfachrichter) werden auf Vorschlag des Jugendhilfeausschusses für die Dauer von fünf Geschäftsjahren von dem vorgesehenen Ausschuss gewählt. Dieser soll eine gleiche Anzahl von Männern und Frauen wählen.
  (2) Der Jugendhilfeausschuss soll ebenso viele Männer wie Frauen und muss mindestens die doppelte Anzahl von Personen vorschlagen, die als Familienfachrichter benötigt werden. Es sollen nur solche Personen vorgeschlagen werden, die sich für die Aufgabe ihrer Persönlichkeit nach eignen und eine dieser Aufgabe entsprechende Ausbildung erhalten haben (Fachkräfte) oder aufgrund besonderer Erfahrungen in der Lage sind, die Aufgabe zu erfüllen. Die Vorgeschlagenen *müssen* erzieherisch befähigt und im Bereich der Human- bzw. Sozialwissenschaft erfahren sowie pädagogisch, soziologisch oder psychologisch qualifiziert sein.
- § 23e GVG ist außerdem um weitere Verfahrensfragen, ähnlich des § 35 Abs. 3-5 JGG, zu ergänzen.
- Des Weiteren sind die Zuständigkeiten von Familien- und Familienfachgerichten zu regeln. Es ist zu überlegen, ob die Vorschriften im GVG oder im FamFG zu verankern sind. Es ist folgende Vorschrift über die Zuständigkeit des Familienfachgerichts einzufügen: Das Familienfachgericht ist zuständig für alle Verfahren, die die Person von Kindern und Jugendlichen betreffen, Verfahren bei Sorge- und Umgangsstreitigkeiten und Verfahren über Leistungen und Maßnahmen der Jugendhilfe sowie sonstige Rechtsansprüche nach SGB VIII, die das Verhältnis des Einzelnen als Leistungsberechtigten zum Jugendamt betreffen.
- In das GVG muss ein Titel „Familienfachgerichte" eingefügt werden, der die Gestaltung dieses Gerichts, die Wahl der Schöffen, die Zusammensetzung des Wahlausschusses etc. regelt.

c) Kritik an interdisziplinärer Richterbank

Bereits im Jahre 1918 schlug May[1354] vor, die Scheidung und alle damit im Zusammenhang stehenden Verfahren einem Eheschöffengericht zu übertragen. Dieses sollte mit einem juristisch ausgebildeten Berufsrichter und zwei ehrenamtlichen Richtern besetzt sein. Dabei sollte es sich aber keineswegs um Laienrichter handeln, sondern um fachkundige Beisitzer, die aus dem Kreis der Ärzte, Pädagogen, Seelsorger, Waisen- und Armenpfleger sowie der im Fürsorgewesen tätigen Personen ausgewählt werden sollten. Der Vorschlag Meys wurde jedoch mehrheitlich abgelehnt. Im Folgenden sollen die Bedenken, die gegen eine interdisziplinäre Richterbank bestanden, betrachtet und untersucht werden, ob diese auch heute noch gelten.

1. Kritisiert wurde insbesondere, dass bei einer Beteiligung von ehrenamtlichen Richtern Einzelheiten aus dem Familienleben eher an die Öffentlichkeit dringen könnten, als im Falle der Besetzung der Richterbank durch einen Einzelrichter. Dies sei dann besonders unangenehm, wenn die ehrenamtlichen Richter persönlich bekannt seien.[1355]
2. Die Beteiligung von Laien würde dazu führen, dass der Richter als ein Mensch betrachtet werden könnte, der von familiären Angelegenheiten keine Kenntnisse und kein Verständnis habe. Dies würde die Autorität des Richters untergraben.[1356]
3. Die Besetzung der Richterbank mit verschiedenen Professionen könnte zu vermehrten Streitigkeiten führen, die das Verfahren erheblich verzögerten.[1357] Zudem sei im familiengerichtlichen Verfahren bereits genug Fachwissen vorhanden (Mitwirkung des Jugendamts, Verfahrenspfleger).
4. Da vor dem Familiengericht sehr persönliche Fragen erörtert werden, würden sich die Parteien eher einem Einzelrichter als einem Richterkollegium anvertrauen.[1358]
5. Eine qualifizierte Besetzung der Richterbank sei mit unverhältnismäßig hohen Kosten verbunden.[1359]

1354 Preußische Jahrbücher 137, 319 ff.; krit. *Lehmann*, 35. Jur. Tag, Bd. 1, S. 395 (420 ff.); abl. *Bachrach*, 35. Jur. Tag, Bd. 2, S. 137 (139).

1355 *Lehmann*, 35. Jur. Tag, Bd. 1, S. 395 (421); *Bachrach*, 35. Jur. Tag, Bd. 2, S. 137 (139).

1356 *Schiffer*, 35. Jur. Tag, Bd. 2, S. 98 (110); zust. *Abraham*, 35. Jur. Tag, Band 2, S. 116 (134).

1357 *Willutzki* in: dijuf.de, S: 25.

1358 *Willutzki* in: dijuf.de, S: 25.

1359 *Willutzki* in: dijuf.de, S: 25.

Aus welchem Grund sollten in der Besetzung als Kammer mehr Einzelheiten aus dem Familienrecht an die Öffentlichkeit dringen, als in der Besetzung als Einzelrichter? Auch ehrenamtliche Richter haben einen Diensteid geschworen, unterliegen der Verschwiegenheitspflicht und der Pflicht zur Selbstablehnung bei möglicher Befangenheit. Die Erfahrung aus anderen Gerichtsbarkeiten mit Beteiligung ehrenamtlicher Richter zeigt, dass diese Bedenken haltlos sind. Für den Fall, dass einzelne Beteiligte den ehrenamtlichen Richter tatsächlich persönlich kennen, kann der ehrenamtliche Richter - ebenso wie ein Berufsrichter - in einer Streitsache wegen der Besorgnis der Befangenheit abgelehnt werden (§ 42 Abs. 2 ZPO i.V.m. §§ 49 ArbGG/§ 60 SGG).[1360] Das kann unter Umständen bei freundschaftlichen, gutnachbarlichen oder auch bei engen geschäftlichen Beziehungen zu einem der Prozessbeteiligten der Fall sein.[1361] Liegt ein Ablehnungsgrund vor, den der ehrenamtliche Richter selbst kennt, muss er dies von sich aus dem Gericht anzeigen und sich für befangen erklären.[1362]

Auch die Autorität des Richters würde nicht untergraben werden. Vielmehr würde der Familienrichter gar nicht mehr als Einzelrichter wahrgenommen, sondern die Kompetenz der gesamten Richterbank von den Beteiligten beurteilt werden. Die Beteiligung von ehrenamtlichen Fachrichtern würde zu einer Steigerung der Kompetenzen des Familiengerichts führen. Die Beteiligten würden damit gerade nicht mangelnde Kompetenzen des Familienrichters, sondern im Gegenteil eine Steigerung von Wissen und Kompetenzen außerjuristischer Art des gesamten Familiengerichts wahrnehmen. Dabei würde nicht die Bedeutung des juristisch ausgebildeten Familienrichters geschmälert werden; vielmehr könnte sich dieser wieder vermehrt auf seine Urkompetenzen zurückziehen. Viele Familienrichter sind sicherlich mit den ihnen gestellten Anforderungen teilweise auch überfordert. Gerade von einem Familienrichter werden einerseits klare juristische Urteile gefordert, andererseits müssen sie außerjuristische Kenntnisse mitbringen, psychologisch einfühlsam mit den Beteiligten umgehen, Absprachen mit dem Jugendamt führen etc. Die ehrenamtlichen Richter würden dem Familienrichter einen Teil dieser Aufgaben erleichtern, indem sie zum Beispiel die Anhörung der Beteiligten vorbereiten, Fragen an Gutachter und Sachverständige formulieren oder die Vermittlung zwischen den Beteiligten übernehmen könnten. Auch die Erfahrungen aus anderen Gerichtsbarkeiten zeigen, dass die Beteiligung ehrenamtlicher Richter von der Bevölkerung positiv beurteilt wird. Es hat sich gezeigt, dass die Mitwirkung von ehrenamtlichen Richtern

1360 BSG v. 13. 5. 1998 - B 6 KA 31/97 R – NZS 1999, 259; BAG v. 06.08.1997 - 4 AZR 789/95 (A) – NZA 1998, 332.

1361 Musielak/*Heinrich*, ZPO, § 42, Rn. 15.

1362 Musielak/*Heinrich*, ZPO, § 42, Rn. 9; § 48, Rn. 3.

an der Rechtsprechung das Vertrauen des Volkes in die Rechtsprechung stärkt. Dies trifft insbesondere in solchen Bereichen zu, in denen bestimmte berufliche oder soziale Gruppen als ehrenamtliche Richter in Erscheinung treten.[1363] Die Autorität des Familiengerichts würde demnach gestärkt werden.

Das Argument, durch die Besetzung mit verschiedenen Professionen komme es zu Streitigkeiten, die das Verfahren erheblich verzögerten, greift ebenso wenig. Auch hier kann auf die Erfahrungen in anderen Gerichtsbarkeiten zurückgegriffen werden. So wird die Beteiligung von ehrenamtlichen Richtern, sowohl von ihnen selbst, als auch von den Vorsitzenden Richtern, in der Regel positiv bewertet. Gerade die außerjuristischen Erfahrungen werden in diesem Zusammenhang als besonders positiv hervorgehoben.[1364] Erfahrungen aus der Arbeitsgerichtsbarkeit, den Kammern für Handelssachen, der Jugendgerichtsbarkeit und insbesondere auch der Sozialgerichtsbarkeit widerlegen diese Vermutung. Hier zeigt sich, dass verschiedene Professionen durchaus miteinander arbeiten können. Empirische Untersuchungen zu der Beteiligung ehrenamtlicher Richter an der Arbeitsgerichtsbarkeit haben ergeben, dass die Entscheidungen im Kollegium meistens einstimmig ergehen.[1365] Diese Studien legen den Schluss nahe, dass, wenn eine Entscheidung zwischen Arbeitnehmern und Arbeitgebern möglich ist, auch im familienrechtlichen Verfahren eine Einigung zu erreichen ist. Die Studie zeigt auch, dass häufig der ehrenamtliche Richter aus Arbeitnehmerkreisen Arbeitgeber-Standpunkte vertritt, und umgekehrt der Richter aus Arbeitgeberkreisen Arbeitnehmer-Standpunkte. Es zeigt sich, dass Interdisziplinarität durchaus funktionieren kann. Auch die Erfahrungen aus dem familiengerichtlichen Verfahren zeigen, dass die Kooperation der unterschiedlichen Disziplinen in der Regel funktioniert, und es nur in Einzelfällen zu Konflikten kommt. Zudem veranschaulichen die Erfahrungen aus der Zusammenarbeit mit den Jugendämtern, dass Kooperation und gemeinsames Arbeiten zwischen unterschiedlichen Professionen durchaus gelingen kann. Bei einer interdisziplinären Richterbank arbeiten die Professionen nicht gegeneinander, sondern miteinander. Sie verfolgen dasselbe Ziel: Bestmöglichen Kindesschutz. Kommt es doch einmal zu Meinungsverschiedenheiten, entscheidet die Mehrheit. Zu Verzögerungen des Verfahrens kommt es daher nicht. Die Befürchtung, der Streit auf der Richterbank könnte das Verfahren erheblich behindern erweist sich somit als nicht haltbar. Im Gegenteil ist durch die frühzeitige Einbeziehung einschlägigen Wissens eher eine beschleunigende Wirkung zu erwarten. Auch das Argument

1363 *Prütting* in: Marutschke Laienrichter in Japan, Deutschland und Europa, S. 87 (96).

1364 *Klausa*, Ehrenamtliche Richter, S. 69 f.

1365 *Klausa*, Ehrenamtliche Richter, S. 142 ff.; dies trifft ebenso auf die Kammer für Handelssachen zu, *ders*., S. 119 f.

man brauche fachkundige ehrenamtliche Richter nicht, weil bereits durch die Beteiligung des Jugendamts und des Verfahrenspflegers genügend außergerichtliche Kompetenzen in das familiengerichtliche Verfahren integriert seien, verfängt nicht, da die Zielsetzung der ehrenamtlichen Richter eine ganz andere ist. Während der Verfahrenspfleger die Rechte und Interessen des Kindes vertreten soll, soll das Jugendamt sozialpädagogische Fachlichkeit und die Interessen aller Beteiligten in das Verfahren einbringen. Es unterstützt das Familiengericht zwar, ist jedoch nicht an der Entscheidungsfindung beteiligt. Anders hingegen die fachkundigen ehrenamtlichen Richter. Nur sie können gewährleisten, dass außerjuristische Belange konkret in die Entscheidungsfindung einfließen. Nur sie können gewährleisten, dass Fragen an Gutachter und Sachverständige so formuliert werden, dass das Gericht daraus die richtigen Schlüsse ziehen kann. Nur sie können Gutachten angemessen nachvollziehen und kritisch betrachten. Dies gilt besonders für die dem Familiengericht neu zuzuweisenden Verfahren bei Streitigkeiten über Rechtsansprüche, die das Verhältnis des Einzelnen als Leistungsberechtigten zum Jugendamt betreffen. Hier muss das Familiengericht die (ablehnende) Entscheidung des Jugendamtes überprüfen. Es ist somit noch mehr als sonst auf Fachlichkeit auf der Richterbank angewiesen, da es in diesen Fällen nicht auf das Fachwissen des Jugendamtes zurückgreifen kann. Schließlich gilt es gerade dieses kritisch zu überprüfen.

Ein wichtiger Grund, warum die Familiengerichte 1977 in der Besetzung mit einem Einzelrichter eingeführt wurden, war die Hoffnung, die Beteiligten würden sich vor einem Einzelrichter eher öffnen, als vor einem Richterkollegium. Dies mag auf ein Richterkollegium aus mehreren Berufsrichtern zutreffen, nicht aber auf eine Fachkammer aus einem Berufs- und zwei ehrenamtlichen Richtern. Die Hemmschwelle, vor einem Nicht-Juristen zu sprechen, dürfte sogar niedriger sein, als dies vor einem Berufsrichter der Fall wäre. Zudem besteht die Möglichkeit die Befragung auf eine Person, insbesondere auch auf einen diesbezüglich qualifizierten Familienfachrichter zu übertragen.

Bleibt zuletzt das Kostenargument. In einem Staatswesen, das Ehe und Familie unter den besonderen Schutz des Staates stellt (Art. 6 GG), muss dieser Tatsache auch im Rahmen des Gerichtsverfassungsrechts Rechnung getragen werden. Zwar wurden dem Familienrichter im Zuge des FGG-Reformgesetzes zusätzliche Kompetenzen zugesprochen, diese sind aber nicht ausreichend, um dem besonderen Wert von Ehe, Familie und Kindesschutz bestmöglich umzusetzen. Gerade aber diese zusätzlich gefragten Kompetenzen erfordern eine Neugestaltung der Richterbank des Familiengerichts. Die Angst des Gesetzgebers von 1977 (und sicherlich auch die des heutigen Gesetzgebers), Eltern und Kinder würden sich vor einem Dreiergremium weniger öffnen als vor einem Einzelrichter, basierte wohl eher auf der Befürchtung, dass eine interdisziplinäre

Besetzung mit erheblichen Kosten verbunden wäre. Ehrenamtliche Richter erhalten zwar keine Vergütung, werden aber vom Staat entschädigt. Sie erhalten Fahrtkostenersatz, Entschädigung für Aufwand, Ersatz für sonstige Aufwendungen, Entschädigung für Zeitversäumnis, Entschädigung für Nachteile bei der Haushaltsführung sowie Entschädigung für Verdienstausfall nach dem Justizvergütungs- und -entschädigungsgesetz (§§ 5-7 und 15-18 JVEG).[1366] Zusätzliche Kosten können durch Übermittlung der Akten entstehen. Diese Kostengesichtspunkte müssen aber vor der besonderen Aufgabe, die dem Staat durch Art. 6 GG obliegt, zurücktreten. Anders als vor 30 Jahren steht heute nicht mehr die Ehe und deren Folgen im Zentrum des Interesses, sondern der Schutz von Kindern und Familien. So wurde im Koalitionsvertrag vereinbart, soziale Frühwarnsysteme für gefährdete Kinder aufzubauen. Auf dieser Basis hat das Bundesfamilienministerium das Aktionsprogramm "Frühe Hilfen für Eltern und Kinder und soziale Frühwarnsysteme" entwickelt. Ziel dieser Maßnahme ist, den Schutz von Kindern vor Vernachlässigung und Misshandlung zu verbessern und die Erziehungskompetenz der Eltern zu stärken. Diese Vereinbarung hat mit Einführung des KiWoMaG und des FamFG auch Früchte getragen. Allein für dieses von 2006 bis 2010 angelegte Aktionsprogramm stellt der Bund insgesamt 11 Millionen Euro bereit.[1367] Dass dem Kindesschutz und dem Schutz von Ehe und Familie in der heutigen Gesellschaft ein hoher Stellenwert eingeräumt werden muss, darüber sind sich Politiker aller Parteien einig. Dass dieser Schutz nicht umsonst zu haben ist, dürfte eine Selbstverständlichkeit sein. Insofern müssen die Kostengesichtspunkte vor der hohen Aufgabe, zu der sich der Staat grundgesetzlich verpflichtet hat, zurücktreten.[1368]

Zu diesen spezifischen, auf die Familiengerichtsbarkeit gerichteten Bedenken kommen allgemeine Bedenken gegen das ehrenamtliche Richteramt. So wird in der Praxis häufig berichtet, ehrenamtliche Richter seien beeinflussbarer, voreingenommener und teilweise sogar überfordert.[1369] Auch die höhere Emotionalität berge Gefahren für unabhängige und gerechte Entscheidungen. Für diese Befürchtungen finden sich tatsächlich kaum fundierte Belege, im Gegenteil, weisen die Untersuchungen bezüglich der ehrenamtlichen Richter eher in die entgegengesetzte Richtung. Die Vorsitzenden Richter empfinden die Beteiligung

1366 Siehe hierzu *Lieber/Sens*, Entschädigung der ehrenamtlichen Richter nach JVEG.

1367 REGIERUNGonline, 24.03.2009, Wirksamer Kinderschutz geht alle an.

1368 So auch mit Blick auf die Einführung eines Familiengerichts: *Habscheid*, FamRZ 1955, 153 (155); *Müller-Freienfels*, Ehe und Recht, S. 312 f.

1369 *Prütting* in: Marutschke, Laienrichter in Japan, Deutschland und Europa, 87 (99); *Reim*, DRiZ 1992, 139; zur Situation der Schöffen: *Meurer* in: DVS, 1. Deutscher Schöffentag, S. 13 ff.; *Gerstein* in: Lieber Sens, S. 94 (96 f.); *Ostendorf* in: Lieber/Sens, S. 99 ff.

ehrenamtlicher Richter in der Regel als Bereicherung und auch die ehrenamtlichen Richter beurteilen ihre Aufgabe positiv.[1370] Zudem lassen sich etwaige Gefahren durch eine bedachte Auswahl der ehrenamtlichen Richter, eine qualitativ gute Einführung und eine Begleitung auch in Form von gemeinsamen Fortbildungsveranstaltungen mit den Berufsrichtern minimieren.[1371]

Die meisten Bedenken lassen sich also mit Blick auf die Arbeits- und Sozialgerichte, die Kammer für Handelssachen etc. ausräumen. Hier zeigt sich, dass sich die ehrenamtlichen Richter bewährt haben und weder intime Details an die Öffentlichkeit dringen, noch sich das Verfahren verzögert, noch unverhältnismäßig hohe Kosten entstehen.[1372] Am 1.9.2009 ist mit dem (neuen) Familiengericht eine kompetente Instanz geschaffen worden, die für alle kindschaftsrechtlichen und familiären Belange zuständig ist. Diese besonderen Kompetenzen und Befugnisse müssen durch die Besetzung mit einer interdisziplinären Richterbank weiter gefördert werden.

Um die ehrenamtlichen Richter in das Familiengericht bestmöglich zu integrieren, müssen die folgenden Voraussetzungen erfüllt werden:[1373]

- Der Staat muss die finanziellen Mittel zur Verfügung stellen, um qualifizierte Richter einsetzen zu können, die ihr Amt ernst nehmen. Dies gilt sowohl für die ehrenamtlichen, als auch für die Berufsrichter.
- Der Staat muss die Rahmenbedingungen schaffen, um eine gute Aus- und Weiterbildung der ehrenamtlichen und Berufsrichter zu gewährleisten.

1370 *Klausa*, Ehrenamtliche Richter, S. 69 f. (Schöffen); *Wagner*, DRiZ 2006, 118 (119); *Prütting* in: Marutschke, Laienrichter in Japan, Deutschland und Europa, S. 87 (95) (Handelsrichter); *Klausa*, Ehrenamtliche Richter, S. 129, 137 (ehrenamtliche Richter am Arbeitsgericht); *ders*., Ehrenamtliche Richter, S. 214, danach beurteilen 52% aller Berufsrichter die Beteiligung ehrenamtlicher Richter als Gut.

1371 Für Jugendschöffen werden bei den meisten Gerichten Einführungsveranstaltungen angeboten, eine gründliche Vorbereitung und Weiterbildung bleibt der Privatinitiative vorbehalten, *Gerstein* in: Lieber/Sens, S. 94 (96 f.); siehe auch: *Geiger* in: Lieber Sens, S. 185 ff. (Fortbildung von Schöffen und ehrenamtlichen Verwaltungsrichter); *Ellbogen/Werner* in: Lieber/Sens, S. 180 ff. (Einführungsveranstaltung für Schöffen); *Walter* in: Lieber/Sens, S. 175 ff. (Aus- und Weiterbildung von Schöffen); *Wolmerath* in: Lieber/Sens, S. 129 (131), fordert eine Grundschulung und Fortbildung auch für ehrenamtliche Arbeitsrichter.

1372 Siehe hierzu *Bader/Hohmann/Klein*, S. 89.

1373 Die folgenden Punkte treffen im Grunde auf alle Gerichtsbarkeiten zu, in denen ehrenamtliche Richter an der Rechtsprechung beteiligt sind; siehe auch: *Wolmerath* in: Lieber/Sens, S: 129 ff. für die Arbeitsgerichtsbarkeit.

- Der Berufsrichter muss dafür sorgen, dass die ehrenamtlichen Richter vor Verhandlungsbeginn denselben Sachstand haben, wie er selbst (z.B. Übersendung der Sitzungsakten in Kopie oder Sachberichte, gerichtliche Anordnung der Akteneinsicht beim Gericht).[1374]
- Ehrenamtliche Richter müssen ihre Mitwirkungsrechte (insbesondere in der mündlichen Verhandlung) notfalls gegenüber dem Berufsrichter einfordern.
- Berufsrichter müssen die ehrenamtlichen Richter als ebenbürtige Richter anerkennen und sie in das Verfahren einbeziehen.
- Denkbar wäre auch eine Erweiterung des Aufgabenfeldes der ehrenamtlichen Richter des Familiengerichts. Gedacht werden könnte an eine Art vorgeschaltete Vermittlung nach §§ 156, 157 FamFG. Erst bei Scheitern dieses Vermittlungsversuchs seitens des ehrenamtlichen Richters würde das gesamte Familiengericht eingeschaltet werden.

II. Abdrängende Sonderzuweisung zu den Sozialgerichten

Nun stellt sich aber die Frage, was mit den anderen – also nicht dem Familiengericht zugewiesenen - Streitigkeiten nach SGB VIII geschehen soll. Sollen diese weiter vor den Verwaltungsgerichten verhandelt werden oder kommt eine Zuweisung zu den Sozialgerichten in Frage. Daraus ergibt sich wiederum die Folgefrage, ob es dann nicht besser wäre, alle Verfahren nach SGB VIII vor den Sozialgerichten zu verhandeln, inklusive der Verfahren über Rechtsansprüche gegenüber dem Jugendamt nach SGB VIII.

Die Zuständigkeit der Sozialgerichte umfasst mittlerweile beinahe alle Bücher des SGB. Seit dem 1.1.2005 sind nach § 51 Abs. 1 Nr. 4a, Nr. 6 SGG nun auch Streitigkeiten aus dem SGB II (Grundsicherung für Arbeitssuchende) und dem SGB XII (Recht der Sozialhilfe) den Sozialgerichten zugeordnet. Die Kinder- und Jugendhilfe (SGB VIII) ist seither die einzige zusammenhängende Materie aus dem SGB, die nicht der Sozialgerichtsbarkeit zugeordnet ist.[1375] Insbesondere wegen der großen inhaltlichen Nähe zum SGB XII ist diese Sonderstellung innerhalb der Sozialgesetzgebung nicht nachvollziehbar und reformbedürf-

1374 *Behrend* in: Lieber/Sens, S. 150 (160), aus Sicht der der Sozialgerichtsbarkeit; *Wolmerath* in: Lieber/Sens. 129 (131), aus Sicht der Arbeitsgerichtsbarkeit; *Reim*, DRiZ 1992, 139 (1141); *Jescheck* in: Festgabe für Hans Schultz, S. 229 (231 f.), aus Sicht der Strafgerichtsbarkeit.

1375 Eine Auflistung der dem Verwaltungsgericht zugewiesenen Materien findet sich bei *Waibel*, SGb 2005, 215 (227).

tig.[1376] Zwar gibt es immer wieder Bestrebungen, die im Sozialgesetzbuch geregelten Materien aus Gründen der Systemgerechtigkeit einheitlich in die gerichtliche Zuständigkeit der Sozialgerichte zu stellen,[1377] diese Forderungen sind für den Bereich der Kinder- und Jugendhilfe aber noch nicht in die Tat umgesetzt worden. Zudem wird in letzter Zeit vermehrt über eine Zusammenlegung von Verwaltungs- und Sozialgerichtsbarkeit diskutiert,[1378] so dass auch unter diesem Gesichtspunkt eine Erweiterung in Frage steht.

1. Vollständige oder teilweise Verweisung?

Die Verweisung der Kinder- und Jugendhilfesachen an die Sozialgerichtsbarkeit ist insbesondere unter dem Aspekt der immer komplexer werdenden Themengebiete und Rechtsfragen von Interesse. Hierdurch wird es für die Richter mehr und mehr notwendig, sich auf einzelne Rechtsgebiete zu spezialisieren, um gerechte und kompetente Entscheidungen zu fällen. Unter diesem Gesichtspunkt spricht vieles für die Beibehaltung und den Ausbau von Fachgerichtsbarkeiten.[1379]

Es stellt sich aber die Frage, ob eine vollständige Verweisung der Kinder- und Jugendhilfesachen nach SGB VIII an die Sozialgerichtsbarkeit sinnvoll ist oder ob nur ein Teilbereich an diese verwiesen werden sollte, während Streitigkeiten über Ansprüche gegenüber dem Jugendamt bei der Familiengerichtsbarkeit zu verorten wären.

a) Gerichtsaufbau

Der Aufbau der Sozialgerichte spricht für die vollständige Verweisung der Kinder- und Jugendhilfesachen an die Sozialgerichtsbarkeit. Bei den Sozialgerichten existieren bereits Fachkammern, die mit einem Berufs- und zwei ehrenamtlichen Richtern besetzt sind. Es könnten also ohne weiteres Kammern für Angelegenheiten der Kinder und Jugendhilfe eingerichtet werden, die mit pädago-

---

1376 *Münder u.a.*, FK-SGB VIII (2006), Anhang, Rn. 8; *Waibel*, SGb 2005, 215 (226, 227 f.).

1377 Verhandlungen des 59. Deutschen Juristentages, Band II, Teil Q, Beschluss Nr. 11, S. Q 174; gemeint waren damit insbesondere die Zuständigkeit der Sozialgerichte für die Sozialleistungsbereiche Sozialhilfe, Wohngeld und BaföG; *Keller* in: Meyer-Ladewig/Keller/Leiherer, SGG, Vor § 51, Rn. 10; kritisch: *Silberkuhl*, NVwZ 1993, 46; *Meyer* in: v. Münch/Kunig, Art. 95, Rn. 8.

1378 Zum Diskussionsstand: *Keller* in: Meyer-Ladewig/Keller/Leiherer, SGG, Vor § 51, Rn. 11 ff.

1379 *Keller* in: Meyer-Ladewig/Keller/Leiherer, SGG, Vor § 51, Rn. 11e.

gisch, soziologisch oder psychologisch qualifizierten ehrenamtlichen Richtern zu besetzen wären.

Außerdem ist die Sozialgerichtsbarkeit, wie auch die bisher zuständige Verwaltungsgerichtsbarkeit, öffentliche Gerichtsbarkeit. Dies bedeutet eine gewisse Sachnähe des Sozialrichters zu jugendhilferechtlichen Entscheidungen. Da es sich bei den Kinder- und Jugendhilfesachen um öffentlich-rechtliche Streitigkeiten handelt, wäre die Verortung bei der Sozialgerichtsbarkeit weniger systemwidrig, als beim Familiengericht. Allerdings stimmt dies nur auf den ersten Blick, denn auch die familienrichterliche Tätigkeit ist nicht ohne Einfluss des öffentlichen Rechts. Der Familienrichter setzt Kindesschutz mit Mitteln der Verwaltung durch, ihm ist bezüglich der zu ergreifenden Maßnahmen ein behördliches Ermessen eingeräumt, er übt mithin materielle Verwaltungstätigkeit mit administrativen Mitteln aus. Ein deutlicher Nachteil ist auch die Tatsache, dass sich das Sozialgericht im Gegensatz zum Familiengericht, zunächst ganz neu mit dem Sachverhalt vertraut machen müsste. Dadurch ist keine deutliche Verbesserung gegenüber einer Entscheidung durch das Verwaltungsgericht erkennbar. Der Familienrichter dagegen ist mit der Materie viel vertrauter und kennt häufig, z.B. wenn es um Hilfen geht, deren Notwendigkeit und Geeignetheit schon Gegenstand der Verhandlungen vor dem Familiengericht war, bereits die Beteiligten.

b) Tätigwerden des Gerichts nur auf Antrag der Eltern

Selbst wenn eine vollständige Verweisung der Kinder- und Jugendhilfesachen an das Sozialgericht inhaltliche Vorteile mit sich bringt, bleibt dennoch das alte Dilemma bestehen: Auch das Sozialgericht wird, wie das Verwaltungsgericht, nur auf Antrag tätig. Ein Antragsverfahren ist dort sinnvoll, wo sich Personensorgeberechtigte gegen eine zu Unrecht abgelehnte öffentliche Hilfe wehren wollen. Die Personensorgeberechtigten können dagegen Widerspruch einlegen und im Falle eines erneuten Scheiterns Klage erheben. Durch das Erfordernis eines Antrages kann aber im Falle einer Kindeswohlgefährdung eine Schutzlücke entstehen. Denn kam es bereits zu einer richterlichen Weisung gegenüber den Personensorgeberechtigten im Rahmen eines Verfahrens nach §§ 1666, 1666a BGB und zeigt sich das Jugendamt nicht kooperationsbereit, stellen die wenigsten Eltern den nötigen Antrag beim Jugendamt oder bestreiten gar den Klageweg. Es käme auch weiterhin zu einem Ausfall richterlicher Kontrolle.[1380]

1380 Siehe Kap. B. II. 2. b).

aa) § 1631 Abs. 3 BGB als gerichtliche Unterstützung?

Ein Ausweg aus diesem Dilemma könnte § 1631 Abs. 3 BGB sein. Hiernach hat das Familiengericht die Eltern auf Antrag bei der Ausübung der Personensorge in geeigneten Fällen zu unterstützen. Dieser Vorschrift kommt wegen des breiten Spektrums an öffentlichen Hilfen seitens des Jugendamts nur noch eine untergeordnete Stellung zu.[1381] Gerichtliche Unterstützungsmaßnahmen nach § 1631 Abs. 3 BGB erlangen in der Regel dann (noch) Bedeutung, wenn die Eltern Interesse an vermittelnden gerichtlichen Kompetenzen haben. Eltern stellen einen Antrag nach dieser Vorschrift in der Regel dann, wenn das Gericht zwischen Eltern und Minderjährigem oder zwischen Eltern und Jugendamt vermitteln soll. Im zweiten Fall geht es in erster Linie um „das Hinführen zu Jugendhilfeleistungen staatlicher und freier Träger nach dem SGB VIII“ [1382]; dies folgt aus § 156 Abs. 1 FamFG. Es kann Fälle geben – und dies werden insbesondere Konfliktfälle sein –, in denen es sinnvoll ist, dass das Gericht die Eltern gegenüber dem Jugendamt in Form der Bekräftigung, Ermahnung, Verwarnung, Vermittlung oder Klarstellung unterstützt.[1383]

Umstritten ist im Rahmen des § 1631 Abs. 3 BGB, ob das Familiengericht das Jugendamt mit der Ausführung von Anordnungen betrauen kann. Diese Ansicht wurde insbesondere vor Inkrafttreten des KJHG vertreten. Danach konnten die Erziehungsberechtigten gemäß § 1631 Abs. 3 BGB einen Antrag auf Unterstützung bei der Ausübung der Personensorge an das (damalige) Vormundschaftsgericht stellen, wenn das Jugendamt die Übernahme der Leistungen ablehnte. Da der Staat zu einer offensiven Jugendhilfe und einer aktiven Familienpolitik verpflichtet sei, könne das Vormundschaftsgericht auf Grundlage des § 1631 Abs. 3 BGB die geeignete Jugendhilfemaßnahme anordnen. Das Jugendamt sei zur Umsetzung der Hilfemaßnahme gemäß § 48c 2. HS. JWG auch dann verpflichtet, wenn es der entsprechenden Hilfe nicht zugestimmt habe.[1384]

Auch heute wird diese Ansicht noch vertreten. Danach kann das Familiengericht das Jugendamt nach § 50 SGB VIII mit der Anordnung von Ausführungen betrauen.[1385] Nach anderer Ansicht kann das Familiengericht das Jugendamt nicht mehr, wie noch in § 48a /48c JWG vorgesehen, zur Umsetzung gerichtli-

1381 MünchKommBGB/*Huber*, § 1631, Rn. 40, 44; Staudinger/*Salgo*, § 1631, Rn. 97.

1382 Staudinger/*Salgo*, § 1631, Rn. 96.

1383 LG Berlin v. 07.05.1985 – 83 T 64/85 – FamRZ 1985, 1075; Staudinger/*Salgo*, § 1631, Rn. 97.

1384 *Rünz*, S. 153 f., 156; ähnlich: *Zenz*, Kindesmisshandlung und Kindesrechte, S. 345.

1385 MünchKommBGB/*Huber*, § 1631, Rn. 45; MünchKommBGB/*Hinz*, 3. Auflage, § 1631, Rn. 31.

cher Anordnungen im Sinne des § 1631 Abs. 3 BGB verpflichten.[1386] Folgte man der ersten Ansicht, wäre der Familienrichter über den Umweg des § 1631 Abs. 3 BGB ermächtigt, öffentliche Hilfen auch für das Jugendamt verbindlich anzuordnen. Diese Auslegung der Norm widerspricht aber der Intention des Gesetzgebers. Dieser hatte die Vorschrift des § 48a /48c JWG ausdrücklich nicht in das SGB VIII aufgenommen, da sie mit Blick auf die weitreichenden Rechtsansprüche der Personensorgeberechtigten im SGB VIII überflüssig wurde.[1387] Unabhängig davon kann sich das Jugendamt einem gerichtlichen Ersuchen um Unterstützung nicht entziehen, da die §§ 162 FamFG und § 50 SGB VIII die Mitwirkung der Jugendhilfe in einem gerichtlichen Verfahren nach § 1631 Abs. 3 BGB vorsehen. Zwar wird der in § 50 Abs. 1, 2 SGB VIII – sowohl für das Jugendamt, als auch für das Familiengericht – verbindlich vorgeschriebene Kooperationsprozess in der Regel zu Übereinstimmungen über zu erbringende Hilfeleistungen führen (müssen),[1388] eine Garantie hierfür kann aber nicht gegeben werden. Dies gilt erst Recht für die Fälle, in denen im Vorfeld bereits ein Verfahren nach § 1666 BGB anhängig war, bei dem es auch nicht zu einer Übereinstimmung zwischen Familiengericht und Jugendamt gekommen ist.

Im Hinblick auf zu Unrecht verweigerte Jugendhilfeleistungen könnte der Vorschrift aber eine völlig neue Bedeutung zukommen. § 1631 Abs. 3 BGB könnte dem Familiengericht eine Kompetenz einräumen, die Eltern im Falle einer Verweigerungshaltung des Jugendamts bei der Durchsetzung ihrer Ansprüche gegen das Jugendamt zu unterstützen; etwa indem das Familiengericht die Eltern zunächst dabei unterstützt, Widerspruch gegen den ablehnenden Bescheid des Jugendamtes einzulegen und im Falle der Nicht-Abhilfe, einen Antrag auf Überprüfung der Ablehnung der öffentlichen Hilfe vor dem Verwaltungsgericht zu stellen.

Fraglich erscheint allerdings, ob diese Auslegung der Norm im Falle zu Unrecht verweigerter öffentlicher Hilfen überhaupt weiterführt. Denn auch die familiengerichtliche Unterstützung im Rahmen des § 1631 Abs. 3 BGB wird nur auf Antrag gewährt. Antragsberechtigt ist, wer die Personensorge inne hat, in der Regel also nur beide Eltern gemeinsam. Stellt nur ein Elternteil den Antrag, wäre ein Unterstützungsersuchen zugleich als Antrag nach § 1628 zu verstehen.[1389] Durch das Antragserfordernis der Eltern wird die Situation für das Kind aber keineswegs verbessert. Denn warum sollten die Eltern eher einen Antrag beim Familiengericht auf Unterstützung, als beim Sozial-/ Verwaltungsgericht

1386 Staudinger/*Salgo*, § 1631, Rn. 101; Wiesner/*Oberloskamp*, Anhang 3 - FamFG, Rn. 42.

1387 Staudinger/*Salgo*, § 1631, Rn. 101.

1388 Staudinger/*Salgo*, § 1631, Rn. 101

1389 Staudinger/*Salgo*, § 1631, Rn. 94; MünchKommBGB/*Huber*, § 1631, Rn. 41.

auf Überprüfung einer Entscheidung des Jugendamts stellen. Die Situation wird eher noch verschärft: Denn stellen die Eltern einen Antrag beim Sozial-/ Verwaltungsgericht auf Überprüfung der Ablehnung, so wird direkt ein Verfahren eingeleitet, während, wenn sie einen Antrag beim Familiengericht nach § 1631 Abs. 3 BGB stellen, zunächst der Familienrichter die Eltern bei der Antragstellung unterstützen muss, und erst in einem zweiten Schritt der Antrag an das Verwaltungsgericht gestellt wird. Statt einer wären dann zwei Hürden zu meistern: Zum einen wird das Problem der Antragsstellung nicht aus dem Weg geräumt. Zum Zweiten wird das Verfahren zusätzlich verzögert, was mit effektivem Rechtsschutz und der Bedeutung, die dem kindlichen Zeitempfinden eingeräumt werden muss, nicht in Einklang zu bringen ist.

bb) Pflegerbestellung und Antrag des Pflegers auf Einleitung eines Gerichtsverfahrens

Zeichnet sich während des familiengerichtlichen Verfahrens ab, dass eine Einigung zwischen Eltern, Familiengericht und Jugendamt nicht abzusehen ist, bleibt dem Familienrichter im Falle des Vorliegens von § 1666 BGB lediglich die Möglichkeit, den Eltern Angelegenheiten der elterlichen Sorge zu entziehen und diese gemäß § 1909 BGB auf einen Pfleger zu übertragen. Dieser ist dann berechtigt, Hilfe zur Erziehung beim Jugendamt zu beantragen und notfalls auch ein verwaltungsgerichtliches bzw. dann sozialgerichtliches Verfahren einzuleiten. Diese Möglichkeit bringt keine Verbesserung im Vergleich zur momentanen Verortung der Kinder- und Jugendhilfesachen beim Verwaltungsgericht.

c) Ergebnis

Diese Nachteile betreffen aber nicht alle Streitigkeiten nach SGB VIII. Das Problem der Antragsstellung taucht nur im Zusammenhang mit öffentlichen Hilfen und anderen Maßnahmen nach SGB VIII auf. Man könnte also darüber nachdenken, die Zuständigkeit für Verfahren nach dem SGB VIII aufzuspalten. Insofern wäre zu differenzieren: Verfahren über Leistungen und sonstige Maßnahmen der Jugendhilfe, die das Verhältnis des Einzelnen als Leistungsberechtigten betreffen, könnten wegen des Sachzusammenhangs in die Zuständigkeit des Familiengerichts fallen, während alle anderen Verfahren (insbesondere auch Streitigkeiten zwischen den Jugendhilfeträgern) an die Sozialgerichtsbarkeit verwiesen werden.

2. Zuweisung an die Sozialgerichte

a) Der Aufbau der Sozialgerichte

Die Sozialgerichte bestehen gemäß § 3 SGG aus Berufsrichtern und ehrenamtlichen Richtern. Diese haben im Rahmen ihrer Kompetenzen dieselben Rechte und Pflichten. Die Zuständigkeit erstreckt sich auf alle Instanzen.[1390] Bei den ehrenamtlichen Richtern handelt es sich, ähnlich den ehrenamtlichen Richtern der Arbeitsgerichtsbarkeit und der Kammern für Handelssachen, um sachkundige Beisitzer, nicht um Laienrichter, wie es etwa bei Schöffen der Fall ist.[1391] Die Spruchkörper des Sozialgerichts (Kammern) sind in der Regel mit einem Berufsrichter und zwei ehrenamtlichen Richtern besetzt (§ 12 SGG). Dabei sind jeweils besondere Kammern für die verschiedenen Angelegenheiten zu bilden (§ 10 SGG), um eine möglichst qualifizierte Entscheidung zu gewährleisten. So sind die Kammern für Angelegenheiten der Sozialversicherung mit einem Beisitzer aus dem Kreis der Versicherten und einem aus dem Kreis der Arbeitgeber besetzt. Die Angehörigkeit zu den jeweiligen Kreisen ergibt sich dann aus § 16 Abs. 3 bis 5 SGG. Die Kammern für Angelegenheiten des Vertragsarztrechts werden mit einem Beisitzer aus den Kreisen der Krankenkassen und einem aus dem Kreise der Vertragsärzte, Vertragszahnärzte und (Vertrags-) Psychotherapeuten besetzt. In den Kammern für Angelegenheiten des sozialen Entschädigungsrechts sowie des Schwerbehindertenrechts wirken je ein ehrenamtlicher Richter aus dem Kreis der mit dem sozialen Entschädigungsrecht oder dem Recht der Teilhabe behinderter Menschen vertrauten Personen und dem Kreis der Versorgungsberechtigten, der behinderten Menschen im Sinne des Neunten Buches Sozialgesetzbuch und der Versicherten mit. Dabei zählen zu den so genannten vertrauten Personen solche, die sich mit dem sozialen Entschädigungsrecht oder dem Recht der Teilhabe behinderter Menschen auskennen.[1392] In den Kammern für Angelegenheiten der Grundsicherung für Arbeitsuchende einschließlich der Streitigkeiten aufgrund § 6a des Bundeskindergeldgesetzes und der Arbeitsförderung wirken ehrenamtliche Richter aus den Vorschlagslisten der Arbeitnehmer und der Arbeitgeber mit, während in den Kammern für Angelegenheiten der Sozialhilfe und des Asylbewerberleistungsgesetzes ehrenamtliche Richter aus den Vorschlagslisten der Kreise und der kreisfreien Städte beteiligt sind.

1390 *Ross* in: Breitkreuz/Fichte, SGG, § 3, Rn. 1.

1391 *Ross* in: Breitkreuz/Fichte, SGG, § 3, Rn. 3; *Keller* in: Meyer-Ladewig/Keller/Leiherer, SGG, § 3, Rn. 2.

1392 *Wolf-Dellen* in: Breitkreuz/Fichte, SGG, § 12, Rn. 20.

b) Zusammenlegung von Verwaltungs- und Sozialgerichtsbarkeit

Im Zusammenhang mit der Einordnung von SGB II und SGB XII in das Sozialgesetzbuch wurde intensiv über die Frage nach der Zuordnung des Rechtsweges dieser Regelungsmaterien diskutiert. Sollten die Streitigkeiten der Sozial- oder der Verwaltungsgerichtsbarkeit zugewiesen werden?[1393] Im Zusammenhang mit dieser Frage tauchten auch wieder Überlegungen zu einer vollständigen Zusammenlegung von Verwaltung- und Sozialgerichtsbarkeit (eventuell unter Einbeziehung der Finanzgerichtsbarkeit) auf.[1394] Bereits seit den 50er Jahren des letzten Jahrhunderts wird eine Diskussion über den Aufbau und eine mögliche Zusammenlegung einzelner Gerichtsbarkeiten geführt.[1395] Seit Anfang dieses Jahrhunderts konzentriert sich die Diskussion auf die Frage nach einer möglichen Zusammenlegung der öffentlich- rechtlichen Fachgerichtsbarkeiten, insbesondere der Sozial-, Finanz- und Verwaltungsgerichtsbarkeit.[1396] Durch das Zusammenlegen von Gerichten und Personal erhoffen sich die Befürworter in erster Linie Einspar- und Synergieeffekte bei der Gebäude- und Infrastrukturauslastung, insbesondere bei Bibliotheken, die Flexibilisierung des Personaleinsatzes sowie die Anpassung an andere europäische Länder.[1397] In diesem Zusammenhang wurde Ende 2003 sogar eine Bund-Länder-Arbeitsgruppe „Errichtung einer einheitlichen öffentlich-rechtlichen Fachgerichtsbarkeit" eingerichtet, die auch eine Änderung des Art. 95 GG vorsah.[1398] Verstärkt wurde die Diskussion durch die Einordnung des Sozialhilferechts in das SGB. Diese Eröffnung des Rechtsweges für alle Angelegenheiten der Sozialhilfe und die heftigen Diskussionen veranlassten den Gesetzgeber zu einer Übergangsregelung, die es den Ländern bis Ende 2008 gestattete, Angelegenheiten nach § 51 Abs. 1 Nr. 6 a SGG und der Grundsicherung für Arbeitssuchende, auf besondere Spruchkörper des Verwaltungs- und Oberverwaltungsgerichts zu übertragen.[1399] Der Vorschlag der Arbeitsgruppe, eine Länderöffnungsklausel zu schaffen, die es den Ländern ermöglichen sollte, Fachgerichtsbarkeiten zusammen zu legen, ist bis

1393 *Geiger*, NJW 2004, 1850 ff.; letztlich entschied man sich für die Sozialgerichtsbarkeit.

1394 BT-Drucks. 15/1638, S. 12.

1395 Im Grunde seit Entstehung des SGG, *Bayer*, DÖV 1982, 726; *Franke*, ZRP 1997, 333 (336).

1396 BR-Drucks. 558/03, S: 6; BT-Drucks. 15/1638, S. 12; zur Entwicklung der Diskussion: *Brand/Fleck/Scheer*, SozSich, 25 ff.

1397 *Brand/Fleck/Scheer*, SozSich, 25 (26); kritisch hierzu *Waibel*, SGb 2005, 215 (216) m.w.N.

1398 *Keller* in: Meyer-Ladewig/Keller/Leiherer, SGG, Vor § 51, Rn. 11.

1399 *Keller* in: Meyer-Ladewig/Keller/Leiherer, SGG, Vor § 51, Rn. 11.

heute nicht umgesetzt.[1400] Gegen die Zusammenlegung der Gerichtsbarkeiten durch Gesetz bestehen in erster Linie verfassungsrechtliche Bedenken (Art. 95 GG). Einigkeit herrscht dahingehend, dass Art. 95 GG den Bestand der fünf obersten Bundesgerichte garantiert und konstitutionell schützt.[1401] Nach überwiegender Ansicht wird aus Art. 95 GG aber auch der Bestand eines Unterbaus an Gerichten derselben Gerichtsbarkeit abgeleitet. Denn der Begriff „oberste Gerichte" setzt den Bestand von unteren Gerichten voraus; ein oberstes Gericht ohne korrespondierende Untergerichte ist zudem kaum vorstellbar.[1402] Wenn der Verfassungsgeber von einer einheitlichen Gerichtsbarkeit ausginge, würde er nicht von unterschiedlichen Gerichten sprechen. Dies bestätigt auch die Entstehungsgeschichte des Art. 95 GG. In der rechtspolitischen Diskussion wurden die Begriffe „oberstes Gericht" und „Gerichtsbarkeit" synonym verwendet.[1403]

Die Übertragung von Zuständigkeiten auf die Verwaltungsgerichtsbarkeit durch die Länder ist auch verfassungsrechtlich bedenklich. Zur Wahrung der Rechtssicherheit im Bundesgebiet ist gemäß Art. 72 Abs. 2 GG eine bundeseinheitliche Regelung erforderlich.[1404]

Die Zusammenlegung von Verwaltungs- und Sozialgerichtsbarkeit ist demzufolge ohne Änderung der Verfassung verfassungswidrig. Darüber hinaus ist sie rechtspolitisch nicht geboten, ja sogar bedenklich. Zum einen wären derartig große Verwaltungseinheiten für den Bürger nur noch schwer überschaubar, zum anderen gebietet die immer stärker werdende Spezialisierung den Einsatz und den Ausbau von Fachgerichtsbarkeiten.[1405] Die Richter der Sozialgerichtsbarkeit müssen schnelle Entscheidungen basierend auf sich rasch ändernden sozialrechtlichen Vorschriften treffen und so das Verwaltungshandeln hochspezialisierter Sozialleistungsträger überprüfen. Hierfür muss der Richter in der Lage sein, Verwaltungsabläufe und darauf basierende Entscheidungen richtig abschätzen und beurteilen zu können. Durch die Abschaffung der Sozialgerichtsbarkeit wäre die Qualität der Rechtsprechung gefährdet. Durch mangelnde Spezialisierung wäre der Richter nicht mehr in der Lage, sich mit den komplexen Vorgängen vertraut zu machen. Die Richter müssten sich länger auf die Prozesse und die zu beurteilenden Rechtsfragen vorbereiten, was zwangsläufig zu einer längeren

---

1400 *Keller* in: Meyer-Ladewig/Keller/Leiherer, SGG, Vor § 51, Rn. 11 g; ein entspr. Gesetzesantrag wurde von den Ländern Baden-Württemberg und Sachsen eingebracht: BR-Drucks. 543 und 544/04.

1401 *Keller* in: Meyer-Ladewig/Keller/Leiherer, SGG, Vor § 51, Rn. 11a; *Waibel*, SGb 2005, 215 (220) m.w.N.

1402 *Geiger*, NJW 2004, S. 1850 (1852).

1403 *Keller* in: Meyer-Ladewig/Keller/Leiherer, SGG, Vor § 51, Rn. 11a, m.w.N.

1404 *Keller* in: Meyer-Ladewig/Keller/Leiherer, SGG, Vor § 51, Rn. 11b.

1405 *Keller* in: Meyer-Ladewig/Keller/Leiherer, SGG, Vor § 51, Rn. 11e.

Verfahrensdauer führen würde. In allen sozialrechtlichen Bereichen muss der Richter in der Lage sein, sich mit hochspezialisierten Experten, Fachanwälten und Verbandsvertretern auseinanderzusetzen. Aus diesem Grund ist die Spezialisierung innerhalb der Fachkammern wichtigste Voraussetzung für einen effektiven Rechtsschutz. Je komplexer und differenzierter das materielle Recht wird, desto wichtiger ist es, für dessen Beurteilung hochqualifizierte Richter heranzuziehen. Dies zeigt auch ein Blick auf die Anwaltschaft. Hier werden wegen der zunehmenden Komplexität des Rechts vermehrt Fachanwälte zugelassen (Fachanwalt für Sozialrecht, Fachanwalt für Familienrecht etc.). Es ist aber nicht zu tolerieren, dass vor der Richterbank mehr Wissen und Kompetenz vorhanden ist, als auf der Richterbank.[1406] Die Abschaffung der Sozialgerichtsbarkeit würde diese Konsequenz auf Dauer mit sich ziehen.

Die zusätzliche Besetzung der Sozialgerichte durch ehrenamtliche Richter, die Kostenfreiheit des Verfahrens und die verfahrensrechtlichen Erleichterungen bieten einen effektiveren Rechtsschutz, als ihn die Verwaltungsgerichte garantieren könnten.[1407] Die Kammern der Sozialgerichtsbarkeit sind mit kompetenten, gut ausgebildeten Berufs- und ehrenamtlichen Richtern besetzt. Gerade die Beteiligung von ehrenamtlichen Richtern ist ein wichtiger Bestandteil des sozialgerichtlichen Verfahrens und darf nicht aufgegeben werden. [1408] Zwar entscheiden auch im verwaltungsgerichtlichen Verfahren[1409] grundsätzlich Kammern unter Beteiligung von ehrenamtlichen Richtern (drei Berufsrichter, zwei ehrenamtliche Richter, § 5 Abs. 3 VwGO), in der Regel überträgt die Kammer den Rechtsstreit aber auf einen Einzelrichter (§ 6 VwGO).[1410] Mittlerweile wird von dieser Regelung auch überwiegend Gebrauch gemacht, so dass Kammerentscheidungen inzwischen zur Ausnahme geworden sind.[1411] Zudem wird von den ehrenamtlichen Richtern der Verwaltungsgerichtsbarkeit keinerlei Sachkunde vorausgesetzt. Es handelt sich also um klassische „Laienrichter“. [1412] Eine dem sozialgerichtlichen Verfahren entsprechende Regelung bei der Verwaltungsgerichtsbarkeit wäre mit unverhältnismäßigen Kosten verbunden, die die ohnehin

1406 *Brand/Fleck/Scheer*, SozSich 2004, 25 (27); zu der vergleichbaren Situation in der Familiengerichtsbarkeit siehe Kap. C. I. 6. b) bb); Kap. C. III. 2. a.)

1407 *Brand/Fleck/Scheer*, SozSich 2004, 25 (28).

1408 *Brand/Fleck/Scheer*, SozSich 2004, 25 (27).

1409 zumindest in 1. Instanz, in 2. Instanz sind ehrenamtliche Richter nur in einigen Bundesländern beteiligt, in 3. Instanz gibt es keine ehrenamtlichen Richter, *Prütting* in: Marutschke, Laienrichter in Japan, Deutschland und Europa, S. 87 (92 f.).

1410 *Geiger*, NJW 2004, 1850 (1851).

1411 *Hufen*, Verwaltungsprozessrecht, § 36, Rn. 6; *Machura*, Ehrenamtliche Verwaltungsrichter, S. 26 ff., 105.

1412 *Prütting* in: Marutschke, Laienrichter in Japan, Deutschland und Europa, S. 87 (93).

geringen Vorteile (mögliche Einspar- und Synergieeffekte) einer Verortung bei diesen wieder aufheben würde. Im Zuge einer Zusammenlegung der Gerichtsbarkeiten würde es also auch dann zu Qualitätsverlusten kommen, behielte man das Fachkammerprinzip bei.[1413] Schließlich bedeutet eine größere Gerichtsbarkeit auch immer größere Anonymität und geringere Überschaubarkeit. Dies führt in der Regel zu längerer Verfahrensdauer und Qualitätsverlusten in der Rechtsprechung.[1414]

Auch die Entwicklung in der Familiengerichtsbarkeit zeigt, dass eine spezialisierte Gerichtsbarkeit handlungsfähiger ist, als eine allgemeine. Zwar ist die Familiengerichtsbarkeit formell keine eigenständige Gerichtsbarkeit, sondern an die ordentliche Gerichtsbarkeit angeschlossen, sie ist dennoch, nicht zuletzt wegen ihrer eigenen Verfahrensordnung und den damit verbundenen besonderen Kompetenzen des Familienrichters, eine spezialisierte Fachgerichtsbarkeit, die in der Lage ist, qualifizierte Entscheidungen zu treffen.

c) Zuständigkeit der Sozialgerichtsbarkeit und materielles Sozialrecht nach SGB

Die von den Befürwortern einer Zusammenlegung angestrebten Ziele (Nutzung von Synergieeffekten, einheitliche Zuständigkeit) ließen sich aber auch leichter und ohne eine Verfassungsänderung durch die (teilweise) Verweisung aller Streitigkeiten nach dem SGB an die Sozialgerichte erreichen.[1415]

Der Rechtsweg zu den Sozialgerichten ist nur eröffnet, wenn § 51 SGG dies ausdrücklich vorsieht. Bei der Zuweisung der unterschiedlichen Aufgabenbereiche handelt es sich um eine zufällige, historisch bedingte Entwicklung. Obwohl sich ein Zusammenhang zwischen den Streitigkeiten des SGB und der Zuständigkeit des Sozialgerichts geradezu aufdrängt, besteht keine Konkordanz zwischen dem Sozialrecht des SGB und der Zuständigkeit der Sozialgerichte.[1416] So sind teilweise Rechtsgebiete der Sozialgerichtsbarkeit entzogen, die einen engen Zusammenhang zu Rechtsgebieten aufweisen, für die die Zuständigkeit zu den Sozialgerichten eröffnet ist; auf der anderen Seite fallen Streitigkeiten in die Zuständigkeit der Sozialgerichte, die nur einen geringen Bezug zum materiellen Sozialrecht aufweisen.[1417] Ersteres trifft auf Streitigkeiten der Kinder- und Jugendhilfe nach SGB VIII zu. Trotz der großen inhaltlichen Nähe zum SGB XII fallen diese nicht in die Zuständigkeit der Sozialgerichte. Für öffentlich-

1413 *Brand/Fleck/Scheer*, SozSich 2004, 25 (27).

1414 *Brand/Fleck/Scheer*, SozSich 2004, 25 (28 f.); *Geiger*, NJW 2004, 1850 (1852).

1415 *Waibel*, SGb 2005, 215 (216).

1416 *Waibel*, SGb 2005, 215 (216).

1417 Das trifft zum Beispiel auf Streitigkeiten auf Grund Lohnfortzahlungsgesetzes nach § 51 Abs. 1 Nr. 8 SGG zu.

rechtliche Streitigkeiten aus dem Bereich der Kinder- und Jugendhilfe sowie andere Streitigkeiten, für die nicht ausdrücklich der Rechtsweg zu den Sozialgerichten eröffnet ist, sind gemäß § 40 Abs. 1 S. 1 VwGO die allgemeinen Verwaltungsgerichte zuständig. Nachdem nun auch die Rechtsmaterien des SGB II und des SGB XII in die Zuständigkeit des Sozialgerichts fallen, befinden sich nur noch wenige Bereiche aus dem Sozialgesetzbuch in der Zuständigkeit der allgemeinen Verwaltungsgerichte. Im Einzelnen sind das die folgenden:[1418]

- **Streitigkeiten aus Rechtsverhältnissen des SGB VIII;**
- Streitigkeiten aus Rechtsverhältnissen des SGB IX, soweit kommunale Behörden oder Integrationsämter zuständig sind;
- Streitigkeiten aus Rechtsverhältnissen des BAfÖG (§ 54 Abs. 1 BAföG);
- Streitigkeiten aus Rechtsverhältnissen der Kriegsopferfürsorge (§§ 25-27j BVG), einschließlich der Gesetze, die auf deren Anwendung verweisen;
- Streitigkeiten aus Rechtsverhältnissen des WoGG
- Streitigkeiten aus Rechtsverhältnissen des AdVermiG
- Streitigkeiten aus Rechtsverhältnissen des Unterhaltsvorschussgesetzes
- Streitigkeiten aus Rechtsverhältnissen des Altersteilzeitgesetzes
- Streitigkeiten aufgrund der Überwachung von Maßnahmen zur Prävention (§ 51 Abs. 1 Nr. 3 SGG).

In diesem Zusammenhang fällt auf, dass Streitigkeiten nach SGB VIII als einziger zusammenhängender, dem Sozialgesetz zugewiesener Komplex nicht in die Zuständigkeit der Sozialgerichte fallen.

d) Eröffnung des Rechtswegs zu den Sozialgerichten für öffentlich-rechtliche Streitigkeiten nach SGB VIII?

Aus Gründen der Rechtssicherheit und Rechtsklarheit wird schon lange darüber diskutiert, die Zuständigkeit der Sozialgerichtsbarkeit auf alle im Sozialgesetzbuch geregelten Bereiche auszuweiten. Eine Zuweisung einzelner Rechtsmaterien von der Verwaltungs- an die Sozialgerichtsbarkeit ist zulässig und nötig, wenn hierzu ein Erfordernis kraft Sachzusammenhang besteht.[1419] Es gilt unterschiedliche Rechtsauslegung, -anwendung und -fortbildung zu vermeiden.[1420]

1418 Aufzählung bei *Waibel*, SGb 2005, 215 (227).

1419 *Bayer*, DÖV 1982, 716 (729).

1420 *Waibel*, SGb 2005, 215 (219); a.A. *Bayer*, DÖV 1982, 726 ff.

Seit dem 1.1.2005 sind die Sozialgerichte gemäß § 51 Abs. 1 Nr. 6a SGG für Streitigkeiten aus Angelegenheiten des Sozialhilferechts zuständig. Darunter fallen alle Streitigkeiten nach SGB II und SGB XII. Der Begriff umfasst allerdings nur die Sozialhilfe im engeren Sinne.[1421] Alle darüber hinausgehenden soziallhilferechtlichen Regelungsmaterien im weiteren Sinne fallen nicht unter die Zuweisung nach § 51 Abs. 1 Nr. 6a SGG. Solche Regelungsmaterien sind der Sozialgerichtsbarkeit nur aufgrund spezialgesetzlicher Zuweisung zugeordnet (z.B. § 51 Abs. 1 Nr. 4a, 10 SGG).[1422] Nicht spezialgesetzlich an die Sozialgerichte zugewiesen ist die Kinder- und Jugendhilfe nach SGB VIII. Obwohl diese einen engen Zusammenhang zur Sozialhilfe aufweist, und es sich im Grunde um ein einheitliches System der sozialen Sicherheit handelt (dies gilt auch für andere Regelungsbereiche der sozialen Hilfen), ist die Rechtswegzuweisung gespalten. Die Abgrenzung zwischen Sozial- und Jugendhilfe ist zwar mit der Entstehung des SGB VIII leichter geworden, es bestehen aber immer noch enge Wechselbeziehungen.[1423] Die Kinder- und Jugendhilfe weist in Bezug auf Leistungsstruktur, Organisation und grundlegende systemgestaltende Prinzipien einen engen Zusammenhang mit der Sozialhilfe nach SGB XII auf. Wegen dieser engen Zusammenhänge wurde sogar überlegt, diese Materien gemeinsam in einem Buch des Sozialgesetzbuches zu regeln.[1424]

Seit der Novellierung des § 51 SGG erscheint damit die Zuweisung des Rechtsweges zu den Sozial- oder Verwaltungsgerichten noch willkürlicher als zuvor.[1425] Es ist aber insbesondere im Bereich des Kinder- und Jugendhilferechts wichtig, eine divergente Beurteilung eng miteinander verbundener Rechtsmaterien zu vermeiden. Der Gesetzgeber ist verpflichtet, „bei konzeptioneller Neufassung einzelner Rechtsmaterien deren systematische Zusammenhänge zu wahren und für diese einheitliche Rechtswege vorzusehen".[1426] Der Gesetzgeber hat mit der systematischen Zusammenfassung weiter Teile des Sozialrechts im Sozialgesetzbuch neue Regelungsbereiche geschaffen. Nun ist er gehalten, diese einheitliche Rechtsmaterie in ihrer Gesamtheit einer Gerichtsbarkeit zuzuordnen. Durch die (teilweise) Verweisung der Kinder- und Jugendhilfesachen an

1421 Sozialhilfen im engeren Sinn sind nur die Hilfen nach SGB XII. Übergeordneter Begriff ist der der sozialen Hilfen. Hierunter fallen auch Wohngeld, Kinder- und Jugendhilfe, Hartz IV, ALG II, Schuldnerberatung etc.

1422 Siehe *Waibel*, SGb 2005, 215 (224 f.).

1423 Schellhorn/*W. Schellhorn*, SGB XII, Einführung, Rn. 97 ff.

1424 *Hauck* in: Hauck/Noftz, SGB I, E 050, S. 19 f.; *Hasenclever*, ZblJugR 1973, 409 ff.

1425 Siehe *Waibel*, SGb 2005, 215 (225); ähnlich, wenn auch mit Blick auf einen Verbleib der Streitigkeiten nach SGB XII und VIII bei der Verwaltungsgerichtsbarkeit: *Geiger*, NJW 2004, 1850 (1851).

1426 *Waibel*, SGb 2005, 215 (221).

die Sozialgerichte würde der Forderung nach einer einheitlichen Rechtswegregelung für inhaltlich zusammenhängende Regelungsbereiche entsprochen.[1427]

e) Erweiterung des § 51 Abs. 1 SGG

Aus diesen Gründen muss in § 51 Abs. 1 folgende Nr. 6b eingefügt werden:

§ 51 (1)	Die Gerichte der Sozialgerichtsbarkeit entscheiden über öffentlich-rechtliche Streitigkeiten
Nr. 6b	in Angelegenheiten der Kinder- und Jugendhilfe, mit Ausnahme der Verfahren über Leistungen oder sonstige Maßnahmen der Jugendhilfe, die das Verhältnis des Einzelnen als Leistungsberechtigten zu dem Jugendamt betreffen.

f) Besetzung der Kammer für Kinder- und Jugendhilfesachen

Um eine qualifizierte Entscheidung zu gewährleisten, wäre eine Kammer für Angelegenheiten der Kinder- und Jugendhilfesachen zu bilden. Sinn und Zweck der Besetzung der Kammer mit ehrenamtlichen Richtern ist in der Sozialgerichtsbarkeit zum einen die Repräsentanz der verschiedenen Gruppen, zum anderen das Einbringen besonderen Sachverstandes in das Verfahren. Um diesem Anspruch auch im Bereich der Kinder- und Jugendhilfe gerecht zu werden, wäre die Besetzung mit einem ehrenamtlichen Richter aus dem Bereich der Kinder- und Jugendhilfe als Vertreter der öffentlichen Jugendhilfe oder als Vertreter eines freien Trägers sowie einem aus Elternverbänden, Jugendhilfeverbänden oder ähnlichen Organisationen denkbar.

III. Ergebnis

1. Verweisung an Familien- und Sozialgerichtsbarkeit

Das verwaltungsgerichtliche Verfahren ist für einen umfassenden Kindesschutz nicht geeignet. Um einen Ausfall gerichtlicher Kontrolle zu vermeiden und eine Vereinheitlichung des Sozialrechts zu erreichen, muss die Überprüfung von Jugendamtshandeln auf die Familien- und Sozialgerichte übertragen werden.

Gemäß § 51 Nr. 6b SGG werden vor den Sozialgerichten in Zukunft alle Streitigkeiten zwischen jugendhilferechtlichen Organisationen untereinander verhandelt. Dies betrifft Streitigkeiten zwischen öffentlichen Trägern, zwischen öffentlichen und freien Trägern, zwischen öffentlichen Trägern und der Ge-

1427 *Meyer* in: v. Münch/Kunig, Art. 95, Rn. 8; *Waibel*, SGb 2005, 215 (226).

meinde, dem Kreis, dem Land oder dem Bund, zwischen öffentlichen Trägern und einem Gemeindeverband, zwischen öffentlichen Trägern und dem Jugendhilfeausschuss, Streitigkeiten, die die Anerkennung eines freien Trägers betreffen, und Streitigkeiten nach den §§ 43 ff. SGB VIII (Anerkenntnis von Einrichtungen). Die Verweisung dieser Streitigkeiten an die Sozialgerichte ist unter dem Gesichtspunkt einer einheitlichen Rechtswegregelung für inhaltlich zusammenhängende Regelungsbereiche unumgänglich.

Streitigkeiten über Rechtsansprüche, die das Verhältnis des Einzelnen als Leistungsberechtigten zum Jugendamt betreffen (insbesondere §§ 27 ff. SGB VIII), werden an die Familiengerichtsbarkeit verwiesen. Die Verweisung dieser Streitigkeiten an das Familiengericht ist aus Gründen des Sachzusammenhangs geboten. Die Überprüfung / Kontrolle des Jugendamts durch das Familiengericht ist nicht systemfremd, da das familiengerichtliche Verfahren bereits de lege lata auch dem Schutz des Bürgers vor der Exekutive dient. Dies zeigen die §§ 42 Abs. 3 S. 2 Nr. 2 SGB VIII, 1666a BGB, wonach im Falle einer Inobhutnahme unverzüglich eine Entscheidung des Familiengerichts über die erforderlichen Maßnahmen einzuholen ist, wenn die Eltern der Inobhutnahme nicht zustimmen.[1428] Außerdem überprüft das Familiengericht bereits jetzt das Jugendamt. „Entscheidend für das Tätigwerden der Gerichte ist nicht die Kindeswohlgefährdung als solche, sondern ganz überwiegend (in fast 90% der Fälle) die Tatsache, dass die Familien (nach Ansicht der Jugendämter) nicht gewillt oder nicht in der Lage sind, die Gefahr abzuwenden“.[1429] Dies entspricht durchaus dem Grundgedanken sowohl der §§ 1666, 1666a BGB, wie auch des Sozialleistungskonzepts des SGB VIII. Damit verschiebt sich aber die Aufgabe der Gerichte: Vorrangig wird regelmäßig nicht, zumindest nicht alleine, das Vorliegen einer Kindeswohlgefährdung geprüft, sondern Schwerpunkt der gerichtlichen Tätigkeit ist die Kontrolle, ob das vom Jugendamt angenommene Merkmal des Nichtwollens oder des Nicht-in-der-Lage-Seins seitens der Eltern vorliegt. Damit wird die Tätigkeit der Gerichte bei § 1666 BGB zu einer justiziellen Kontrolle verwaltungsrechtlichen Handelns.“[1430]

2. Fachlichkeit auf der Richterbank

Die Entwicklung in den Bereichen der Kinder- und Jugendhilfe und im Familien-, insbesondere im Kindschaftsrecht machen deutlich, dass sich die Gesell-

1428 *Heilmann*, hefam.de, S. 7; Staudinger/*Coester*, § 1666a, Rn. 16; a.A. Wiesner/*Wiesner*, SGB VIII, § 42, Rn. 46.

1429 *Münder*, FPR 2003, 280 (283).

1430 *Münder*, FPR 2003, 280 (283).

schaft, die Politik und der Gesetzgeber vermehrt mit dem Thema Kindesschutz auseinandersetzen. Dabei zeigt sich in der aktuellen Entwicklung eine Tendenz zur Stärkung der Gerichte als Wächter zum Schutz gefährdeter Kinder und Jugendlicher.[1431] Die Verortung der Streitigkeiten nach SGB VIII bei den Sozial- und Familiengerichten trägt dieser Entwicklung Rechnung.

Im Bereich der Sozialgerichtsbarkeit wird durch die zwingende Beteiligung von ehrenamtlichen Richtern die Fachlichkeit auf der Richterbank gewährleistet. Eine besondere Kammer für Kinder- und Jugendhilfesachen innerhalb der Sozialgerichte ist für die Behandlung jugendhilfeinterner Streitigkeiten wesentlich besser geeignet als das allgemeine Verwaltungsgericht.

Um das familiengerichtliche Verfahren zu optimieren und die Fachlichkeit der Richterbank zu verbessern, gilt es, diese durch fachkundige ehrenamtliche Richter zu erweitern und die Qualifikation der Richter zu verbessern.

a) Qualifikation des Familienrichters

Die Familiengerichtsbarkeit wurde im Laufe der Zeit immer weiter ausgebaut und dem Familienrichter immer weitreichendere Kompetenzen eingeräumt. Er entwickelte sich immer mehr zum Fachrichter, dessen Aufgabe nicht das Sanktionieren ist, sondern tragbare Lösungen in familiären Konflikten zu finden, das Zusammenleben der Beteiligten gerade für die Zukunft zu regeln und den Weg zu Leistungen der Kinder- und Jugendhilfe durch Steigerung der Hilfeakzeptanz zu ebnen. Für die Gewährleistung dieser weitreichenden Aufgaben und Kompetenzen ist die Fachlichkeit auf der Richterbank ein wichtiges Kriterium.[1432] Diese Fachlichkeit muss zunächst durch eine umfassende Richteraus- und -fortbildung gewährleistet werden.

Die Weichen für eine spezifischere Ausbildung wurden durch das am 1.7.2003 in Kraft getretene Gesetz zur Reform der Juristenausbildung[1433] gestellt. Danach schlägt sich eine universitäre Schwerpunktbereichsprüfung mit 30% in der Endnote wieder.[1434] Das bietet den Studenten die Möglichkeit, ihre

1431 Siehe nur KiWoMaG.

1432 Die Auswahl der Familienrichter erfolgt im Rahmen der richterlichen Geschäftsverteilung, die den jeweiligen Präsidien obliegt und in richterlicher Unabhängigkeit getroffen wird. Das Justizministerium Baden-Württemberg gibt z.B. an, Erkenntnisse über die dabei zugrunde gelegten Kriterien lägen dem Justizministerium nicht vor, siehe LT-Drucks. 14/3855, S. 4.

1433 BGBl. I, S. 2592 ff.

1434 § 24 JAG i.V.m. §§ 24 ff. der Studien- und Prüfungsordnung des Fachbereichs Rechtswissenschaft der Johann Wolfgang Goethe-Universität Frankfurt am Main für den Studiengang Rechtswissenschaft mit dem Abschluss Erste Prüfung vom 30. Mai 2007

persönlichen Interessen auch auf dem Gebiet des Familien- und Sozialrechts zu vertiefen und im Examensergebnis zum Ausdruck zu bringen. Familienrecht ist gemäß § 7 Nr. 2 d) Juristenausbildungsgesetz (JAG) nicht nur Pflichtfach in der 1. staatlichen Pflichtfachprüfung, sondern kann auch als Schwerpunkt im Rahmen der universitären Schwerpunktbereichsprüfung gewählt werden.[1435] Dies und der damit zusammenhängende weitere Ausbau entsprechender interdisziplinärer Vorlesungen und Seminare bietet den Anreiz, sich schon während des Studiums mit kindschaftsrechtlichen Fragestellungen auseinanderzusetzen, die während des Referendariats vertieft werden können.[1436] Diese Ansätze gilt es weiter auszubauen. Die Einstellung künftiger Familienrichter sollte nicht nur von einer bestimmten Examensnote abhängen. Ein Familienrichter sollte gewisse außerjuristische Kenntnisse mitbringen, um in der Lage zu sein, mit anderen Berufsgruppen, Eltern und Kindern besser kommunizieren und entscheidungsrelevante Fakten besser sondieren zu können. „Einserjuristen" können zwar rechtlich hervorragende Urteile schreiben, verfügen aber nicht immer über ausreichend Empathie und Lebenserfahrung, die der Beruf eines Familienrichters erfordert. Auf der anderen Seite wird vom Richter eine Entscheidung verlangt. In der Regel haben die Eltern - und auch das Kind - im Vorfeld des gerichtlichen Verfahrens schon oft genug Kompromisse geschlossen, Prognosen erteilt bekommen, wurden Situationen eingeschätzt und Gespräche geführt. Zusätzliche Kompetenzen des Richters sollen also nicht zu einer Rollenvermischung bzw. zweiten Helferinstanz führen. Der Richter bleibt mit seiner Entscheidung letztverantwortlich, das bedeutet, dass das gerichtliche Verfahren möglichst der letzte Schritt auf dem Weg zur möglichen Beendigung einer Kindeswohlgefährdung, eines Sorgerechtsstreites, eines Umgangsstreites, eines Streites über die Herausgabe eines Kindes etc. sein sollte. Aus diesen Gründen sollte darüber nachgedacht werden, ob die Einstellung von Familienrichtern nicht von zusätzlichen Kriterien abhängig sein sollte. Denkbar wäre zum Beispiel, dass der „Bewerber" die Zivilstation im Zuge des Referendariats beim Familiengericht absolvieren muss. Außerdem wäre eine an das Referendariat anschließende „Assistenzzeit" bei einem erfahrenen Familienrichter denkbar, ähnlich der Phase des Assistenzarztes in der Medizin. Auch denkbar wäre als Einstellungsvoraussetzung der Nachweis bestimmter außerjuristischer Kenntnisse, die für das Amt eines Familienrichters zuträglich sind, in erster Linie also Kenntnisse in den Bereichen der Psychologie, Pä-

1435 An der Johann Wolfgang Goethe-Universität, Frankfurt am Main enthält der Schwerpunktbereich Arbeit, Soziales, Lebenslagen neben dem Arbeitsrecht auch das Sozial- und Familienrecht, § 26 der Studienordnung.

1436 Zur vergleichbaren Situation im Jugendstrafrecht: *Drews*, ZJJ 2005, 409 (412).

dagogik, Pädiatrie, Sozialmedizin, Soziologie etc.[1437] Diese Kompetenzen könnten innerhalb der Schwerpunktbereiche und der Schlüsselqualifikationen im Rahmen des juristischen Studiums erworben und im Rahmen von Fortbildungsveranstaltungen erweitert, vertieft und aufgefrischt werden.[1438] Darüber hinaus muss das Angebot fachübergreifender Vorlesungen und Seminare ausgeweitet werden.

Fort- und Weiterbildung ist eine berufs- bzw. lebenslange Aufgabe und Verpflichtung. Diese Pflicht folgt aus der Justizgewährungspflicht und der Bindung der Rechtsprechung an Recht und Gesetz. Fortbildung ist in etlichen Berufen gesetzlich vorgeschrieben. Dies trifft beispielsweise auf Ärzte und Anwälte zu. Für diese Berufsgruppen ist die Fort- und Weiterbildung verpflichtend vorgeschrieben und Voraussetzung für die Beibehaltung des Rechts zur Führung des Fachanwaltstitels oder des Facharztes. Die Justiz hingegen überlässt die Fortbildung dem einzelnen Richter in Eigenverantwortung. Es werden zwar Veranstaltungen angeboten, an denen er teilnehmen kann, möglich ist auch ein vertiefendes Selbststudium durch die Lektüre von Fachliteratur; Überprüfungen finden jedoch nicht statt. Unterlässt es der Richter sich fortzubilden, zieht dies keine Konsequenzen nach sich. Während der Anwalt nicht nur den Verlust von Mandaten fürchten muss und sich dem Risiko der Haftung bei einer nicht dem allgemeinen Kenntnisstand entsprechenden Beratung aussetzt, muss der Richter keinerlei Konsequenzen fürchten. Mit Blick auf die schnelle Veränderung der Gesetze und einer immer komplexer werdenden Rechtsprechung und Rechtsentwicklung erscheint es unerlässlich, die Pflicht zur Fortbildung stärker zu institutionalisieren und zu systematisieren. „Das Prinzip der Unabhängigkeit des Richters verlangt nicht, die Ausgestaltung der Fortbildung in sein Belieben zu stellen. Im Gegenteil ist sie Spiegelbild der richterlichen Unabhängigkeit und Lebenszeiteinstellung."[1439] Aus diesem Grund sollte der Besuch von Fortbildungsveranstaltungen gesetzlich verankert werden.[1440] Für den Besuch dieser Veranstaltungen müssten Teilnahmebestätigungen ausgestellt und eine fehlende Teilnahme Sanktionen zur Folge haben. Beispielsweise könnten Beförderungen vom Nachweis der erfolgreichen Teilnahme an Fortbildungsveranstaltungen abhängig gemacht werden. Verfassungsrechtlich unbedenklich wäre es auch, Gehaltserhöhungen nicht nur der Automatik der Erhöhung des Lebensalters zu un-

1437 Im Übrigen alles Gebiete, die der Sozialpädagoge im Rahmen seines Studiums, zumindest ausschnitthaft, erlernt, siehe *Oberloskamp/Borg-Laufs/Mutke*, S. 29.

1438 Vgl. auch Abschlussbericht v. 17.11.2006, bmj.bund.de, S. 52 f.; Abschlussbericht v. 14.7.2009, bmj.bund.de, S. 16 f.; 23 ff.

1439 *Eylmann/Kirchner/Knieper/Kramer/Mayen*, Rn. 88 ff., richterbund-hessen.de

1440 Die Studie „Zukunftsfähige Justiz - Strukturreform durch Konzentration auf ihre Kernaufgaben" schlägt eine Verpflichtung von mindestens zwei Wochen im Jahr vor.

terwerfen, sondern ein Leistungselement einzuführen und sie auch an die erfolgreiche Teilnahme an Fortbildungsveranstaltungen zu knüpfen.[1441]

Für den Familienrichter muss eine interdisziplinäre Kompetenz gefordert werden, die bei der Kenntnis sozial- und humanwissenschaftlicher Fakten beginnt, mithin Grundkenntnisse der Pädiatrie, Psychologie, Psychiatrie und Sozialpädagogik einschließt und sich durch eine immer währende Fort- und Weiterbildung auszeichnet.[1442] Diese Kenntnisse und Fähigkeiten dienen dem Richter in erster Linie dazu, sich in einem kompetenten, interdisziplinären Gespräch mit Fachpersonen anderer Professionen auszutauschen und Gutachtern und Sachverständigen die richtigen Fragen stellen zu können.[1443] Die bereits für das gesamte rechtswissenschaftliche Studium geforderten Schlüsselqualifikationen[1444] wie Verhandlungsmanagement, Gesprächsführung, Rhetorik, Streitschlichtung, Mediation, Vernehmungslehre und Kommunikationsfähigkeit sind besonders im familiengerichtlichen Verfahren unverzichtbar. Diese gilt es vermehrt in das Verfahren einzubetten.

Die richterliche Unabhängigkeit hat dort ihre Schranke, wo sie gegen Verfassungsrecht verstößt. Eine umfassende Fort- und Weiterbildung ist aber zur Verwirklichung des Kindeswohls in Umsetzung des Art. 6 GG unumgänglich. Damit kollidiert die richterliche Unabhängigkeit, die ohnehin eine gewisse Fortbildungsverpflichtung nicht ausschließt, nicht mit Art. 6 GG. Zur Umsetzung des staatlichen Wächteramts ist es unbedingt erforderlich, Familienrichter zu Fortbildungsveranstaltungen zu verpflichten. Auf Selbststudium kann sich nicht verlassen werden. Gerade der allein agierende Richter läuft Gefahr, sich im Laufe der Jahre mehr und mehr abzuschotten und „gewisse Verfestigungen in seinem Auftreten und seiner Arbeit zu entwickeln“.[1445] Gerade hier ist es wichtig, durch Fortbildungsveranstaltungen in kollegialen Kontakt zu kommen, sich auszutauschen und so mit neuen Eindrücken und neuem bzw. vertiefterem Wissen bessere Entscheidungen zu treffen. Gerade im interdisziplinären Bereich ist es zum Teil gar nicht möglich, neue Kompetenzen im Selbststudium zu erwerben. Man denke nur an Gesprächsführungskompetenzen, Mediation, Kindesanhörun-

1441 *Eylmann/Kirchner/Knieper/Kramer/Mayen*, Rn. 88 ff., richterbund-hessen.de.

1442 *Schwenzer* in: Vetterli, Auf dem Weg zum Familiengericht, S. 89 (94 f.).

1443 Wie wichtig die richtige Formulierung von Fragen an den Gutachter für das familiengerichtliche Verfahren ist, zeigt: *Salzgeber*, Familienpsychologische Gutachten, S. 49. Denn es ist auch Aufgabe der Sachverständigen „Einfluss auf die Gestaltung der Gerichtsbeschlüsse zu nehmen und damit langfristig ihren Beitrag für die Rechtsentwicklung zu leisten. Dies ist aber nur im Austausch mit den Rechtsanwendern möglich bei ausreichender Kenntnis der Verfahrensvorschriften.“

1444 vgl. § 5a DRiG.

1445 *Riedel*, FF 2007, 211 (212 f.).

gen etc. Diese Kenntnisse können nur im Kontakt und durch Rückmeldung anderer erworben und vertieft werden.

Tatsächlich werden sowohl auf Bundes-, als auch auf Landesebene vielfältige Fortbildungen und Schulungen für Familienrichter angeboten. Auch die Deutsche Richterakademie bietet regelmäßig Veranstaltungen zu den Themenbereichen Unterhaltsrecht, Stalking, Mediation oder Kindesmissbrauch an. Des Weiteren existieren länderübergreifende Seminare, in denen Familienrichterinnen und Familienrichtern Einblicke in fremde Rechtsordnungen gewährt werden. All diese Veranstaltungen finden jedoch auf freiwilliger Basis statt, so dass es vom Engagement des einzelnen Richters abhängt, inwiefern er zusätzliche Qualifikationen erwirbt, nur das nötigste mitnimmt oder sich eben auch gar nicht weiterbildet. Von den Landesjustizministerien werden zwar Einführungsveranstaltungen in das Familienrecht angeboten, diese gelten aber nicht als Voraussetzung für die Berufung zum Familienrichter. Gerade mit Blick auf das FamFG erscheint es unumgänglich, die Richter wegen der zahlreichen, zusätzlichen und neu zu übernehmenden Tätigkeiten weiter zu qualifizieren und auszubilden. Diesem Fortbildungsbedarf sollte im Jahr 2009 durch eine zusätzliche Schulungsoffensive begegnet werden. Auch hier jedoch nur auf freiwilliger Basis.[1446]

Möchte ein Anwalt Fachanwalt für Familienrecht werden, so muss er entsprechende theoretische Kenntnisse und praktische Erfahrungen sowie die regelmäßige Teilnahme an anerkannten Fortbildungsveranstaltungen nachweisen (vgl. §§ 2, 4, 5, 7, 12, 15 Fachanwaltsordnung (FAO)), möchte ein Arzt seine Approbation behalten, so ist er verpflichtet an Fortbildungen teilzunehmen. Überall auf dem freien Markt werden Personen nur bei entsprechender Qualifikation eingestellt. Überall, wo mit Kindern und Jugendlichen zusammengearbeitet wird, bestehen Verpflichtungen zur Ausbildung, Fortbildung und Weiterbildung auf diesem Gebiet, und zwar immer fächerübergreifend. Kindergärtner, Lehrer, Erzieher, Sozialarbeiter, Mitarbeiter des Jugendamts, Ärzte etc. Sie alle müssen in der Lage sein, Gefährdungen schnell und effektiv zu erkennen, müssen Kompetenzen im Bereich eines einfühlsamen Umgangs mit dem Kind (und den Eltern) besitzen, müssen juristische Kenntnisse haben. Sie müssen ihre Rechte kennen und wissen, wie sie in kritischen Situationen vorzugehen haben. Dies gilt besonders auch für Sozialarbeiter und Mitarbeiter des Jugendamts. Sie sind nicht nur zur Fortbildung verpflichtet, sondern erlangen auch bereits in ih-

1446 LT-Drucks. 14/3855, S. 4 f.; *Firsching* in: Gilles, Effektivität des Rechtsschutzes, S. 259 (265); siehe auch die Jahresprogramme der Deutschen Richterakademie, deutsche-richterakademie.de; auch der Kongress „Kinderschutz und Kindeswohl im Sorge- und Umgangsrecht“, autonome-frauenhaeuser-zif.de, Forum 9, S. 5, fordert in seinen „Frankfurter Thesen“, dass die Ernennung zum Familienrichter den Nachweis einschlägiger Fortbildungen voraussetzen muss.

rem Studium rechtliche Kenntnisse. Gleiches muss auch vom Familienrichter erwartet werden.

b) Besetzung mit interdisziplinärer Richterbank

Selbst wenn sich der Gesetzgeber zu einer Verankerung der Fortbildungsverpflichtung im Gesetz durchringen könnte, kann die Fachlichkeit auf der Richterbank durch diese Maßnahme allein nicht gewährleistet werden. Nur durch eine interdisziplinäre Richterbank kann sichergestellt werden, dass Fragestellungen an Gutachter und Sachverständige so formuliert werden, dass das Gericht die richtigen Schlüsse daraus ziehen kann. Ehrenamtliche Richter können Gutachten besser nachvollziehen und kritisch betrachten.[1447] Durch die Besetzung des Familiengerichts mit ehrenamtlichen Fachrichtern, werden Sachlichkeit, Fachlichkeit und Fachwissen des Gerichts erweitert und damit die Garantie effektiven Rechtsschutzes gestärkt.

Das Bedürfnis nach einer Erweiterung der Richterbank durch Familienfachrichter besteht unabhängig von einer Verweisung jugendhilferechtlicher Streitigkeiten an die Familiengerichte.

c) Kindliches Zeitempfinden

Es stellt sich die Frage, ob die Erweiterung der Familienrichterbank mit dem kindlichen Zeitempfinden in Einklang zu bringen ist. Untersuchungen haben ergeben, dass in Gerichtsverfahren, in denen mehrere Termine stattfinden, Verfahren vor einem Einzelrichter in der Regel schneller abgeschlossen werden, als Verfahren vor der Kammer.[1448] Die Frage, ob diese Untersuchungen auch auf solche Kammern übertragen werden können, die mit ehrenamtlichen Richtern besetzt sind, kann insofern dahinstehen, als die Fachlichkeit auf der Richterbank eventuelle Verfahrensverzögerungen ausgleichen. Eine angemessene außergerichtliche Qualifikation auf der Richterbank führt nämlich zu einer Beschleunigung des familiengerichtlichen Verfahrens. Als Grund kann an erster Stelle die Reduzierung der Erforderlichkeit von Sachverständigengutachten angeführt werden. Sachverständigengutachten stellen regelmäßig eine immense Zeitverzögerung dar. Untersuchungen beziffern die Verfahrensverzögerung auf drei Monate[1449] bis hin zu einem Jahr[1450]. Je geringer die Fachlichkeit auf der Richter-

1447 *Salgo*, FamRZ 1984, 221 (227).

1448 *Rottleuthner/Böhm/Gasterstädt*, S. 121 ff.; *Heilmann*, S. 246 f.; siehe hierzu auch oben Kap. C. I. 6. b) aa).

1449 *Lempp/Wagner*, FamRZ 1975, 70 (71).

1450 *Simitis u.a.*, Kindeswohl, S. 46.

bank, desto größer die Wahrscheinlichkeit, dass der Familienrichter auch bei einfachen Fragestellungen die Erstellung eines Sachverständigengutachtens in Auftrag gibt und so die Verfahrensdauer unnötig verlängert.[1451] Zudem sind erfahrene sachverständige ehrenamtliche Fachrichter in der Lage, Fragen an Sachverständige und Gutachter präzise zu formulieren, die Ergebnisse des Gutachtens nachzuvollziehen und kritisch betrachten zu können. Dadurch werden klar formulierte Beweisbeschlüsse ermöglicht sowie Missverständnisse und verfahrensverlängernde Rückfragen vermieden.[1452] Das Gericht wäre außerdem in der Lage, seine Entscheidungen besser begründen zu können, was zu einer Verringerung der Einlegung von Rechtsmitteln führen würde. Insbesondere auch deswegen, weil das Gericht zum einen streitschlichtend auf die Verfahrensbeteiligten einwirken könnte, zum anderen verfahrensverzögernde Konflikte zwischen Familiengericht und Jugendamt weitestgehend vermieden werden könnten. Dies zeigen auch die Erfahrungen mit ehrenamtlichen Richtern in anderen Bereichen der deutschen Gerichtsbarkeit, deren Urteile in der Regel eine größere Akzeptanz sowohl bei den Beteiligten als auch in der Bevölkerung erfahren.[1453]

d) Auswirkungen auf die Kinder- und Jugendhilfe

Abschließend stellt sich die Frage, welche Auswirkungen die Verweisung an die Familien- und Sozialgerichte und die Erweiterung der Richterbank auf die Kinder- und Jugendhilfe auf deren Beteiligung am familiengerichtlichen Verfahren und auf deren Verhältnis zum Familiengericht hat.

Das bestehende System der Rechtsaufsicht entspricht nicht mehr den komplexen Problemlagen im Bereich des Kindesschutzes[1454] und ist durch eine qualitativ hochwertige Rechtsaufsicht in Gestalt eines interdisziplinär besetzten Familiengerichts zu ersetzen. Durch die Verweisung von Verfahren, die das Verhältnis des Einzelnen als Leistungsberechtigten zum Jugendamt betreffen (§§ 27 ff. SGB VIII), kann der faktische Ausfall gerichtlicher Kontrolle, der durch das Antragserfordernis beim Verwaltungsgericht entsteht, vermieden werden. In der Praxis hat sich nämlich gezeigt, dass Gerichtsverfahren über die Gewährung öffentlicher Hilfen äußerst selten stattfinden. Sozial benachteiligte Eltern verfügen in der Regel nicht über das rechtliche und fachliche Wissen um den Verwal-

1451 Selbstverständlich darf durch den Verzicht auf die Heranziehung eines Sachverständigen nicht die verfassungsrechtliche Stellung eines Beteiligten gefährdet werden. Nur dort, wo der Richter das Fachwissen eines Sachverständigen mitbringt, darf auf die Erstellung eines entsprechenden Gutachtens verzichtet werden.

1452 So auch zur außergerichtlichen Qualifikation der Familienrichter: *Heilmann*, S. 238 f.

1453 Siehe Kap. C. I. 5.

1454 *Hildebrandt*, ZKJ 2008, 396 (403).

tungsrechtsweg zu beschreiten und stellen aus diesem Grund in der Regel keinen Antrag auf Überprüfung der Ablehnung öffentlicher Hilfen seitens des Jugendamtes. Dies gilt erst Recht im Falle einer gerichtlich „angeordneten" Hilfe nach § 1666 BGB.[1455] Klage vor dem Verwaltungsgericht muss gemäß § 74 VwGO innerhalb eines Monats nach Zustellung des Widerspruchsbescheids erhoben werden. Für die Einleitung eines verwaltungsgerichtlichen Verfahrens ist, nach Durchführung eines Widerspruchsverfahrens (§§ 68 ff. VwGO), demnach eine entsprechende Klageerhebung der Eltern zwingend erforderlich. Beim Verwaltungsgericht herrscht zwar, ebenso wie beim Familiengericht, der Amtsermittlungsgrundsatz, die Einleitung des Verfahrens erfolgt jedoch gerade nicht von Amts wegen.[1456] Diese Problematik wird vermieden, indem nunmehr anstelle des Verwaltungsgerichts das Familiengericht das Handeln des Jugendamts überprüft. Dieses kann weiterhin, wie bisher das Verwaltungsgericht, auf Anregung der Eltern tätig werden, wenn das Jugendamt eine von den Eltern bzw. Personensorgeberechtigten beantragte Hilfe zur Erziehung zu Unrecht verweigert und ein Vorverfahren nach §§ 68 VwGO stattgefunden hat. Da sich das familiengerichtliche Verfahren nach FamFG richtet, ist das Familiengericht aber auch, anders als das Verwaltungsgericht, berechtigt, ein entsprechendes Verfahren von Amts wegen einzuleiten und so die Entscheidung des Jugendamts voll gerichtlich zu überprüfen.[1457] Dies ist auch dann möglich, wenn es durch die Ablehnung einer öffentlichen Hilfe seitens des Jugendamts noch gar nicht zu einer konkreten Kindeswohlgefährdung gekommen ist (Verweisung der Überprüfung der Verfahren über Leistungen oder sonstige Maßnahmen der Kinder- und Jugendhilfe an die Familiengerichte). Davon unabhängig muss das Familiengericht immer dann ein Verfahren nach §§ 1666, 1666a BGB einleiten, wenn es von einer möglichen Kindeswohlgefährdung Kenntnis erlangt. Auch die Nichtinanspruchnahme öffentlicher Hilfen bzw. die Ablehnung der Gewährung derselben, sei es durch den ablehnenden Erstbescheid, sei es durch den Widerspruchsbescheid, durch das Jugendamt kann nämlich eine Gefährdung des Kindeswohls bedeuten, die ein solches Verfahren nach sich ziehen kann. Weigern sich die Eltern also die Kindeswohlgefährdung abzuwenden oder sind dazu nicht in der Lage, spricht der Richter ein Gebot aus, welches von der Kinder- und Jugendhilfe umzusetzen ist. Verweigert dann das Jugendamt die öffentliche Hilfe trotz eines Antrags der Eltern und kommt es dadurch zu einer Kindeswohlgefährdung oder wird eine solche dadurch fortgeführt, überprüft der Familienrichter nun von Amts wegen, ob ein sozialrechtlicher Anspruch besteht, das Jugendamt den An-

1455 *Urban*, ZKJ 2006, 126 (132 ff.).

1456 Siehe Kap. C. I. 2. b).

1457 Siehe hierzu Kap. B. II. 1. a) bb).

trag also zu Recht oder zu Unrecht abgelehnt hat. Gleiches gilt, wenn sich die Eltern um den Umgang, das Sorgerecht oder die Herausgabe des Kindes streiten und das Jugendamt die Beratung, Umgangsbegleitung oder andere Hilfen verweigert. Auch hier überprüft das Familiengericht, ob das Jugendamt die Hilfe zu Recht verweigert oder ob ein sozialrechtlicher Anspruch der Eltern besteht. Die Kontrolle des Verwaltungshandelns ist damit zwar auch weiterhin auf Anregung der Eltern möglich, sie hängt aber nicht länger von einem Antrag der Eltern ab, sondern ist auch von Amts wegen möglich.

Die Einleitung des Amtsverfahrens wird durch die Überprüfungspflicht des Familienrichters nach §§ 1696 BGB, 166 FamFG sichergestellt. Hierüber erlangt der Familienrichter davon Kenntnis, ob das Jugendamt die gegenüber den Eltern angeordnete Hilfe nach § 1666 Abs. 3 BGB auch tatsächlich umgesetzt hat. Gleiches gilt im Falle des Absehens von Maßnahmen. Auch hier kann der Familienrichter das Verfahren von Amts wegen einleiten, wenn das Jugendamt eine notwendige Hilfe nicht gewährt hat. Kenntnis erlangt der Familienrichter hier ebenfalls im Rahmen seiner Überprüfungspflicht nach § 166 Abs. 3 FamFG. Damit wäre der Streit um die Anordnungskompetenz endgültig vom Tisch, die Lücke im Rechtsschutz wäre geschlossen. Denn in streitigen Fällen wäre die Überprüfung der jugendamtlichen Entscheidung nicht mehr länger in einem gesonderten Verfahren und bei einem anderen Gericht erforderlich sowie von einem Antrag der Eltern abhängig, sondern von Amts wegen durch das Familiengericht möglich. Damit wäre das Familiengericht in der Lage, inhaltlich verbundene Lebenssachverhalte in einem zusammenhängenden Verfahren zu entscheiden. Im Optimalfall ordnet das Familiengericht öffentliche Hilfen oder andere Maßnahmen nach SGB VIII im Einvernehmen mit dem Jugendamt gegenüber den Eltern an. Erlangt das Familiengericht jedoch davon Kenntnis, dass das Jugendamt die Hilfen ungerechtfertigter Weise nicht erbracht hat, leitet es ein entsprechendes Verfahren ein.

Durch die Verweisung dieser Streitigkeiten an die Familiengerichte würde auch das Problem gelöst werden, dass der Richter nur dann Maßnahmen anordnen darf, wenn die Eltern nicht gewillt und/oder in der Lage sind öffentliche Hilfen anzunehmen und das Jugendamt nicht zur Erbringung der Hilfe bereit ist. Sind die Eltern mit der Annahme von Hilfen einverstanden, fehlte bislang der Raum für eine gerichtliche Anordnung. Sind die Eltern nämlich handlungsfähig und/oder handlungswillig, ist kein Raum für ein Verfahren nach §§ 1666, 1666a BGB.[1458] Durch die Sonderzuweisung der Kinder- und Jugendhilfesachen an das Familiengericht könnte auch diese Lücke im Rechtsschutz geschlossen werden. Denn der Familienrichter wäre zur Überprüfung der Ablehnung von Maßnah-

1458 Siehe oben Kap. B, I, 6.

men seitens des Jugendamts unabhängig von einem Verfahren nach §§ 1666, 1666a BGB, also auch dann berechtigt, wenn die Eltern tatsächlich kooperationsbereit und auch –fähig sind.

In diesem Zusammenhang stellt sich die Frage, ob die Verweisung das Verhältnis zwischen Familiengericht und Jugendamt generell belasten würde. Wenn das Jugendamt den Eindruck hat, das Familiengericht überprüfe sein Handeln, könnte das dazu führen, dass es sich in Zukunft genau überlegt, ob es das Familiengericht anruft. Andererseits könnte es aber auch dazu führen, dass es das Familiengericht früher und öfter anruft, am Verfahren besser mitwirkt und seine Pflichten erfüllt, weil es viel eher als bislang damit rechnen muss, dass sein Verhalten gerichtlich überprüft wird. Dies steht im Einklang mit der Vorverlagerung gerichtlicher Kontrolle durch das KiWoMaG. Durch die Verweisung an die Familiengerichtsbarkeit würde auch der neu eingeführte § 1666 Abs. 3 BGB mehr Sinn machen; denn es wäre widersinnig, dass der Familienrichter die Kompetenz an die Hand bekommt, die Inanspruchnahme von Leistungen der Kinder- und Jugendhilfe anzuordnen, er aber keinerlei Handhabe hat, die Umsetzung seiner Anordnung zu überprüfen bzw. durchzusetzen.

Durch die Schaffung einer interdisziplinären Richterbank würden die Probleme im Verhältnis Familiengericht-Jugendamt deutlich reduziert. Das Jugendamt hätte seltener den Eindruck, vom Familienrichter nicht verstanden worden zu sein und/oder bevormundet zu werden, sind doch nun die von ihm repräsentierten fachlichen Kompetenzen im Familiengericht auf der Richterbank vertreten und werden noch mehr als bisher der Entscheidung zu Grunde gelegt. Insbesondere in Hinblick auf die erforderlichen öffentlichen Hilfen könnten so Differenzen vermieden werden. Gerade in Verbindung mit der frühzeitigen Einschaltung des Familiengerichts im Rahmen des KiWoMaG 2008 wären eine interdisziplinäre Richterbank und eine damit zusammenhängende verbesserte Aus-, Fort- und Weiterbildung der Familienrichter und deren Beisitzer von besonderer Bedeutung. Diese Maßnahmen würden die frühzeitige Beteiligung des Gerichts unterstützen, für mehr Akzeptanz der rechtzeitigen Anrufung bei der Kinder- und Jugendhilfe sorgen und dadurch zu rechtzeitigeren und besseren Entscheidungen zum Wohl des Kindes führen.

In Zukunft läuft das familiengerichtliche Verfahren nach §§ 1666 f. BGB zum Beispiel folgendermaßen ab: Der Familienrichter prüft vollumfänglich, ob und welche öffentliche Hilfe in Betracht kommt (de lege lata). Hält er eine konkrete öffentliche Hilfe für ausreichend, ordnet er diese gegenüber den Eltern an und weist diese auf die Folgen der Nichtannahme hin. Zudem setzt er den Eltern eine Frist zur Stellung des Antrags beim Jugendamt und fordert umgehend den Jugendamtsbericht über die Hilfebeantragung sowie den Hilfeverlauf an. Ein Eingriff in die elterliche Sorge verbietet sich dann wegen des Grundsatzes der

Verhältnismäßigkeit. Der Familienrichter weist das Jugendamt auf mögliche Konsequenzen einer Verweigerung der Maßnahme hin, wie die Verletzung etwaiger Garantenpflichten und daraus resultierende Konsequenzen. Ist das Wohl des Kindes (noch) nicht konkret gefährdet, sieht der Familienrichter von Maßnahmen ab. Das Familiengericht überprüft seine Entscheidung nach § 166 FamFG, § 1696 BGB in angemessenem Abstand. Ist das Jugendamt seiner Verpflichtung nicht nachgekommen und ist das Wohl des Kindes konkret gefährdet, leitet der Familienrichter erneut ein Verfahren nach §§ 1666, 1666a BGB ein. Dieser Ablauf ist möglichst zügig durchzuführen, § 155 FamFG. Im Falle einer erheblichen Kindeswohlgefährdung sollte über evtl. Konsequenzen für einzelne Mitarbeiter des Jugendamts, in Hinblick auf eine mögliche Strafbarkeit durch Unterlassen von notwendigen Maßnahmen, nachgedacht werden.[1459] Unter Umständen muss der Familienrichter die Strafverfolgungsbehörden informieren. Hat das Jugendamt einen Antrag zu Unrecht abgelehnt, leitet das Familiengericht gemäß § 151 Nr. 9 FamFG ein Verfahren zur Überprüfung der Leistungen und Maßnahmen der Jugendhilfe nach den §§ 27 ff. SGB VIII ein.

1459 Siehe hierzu Kronseder, Die Strafbarkeit von Mitarbeitern des Jugendamtes bei häuslicher Kindeswohlbeeinträchtigung; Salgo in: SPI, Jugendämter zwischen Hilfe und Kontrolle, S. 23 ff.; 41 ff.; Mörsberger/Restemeier, Helfen mit Risiko zum „Osnabrücker-Fall"; Bringewat, Tod eines Kindes.

Abbildung 11: Das familiengerichtliche Verfahren nach § 1666 BGB de lege ferenda

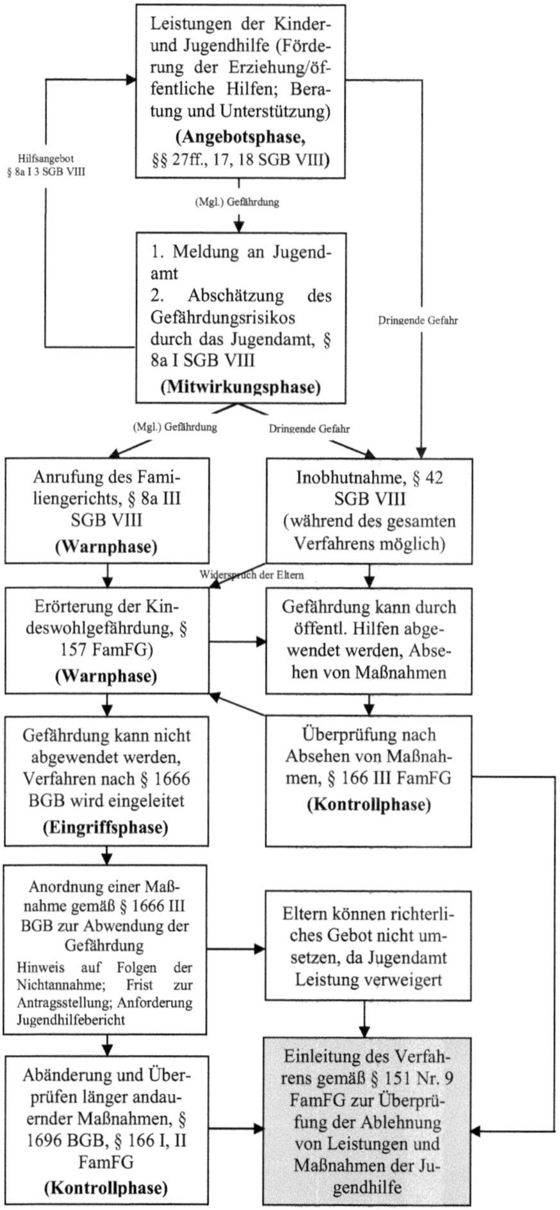

Quelle: Eigene Darstellung, angelehnt an *Schumann* in: Lipp/Schumann/Veit, S. 253

4. Teil: Zusammenfassung und zentrale Thesen zur Verbesserung des Verhältnisses von Familiengericht und Jugendamt

A. Zusammenfassung und Forderungen

I. Kindesschutz de lege lata

Kinder und Jugendliche stehen unter dem besonderen Schutz des Staates. Dieses staatliche Wächteramt (Art. 6 Abs. 2, S. 1 GG) wird insbesondere von Familiengericht und Jugendamt gleichermaßen ausgeübt. Der Schwerpunkt der Kinder- und Jugendhilfe liegt im Vorfeld des gerichtlichen Verfahrens, mithin im präventiven Bereich, aber auch im Anschluss an ein familiengerichtliches Verfahren sind Leistungen der Kinder- und Jugendhilfe unverzichtbar. Darüber hinaus kann das Jugendamt im besonderen Fall des § 42 SGB VIII auch repressiv tätig werden. Der Schwerpunkt des familiengerichtlichen Handelns hingegen liegt im Bereich des repressiven Kindesschutzes bzw. in der Ebnung des Weges zu sozialpädagogischen Hilfen. Einzig das Familiengericht ist berechtigt, dauerhafte Eingriffe in das elterliche Erziehungsrecht vorzunehmen. Durch KiWoMaG und FamFG, insbesondere durch den Ausbau präventiver Maßnahmen, hat sich der Schwerpunkt familiengerichtlicher Tätigkeit vorverlagert. Die Gefahr für das Kind soll so früh wie möglich durch eine Analyse mit allen Beteiligten abgewendet werden.

Kindesschutz liegt an der Schnittstelle verschiedener Staatsgewalten, Gesetze, Regelungen und Kompetenzen. Familienrechtliche und sozialrechtliche Belange sind hierbei zwar in unterschiedlichen, privatrechtlichen und öffentlich-rechtlichen Gesetzen verankert, jedoch kommt es zu wechselseitigen Bezugnahmen, Überschneidungen und Ergänzungen. Etliche Kompetenzen stehen trotzdem unverbunden nebeneinander, wodurch ein Strukturdefizit entsteht, das zu Schwierigkeiten im Verhältnis von Familiengericht und Jugendamt führt. Insbesondere die materiell-rechtlich vorgegebene Verschränkung familienrechtlicher, sozialrechtlicher und verwaltungsrechtlicher Schutzansätze ist vom Gesetzgeber organisations- und kompetenzrechtlich nicht klar strukturiert. Die gesetzlichen Bestimmungen von SGB VIII und BGB stehen unverbunden nebeneinander, so dass unklar bleibt, wem die Letztverantwortung für den Schutz des Kindes obliegt.

Die Zusammenarbeit zwischen Familiengericht und Jugendamt blickt auf eine lange Tradition zurück. Dabei hat sich im Laufe der Zeit sowohl das Verständnis staatlicher Mitverantwortung bei der Erziehung von Kindern und Jugendlichen, als auch das Verhältnis von Familiengericht und Jugendamt sowie die Art und Weise ihrer Kooperation verändert. Die Aufteilung des staatlichen Wächteramts auf Gerichte und Behörden kristallisierte sich bereits in der zweiten Hälfte des 19. Jahrhunderts heraus. Doch erst das RJWG von 1922 regelte erstmals das Verhältnis von Vormundschaftsgericht und Jugendamt. Das Jugendamt sollte als Ermittlungs- und Entscheidungsgehilfe für das Gericht tätig werden. Sinn der Vormundschaftsgerichtshilfe war schon zu diesem frühen Zeitpunkt, dem Gericht Fachkräfte unterschiedlicher außerjuristischer Disziplinen zur Seite zu stellen, die im Interesse des Kindes als Garant für dessen Wohl agieren sollten. Das Jugendamt handelte dabei als eigenständige Behörde, die dem Vormundschaftsgericht gleichgeordnet war. Obwohl die selbständige Stellung des Jugendamts schon früh gesetzlich verankert war, erschien es in der Praxis eher als „Ausführungsbehörde“ des Vormundschaftsgerichts, welche richterliche Anordnungen umzusetzen hatte.

Die Kompetenzen des Jugendamts nahmen im Laufe der Zeit deutlich zu. Es entwickelte sich von einer „Ausführungsbehörde“ zu einer dem Familiengericht gleichgeordneten Kraft, die selbständig und vom Gericht unabhängig als Fachbehörde Aufgaben zum Schutz von Kindern und Jugendlichen wahrnimmt. Parallel entwickelte sich zunehmend das Bedürfnis nach einer verstärkten Kooperation von Familiengericht und Jugendamt. Das am 1.1.1992 in Kraft getretene KJHG (SGB VIII) leitete einen Perspektivwechsel ein, der die Kinder- und Jugendhilfe als moderne Dienstleistungsbehörde etablierte. Durch das am 1.10.2005 in Kraft getretene KICK wurde die Position der Kinder- und Jugendhilfe für den Kindesschutz hervorgehoben sowie die Unabhängigkeit und Kompetenzen des Jugendamts gestärkt. Um der Tendenz entgegenzuwirken, das Familiengericht möglichst spät über eine (mögliche) Kindeswohlgefährdung zu informieren, trat am 12.7.2008 das KiWoMaG in Kraft. Die möglichst frühe Beteiligung des Familiengerichts wird durch das am 1.9.2009 in Kraft getretene FamFG gestützt.

Familiengericht und Jugendamt üben das staatliche Wächteramt zwar unabhängig voneinander aus, im kindschaftsrechtlichen Verfahren besteht allerdings eine starke Interdependenz zwischen familiengerichtlichem und jugendhilferechtlichem Handeln. Das Familiengericht ist von der Mitwirkung, den Erfahrungen und Kenntnissen des Jugendamts ebenso abhängig, wie das Jugendamt von der Autorität und den Eingriffsbefugnissen des Familiengerichts. Dies zeigt sich insbesondere in Verfahren gemäß §§ 1666 f. BGB sowie in Verfahren bei Umgangskonflikten (§§ 1632 Abs. 2, 1684, 1685 BGB), bei Sorgerechtsstreitigkeiten (§§ 1671, 1672 BGB) und bei Verfahren über die Herausgabe des Kindes

(§§ 1632 Abs. 1, 4, 1682 BGB). Gemäß § 162 FamFG, § 50 SGB VIII wirkt das Jugendamt bei allen Verfahren, welche die Person von Kindern und Jugendlichen betreffen, mit. Hierdurch wird sozialpädagogische Fachlichkeit in das Verfahren integriert und somit gewährleistet, dass sozial- und humanwissenschaftliche Erkenntnisse in die Entscheidung einfließen. Gemäß § 157 FamFG soll das Gericht in Verfahren nach den §§ 1666, 1666a BGB mit den Eltern und in geeigneten Fällen auch mit dem Kind erörtern, wie einer möglichen Gefährdung des Kindeswohls, insbesondere durch öffentliche Hilfen, begegnet werden und welche Folgen die Nichtannahme notwendiger Hilfen haben kann. Zu diesem Termin soll das Gericht das Jugendamt laden. Darüber hinaus ist das Jugendamt regelmäßig Initiator des Verfahrens. Gemäß § 8a SGB VIII schätzt es im Falle einer möglichen Gefährdung des Kindeswohls zunächst das Gefährdungsrisiko im Zusammenwirken mehrerer Fachkräfte ab und bietet den Eltern geeignete und notwendige Hilfen an. Hält das Jugendamt das Tätigwerden des Familiengerichts für erforderlich, so ruft es dieses nach § 8a Abs. 3 SGB VIII an. In den selbst initiierten zivilrechtlichen Kindesschutzverfahren nimmt das Jugendamt im Anschluss an das Gerichtsverfahren gegebenenfalls elterliche Befugnisse als Vormund oder Pfleger wahr. Gleichwohl ist das Jugendamt auf das Gericht angewiesen, da es seinen Kindesschutzauftrag in vielen Konstellationen nicht ohne gerichtliche Intervention umsetzen kann.

Zwischen Familiengericht und Jugendamt besteht eine Verantwortungs*verschränkung,* keine Verantwortungs*gemeinschaft.* Das Heraufbeschwören und Idealisieren einer Verantwortungsgemeinschaft darf nicht als Paradigma für die Lösung aller Probleme, die im Verhältnis Familiengericht und Jugendamt auftreten können, missbraucht werden. Durch die Annahme einer solchen besteht die Gefahr, dass Verantwortlichkeiten wechselseitig negiert werden und letzten Endes ungeklärt bleiben. Familiengericht und Jugendamt müssen ihre Aufgaben eigenverantwortlich wahrnehmen und dennoch koordinieren. In § 42 SGB VIII wird deutlich, dass der Gesetzgeber dies genauso sieht: Die Verantwortung des Jugendamts für das Wohl des Kindes bleibt auch während eines familiengerichtlichen Verfahrens bestehen. Die Ablehnung einer Verantwortungsgemeinschaft ändert nichts an der Verpflichtung eines kooperativen Zusammenwirkens.

Obwohl die kooperative Zusammenarbeit zwischen Familiengericht und Jugendamt stets beschworen wird, kommt es immer wieder zu Konflikten, vor allem dann, wenn über erforderliche Jugendhilfemaßnahmen keine Einigung erzielt werden kann. Diese Problematik betrifft insbesondere Verfahren bei Gefährdung des Kindeswohls. Auch bei Umgangs-, Sorgerechts- und Herausgabeverfahren werden öffentliche Hilfen immer wieder zu Unrecht verweigert. Können sich Familiengericht und Jugendamt nicht über die erforderliche Maßnahme einigen, ist umstritten, ob das Familiengericht Maßnahmen nur den Eltern oder auch dem Jugendamt gegenüber verbindlich anordnen kann. Obwohl sich durch eine Letztentscheidungskompetenz des Familiengerichts der Ausfall gerichtlicher Kontrolle vermeiden ließe, ist diese de lege lata im Ergebnis abzulehnen. Hierfür mangelt es an einer konkreten Ermächtigungsgrundlage. Die §§ 1666, 1666a BGB können nicht als solche herangezogen werden; sie stellen die Befugnisse des Jugendamts nicht in der rechtsstaatlichen Klarheit eines Spezialgesetzes in den Dienst richterlicher Aufgaben. Auch legt § 36a SGB VIII verbindlich fest, dass das Jugendamt eine Leistung der Kinder- und Jugendhilfe nur finanziert, wenn es die Maßnahme aufgrund des im SGB VIII vorgeschriebenen Verfahrens bejaht. Demnach kann das Jugendamt die Erbringung der (angeordneten) Leistung immer an der Finanzierung scheitern lassen. Ist aber die Finanzierung der Maßnahme nicht gesichert, läuft die richterliche Anordnung ins Leere. Der Familienrichter kann seine Anordnung gegenüber dem Jugendamt zudem nicht zwangsweise durchsetzen, da ihm keine gesetzlichen Zwangsmittel gegenüber dem Jugendamt zustehen. Ebenso wenig wäre das Familiengericht in der Lage, eine, die Anordnung ablehnende, Entscheidung des Jugendamts von den Verwaltungsgerichten überprüfen zu lassen. Eine derartige Überprüfung ist nur auf Antrag der Personensorgeberechtigten möglich.

Bei Rechtsstreitigkeiten über die Gewährung öffentlicher Hilfen ist der Verwaltungsrechtsweg eröffnet. Dies gilt sowohl für Situationen, in welchen das Jugendamt die Gewährung einer Hilfe generell ablehnt, als auch im Falle der Ablehnung einer konkreten Hilfeart. Trotz der Verwendung verschiedener unbestimmter Rechtsbegriffe ist dem Jugendamt weder ein Beurteilungsspielraum noch ein Auswahlermessen eingeräumt. Vielmehr handelt es sich bei der Gewährung von Hilfen zur Erziehung um eine gebundene Entscheidung des Jugendamts, die der vollen verwaltungsgerichtlichen Überprüfung unterfällt.[1460] Allerdings muss das Verwaltungsgericht bei seiner Entscheidung Gutachter, Sachverständige und Experten zu Rate ziehen.

De lege lata kommt es zur faktischen Möglichkeit des Ausfalls gerichtlicher Kontrolle. Zwar besteht mit der Anrufung der Verwaltungsgerichte theoretisch ein umfassender Rechtsschutz, die Praxis zeigt allerdings ein gegenteiliges Bild. Verfahren über die Gewährung von Leistungen der Kinder- und Jugendhilfe finden beim Verwaltungsgericht nur selten statt. Sie werden – wenn überhaupt – von Eltern mit hohem Bildungsniveau beschritten, welche qualifizierte Hilfen in besonderen Einrichtungen oder spezielle Leistungen für ihre Kinder durchsetzen möchten. Sozial benachteiligte Eltern machen ihre Rechte dagegen äußerst sel-

1460 Im Falle der Ablehnung einer konkreten Hilfeart ist umstritten, ob die Entscheidung des Jugendamts voll gerichtlich überprüfbar ist, siehe 3. Teil, Kap. B. II. 1. a) bb).

ten geltend. Dies gilt vor allem für Eltern, denen gegenüber die Inanspruchnahme einer öffentlichen Hilfe - eventuell sogar gegen den eigenen Willen – gerichtlich angeordnet wurde. Je geringer Bildungsstand, Einkommen und Motivation der Eltern sind, desto seltener wird das Verwaltungsgericht angerufen. Die Übertragung des Antragsrechts auf einen Pfleger, und damit erforderlichenfalls eine gerichtliche Durchsetzung durch diesen, ist umständlich und zudem verfassungsrechtlich bedenklich. Das Familiengericht darf nur dann in das elterliche Erziehungsrecht eingreifen, wenn mildere Mittel nicht zur Verfügung stehen. Die Übertragung auf einen Pfleger setzt eine Verletzung entsprechender Elternpflichten voraus, die nicht durch die Annahme öffentlicher Hilfen abgewendet werden können. Da mildere Mittel in Form öffentlicher Hilfen theoretisch aber zur Verfügung stehen, käme es durch die Übertragung des Antragsrechts auf einen Pfleger zu einem Verstoß gegen den Grundsatz der Verhältnismäßigkeit.

Die Aufgaben der Träger der öffentlichen Jugendhilfe sind solche der kommunalen Selbstverwaltung. Die Kontrolle des jugendamtlichen Handelns, so auch die Mitwirkung am gerichtlichen Verfahren, beschränkt sich auf die Rechtsaufsicht, welche kaum einmal tätig bzw. zum tätig werden veranlasst wird. Dadurch befindet sich das Jugendamt in einem nahezu kontrollfreien Raum. Einzig das Familiengericht überprüft, indirekt oder inzident, in begrenztem Rahmen die Rechtmäßigkeit und Fachlichkeit des sozialrechtlichen Verwaltungshandelns. Die tatsächliche Überprüfung von Verwaltungshandeln könnte jedoch allein durch das Verwaltungsgericht auf Antrag der Eltern erfolgen; sie wird von diesen jedoch kaum einmal in Gang gesetzt.

Ist der Familienrichter abweichend vom Jugendamt der Meinung, die Gefahr für das Kind lasse sich (noch) durch öffentliche Hilfen abwenden, bleibt ihm de lege lata zunächst nur die Möglichkeit, von einem Sorgerechtsentzug abzusehen, gemäß § 1666 Abs. 3 BGB Auflagen, Gebote und Maßnahmen nach §§ 27 ff. SGB VIII gegenüber den Eltern zur Durchsetzung ihres Anspruchs anzuordnen und das Jugendamt auf seine Verantwortung hinzuweisen. Dabei steht es dem Familiengericht frei, das Jugendamt auch auf seine Garantenstellung hinzuweisen. Sieht das Familiengericht von einem Sorgerechtsentzug ab, liegt der Kindesschutz erneut in der Verantwortung der Kinder- und Jugendhilfe. Das Jugendamt muss nun das Gefährdungsrisiko weiter einschätzen, den Eltern Hilfen anbieten und im Falle einer Verschlechterung der Situation das Kind in Obhut nehmen. Ist das Wohl des Kindes akut gefährdet, entzieht das Gericht die elterliche Sorge bzw. Teilbereiche dieser und überträgt sie auf einen Vormund oder Pfleger. Sind die Eltern oder der Pfleger mit der Ablehnung von Maßnahmen seitens der Kinder- und Jugendhilfe nicht einverstanden, bleibt ihnen nur der

Gang vor das Verwaltungsgericht. In dringenden Fällen besteht unter den strengen Voraussetzungen des § 36a Abs. 3 SGB VIII ausnahmsweise die Möglichkeit der Selbstbeschaffung öffentlicher Hilfen. Kindesschutz ist hier de lege lata nur unbefriedigend ausgestaltet.

Diese Situation begegnet verfassungsrechtlichen Bedenken: Entzieht der Familienrichter im Rahmen eines Verfahrens nach §§ 1666 f. BGB die elterliche Sorge, obwohl mildere Mittel zur Verfügung stehen, liegt ein Verstoß gegen das Elternrecht aus Art. 6 Abs. 2 S. 1 GG vor. Sieht der Familienrichter von Eingriffen in die elterliche Sorge ab und ordnet öffentliche Hilfen an, obwohl das Jugendamt nicht bereit ist, diese zu erbringen, droht eine Verletzung der Rechte des Kindes und ein Ausfall des staatlichen Wächteramts.

§ 72 SGB formuliert für den Bereich der öffentlichen Jugendhilfe Anforderungen an die Qualifikation der Mitarbeiter des Jugendamts. Das Ziel der Etablierung einer Fachbehörde mit qualifizierten Mitarbeitern jedoch wurde nicht vollständig erreicht. Bei vielen Fachkräften besteht weiterhin ein Defizit an fachlicher Qualifikation. Die umfassende Aus-, Fort- und Weiterbildung der Mitarbeiter des Jugendamts muss sichergestellt werden. Es gilt (interdisziplinäre) Fort- und Weiterbildungsangebote weiter auszubauen. Zudem muss bereits in der Ausbildung die Möglichkeit des Erlernens spezifizierter Fachkenntnisse gewährleistet und ausgebaut werden. Es muss sichergestellt werden, dass die Mitarbeiter der Jugendhilfe zumindest auf Grundkenntnisse aus den Bereichen der Psychologie, Pädagogik und Medizin sowie des Verwaltungs-, Familien- und Kindschaftsrechts zurückgreifen können. Hierfür müssen ausreichende Mittel zur Verfügung gestellt werden und bei der Einstellung der Fachkräfte auf entsprechende Qualifikationen geachtet werden

An die einzelnen Familienrichter ist zu appellieren, ihrer richterlichen Verantwortung nachzukommen, trotz einer fehlenden gesetzlichen Fortbildungsverpflichtung ausreichende Fort- und Weiterbildungen zu besuchen und die aktuellen Entwicklungen auf dem Gebiet des Kindschaftsrechts, der Human- und Sozialwissenschaften etc. im Auge zu behalten. Fort- und Weiterbildung ist eine (berufs-)lebenslange Aufgabe, die aus der Justizgewährungspflicht und der Bindung der Rechtsprechung an Recht und Gesetz folgt. An Angeboten für Fortbildungen und Schulungen fehlt es jedenfalls nicht.

Die Weichen für eine spezifischere Richterausbildung wurden durch das Gesetz zur Reform der Juristenausbildung gestellt. Auf Basis dieses Gesetzes können bereits im Studium Schwerpunkte gebildet werden. Interdisziplinäre Seminare und Vorlesungen bieten Anreize, sich mit interdisziplinären Fragestellungen auseinanderzusetzen.

II. Kindesschutz de lege ferenda

Das Bedürfniss nach einer einheitlichen Behandlung zusammenhängender Lebenssachverhalte vor einer Gerichtsbarkeit innerhalb eines Instanzenzuges, die Notwendigkeit der Vermeidung eines Ausfalls gerichtlicher Kontrolle und der Bedarf nach einer klaren Struktur familienrechtlicher, sozialrechtlicher und verwaltungsrechtlicher Schutzansätze bedingen eine Sonderzuweisung an die Familiengerichte. Die Nachteile, welche durch die unvermeidbare Ablehnung einer Anordnungskompetenz entstehen, können nur durch eine entsprechende Sonderzuweisung an die Familiengerichte aufgefangen werden. Diese soll alle Verfahren über Leistungen und sonstige Maßnahmen der Jugendhilfe, die das Verhältnis des Einzelnen als Leistungsberechtigten betreffen, umfassen. Wegen seiner größeren Sachnähe kann das Familiengericht die Funktion als Überprüfungsinstanz besser erfüllen als das Verwaltungsgericht. In Verfahren nach §§ 1666 f. BGB liegt der Schwerpunkt der gerichtlichen Tätigkeit bereits heute in der justiziellen Kontrolle verwaltungsrechtlichen Handelns. Das Familiengericht prüft, ob das vom Jugendamt angenommene Merkmal des Nicht-in-der-Lage-Seins der Eltern auch tatsächlich vorliegt. Gemäß Art. 19 Abs. 4 GG entspricht es der sinnvollen Ordnung des Rechtswegs, dass über einen einheitlichen Lebenssachverhalt in einem Rechtsweg entschieden wird. Zudem entfiele das bestehende Antragserfordernis zur Einleitung des Verfahrens, da das familienrechtliche Verfahren nicht nur auf Anregung der Eltern oder des Jugendamts, sondern auch von Amts wegen eingeleitet und wieder in Gang gebracht werden kann.

Zur Verbesserung der Kompetenzen des Familiengerichts muss seine Struktur verändert werden. In Verfahren in Kindschaftssachen gemäß § 151 FamFG, muss die Richterbank durch ehrenamtliche, fachkundige Richter (Familienfachrichter) erweitert werden. Durch die Beteiligung dieser Richter am Verfahren werden spezielle Sachkunde, Erfahrungen und Alltagsorientierung im Verfahren gewährleistet. Dem Familienrichter stünden somit in kindschaftsrechtlichen Verfahren immer erfahrene Fachkräfte zur Seite, welche Fragen an Sachverständige und Gutachter formulieren, deren Ergebnisse nachvollziehen und kritisch betrachten, Anhörungen von Eltern oder Kindern übernehmen sowie Streitigkeiten zwischen den Parteien schlichten könnten. Dies würde so manches Gutachten überflüssig machen, keinesfalls aber den Familienrichter ersetzen, sondern vielmehr zu einem besseren Fallverstehen des Familienrichters führen. In jedem Fall muss sichergestellt werden, dass dieser bei wichtigen Fragestellungen anwesend und an wesentlichen Entscheidungen beteiligt ist. Bei den ehrenamtlichen Richtern sollte es sich um einen Mann und eine Frau, jeweils Spezialisten der Human- bzw. Sozialwissenschaften im weitesten Sinn (Sozialpädagogen, Erzieher,

Sozialarbeiter, Kinder und Jugendpsychologen, -psychiater oder -mediziner) handeln. Zur Umsetzung der erweiterten Richterbank müssen entsprechende Vorschriften in das Verfahrensrecht aufgenommen werden.

Die Erweiterung der Richterbank kollidiert nicht mit dem kindlichen Zeitempfinden. Zwar besteht die Gefahr, dass ein Verfahren vor einer Kammer länger dauert, als vor einem Einzelrichter, durch die Fachlichkeit auf der Richterbank würde jedoch die Anhörung von Gutachtern und Sachverständigen zumindest teilweise vermieden werden können. Dies wiederum führt zu einer Beschleunigung des Verfahrens. Je weniger das Gericht selbst über außerjuristischer Kompetenzen verfügt, desto größer die Gefahr, dass das Gericht auch bei relativ einfach gelagerten Fällen Sachverständigengutachten einholt und dadurch das Verfahren in die Länge zieht. Zudem könnten durch die Erweiterung der Richterbank verfahrensverzögernde Konflikte zwischen Familiengericht und Jugendamt weitestgehend vermieden werden.

Aus den positiven Erfahrungen mit ehrenamtlichen Richtern in anderen Gerichtszweigen der deutschen Gerichtsbarkeit können ebenfalls Schlussfolgerungen für eine erweiterte Richterbank im familiengerichtlichen Verfahren gezogen werden. Von besonderem Interesse sind solche ehrenamtlichen Richter, welche für die Bekleidung ihres Amts besondere Fachkunde nachweisen müssen. Das ist in der Arbeits-, Sozial- und Handelsgerichtsbarkeit der Fall. Auch an Berufs- und Sondergerichten sind in der Regel qualifizierte ehrenamtliche Richter an der Rechtsprechung beteiligt. Anregungen liefert zudem das Jugendschöffengericht. Aus den langjährigen Erfahrungen können bezüglich Qualifikation, Rekrutierung und Nutzen wichtige Rückschlüsse für die Erweiterung der Familienrichterbank durch interdisziplinär qualifizierte ehrenamtliche Richter gezogen werden.

Zur Verbesserung der Qualität familiengerichtlicher Entscheidungen muss eine Fortbildungsverpflichtung für Familienrichter gesetzlich verankert werden. Jeder Familienrichter muss interdisziplinäre Kompetenzen, von Kenntnissen sozial- und humanwissenschaftlicher Fakten über die genaue Kenntnis kinder- und jugendhilferechtlicher Regelungen, bis hin zu Grundkenntnissen der Pädiatrie, Psychologie, Psychiatrie und Sozialpädagogik, nachweisen. Diese Kenntnisse und Fähigkeiten dienen dem Richter vor allem dazu, sich in einem kompetenten, interdisziplinären Gespräch mit Fachpersonen anderer Professionen auszutauschen, Gutachtern und Sachverständigen die richtigen Fragen zu stellen und Kinder im gerichtlichen Verfahren altersentsprechend anzuhören. Die bereits für das gesamte rechtswissenschaftliche Studium geforderten Schlüsselqualifikationen wie Verhandlungsmanagement, Gesprächsführung, Rhetorik, Streitschlichtung, Mediation, Vernehmungslehre und Kommunikationsfähigkeit sind im familiengerichtlichen Verfahren unverzichtbar. Sie dienen dazu, gegenseitiges Verständnis zwischen den Professionen zu fördern, die Aufgaben und Arbeitsweisen anderer am Kindesschutz beteiligter Personen und Organisationen kennen zu lernen und sich über gegenseitige, aber auch gegensätzliche Erwartungen auszutauschen. Aktualität erlangt diese Forderung mit Inkrafttreten des FamFG, welches dem Familienrichter zusätzliche Kompetenzen nicht-juristischer Art abverlangt. Der Familienrichter muss alle emotionalen Wünsche und Bedürfnisse der Beteiligten berücksichtigen und zu einem Ausgleich bringen. Dies wird durch das Hinwirken auf Einvernehmen (§ 156 FamFG), die Erörterung der Kindeswohlgefährdung (§ 157 FamFG) oder das Vermittlungsverfahren (§ 165 FamFG) flankiert und gefördert.

In der Verpflichtung zur Fortbildung kann kein Verstoß gegen die richterliche Unabhängigkeit gesehen werden. Diese hat dort ihre Schranke, wo sie gegen Verfassungsrecht verstößt. Zur Gewährleistung einer qualifizierten Wahrnehmung des staatlichen Wächteramts und zur Verwirklichung des Kindeswohls aus Art. 6 GG ist eine gesetzliche Fortbildungsverpflichtung unbedingt erforderlich. Die positiven Ansätze zur Schwerpunksetzung in Studium und Referendariat gilt es weiter auszubauen. Denkbar wäre auch der Nachweis qualifizierender Kenntnisse als Voraussetzung zur Ernennung zum Familienrichter. Sowohl bei Familiengerichten, als auch bei Jugendämtern zeigen sich deutliche qualitative Unterschiede. Dem ist durch verbesserte Fort- und Weiterbildung auf Seiten der Familienrichter sowie durch bessere Fortbildung, Ausstattung und Finanzierung auf Seiten der Jugendämter entgegenzuwirken.

Jugendhilferechtliche Streitigkeiten, die nicht den Familiengerichten zugewiesen werden (insbesondere Streitigkeiten zwischen Jugendhilfeträgern), werden an die Sozialgerichtsbarkeit verwiesen. Diese Sonderzuweisung ist in § 51 Abs. 1 SGG zu verankern. Unter dem Gesichtspunkt einer einheitlichen Rechtswegregelung für inhaltlich zusammenhängende Regelungsbereiche ist diese Verweisung erforderlich. Der Gerichtsaufbau der Sozialgerichte mit Fachkammern und die Besetzung der Richterbank mit fachkundigen ehrenamtlichen Richtern sprechen ebenfalls für die Verweisung. Jugendhilferechtliche Entscheidungen sollen in speziellen Kammern für Kinder- und Jugendhilfesachen gefällt werden. Besetzt werden diese mit ehrenamtlichen Richtern – wenn möglich einem Mann und einer Frau – aus dem Bereich der Kinder- und Jugendhilfe, aus Eltern- und Jugendhilfeverbänden o.ä. Organisationen.

Erfährt das (erweiterte) Familiengericht z.B. im Rahmen seiner Überprüfungspflicht nach § 1696 BGB, § 166 FamFG, dass das Jugendamt seiner Verpflichtung öffentliche Hilfen zu erbringen nicht nachkommt oder einen Antrag auf öffentliche Hilfe zu Unrecht ablehnt, leitet es von Amts wegen (gemäß § 151

Nr. 9 FamFG neu) ein Verfahren zur Überprüfung der Rechtmäßigkeit der Nichterbringung oder Ablehnung einer Maßnahme (z.B. gemäß §§ 17, 18, 27 ff. SGB VIII) ein. Dabei kann das Familiengericht die Entscheidung des Jugendamts voll gerichtlich überprüfen.

Durch die Zuweisung dieser Verfahren an das Familiengericht wäre das Handeln des Jugendamts überprüfbar, ein Ausfall gerichtlicher Kontrolle würde vermieden. Zuständig für das Verfahren ist das erweiterte Familiengericht in der Besetzung mit einem vorsitzenden Familienrichter und zwei ehrenamtlichen Familienfachrichtern.

Familiengericht und Jugendamt müssen den Mittelweg „zwischen" den Forderungen nach effektivem Kindesschutz und Achtung der Elternautonomie sowie das richtige Maß an Öffentlichkeit finden. Zugleich muss die Privatsphäre respektiert und eine Abwägung zwischen gesellschaftlicher (staatlicher) Kontrolle und individueller Freiheit stattfinden. Gefordert wird dies durch die Verankerung dieser Rechte und Pflichten im Grundgesetz sowie durch das Zusammenspiel verschiedener Gesetze und Institutionen an der Schwelle zwischen öffentlichem und privatem Recht, zwischen Exekutive und Legislative, zwischen Kooperation und Kontrolle.

Die Aufnahme von Kinderrechten in die Verfassung hätte positive Auswirkungen auf das Verhältniss von Familiengericht und Jugendamt. Während Familienrichter häufig einen Fokus auf das Elternrecht legen und dabei das Kindeswohl immer wieder aus dem Auge verlieren, stellt das Jugendamt in der Regel das Kindesrecht in den Vordergrund. Diese Tendenz darf aber nicht verallgemeinert werden: Auch das Jugendamt stellt zuweilen die Interessen der Eltern über die des Kindes, hinterfragt Beteuerungen und Versprechungen der Eltern nicht oder unterlässt dringend nötige Hausbesuche und Inaugenscheinnahmen. Durch die Verankerung von Kinderrechten im Grundgesetz im Sinne eines Programmsatzes würde die Bedeutung der Rechte der Kinder hervorgehoben. Die am Kindesschutz beteiligten Personen und Organisationen werden so aufgefordert, ihren Fokus noch mehr auf die Rechte der Kinder zu richten und so zu einer besseren Kooperation zwischen Familiengericht und Jugendamt beizutragen.

B. Zentrale Thesen zur Verbesserung eines effektiven Kindesschutzes

De lege lata:

1. Zwischen Familiengericht und Jugendamt besteht eine Verantwortungsverschränkung, keine Verantwortungsgemeinschaft.
2. Familiengericht und Jugendamt müssen miteinander, nicht gegeneinander arbeiten. Kooperation, Koordination und Kommunikation müssen weiter gestärkt werden.
3. Nur besonders ausgebildete und fähige Personen sollen zu Familienrichtern ernannt werden.
4. Trotz fehlender gesetzlicher Fortbildungsverpflichtung sollen Familienrichter an Fort- und Weiterbildungsveranstaltungen teilnehmen.
5. Die umfassende Aus-, Fort- und Weiterbildung der Mitarbeiter des Jugendamts ist sicherzustellen.
6. Dem Jugendamt ist bezüglich der Erbringung von Hilfen zur Erziehung nach §§ 27 ff. SGB VIII weder ein Auswahlermessen, noch ein Beurteilungsspielraum eingeräumt. Das Verwaltungsgericht ist zur vollen Überprüfung der Entscheidungen des Jugendamts sowohl auf Tatbestands-, als auch auf Rechtsfolgenebene berechtigt.

De lege ferenda:

1. Der faktische Ausfall gerichtlicher Kontrolle und damit die Lücke im Kindesschutz darf vom Gesetzgeber nicht hingenommen werden.
2. Die Verschränkung familienrechtlicher, sozialrechtlicher und verwaltungsrechtlicher Schutzansätze muss vom Gesetzgeber klar strukturiert werden.
3. Verfahren über Leistungen und sonstige Maßnahmen der Jugendhilfe, die das Verhältnis des Einzelnen als Leistungsberechtigten betreffen, sind an die Familiengerichte zu verweisen.
4. Das Familiengericht ist zur vollen Überprüfung der Entscheidung des Jugendamts berechtigt, es kann das Jugendamt sowohl zur Vornahme einer Hilfeleistung überhaupt, als auch zur Vornahme einer konkreten Hilfeleistung verpflichten. Damit wird dem Familiengericht de facto eine Anordnungskompetenz gegenüber dem Jugendamt eingeräumt.

5. Die Richterbank des Familiengerichts ist durch zwei sachverständige Familienfachrichter zu erweitern
6. Eine Fortbildungsverpflichtung für Familienrichter ist im Gesetz zu verankern, die nicht mit der richterlichen Unabhängigkeit kollidiert. Je mehr außergerichtliche Kompetenzen, desto sachgerechter die gerichtliche Entscheidung, kürzer die Verfahrensdauer und geringer die Gefahr der Einlegung eines Rechtsmittels.
7. Alle anderen jugendhilferechtlichen Streitigkeiten sind den Sozialgerichten zuzuweisen.

C. Ausblick

Das Verhältnis von Familiengericht und Jugendamt gestaltet sich nicht immer einfach. Es ist von Auseinandersetzungen und Kompromissen geprägt. Diese sind nicht selten darauf zurückzuführen, dass es am gegenseitigen Verständnis und Verstehen der Aufgaben und Ziele fehlt sowie unterschiedliche Herangehensweisen an den Kindesschutz existieren. Während das Jugendamt die Familien, beginnend bei der Hilfegewährung, über die Einschaltung des Gerichts und die Beteiligung am gerichtlichen Verfahren, bis hin zur Unterstützung der Familie im Anschluss an das Verfahren begleitet, ist das Gericht nur in der Prozess- und Überprüfungsphase handlungsleitend.[1461] In dieser kurzen Zeit muss sich der Familienrichter ein möglichst umfassendes Bild von der Familie machen, um in der Lage zu sein, eine gerichtliche Entscheidung zur Lösung der familiären Probleme zu treffen. Da das Familiengericht oftmals die letzte Hilfeinstanz für vernachlässigte, misshandelte oder missbrauchte Kinder ist, gilt es dieser Institution jegliche Hilfe an die Hand zu geben. So soll gewährleistet werden, dass die unter den gegebenen Umständen beste Entscheidung für das Kind getroffen wird. Durch die Beteiligung ehrenamtlicher, fachkundiger Richter am kindschaftsrechtlichen Verfahren wäre das Familiengericht in der Lage, die Einschätzungen und Forderungen des Jugendamts stärker zu berücksichtigen, Eltern und Kind besser zu verstehen und außerjuristische Kenntnisse in das Verfahren einfließen zu lassen. Das Familiengericht muss als kompetente Fachinstitution wahrgenommen werden, die dem Schutz des Kindes verpflichtet ist.

Durch die Sonderzuweisung aller Verfahren über Leistungen und sonstige Maßnahmen der Jugendhilfe, die das Verhältnis des Einzelnen als Leistungsberechtigten betreffen an das Familiengericht, würde ein Gleichgewicht zwischen Familiengericht und Jugendamt hergestellt werden. Der Schutz von Kindern und

1461 *Wapler*, Jugendhilfe aktuell 2007, 27 (33).

Jugendlichen würde hierdurch verbessert. Das Jugendamt konnte die Entscheidung des Familiengerichts schon immer durch Rechtsmittel überprüfen lassen, während das Verhalten des Jugendamts bislang nicht überprüfbar war. Dies führt de lege lata zu der Möglichkeit des faktischen Ausfalls gerichtlicher Kontrolle, die einem verfassungsrechtlich gebotenen Kindesschutz zuwider läuft. Durch die neuen Kompetenzen des Familiengerichts wäre das Handeln des Jugendamtes endlich überprüfbar und dem Kindesschutz genüge getan. An der Selbst- bzw. Eigenständigkeit der beiden Institutionen würde sich nichts ändern.

Solange zwei unterschiedliche Institutionen zusammenarbeiten, kommt es immer wieder zu Konflikten und Unstimmigkeiten. Gegenseitige Achtung und Respekt helfen, den anderen zu verstehen und Konflikte zu vermeiden. Familiengericht und Jugendamt müssen sich ihrer gemeinsamen Verantwortung für den Schutz von Kindern und Jugendlichen bewusst werden. Sie müssen diese jeweils selbständig und unabhängig voneinander umsetzen, dort aber, wo sich ihre Wege kreuzen zu einer gemeinsamen Lösung gelangen. Noch spielen Familiengericht und Jugendamt nicht immer in einem Team gegen den gemeinsamen „Gegner Kindeswohlgefährdung".

Das Nein zu einer Verantwortungsgemeinschaft bedeutet ein Ja zu einer Verantwortungsverschränkung. Dies folgt aus dem verfassungsrechtlich gebotenen staatlichen Wächteramt, welches Prämisse für ein kooperatives Handeln von Familiengericht und Jugendamt ist. Die Stärkung dieser Bedingungen ist von besonderer Bedeutung, da in einem Umfeld funktionierender Kooperation, Missverständnisse, Schwierigkeiten und Probleme weitestgehend vermieden werden können. Dies führt zu einer besseren Zusammenarbeit zwischen Familiengericht und Jugendamt, bei der die Notwendigkeit einer Anordnungskompetenz nur als letzte Möglichkeit im Falle extrem problematischer Fälle zum Zuge kommt.

Gerade mit Blick auf das sich stetig im Wandel befindliche Verhältnis von Familiengericht und Jugendamt, muss vermeintlich feststehendes immer wieder hinterfragt und anhand sich verändernder Lebensumstände überprüft werden; *„(...) sind doch die Fragen nach der Bewahrung des Kindeswohls keine geringeren als die nach dem Wert des Lebens. Diesen Fragen werden wir uns immer aufs Neue stellen müssen und werden Hergebrachtes überprüfen und gegebenenfalls überwinden müssen."*[1462]

1462 *Salgo*, Stellungnahme zum Entwurf eines BKiSchG, Ausschussdrucks.16(13)474e, www.bundestag.de, S. 2.

Literaturverzeichnis

Abraham, Hans Fritz: Erste Sitzung der ersten Abteilung für bürgerliches Recht am Donnerstag, den 13. September 1928, Leitsatz zum Thema „Empfiehlt sich eine grundsätzliche Änderung in der Behandlung von Ehestreitsachen-nach Zuständigkeit und Verfahren?“, S. 116-137 in: Verhandlungen des 35. Deutschen Juristentages, Bd. 2, Berlin und Leipzig 1928; Zit.: Abraham in: 35. Jur. Tag, Bd. 2, S.

Adelmann, Nina: JAmt 2008, S. 289-294, Bundesverfassungsgericht schafft „Kindergrundrecht“: Anmerkung zu BVerfG vom 1. April 2008 (1 BvR 1620/04); Zit.: Adelmann, JAmt 2008, S.

AGJ-Kommission: AGJ-Mitteilungen, Heft 3/1984, S. 3-6, Zur jugendpolitischen Bedeutung der Neufassung des § 1666, 1666a BGB, Forum Jugendhilfe; Zit.: AGJ-Kommission, Forum Jugendhilfe 3/1984, S.

Alberstötter, Ulrich: Kind-Prax 2004, S. 90-99, Hocheskalierte Elternkonflikte – professionelles Handeln zwischen Hilfe und Kontrolle; Zit.: Alberstötter, Kind-Prax 2004, S

Arbeiterwohlfahrt Hauptausschuß e.V.: Der junge Mensch vor Gericht – Arbeiterwohlfahrt-Sozialarbeitertreffen 1964 vom 7. bis 9. Mai 1964 in Berlin, Bonn 1964

Arbeiterwohlfahrt Hauptausschuß e.V.: Vorschläge der Arbeiterwohlfahrt zur Jugendrechtsreform, S. 5-17 in: Arbeiterwohlfahrt, Der junge Mensch vor Gericht, Bonn 1964; Zit.: Vorschläge der Arbeiterwohlfahrt zur Jugendrechtsreform, S.

Bach, Alisa: Aufgaben und Rechtsgrundlagen der Tätigkeit der Jugendämter im familiengerichtlichen Verfahren in: DIJuF (Hrsg.), Zusammenarbeit zwischen Familiengerichten und Jugendämtern bei der Verwirklichung des Umgangs zwischen Kindern und Eltern nach Trennung und Scheidung - Dokumentation einer Veranstaltungsreihe, S. 25-30; Zit.: Bach in: dijuf.de, Tagungsdokumentation, S.

Bachrach, Adolf: Erste Sitzung der ersten Abteilung für bürgerliches Recht am Donnerstag, den 13. September 1928, „Empfiehlt sich eine grundsätzliche Änderung in der Behandlung von Ehestreitsachennach Zuständigkeit und Verfahren?“, S. 137-141 in: Verhandlungen des 35. Deutschen Juristentages, Bd. 2, Berlin und Leipzig 1928; Zit.: Bachrach in: 35. Jur. Tag, Bd. 2, S

Bader, Peter; Creutzfeld, Malte; Friedrich, Hans-Wolf: ArbGG Kommentar zum Arbeitsgerichtsgesetz, 5. Auflage, Köln 2008; Zit.: BCF/Bearbeiter ArbGG, §, Rn.

Bader, Peter; Hohmann, Roger; Klein, Harald: Die ehrenamtlichen Richterinnen und Richter beim Arbeits- und Sozialgericht, 11. neu bearbeitete und erweiterte Auflage, Heidelberg 2004

Bader, Peter; Hohmann, Roger; Klein, Harald: Die ehrenamtlichen Richterinnen und Richter in der Arbeits- und Sozialgerichtsbarkeit, 12. neu bearbeitete und erweiterte Auflage, Heidelberg 2006; Zit.: Bader/Hohmann/Klein, Kap., Rn.

Baltes, Joachim: ZblJugR 1978, S. 512-513, Bericht über den 1. Deutschen Familiengerichtstag; Zit.: Baltes, ZblJugR 1978, S.

Bareis, Friederike: ZJJ 2006, S.11-15, Verstößt § 36a Abs. 1 SGB VIII gegen die richterliche Unabhängigkeit?; Zit.: Bareis, ZJJ 2006, S.

Bargen, Joachim von: Verwaltungsblätter für Baden-Württemberg 1998, S. 121-124, Das Freiburger Verwaltungsgericht auf dem Weg in das nächste Jahrtausend; Zit.: Von Bargen, VBlBW 1998, S.

Bartsch, Herbert: DRiZ 1983, S, 226-228, Wie die Besoldung der Familienrichter die Verfassung bedrohte; Zit.: Bartsch, DRiZ 1983, S.

Bayer, Detlef: DÖV 1982, S. 726-735, Der Rechtsweg für sozialrechtliche Streitigkeiten; Zit.: Bayer, DÖV 1982, S.

Becker, Markus; Brandt, Editha; Rüll, Bärbel: FPR 2008, S. 464-471, Supervision für Familienrichter; Zit.: Becker/Brandt/Rüll, FPR 2008, S.

Behrend, Nicola: Ehrenamtliche Richter in der Sozialgerichtsbarkeit in: Lieber/Sens (Hrsg.), Ehrenamtliche Richter – Demokratie oder Dekoration am Richtertisch?, Wiesbaden 1999; Zit.: Behrend in: Lieber/Sens, S.

Behrends, Okko; Schumann, Eva (Hrsg.): Gesetzgebung, Menschenbild und Sozialmodell im Familien- und Sozialrecht, Berlin, New York 2008

Berthold Simonsohn: Der junge Mensch vor Gericht – Gedanken zur Neugestaltung des Rechts im Geiste demokratischer Erziehung, S. 18-31 in: Arbeiterwohlfahrt, Der junge Mensch vor Gericht, Bonn 1964; Zit.: Simonsohn, Der junge Mensch vor Gericht, S:

Bettermann, Karl August: Die freiwillige Gerichtsbarkeit im Spannungsverhältnis zwischen Verwaltung und Rechtsprechung in: Rosenberg/Schwab, Festschrift für Friedrich Lent, München und Berlin 1957; Zit.: Bettermann in: Festschrift für Lent, S.

Bier-Fleiter, Claudia (Hrsg.): Familie und öffentliche Erziehung - Aufgaben, Abhängigkeiten und gegenseitige Ansprüche, Opladen 2001

Blank, Udo; Deegener, Günther: Kooperation und Vernetzung von Institutionen zur Abschätzung der Risiko- und Schutzfaktoren bei Kindeswohlgefährdung in: DIJuF (Hrsg.), Verantwortlich handeln – Schutz und Hilfe bei Kindeswohlgefährdung Saarbrücker Memorandum, Köln 2004; Zit.: Blank/Deegener in: DIJuF, Saarbrücker Memorandum, S.

Böckenförde, Ernst-Wolfgang: Elternrecht - Recht des Kindes - Recht des Staates, Zur Theorie des verfassungsrechtlichen Elternrechts und seiner Auswirkung auf Erziehung und Schule in: Krautscheidt/Marré (Hrsg.), Essener Gespräche zum Thema Staat und Kirche, Band 14, Münster 1980; Zit.: Böckenförde in: Krautscheidt/Marré, S.

Bosch, Friedrich Wilhelm: FamRZ 1980, S. 1-13, Familiengerichtsbarkeit – Bewährung und weiterer Ausbau?; Zit.: Bosch, FamRZ 1980, S.

Bracken, Rudolf von: KiTa Recht, S. 6-7, Kinderrechte ins Grundgesetz?; Zit.: Bracken, KiTa Recht 2/2008, S.

Brand, Jürgen; Fleck, Silvia; Scheer, Ulrich: SozSich 2004, S. 25-29, Abschaffung von Sozialgerichten würde Qualität der Rechtsprechung gefährden; Zit.: Brand/Fleck/Scheer, SozSich 2004, S.

Brandt, Markus: NStZ 2007, S. 190-195, Zukunft ambulanter jugendstrafrechtlicher Maßnahmen vor dem Hintergrund von § 36a SGB VIII; Zit.: Brandt, NStZ 2007, S.

Breitkreuz, Tilman; Fichte, Wolfgang: SGG Sozialgerichtsgesetz Kommentar, 1. Auflage, Berlin 2009; Zit.: Bearbeiter in: Breitkreuz/Fichte, SGG, §, Rn.

Bringewat, Peter: Tod eines Kindes – soziale Arbeit und strafrechtliche Risiken, 2. Auflage, Baden-Baden 2001; Zit.: Bringewat, Tod eines Kindes, S.

Brüggemann, Dieter: FamRZ 1977, S. 1-23, Familiengerichtsbarkeit – Verfahren in Ehesachen im allgemeinen – Verfahren in anderen Familiensachen; Zit.: Brüggemann, FamRZ 1977, S.

Bruns, Christian: FamFR 2009, S. 105-108, Die Zuständigkeiten des Familiengerichts nach dem FamFG; Zit.: Bruns, FamFR 2009, S.

Buck, Jens: JAmt 2010, S. 161-165, FamFG: Die Rolle des Jugendamts im familiengerichtlichen Verfahren – neue Chancen und Perspektiven; Zit.: Buck, JAmt 2010, S.

Büttner, Helmut: FamRZ 1998, S. 585-594, Änderungen im Familienverfahrensrecht durch das Kindschaftsrechtsreformgesetz; Zit.: Büttner, FamRZ 1998, S.

Büttner, Helmut: FF 1997, S. 30-32, Eherechtsreform – Kindschaftsrechtsreform – Fachanwalt Familienrecht, Interview; Zit.: Büttner, FF 1997, S.

Bumiller, Ursula; Harders, Dirk: FamFG, Freiwillige Gerichtsbarkeit: Gesetz über das Verfahren in Familiensachen und in den Angelegenheiten der freiwilligen Gerichtsbarkeit (FamFG), 9. Völlig neu bearbeitete Auflage, München 2009; Zit.: Bumiller/Harders, FamFG, §, Rn.

Bundesministerium der Justiz: Bericht der Kommission zur Vorbereitung einer Reform der Zivilgerichtsbarkeit, Bonn 1961; Zit.: BMJ, Bericht der Kommission zur Vorbereitung einer Reform der Zivilgerichtsbarkeit, S.

Bundesministerium der Justiz: Bericht der Kommission für das Recht der freiwilligen Gerichtsbarkeit, Köln 1977; Zit.: BMJ, Bericht der Kommission für das Recht der fG

Bundesministerium der Justiz: ZKJ 2008, S. 135, Mehr Rechte für Kinder: Das neue Verfahren in Familiensachen, 27.6.2008; Zit.: BMJ Pressemitteilung v. 27.6.2008

Bundesministerium der Justiz (Hrsg.): Jugendgerichtshilfe – Quo vadis? Frankfurter Symposium, 2. unveränderte Auflage, Bonn 1993

Bundesministerium für Familie, Senioren, Frauen und Jugend: Handbuch Sozialpädagogische Familienhilfe, 5. Auflage, Baden-Baden 2004; Zit.: Handbuch SPFH, S.

Busekist, Otto von: Das Familiengericht in den Vereinigten Staaten von Amerika, Köln; Berlin; Bonn; München 1970; Zit.: von Busekist, S.

Buzengeiger: JZ 1922, S. 431-434, Prozessrechtliche Gedanken zur geplanten Ehescheidungsreform; Zit.: Buzengeiger, JZ 1922, S.

Cappelletti, Mauro: Laienrichter – heute?, S. 313-327 in: Grunsky; Stürner; Walter; Wolf, Festschrift für Fritz Baur, Tübingen 1981; Zit.: Cappelletti in: Festschrift für Fritz Baur, S.

Coester, Michael JAmt 2008, S. 1-9, Inhalt und Funktion der Kindeswohlgefährdung –Erfordernis einer Neudefinition?; Zit.: Coester, JAmt 2008, S.

Coester, Michael: DEuFamR 1999, S. 3-15, Neues Kindschaftsrecht in Deutschland; Zit.: Coester, DEuFamR 1999, S.

Coester, Michael: Inhalt und Funktion des Begriffs der Kindeswohlgefährdung, in: Lipp/Schumann/Veit (Hrsg.), Kindesschutz bei Kindeswohlgefährdung – neue Mittel und Wege?, S. 19-40; Zit.: Coester in: Lipp/Schumann/Veit, S.

Coester, Michael: FamRZ 1991, S. 253-263, Die Bedeutung des Kinder- und Jugendhilfegesetzes (KJHG) für das Familiengericht; Zit.: Coester, FamRZ 1991, S.

Coester, Michael: Verfahren in Kindschaftssachen in: Lipp/Schumann/Veit, Reform des familiengerichtlichen Verfahrens, S. 39-64; Zit.: Coester in: Lipp/Schumann/Veit, FamFG, S.

Conell, Robert W.: Der gemachte Mann: Konstruktion und Krise von Männlichkeiten, 3. Auflage, Wiesbaden 2006; Zit.: Connel, Der gemachte Mann, S.

Cornel, Heinz: Jugendhilfe und Justiz: Das Verhältnis aus historischer und rechtlicher Perspektive in: Nickolai/Wichmann, Jugendhilfe und Justiz, S. 21-42; Zit.: Cornal in: Nickolai/Wichmann, S.

Czerner, Frank: Vorläufige Freiheitsentziehung bei delinquenten Jugendlichen zwischen Repression und Prävention, 1. Auflage 2008, Baden-Baden; Zit.: Czerner, S.

Dallinger, Wilhelm; Lackner, Karl : Jugendgerichtsgesetz – Kommentar, München und Berlin 1955; Zit.: Dallinger/Lackner, JGG 1955, §, Rn.

Das Jugendamt: JAmt 2003, S. 226-233, Strafrechtliche Relevanz sozialarbeiterischen Handelns, Fachpolitische Stellungsnahmen/Berichte; Zit.: Empfehlungen dt. Städtetag, JAmt 2003, S

Delitzsch, Winfried: MschrKrim 1979, S. 26-33, Empfiehlt es sich, den Jugendschöffen durch einen ehrenamtlich tätigen Jugendfachrichter zu ersetzen? – Gedanken zu einer Reform des § 35 JGG –; Zit.: Delitzsch, MschrKrim 1979, S.

Dettenborn, Harry: Kindeswohl und Kindeswille, Psychologische und rechtliche Aspekte, 2., überarbeitete Auflage, München 2007; Zit.: Dettenborn, Kindeswohl und Kindeswille, S.

Deutsche Vereinigung der Schöffinnen und Schöffen (DVS) (Hrsg.): 1. Deutscher Schöffentag „Mehr Demokratie am Richtertisch“ Dokumentation, Bonn 1992

Deutsche Vereinigung für Jugendgerichte und Jugendgerichtshilfen e.V. (DVJJ) (Hrsg.): Leitfaden für Jugendschöffen – Arbeitshilfe für die ehrenamtlichen Richterinnen und Richter in der Jugendkriminalrechtspflege, 5. Auflage, Hannover 2008; Zit.: DVJJ, Leitfaden für Jugendschöffen, S.

Deutscher Familiengerichtstag e.V.: Siebzehnter Deutscher Familiengerichtstag vom 12. Bis 15. September 2007 in Brühl – Ansprachen und Referate, Berichte und Ergebnisse der Arbeitskreise, Bielefeld 2008; Zit.: Bearbeiter, 17. Dt. Familiengerichtstag, AK, S.

Deutscher Verein für öffentliche und private Fürsorge: Stellungnahme des Deutschen Vereins zum Gesetzentwurf der Bundesregierung Entwurf eines Sozialgesetzbuches (SGB) – Jugendhilfe (Bundestagsdrucksache 8/2571 vom 14.2.1979), Frankfurt 1979; Zit.: Stellungnahme des Deutschen Vereins zum Gesetzentwurf der Bundesregierung, S.

Deutscher Volkshochschul-Verband e.V.; Bundesverband ehrenamtlicher Richterinnen und Richter e.V.: Fit fürs Schöffenamt, Band 4, Die Entschädigung der ehrenamtlichen Richterinnen und Richter nach dem Justizvergütungs- und Entschädigungsgesetz (JVEG); Zit.: Lieber/Sens, Die Entschädigung der ehrenamtlichen Richter, S.

Deutsches Institut für Jugendhilfe und Familienrecht (DIJuF) e.V. (Hrsg.): Verantwortlich handeln - Schutz und Hilfe bei Kindeswohlgefährdung : Saarbrücker Memorandum, Köln 2004; Zit.: Bearbeiter in: DIJuF, Saarbrücker Memorandum, S.

Deutsches Institut für Jugendhilfe und Familienrecht e.V. : JAmt 2006, S- 26-28, DIJUF-Rechtsgutachten vom 9.1.2006 – J 3.300 b My; Zit.: DIJUF-Rechtsgutachten, JAmt 2006, S.

Deutsches Jugendinstitut: Materialien zum Gesetz zur Änderung und Ergänzung des Reichsjugendwohlfahrtsgesetzes vom 11.08.1961, München 1963; Zit.: Deutsches Jugendinstitut, Materialien zum JWG, S.

Dickmeis, Franz: ZfJ 1993, S. 561-563, Anmerkung zum Beschluss des Oberlandesgerichts Frankfurt a.M. vom 4.8.1993 – 20 W 71/91; Zit.: Dickmeis, ZfJ 1993, S.

Die regierenden Parteien: Gemeinsam für Deutschland. Mit Mut und Menschlichkeit. Koalitionsvertrag zwischen CDU, CSU und SPD, Paderborn 2006; Zit.: Koalitionsvertrag vom 11.11.2005, S.

Dieckmann, Albrecht; Frank, Rainer; Hanisch, Hans; Simitis, Spiros (Hrsg.): Festschrift für Wolfram Müller-Freienfels, 1. Auflage, Baden-Baden 1986

Dieckmann, Jochen: FF 2000, 37-40, Justizreform – Fortbildung der Familienrichter – Weitere Reformgesetze, Interview; Zit.: Dieckmann, FF 2000, S.

Diederichsen, Uwe: NJW 1980, S. 1-11, Die Neuregelung des Rechts der elterlichen Sorge; Zit.: Diederichsen, NJW 1980, S.

Diemer, Herbert; Schoreit, Armin; Sonnen, Bernd-Rüdeger: Jugendgerichtsgesetz mit Jugendstrafvollzugsgesetzen Kommentar, 5. völlig neu bearbeitete Auflage, Heidelberg 2008; Zit.: Bearbeiter in: D/S/S, JGG, §, Rn.

Dräger, Wolfgang: Die Strafmündigkeitsgrenzen in der deutschen Kriminalgesetzgebung des 19. Jahrhunderts (bis zum RStGB), Kiel 1992; Zit.: Dräger, S.

Drews, Nele: ZJJ 2005, S. 409-414, Anspruch und Wirklichkeit von § 37 JGG; Zit.: Drews, ZJJ 2005, S.

du Bois, Reinmar (Hrsg.): Praxis und Umfeld der Kinder- und Jugendpsychiatrie, Bern; Stuttgart; Toronto, 1. Auflage 1989

Eberle, Thomas S.; Hoidn, Sabine; Sikavica, Katharina (Hrsg.): Fokus Organisation – Sozialwisenschaftliche Perspektiven und Analysen, Konstanz 2007

Eherechtskommission beim Bundesministerium der Justiz: Vorschläge zur Reform des Verfahrensrechts in Ehesachen, zur Neuregelung des Rechts der Kinder geschiedener und getrennt lebender Eltern, zur Behandlung der Ehewohnung und des Hausrats sowie zum ehe- und familiengerechten Steuerrecht, Bielefeld 1971; Zit.: Eherechtskommission, Vorschläge zum Verfahrensrecht in Ehesachen, These, S.

Eichenhofer, Eberhard: SGb 2005, S. 313-320, Rolle ehrenamtlicher Richter in der Sozialgerichtsbarkeit; Zit.: Eichenhofer, SGb 2005, S.

Eisenberg, Ulrich: Jugendgerichtsgesetz, 14. vollständig neu bearbeitete Auflage, München 2010; Zit.: Eisenberg, JGG, §, Rn.

Ellbogen, Klaus; Werner, Carsten Uwe: „Die Mitwirkung eine Chance…“ – Politische Erwachsenenbildung mit und für Schöffen im Land Brandenburg in: Lieber/Sens (Hrsg.), Ehrenamtliche Richter – Demokratie oder Dekoration am Richtertisch?, Wiesbaden 1999; Zit.: Ellbogen/Werner in: Lieber/Sens, S.

Els, Hans van: ZblJugR 1978, S. 97-101, Jugendrichter - Vormundschaftsrichter – Familienrichter; Zit.: van Els, ZblJugR 1978, S.

Elz, Jutta: Kooperation von Jugendhilfe und Justiz bei Sexualdelikten gegen Kinder, Wiesbaden 2007; Zit.: Bearbeiter in: Elz, S.

Emig, Olaf: np 2007, 445-464, Der vermeidbare Tod eines Kleinkindes unter staatlicher Fürsorge; Zit.: Emig, np 2007, S.

Erdsiek, Gerhard: NJW 1961, S. 1006-1008, Der Family Court in USA – Das japanische Familien- und Schlichtungsgericht – Zum Vorschlag eines deutschen Familiengerichts; Zit.: Erdsiek, NJW 1961, S.

Erichsen, Hans-Uwe; Ehlers, Dirk (Hrsg.): Allgemeines Verwaltungsrecht, 13. völlig neu bearbeitete Auflage, Berlin 2006; Zit.: Bearbeiter in: Erichsen/Ehlers, §, Rn.

Ernst, Rüdiger: FPR 2008, S. 602-605, Der Maßnahmenkatalog des § 1666 BGB; Zit.: Ernst, FPR 2008, S.

Eylmann, Horst: Wer spricht Recht im Namen des Volkes? Ein Plädoyer zum Ausbau der Beteiligung ehrenamtlicher Richterinnen und Richter in: Lieber/Sens (Hrsg.), Ehrenamtliche Richter – Demokratie oder Dekoration am Richtertisch?, Wiesbaden 1999; Zit.: Eylmann in: Lieber/Sens, S.

Fegert, Jörg M.; Ziegenhain, Ute (Hrsg.): Hilfen für Alleinerziehende – Die Lebenssituation von Einelternfamilien in Deutschland, 1. Auflage, Weinheim, Basel, Berlin 2003

Fellenberg, Barbara: FPR 2008, 125- 129, Entwurf eines Gesetzes zur Erleichterung familiengerichtlicher Maßnahmen bei Gefährdung des Kindeswohls; Zit.: Fellenberg, FPR 2008, S.

Fellenberg, Barbara: Familiengerichtliche Anordnung versus Entscheidungskompetenz des Jugendamts in: Lipp/Schumann/Veit (Hrsg.), Kindesschutz bei Kindeswohlgefährdung – neue Mittel und Wege?, S. 65-73; Zit.: Fellenberg in: Lipp/Schumann/Veit, S.

Fellenberg, Barbara: Das sogenannte „Erziehungsgespräch" beim Familiengericht – neue Aufgaben für den Familienrichter? In: Lipp/Schumann/Veit (Hrsg.), Kindesschutz bei Kindeswohlgefährdung – neue Mittel und Wege?, S. 91-97; Zit.: Fellenberg in: Lipp/Schumann/Veit, S.

Fieseler, Gerhard: Trennung und Scheidung der Eltern – Richterliche Entscheidung, sozialarbeiterische Beratung in: Bier-Fleiter, Familie und öffentliche Erziehung, Opladen 2001; Zit.: Fieseler in: Bier-Fleiter,S.

Fieseler, Gerhard: KitTa Recht 2009, S. 27-28, Kinderrechte ins Grundgesetz? Aber ja!; Zit.: Fieseler, KiTa Recht 2009, S.

Fieseler, Gerhard; Hannemann, Annika: ZKJ 2006, S 117-123, Gefährdete Kinder – Staatliches Wächteramt versus Elternautonomie?; Zit.: Fieseler/Hannemann, ZKJ 2006, S.

Fieseler, Gerhard; Herborth, Reinhard: Recht der Familie und Jugendhilfe: Arbeitsplatz Jugendamt/Sozialer Dienst, 6. Erweiterte und überarbeitete Auflage, München 2005; Zit.: Fieseler/Herborth, Kap. (S.)

Fieseler, Gerhard; Schleicher, Hans; Busch, Manfred: Kinder- und Jugendhilferecht Gemeinschaftskommentar zum SGB VIII, Looseblatt, Köln 2008, Stand: Dez. 2010; Zit.: GK-SGB VIII/Bearbeiter, §, Rn.

Firsching, Karl: Die Aufgabe des Richters in familiengerichtlichen Konflikten in: Gilles (Hrsg.), Effektivität des Rechtsschutzes und verfassungsmäßige Ordnung, Köln; Berlin; Bonn; München 1983; Zit.: Firsching in: Gilles, Effektivität des Rechtsschutzes, S.

Flemming, Winfried: ZKJ 2009, 315-318, Das aktive Jugendamt; Zit.: Flemming, ZKJ 2009, S.

Fölsch, Peter: Das neue FamFG in Familiensachen, 1. Auflage, Bonn 2009; Zit.: Fölsch, Das neue FamFG, §, Rn.

Frädrich, Jana: KiTa Recht, S. 8-14, Kinderrechte ins Grundgesetz? – Oder lassen sie sich auch anders (besser) verwirklichen?; Zit.: Frädrich, KiTa Recht 2/2008, S.

Franke, Stefan: ZRP 1997, S. 333-336, Wieviele Gerichtsbarkeiten brauchen wir?; Zit.: Franke, ZRP 1997, S.

Franz, Wolfgang: FamRZ 1982, S. 349-354, Maßnahmen nach den §§ 1666, 1666a BGB und die Fürsorgeerziehung; Zit.: Franz, FamRZ 1982, S.

Gaaz, Berthold; Bornhofen, Heinrich: Personenstandsgesetz Handkommentar mit Materialien, 2. Auflage, Frankfurt am Main; Berlin 2010; Zit.: Gaaz/Bornhofen, PStG, §, Rn.

Geiger, Harald: NJW 2004, S. 1850-1852, Verlagerung der Sozialhilfestreitigkeiten auf die Sozialgerichte; Zit.: Geiger, NJW 2004, S.

Geiger, Helmut: Die Fortbildung ehrenamtlicher Richterinnen und Richter in der Evangelischen Akademie Bad Böll in: Lieber/Sens (Hrsg.), Ehrenamtliche Richter – Demokratie oder Dekoration am Richtertisch?, Wiesbaden 1999; Zit.: Geiger in: Lieber/Sens, S.

Gerken, Jutta: Bürger als Richter. Über Jugendschöffen und den Erziehungsanspruch des Jugendstrafrechts in: Gerken/Schumann, Ein trojanisches Pferd im Rechtsstaat, Pfaffenweiler 1988; Zit.: Gerken in: Gerken Schumann, S.

Gerken, Jutta; Schumann, Karl F. (Hrsg.): Ein trojanisches Pferd im Rechtsstaat – Der Erziehungsgedanke in der Jugendgerichtspraxis, Pfaffenweiler 1988

Germelmann, Claas-Hinrich; Matthes, Hans-Christoph; Müller-Glöge, Rudi; Prütting, Hanns; Schlewing, Anja: Arbeitsgerichtsgesetz – Kommentar, 7. neu bearbeitete Auflage, München 2009; Zit.: Bearbeiter in: Germelmann/Matthes/Prütting/Müller-Glöge, §, Rn.

Gernert, Wolfgang: Handwörterbuch für Jugendhilfe und Sozialarbeit, Stuttgart; München; Hannover; Berlin; Dresden 2001; Zit.: Bearbeiter in: Handwörterbuch für Jugendhilfe und Sozialarbeit, S.

Gernhuber, Joachim: Lehrbuch des Familienrechts, 3. Auflage, München 1980; Zit.: Gernhuber, Lehrbuch des FamR, 3. Auflage, §, S.

Gernhuber, Joachim; Coester-Waltjen, Dagmar: Familienrecht, 5. völlig neu bearbeitete Auflage, München 2006; Zit.: Gernhuber/Coester-Waltjen, FamR, §, Rn.

Gerstein, Hartmut: Schöffen im Jugendstrafverfahren in: Lieber/Sens (Hrsg.), Ehrenamtliche Richter – Demokratie oder Dekoration am Richtertisch?, Wiesbaden 1999; Zit.: Gerstein in: Lieber/Sens, S.

Gilles, Peter (Hrsg.): Effektivität des Rechtsschutzes und verfassungsmäßige Ordnung, Die Deutschen Landesberichte zum VII. Internationalen Kongreß für Prozeßrecht in Würzburg 1983, Köln; Berlin; Bonn; München 1983

Goerdeler, Jochen: ZJJ 2006, S. 4-11; The never ending story: das Verhältnis von Jugendhilfe und Justiz im Jugendstrafrecht; Zit.: Goerdeler, ZJJ 2006, S.

Goldstein, Joseph; Freud, Anna; Solnit, Albert J.: Jenseits des Kindeswohls: mit einem Nachwort (zur Ausgabe 1991), Frankfurt am Main 1991 (Neuauflage); Zit.: Goldstein u.a., Jenseits des Kindeswohls, S.

Goldstein, Joseph; Freud, Anna; Solnit, Albert J.; Goldstein, Sonja: Das Wohl des Kindes, 1. Auflage, Frankfurt am Main 1988; Zit.: Goldstein u.a., Das Wohl des Kindes, S.

Goldtein Joseph; Freud, Anna; Solnit, Albert J.: Diesseits des Kindeswohl: mit einem Beitrag von Spiros Simitis, Frankfurt am Main 1982; Zit.: Goldstein u.a., Diesseits des Kindeswohls, S.

Götz, Isabell: Verfahren bei Kindeswohlgefährdung in: Lipp/Schumann/Veit (Hrsg.), Reform des Familiengerichtlichen Verfahrens, S. 215-227; Zit.: Götz in: Lipp/Schumann/Veit, FamFG, S.

Greese, Dieter: Fachlichkeit sichern und Kinderschutz gewährleisten in: Sozialpädagogisches Institut des SOS-Kinderdorf e.V. (Hrsg.), Jugendämter zwischen Hilfe und Kontrolle, S. 7-21; Zit.: Bearbeiter in: SPI, Jugendämter zwischen Hilfe und Kontrolle, S

Gries, Jürgen; Ringler, Dominik: Jugendamt und Jugendhilfe in der Bundesrepublik Deutschland: Geschichte, Analysen und Materialien mit den Ausführungsgesetzen der Bundesländer, Band 1, 2. überarbeitete Auflage, Baltmannsweiler 2005; Zit.: Gries/Ringler, Kap., S.

Grobe, Hans Martin: Die Entstehung und Funktion des Familiengerichts, Hamburg 1963; Zit.: Grobe, S.

Grube, Christian: JAmt 2002, S. 490-492; Systemversagen im Sozialleistungsrecht und Kostenerstattung für die selbstbeschaffte Jugendhilfeleistung; Zit.: Grube, JAmt 2002, S.

Grunsky, Wolfgang: Italienisches Familienrecht – Eine Darstellung für die deutsche Praxis, 2. Auflage, Frankfurt am Main 1978; Zit.: Grunsky, Italienisches Familienrecht, S.

Grunsky, Wolfgang; Stürner, Rolf; Walter, Gerhard; Wolf, Manfred (Hrsg.): Festschrift für Fritz Baur, Tübingen 1981

***H**abscheid, Walther:* FamRZ 1955, S. 153-156, Das Familiengericht – ein Beitrag zur Rationalisierung der Rechtspflege; Zit.: Habscheid, FamRZ 1955, S.

Hannemann, Anika : Uj 2008, S. 337-343, Das Gesetzesvorhaben zur Erleichterung familiengerichtlicher Maßnahmen bei Gefährdung des Kindeswohls; Zit.: Hannemann, Uj 2008, S.

Happe, Günter: Jugendwohl 1994, , S. 92-97, Anordnung zur Hilfe von Erziehung durch das Vormundschaftsgericht? (Entscheidungen und Begründungen Frankfurter Gerichte in 3 Instanzen zu §§ 1666, 1666a und §§ 27 ff. KJHG) Jugendwohl 1994; Zit.: Happe, Jugendwohl 1994, S.

Hasenclever, Christa: Jugendhilfe und Jugendgesetzgebung seit 1900, Göttingen 1978; Zit.: Hasenclever, S.

Hasenclever, Christa: ZblJugR 1973, S. 409-417, Das Jugendhilfegesetz in Gefahr?; Zit.: Hasenclever, ZblJugR 1973, S.

Hauck, Karl; Noftz, Wolfgang: Sozialgesetzbuch, SGB I: Allgemeiner Teil, 30. Lieferung, Berlin 2009 (Stand: April 2009); Zit.: Hauck/Noftz, Kennzahl, S.

Häußermann, Röse: Das neue Familienverfahrensrecht in: Lipp/Schumann/Veit, Reform des familiengerichtlichen Verfahrens, S: 5-38; Zit.: Häußermann in: Lipp/Schumann/Veit, FamFG, S.

Heilmann, Stefan: Kindliches Zeitempfinden und Verfahrensrecht : eine Untersuchung unter besonderer Berücksichtigung des Gesetzes über die Angelegenheiten der freiwilligen Gerichtsbarkeit, Neuwied und Kriftel 1998; Zit.: Heilmann, Kindliches Zeitempfinden und Verfahrensrecht, S.

Heilmann, Stefan: Uj 2001, S.411-417, Das staatliche Wächteramt im Spannungsfeld zwischen Elternrecht und Kindeswohl; Zit.: Heilmann, Uj 2001, S.

Heilmann, Stefan: ZfJ 2000, S. 41-50, Hilfe oder Eingriff – Verfassungsrechtliche Überlegungen zum Verhältnis von staatlichem Wächteramt und Jugendhilfe -; Zit.: Heilmann, ZfJ 2000, S.

Heilmann, Stefan: Jugendhilfe und Familiengericht Verantwortungsgemeinschaft zum Schutz des Kindes?, S.89-104, in: Elz, Kooperation von Jugendhilfe und Justiz bei Sexualdelikten gegen Kinder, Wiesbaden 2007; Zit.: Heilmann in: Elz, S.

Heilmann, Stefan: Frankfurter Rundschau vom 10.10.2008, 64. Jahrgang, Nr. 237, „Richter brauchen Fortbildung“ – Keine Vorbereitung auf Fälle mit Traumatisierten; Zit.: Heilmann, FR vom 10.10.2008, S.

Heinrich, Carl-Joachim: Das Kind als Grundrechtsträger – neue Perspektiven durch das Kindschaftsrecht (1998) in: Rest (Hrsg.), Soziale Arbeit im Blick auf die Menschenrechte, Essen 2001; Zit.: Heinrich in: Rest, Soziale Arbeit, S.

Hennemann, Heike: FPR 2009, S. 20-23, Die Umsetzung des Vorrangs- und Beschleunigungsgrundsatzes; Zit.: Hennemann, FPR 2009, S.

Hildebrandt, Johannes: ZKJ 2008, S. 396-404, „...in der Hoffnung, dass Sie nicht das Jugendamt alarmieren!“; Zit.: Hildebrandt, ZKJ 2008, S.

Hinz, Manfred: Kindesschutz als Rechtsschutz und elterliches Sorgerecht, Paderborn 1976; Zit.: Hinz, S.

Hinz, Manfred: NJW 1983, S. 377-379, Zu den Voraussetzungen der Trennung eines gesunden Kindes von seinen behinderten Eltern, familienrechtliche Anmerkung zu BVerfG NJW 1982, 1379; Zit.: Hinz, NJW 1983, S.

Höfling, Wolfgang: RdJB 1995, 387-397, Die Prüfungsentscheidungen des Bundesverfassungsgerichts und die Dogmatik des executiven Beurteilungsspielraums; Zit.: Höfling, RdJB 1995, S.

Hofmann, Birgit: FF 2006, S. 127-135, Mitwirkung des Jugendamtes in familiengerichtlichen Verfahren und Leistungen der Jugendhilfe insbesondere bei Sorgerechts- und Umgangskonflikten; Zit.: Hofmann, FF 2006, S.

Holden, George; Geffner, Robert; Jouriles, Ernest N. (Hrsg.): Children Exposed to Marital Violence, - Theory, Research, and Applied Issues, Washington 2002

Hoppenz, Rainer: Familiensachen, 9. völlig neu bearbeitete und erweiterte Auflage, Heidelberg 2009; Zit.: Hoppenz/Bearbeiter, §, Rn.

Höynck, Theresia; Goerdeler, Jochen: JAmt 2006, S. 170-176, Kooperation auf Augenhöhe oder „Schwarzer Peter"?; Zit.: Höynck/Goerdeler, JAmt 2006, S.

Hufen, Friedhelm: Verwaltungsprozessrecht, 7.völlig neu bearbeitete Auflage, München 2008; Zit.: Hufen, Verwaltungsprozessrecht, §, Rn.

Industrie- und Handelskammer für München und Oberbayern (Hrsg.): Der Handelsrichter heute – Anforderungen an die Richterpersönlichkeit, München 1986; Zit.: IHK, Der Handelsrichter heute, S.

Institut für soziale Arbeit (ISA) e.V.: JAmt 2004, S. 228-229, Studie des Institut für soziale Arbeit (ISA) e.V. zur Vormundschaft in Deutschland – Reformbedarf bei Amtsvormundschaften – Mangel an fachlichen Standards und verlässlicher Betreuung

Jans, Karl-Wilhelm; Happe, Günter: Jugendwohlfahrtsgesetz, Kommentar mit systematisch gegliederten Erläuterungen, den einschlägigen Nebengesetzen und ergänzenden Bestimmungen, Köln 1963; Zit.: Jans/Happe, JWG 1963, §, Anm.

Jans, Karl-Wilhelm; Happe, Günther; Saurbier, Helmut; Maas, Udo: Kinder- und Jugendhilferecht, Kommentar, 3. Auflage, Stuttgart; Berlin; Köln, Stand: Juni 2010; Zit.: Bearbeiter in: Jans/Happe/Saurbier/Maas, §, Rn.

Jarass, Hans D.; Pieroth, Bodo: Grundgesetz für die Bundesrepublik Deutschland: Kommentar, 11. Auflage, München 2011; Zit.: Bearbeiter in: Jarass/Pieroth, Art., Rn.

Jescheck, Hans-Heinrich: Das Laienrichtertum in der Strafrechtspflege der Bundesrepublik Deutschland und der Schweiz in: Walder/Trechsel, Festgabe für Hans Schultz, Bern 1977; Zit.: Jescheck in: Festgabe für Hans Schultz, S.

Johannsen, Kurt; Henrich, Dieter: Familienrecht: Scheidung, Unterhalt, Verfahren - Kommentar, 5. überarbeitete und erweiterte Auflage, München 2010; Zit.: Johannsen/Henrich/Bearbeiter, Familienrecht, §, Rn.

Jordan, Erwin: 65 Jahre Reichsjugendwohlfahrtsgesetz – Ausgangssituationen und Entwicklungen in: Jordan/Münder(Hrsg.), 65 Jahre Reichsjugendwohlfahrtsgesetz – ein Gesetz auf dem Weg in den Ruhestand?, Münster 1987; Zit.: Jordan in: Jordan/Münder, 65 Jahre Reichsjugendwohlfahrtsgesetz, S.

Jordan, Erwin: Kinder- und Jugendhilfe: Einführung in Geschichte und Handlungsfelder, Organisationsformen und gesellschaftliche Probleme, 2. überarbeitete und ergänzte Auflage der Neuausgabe, Weinheim und München 2005; Zit.: Jordan, S.

Jordan, Erwin (Hrsg.): Kindeswohlgefährdung: Rechtliche Neuregelungen und Konsequenzen für den Schutzauftrag der Kinder-und Jugendhilfe, Weinheim und München 2006; Zit.: Bearbeiter in: Jordan, Kindeswohlgefährdung, S.

Jordan, Erwin; Münder, Johannes: 65 Jahre Reichsjugendwohlfahrtsgesetz – ein Gesetz auf dem Weg in den Ruhestand?, Münster 1987; Zit.: Jordan/Münder, 65 Jahre Reichsjugendwohlfahrtsgesetz, S.

Kardorff, Ernst von: Kooperation, Koordination und Vernetzung: Anmerkungen zur Schnittstellenproblematik in der psychosozialen Versorgung in: Röhrle/Sommer/Nestmann, Netzwerkintervention: Fortschritte der Gemeindepsychologie und Gesundheitsförderung, Band 2, Tübingen 1998; Zit.: v. Kardorff in: Röhrle/Sommer/Nestmann, S.

Karremann, Manfred: Der Stern 12/2008, S.74-86, Das tut weh...; Zit.: Karremann, Stern 12/2008, S.

Kaufmann, Ferdinand: FamRZ 2001, S.7-11; Eltern, Kinder und Fachkräfte der Jugendämter im familiengerichtlichen Verfahren zur Regelung der elterlichen Sorge bei Trennung und Scheidung; Zit.: Kaufmann, FamRZ 2001, S.

Kaufmann, Ferdinand: ZfJ 2001, S. 8-12, Die Pflicht des Familiengerichts zur Anhörung des Jugendamts; § 49a FGG – eine von der Kindschaftsrechtsreform vergessene Vorschrift; Zit.: Kaufmann, ZfJ 2001, S.

Kaufmann, Ferdinand: DAVorm 1998, S. 482-492, Das Jugendamt als Vormund und als Sozialleistungsbehörde – Probleme der Doppelfunktion

Keidel, Theodor (Begr.); Engelhardt, Helmut; Sternal, Werner (Hrsg.): FamFG: Kommentar zum Gesetz über das Verfahren in Familiensachen und die Angelegenheiten der freiwilligen Gerichtsbarkeit, 16. völlig neu bearbeitete Auflage, München 2009; Zit.: Keidel/Bearbeiter, FamFG, §, Rn.

Keidel, Theodor; Kuntze, Joachim; Winkler, Karl: Freiwillige Gerichtsbarkeit – Kommentar zum Gesetz über die Angelegenheiten der freiwilligen Gerichtsbarkeit, 15. Auflage, München 2003; Zit.: Keidel/Bearb., §, Rn.

Keidel, Theodor; Kuntze, Joachim; Winkler, Karl: Freiwillige Gerichtsbarkeit, Teil A: Kommentar zum Gesetz über die Angelegenheiten der freiwilligen Gerichtsbarkeit, 13. neu bearbeitete Auflage, München 1992; Zit.: Keidel/Bearbeiter, 13. Auflage, §, Rn.

Kemper, Roland: FamRZ 1983, S. 647-648, Anmerkung zu OLG Frankfurt vom 10.1.1983 – 20 W 813/82; Zit.: Kemper, FamRZ 1983, S.

Kindler, Heinz; Fichtner, Jörg: FPR 2008, S. 138-143, Die gemeinsame elterliche Sorge aus der Sicht der Bindungs- und Scheidungsforschung; Zit.: Kindler/Fichtner, FPR 2008, S.

Kindler, Heinz; Salzgeber, Joseph; Fichtner Jörg; Werner, Annegret: FamRZ 2004, 1241-1252, Familiäre Gewalt und Umgang; Zit.: Kindler/Salzgeber/Fichtner/Werner, FamRZ 2004, S.

Kirchhof, Gregor: ZRP 2007, S. 149-153, Kinderrechte in der Verfassung - zur Diskussion einer Grundgesetzänderung; Zit.: Kirchhof, ZRP 2007, S.

Kissel, Otto Rudolf; Mayer, Herbert: Gerichtsverfassungsgesetz Kommentar, 6. neubearbeitete Auflage, München 2010; Zit.: Kissel/Mayer, GVG, §, Rn.

Klausa, Ekkehard: Ehrenamtliche Richter: ihre Auswahl u. Funktion, empirisch untersucht, Frankfurt am Main 1972; Zit.: Klausa, Ehrenamtliche Richter, S.

Kohaupt, Georg: JAmt 2005, S. 218-226, Hurry slowly! Oder: Was man nicht kann erfliegen, muss man erhinken – Konflikthafter Kontakt zu Eltern bei Kindeswohlgefährdung; Zit.: Kohaupt, JAmt 2005, S.

Kopp, Ferdinand O.; Schenke, Wolf-Rüdiger: Verwaltungsgerichtsordnung, 17. neu bearbeitete Auflage, München 2011; Zit.: Kopp/Schenke, VwGO, §, Rn.

Kopp, Ferdinand O.; Ramsauer, Ulrich: Verwaltungsverfahrensgesetz, 11. vollständig überarbeitete Auflage, München 2010; Zit.: Kopp/Ramsauer, VwVfG, §, Rn.

Kostka, Kerima: Im Interesse des Kindes? Elterntrennung und Sorgerechtsmodelle in Deutschland, Großbritannien und den USA, Frankfurt am Main 2004; Zit.: Kostka, S.

Kostka, Kerima: FamRZ 2004, S. 1924-1935, Die Begleitforschung zur Kindschaftsrechtsreform – eine kritische Betrachtung; Zit.: Kostka, FamRZ 2004, S.

Kraft, Dieter; Lukas, Helmut u.a.: Perspektivenwandel der Jugendhilfe – Band I: Forschungsmaterialien zu Neuen Handlungsfeldern in der Jugend- und Familienhilfe sowie Ergebnisse einer Totalerhebung zur Aufgabenwahrnehmung der Jugendämter, 2. Auflage, Frankfurt am Main 1993

Krautscheidt, Joseph; Marré, Heiner (Hrsg.): Esssener Gespräche zum Thema Staat und Kirche, Band 14, Münster 1980; Zit.: Bearbeiter in: Krautscheidt/Marré, S.

Kretschmar, Sima; Meysen, Thomas: FPR 2009, S. 1-5; Reform des Familienverfahrensrechts - Reformziele und Regelungsmechanismen: eine Auswahl; Zit.: Kretschmar/Meysen, FPR 2009, S.

Kroiß, Ludwig; Seiler, Christian: Das neue FamFG, 1. Auflage, Baden-Baden 2009; Zit.: Kroiß/Seiler, FamFG, §, Rn.

Kronseder, Daniel Rainer: Die Strafbarkeit von Mitarbeitern des Jugendamtes bei häuslicher Kindeswohlbeeinträchtigung, Marburg 2010; Zit.: Kronseder, Die Strafbarkeit von Mitarbeitern des Jugendamtes bei häuslicher Kindeswohlbeeinträchtigung, S.

Kunkel, Peter-Christian: Sozialgesetzbuch VIII – Kinder- und Jugendhilfe, Lehr- und Praxiskommentar, 3. Auflage 2006; Zit.: Bearbeiter in: LPK-SGB VIII, §, Rn.

Kunkel, Peter-Christian: Sozialgesetzbuch VIII – Kinder- und Jugendhilfe, Lehr- und Praxiskommentar, 2. Auflage 2002; Zit.: Bearbeiter in: LPK-SGB VIII, 2. Auflage, §, Rn.

Lack, Katrin: ZKJ 2010, S. 189-194, Die Beteiligtenstellung des Jugendamtes in Kindschaftssachen; Zit.: Lack, ZKJ 2010, S.

Lakies, Thomas: Maßgebliche Regelungen des BGB zur Rechtstellung von Pflegefamilien und ihre Bezüge zum KJHG in: Stiftung „Zum Wohl des Pflegekindes" (Hrsg.), 5 Jahre KJHG aus der Sicht des Pflegekinderwesens, Idstein 1996; Zit.: Lakies in: 5 Jahre KJHG, S.

Lakies, Thomas: FuR 1995, S. 148-150; Anmerkung zum Beschluss des OVG Hamburg vom 24.10.1994 – OVG Bs IV 144/94 (S. 146-148); Zit.: Lakies, FuR 1995, S.

Langenfeld, Christine; Wiesner, Reinhard: Verfassungsrechtlicher Rahmen für die öffentliche Kinder- und Jugendhilfe bei Kindeswohlgefährdungen und seine einfachgesetzliche Ausfüllung in: DIJuF (Hrsg.), Verantwortlich handeln – Schutz und Hilfe bei Kindeswohlgefährdung Saarbrücker Memorandum, Köln 2004; Zit.: Langenfeld/Wiesner in: DIJuF, Saarbrücker Memorandum, S.

Langer, Caren: FAZ vom 25.8.2008, S. 41, Tausende Mahnschreiben an säumige Eltern; Zit.: Langer, Tausende Mahnschreiben an säumige Eltern, S.

Lehmann, Heinrich: Gutachten über die Frage: Empfiehlt sich eine grundsätzliche Änderung von Ehestreitsachen nach Zuständigkeit und Verfahren?, S. 395-439 in: Verhandlungen des 35. Deutschen Juristentages, Bd. 1, Berlin und Leipzig 1928; Zit.: Lehman in: 35. Jur. Tag, Bd. 1, S.

Lempp, Reinhart; Wagner, Eva-Maria: FamRZ 1975, S. 70-72, Untersuchungen über den weiteren Verlauf von Sorgerechts- und Verkehrsregelungsverfahren nach der Begutachtung; Zit.: Lempp/Wagner, FamRZ 1975, S.

Leonardy, Helmut: DRiZ 1977, S. 535-571, Der Familienrichter – ein großer Wurf geriet zu kurz; Zit.: Leonardy, DRiZ 1977, S.

Lessing, Volker: RpflStud 2008, S. 1-11, Der Richter für Kinderrechte; Zit.: Lessing, RpflStud 2008, S.

Lewis, Graham; Riehm, R.; Neumann-Witt, A.; Bohnstengel, L.; Köstler, S.; Hensen, G.: Inobhutnahme konkret – Pädagogische Aspekte der Arbeit in der Inobhutnahme und im Kinder- und Jugendnotdienst, 1. Auflage, Frankfurt am Main 2009

Lieber, Hasso: Die Verantwortung der Kommune bei der Wahl der Schöffen und Jugendschöffen, Wiesbaden 1999; Zit. Lieber, Die Verantwortung der Kommune bei der Wahl der Schöffen und Jugendschöffen

Lieber, Hasso: Leitfaden für Schöffinnen und Schöffen, 1. Auflage, Wiesbaden 2008; Zit.: Lieber, Leitfaden für Schöffinnen und Schöffen

Lieber, Hasso; Sens, Ursula (Hrsg.): Ehrenamtliche Richter – Demokratie oder Dekoration am Richtertisch? Festschrift zum 10jährigen Jubiläum der Deutschen Vereinigung der Schöffinnen und Schöffen, Wiesbaden 1999

Lindloh, Klaus: Der Handelsrichter und sein Amt, 1. Auflage, zugleich 5., völlig neu konzipierte Auflage des von Heinz Weil begründeten und von Karin Horstmann fortgeführten Werks, München 2008; Zit.: Lindloh, S.

Lipp, Volker; Schumann, Eva; Veit, Barbara (Hrsg.): Reform des familiengerichtlichen Verfahrens, 1. Familienrechtliches Forum Göttingen, Göttingen 2009 (auch im Internet abrufbar: http://webdoc.sub.gwdg.de/univerlag/2009/GJS6_familienrecht.pdf

Lipp, Volker; Schumann, Eva; Veit, Barbara (Hrsg.): Kindesschutz bei Kindeswohlgefährdung – neue Mittel und Wege, 6. Göttinger Workshop zum Familienrecht 2007, Göttinger juristische Schriften, Band 4, Göttingen 2008 (auch im Internet abrufbar: http://webdoc.sub.gwdg.de/univerlag/2008/GJS4_veit.pdf)

Löhnig, Martin: Zivilrechtlicher Gewaltschutz, Gesetze zur Ächtung von Gewalt in Erziehung, Familie, Partnerschaft und im sozialen Nahbereich, 2. überarbeitete und erweiterte Auflage Berlin 2004.; Zit.: Löhnig, Zivilrechtlicher Gewaltschutz, S.

Lüdke, Peter-Bernd: Sozialgerichtsgesetz Handkommentar, 3. Auflage, Baden-Baden 2009; Zit.: Bearbeiter/Lüdke, SGG, §, Rn.

Luthin, Horst: FF 1999, S. 33-36, Justizreform – Familienrichter/Fachanwalt für Familienrecht – Sorgerechtsproblematik, Interview; Zit.: Luthin, FF 1999, S.

Maas, Udo: Soziale Arbeit als Verwaltungshandeln, 2. neu bearbeitete und erweiterte Auflage, Weinheim und München 1996; Zit.: Maas, Soziale Arbeit, S.

Maas, Udo: RsDE, Heft 25, S. 1-22, Köln; Berlin; Bonn; München 1994, Probleme der Konkretisierung der Hilfe zur Erziehung als jugendhilferechtlicher Individualleistung; Zit.: Maas, RsDE 25, S.

Machura, Stefan: Ehrenamtliche Verwaltungsrichter, Berlin 2006; Zit.: Machura, Ehrenamtliche Verwaltungsrichter, S.

Mangoldt, Hermann von; Klein, Friedrich; Starck, Christian: Kommentar zum Grundgesetz, Band 1: Präambel, Art. 1 bis 19, sechste, vollständig neubearbeitete Auflage, München 2010; Zit.: Bearbeiter in: v. Mangoldt/Klein/Starck, GG I, Art., Rn.

Mangoldt, Hermann von; Klein, Friedrich; Starck, Christian: Kommentar zum Grundgesetz, Band 2: Art. 20-82, sechste, vollständig neubearbeitete Auflage, München 2010; Zit.: Bearbeiter in: v. Mangoldt/Klein/Starck, GG I, Art., Rn.

Marburger, Helga: Entwicklung und Konzepte der Sozialpädagogik, 2. Auflage, München1981; Zit.: Marburger, S.

Marutschke, Hans-Peter (Hrsg.): Laienrichter in Japan, Deutschland und Europa, Japanisch-Deutsches Symposium Doshisha University – Law School, Kyoto 15.Mai 2005, Berlin 2006

Maunz, Theodor; Dürig, Günther: Grundgesetz – Kommentar, Band V, Art. 70-99, 58. Auflage, München 2010, Stand: April 2010; Zit.: Maunz/Dürig, Art., Rn.

May, Richard: Neue Rechtsordnung in Ehe und Familien, S. 319-344, Preußische Jahrbücher, Band 137, Berlin 1918; Zit.: May, Preußische Jahrbücher 173, S.

Meurer, Dieter: Ergebnisse des Marburger Forschungsvorhabens zur Rechtswirklichkeit der Laienbeteiligung an der Strafjustiz in: DVS, 1. Deutscher Schöffentag „Mehr Demokratie am Richtertisch" Dokumentation, Bonn 1992; Zit.: Meurer in: DVS, 1. Deutscher Schöffentag, S.

Meyer-Ladewig, Jens; Keller, Wolfgang; Leitherer, Stephan: Sozialgerichtsgesetz Kommentar, 9. neu bearbeitete Auflage, München 2008; Zit.: Bearbeiter in: Meyer-Ladewig/Keller/Leitherer, SGG, §, Rn.

Meysen, Thomas: JAmt 2008,S. 233-242, Familiengerichtliche Maßnahmen bei Gefährdung des Kindeswohls – Geändertes Recht ab Sommer 2008; Zit.: Meysen, JAmt 2008, S.

Meysen, Thomas: FamRZ 2008, S. 562-570, Steuerungsverantwortung des Jugendamts nach § 36a SGB VIII: Anstoß zur Verhältnisklärung oder anstößig?; Zit.: Meysen, FamRZ 2008, S.

Meysen, Thomas: NJW 2008, S. 2673-2678, Neuerungen im zivilrechtlichen Kinderschutz; Zit.: Meysen, NJW 2008, S.

Meysen, Thomas: Familiengerichtliche Anordnungen von Maßnahmen nach § 1666 BGB und Entscheidungskompetenz des Jugendamts – Aus Sicht der Jugendhilfe – in: Lipp/Schumann, Veit, Kindesschutz bei Kindeswohlgefährdung – neue Mittel und Wege?, Göttingen 2008; Zit.: Meysen in: Lipp/Schumann/Veit, S.

Meysen, Thomas (Hrsg.): Das Familienverfahrensrecht – FamFG. Praxiskommentar mit Einführung, Erläuterungen, Arbeitshilfen, Köln 2009; Zit.: Bearbeiter in: Meysen, FamFG, §, Rn.

Miehe, Olaf: Zur Anordnung von Hilfen zur Erziehung nach §§ 27 bis 35 SGB VIII durch Vormundschafts- und Jugendrichter in: Yessiou-Faltsi/Jost/Kaissis/Apalagaki (Hrsg.), Recht in Europa, Festschrift für Fenge, Hamburg 1997; Zit.: Miehe in: Yessiou-Faltsi, S.

Mikazuki, Akira: FamRZ 1958, S. 53-57; Das Japanische Familiengericht; Zit.: Mikazuki, FamRZ 1958, S.

Möller, Winfried; Schütz, Carsten: ZKJ 2007, S. 178-183, Jugendrichterliche Kompetenz versus Steuerungsverantwortung des öffentlichen Jugendhilfeträgers; Zit.: Möller/Schütz, ZKJ 2007, S.

Mörsberger, Thomas; Restmeier, Jürgen: Helfen mit Risiko : zur Pflichtenstellung des Jugendamtes bei Kindesvernachlässigung ; Dokumentation eines Strafverfahrens gegen eine Sozialarbeiterin in Osnabrück, Neuwied; Kriftel; Berlin 1997; Zit.: Mörsberger/Restmeier, Helfen mit Risiko, S.

Mrozynski, Peter: SGB VIII, Kinder- und Jugendhilfe : Kommentar, 5. Auflage, München 2009; Zit.: Mrozynski, §, Rn.

Mugdan, Benno: Die gesamten Materialien zum Bürgerlichen Gesetzbuch für das Deutsche Reich, Band 4, Familienrecht, Neudruck der Ausgabe Berlin 1899, Aalen 1979; Zit.: Mugdan, Materialien zum BGB

Müller, C. Wolfgang: JugendAmt: Geschichte und Aufgabe einer reformpädagogischen Einrichtung, Weinheim und Basel 1994; Zit.: Müller, JugendAmt, S.

Müller-Freienfels, Wolfram: Familienrechtliche Kodifikationen im Wandel der Anschauungen, S. 111-150 in: Vischer/Staehelin, Familienrecht im Wandel - Festschrift für Hans Hinderling, Basel und Stuttgart 1976; Zit.: Müller-Freienfels in: Festschrift für Hinderling, S.

Müller-Freienfels, Wolfram: Ehe und Recht, Tübingen 1962; Zit.: Müller-Freienfels, Ehe und Recht, S.

Müller-Freienfels, Wolfram: ZvglRW 1973, S. 117-175, Über „Familiengerichte“ insbesondere in den USA; Zit.: Müller-Freienfels, ZvglRW 1973, S.

Münch, Ingo von; Kunig, Philip: Grundgesetz-Kommentar, Band 1 (Präambel bis Art. 19), 5. neu bearbeitete Auflage, München 2000; Zit.: Bearbeiter in: von Münch/Kunig, Art., Rn.

Münch, Ingo von; Kunig, Philip: Grundgesetz-Kommentar, Band 3 (Art. 70 bis 146 und Gesamtregister), 4./5. neu bearbeitete Auflage, München 2003; Zit.: Bearbeiter in: von Münch/Kunig, Art., Rn.

Münder, Johannes: 65 Jahre – und kein bißchen weiter in: Jordan/Münder (Hrsg.), 65 Jahre Reichsjugendwohlfahrtsgesetz – ein Gesetz auf dem Weg in den Ruhestand?, Münster 1987; Zit: Münder in: Jordan/Münder, 65 Jahre Reichsjugendwohlfahrtsgesetz, S.

Münder, Johannes: ZfJ 2000, S. 81-85, Jugendhilfe und Elternverantwortung – eine schwierige Balance; Zit.: Münder, ZfJ 2000, S.

Münder, Johannes: FPR 2003, S. 280-285, Verhältnis zwischen Hilfen nach dem SGB VIII und familiengerichtlichen Maßnahmen nach § 1666 BGB; Zit.: Münder, FPR 2003, S.

Münder, Johannes: Kinder- und Jugendhilferecht, 6. überarbeitete Auflage, Köln 2007; Zit.: Münder, Kinder- und Jugendhilferecht, S.

Münder, Johannes (Hrsg.): Frankfurter Kommentar zum SGB VIII: Kinder- und Jugendhilfe, 6. vollständig überarbeitet Auflage, Baden-Baden 2009; Zit.: Bearbeiter in: FK-SGB VIII, §, Rn.

Münder, Johannes; Baltz, Jochem; Kreft, Dieter; Lakies, Thomas; Meysen,Thomas; Proksch, Roland; Schäfer, Klaus; Schindler, Gila; Struck, Norbert; Tammen, Britta: Frankfurter Kommentar zum SGB VIII: Kinder- und Jugendhilfe, 5. vollständig überarbeitet Auflage, Weinheim und München 2006; Zit.: Münder u.a., FK-SGB VIII (2006), §, Rn.

Münder, Johannes; Baltz, Jochem; Jordan, Erwin; Kreft, Dieter; Lakies, Thomas; Proksch, Roland; Schäfer, Klaus; Tammen, Britta; Trenczek, Thomas: Frankfurter Kommentar zum SGB VIII: Kinder- und Jugendhilfe, 4. Auflage, Weinheim; Berlin; Basel 2003, Zit.: Münder u.a., FK-SGB VIII (2003), §, Rn.

Münder, Johannes; Frenz, Reinhard; Grieser, Martin; Jordan, Erwin; Kreft, Dieter; Lauer, Hubertus: Frankfurter Kommentar zum Gesetz für Jugendwohlfahrt, 4. Überarbeitete Auflage, Weinheim; Basel 1988; Zit.: Münder u.a., FK-JWG 1988, §, Punkt

Münder, Johannes; Ernst, Rüdiger : Familienrecht – Eine sozialwissenschaftlich orientierte Darstellung, 6. überarbeitete Auflage, Köln 2009; Zit.: Münder, Familienrecht, Kap., S.

Münder, Johannes; Jordan, Erwin (Hrsg.): Mut zur Veränderung: Soziale Arbeit zwischen Aufbruch und alltäglichen Mühen; Eine Festschrift zum 60. Geburtstag von Dieter Kreft, Münster 1996

Münder, Johannes; Mutke, Barbara; Schone, Reinhold: Kindeswohl zwischen Jugendhilfe und Justiz, Professionelles Handeln in Kindeswohlverfahren, Münster 2000; Zit.: Münder/Mutke/Schone, S.

Münder, Johannes; Mutke, Barbara; Seidenstücker, Bernd; Tammen, Britta; Bindel-Kögel, Gabriele: Die Praxis des Kindschaftsrechts in Jugendhilfe und Justiz, München 2007; Zit.: Münder/Mutke u.a., Die Praxis des Kindschaftsrechts in Jugendhilfe und Justiz

Münder, Johannes; Wiesner, Reinhard; Meysen, Thomas: Kinder- und Jugendhilferecht Handbuch, 2. Auflage, Baden-Baden 2011; Zit.: Bearbeiter in: Münder/Wiesner/Meysen, Handbuch KJHR, Kap., Rn.

Musielak, Hans-Joachim : Kommentar zur Zivilprozessordnung mit Gerichtsverfassungsgesetz, 8. Auflage, München 2011; Zit.: Musielak/Bearbeiter, ZPO, §; Rn.

Mutke, Barbara: Empirische Erkenntnisse in Kindeswohlverfahren, S. 105-118, in: Elz, Kooperation von Jugendhilfe und Justiz bei Sexualdelikten gegen Kinder, Wiesbaden 2007; Zit.: Mutke in: Elz, S.

Neumann, Ralph : DRiZ 2007, S. 66-67, Die Familiengerichte sollen es richten; Zit.: Neumann, DRiZ 2007, S.

Nickolai, Werner; Wichmann, Cornelius (Hrsg.): Jugendhilfe und Justiz, Gesucht: Bessere Antworten auf Jugendkriminalität, Freiburg 2007

Nothhafft, Susanne: FPR 2008, S. 613-616, Verantwortungsgemeinschaft zwischen Familiengerichten und Trägern der öffentlichen Jugendhilfe in kindschaftsrechtlichen Verfahren - Ein Spannungsfeld zwischen „Steuerungsverantwortung der Jugendämter“ und „Hilfeplanung durch Familiengerichte“; Zit.: Nothhafft, FPR 2008, S.

Oberloskamp, Helga: FamRZ 1992, S. 1241-1249, Die Zusammenarbeit von Vormundschafts-/Familiengericht und Jugendamt; Zit.: Oberloskamp, FamRZ 1992, S.

Oberloskamp, Helga: FPR 2003, 285-290, Der Schutz von Kindern nach dem Gewaltschutzgesetz und Kinderrechteverbesserungsgesetz einerseits und den Vorschriften der §§ 1666, 1666a BGB andererseits; Zit.: Oberloskamp, FPR 2003, S.

Oberloskamp, Helga: Kind-Prax 2002, S. 3-9, Beratungs- und Mitwirkungsauftrag der Jugendhilfe bei Trennung und Scheidung; Zit.: Oberloskamp, Kind-Prax 2002, S.

Oberloskamp, Helga: Das Jugendamt zwischen Hilfe und Kontrolle – neue Herausforderungen für die Jugendhilfe? In: Lipp/Schumann/Veit (Hrsg.), Kindesschutz bei Kindeswohlgefährdung – neue Mittel und Wege?, S. 45-59; Zit.: Oberloskamp in: Lipp/Schumann/Veit, S.

Oberloskamp, Helga: ZBlJugR 1982, S. 519-527, Zusammenarbeit Jugendamt – Familiengericht/Vormundschaftsgericht aus Sicht der Fachhochschule; Zit.: Oberloskamp, ZBlJugR 1982, S.

Oberloskamp, Helga: ZBlJugR 1983, S. 355-381, Der Beitrag der Fächer Recht und Soziologie zur Lösung von Familienproblemen; Zit.: Oberloskamp, ZBlJugR 1983, S.

Oberloskamp, Helga; Borg-Laufs, Michael; Mutke, Barbara: Gutachtliche Stellungnahmen in der soziale Arbeit, 7. überarbeitete Auflage, Köln 2009; Zit.: Oberloskamp/Borg-Laufs/Mutke, S.

Oberloskamp, Helga; Lewe, Jörg: FPR 2009, S. 553-557, Risikoeinschätzung bei möglicher Kindewohlgefährdung – Umsetzung des § 8a SGB VIII im Kontext des FamFG –; Zit.: Oberloskamp/Lewe, FPR 2009, S.

Ollmann, Rainer: ZfJ 1995, S. 45-50, Fachkompetenz und Beurteilungsspielraum; Zit.: Ollmann, ZfJ 2009, S.

Ostendorf, Heribert: Jugendgerichtsgesetz, 8. völlig überarbeitete Auflage, Baden-Baden 2009; Zit.: Ostendorf, JGG, §, Rn.

Ostendorf, Heribert: Werden Jugendrichter, Jugendstaatsanwälte und Jugendschöffen den Anforderungen, die das Gesetz stellt, gerecht? in: Lieber/Sens (Hrsg.), Ehrenamtliche Richter – Demokratie oder Dekoration am Richtertisch?, Wiesbaden 1999; Zit.: Ostendorf in: Lieber/Sens, S.

Ostendorf, Heribert; Hinghaus, Matthias; Kasten, Alexandra: FamRZ 2005, S. 1514-1520, Kriminalprävention durch das Familiengericht; Zit.: Ostendorf/Hinghaus/Kasten, FamRZ 2005, S.

Ostendorf, Heribert ZfJ 2005, S. 415- 425, Der Erziehungsgedanke zwischen Rigidität und Diktat leerer Kassen; Zit.: Ostendorf, ZfJ 2005, S.

Ostendorf, Heribert: ZJJ 2004, S. 294-296, Eigentor für das Jugendstrafrecht durch Selbstverweigerung der Jugendhilfe?; Zit.: Ostendorf, ZJJ 2004, S.

Oxenknecht-Witzsch, Renate; Ernst, Rüdiger; Horlbeck, Marie-Luise (Hrsg.): Soziale Arbeit und Soziales Recht: Dokumentation des Dies Academicus am 19./20. Juni 2008 an der Fachhochschule Köln zu Ehren von Helga Oberloskamp, Köln 2009

Palandt, Otto: Bürgerliches Gesetzbuch, 69., neu bearbeitete Auflage, München 2010; Zit.: Palandt/Bearbeiter, §, Rn.

Peifer, Ulrike: NDV 2008, S. 395-400, Die Neuerungen im Bereich des familienrechtlichen Verfahrens – Ein erster Überblick, im Internet unter: http://www.brj-berlin.de/upload/NDV-10-08_Peifer.pdf; Zit.: Peifer, NDV 2008, S.

Peschel-Gutzeit, Lore Maria: NJW 2002, S. 2737-2742, 25 Jahre Familiengerichte in Deutschland - Was haben sie gebracht? Was bleibt zu tun?; Zit.: Peschel-Gutzeit, NJW 2002, S.

Polligkeit, Wilhelm (Hrsg.): Das Reichsgesetz für Jugendwohlfahrt - Kommentar, 2. Auflage, Berlin und Köln 1955; Zit.: Friedeberg-Polligkeit, §, Anm.

Potrykus, Gerhard: Jugendwohlfahrtsgesetz nebst den Ausführungsgesetzen und Ausführungsvorschriften der deutschen Länder, München und Berlin 1953; Zit.: Potrykus, §, Anm.

Prestien, Hans-Christian: ZKJ 2008, S. 59-63, Wirksamer Kinderschutz, Eine Utopie?; Zit.: Prestien, ZKJ 2008, S.

Proksch, Roland: Rechtstatsächliche Untersuchung zur Reform des Kindschaftsrechts: Begleitforschung zur Umsetzung des Kindschaftsrechtsreformgesetzes, Köln 2002; Zit.: Proksch, Rechtstatsächliche Untersuchung zur Reform des Kindschaftsrechts

Prütting, Hanns: Bürgerbeteiligung in anderen Gerichtszweigen in Deutschland und Europa, S. 87-100 in: Marutschke (Hrsg.), Laienrichter in Japan, Deutschland und Europa, Berlin 2006; Zit.: Prütting in: Marutschke, Laienrichter in Japan, Deutschland und Europa, S.

Prütting, Hanns; Helms, Tobias (Hrsg.): FamFG Kommentar mit FamGKG, 1. Auflage, Köln 2009; Zit.: Prütting/Helms/Bearbeiter, FamFG, §, Rn.

Raack, Wolfgang: FPR 1995, S. 143-145, Effektiver Opferschutz durch Zusammenarbeit der beteiligten Institutionen – Das Kerpener Modell; Zit.: Raack, FPR 1995, S.

Rakete-Dombek, Ingeborg: Einvernehmliche Konfliktlösungen und Vermittlungsverfahren. Anmerkungen aus anwaltlicher Sicht in: Lipp/Schumann/Veit, Reform des familiengerichtlichen Verfahrens, Göttingen 2009; Zit.: Rakete-Dombek in: Lipp/Schumann/Veit, FamFG, S.

Rauschenbach, Thomas: Fachkräfte – im Spiegel des KJHG, S. 101-113 in: Münder/Jordan (Hrsg.), Mut zur Veränderung, Münster 1996; Zit.: Rauschenbach in: Münder/Jordan, Festschrift für Kreft, S.

Rauscher, Thomas: Münchener Kommentar zur Zivilprozessordnung mit Gerichtsverfassungsgesetz und Nebengesetzen, Band 4, Gesetz über das Verfahren in Familiensachen und in den Angelegenheiten der freiwilligen Gerichtsbarkeit (FamFG), 3. Auflage, München 2010; Zit. MünchKommZPO/Bearbeiter, §, Rn.

Rebmann, Kurt: Münchener Kommentar zum Bürgerlichen Gesetzbuch, Band 8, Familienrecht II, §§ 1589-1921 – KJHG, 3. Auflage, München 1992; Zit.: MünchKomm-Bearb., 3. Auflage, §, Rn.

Rebmann, Kurt: Münchener Kommentar zum Bürgerlichen Gesetzbuch, Band 5, Familienrecht, 2. Halbband (§§ 1589-1921), 2. Auflage, München 1987; Zit.: MünchKomm-Bearb., 2. Auflage, §, Rn.

Redeker, Konrad: DVBl. 1992, S. 212-216, Werden die Prozeßordnungen zum ministeriellen Experimentierfeld? – Zum verwaltungsgerichtlichen Teil des Entwurfs eines Justizentlastungsgesetzes; Zit.: Redeker, DVBl. 1992, S.

Reim, Hartmut: DRiZ 1992, S. 139-142, Fachkenntnisse der ehrenamtlichen Richter – Überforderung bei der Entscheidungsfindung; Zit.: Reim, DRiZ 1992, S.

Riedel, Johannes: FF 2007, S. 211-213, 30 Jahre Familiengerichtsbarkeit, Interview mit Johannes Riedel am 10.9.2007; Zit.: Riedel, FF 2007, S.

Röbel, Sven: Der Spiegel 10/2006, S. 50, Im Nebel verschwunden; Zit.: Röbel, Der Spiegel 10/2006, S.

Röchling, Walter: FamRZ 2007, S. 431-435, Anmerkungen zum Abschluss der Arbeitsgruppe „Familiengerichtliche Maßnahmen bei Gefährdung des Kindeswohls" v. 17.11.2006; Zit.: Röchling, FamRZ 2007, S.

Röchling, Walter: FamRZ 2007, S. 1775-1779, Neue Aspekte zu Kinderschutz und Kindeswohl? – Zum „Entwurf eines Gesetzes zur Erleichterung familiengerichtlicher Maßnahmen bei Gefährdung des Kindeswohls" –; Zit.: Röchling, FamRZ 2007, S.

Röchling, Walter: Vormundschaftsgerichtliches Eingriffsrecht und KJHG – unter besonderer Berücksichtigung der „öffentlichen Hilfen" nach § 1666 a Abs. 1 BGB, Neuwied, Kriftel, Berlin 1997; Zit.: Röchling, S.

Röchling, Walter: FamRZ 2007, S. 1775-1779, Neue Aspekte zu Kinderschutz und Kindeswohl?; Zit.: Röchling, FamRZ 2007, S.

Röchling, Walter: FamRZ 2008, S. 1495-1498, Das Gesetz zur Erleichterung familiengerichtlicher Maßnahmen bei Gefährdung des Kindeswohls; Zit.: Röchling, FamRZ, S.

Röchling, Walter; Gesetz zur Erleichterung familiengerichtlicher Maßnahmen bei Gefährdung des Kindeswohls in: Oxenknecht-Witzsch/Ernst/Horlbeck, Soziale Arbeit und Soziales Recht: Dokumentation des Dies Academicus am

19./20. Juni 2008 an der Fachhochschule Köln zu Ehren von Helga Oberloskamp, Köln 2009; Zit.: Röchling in: Oxenknecht-Witzsch/Ernst/Horlbeck, Soziale Arbeit und Soziales Recht, S.

Röhl, Wilhelm; NJW 1957, S. 12-13; Das Familiengericht in Japan; Zit.: Röhl, NJW 1957, S.

Röhrle, Bernd; Sommer, Gert; Nestmann, Frank (Hrsg.); Netzwerkinterventionen, Tübingen 1998

Roell, Monika; Die Geltung der Grundrechte für Minderjährige, Berlin 1984; Zit.: Roell, S.

Rolfs, Christian; Kreikebohm, Ralf; Giesen, Richard; Udsching, Peter: Beck'scher Onlinekommentar Sozialrecht, Edition 21, München 2011; Zit.: Bearbeiter in: Rolfs/Kreikebohm/Giesen/Udsching, SGB, §, Rn.

Rosenberg, Leo; Schwab, Heinz (Hrsg.): Festschrift für Friedrich Lent zum 75. Geburtstag, 6.1.1957, München und Berlin 1957

Rosenboom, Esther: ZKJ 2007, S. 55- 57, Kindewohlgefährdung – eine Untersuchung der familiengerichtlichen Praxis in Hamburg; Zit.: Rosenboom, ZKJ 2007, S.

Rosenboom, Esther: Die familiengerichtliche Praxis in Hamburg bei Gefährdung des Kindeswohls durch Gewalt und Vernachlässigung nach §§ 1666, 1666a BGB : eine qualitative Untersuchung, Bielefeld 2006; Zit.: Rosenboom, S.

Rosenboom, Esther; Rotax, Horst-Heiner: FPR 2008, S. 1-3, Ein kleiner Meilenstein auf dem Weg zum besseren Kindesschutz; Zit.: Rosenboom/Rotax, FPR 2008, S.

Rotax, Horst-Heiner: Praxis des Familienrechts, 3. überarbeitete und erweiterte Auflage, Münster 2007; Zit.: Rotax in: Rotax, FamPrax, Teil, Rn.

Roth, Wolfgang: Die Grundrechte Minderjähriger im Spannungsfeld selbständiger Grundrechtsausübung, elterlichen Erziehungsrechts und staatlicher Grundrechtsbindung, Berlin 2003; Zit.: Roth, S.

Rottleuthner, Hubert; Böhm, Ellen; Gasterstädt, Daniel: Rechtstatsächliche Untersuchung zum Einsatz des Einzelrichters, Köln 1992; Zit.: Rottleuthner/Böhm/Gasterstädt, S.

Rünz, Hans Wilhelm; Die Entscheidungsmöglichkeiten des Vormundschaftsgerichts gemäß § 1666a BGB, Mainz 1988; Zit.: Rünz, S.

Rüting, Wolfgang: ZKJ 2011, S. 244-249, Das kindorientierte Zusammenwirken im Verfahren vor dem Familiengericht; Zit.: Rüting, ZKJ 2011, S.

Säcker, Franz Jürgen; Rixecker, Roland: Münchener Kommentar zum Bürgerlichen Gesetzbuch, Band 8, Familienrecht II, 5. Auflage, München 2008; Zit.: MünchKommBGB/Bearbeiter, §, Rn.

Säcker, Franz Jürgen; Rixecker, Roland: Münchener Kommentar zum Bürgerlichen Gesetzbuch, Band 7/1. Halbband, Familienrecht I, 5. Auflage, München 2010; Zit.: MünchKommBGB/Bearbeiter, §, Rn

Salgo, Ludwig: ZKJ 2007, S.12-16, § 8a SGB VIII Anmerkungen und Überlegungen zur Vorgeschichte und zu den Konsequenzen der Gesetzesänderung, Teil 2; Zit.: Salgo, ZKJ 2007, S.

Salgo, Ludwig: FamRZ 1999, S. 337-347, Die Pflegekindschaft in der Kindschaftsreform vor dem Hintergrund verfassungs- und jugendhilferechtlicher Entwicklungen; Zit.: Salgo, FamRZ 1999, S.

Salgo, Ludwig: ZKJ 2006, S. 531-535, § 8a SGB VIII Anmerkungen und Überlegungen zur Vorgeschichte und zu den Konsequenzen der Gesetzesänderung, Teil 1; Zit.: Salgo, ZKJ 2006, S.
Salgo, Ludwig: ZKJ 2007, S.12-16, § 8a SGB VIII Anmerkungen und Überlegungen zur Vorgeschichte und zu den Konsequenzen der Gesetzesänderung, Teil 2; Zit.: Salgo, ZKJ 2007, S.

Salgo, Ludwig: Der Anwalt des Kindes: die Vertretung von Kindern in zivilrechtlichen Kindesschutzverfahren, 1. Auflage, Frankfurt am Main 1996; Zit.: Salgo, Der Anwalt des Kindes, S.

Salgo, Ludwig: Die Regelung der Familienpflege im KJHG, in: Wiesner/Zarbock (Hrsg.), Das neue Kinder- und Jugendhilfegesetz (KJHG) und seine Umsetzung in der Praxis, München 1991; Zit.: Salgo in: Wiesner/Zarbock, S.

Salgo, Ludwig: Das Kindeswohl in der neueren Rechtsprechung des Bundesverfassungsgerichts in: du Bois, Praxis und Umfeld der Kinder- und Jugendpsychiatrie, Bern; Stuttgart; Toronto, 1. Auflage 1989; Zit.: Salgo in: du Bois, S.

Salgo, Ludwig: Pflegekindschaft und Staatsintervention, Darmstadt 1987; Zit.: Salgo, S.

Salgo, Ludwig: Häusliche Gewalt und Umgang, S. 108-124 in: Fegert/Ziegenhain, Hilfen für Alleinerziehende, 1. Auflage, Weinheim, Basel, Berlin 2003; Zit.: Salgo in: Fegert/Ziegenhain, S.

Salgo, Ludwig: „Ein Schritt nach vorn, zwei Schritte zurück?! – Kritische Anmerkungen zur Installation des Umgangspflegers und zur Revision der Verfahrenspflegschaft im FGG-RG, S. 153-194 in: Lipp/Schumann/Veit, Reform des familiengerichtlichen Verfahrens, Göttingen 2009; Zit.: Salgo in: Lipp/Schumann/Veit, FamFG, S.

Salgo, Ludwig: „Helfen mit Risikominimierung“ für das Kind in: Sozialpädagogisches Institut des SOS-Kinderdorf e.V. (Hrsg.), Jugendämter zwischen Hilfe und Kontrolle, S. 23-32 und zugehöriger Nachtrag, S. 41-46; Zit.: Bearbeiter in: SPI, Jugendämter zwischen Hilfe und Kontrolle, S

Salzgeber, Joseph: Familienpsychologische Gutachten: rechtliches Vorgehen und sachverständiges Vorgehen, 4. überarbeitete und erweiterte Auflage, München 2005; Zit.: Salzgeber, Familienpsychologische Gutachten, S.

Santen, Eric van; Seckinger, Mike: Kooperation: Mythos und Realität einer Praxis: Eine Empirische Studie zur interinstitutionellen Zusammenarbeit am Beispiel der Kinder- und Jugendhilfe, München 2003; Zit.: Santen/Seckinger, Kooperation: Mythos und Realität, S.

Santen, Eric van; Seckinger, Mike: Kooperation: Mythos und Realität einer Praxis – Eine empirische Studie zur interinstitutionellen Zusammenarbeit am Beispiel der Kinder- und Jugendhilfe, München 2003; Zit.: van Santen/Seckinger, S.

Schellhorn, Walter; Schellhorn, Helmut; Fischer, Lothar; Mann, Horst: SGB VIII Kinder- und Jugendhilfe, 3., neu bearbeitete Auflage, München 2007; Zit.: Schellhorn/Bearbeiter, §, Rn.

Schellhorn, Walter; Schellhorn, Helmut; Hohm, Karl-Heinz: SGB XII – Sozialhilfe: ein Kommentar für Ausbildung, Praxis und Wissenschaft, 18. neu bearbeitete Auflage, Köln 2010; Zit.: Schellhorn/Bearbeiter, SGB XII, §, Rn.

Schellhorn, Walter; Schellhorn, Helmut; Hohm, Karl-Heinz: Das Bundessozialhilfegesetz: Ein Kommentar für Ausbildung, Praxis und Wissenschaft, 16. völlig überarbeitete Auflage, Neuwied; Kriftel 2002; Zit.: Schellhorn/Schellhorn, §, Rn.

Scherpner, Hans: Geschichte der Jugendfürsorge, 2. Auflage, Göttingen 1979; Zit.: Scherpner, S.

Schiffer, Eugen: Die Deutsche Justiz – Grundzüge einer durchgreifenden Reform, 2. völlig neu bearbeitete Auflage, München und Berlin 1949; Zit.: Schiffer, S.

Schiffer, Eugen: Erste Sitzung der ersten Abteilung für bürgerliches Recht am Donnerstag, den 13. September 1928, Leitsatz zum Thema „Empfiehlt sich eine grundsätzliche Änderung in der Behandlung von Ehestreitsachennach Zuständigkeit und Verfahren?“, S. 98-116 in: Verhandlungen des 35. Deutschen Juristentages, Bd. 2, Berlin und Leipzig 1928; Zit.: Schiffer in: 35. Jur. Tag, Bd. 2, S.

Schlink, Bernhard: Jugendgerichtshilfe zwischen Jugend- und Gerichtshilfe – Verfassungsrechtliche Bemerkungen zu § 38 JGG – in: Bundesministerium der Justiz, Jugendgerichtshilfe – Quo vadis?, 2. Auflage, Bonn 1993; Zit.: Schlink, in: BMJ, Jugendgerichtshilfe – Quo vadis?, S.

Schlipphak, Fritz: ZblJugR 1980, S. 468-482, Jugendhilferecht im Wandel; Zit.: Schlipphak, ZblJugR 1980, S.

Schmid, Heike: Die Hilfeplanung nach § 36 SGB VIII, Frankfurt am Main 2004; Zit.: Schmid, Die Hilfeplanung nach § 36 SGB VIII, S.

Schmidt, Caroline: Der Spiegel, 22/2007, S. 36-37, Kinderschutz Früher, Schneller, Präziser; Zit.: Schmidt, Der Spiegel 22/2007, S.

Schmidt-Aßman, Eberhard; Schoch, Friedrich (Hrsg.): Besonderes Verwaltungsrecht, 14. neu bearbeitete Auflage, Berlin 2008; Zit.: Bearbeiter in: Schmidt-Aßman/Schoch, VerwR BT, Kp., Rn.

Schnitzler, Klaus: Münchener Anwaltshandbuch Familienrecht, 2. überarbeitete und erweiterte Auflage, München 2008; Zit.: Schnitzler in: Anwaltshandbuch Familienrecht, §, Rn.

Schoch, Friedrich; Schmidt-Aßmann, Eberhard; Pietzner, Rainer: Verwaltungsgerichtsordnung, Kommentar, Band I, 19. Ergänzungslieferung, München 2009, Stand: November 2009 ; Zit.: Bearbeiter in: Schoch/Schmidt-Aßmann/Pietzner, VwGO, §, Rn.

Schone, Reinhold: Familien unterstützen und Kinder schützen –Jugendämter zwischen Sozialleistung und Intervention in: Sozialpädagogisches Institut des SOS-Kinderdorf e.V. (Hrsg.), Jugendämter zwischen Hilfe und Kontrolle, S. 51-90; Zit.: Bearbeiter in: SPI, Jugendämter zwischen Hilfe und Kontrolle, S

Schriftführer-Amt der ständigen Deputation: Verhandlungen des Fünfunddreißigsten Deutschen Juristentages (Salzburg), Erster Band (Gutachten), Berlin und Leipzig 1928

Schriftführer-Amt der ständigen Deputation: Verhandlungen des Fünfunddreißigsten Deutschen Juristentages (Salzburg), Zweiter Band (Stenographischer Bericht), Berlin und Leipzig 1928

Schuckmann, Hans-Joachim; Sonnenfeld, Susanne: Jansen FGG: Gesetz über die Angelegenheiten der freiwilligen Gerichtsbarkeit, Band 2, Berlin 2005; Zit.: Jansen/Bearbeiter, FGG, §, Rn.

Schuckmann, Hans-Joachim; Sonnenfeld, Susanne: Jansen FGG: Gesetz über die Angelegenheiten der freiwilligen Gerichtsbarkeit, Band 1, Berlin 2006; Zit.: Jansen/Bearbeiter, FGG, §, Rn.

Schulte-Bunert, Kai: Das neue FamFG, Köln 2009; Zit.: Schulte-Bunert, Das neue FamFG, §, Rn.

Schulte-Bunert, Kai; Weinreich, Gerd: FamFG Kommentar, 2. Auflage, Köln 2010; Zit.: Schulte-Bunert/Weinreich/Bearbeiter, FamFG, §, Rn.

Schulze, Heike: ZKJ 2006, 538- 541, Familienrichter zwischen Entscheidungszentrierung und Kinderperspektive; Zit.: Schulze, ZKJ 2006, S.

Schumann, Erich: Gewerkschaftliche Monatshefte 1970, S. 273-275, Das neue Jugendgericht und sein Verfahren nach den Vorschlägen der Arbeiterwohlfahrt; Zit.: Schumann, Gewerkschaftliche Monatshefte 1970, S.

Schumann, Eva: Kindeswohl zwischen elterlicher und staatlicher Verantwortung, S. 169-225 in: Behrends/Schumann, Gesetzgebung, Menschenbild und Sozialmodell im Familien- und Sozialrecht, Berlin, New York 2008; Zit. Schumann in: Behrends/Schumann, S.

Schwab, Dieter: FamRZ 1998, S. 457 –472, Elterliche Sorge bei Trennung und Scheidung der Eltern – Die Neuregelung des Kindschaftsreformgesetzes –; Zit.: Schwab, FamRZ 1998, S.

Schwab, Norbert; Weth, Stephan: Arbeitsgerichtsgesetz Kommentar, 3. Auflage, Köln 2011; Zit.: Bearbeiter in: Schwab/Weth, ArbGG, §, Rn.

Schwenzer, Ingeborg: Braucht die Schweiz Familiengerichte? In: Vetterli, Auf dem Weg zum Familiengericht, Bern 2004; Zit.: Schwenzer in: Vetterli, Auf dem Weg zum Familiengericht, S.89-109

Silberkuhl, Birgit: NVwZ 1993, S: 46-47, Kleine Nachlese zum 59. Deutschen Juristentag – Abteilung Sozialrecht; Zit.: Silberkuhl, NVwZ 1993, S.

Simitis, Spiros: Das Kindeswohl als Entscheidungsziel: Von der Euphorie zur Skepsis in: Goldstein J./Freud/Solnit/Goldstein S., Das Wohl des Kindes, 1. Auflage, Frankfurt am Main 1988; Zit.: Simitis in: Goldstein u.a., Das Wohl des Kindes, S.

Simitis, Spiros: Kindschaftsrecht – Elemente einer Theorie des Familienrechts S. 579-616 in: Dieckmann/Frank/Hanisch/Simitis (Hrsg.), Festschrift für Wolfram Müller-Freienfels, Baden-Baden 1986; Zit.: Simitis in: Festschrift für Müller-Freienfels, S.

Simitis, Spiros; Rosenkötter, Lutz; Vogel, Rudolf; Boost-Muss, Barbara; Frommann, Jürgen; Hopp, Jürgen; Koch, Hartmut; Zenz, Gisela: Kindeswohl – Eine interdisziplinäre Untersuchung über seine Verwirklichung in der vormundschaftsgerichtlichen Praxis, Frankfurt am Main 1979; Zit.: Simitis u.a., Kindeswohl, S.

Sommer, Thomas: DRiZ 1992, S. 135-139, Ehrenamtliche Richter und Unabhängigkeit der Gerichte; Zit.: Sommer, DRiZ 1992, S.

Sozialpädagogisches Institut Berlin (Hrsg.): Das Recht der Elterlichen Sorge, Neuwied und Darmstadt 1983; Zit.: Sozialpädagogisches Institut Berlin, Kap.

Sozialpädagogisches Institut des SOS-Kinderdorf e.V. (Hrsg.): Jugendämter zwischen Hilfe und Kontrolle, Onlineausgabe, München 2010; Zit.: Bearbeiter in: SPI, Jugendämter zwischen Hilfe und Kontrolle, S.

Ständige Deputation des Deutschen Juristentages: Verhandlungen des neunundfünfzigsten Deutschen Juristentages, Hannover 1992, Band II (Sitzungsberichte), Teil Q, München 1992; Zit.: Verhandlungen des 59. Deutschen Juristentages, Band II, Teil Q, S.

Ständige Deputation des Deutschen Juristentages: Verhandlungen des neunundfünfzigsten Deutschen Juristentages. Hannover 1992, Band 2, Sitzungsberichte, München 1992; Zit.: Verhandlungen des 59. Dt. Juristentages, Band II, Teil, Beschluss Nr., S.

Staudinger, Julius von (Begr.); Engler, Helmut (Red.): J. von Staudinger, Kommentar zum Bürgerlichen Gesetzbuch mit Einführungsgesetz und Nebengesetzen: Buch 4 Familienrecht, §§ 1638-1683 (Elterliche Sorge 2 – Vermögenssorge, Kindesschutz, Sorgerechtswechsel), Neubearbeitung 2004, Berlin 2004; Zit.: Staudinger/Bearbeiter, 2004, §, Rn.

Staudinger, Julius von (Begr.); Engler, Helmut (Red.): J. von Staudinger, Kommentar zum Bürgerlichen Gesetzbuch mit Einführungsgesetz und Nebengesetzen: Buch 4 Familienrecht, §§ 1638-1683 (Elterliche Sorge 2 – Vermögenssorge, Kindesschutz, Sorgerechtswechsel), Neubearbeitung 2009, Berlin 2009; Zit.: Staudinger/Bearbeiter, §, Rn.

Staudinger, Julius von (Begr.); Engler, Helmut (Red.): J. von Staudingers Kommentar zum Bürgerlichen Gesetzbuch mit Einführungsgesetz und Nebengesetzen, Buch 4, Familienrecht, §§ 1626-1633 (Elterliche Sorge 1 - Inhaberschaft und Inhalt), Neubearbeitung 2007, Berlin 2007; Zit.: Staudinger/Bearbeiter, §, Rn.

Staudinger, Julius von (Begr.); Peschel-Gutzeit, Lore Maria (Red.): J. von Staudingers Kommentar zum Bürgerlichen Gesetzbuch mit Einführungsgesetz und Nebengesetzen, Buch 4, Familienrecht, §§ 1684-1717 (Elterliche Sorge 3 - Umgangsrecht), Neubearbeitung 2006, Berlin 2006; Zit: Staudinger/Bearbeiter, §, Rn.

Stegemann, Eduard (Hrsg.); Hahn, Carl; Mugdan, Benno : Die gesamten Materialien zu den Reichsjustizgesetzen: Band 1: Materialien zum Gerichtsverfassungsgesetz, Abteilung 2, 2. Auflage, Neudruck der Ausgabe Berlin 1883, Aalen 1983; Zit.: Hahn, Materialien zum GVG, Abt. 2, S.

Stegemann, Eduard (Hrsg.); Hahn, Carl; Mugdan, Benno : Die gesamten Materialien zu den Reichsjustizgesetzen: Band 1: Materialien zum Gerichtsverfassungsgesetz, Abteilung, 1. 2. Auflage, Neudruck der Ausgabe Berlin 1883, Aalen 1983; Zit.: Hahn, Materialien zum GVG, Abt. 1, S.

Stiftung „Zum Wohl des Pflegekinderwesens" (Hrsg.): 5 Jahre KJHG aus der Sicht des Pflegekinderwesens, Idstein 1996; Zit: Bearbeiter in: 5 Jahre KJHG, S.

Tenhaken, Beate: Jugendhilfe aktuell 2007, Heft 3, S. 27-36, Das Spannungsfeld der Jugendhilfe in gerichtlichen Verfahren gemäß § 1666 BGB; Zit.: Tenhaken, Jugendhilfe aktuell 2007/3, S.

Theile, Ralph: DRiZ 1977, S. 274-276, Der Familienrichter – ein neues Richterbild; Zit.: Theile, DRiZ 1977, S.

Trenczek, Thomas: Inobhutnahme: Krisenintervention und Schutzgewährung durch die Jugendhilfe §§ 8a, 42 SGB VIII, 2. völlig neu bearbeitete Auflage, Stuttgart; München; Hannover; Berlin; Weimar; Dresden 2008; Zit.: Trenczek, Inobhutnahme, S.

Trenczek, Thomas Münder, Johannes; Meysen, Thomas; Trenczek, Thomas (Hrsg.): Frankfurter Kommentar zum SGB VIII: Kinder- und Jugendhilfe, 6. vollständig überarbeitete Auflage, Baden-Baden 2009; Zit.: Bearbeiter in: FK-SGB VIII, §, Rn.

Uhlendorff, Uwe: Geschichte des Jugendamtes: Entwicklungslinien der öffentlichen Jugendhilfe 1871 – 1929, Kasseler Studien zur Sozialpolitik und Sozialpädagogik, Band 2, Weinheim; Basel; Berlin 2003; Zit.: Uhlendorff, Kap., S.

Urban, Ulrike: ZKJ 2006, S. 126-135, Wo kein Kläger, da kein Rechtsbruch? Zur Durchsetzung von individuellen Rechtsansprüchen in der Jugendhilfe; Zit.: Urban, ZKJ 2006, S.

Urban, Ulrike. ZKJ 2006, S. 126-135, Wo kein Kläger, da kein Rechtsbruch?; Zit.: Urban, ZKJ 2006, S.

Veit, Barbara: FPR 2008, S. 598-602, Das Gesetz zur Erleichterung familiengerichtlicher Maßnahmen bei Gefährdung des Kindeswohls im Überblick; Zit.: Veit, FPR 2008, S.

Vetterli, Rolf (Hrsg.): Auf dem Weg zum Familiengericht, Bern 2004 (aus der Schriftenreihe zum Familienrecht (FamPra.ch), herausgegeben von Schwenzer, Ingeborg; Büchler, Andrea)

Vischer, Frank; Staehelin, Adrian: Familienrecht im Wandel - Festschrift für Hans Hinderling, Basel und Stuttgart 1976

Vogel, Hans-Jochen: FamRZ 1976, S: 481-491, Das Erste Gesetz des Ehe- und Familienrechts vom 14. Juni 1976 (1. EheRG); Zit.: Vogel, FamRZ 1976, S:

Wabnitz, Reinhard Joachim: Grundkurs Kinder- und Jugendhilferecht für die Soziale Arbeit, München 2007; Zit.: Wabnitz, Grundkurs KJHR, S.

Wabnitz, Reinhard Joachim: ZfJ 2000, S. 336-343, Mitwirkung der Jugendhilfe im familiengerichtlichen Verfahren. Rechtsgrundlagen, Aufgaben und Selbstverständnis; Zit.: Wabnitz, ZfJ 2000, S.

Wabnitz, Reinhard Joachim: Hessisches Kinder- und Jugendhilfegesetzbuch (HKJGB), Kommentar, Frankfurt am Main 2007; Zit.: Wabnitz, HKJGB, §, S.

Wabnitz, Reinhard Joachim: Rechtsansprüche gegenüber Trägern der öffentlichen Kinder- und Jugendhilfe nach dem Achten Buch Sozialgesetzbuch (SGB VIII), Berlin 2005; Zit.: Wabnitz, Rechtsansprüche, S.

Wacke, Andreas: DNotZ 1988, S. 732-750, Ursprung der Freiwilligen Gerichtsbarkeit; Zit.: Wacke, DNotZ, S.

Wagner, Christean: DRiZ 2005, S. 118-120, Soll es weiter ehrenamtliche Richter geben?; Zit.: Wagner, DRiZ 2005, S.

Wagner, Wiebke: ZKJ 2009, S. 605-608, Also lautet der Beschluss, dass der Mensch was lernen muss…; Zit.: Wagner, ZKJ 2009, S.

Waibel, Christoph SGb 2005, S. 215-228, Zuständigkeit der Sozialgerichte für Angelegenheiten nach dem Sozialgesetzbuch; Zit.: Waibel, SGb 2005, S.

Walder, Hans; Trechsel, Stefan: Schweizerische Zeitschrift für Strafrecht, 94. Jahrgang, Lebendiges Strafrecht – Festgabe zum 65. Geburtstag von Hans Schultz, Bern 1977

Walper, Sabine: Kontextmerkmale gelingender und misslingender Entwicklung von Kindern in Einelternfamilien, S. 148-166 in: Fegert/Ziegenhain, Hilfen für Alleinerziehende, 1. Auflage, Weinheim, Basel, Berlin 2003; Zit.: Wapler in: Fegert/Ziegenhain, S.

Walter, Arno: Zur Kompetenz ehrenamtlicher Richter in der Strafrechtspflege – Einführung in das Amt und Fortbildung – in: Lieber/Sens (Hrsg.), Ehrenamtliche Richter – Demokratie oder Dekoration am Richtertisch?, Wiesbaden 1999; Zit.: Walter in: Lieber/Sens, S.

Walter, Eginhard: FPR 2009,S. 23-27, Hinwirken auf Einvernehmen – Welche Zusatzqualifikationen braucht das Gericht?; Zit.: Walter, FPR 2009, S.

Wapler, Friederike: RdJB 2009, S. 21-33, Staatliche Reaktionsmöglichkeiten bei Kindeswohlgefährdungen – Verfassungsrechtliche Aspekte der jüngsten Gesetzesänderungen; Zit.: Wapler, RdBJ 2009, S.

Wassermann, Rudolf: Kommentar zum Bürgerlichen Gesetzbuch in sechs Bänden, Band 5, Familienrecht, Reihe Alternativkommentare, Neuwied und Darmstadt 1981; Zit.: AK-BGB/Münder, §, Rn.

Weinreich, Gerd; Klein Michael: Fachanwaltskommentar Familienrecht: Kompaktkommentar zum Familienrecht, 4. Auflage, Köln 2011; Zit.: FAKomm-FamR/Ziegler, §, Rn.

Wenzel, Leonhard: JZ 1965, S. 697-702, 75 Jahre deutsche Arbeitsgerichtsbarkeit – Rückblick auf die Geschichte eines Gerichtszweigs; Zit.: Wenzel, JZ 1965, S.

Westermann, Harm Peter: Erman Bürgerliches Gesetzbuch, Band II, 12., neu bearbeitete Auflage, Köln 2008; Zit.: Erman/Bearbeiter, §, Rn.

Wever, Reinhardt: FF 2008, S. 399-403; Das Große Familiengericht nach dem FamFG; Zit.: Wever, FF 2008, S.

Wiesner, Reinhard: DAVorm 1978, S. 1-18, Der neue Referentenentwurf des Jugendhilfegesetzes; Zit. Wiesner, DAVorm 1978, S.

Wiesner, Reinhard: ZblJugR 1980, S. 455-468, Zur Kontroverse um das Jugendhilferecht; Zit.: Wiesner, ZblJugR 1980, S.

Wiesner, Reinhard: ZblJugR 1981, S. 509-524, Die Kompetenz des Vormundschaftsgerichts bei Abwehr von Gefahren für das Kindeswohl; Zit. Wiesner, ZblJugR 1981, S.

Wiesner, Reinhard: Möglichkeiten und Grenzen der Kooperation von Jugendamt und Familiengericht in: DIJuF (Hrsg.), Zusammenarbeit zwischen Familiengerichten und Jugendämtern bei der Verwirklichung des Umgangs zwischen Kindern und Eltern nach Trennung und Scheidung – Dokumentation einer Veranstaltungsreihe, S. 30-39; Zit.: Wiesner in: dijuf.de, Tagungsdokumentation, S.

Wiesner, Reinhard: ZfJ 2003, S. 121-129, Zur gemeinsamen Verantwortung von Jugendamt und Familiengericht für die Sicherung des Kindeswohls; Zit.: Wiesner, ZfJ 2003, S.

Wiesner, Reinhard: SGB VIII Kinder- und Jugendhilfe, 3., völlig überarbeitete Auflage, München 2006; Zit.: Wiesner/Bearbeiter, SGB VIII (2006), §, Rn.

Wiesner, Reinhard: SGB VIII Kinder- und Jugendhilfe, 4., überarbeitete Auflage, München 2011; Zit.: Wiesner/Bearbeiter, §, Rn.

Wiesner, Reinhard: Die Verbesserung des Schutzes von Kindern und Jugendlichen vor Gefahren für ihr Wohl durch das Kinder- und Jugendhilfeweiterentwicklungsgesetz (KICK) in: Jordan, Kindeswohlgefährdung: Rechtliche

Neuregelungen und Konsequenzen für den Schutzauftrag der Kinder-und Jugendhilfe, Weinheim und München 2006; Zit.: Wiesner in: Jordan, Kindeswohlgefährdung, S.

Wiesner, Reinhard: § 8a SGB VIII als Aufforderung zu Dialog auch zwischen Jugendhilfe und Justiz, S. 15-34, in: Elz, Kooperation von Jugendhilfe und Justiz bei Sexualdelikten gegen Kinder, Wiesbaden 2007; Zit: Wiesner in: Elz, S.

Wiesner, Reinhard: FPR 2008, S. 608-613, Leistungen der Kinder- und Jugendhilfe nach dem SGB VIII; Zit.: Wiesner, FPR 2008, S.

Wiesner, Reinhard: Rechtliche Grundlagen in: Wiesner/Zarbock Das neue Kinder- und Jugendhilfegesetz (KJHG) und seine Umsetzung in der Praxis, München 1991; Zit.: Wiesner in: Wiesner/Zarbock, S.

Wiesner, Reinhard: ZfJ 2004, S. 161-172, Das Wächteramt des Staates und die Garantenstellung der Sozialarbeiterin/des Sozialarbeiters zur Abwehr von Gefahren für das Kindeswohl; Zit.: Wiesner, ZfJ 2004, S.

Wiesner, Reinhard; Zarbock, Walter, H. (Hrsg.): Das neue Kinder- und Jugendhilfegesetz (KJHG) und seine Umsetzung in der Praxis, Köln; Berlin; Bonn; München 1991; Zit.: Bearbeiter in: Wiesner/Zarbock, S.

Willutzki, Siegfried: Aufgaben und Rechtsgrundlagen der familiengerichtlichen Tätigkeit in: DIJuF (Hrsg), Zusammenarbeit zwischen Familiengerichten und Jugendämtern bei der Verwirklichung des Umgangs zwischen Kindern und Eltern nach Trennung und Scheidung - Dokumentation einer Veranstaltungsreihe, S. 25-30; Zit.: Willutzki in: dijuf.de, Tagungsdokumentation, S.

Willutzki, Siegfried: ZfJ 1994, S. 202-204, Familiengericht und Jugendamt – neue Formen der Zusammenarbeit; Zit.: Willutzki, ZfJ 1994, S.

Willutzki, Siegfried: FF 1997, S. 63-67, Familiengerichtstag – Reformvorhaben – Familiengerichtsbarkeit, Interview; Zit.: Willutzki, FF 1997, S.

Willutzki, Siegfried: ZKJ 2008, S. 139-142, Kinderschutz aus Sicht des Familiengerichts – Zu den Reformen des Gesetzgebers; Zit.: Willutzki, ZKJ 2008, S.

Windel, Peter A.: ZZP 1999, Band 12, S. 293-313, Soll am Laienrichterwesen festgehalten werden?; Zit.: Windel, ZZP 1999, S.

Wolf, Ernst; Lüke, Gerhard; Hax, Herbert: Scheidung und Scheidungsrecht – Grundfragen der Ehescheidung in Deutschland, Tübingen 1959; Zit.: Wolf/Lüke/Hax, S.

Wolff, Hans J.; Bachof, Otto; Stober, Rolf; Kluth, Winfried: Verwaltungsrecht I – Ein Studienbuch, 12. neu bearbeitete Auflage, München 2007; Zit.: Wolf/Bachoff/Stober/Kluth, Verwaltungsrecht I, §, Rn.

Wolmerath, Martin: Der ehrenamtliche Richter am Arbeitsgericht. Ausgewählte Probleme bei der Erfüllung seiner gesetzlichen Funktion sowie Überlegungen zur Übertragung neuer Aufgaben in: Lieber/Sens (Hrsg.), Ehrenamtliche Richter – Demokratie oder Dekoration am Richtertisch?, Wiesbaden 1999; Zit.: Wolmerath in: Lieber/Sens, S.

Yessiou-Faltsi, Pelaya; Jost, Fritz; Kaissis, Athanassios; Apalagaki, Charoula (Hrsg.): Recht in Europa, Festschrift für Prof. Dr. Dr. Hilmar Fenge zum 65. Geburtstag am 28.10.1996

Zenz, Gisela: Kindesmißhandlung und Kindesrechte – Erfahrungswissen, Normstruktur und Entscheidungsrationalität, 1. Auflage, Frankfurt am Main 1981; Zit.: Zenz, Kindesmißhandlung und Kindesrechte, S.

Zitelmann, Maud: Kindeswohl und Inobhutnahme – Hinweise und Ergebnisse aus einer bundesweiten Studie, S. 75-101 in: Lewis u.a., Inobhutnahme konkret, Frankfurt am Main 2009; Zit.: Zitelmann in: Lewis u.a., S.

Zitelmann, Maud: ZKJ 2011, S. 236-243, Kindesschutz durch Inobhutnahme; Zit.: Zitelmann, ZKJ 2011, S.

Zwahr, Annete: Brockhaus-Enzyklopädie in 30 Bänden, Band 7, DIEU-EMAR, 21. völlig neu bearbeitete Auflage, Leipzig ; Mannheim; Zit.: Brockhaus, Band 7, S.

Internetverzeichnis

Arbeitsgruppe „Familiengerichtliche Maßnahmen bei Gefährdung des Kindeswohls“: Abschlussbericht vom 14. Juli 2009, http://www.skf-zentrale.de/Abschlussbericht_Kindeswohl_Juli_2009.pdf, Download mit Anlagen: http://www.bmj.de/DE/Recht/BuergerlichesRecht/Kindschaftsrecht/ArbeitsgruppeKindeswohl/_node.html (Stand: 3.11.2011); Zit.: Abschlussbericht v. 14.7.2009, bmj.bund.de, S.

Arbeitsgruppe „Familiengerichtliche Maßnahmen bei Gefährdung des Kindeswohls“: Abschlussbericht vom 17. November 2006, http://www.bmj.de/SharedDocs/Downloads/DE/pdfs/AG_Kindeswohl_Abschlussbericht_2006.pdf?__blob=publicationFile, Download siehe oben, (Stand: 3.11.2011); Zit.: Abschlussbericht v. 17.11.2006, bmj.bund.de, S.

Aktionsbündnis Kinderrechte ins Grundgesetz: http://www.kinderrechte-ins-grundgesetz.de/ (Stand: 3.11.2011)

Arbeitskreis Familie und Recht im Rheinland: Zusammenstellung der Beiträge zur zweiten Sitzung des Arbeitskreises „Familie und Recht im Rheinland“ vom 15.04.2008 - Das neue Verfahren in Familiensachen - Zur geplanten Reform des familiengerichtlichen Verfahrens, http://www.lvr.de/app/resources/dok15042008familiengerichtlicheverfahren.pdf (Stand: 3.11.2011)

Berlin .de: Jahresprogramme der Deutschen Richterakademie, abzurufen unter: http://www.deutsche-richterakademie.de (Stand: 3.11.2011); Zit.: Jahresprogramme der Deutschen Richterakademie, deutsche-richterakademie.de

Bundesjugendkuratorium (BJK): Schutz vor Kindeswohlgefährdung – Anmerkungen zur aktuellen Debatte, Dezember 2007, download unter: http://www.bundesjugendkuratorium.de/positionen.html (Stand: 3.11.2011); Zit.: BJK, Schutz vor Kindeswohlgefährdung, dji.de, S.

Bundesministerium der Justiz (Pressestelle): Besserer Schutz für gefährdete Kinder, 11.7.2007, http://www.gesmat.bundesgerichtshof.de/gesetzesmaterialien/16_wp/kindeswohl/pm_bmj_11_07_07.pdf, (Stand: 3.11.2011); Zit.: BMJ Pressemitteilung v. 11.7.2007, Besserer Schutz für gefährdete Kinder

Bundesministerium für Familie, Senioren, Frauen und Jugend: Qs 10 - Qualitätssicherung durch Zusammenarbeit (Materialien zur Qualitätssicherung in der Kinder- und Jugendhilfe), Bonn 1997, http://www.qs-kompendium.de/pdf/Qs10.pdf (Stand: 3.11.2011); Zit.: BMFSFJ, Qs 10

Bundesministerium für Familien, Senioren, Frauen und Jugend: Sozialpädagogische Familienhilfe in der Bundesrepublik Deutschland (Online Publikation), http://www.bmfsfj.de/Publikationen/spfh/root.html (Stand: 3.11.2011); Zit.: BMFSFJ, Handbuch SPFH, bmfsfj.de, Kap., S.

Bundesministerium für Familien, Senioren, Frauen und Jugend: Bundesministerin Ursula von der Leyen startet Modellprojekte für soziale Frühwarnsysteme, 3.11.2006, http://www.bmfsfj.de/bmfsfj/generator/BMFSFJ/aktuelles,did=85 166.html (Stand: 3.11.2011); Zit.: Ursula von der Leyen, bmfsfj.de

Bundesministerium für Familien, Senioren, Frauen und Jugend: Bundesfamilienministerin eröffnet den Bundeskongress des Nationalen Zentrums Frühe Hilfen, 13.10.2010, http://www.bmfsfj.de/BMFSFJ/kinder-und-jugend,did= 161738.html (Stand: 3.11.2011); Zit.: BMFSFJ Pressemitteilung v. 13.10.2010, bmfsfj.de

Bundesverband der Richter für Handelssachen e.V.: Aufgaben und Verantwortung der Richter in Handelssachen "Handelsrichter", http://www.handelsrichter.de/ (Stand: 3.11.2011); Zit.: handelsrichter.de

Deutscher Bundestag: Dokumentations- und Informationssystem, Basisinformationen über den Vorgang 16. Wahlperiode, Vorgangstyp: Gesetzgebung, Gesetz zur Erleichterung familiengerichtlicher Maßnahmen bei Gefährdung des Kindeswohl, http://dipbt.bundestag.de/extrakt/ba/WP16/94/9471.html (Stand: 3.11.2011)

Deutsches Kinderhilfswerk: Kampagne Kinderrechte ins Grundgesetz, http://www.kinderpolitik.de/kinderrechte/uebersicht.php?page_id=unk_kamp agne, Stand: 3.11.2011; Zit.: Dt. Kinderhilfswerk, Kampagne Kinderrechte ins Grundgesetz, kinderpolitik.de

Deutsche Vereinigung für Jugendgerichte und Jugendgerichtshilfen (dvjj) e.V.: 100 Jahre Jugendgerichte, 100 Jahre Jugendgerichtshilfe - Festakt der DVJJ und der Stadt Köln am 26. Mai 2008 im Rathaus zu Köln, http://www.dvjj.de/download.php?id=940 (Stand: 3.11.2011)

Deutscher Reichstag: Das Deutsche Reichsgesetzblatt ist online verfügbar: http://de.wikisource.org/wiki/Kategorie:Deutsches_Reichsgesetzblatt (Stand. 3.11.2011)

Deutsches Institut für Jugendhilfe und Familienrecht (DIJuF) e.V. (Hrsg.): Zusammenarbeit zwischen Familiengerichten und Jugendämtern bei der Verwirklichung des Umgangs zwischen Kindern und Eltern nach Trennung und Scheidung: Dokumentation einer Veranstaltungsreihe des Bundesministeriums der Justiz und des Bundesministeriums für Familie, Senioren, Frauen und Jugend, Heidelberg 2002, http://www.dijuf.de/tl_files/downloads/2010/fachzeitschrift_das_jugendamt/Tagungsdokumentation_JA_FamG.pdf (Stand: 3.11.2011); Zit.: Bearbeiter in: dijuf.de, Tagungsdokumentation, S.

Die Bundesregierung: Wirksamer Kinderschutz geht alle an, 24.03.2009, http://www.bundesregierung.de/Content/DE/Artikel/2009/03/2009-03-24-kinderschutz.html (Stand: 3.11.2011); Zit.: REGIERUNGonline, 24.03.2009, Wirksamer Kinderschutz geht alle an

Die Bundesregierung: Vorläufiges Ergebnisprotokoll der Ministerpräsidentenkonferenz v. 19.12.2007 in Berlin, http://www.bmfsfj.de/bmfsfj/generator/RedaktionBMFSFJ/Internetredaktion/Pdf-Anlagen/ergebnisprotokoll-mpk,property=pdf,bereich=,sprache=de,rwb=true.pdf. (Stand: 3.11.2011); Zit.: Vorläufiges Ergebnisprotokoll der Ministerpräsidentenkonferenz v. 19.12.2007 in Berlin, bmfsfj.de, Top

Die Bundesregierung: Pressemitteilung der Bundesregierung zur Annahme der FGG-Reform im Bundestag, Neues Familienprozessrecht, 19.9.2008, http://www.bundesregierung.de/nn_1524/Content/DE/Archiv16/Artikel/2007/05/2007-05-09-reform-familienprozessrecht.html (Stand: 3.11.2011); Zit.: Pressemitteilung Bundesregierung v. 19.9.2008, bundesregierung.de

Die Bundesregierung: Runder Tisch Sexueller Kindesmissbrauch, http://www.rundertisch-kindesmissbrauch.de/index.htm (Stand: 3.11.2011); Zit.: rundertisch-kindesmissbrauch.de

dpa/cag/ihe: Eltern kommen ins Gefängnis, 8.2.2008, http://www.sueddeutsche.de/panorama/fall-dennis-in-cottbus-eltern-kommen-ins-gefaengnis-1.289510 (Stand: 3.11.2011); Zit.: Fall Dennis aus Cottbus, Süddeutsche.de v. 8.2.2008

Eylmann, Horst; Kirchner, Christian; Knieper, Rolf; Kramer, Hartwin; Mayen, Thomas: Zukunftsfähige Justiz – Strukturreform durch Konzentration auf ihre Kernaufgaben, Studie erstellt für das Niedersächsische Justizministerium, Juli 2004, http://www.richterbund-hessen.de/pdf_dat/JuMi_NRW-Justizreform.pdf (im Netz nicht mehr abrufbar); Zit.: Eylmann/Kirchner/Knieper/Kramer/Mayen, Rn., richterbund-hessen.de

Fol/ddp: Fall Justin - Lange Haftstrafen für Kindstötung, 2.11.06, http://www.focus.de/panorama/welt/fall-justin_aid_118532.%20html/, (Stand: 3.11.2011); Zit.; Fall „Justin", focus.de v. 2.11.06

Frankfurt de.: Jugendhilfeausschuss, http://www.frankfurt.de/sixcms/detail. %20php?id=2980 (Stand: 3.11.2011)

Fuchs-Rechlin: KomDat Oktober 2006, Sonderausgabe, 9. Jg., S. 3-5, Kindstötungen – was sagt die Statistik? http://www.aba-fachverband.org/fileadmin /user_upload/user_upload_2006/KomDat_Sonderausgaben_Okt06__Endausd ruck_.pdf (Stand: 3.11.2011); Zit.: Fuchs-Rechlin, KomDat Sonderausgabe 2006, S.

Heilmann, Stefan: Auswirkungen des KICK auf die Zusammenarbeit zwischen Kinder- und Jugendhilfe und Justiz, S. 1-10, 12.3.2006, http://www.hefam.de /koll/hlm20061203.pdf, (Stand: 3.11.2011); Zit.: Heilmann, Auswirkungen des KICK auf die Zusammenarbeit zwischen Kinder- und Jugendhilfe und Justiz, hefam.de, S.

Jugendaemter.com: Jugendämter in Deutschland, http://www.jugend-aemter.com/ (Stand: 3.11.2011); Zit.: jugendaemter.com

Justizministerium Baden-Württemberg, Pressestelle: Leitfaden für ehrenamtliche Richter beim Sozialgericht, http://www.olg-karlsruhe.de/servlet /PB/show/1142606/210703_der_ehrenamtliche_richter_beim_sozialgericht.pd f (Stand: 3.11.2011); Zit.: Leitfaden für ehrenamtliche Richter beim Sozialgericht, justiz.baden-wuerttemberg.de

Kölner Rundschau: Bonner Baby ist erneut verletzt, 12.02.08, http://www.rundschau-online.de/html/artikel/1201191990807.shtml (Stand: 3.11.2011); Zit.: Kölner Rundschau v. 12.2.2008, Bonner Baby ist erneut verletzt, rundschau-online.de

Kölner Stadtanzeiger: Verletztes Kind bleibt bei Eltern, 05.02.08, http://www.ksta.de/html/artikel/1201184443058.shtml (Stand: 3.11.2011); Zit.: Kölner Stadtanzeiger v. 5.2.2008, Verletztes Kind bleibt bei Eltern, ksta.de

Konferenz der Justizministerinnen und Justizminister: Beschluss der 78. Konferenz der Justizministerinnen und Justizminister vom 28. bis 29. Juni 2007 in Berlin, http://www.justiz.bayern.de/imperia/md/content/stmj_internet/ministerium/ministerium/jumiko/2007/ftop_ii_2.pdf (Stand: 3.11.2011); Zit.: Beschluss der 78. JuMiKo, justiz.bayern.de

Konferenz der Justizministerinnen und Justizminister: Beschluss der 76. Konferenz der Justizministerinnen und Justizminister vom 29. bis 30. Juni 2005 in Dortmund, http://www.anhaltspunkte.de/zeitung/urteile/justizreform_30.06.05_beschluss.htm (Stand: 3.11.2011); Zit.: Beschluss der 76. JuMiKo, justiz.nrw.de

Kongress Kinderschutz- und Kindeswohl im Sorge- und Umgangsrecht: Kongress „Kinderschutz und Kindeswohl im Sorge- und Umgangsrecht" in Frankfurt am Main am 18./19. Januar 2008, „Frankfurter Thesen", http://www.autonome-frauenhaeuser-zif.de/pdf/aktuelles/frankfurter_thesen.pdf (Stand: 3.11.2011); Zit: Kongress „Kinderschutz und Kindeswohl im Sorge- und Umgangsrecht", autonome-frauenhaeuser-zif.de, Forum, S.

Mäurer, Ulrich: Dokumentation über die Abläufe und Zusammenhänge im Todesfall Kevin K., 2006, http://www.agsp.de/assets/applets/bericht_maeuer_kevin_2006r.pdf, Download unter: http://www.agsp.de/html/n432.html (Stand: 3.11.2011); Zit.: Mäurer, agsp.de, S.

Rotax, Horst-Heiner: Stellungnahme zum FGG-Reformgesetz - Teil 4/6, Beitrag vom 7.7.2008, http://www.rechtsportal.de/Familienrecht/Aktuelles/Stellungnahme-zum-FGG-Reformgesetz-Teil-4-6-Verfahren-in-Kindschaftssachen (Stand: 3.11.2011); Zit.: Rotax, Stellungnahme zum FGG-Reformgesetz, Teil 4/6, S., rechsportal.de.

*Salgo, Ludwig:*Stellungnahme für die Öffentliche Anhörung des Rechtsausschusses des Deutschen Bundestages zum FGG-RG - BT-Dr 16/6308 am 13.2.2008, http://www.autonome-frauenhaeuser-zif.de/pdf/ksr/stellungnahme_salgo_fgg-reform.pdf (Stand: 3.11.2011); Zit.: Salgo, Stellungnahme zu BT-Drucks. 16/6308, S.

Salgo, Ludwig: Stellungnahme zum Gesetzesentwurf der Bundesregierung: Entwurf eines Gesetzes zur Verbesserung des Kinderschutzes – Kinderschutzgesetz (BT-Drucks. 16/12429 vom 25.03.2009), Ausschussdrucksache 16(13)474e, http://www.agsp.de/assets/applets/Salgo_Stellungnahme_Kinderschutzgesetz_474e_16_13_salgo.pdf (Stand: 3.11.2011); Zit.: Salgo, Stellungnahme zum Entwurf eines BKiSchG, Ausschussdrucks.16(13)474e,bundestag.de, S.

Salgo, Ludwig: Erste Eindrücke beim Lesen des Untersuchungsberichts der Bremischen Bürgerschaft zum Tode von Kevin, http://www.agsp.de/html/d249.html (Stand: 3.11.2011); Zit.: *Salgo*, agsp.de

Salgo, Ludwig: § 8a SGB VIII: Anmerkungen und Überlegungen zur Vorgeschichte und zu den Konsequenzen der Gesetzesänderung, http://www.agsp.de/html/a81.html (Stand: 3.11.2011); Zit.: *Salgo*, agsp.de, § 8a SGB VIII

Seyther, Jana: Vernachlässigung in Deutschland – Niemand kennt das wahre Ausmaß, 3.9.2007, http://www.tagesschau.de/inland/mel dung92194.html (Stand: 10.3.2010); Zit.: Seyther, tagesschau.de

Shila Behjat: Urteil im Fall Jessica Der Tag der vergessenen Kinder, 25.11.2005, http://www.stern.de/politik/deutschland/urteil-im-fall-jessica-der-tag-der-vergessenen-kinder-550393.html (Stand: 3.11.2011); Zit.: Fall „Jessica", Stern.de v. 25.11.2005

Spiegel.de: Zahl der Kindstötungen steigt alarmierend an, 27.05.2011, http://www.spiegel.de/panorama/justiz/0,1518,765321,00.html, (Stand: 3.11.2011); Zit.: Zahl der Kindstötungen steigt alarmierend an, spiegel.de v. 27.05.2011

Statistisches Bundesamt (Destatis): Fachserie 10, Reihe 2.2., Rechtspflege Familiengerichte 2008, Wiesbaden 2009, Download unter: https://www-ec.destatis.de/csp/shop/sfg/bpm.html.cms.cBroker.cls, Suchwort: Familiengerichte (Stand: 3.11.2011); Zit.: Destatis, Familiengerichte, destatis.de, Tabelle

Statistisches Bundesamt (Destatis): Statistiken der Kinder- und Jugendhilfe - Pflegschaften, Vormundschaften, Beistandschaften, Pflegeerlaubnis, Sorgerechtsentzug, Sorgeerklärungen 2008, Wiesbaden 2009, Download unter: https://www-ec.destatis.de/csp/shop/sfg/ bpm.html.cms.cBroker.cls, Suchwort: Pflegschaften (Stand: 3.11.2011); Zit.: Destatis, Statistiken der Kinder- und Jugendhilfe, Pflegschaften, destatis.de, Tabelle

Statistisches Bundesamt (Destatis): Statistiken der Kinder- und Jugendhilfe – vorläufige Schutzmaßnahmen 2008, Wiesbaden 2009, Download unter: https://www-ec.destatis.de/csp/shop/sfg/bpm.html.cms. cBroker.cls, Suchwort: vorläufige Schutzmaßnahmen (Stand: 3.11.2011); Zit.: Destatis, Statistiken der Kinder- und Jugendhilfe, vorläufige Schutzmaßnahmen, destatis.de, Tabelle

Statistisches Bundesamt (Destatis): Pressemitteilung Nr. 234 vom 25.06.2009 - 14% mehr Inobhutnahmen durch Jugendämter im Jahr 2008, http://www.destatis.de/jetspeed/portal/cms/Sites/destatis/Internet/DE/Presse/pm/2009/06/PD09__234__225,templateId=renderPrint.psml (Stand: 3.11. 2011); Zit.: Destatis, Pressemitteilung Nr. 234 v. 25.06.2009

Stefan Schulz: Michelle-Prozess: Vater gesteht Fehler ein, 16.11.2005, http://www.abendblatt.de/nachrichten/nachrichten-des-tages/article773222/Michelle-Prozess-Vater-gesteht-Fehler-ein.html, (Stand: 3.11.2011); Zit.: Fall „Michelle", Abendblatt.de v. 16. November 2005

Stengel. Eckard: Fall Kevin: Staatsrat rügt Jugendbehörde Amt habe „katastrophale Entwicklung beschönigt", http://www.tagesspiegel.de/politik/fall-kevin-staatsrat-ruegt-jugendbehoerde/788918.html; Zit.: Stengel, tagesspiegel.de

Tenhaken, Beate: Jugendhilfe aktuell 2007, Heft 3, S. 27-36, Das Spannungsfeld der Jugendhilfe in gerichtlichen Verfahren gemäß § 1666 BGB, http://www.lwl.org/lja-download/datei-download2/LJA/Service/jhaktuell/0703/1192115157_3/0703_Jugendhilfe-aktuell.pdf, Download unter: http://www.lwl.org/LWL/Jugend/Landesjugendamt/LJA/Service/jhaktuell (Stand: 3.11.2011); Zit.: Tenhaken, Jugendhilfe aktuell 2007/3, S.

Verwaltungsgericht Aachen: Aufgaben Verwaltungsgericht, http://www.vg-aachen.nrw.de/aufgaben/index.php (Stand: 3.11.2011)

Verwaltungsgericht Göttingen: Prozesskostenhilfe im verwaltungsgerichtlichen Verfahren, http://www.verwaltungsgericht-goettingen.niedersachsen.de/portal/live.php?navigation_id=19369&article_id=71286&_psmand=125 (Stand: 3.11.2011)

Walter, Michael: Festvortrag: Jugendgerichte und Jugendgerichtshilfe als Wegbereiter einer fortdauernden Kriminalrechtsreform in: dvjj, 100 Jahre Jugendgerichte, 100 Jahre Jugendgerichtshilfe., http://www.dvjj.de/download.php?id=938 (Stand: 3.11.2011); Zit.: Walter, 100 Jahre Jugendgerichte, dvjj.de

Weisbrodt, Franz: Zwang zur Kooperation - Ein Beitrag von Franz Weisbrodt, Richter am Amtsgericht Kandel anlässlich der 3. Landeskonferenz Trennung-Scheidung in Ludwigshafen, http://www.konfliktbehandlung.de/main.php?menu_id=226&page_id=230&filter_id=1&showdetail=mod_articles&detail=183 (Stand: 3.11.2011); Zit.: Weisbrodt, Zwang zur Kooperation, konfliktbehandlung.de, S.

Wermelskirchen, Axel: Weniger Kindstötungen in Deutschland, 07.12.2007, http://www.faz.net/aktuell/gesellschaft/kriminalitaet/kriminalstatistik-weniger-kindstoetungen-in-deutschland-1489739.html, (Stand: 3.11.2011); Zit.: Wermelskirchen, Weniger Kindstötungen in Deutschland, faz.net v. 07.12.2007

Wiegand, Ralf: Der Fall Kevin - Stille Schreie nach Hilfe, 11.10.2006, http://www.sueddeutsche.de/politik/463/401245/text/, (Stand: 3.11.2011); Zit.: Fall „Kevin"; Süddeutsche.de v. 11.10.2006

Wiesner, Reinhard: § 36a SGB VIII im Kontext des Kinder- und Jugendhilfeweiterentwicklungsgesetzes (KICK) in: Dresdner Gesprächskreis Jugendhilfe und Justiz" am 16.06.2006, Thema: „Steuerungsverantwortung des Jugendamtes – § 36a SGB VIII – und eventuelle Auswirkungen auf das Jugendstrafverfahren", http://www.jgh-dresden.de/pdf/Gg5_Wies ner_%A736a.pdf, (Stand:3.11.2011); Zit.: Wiesner, § 36a SGB VIII im Kontext des KICK, jgh-dresden.de S.

Willutzki, Siegfried: Die Reform des Verfahrens in Kindschaftssachen – Chance für ein stärker kindorientiertes Verfahren? in: Zusammenstellung der Beiträge zur zweiten Sitzung des Arbeitskreises „Familie und Recht im Rheinland„ vom 15.04.2008, Das neue Verfahren in Familiensachen, Zur geplanten Reform des familiengerichtlichen Verfahrens, http://www.lvr.de/app/resources/dok15042008familiengerichtlicheverfahren.pdf (Stand: 3.11.2011); Zit.: Willutzki, Die Reform des Verfahrens in Kindschaftssachen in: lvr.de, S.

Studien zum deutschen und internationalen Familien- und Erbrecht

Herausgegeben von Martin Lipp, Christoph Benicke, Marina Wellenhofer
und Bettina Heiderhoff

Band 1 Jessica Kriewald: Statusrelevante Erklärungen des Familienrechts. 2009.

Band 2 Martin Gilbert: Unmoralische Angebote, Grundrechtskitsch und die kalte Hand des Erblassers. 2009.

Band 3 Anja Vellmer: Religiöse Kindererziehung und religiös begründete Konflikte in der Familie. Eine rechtsübergreifende Darstellung familiärer religiöser Konflikte und der staatlichen Instrumentarien zu ihrer Lösung. 2010.

Band 4 Uta Heidenreich: Auskunfts- und Wertermittlungsansprüche des Pflichtteilsberechtigten. 2010.

Band 5 Ulla Möhn: Vertrauensschutz im intertemporalen Scheidungsunterhaltsrecht. Zugleich eine Analyse des § 36 Nr. 1 EGZPO. 2010.

Band 6 Gabriele Metternich: Verfügungsverhalten von Erblassern. Eine empirische Untersuchung als Beitrag zur Rechtstatsachenforschung und Reformdiskussion auf dem Gebiet des Erbrechts. 2010.

Band 7 Patrick Schroer: Europäischer Erbschein. Mit rechtsvergleichender Darstellung. 2010.

Band 8 Isabella Toscano: Ehescheidungen mit grenzüberschreitendem Bezug. Von divergierenden nationalen Scheidungsvoraussetzungen zu einem einheitlichen europäischen Scheidungsrecht? 2011.

Band 9 Ulrich Kühle: Die gerichtliche Überprüfung von Erb- und Pflichtteilsverzichtsverträgen im Spiegel ehevertraglicher Inhaltskontrolle. 2011.

Band 10 Gregor Blüm: Härtefälle im Recht des Versorgungsausgleichs. Eine legitimationszentrierte Untersuchung der Rechtsprechung zur Generalklausel des § 1587c Nr. 1 BGB a. F. unter Berücksichtigung der Neuerungen in der Härtefallregelung des § 27 VersAusglG. 2011.

Band 11 Linda Schlegel: Die Bedeutung des vorehelichen Zusammenlebens im Scheidungsfolgenrecht. 2011.

Band 12 Tobias Breitling: Rechtsfolgen von sittenwidrigen Bedingungen in Verfügungen von Todes wegen. Erblasserwille und objektives Recht. 2012.

Band 13 Anja Sommer: Das Verhältnis von Familiengericht und Jugendamt. Kooperation zum Wohle des Kindes? 2012.

www.peterlang.de